国家出版基金项目
NATIONAL PUBLICATION FOUNDATION

國家出版基金項目

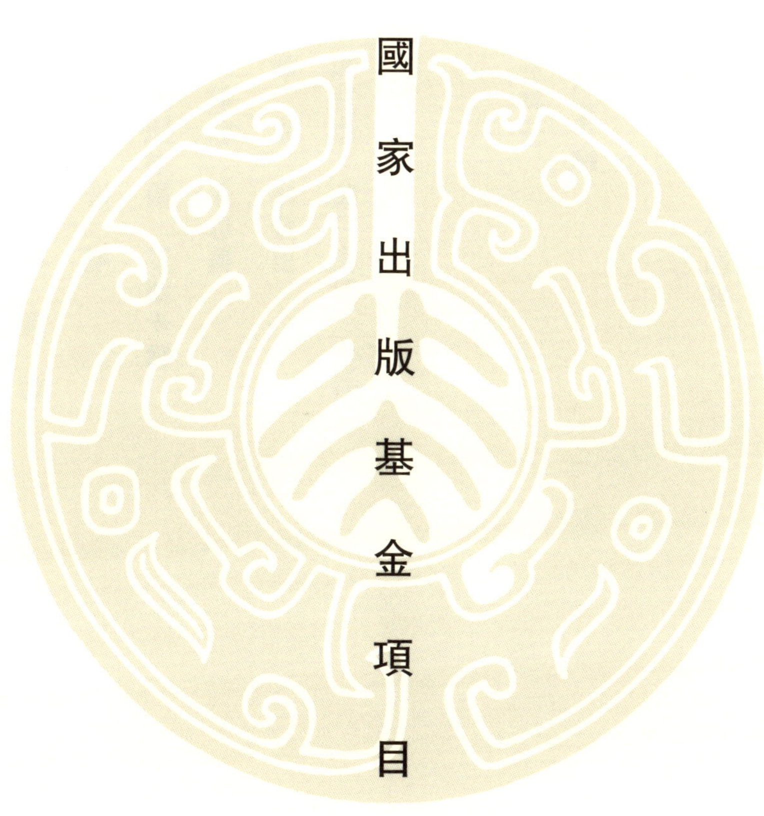

前言

中國，一個有着五千年歷史的文明古國，在長期的生産與社會實踐中，我們的祖先創造了光輝燦爛的文化。這些豐富的文化遺産不僅滋養着一代代的中華兒女，對全世界文化文明發展也有着積極、重要的影響。中國也是一個多民族國家，各民族共同創造了燦爛輝煌的多元文化，極大豐富了祖國文化遺産寶庫。作爲記録和傳承民族傳統文化的重要載體，民族文字古籍是中華文化遺産寶庫中的瑰寶，具有重要的文物、文獻、文字價值，值得我們去保護、傳承。

國家圖書館在藏書建設上體現了我國多元文明、多民族文化交融的特點。從甲骨到近現代名家手稿近 300 萬册件的宏富館藏中，各種民族文字的古籍達 35000 册件。國家圖書館的前身是京師圖書館，早在 1909 年，清政府籌建京師圖書館時，就將内閣大庫四十餘箱滿文典籍撥交圖書館，後來殖邊學堂又贈送了四五箱滿蒙文圖書，從此開啓了我館收藏民族文字圖書的先河。1926 年，國立北平圖書館籌建，之後京師圖書館更名爲國立北平圖書館，1931 年文津街館舍落成。1932 年，始設滿蒙藏文編目室，開始了少數民族語文文獻的收集整理工作。20 世紀 20 年代末，本館不惜重金購入一批西夏文文獻，成爲國内收藏西夏文文獻最多的機構。抗日戰争期間，馬學良、萬斯年先生收集了數量頗豐、價值極高的東巴文、哥巴文、彝文等西南文獻。30至50年代，在于道泉、彭色丹喇嘛和李德啓先生的努力下，本館先後採集了大量的藏文、滿文和蒙古文文獻，約佔我館民族文字古籍的三分之二。近年，本館又徵集了多部藏文、蒙古文、彝文、西夏文古籍；分六批購藏的西域文獻中，佉盧字、于闐文、粟特文文獻，填補了我館收藏空白。

館藏少數民族文字古籍文種，早至4世紀的佉盧字，晚至清代的滿文，間有焉耆－龜兹文、于闐文、粟特文、藏文、突厥文、回鶻文、契丹文、女真文、西夏文、蒙古文、八思巴文、察合台文、彝文、傣文、東巴文、水文及多文種合璧等，幾乎囊括了歷史上曾用過或現在仍使用的民族文字，全方位反映現存民族文字古籍容貌。

做好少數民族文字古籍保存保護、傳承利用工作，對增强民族團結、促進各民族的共同繁榮具有重要意義。由於歷史原因，不同民族風俗習慣不同，一些少數民族文字的古籍不斷損毀，使得有些少數民族古籍成爲孤本，甚至消亡。而掌握這些文字的人也在不斷減少，通過古籍瞭解民族歷史文化面臨巨大的困難，一些死文字的傳承幾成絶學。少數民族文獻的整理、研究、保護、傳承急需加强。

黨和政府歷來重視少數民族古籍傳承，持續開展我國的少數民族古籍整理工作，確立「救書、救人、救學科」爲首要任務，成績斐然。但是從目前狀況來看，仍需加大搶救力度。

此次國家圖書館古籍館與北京大學出版社出版的《國家圖書館藏民族文字古籍叢書》，即從館藏民族文字古籍中精心挑選各文種古籍珍本24種，以全本高清圖像展示現存少數民族文字珍貴古籍概貌。所選珍籍有木牘、貝葉、拓片、磁青紙等多種載體，卷軸裝、梵夾裝、經摺裝、綫裝等多種裝幀形式，有信劄、傳記、詩集、紀事、曆法、大小乘佛教經典等豐富内容，概括現存民族文字古籍各種形態，彰顯祖國優秀傳統文化多元一體的特徵和魅力。這是社會的需要，是時代的需要，是各民族面向未來、面向世界，弘揚和傳承祖國優秀傳統文化的共同行動，是文化工作者履行的歷史責任。國家出版基金的資助，或許正是基於這樣的共識。

本叢書的編輯與出版能夠順利進行，得到了各級領導的關注，得到黄潤華、烏力吉巴雅爾等民族文字古籍專家的大力支持，國家圖書館古籍館和北京大學出版社相關工作人員也付出了大量心血，在此一併感謝。

編者

2020年7月16日

凡例

一、本叢書收國家圖書館藏少數民族文字古籍珍品24部，涉及文種分別是佉盧字、焉耆－龜兹文、于闐文、粟特文、突厥文、藏文、回鶻文、西夏文、察合台文、契丹文、女真文、蒙古文、彝文、滿文、東巴文－哥巴文、傣文、水文以及多文種合璧。其中蒙古文含回鶻式蒙古文、八思巴文、托忒蒙古文和近代蒙古文。

二、每册次第及文種排序，儘量以文字産生早晚爲時間軸排序，木簡、木牘、拓片、葉數少書籍，難以形成一册者，集中於一册中；能夠單獨成册者，均爲獨立成册。

三、多文種文獻的某文種代表單文種收入時，爲保證文獻完整，其餘幾個對照文種内容亦收入。如突厥文《九姓回鶻毗伽可汗碑》、回鶻式蒙古文《高昌館課》、托忒蒙古文《平定準噶爾勒銘伊犁碑》。該代表文種内容則排於其餘文種内容前，與實際文獻排序有所不同。

四、本叢書共八册，每册所收文種及文獻具體如下：

第一册：

佉盧字：元孟八年土地買賣楔印契約

焉耆－龜茲文：酒帳
于闐文：對治十五鬼護身符
粟特文：封籤
突厥文：九姓回鶻毗伽可汗碑
藏文：聖妙吉祥真實名經
回鶻文：大唐大慈恩寺三藏法師傳
西夏文：大方廣佛華嚴經
契丹文：遼道宗耶律洪基哀册
女真文：奧屯良弼餞飲題名跋

第二册：
回鶻式蒙古文：高昌館課

第三册：
八思巴文：譯語、安西王令旨碑
托忒蒙古文：平定準噶爾勒銘伊犁碑

第四册：
近代蒙古文：金光明最勝王經

第五册：
察合台文：納瓦依詩集
第六册：
彝文：六部經書、勸善經
東巴文－哥巴文：創世經
傣文：大藏經
水文：曆法
多文種合璧：優恤土爾扈特部衆碑、聖妙吉祥真實名經
第七册、第八册：
滿文：御製資政要覽

五、每部文獻，均附簡明提要，内容爲文種介紹和該文獻説明；同一文種收多部文獻者，文種介紹僅出現於第一部文獻之前。

六、爲顯示圖片的完整性和清晰度，凡梵夾裝書籍的圖片，均卧排，佔據滿頁，與其提要説明的方向不盡一致。

七、大幅拓片，附全圖和切割局部圖，局部圖以帶圈碼阿拉伯數字標注其順序。

八、本叢書，多爲右翻形式，考慮彝文、滿文等古籍原件呈左翻，故遵從原件，編排成左翻形式。

目録

◆

佉盧字

佉（qū）盧字，是佉盧虱吒（佉路瑟吒）字的簡稱，又名「佉盧書」等，是一種用阿拉米字母書寫的拼音文字，起源於印度西北部犍陀羅，因無對應的語言，故少稱「佉盧文」。佉盧字字母數量各個時期不同，從22個到57個不等，從右向左横向書寫。公元初，佉盧字成爲貴霜王國的官方文字。2世紀後半葉傳入于闐（今和田），曾與漢文合璧，鑄造錢幣，世稱「漢佉二體錢」，又稱「于闐馬錢」；亦用以書寫買賣契約和翻譯佛經等。3世紀初傳入鄯善，成爲當地官方文字，用於書寫王室誥敕、籍帳、文契和信劄等。5世紀後，佉盧字不再行用。

元孟八年土地買賣楔印契約

4世紀木牘，17.8釐米×9.7釐米×1.3釐米。新疆鄯善地區發現。館藏號：BH5-3。

封牘、底牘和封泥完整，有繩索。這件函牘記録了一次土地買賣的過程。賣主名爲卓可特·基多，買方爲兩個人，以一頭野駱駝爲價。這件買賣案，綫索清晰，價格明確，對於鄯善王國社會歷史與佉盧字的研究，都有重要意義。

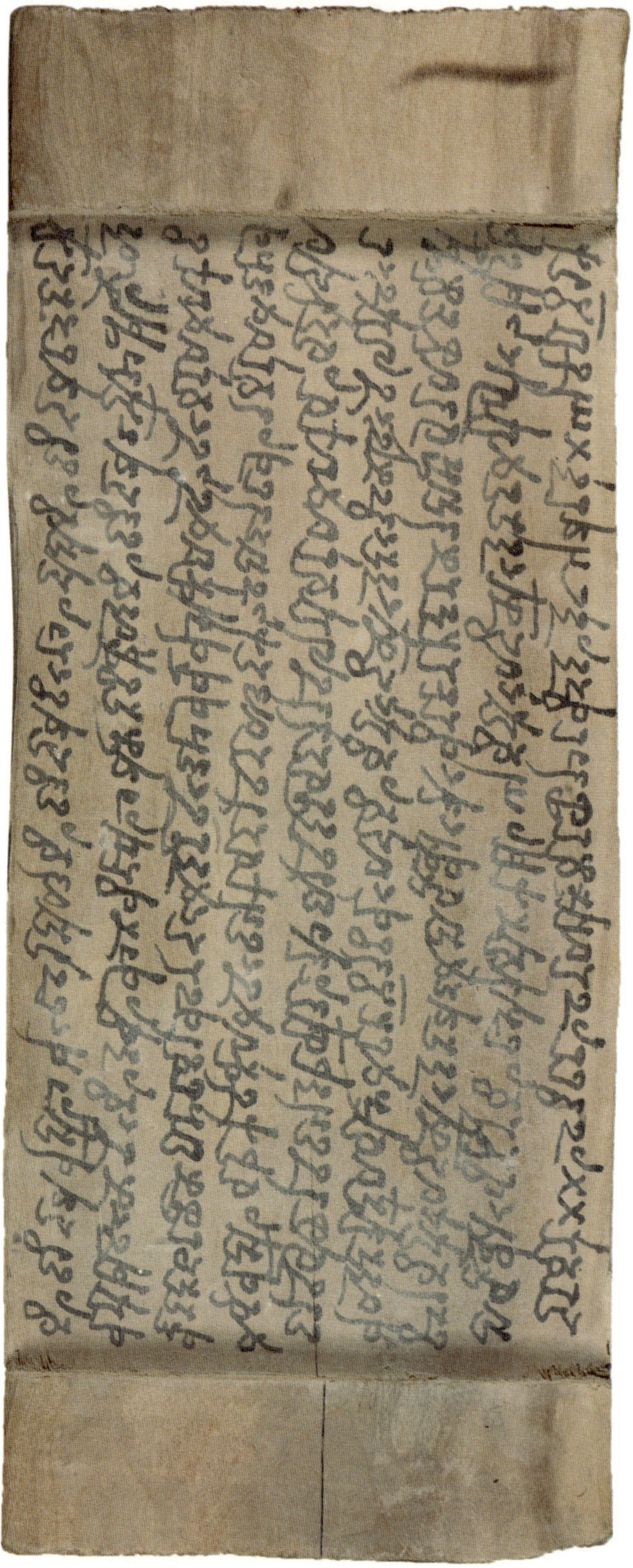

◆ 焉耆－龜茲文

焉耆－龜（qiū）茲文是3至9世紀居住在新疆地區操印歐語言的民族所使用的一種文字。20世紀初，一批焉耆－龜茲文文獻陸續在新疆庫車、焉耆和吐魯番等地發現。它們用印度的婆羅米字母中亞斜體拼寫，從左到右横向書寫。焉耆－龜茲文在傳播過程中形成了兩種方言：一種分佈在焉耆－高昌一帶，稱爲甲方言或「甲種吐火羅語」，所記内容均爲佛典，以有關彌勒的經典居多；另一種僅限於龜茲(今庫車)地區，稱作乙方言或「乙種吐火羅語」，記録的内容爲世俗文書。此外，焉耆－龜茲文的另一個特色是記録了很多戲劇内容，這對中國戲劇史研究非常有益。焉耆－龜茲文文獻存世僅數十種，分藏在柏林、巴黎、倫敦、聖彼得堡、新德里、東京以及中國的新疆博物館和國家圖書館。

酒帳

龜茲文。木牘。18.3 釐米 ×4.2 釐米。正面四行、背面一行。書有紀年「第一年十二月三十日晚」。館藏號：BH2-29。

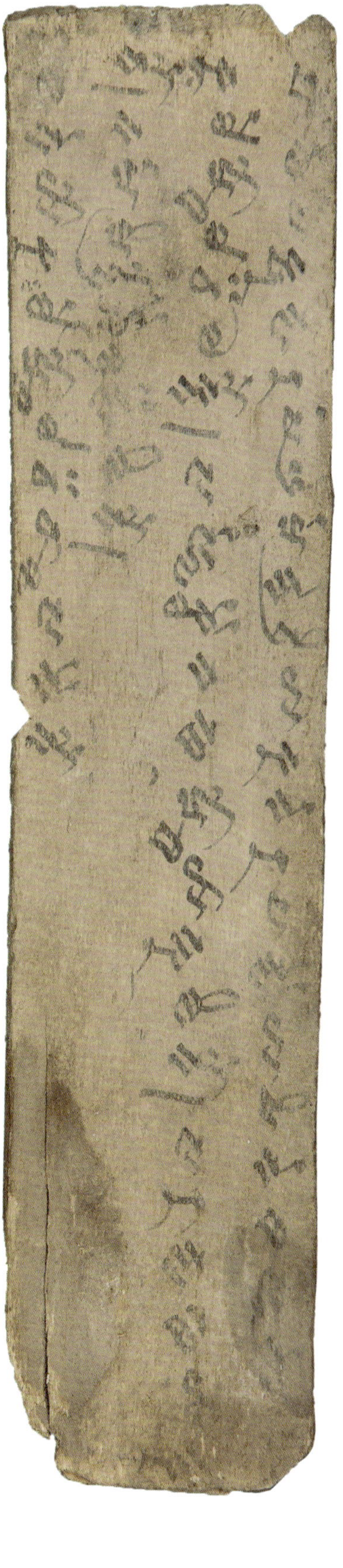

◆ 于闐文

于闐文是一種源於印度婆羅米字母笈多王朝字體的音節文字，使用於5至10世紀，因發現於古代新疆于闐地區而得名。于闐語屬印歐語系伊朗語族東伊朗語支，文字從左向右横向書寫。有關于闐文的最早記載見於《大唐西域記》瞿薩旦那國（于闐）條，謂其「文字憲章，聿遵印度，微改體勢，粗有沿革，語異諸國」。

19世紀末20世紀初，于闐文被重新發現。現存于闐文文獻多爲佛教典籍，如《贊巴斯塔書》《金光明經》等；亦有非佛教文獻，如《于闐沙州紀行》《甘州突厥記事》等。這些文獻表明于闐文化深受唐文化影響：有的文書使用了同慶、天興、中興、天壽等年號，有的採用唐代官名，有的漢文、于闐文並用或夾用漢字。

對治十五鬼護身符

卷軸裝，8世紀寫本。174.9釐米×7.2釐米。和田發現。館藏號：BH1-18。

長卷首尾全，文字自上而下橫向單面書寫，凡98行，字體爲于闐文草體。其中，第38行起，使用不規則的梵文，第44至56行則爲陀羅尼。文中兩處出現「對治十五鬼」，據尾記「名曰對治十五（鬼）之護持（經）全部完成」，知此陀羅尼實名爲《對治十五鬼護持經》，主要針對婦女兒童而言，保護婦女利益，側面反映此護身符的持有者爲婦女。寫卷末四行有題記：「惟願 sävākä 女士的一切時護身符黑夜白天護祐於她，令她此世兒郎繁多昌盛。」明確説明此陀羅尼咒的持有者爲 sävākä 女士。

此于闐文長卷無論從語言、文字、佛教發展的視角，還是以民俗、歷史的眼光審視，均是于闐文化遺留下來的上乘文物。入選第一批《國家珍貴古籍名録》，名録號爲02284，亦被收入《中華再造善本》續編。

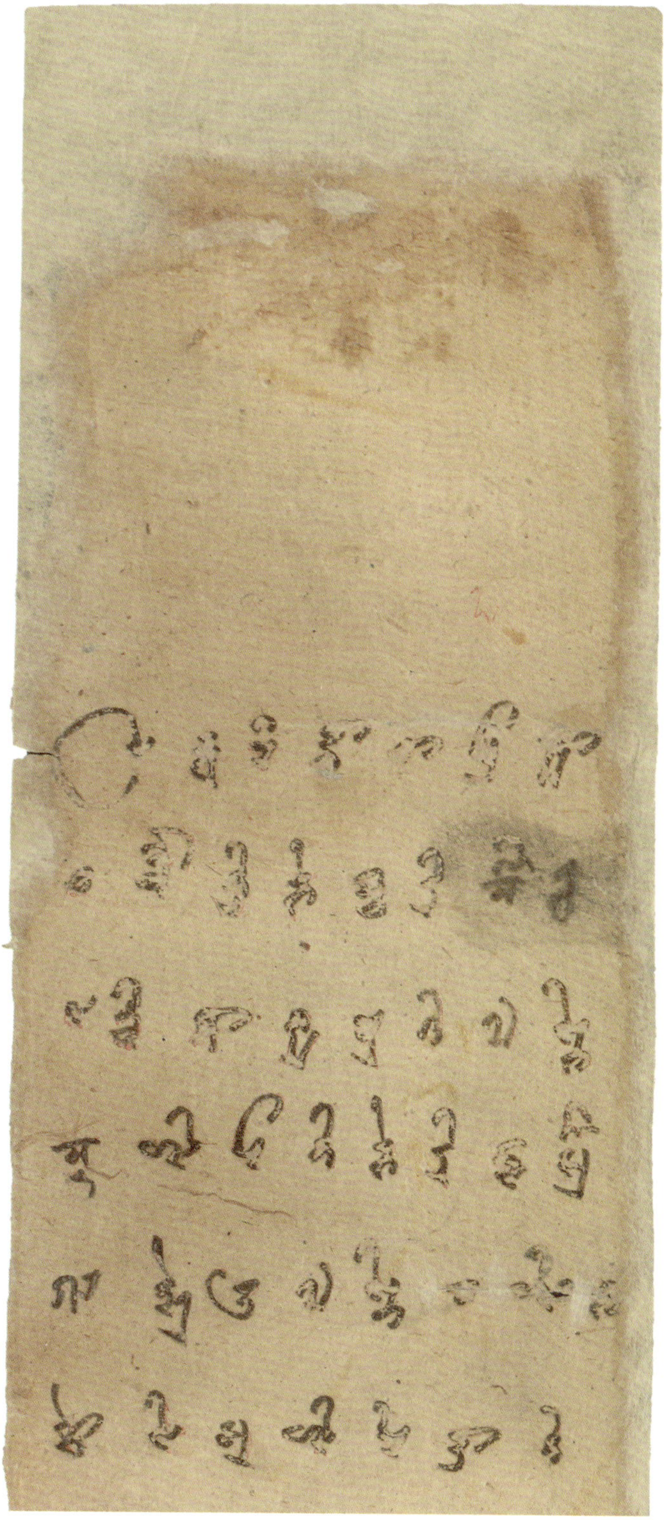

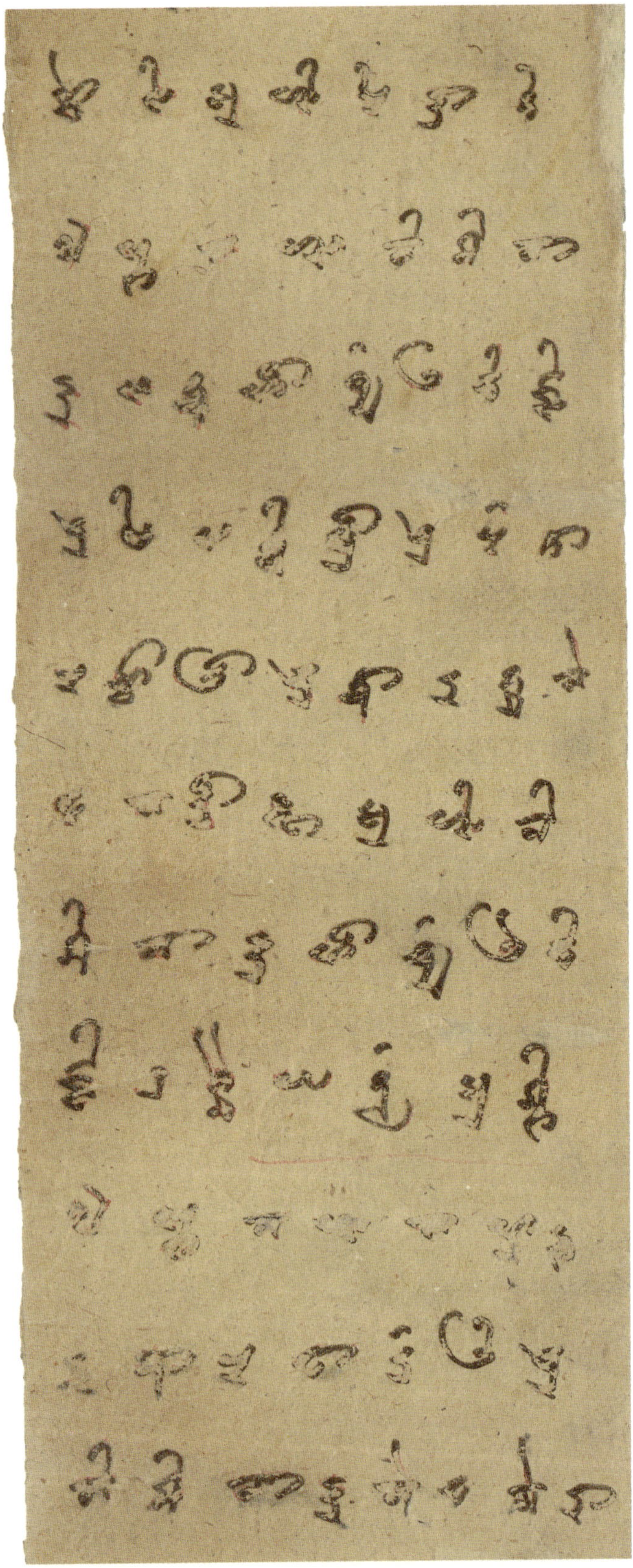

6
7
8
9
10
11
12
13
14
15
16

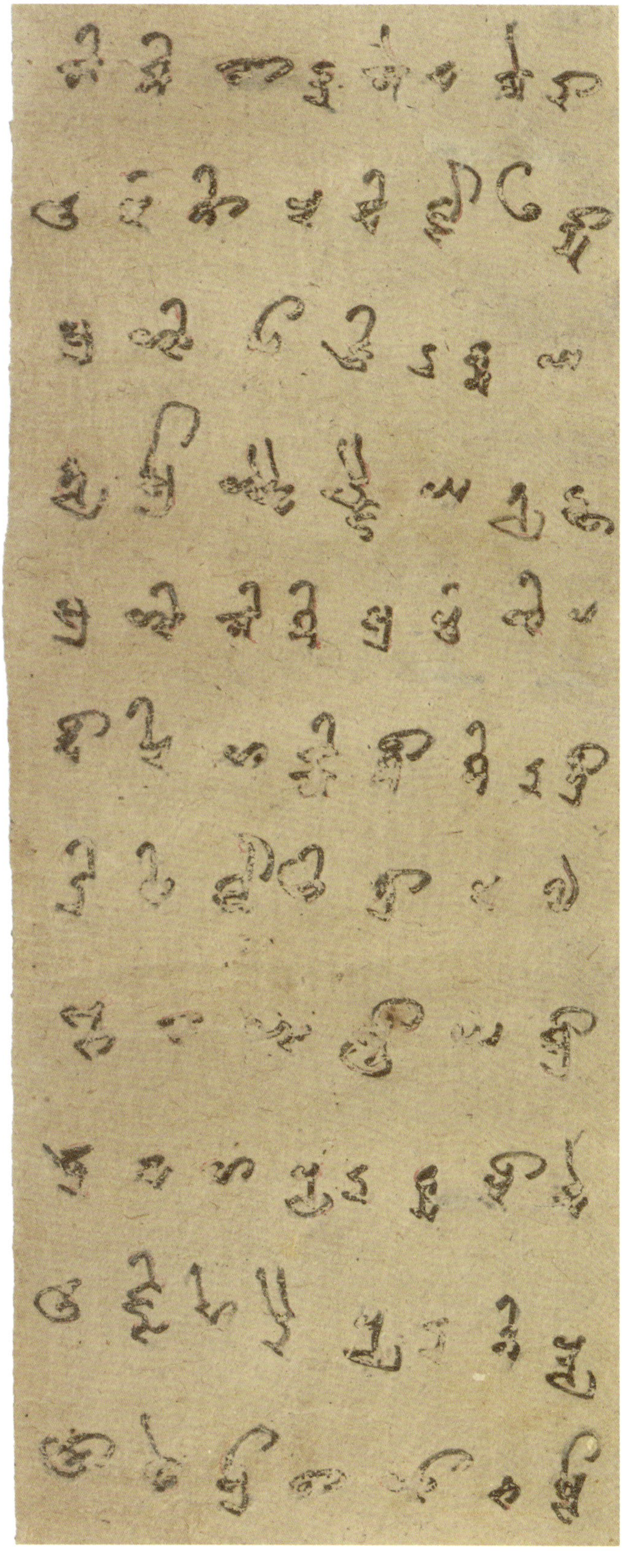
16
17
18
19
20
21
22
23
24
25
26

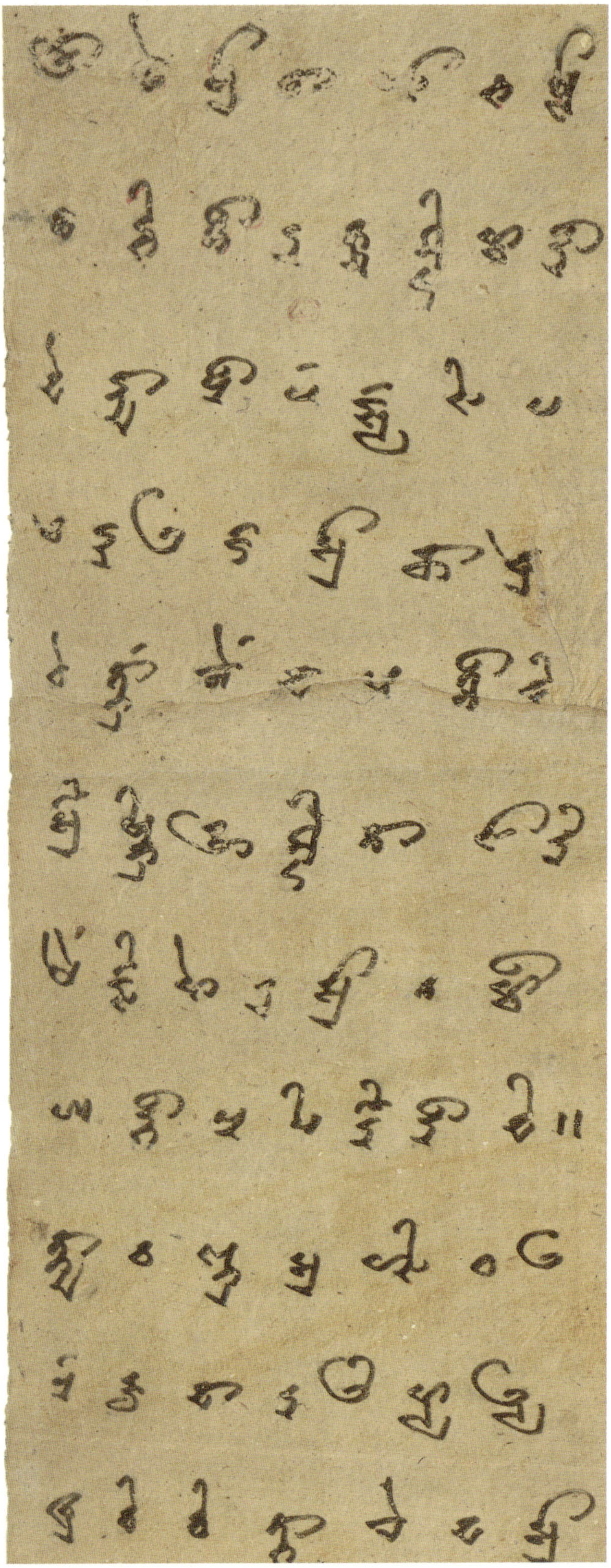

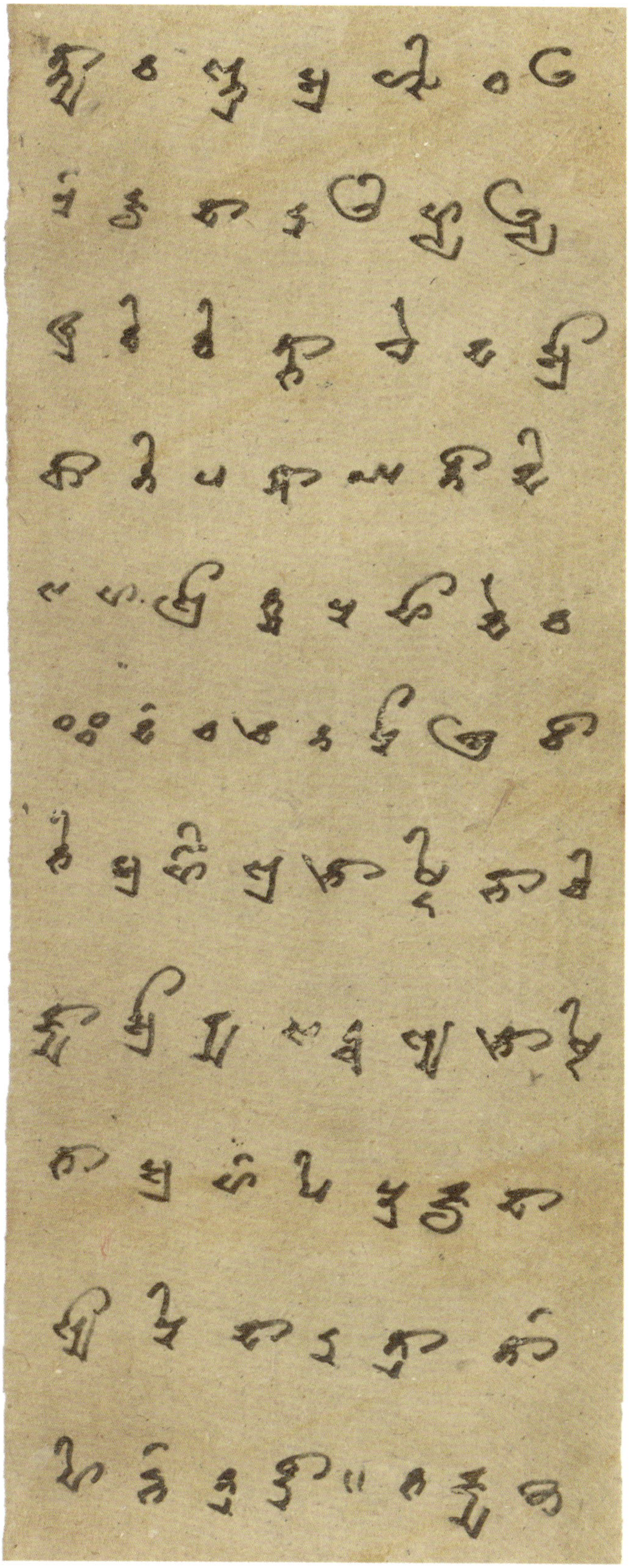

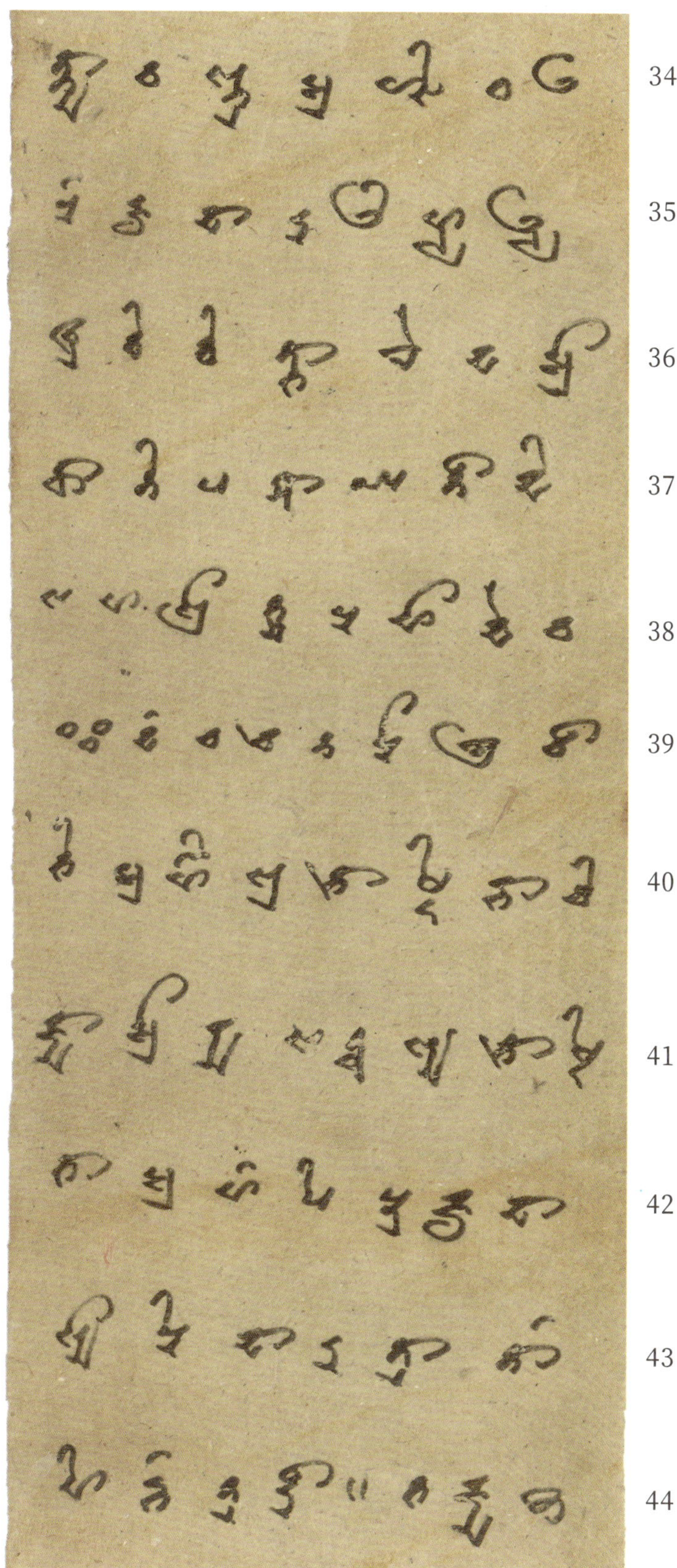

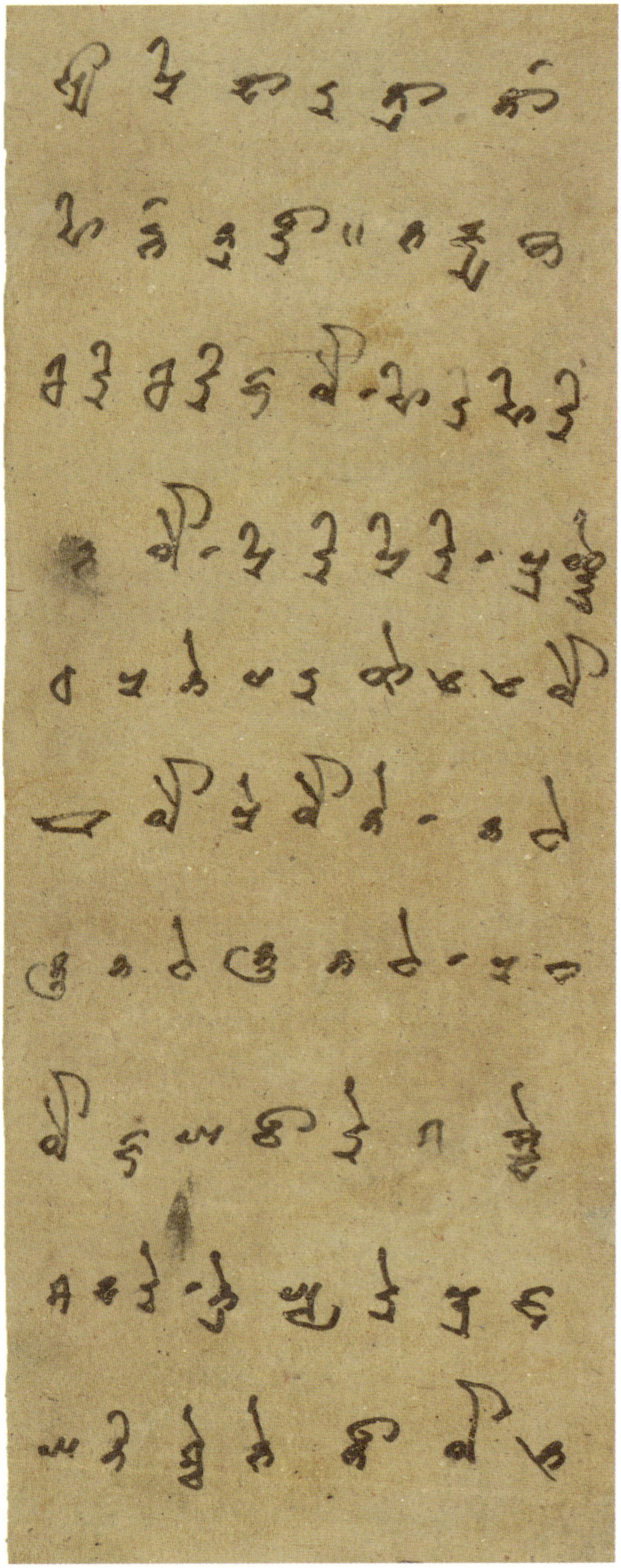

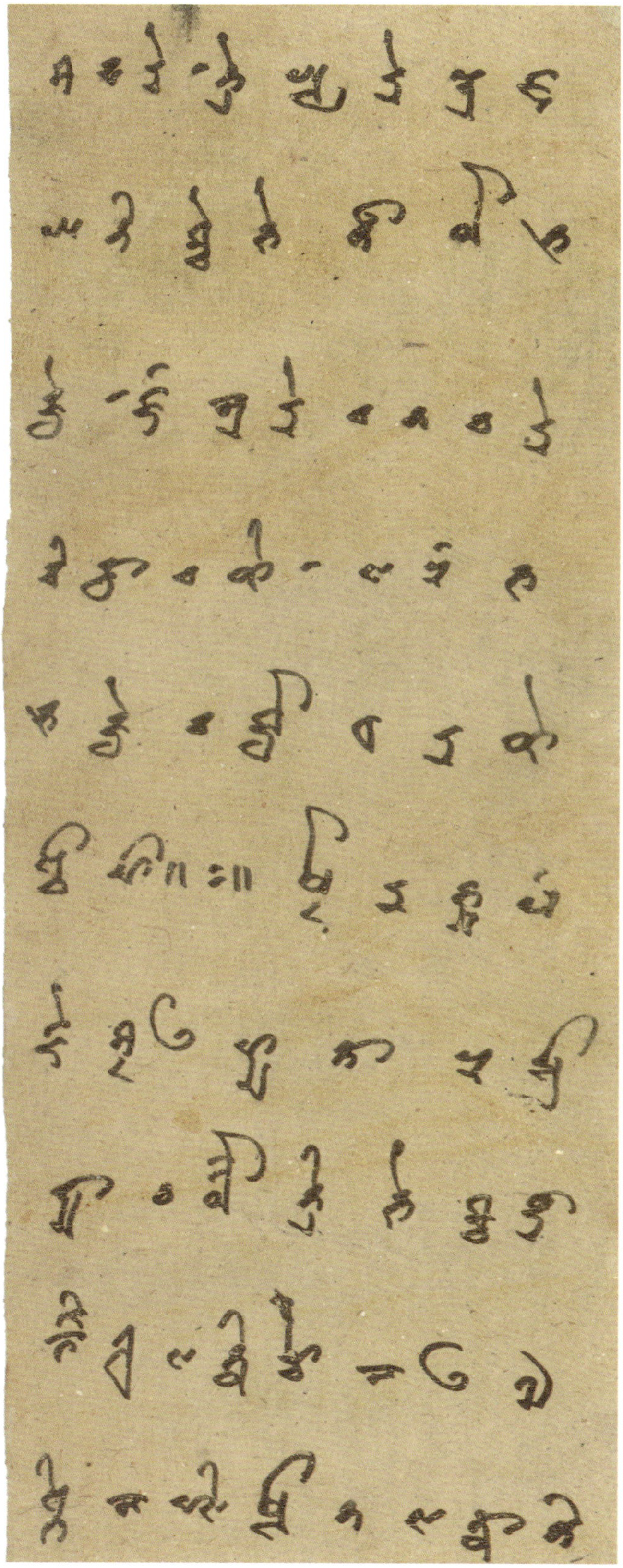

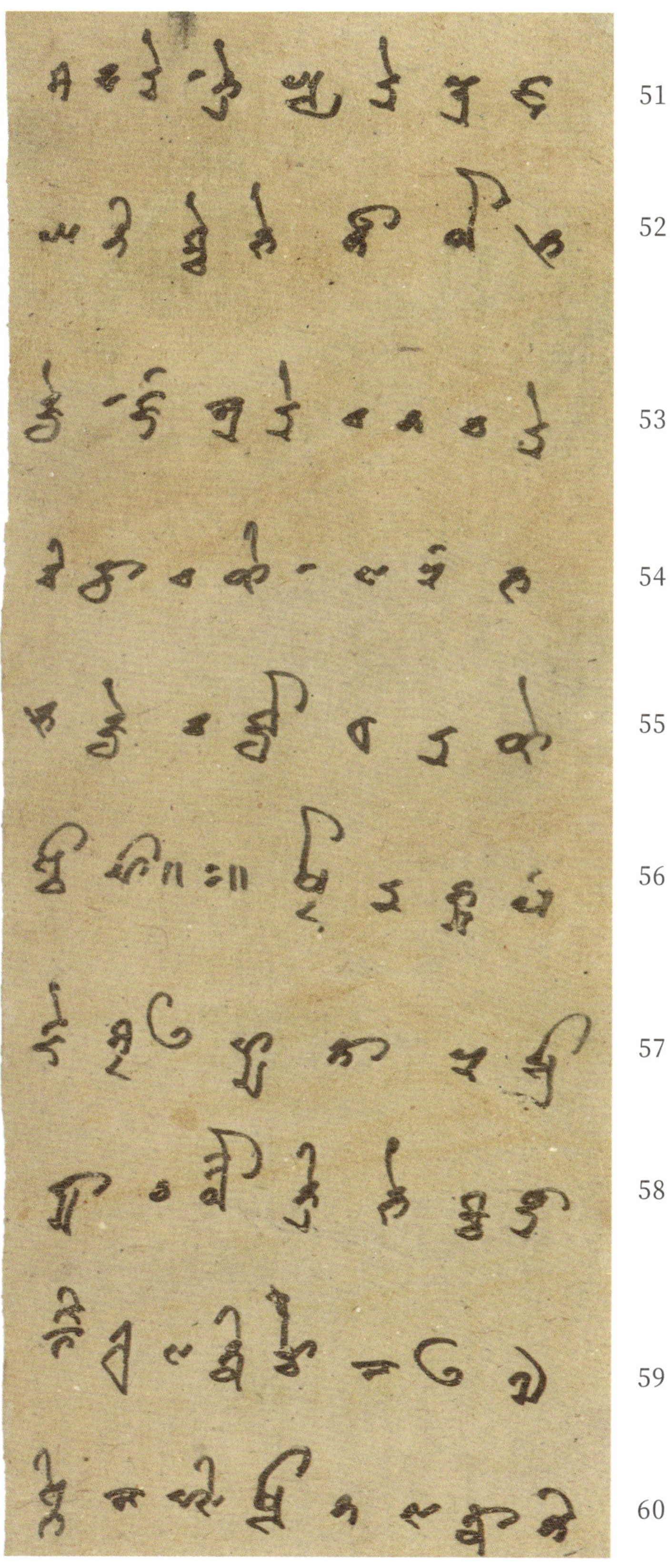

58
59
60
61
62
63
64
65
66
67

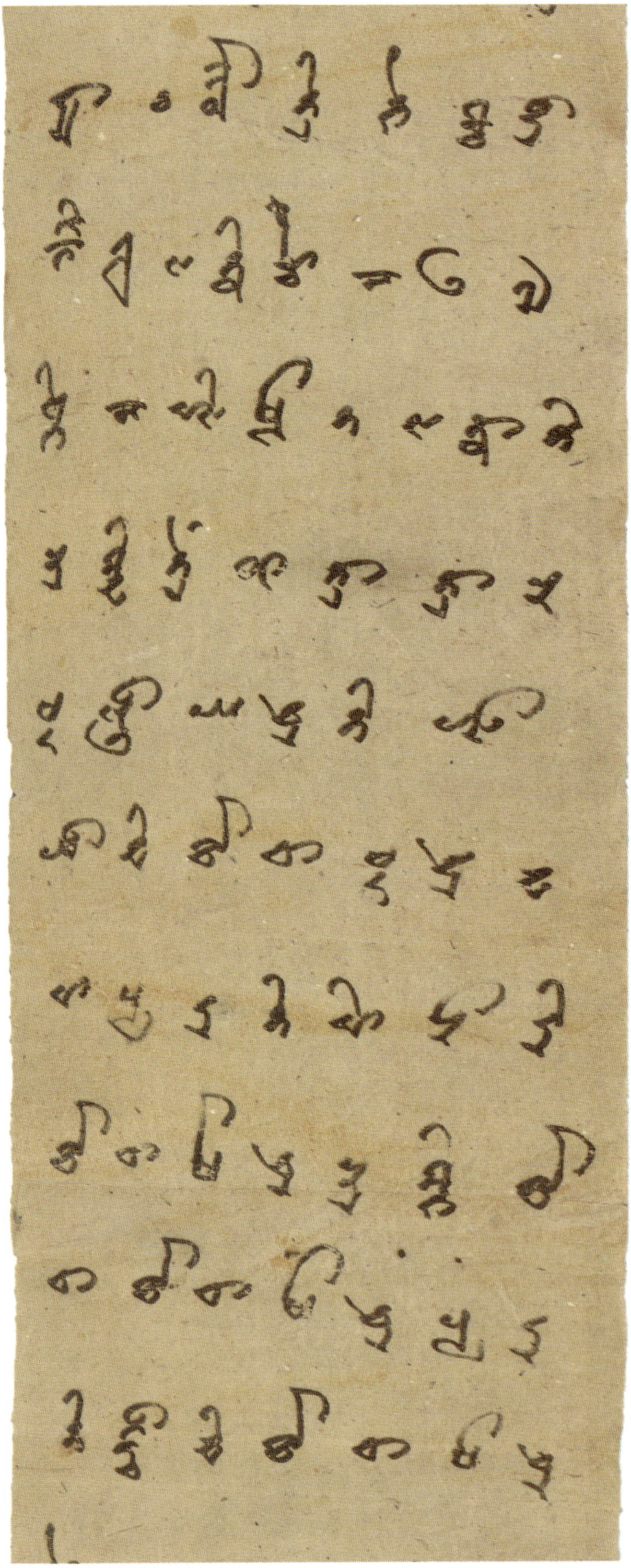

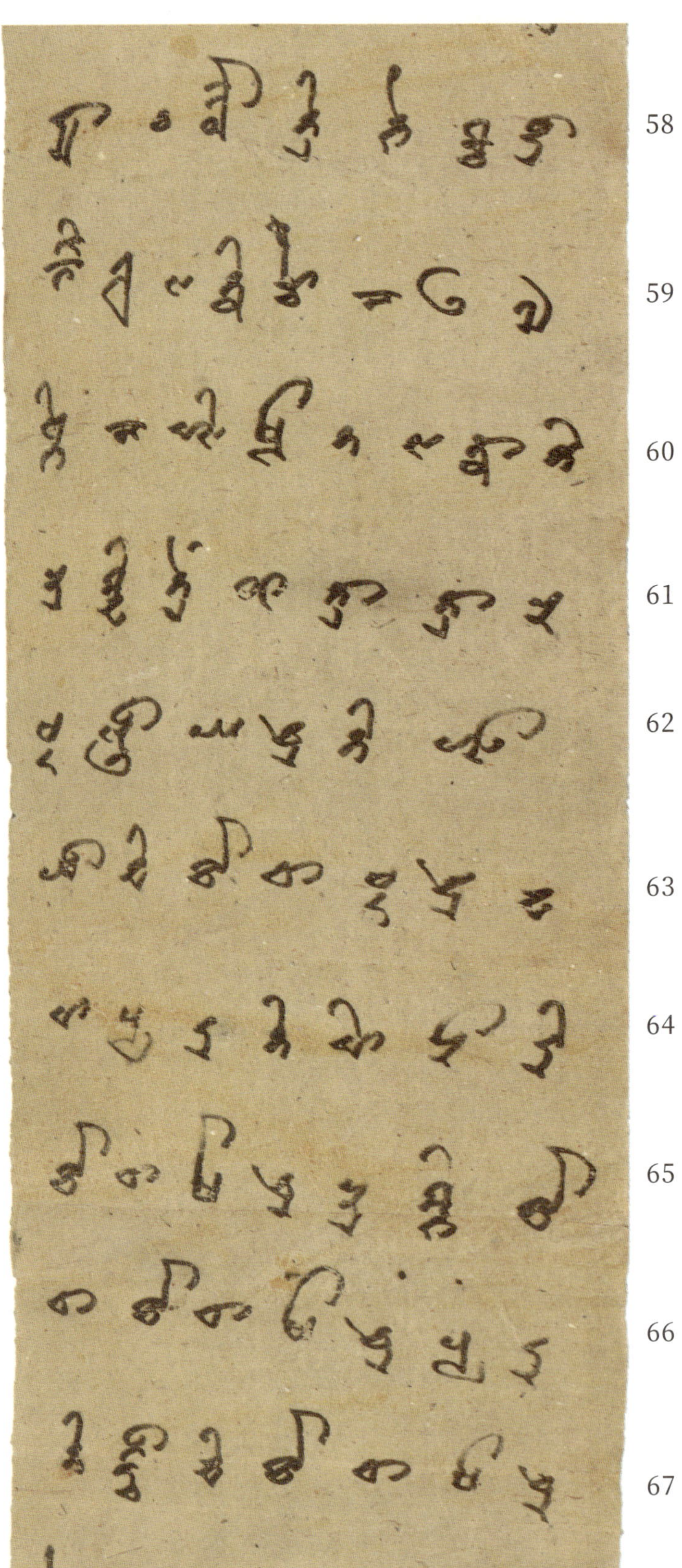

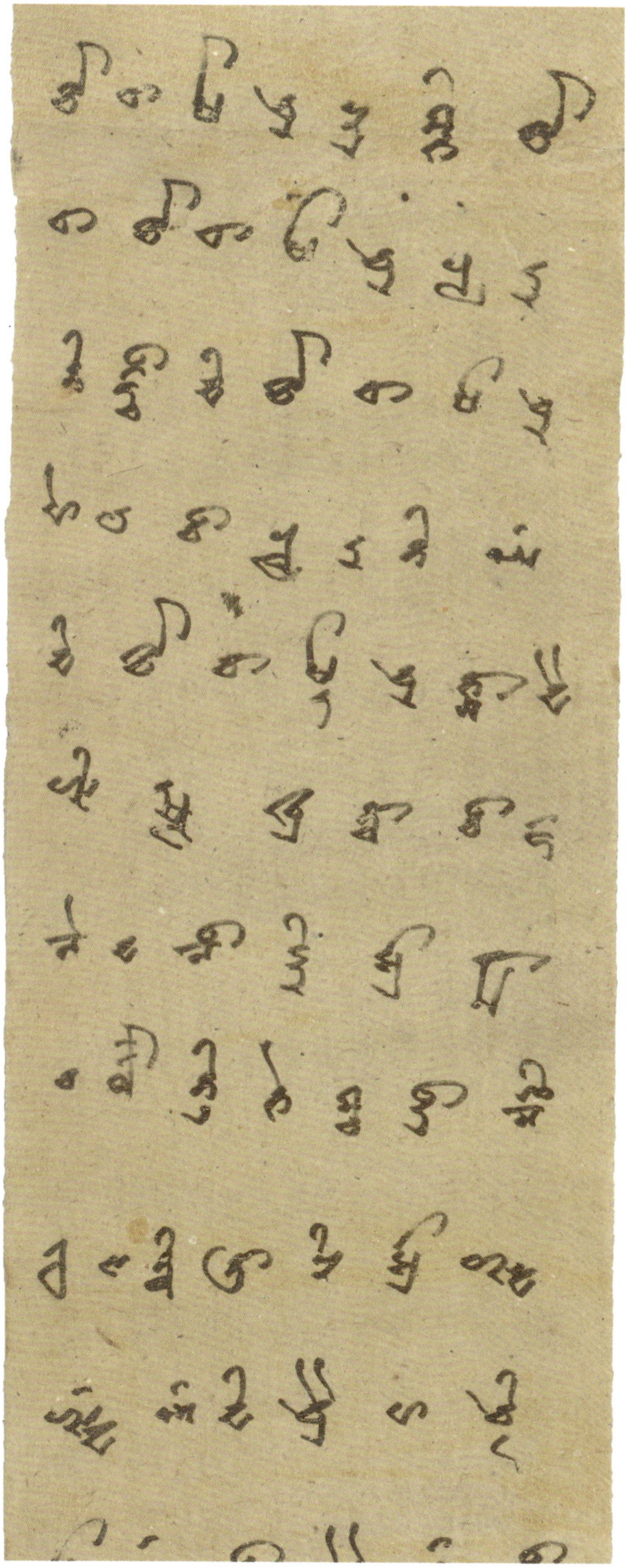

65 66 67 68 69 70 71 72 73 74

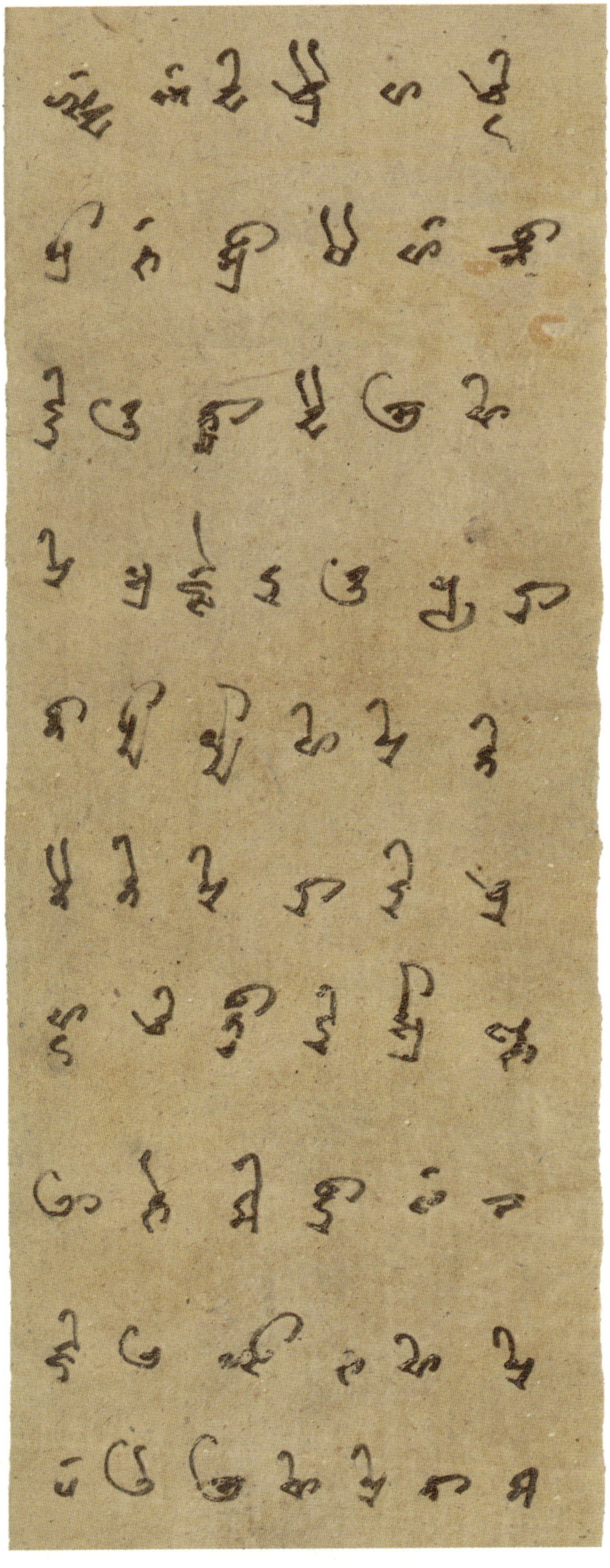

74
75
76
77
78
79
80
81
82
83

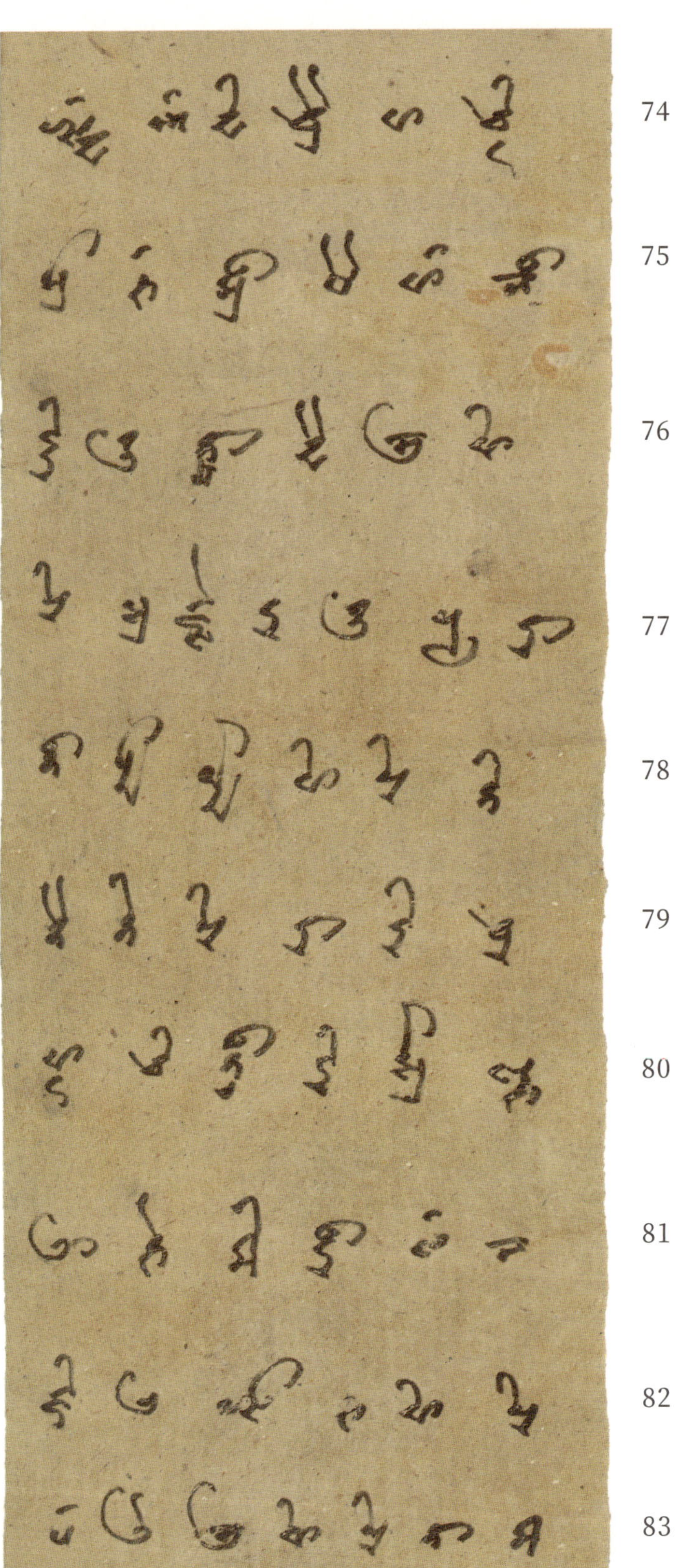

82
83
84
85
86
87
88
89
90
91

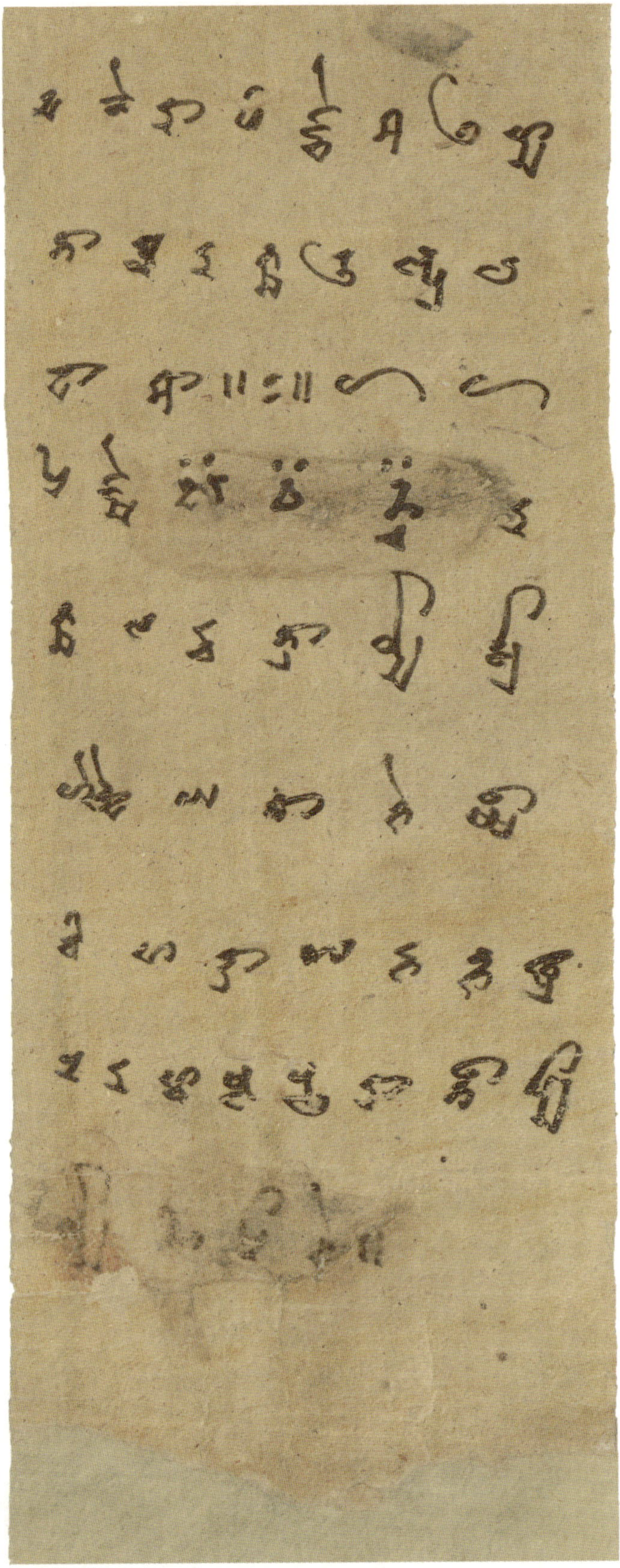

◆

粟特文

粟特人是中古時期活躍於古代阿姆河－錫爾河流域的東伊朗族人，所操語言屬印歐語系伊朗語族。粟特文，又稱窣利文，曾通行於中亞及中國西北部，其字母源於敘利亞的阿拉米字母，有摩尼體、佛經體、古敘利亞體三種。13世紀蒙古人進入中亞後，粟特文遂廢棄。粟特文對回鶻文、蒙古文和滿文的創製有極大影響。傳世文獻有摩尼教、基督教、佛教經典和書信等，現多藏於國外。

封籤

此爲記録粟特商隊在于闐地區所購物品賬目的封籤，以粟特文書寫。

賬目正文爲于闐文，反映了于闐社會的物質生活與物價概貌。賬目像扇子般折疊後，在最外層以此粟特文封籤封死，説明收此賬目的人應爲粟特人。

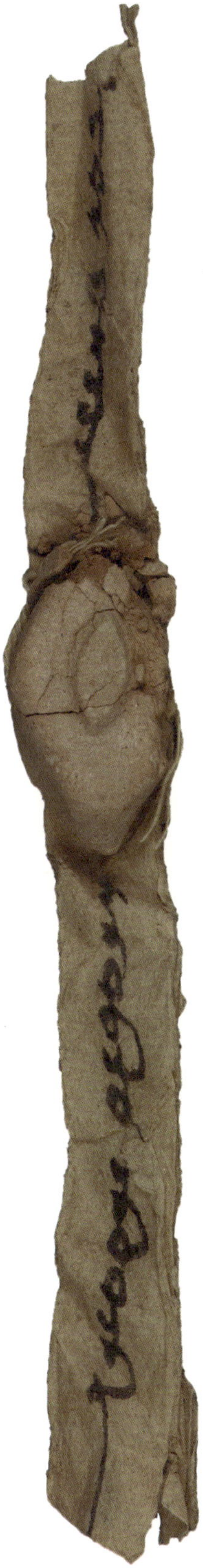

◆ 突厥文

突厥文是7至10世紀突厥、回鶻、黠戛斯等民族使用的一種拼音文字，通行於鄂爾渾河流域、葉尼塞河流域以及今中國新疆、甘肅境內的一些地方。各種文獻中所用字母數目不一，形體多樣，大部分源於阿拉米字母，部分來自突厥的氏族或部族標誌，另有一些表意符號。《闕特勤碑》《九姓回鶻毗伽可汗碑》是突厥文代表性文獻。20世紀初，敦煌、樓蘭、吐魯番等地發現了一批突厥文寫本文獻。

九姓回鶻毗伽可汗碑

漢文、突厥文、粟特文合璧拓片，347.0釐米×173.0釐米。館藏號·善拓274。

「九姓回鶻」是唐時回紇的別稱，出現於天寶十載（751）以後，主要是指回紇從屬於「九姓」（鐵勒），故以九姓加部族名表示。碑名全稱「九姓回鶻愛登里羅汨没蜜施合毗伽可汗聖文神武碑」，爲中國古代漠北回鶻政權第九位汗愛登里羅汨没蜜施合毗伽可汗在位時，即唐憲宗元和九年（814）所立。碑位於蒙古國前杭愛省鄂爾渾河畔哈剌巴剌沙衮地區，即回鶻故城鄂爾都八里、蒙古故城哈剌和林附近，離回鶻故城約500米。因年代久遠，該碑損壞嚴重，所保留字數極少，特別是碑陰粟特文的一面僅剩半塊稍多，突厥文部分也僅保留三角形小塊。碑文記述回鶻汗室先世葛勒可汗（747—759年在位）、牟羽可汗（759—780年在位）協助唐朝平定安史之亂的功勳；牟羽可汗從中原引入摩尼教，回鶻人改變了舊的薩滿教信仰，摩尼教遠播漠北，西達天山；回鶻保義可汗（808—821年在位），即愛登里羅汨没蜜施合毗伽可汗（意譯爲「天賜福神武智慧可汗」，唐朝封號爲「保義可汗」）出兵西域，與吐蕃展開鬥争，協助唐王朝保衛北庭（今新疆吉木薩爾）、龜茲（今新疆庫車）。據碑銘漢文的銘刻，立碑者爲回鶻内宰相頡于伽思，漢文的撰寫人爲伊難主和莫賀達幹。此碑是唐與回鶻友好關係的見證，也是研究摩尼教流傳史的難得素材。

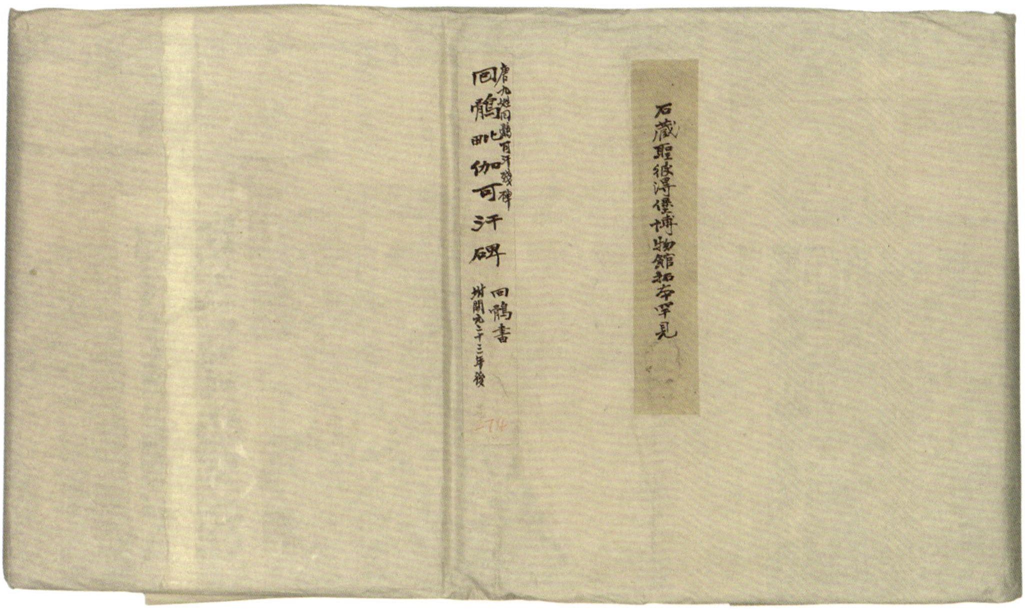
唐九姓回鶻可汗殘碑
回鶻毗伽可汗碑
回鶻書
州閒九十三年後
石藏聖彼得堡博物館拓本罕見

全圖

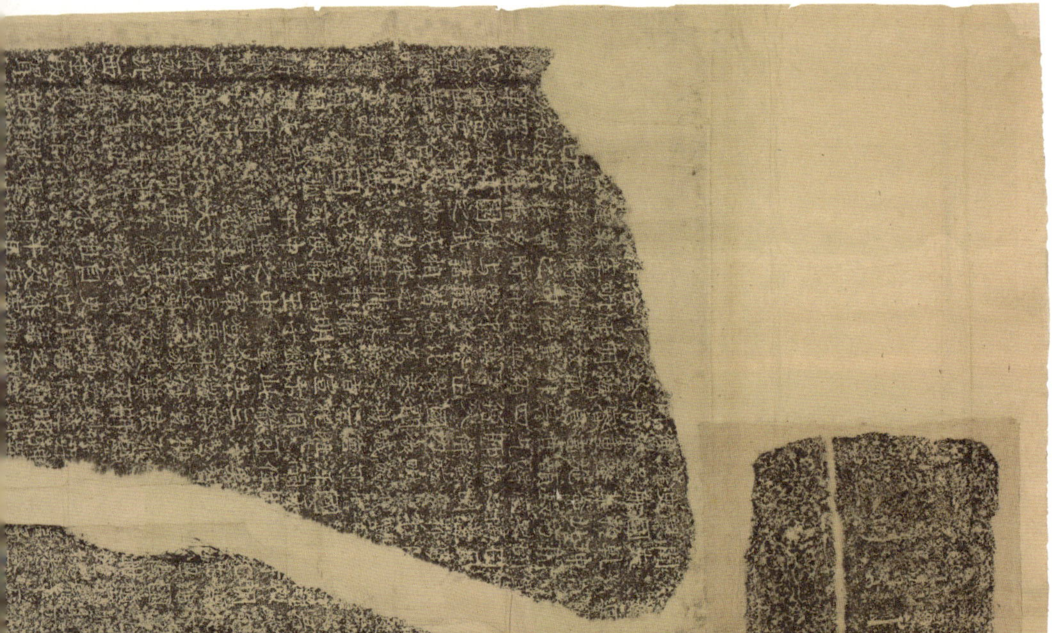

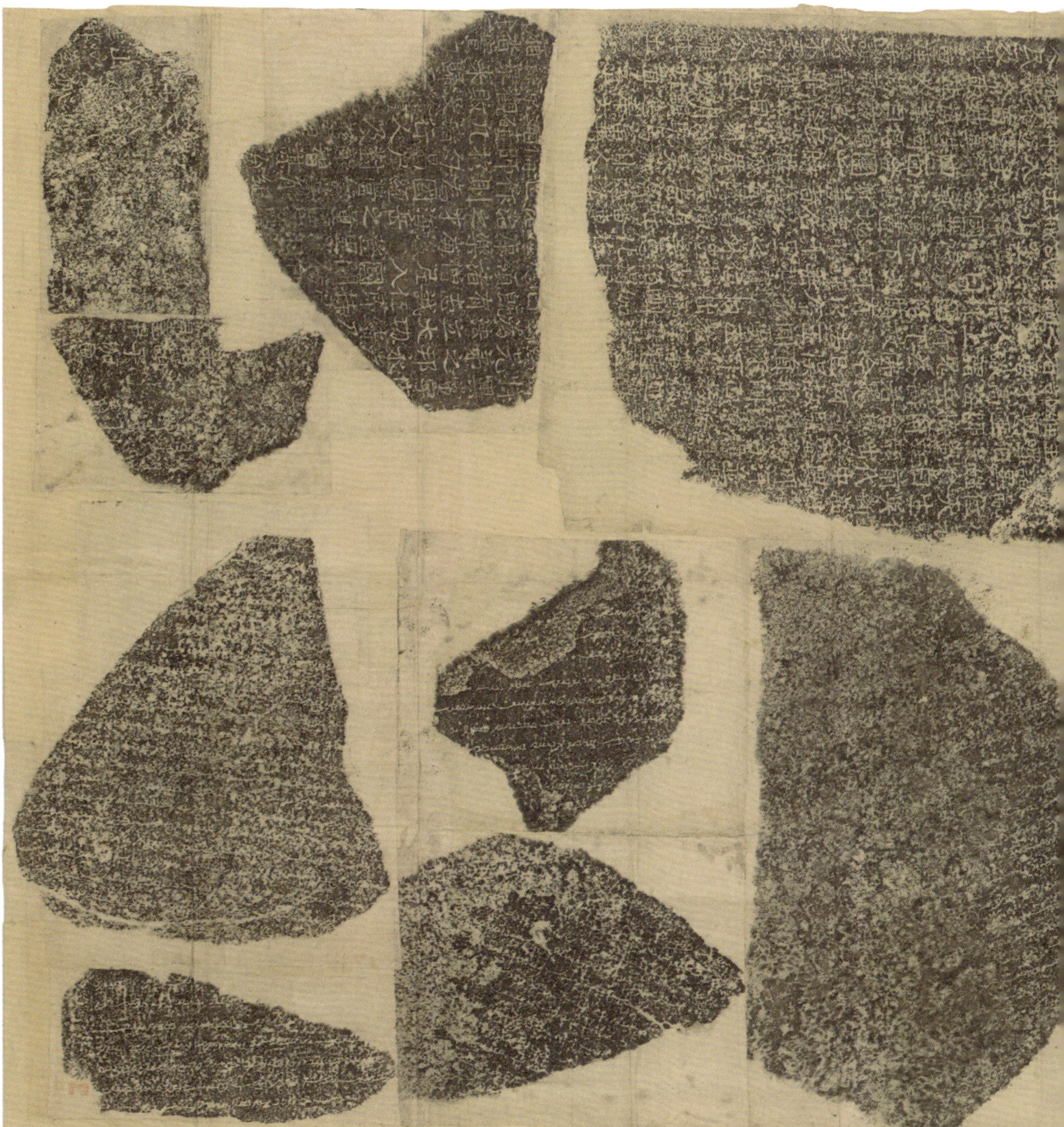

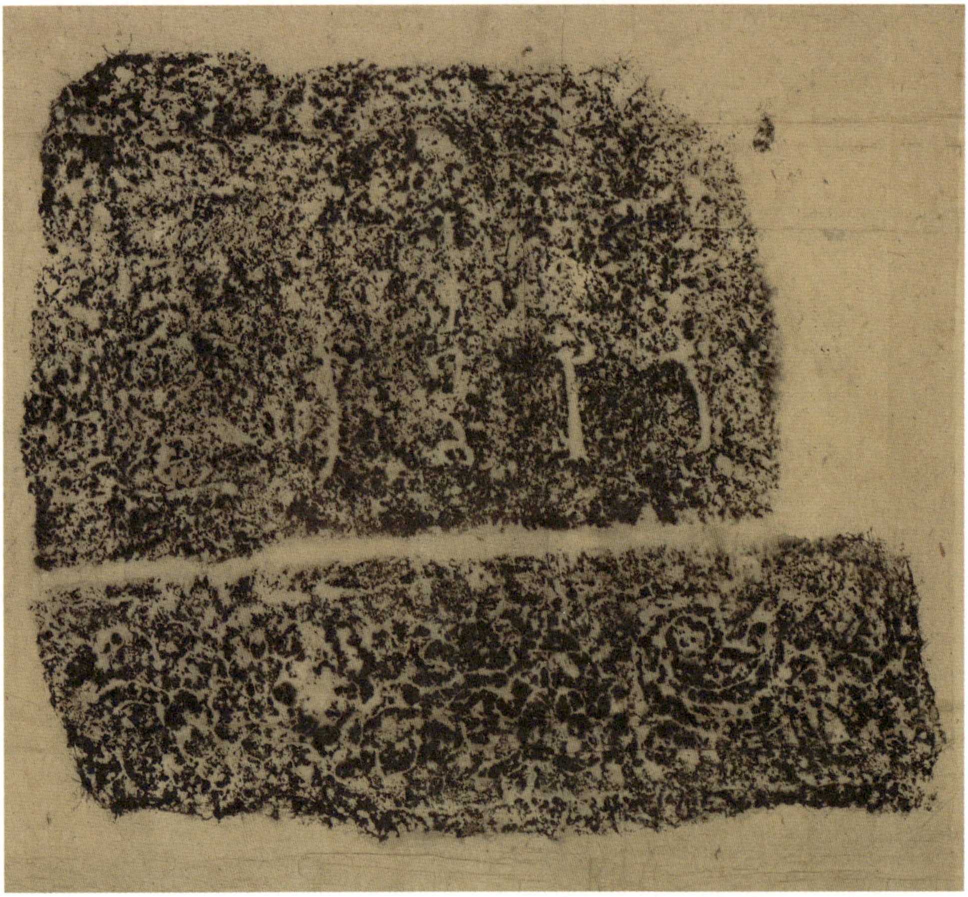

局部①

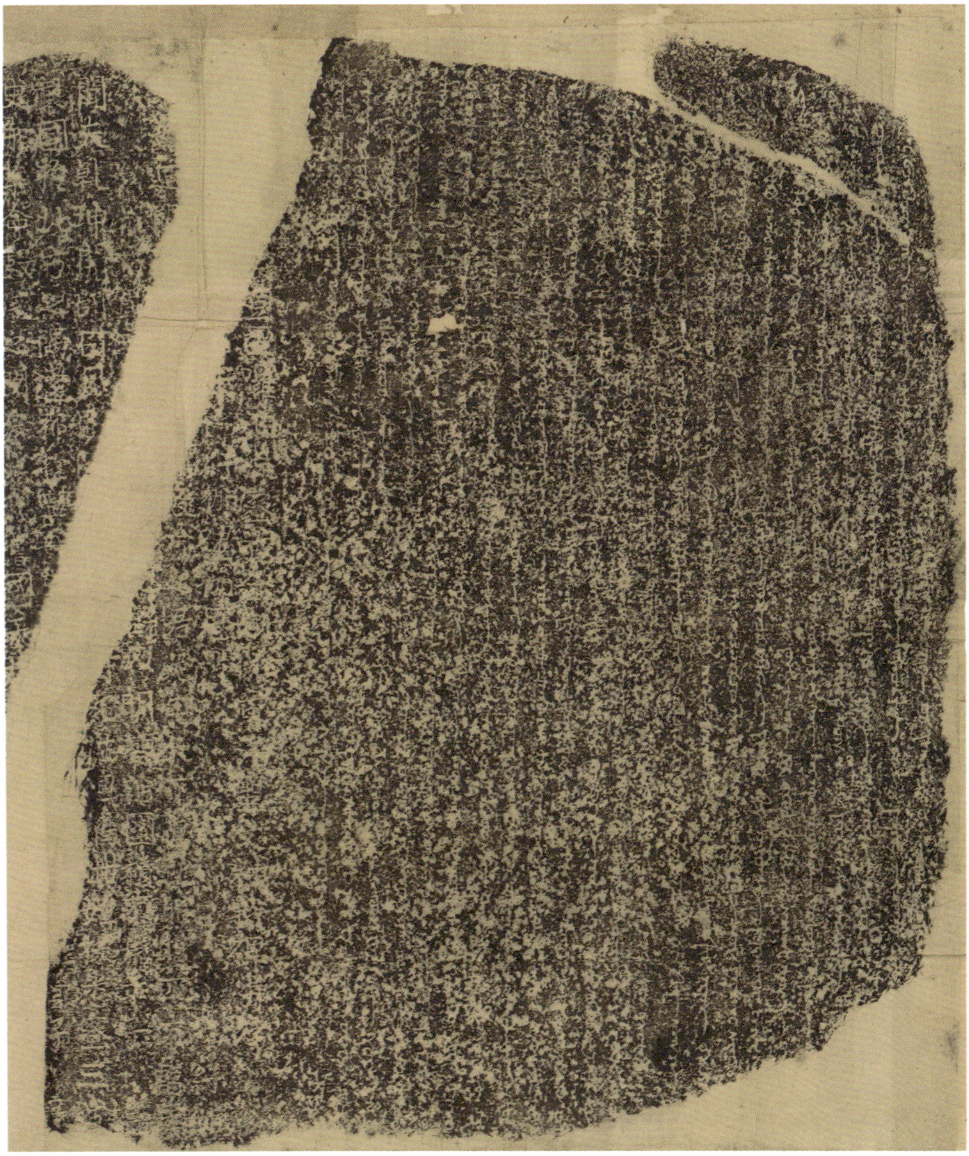

局部②

局部③

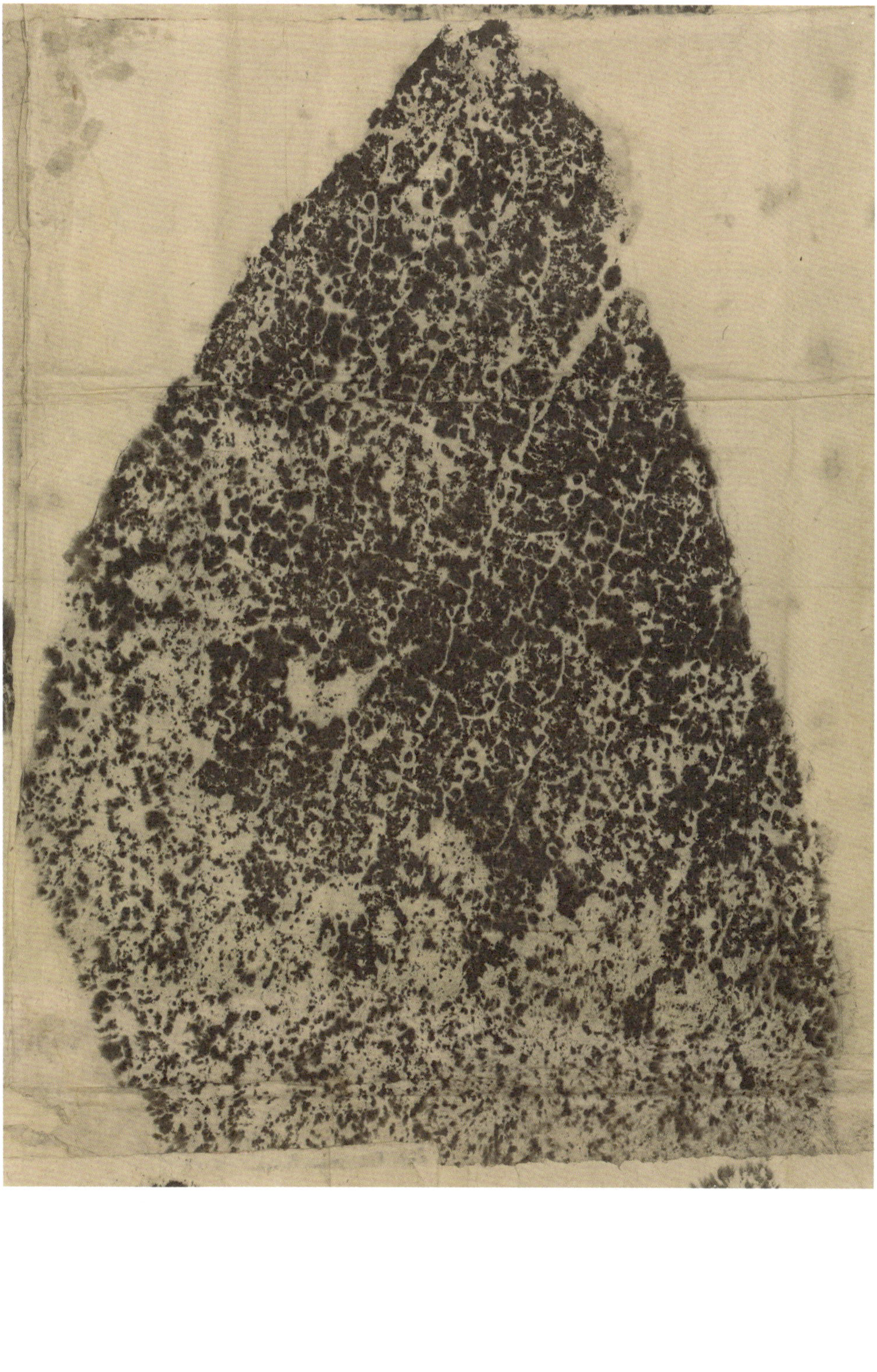

局部④

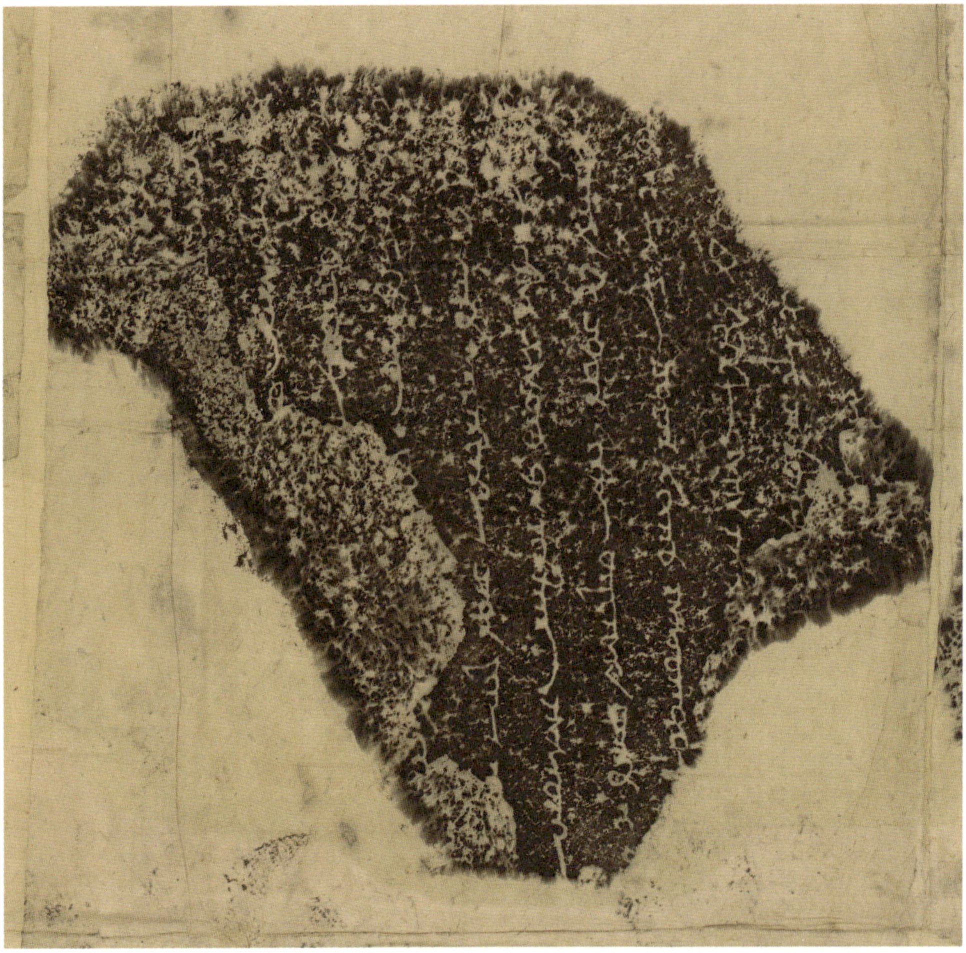

局部⑤

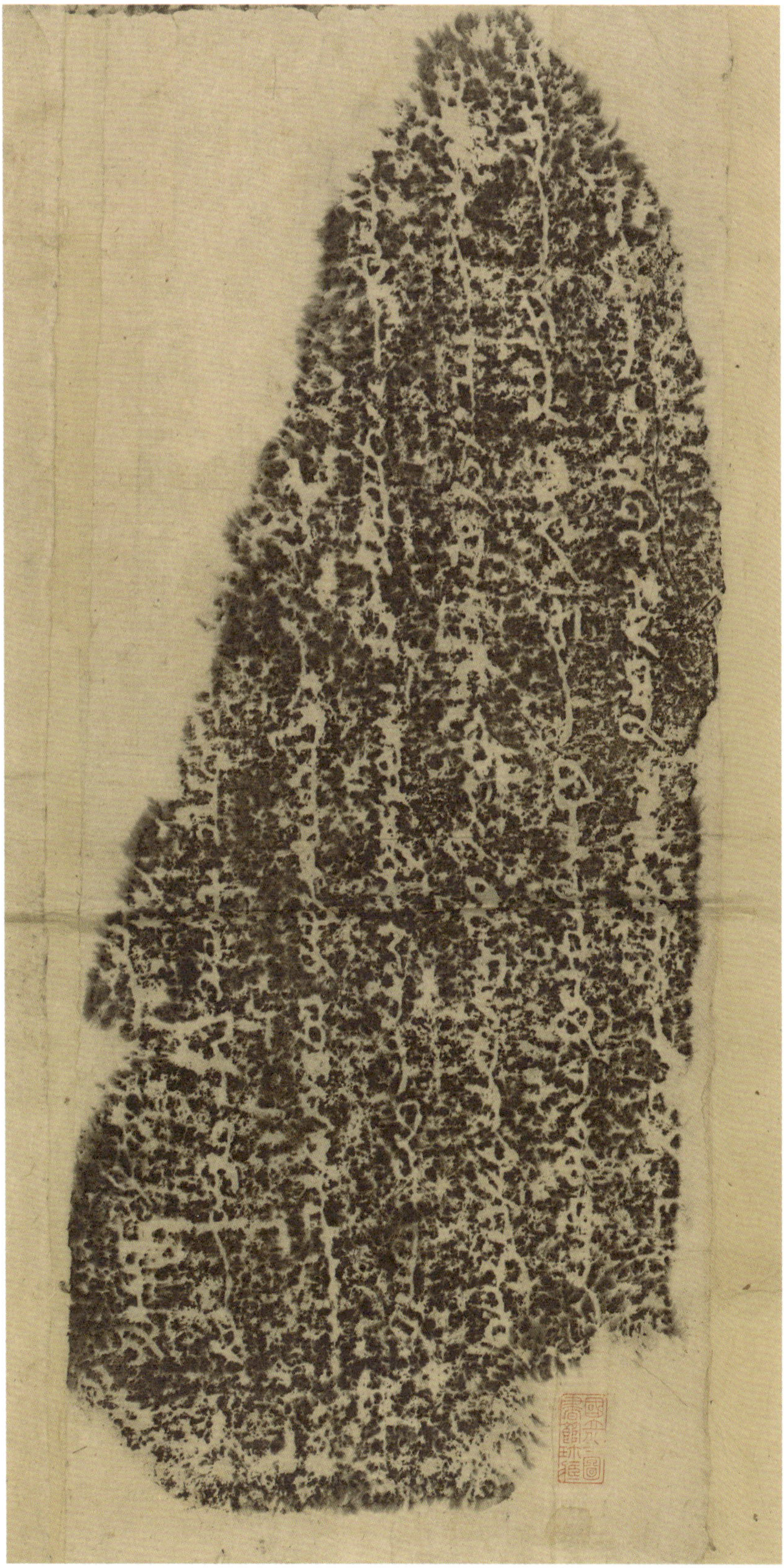

局部⑥

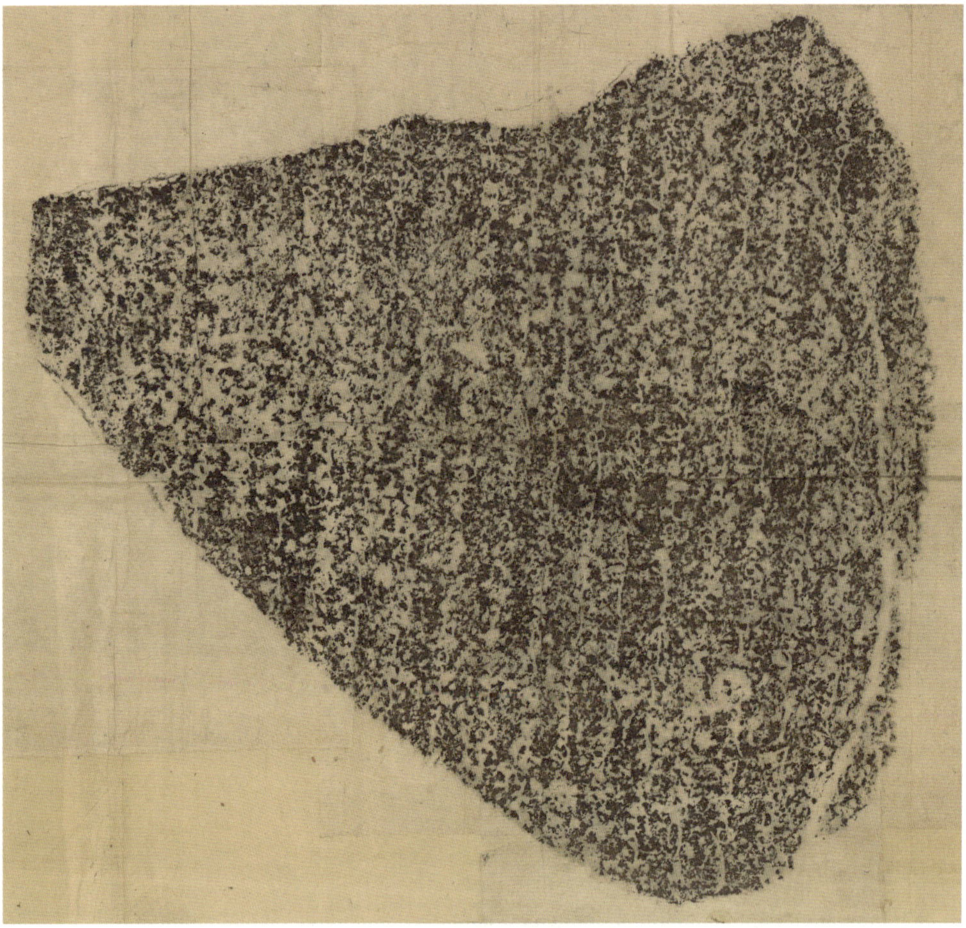

局部⑦

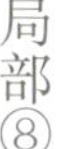

局部⑧

局部⑨

局部⑩

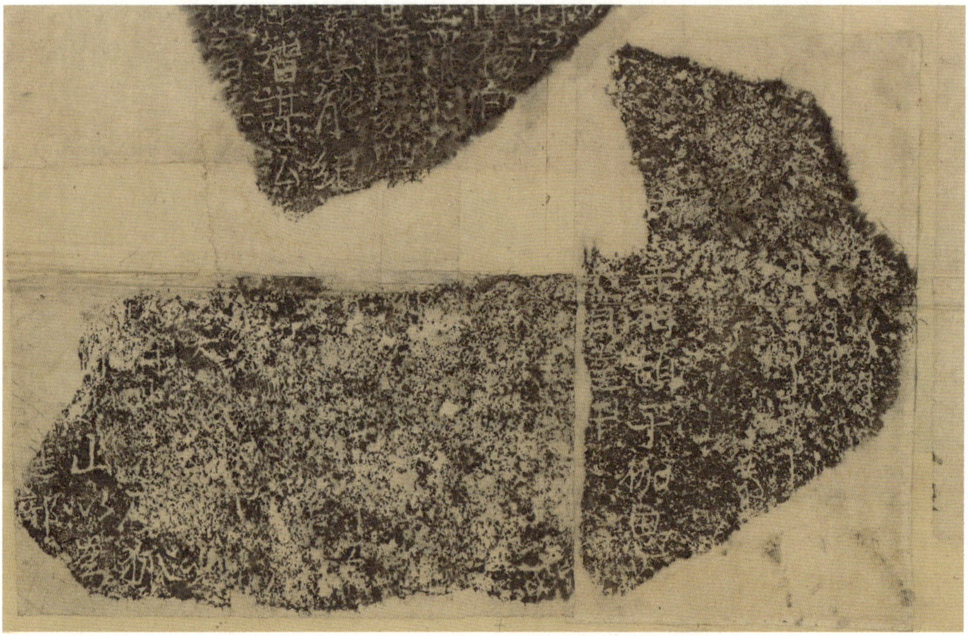

局部⑪

◆ 藏文

7世紀，吐蕃贊普松贊干布派遣大臣吞彌桑布紮等十餘人到印度學習，參照梵文並結合藏語實際創製了藏文。歷史上藏文有過三次釐定，現行藏文在9世紀初的第二次釐定中基本形成。藏文文獻在現存民族文字古籍中數量最多，按時代可分爲吐蕃時期的藏文文獻、13至19世紀的藏文文獻。其中，吐蕃時期的文獻主要有寫本、金石銘刻、簡牘等。歷代藏族學者撰寫和翻譯了大量藏文典籍，明清兩代在内地和藏區亦刻印了大量圖籍，而抄本文獻更是難以計數。

聖妙吉祥真實名經

〔吐蕃〕仁欽桑布譯。明永樂九年（1411）刻本，經摺裝，版框5.5釐米×8.4釐米。館藏號：zang1663。

《聖妙吉祥真實名經》，亦譯《正說聖妙吉祥名》《正說妙吉祥智慧薩埵勝義名》《文殊所說最勝名義經》《妙吉祥真實名經》《妙吉祥名稱正說功德》《佛說聖者妙吉祥真實名號經》等，通常簡稱爲《說妙吉祥名》，是藏傳佛教僧人日常誦念的最爲重要的密宗經典之一。譯者仁欽桑布（958—1055），也協畏之子，生於阿里古格。十七歲即赴印度留學十年，學通講說、辯論、寫作和翻譯，爲藏傳佛教後宏期諸大譯師之首。曾翻譯、校訂顯宗經17部、論33部，密宗怛特羅108部。《聖妙吉祥真實名經》即其一。

此經藏譯本存多種，訖今發現的最早版本出土於敦煌。此爲永樂九年刻本，前後有御製聖妙吉祥真實名經序及其藏譯文。正文末尾有譯跋曰：「印度堪布香達嘎熱哇瑪、噶瑪拉顧巴達與資深大譯師仁欽桑布，翻譯校訂。」此本裝幀嬌小、刊刻精良，爲藏文古籍中的翹楚，入選第一批《國家珍貴古籍名録》，名録號02290。

御製聖妙吉祥真實名經序

朕惟如來之道。廣大周徧。高超無等。浩渺汪洋。莫測其淺深。杳無邊際。莫知其遠近。視之不見其形。聽之不聞其聲。者

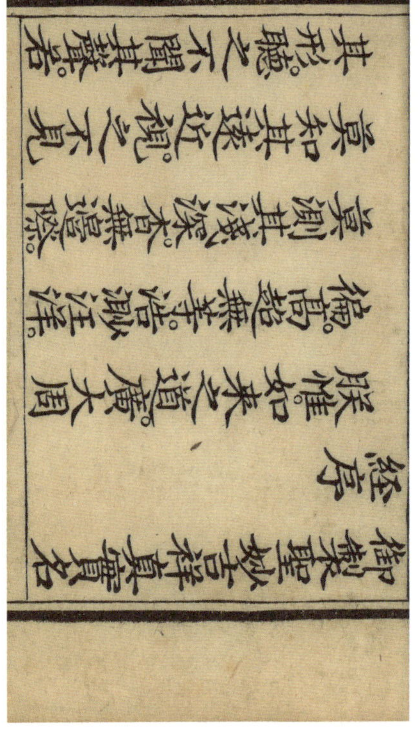

存若亡。不生不滅。非名言
可得其性相。非隨迎可見
其始終。所謂唱無緣之慈
而澤周萬物。演勿照之明
而鑒窮沙界者也。當其掩
室摩竭。示寂息言。杜口毘
邪。現默得意。是以文殊師

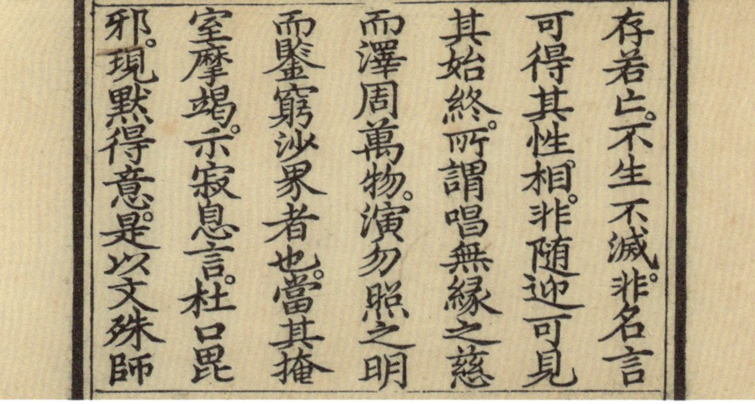

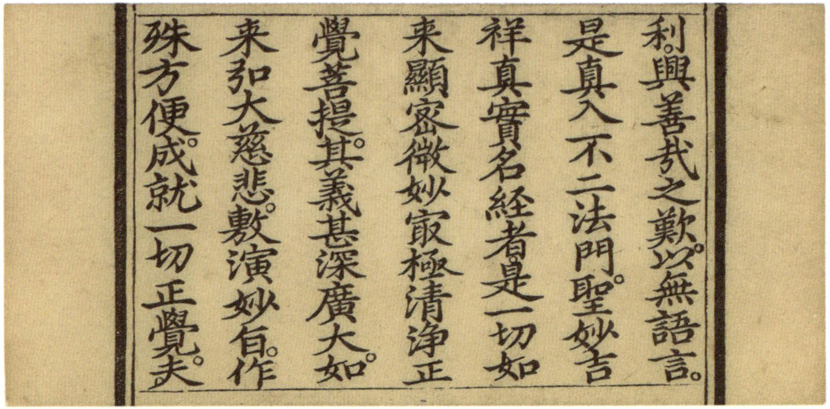
利興善哉之歎以無語言。
是真入不二法門。聖妙吉
祥真實名經者是一切如
來顯密微妙寂極清淨正
覺菩提。其義甚深廣大。如
來弘大慈悲。數演妙旨。作
殊方便成。就一切正覺夫。

道本無名。絕諸對待。性空
真有。不逐緣滅。性常如是。
故曰實相。惟不執有以為
有。不泥無以存無。以是觀
法。則可以明道。是故。是經
浩乎博乎。妙萬法而不遺。
統萬有而歸真者也。朕每

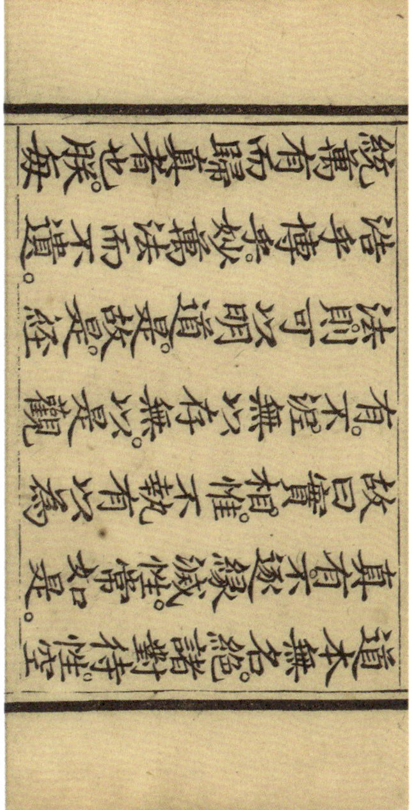

誦其言了解其趣是脩習
者出有壞妙吉祥頂髻之
珠。嘉與萬方。同增福慧。用
是鏤梓。以廣其傳。凡諸有
情能了是寂極殊勝。則功
德具足。頓超漚和之門。即
登般若之路。不然。違真以

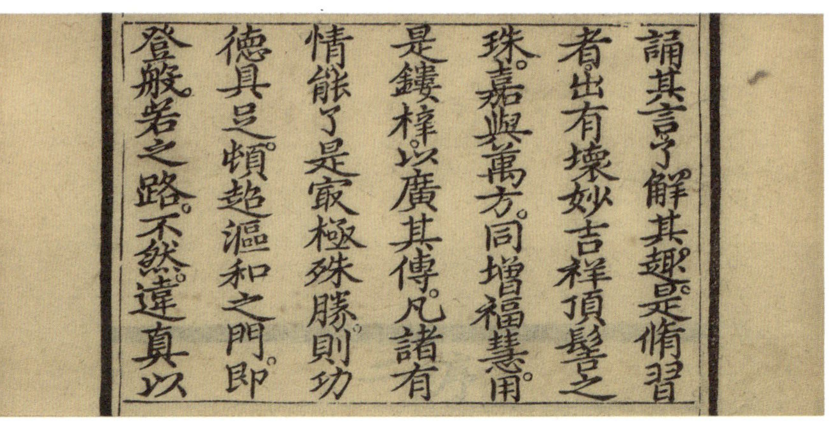

迷性。競辯以好異。為能得
是經之涯涘。況敢盼其徑
庭也哉。學道之士。宜盡心
焉。謹敷揚而為贊曰。

聖妙吉祥最殊勝
廣大顯密真實名
如來演說利益因

趣出無生與有壞
惟此菩提無上覺
能令一切患斷除
如是秘義妙宣揚
即說乃離於言說
法王神通大自在
巧施方便於世間

如彼甘露徧虛空
無盡法界皆霑足
一句一義妙無量
是為清淨冣上乘
金剛威力摧衆魔
那由他劫善調伏
能於種種作饒益

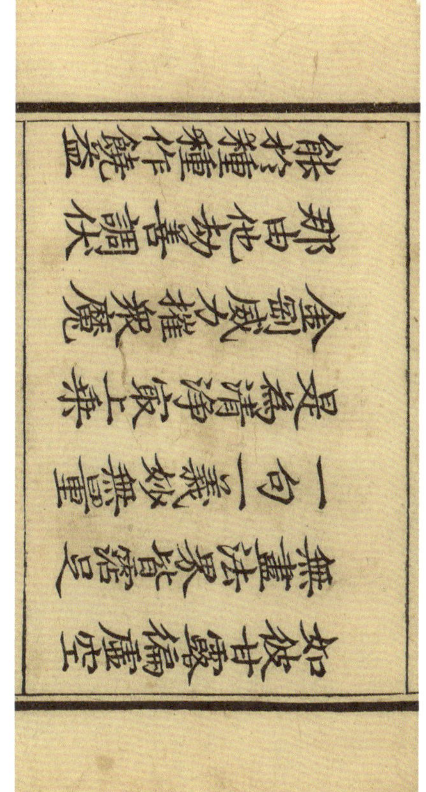

無二真如頂髻珠
持誦演說作思惟
令得一切咸快樂
聞者如聆師子吼
衆生隨處即西方
一身寶坐寶蓮花
兩足先登般若地

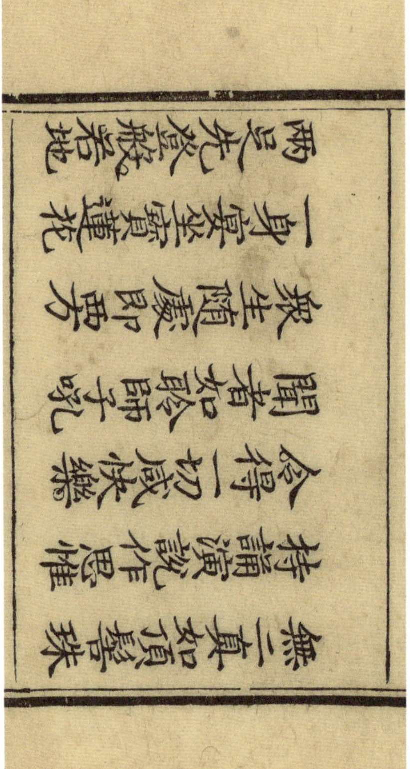

惟願有情皆實性
各應超脫此門中
皈依無等真實王
具諸功德不思議
讚歎甚深微妙理
宗妙吉祥成佛陀
大明永樂九年四月十七日

༄༅། །དེ་ནི་མི་ཏྲ་ཡོ་གི་རང་གིས་མཛད་པའི་
འཕགས་པ་འཇམ་དཔལ་གྱི་མཚན་ཡང་
དག་པར་བརྗོད་པའི་འགྱུར་བྱང་ཉི་འདི་སྐོར་
དུ། དེང་གྱི་བསམ་པ་ལ། བདེ་བ་རབ་ཤེགས་
པའི་ལམ་ནི། ཀུན་ལ་ཀྲུས་པར་ཕྱེ་བ། གྲོལ་
བའི་ཤིན་ཏུ་མཐོང་ཞིང་། འཕྲན་ལྷ་དང་བླ་ལབ

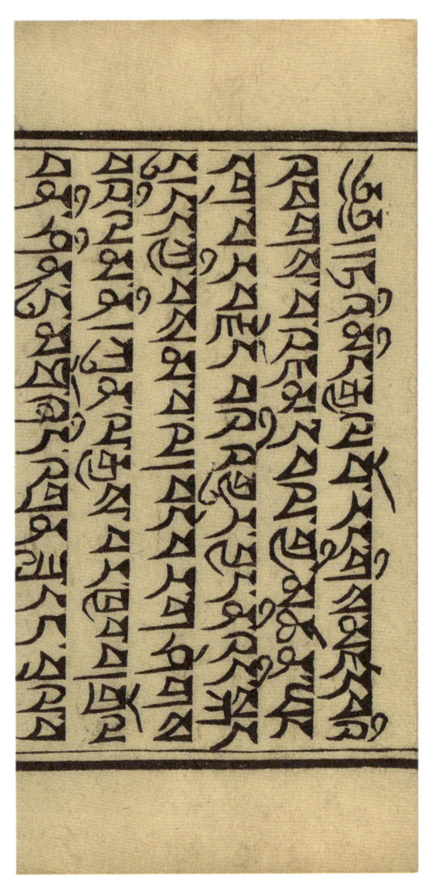

མཐྲའ་ཡས་ཉིད། །ཟབ་ལ་ར་བཀྲབ་ར་མི་ཤེ
ས་པ། མཐུན་ལས་འདས་པ་བཞི་དོན་ཀྱིས། དེ་ཉི
ཉེ་བ་དང་རྟེན་པ་འདང་གི་ཤེས་པ། །སྤྱོས་ཉན་དེ་ཉི
བླུ་བུགས་བ་རྣམ་མཐོང་བཞད་མི་དབ། །ཉམ་ལྡ
དོ་སྒྲ། །ང་མེད་པའོ། །ཡོད་པ་ཡང་མ་ཡིན
མེད་པའང་མ་ཡིན་ཏེ། །སྐྱེ་བ་དང་འགག་པ

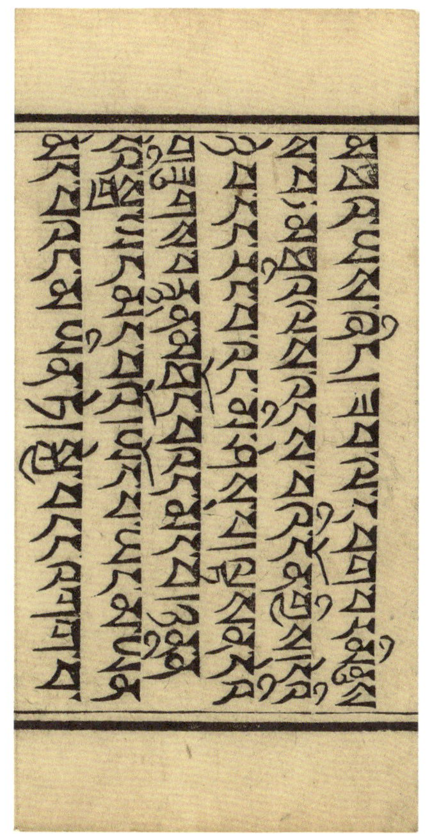

ཡང་མེད་དོ། །མཚན་ཉད་དང་ཅིག་ལ་བརྟེན་ནས་འདི
གཟུགས་བརྙན་སྤྲོབ་བ་འདང་མ་ཡིན་ནོ། །རྗེས
སུ་བསྟུ་བ་ལ་བརྟེན་ནས་དེ་འཕྲོག་མ་དང་སྤྲ
མ་མཕྲོད་བ་ཡང་མ་ཡིན་ན། །དེ་ས་ནཛམས་བའི
གྱུང་སྤྱང་ས་ཕྱིས་རྐྱེན་ལ་རག་ལས་བ་མེད་འགྱུར
ནི་དང་རིས་པོ་ཀུན་ལ་ཁྱབ་བྱེད་ཅུ་ཕྱུར་བ།།

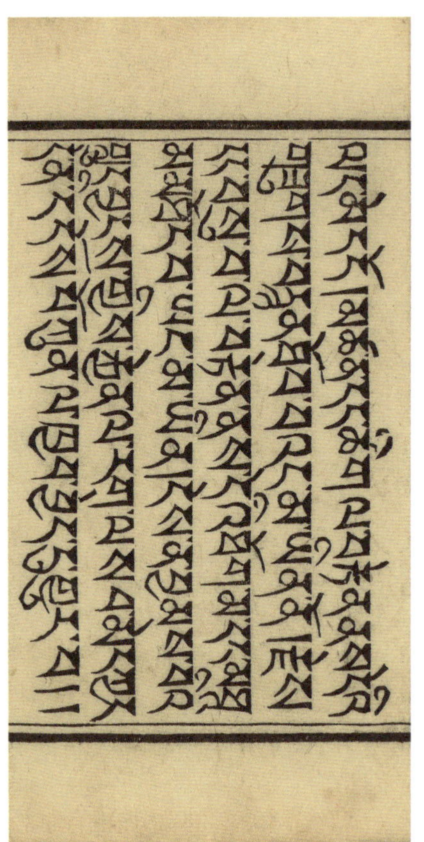

གསལ་བའི་སྒྲོན་མེ་བརྗོད་པ་མེད་གྱུར་སྟེ
སྟོང་ཀྱི་ཞིང་ཁམས་ཀུན་ལ་གསལ་བར་འགྱུར
ཅིང་། སྒོམ་ཆེ་མཁྱ་ཏུ་ན་ས་གྲུ་ང་ན་ལས་འདས
བའི་རྒྱལ་བསྟན་པ་མི། ཚིག་བརྗོད་པ་ཡས་
འདས་པ་ཙམ་དུ་ཟང་ང་། སྤྲི་ཡི་ཞེས་བྱ་བའི
ཡུལ་ན་ཞལ་འཛུམ་བ་ཞང་བཙས་པ་རྟེ་

ར་འཛིན་གྱིས་སེམས་སྤོབ་སྐྱེ། །དེ་ནས་འཇམ
དཔལ་གཞོན་ནུར་གྱུར་པས་ལེགས་སྐྱོ་ཞེས
བྱ་བ་འདི་བསྟོད་པ་དང་། །བརྗོད་པ་མངབ་ནུ་ཕང
དགོས་ནས་ཤུགས་པའི་གཉིས་སུ་མེད་པའི་ཆོས
ཀྱི་སྒྲ་མི་ཡོན་ནོ། །དེ་བཞིན་དུ་འཕགས་པ་
འཇམ་དཔལ་གྱི་མཚན་ཡང་དག་པར་བརྗོད

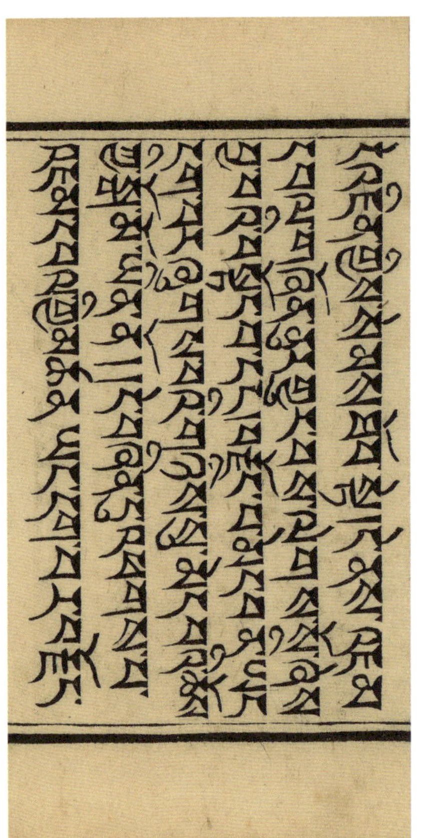

པ་མི། དེ་བཞིན་གཤེགས་པ་ཐམས་ཅད་ཀྱིས
སྤྱིད་དང་གསུང་དང་པ་ཉིད་དུ་རྗེས་སུ་བ་དང་དགའ་བསྟུ
རྒྱུས་པ་འབྱུང་རྒྱུ་པ་སྟེ། ད་འདོན་ཟབ་མོ་ཡུལ
གཞང་རྒྱ་ཆེ་བ་དུ། དེ་བཞིན་གཤེགས་པ་འབྱོར
བདང་སྐྱུ་དེ་རྒྱ་ཆེན་ཀྱིས་ལེགས་པ་རྒྱ་སུ་ངེ
པའི། ཕྱབས་མཆོག་དུ་མཛད་ཅིང་ཐམས་ཅད

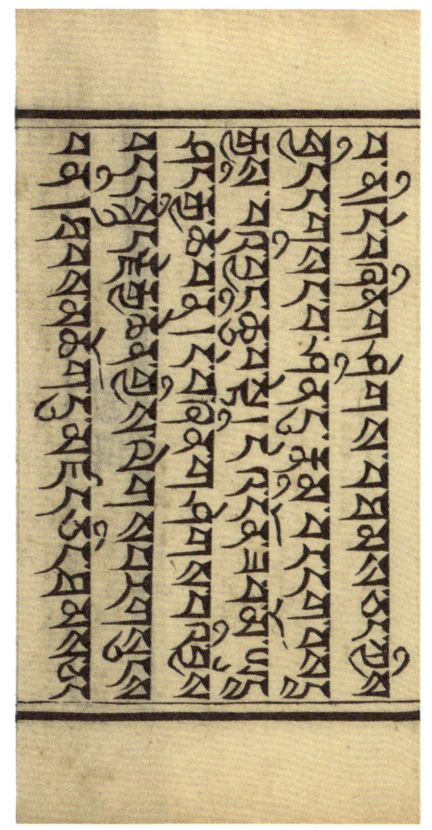

སངས་རྒྱས་སྐུ་འགྱུར་བ་བར་འགྱུར་བའི་ངོ་བོ
ཉིད། དེ་ཡང་ལམ་ནི་གཏེར་ནས་ཆེན་ནམ་མེད་པ
སྤྲུ་འཕྲུལ་ནུབ་སྒྲིབ་མེད་པའོ། །རང་བཞིན་ཉིད་ཀྱི་སྣང
ཞིང་ཡང་དག་པར་ཡོད་པ། ལམ་ལ་རྟེན་སྒྱུ
མི་འགག་པ་དེ་བོ་ཉི་དེ་ན་རྟག་ཏུ་དེ་བཞིན་ཉེས།
དེའི་ཕྱིར་པོ་ནུ་པའི་རྣམ་པའོ། །ཡང་པ

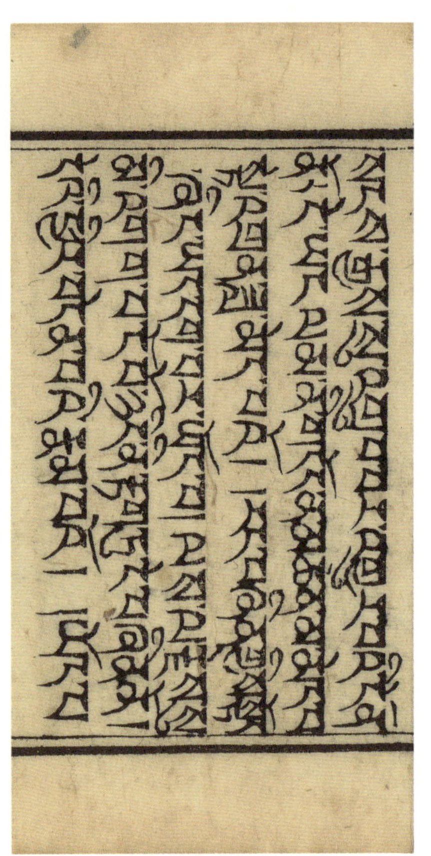

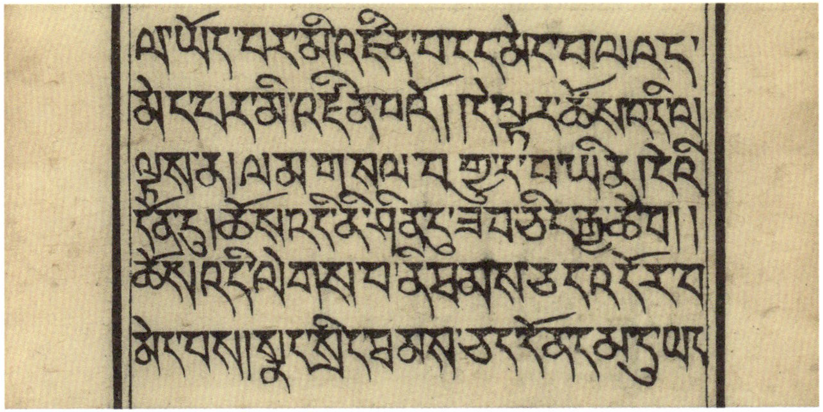

ལ་ཡོད་པར་མི་འཛིན་པ་དང་མེད་པ་ལ་ཞེད་
མེད་པར་མི་འཛིན་པའོ། །དེ་སྐད་ཆོས་པའི་ལུ
ལུས་ནི། །ལམ་གཞུང་ལ་ཆ་སྒྱུར་བ་ཡི་ནི། །དེའི
དོན་ནི། །ཆོས་འདི་ནི་ཕྱོགས་སྐྱོང་ཟླ་བཅེ་རྒྱ་ཆེ་བ། །
ཆོས་འདི་ལེགས་པ་ནི་ཐམས་ཅད་ངའ་རྟོ་བ
མེ་བས། །སྐུ་དཀྱིལ་ཐམས་ཅད་རྟོགས་ཆོ་མཛུ་ཡ

དགེ་པར་འདུས་པའོ།། ཡང་དག་གི་ས་རྟ་ག་ཏུ
འདི་འདི་རྟོན་པ་ལ། དེའི་རྟོན་རྗེ་གས་བསྐྱ།།
བསྒྲུབ་པ་པར་བྱ་བའི་དོན་དུ་ཁ་ཅོམ་ལྷུན་འདས
ཀྱིས་དཔལ་གཙུག་གཏོར་ཀྱི་ནོར་བུ་འཁོར་ལོའི་ཀྱེ་གྱུ
ཀྱི་གས་སྣ་མས་ཀྱིས་ཀུན་དང་། ལྷུན་ཅིག་ཏུ
པརོད་ཅམ་སད་ང་ཡི་ཤེས་ཀྱི་ཆོ་བུ་བཀག་ས

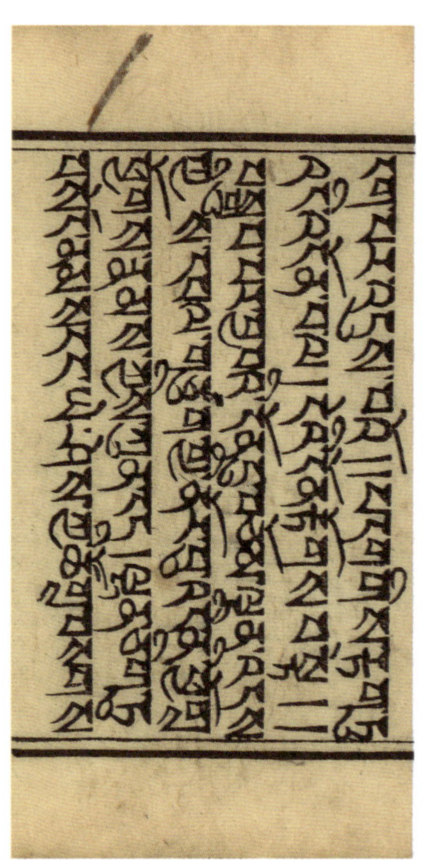

པའི་ཕྱིར། །བར་དུ་སོགས་མམ་ཀྲུ་ཆེན་པོར
པཀྱེ་བས་འཁྲི་པ་རྣམས་ཀྱིས་མཔའི་རྐྱེ
འའི་རྣེ་གས་པ། ཡོཤིན་ཧྲུ་ནྱུ་མཆོ་གས
བ་དབྱུན་པ་ང་། །ཤིའཛམ་དུ་ཐབ་སཀྱིས
སྨོམ་སྒྲོལ་ཞིང་། །པརྩེལ་ཏུ་ཕྱིན་བའི་ལམ་ལ
ཞུགས་པའོ། །འདི་སྐྱབས་ཡིན་ན། པའི་ན་

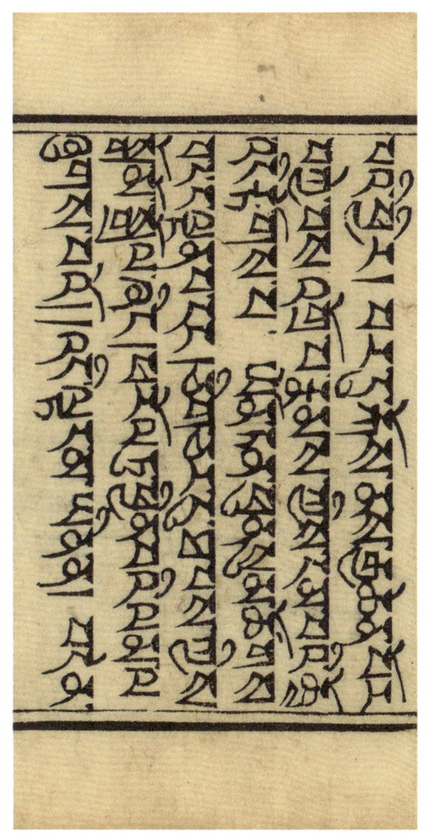

ས་དང་འགལ་ ཞིང་། དོན་ནི་རང་འཁྲུལ་བློ།
ཐབ་རྩེ་དང་དང་ལོག་པ་བྱེད་པ་ལ་ཞེན་པ་
ཡིན་ནོ། དེ་ལྟ་བས་ན་དེ་དག་གིས་ཆོས་འདི
གནས་ལུགས་འདང་མི་ཤེས་པ། ལམ་ལ་
རེ་བ་ནི་ལྟ་སྒོམ་ཀྱང་ཅི་དགོས། ལམ་འདི
སྒྲུབ་བ་བར་ཁྲིམས་ཀུན་ནི། བརྩོན་འགྲུས་ཀྱིས

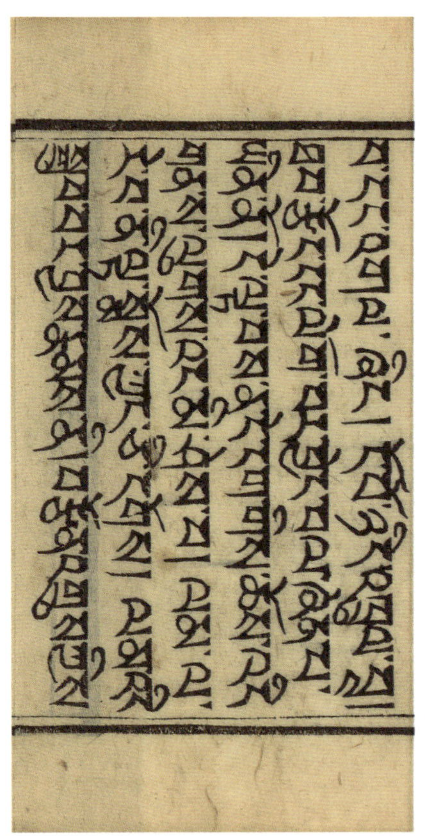

སྙེམས་དང་ལྡན་པ་རབ་སྤྲོས་ཤིག ། 二
ཤེ་དུས་འདི་ལ་བསྟོད་དབྱ་ཞེས་བྱ་བ་ནི། །འཐབ་སྤྲ
བཅགས་དང་ལྡན་པའི་མཆོག །རྒྱ་ཆེན་གསང་
གསལ་ལ་ཡང་དག་མཆན། །བདེ་རབ་ཤེས་བྱ་མ
བཞིན་ལས་རྣམས་བཤད། །སྐྱེ་མེད་ལས་ཀྱི་ལ
བཅོམ་ལྡན་འདས། །སྤྱོད་རྐུབ་འདི་ཉིད་བླན་མེད

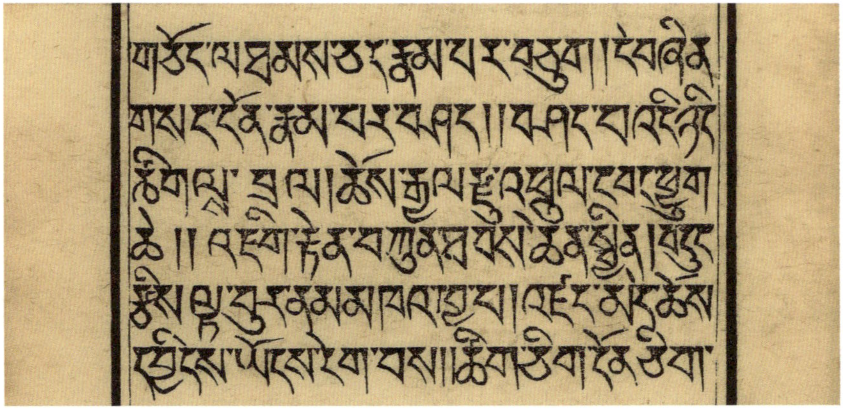
གཙོང་ལ་ཐམས་ཅད་རྣམ་པར་འཇུག །དེ་བཞིན་
གསུང་དོན་རྣམ་པར་མཛད། །མཛད་དང་བ་འདི་ནི་
ཏིཾ་ཀ་ལྷ་ སྲ་ལ། །ཆོས་སྐྱོལ་ཧཱུྃ་འཁྱུལ་དེ་བསྐྱེད་
ཆེ། ། འཇིག་རྟེན་པ་ཀུན་ཐ་ཡོས་ཚེ་ན་སྲིན། །བསྡུད་
ཆོས་ལྷུ་བཟུ་རན་མ་མ་བབ་བཟླ་པ། །འཛིང་མ་དུ་ཆོས་
ཡིད་ཀྱི་ཡི་ཡེ་རིག་བས། །ཀྱིག་ཅིག་རྟེན་ཅིག་

ལེགས་མཐའ་མེད། འདི་ཡི་རྣམ་དག་ཕྱོགས་
པའི་མཆོག །རྡོ་རྗེ་མཐུ་སྟོབས་བས་བདུད་རྣམས
འཇོམས། བསྐལ་བགྲངས་མེད་རྣམ་པར་འདུལ
འཁྲོ་བ་དུམ་སྐྱུར་བ་དང་། གཉིས་མེད་བདག་ཉིད
གཙུག་ཏོར་བུ།། འཇིག་ནམ་སྐྱོག་གམ་བསམ་པ་
དང་། ཐམས་ཅད་དབང་ལྡན་རྣམ་པར་སྐོར། ཕྱོགས

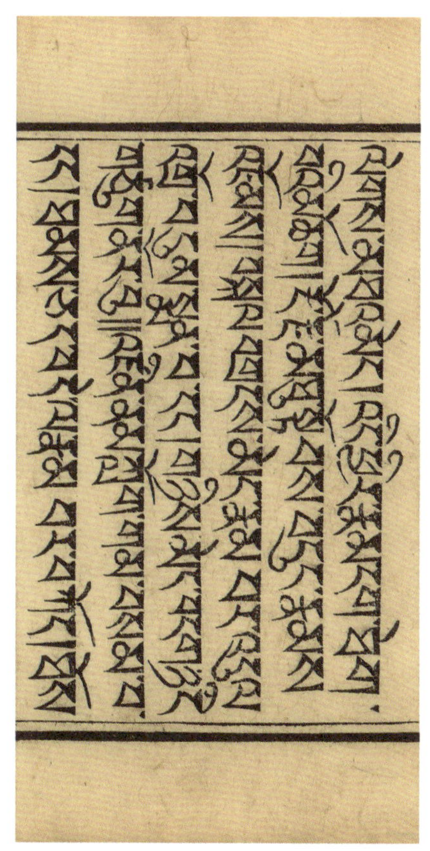

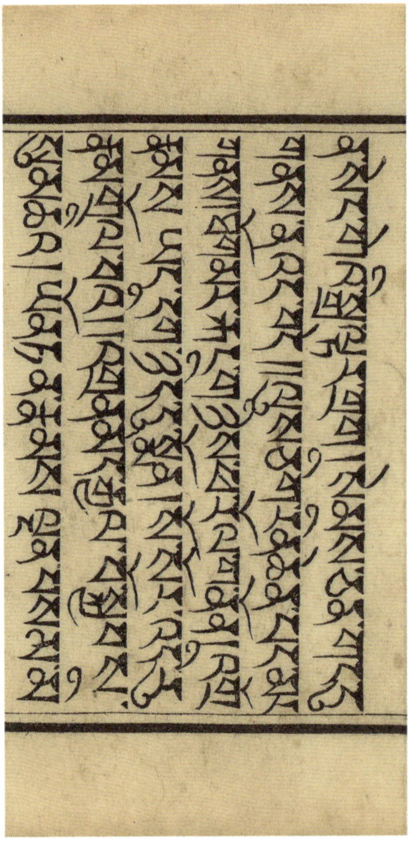

ནི་སེང་བོའི་སྒྲ་ཡུར་ཁྲག ། སེམས་ཅན་གདུ
གཉིས་ནུ་འདང་བར། །ལུས་ཅིག་རི་ཉི་ཆེན་པང་སྐྱ
གཉིས་ཕྱོག་མར་རྐྱང་གི་ཉེས་ཕ་རི་ལག་ཉེན། །འགྲོ
རྣམས་ཡང་དག་ཉིད་དུ་སྨིན། །སོ་སོར་འདི་རུ
རྣམ་གྲོལ་བའི། །འབྲུ་ནམ་མང་རྒྱལ་བོ་སྐྱབས་
སུམ་ཆིའ། །ཡོམ་དྷ་ནི་རྣམས་ལྷིན་པས་མ་མི

ཁྱབ། བརྗོད་པ་ཟབ་མོའི་ཡེ་ཤེས་པའི་ཚུལ།།
རབ་ཏུ་དབེན་པ་ཡོན་ཏན་ཐམས་ཅད་ཀྱིས་ཕྱེ་བ།། །།

།།ཏཱའི་མིང་ཡུང་ལོ་ཀྱུ་བའི་ལོ་ཟླ་བ་བཞི
བའི་ཙུ་བདུན་པོ་ཞིན།། །།

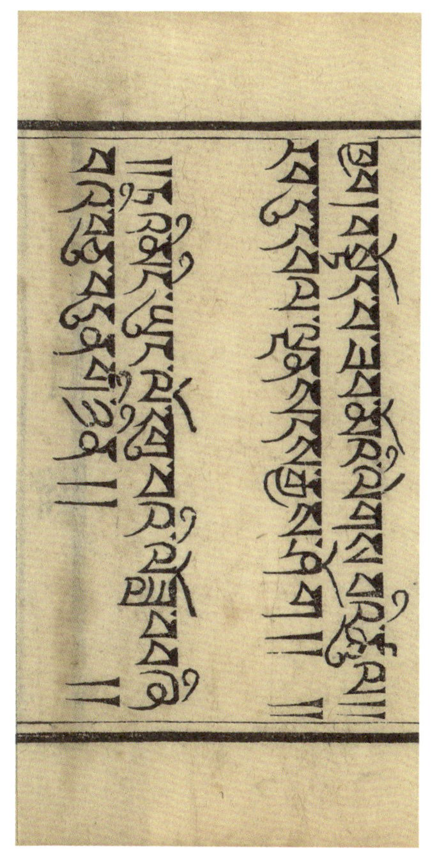

༄༅། །རྒྱ་གར་སྐད་དུ། ཨཱརྱ་མཉྫུ་ཤྲཱི་ནཱ་མ
སཾ་གཱི་ཏི། བོད་སྐད་དུ། འཕགས་པ་འཇམ་
དཔལ་གྱི་མཚན་ཡང་དག་པར་བརྗོད་པ། འཇམ་
དཔལ་གཞོན་ནུར་གྱུར་པ་ལ་ཕྱག་འཚལ་ལོ། །
དེ་ནས་དཔལ་ལྡན་རྡོ་རྗེ་འཆང་། །གདུལ་དཀའ་
འདུལ་བ་རྣམས་ཀྱི་མཆོག །དཔའ་བོ་འཇིག

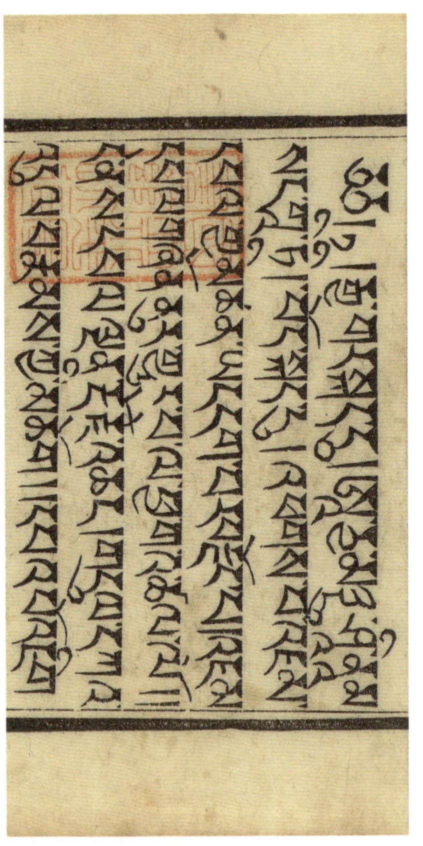

རྟེན་གསུམ་ལས་རྒྱལ། རྡོ་རྗེ་དབང་ཕྱུག་
གསང་བའི་རྒྱལ། །པད་མ་དཀར་པོ་རྒྱས་འདྲའི་
སྤྱན། །པད་མ་རྒྱས་འདྲའི་ཞལ་མངའ་བ། །རང་གི་
ལག་གིས་རྡོ་རྗེ་མཆོག །ཡང་དང་ཡང་དུ་གསོར་
བྱེད་པ། །ཁྲོ་གཉེར་རྣམ་པར་ལྡན་པ་སྟེ། །ལག་ན་
རྡོ་རྗེ་མཐའ་ཡས་པ་དཔའ་བོ་དག་དང་ཀ་ལ་

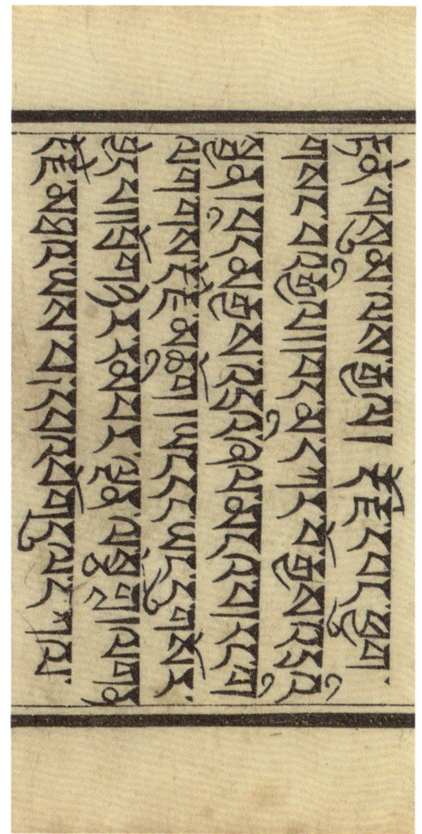

འདུལ་བ་པོ། །འཇིགས་སུ་རུང་དང་དར་བ་འབྱུང་
ཅན་རྡོ་རྗེ་ཆེ་མི་རབ་འཁྲུགས་པ། །རང་གི་ལག་གཡས
གསོར་ཕྱུང་བ། །སྐྱུ་རྡོ་རྗེ་ཆུང་ངེ་ཤེས་རབ་དང་། །
ཐབས་ཀྱི་སའ་འགྲོ་དེ་ནི་ཕྱི་དང་པ་ཧི་མ་ཆོག །དགའ
མགུ་རངས་པའི་ཐམས་ཅད། །ཁྲོ་བོའི་ལུས
ཀྱི་ཐུགས་སྐྱེད་པ། །ས་ལེ་རྒྱས་འབྲུ་ཞེས

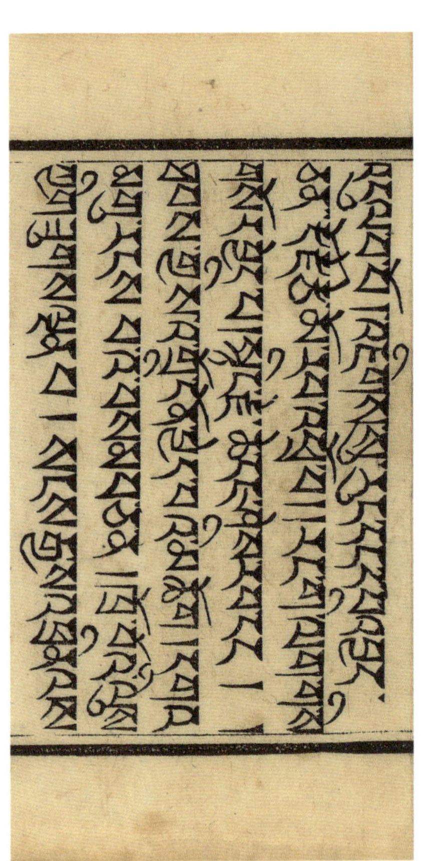

ཕྱེང་པའི་མགོན་ནུ། །ལུས་བཏུད་རྣམས་དང་ལྡན་
ཅིག་ཏུ། །དེ་བཞིན་གཤེགས་པ་བཅོམ་ལྡན་
འདས། །རྫོགས་སངས་རྒྱས་ལ་ཕྱག་འཚལ་ནས
ཐལ་མོ་སྦྱར་བ་བཏུད་ནས་ནི། །སྤྱན་སྔར་འདུག་སྟེ
འདི་སྐད་གསོལ། །ཁྱབ་པ་བདག་པོ་བདག་ལ་སྨན་
པ་དང་། །བདག་གི་དོན་བདག་ལ་བསྐུགས་བ་ཅེའི་ཕྱིར

སྒྲ་འཁྲུལ་པ་ཏྲ་བས་མཚོན་ཉེ་རྫོགས་པའི། །ཕྱང་
ཆུབ་ཅི་ནས་བདག་སྤོབ་མཛོད། །ཞེན་སྨོ་ལེ་
པས་ནི་སེམས་ཟུས་དཀྲུགས་ཤིང་། །མི་ཤེས་འདམ
དུ་བྱིང་བ་ཡི། །སེམས་ཅན་ཀུན་ལ་སྨན་པ་
དང་། །སྒྲ་མེ་དང་འབྲས་བུ་ཐོབ་པར་འི་སྦྱོར། །རྫོགས་
པའི་སེམས་རྒྱས་བཅོམ་ལྡན་འདས། །འགྲོ་བའི

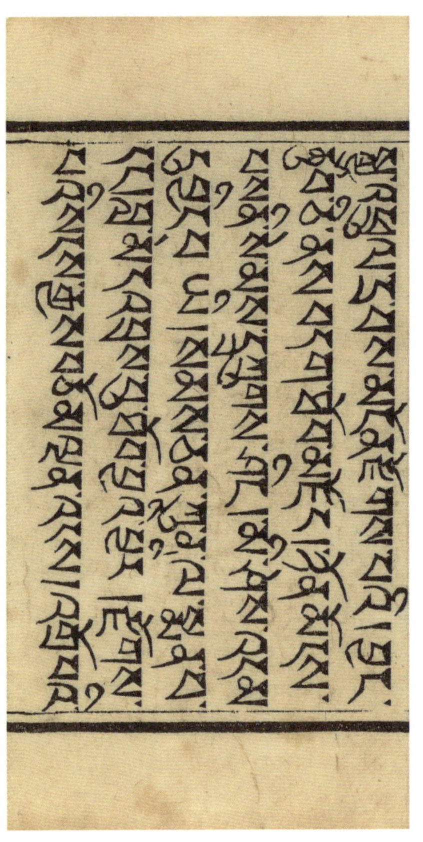

ཕྱམ་སྟོན་པ་པོ། །དམ་ཚིག་ཆེན་པོ་རྡོ་རྗེ་
མཁྱེན། །ངབ་དཔོ་བསམ་པ་མཁྱེན་མཆོག་གྱི།
བཅོམ་ལྡན་འདས་ཀྱི་ཡེ་ཤེས་སྐུ། །གཙུག་
ཏོར་ཆེན་པོ་ཚིག་གི་བདག། །ཡེ་ཤེས་སྐུ
སྟེ་རང་བྱུང་བ། །འཇམ་དཔལ་ཡེ་ཤེས་སེམས
དཔའ་ཡི། །མིང་ནི་ཡང་དག་བརྗོད་པའི་མཆོག།

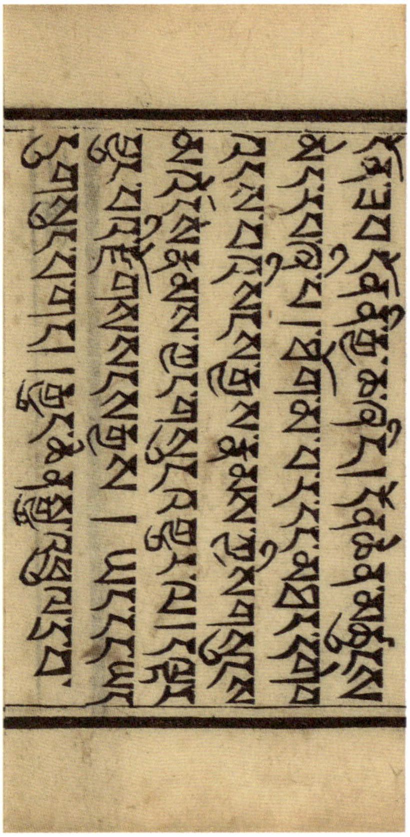

དོན་ཟབ་དོན་ནི་རྒྱ་མཚོ་ཞིང་། །དོན་ཆེན་མཆོག་ངེས
ལེ་དར་བཞི་པ། །ཕྱོགས་པ་ར་དང་མཐར་དབྱོབ
འདས་ལ་བ་ཏིས་སངས་རྒྱས་རྣམས་ཀྱིས་གསུངས
མ་འོངས་སྐྱེ་རྣམས་ཀྱང་གསུང་འགྱུར་ལ། །དཔྱེར
བྱུང་བའི་རྫོགས་སངས་རྒྱས། །ཡང་དང་ཡང
ཏུ་གསུང་བ་གད། །རྒྱུད་ཆེན་སྒྱུ་འཕྲུལ་དྲ་བ་

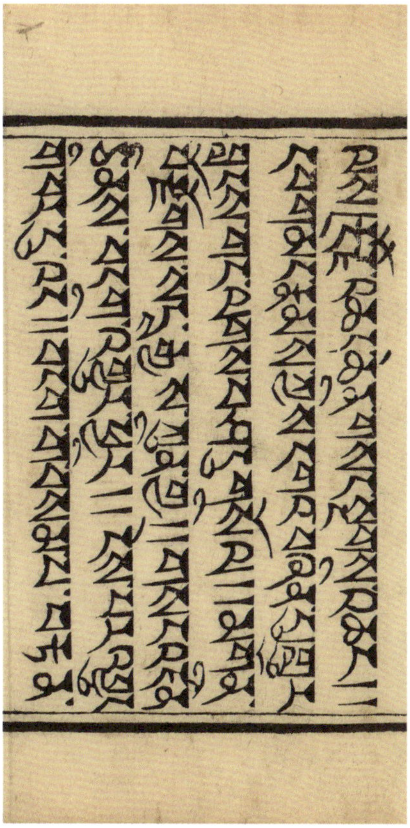
ལས་ཧཱུྃ་འཆང་ཆེན་གསང་སྔགས་འཆང་། །
[illegible]
[illegible] གང་ལགས་པ་བཤད་དུ་གསོལ། །མགོན་
པོ་རྫོགས་སངས་རྒྱས་ཀུན་གྱི། །གསང་བ་འཛིན་
[illegible]་བདག་འགྱུར་ཕྱིར། །ངེས་པར་འབྱུང་
གི་བར་དུ་འཛིན། །[illegible]

ཡིས་བརྒྱུད།། ཉོན་མོངས་མ་ལུས་བསལ་བ
དང་། མི་ཤེས་དབང་མ་ལུས་སྐྱོང་བའི་ཁྲིར
བསམ་མ་བའི་ཁྲུ་དབང་རྗེ་བཞིན་དུ་ར་སེམས་སྣ
ཚོགས་ལ་ཡ་ཤར་བར་འཆི་ལ།། གསང་དབང་
ལག་ན་རྡོ་རྗེ་ཡིས།། དབེན་ཉིད་སྣང་ཤེགས་ས་ལང
སྐུ། གསོལ་འདེབས་ཐལ་མོ་སྦྱར་བྱས་ཤིང་ལུས

བཅུ་ད་ལྡན་ས་མི་སྐྱུ་ན་སྐྱ་ན་ལྷུ་བ།། ཧཱུྃ། །ཧེ་ཀ་ས་བཙོམ
ཧྲིཿ ཤྲཱ་ཧྲུ་སྒྲུབ།། རྗེ་གས་པའི་ས་ང་ཀྱི་ས
ཤང་ག་ཉིས་མཆོག། ཉེ་ད་ཁྱེ་ཞེ་ལ་ནས་ལྷ་གས
པའྲང་བ། རེ་ངེ་ཉེ་ར་ཡཱ་ན་པ་བཀྲུ་ད་མཛད་དེ
འཇིག་རྟེན་གསུམ་པ་སྐྱུ་ར་ཕྱེ་ར་ཙ་ར།། བཙུ་ར
བཞི་ར་ཕྱེ་ཀྱམས་ག་འཁྱུ་ལ་ཕྱེ་ར་པ།། སེམས་ཅ་ན

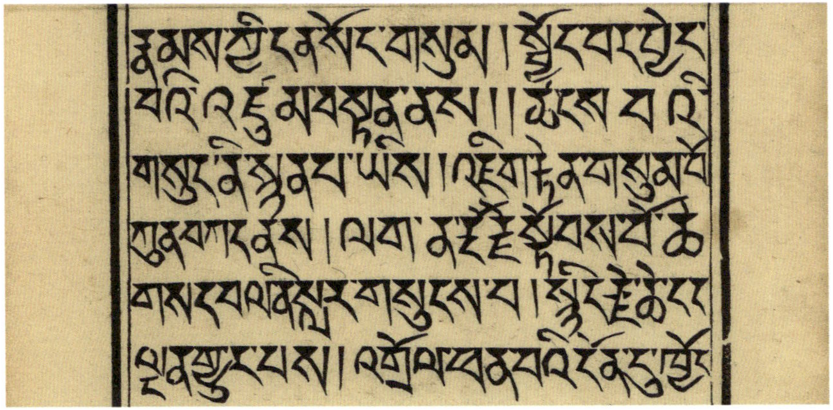

ནུམས་སྐྱེ་དང་ནོར་སྐྱོང་གསུམ། །སྤྱི་དང་བཅའ་སྐྱེད་
པའི་འདུ་མཐབ་སྐྱོད་ནས། །ཡི་སྲེ་བ་འི་
གསུང་ནི་སྐྱིན་པ་ཡིས། །འཇིག་རྟེན་གསུམ་པོ་
ཀུན་བཀང་ནས། །ལག་ན་རྡོ་རྗེ་སྟོབས་པོ་ཆེ་
གསང་བ་ལ་བསྐུར་གསུང་སེ་བ། །སྐྱེ་རྡོ་རྗེ་ཆེ་དད་
ལྷ་ན་སྒྲུར་པས། །འགྲོ་ལ་བ་ན་བའི་དོན་དུ་ཀྱེ

ཡེ་ཤེས་ལུས་ཅན་འཇམ་དཔལ་གྱི། །མིང་
བརྗོད་དབང་གི་ནི་དོན་ཆེ་བ། །དག་པར་བྱེད་ཅིང་
སྡིག་སེལ་བ། །དེ་ལས་ཉན་པར་བརྩོན་པ་ནི
ལེགས་སོ་དཔལ་ལྡན་རྡོ་རྗེ་འཆང་། །ལག་ན
རྡོ་རྗེ་ཁྱོད་ལེགས་སོ། །གསང་བའི་བདག་པོ
དེ་ཕྱིར་ངས། །ཁྱོད་ལ་ལེགས་པར་བསྟན

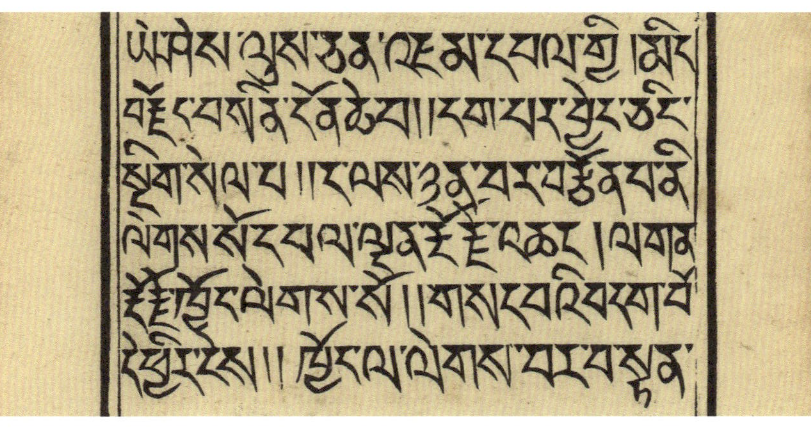

པདྨ། །ཁྱྀར་ཆུ་ཆེ་གཅིག་ཡིར་སྤྲི་སྲུ་ཏྲེ་ན།
བཅོམ་ལྡན་དེ་ནི་ལེགས་ཞེ་ས་ག་སོ་ལ་རེ
ནས་བཅོམ་ལྡན་སྐུ་ཏུ་སྒྲུབ། །གསར་སྐྱེ་གསུ
ཁྲིགས་ཆེན་ཐམས་ཅད་དང་། །གསར་སྐྱེ་གས
ཀྱིས་སྐྱེ་གསལ་འཆང་བ་འཇིགས་ཀྱི་སྐྱེས
གསུམ་ལ་ནི་རྣམ་པ་རབ་གཟིགས་ས། །འཇིག་རྟེན

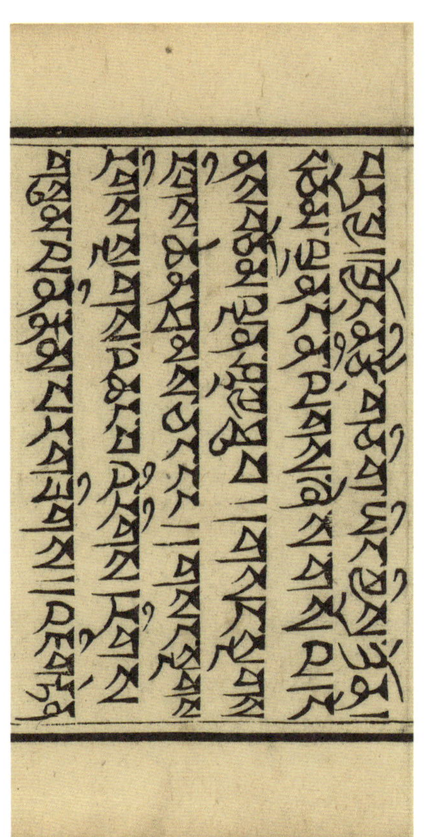

འཇིག་རྟེན་འདས་པའི་རིགས། །འཇིག་རྟེན་
སྣང་བྱེད་རིགས་ཆེན་དང་། །ཕྱག་རྒྱ་ཆེན་པོ
ཡིས་མཆོག་དང་། །རིགས་ཆེན་གཙུག་ཏོར་ངེ་སྨྲ
བཏགས་ནས། །ཚིག་གི་བདག་པོའི་ཚིགས་སྨྲ་སུ
བཅད། །ཀ་ལ་ཏ་སྤྱུག་ཀྲུ་ལ་ཏོ་ཧྲུག་ཡུན་ཞི་
གཞིར་མེད་པ་ར་འབྱུང་བ་དང་། །ཨ་སྐྱེ་ཧེ་

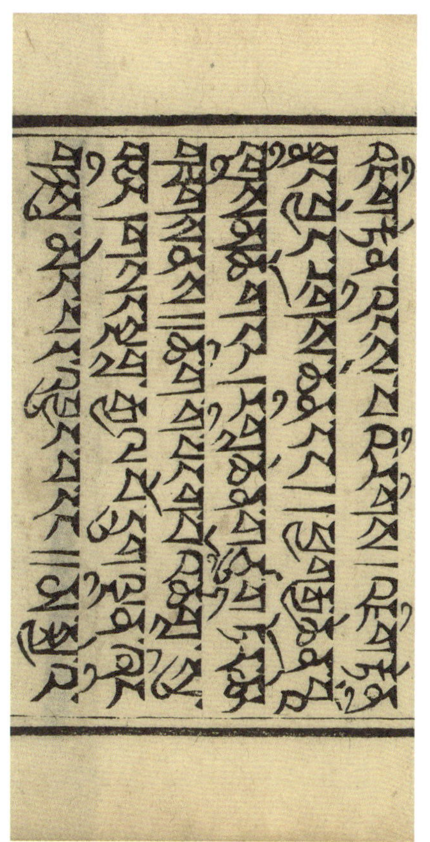

ཚིག་ཅན་འདི་གསུང་ངོ་པ། ཛ་ཛཱ། ཛི་ཛཱི
ཛུ་ཛཱུ། ཛེ་ཛཻ། ཛོ་ཛཽ། ཛཾ་ཛ། སྭཱ་ཧཱ
ཧཱུ་པ་ཧཱུྃ་ནཱ་མུ་ར་ཧཱ་ར་དམ་བུ་རྡྷཱ། བུདྡྷོ་ཧཱུ་ར
ཧྲུ་པཱ་ཏུ་ ནྱཱ། ཛཾ་བཛྲ་ཧ་ཀྵཱ་ཧཱུྃ། ཏུཿ་པ་ཧྱཱུྃ་ཏ།
བྲ་ཧཱུྃ་ཧཱུྃ་ནམ་སུ་ར་ཧ་ཡ་ཧཱུྃ་ན་ཀཱ་ཡ། པ་བཛྲ་ཤྭ
ཀྱ་འ་ར་པ་ཙཾ་ན་ཡ་ཧེ་ན་མ། ། ༄༅ ༎

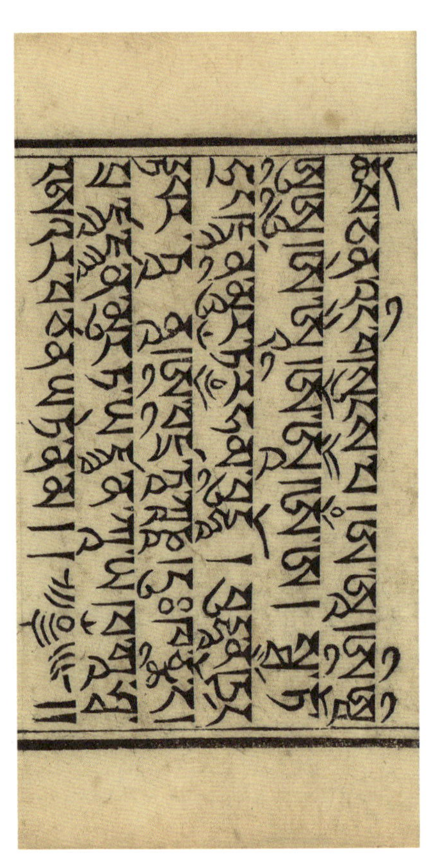

འདི་ལྟར་སངས་རྒྱས་བཅོམ་ལྡན་འདས། །
རྫོགས་པའི་སངས་རྒྱས་ཨ་ལས་བྱུང་། །ཨ་ནི་
ཡི་གེ་ཀུན་གྱི་མཆོག །དོན་ཆེན་ཡི་གེ་
དམ་པ་ཡིན། ཁོང་ནས་འབྱུང་བ་སྐྱེ་བ་མེད། །
ཚིག་ཏུ་བརྗོད་པ་སྤངས་པ་སྟེ། །བརྗོད་པ་ཀུན་གྱི་
རྒྱུའི་མཆོག །ཚིག་ཀུན་རབ་ཏུ་གསལ་བར་

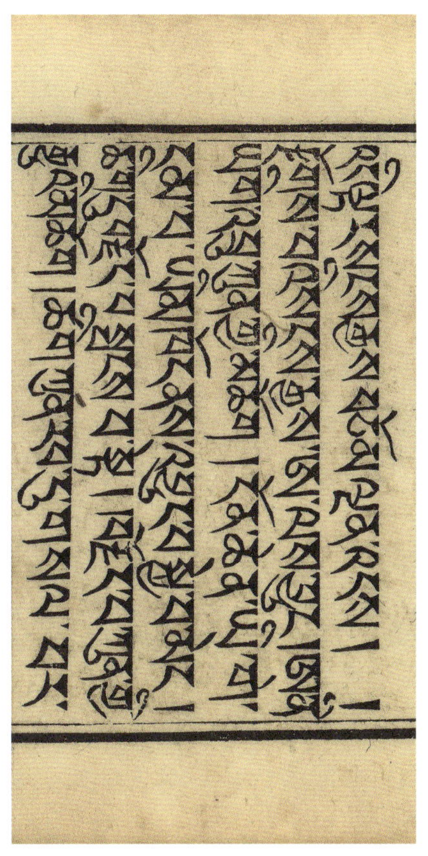

ཕྱི་ད།མཆོད་པ་ཆེན་པོ་འདོད་ཆགས་ཆེ། །སེམས་
ཅན་ཐམས་ཅད་དགའ་བར་བྱེད། །མཆོད་པ་
ཆེན་པོ་ཞེ་སྡང་ཆེ། །ཉོན་མོངས་ཀུན་གྱི་དགྲ་ཆེ་
བ། མཆོད་པ་ཆེན་པོ་གཏི་མུག་ཆེ། ། གཏི་
མུག་གློ་སྒྲ་གཏི་མུག་སེལ། །མཆོད་པ་ཆེན་པོ་
ཁྲོ་བ་ཆེ། ། ཁྲོ་བ་ཆེན་པོ་འདི་དགྲ་ཆེ་བ།མཆོད་

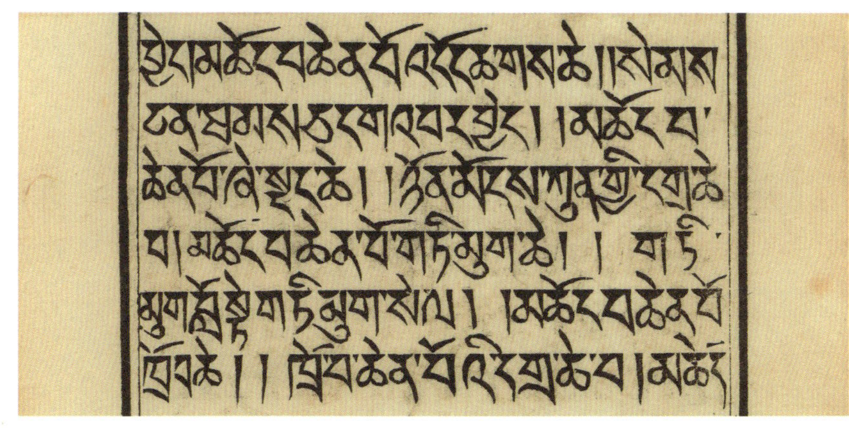

པ་ཆེན་པོ་ཆགས་པ་ཆེ། །ཆགས་པ་ཐམས
ཅད་སེལ་བར་བྱེད། །འདོད་པ་ཆེན་པོ་བདེ་
བ་ཆེ། །དགའ་བ་ཆེན་པོ་མགུ་བ་ཆེ་གཟུགས
ཆེ་ལུས་ཀྱང་ཆེ་བ་སྟེ། །ཁ་དོག་ཆེ་ཞིང་ལུས
བོང་ཆེ། །མིང་ཡང་ཆེ་ཞིང་རྒྱ་ཆེ་བ། །དཀྱིལ
འཁོར་ཆེན་པོ་ཡངས་པ་ཡིན། །ཤེས་རབ

མཚོན་ཆེན་འཆང་བ་སྟེ། །ཉོན་མོངས་ཆེན
པོ་ཀླུགས་རྒྱུ་མཆོག། །གྲགས་ཆེན་སྣམ
གྲགས་ཆེན་པོ་སྟེ། །སྣང་བ་ཆེན་པོ་གསལ
བ་ཆེ། །མཐོས་བསྒྲུ་འཕྲུལ་ཆེན་པོ
འཆང་། སྒྲུ་འཕྲུལ་ཆེན་པོའི་རྣམ་སྒྲུབ་པ། །
སྒྲུ་འཕྲུལ་ཆེན་པོའི་དགའ་འབབས་དགའ། །སྒྲུ

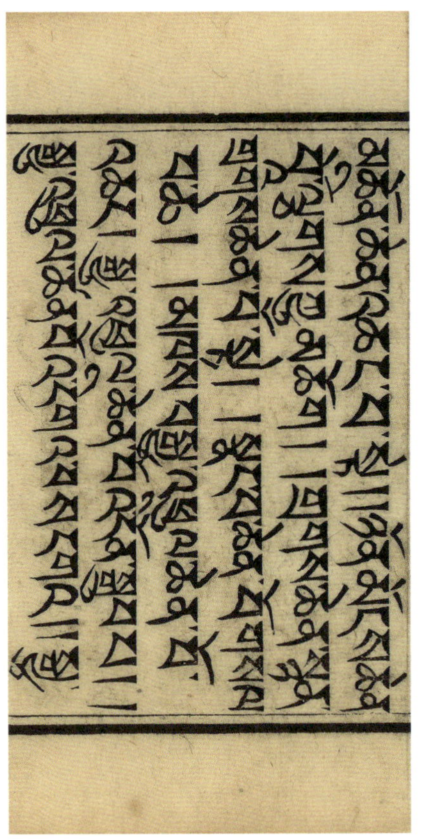

འཕྲུལ་ཆེན་པོ་འི་མིག་འཕྲུལ་ཅན། །སྦྱིན
པ་ཆེན་པོ་གཙོ་བོ་སྟེ། །ཚུལ་ཁྲིམས་ཆེན་
པོ་འཆང་བའི་མཆོག །བཟོད་ཆེན་འཆང་བ
བརྟན་པ་པོ་བརྩོན་འགྲུས་ཆེན་པོ་ཕ་རོལ་པ
ཡིན། །བསམ་གཏན་ཆེན་པོ་ཏིང་ངེ་འཛིན
གནས། །ཤེས་རབ་ཆེན་པོའི་ལུས་འཆང་བ

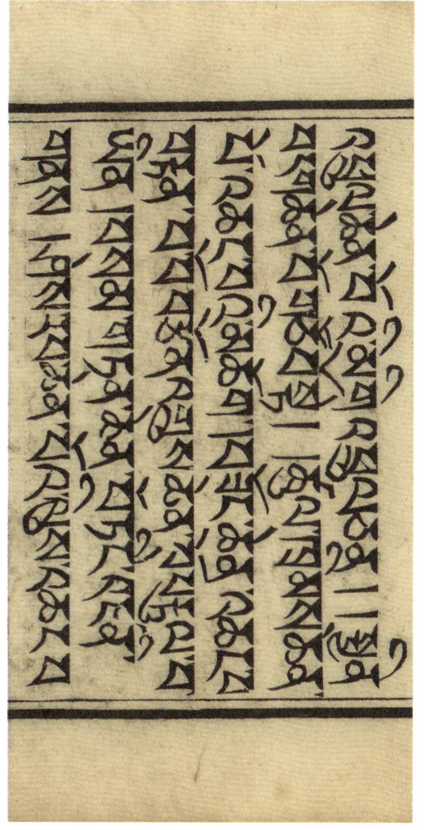

སྟོབས་པོ་ཆེ་ལ་ཐབས་ཆེ་བ། །སྨོན་ལམ་ཡེ་
ཤེས་རྒྱ་མཚོ་སྟེ། །བྱམས་ཆེན་རང་བཞིན་
དཔག་ཏུ་མེད། །སྙིང་རྗེ་ཆེན་པོ་བློ་ཡི་མཆོག
ཤེས་རབ་ཆེན་པོ་བློ་ཆེན་ལྡན། །མཁས་པ་
ཆེན་པོ་ཐབས་ཆེ་བ། །རྫུ་འཕྲུལ་ཆེན་པོ་ཤུགས་
དང་ལྡན། །ཤུགས་ཆེན་མཁྱུགས་པ་ཆེན་པོ

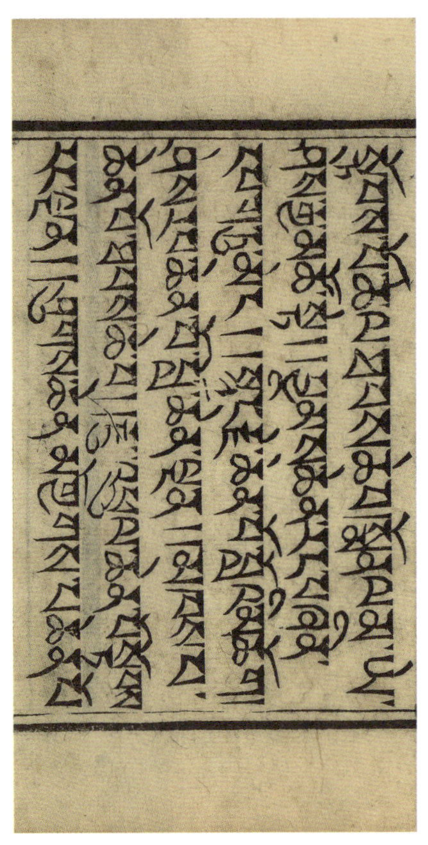

སྣོ། །རྡོ་འཁྲུལ་ཆེན་པོ་ཆེར་གྲགས་པ། །སྟོབས་པས
ཆེན་པོ་ར་ལ་གནོན་པ་པོ། །སྒྲ་ང་བའི་ང་རོ་ཆེན
པོའ་རྗེ་མས། །མཁྲེགས་ཤིང་རྡོ་རྗེ་ཆེན་པོ
འཆང་། །དྲག་པོ་ཆེན་པོ་དྲག་ཤུལ་ཅེ། །འཇིགས་བྱེ
ཆེན་འཇིགས་པར་བྱེད་པ་པོ། །མགོན་པོ་རྒྱ
མཆོག་ཆེན་པོ་སྔོ། །ལྷམ་གསང་སྔགས་ཆེ

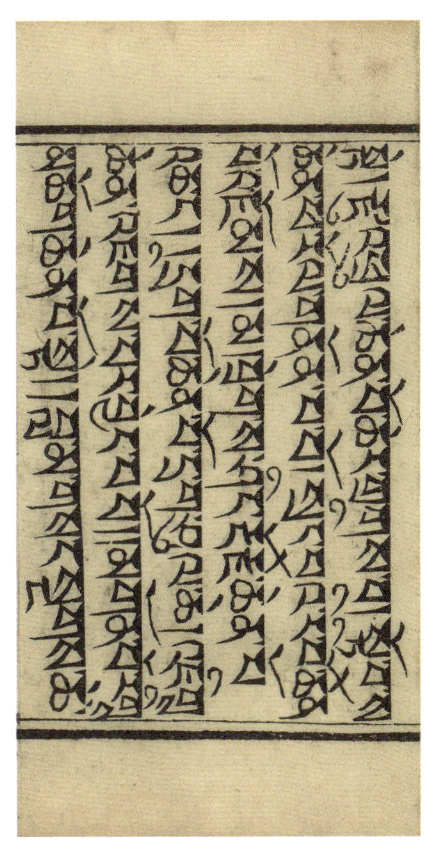

པའི་མཆོག ། ཐེག་པ་ཆེན་པོའི་རྒྱལ་ཡ་གམས
ཐེག་པ་ཆེན་པོའི་རྒྱལ་གྲྭ་མཆོག ། ཧཱུྃ ། །
སངས་རྒྱས་སྐུམ་པར་སྣང་མཛད་དཆེ། ། ཐུབ་པ
ཆེན་པོ་ཐུབ་པ་ཆེན་ལྔན། ། གསང་སྔགས་པ་རྒྱལ
ཆེན་ལས་བྱུང་བ། །གསང་སྔགས་རྒྱལ་ཆེན
པདག་ཧེ་ཙན། ། པདྨལ་བྱིན་པ་སྦྱུ་པོ་པ་པདྨ

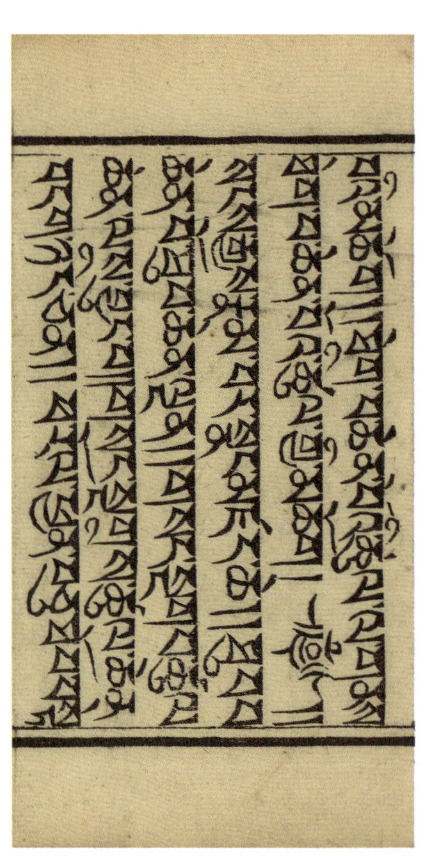

ཕ་རོལ་ཕྱིན་པ་བཅུ་ལ་གནས། །ཕ་རོལ་ཕྱིན་
བཅུ་དག་པ་སྟེ། །ཕ་རོལ་ཕྱིན་པ་བཅུ་ཡི་ཚུལ། །
མགོན་པོ་ས་བཅུའི་དབང་ཕྱུག་སྟེ། །ས་བཅུ་
ལ་ནི་གནས་པ་པོ། །ཤེས་བཅུ་རྣམ་དག་བདག་
ཉིད་ཅན། །ཤེས་བཅུ་རྣམ་དག་འཆང་བ་
པོ། །རྣམ་པ་བཅུ་པ་བཅུ་དོན་དོན། །

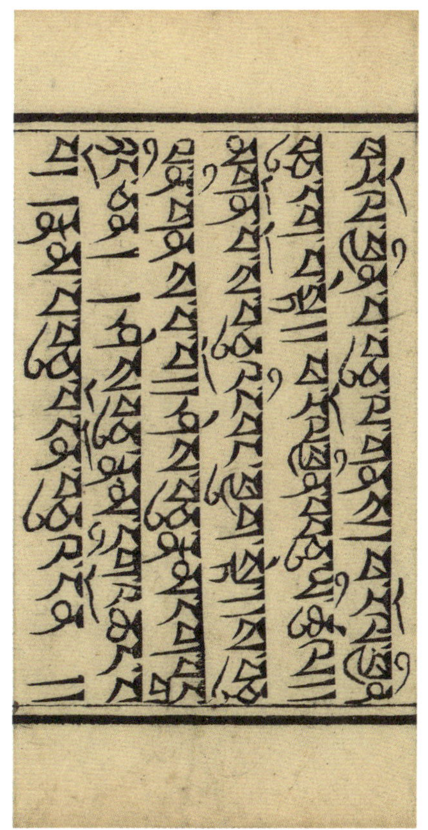

ཕྱུ་བ་རབ་པང་སྐྱོ་བས་བརྟུ་ཁྲུས་པའི་བབ་བོ། ཀུན
ཀྱི་རོ་ནེ་ནོ་ཤ་ཁྱུས་ཁྲིད། རྐམ་བརྟུ་དབབ་དཀྱུམ
ཆེ་བ་ཡོ། །ཕྲོག་མ་མེད་པ་སྒྲོས་མེད་བ་དབོ།
དེ་བཞིན་ཉི་དཔང་བོ་དབོ་བའི་ཕྲི་དབོ། བེ་ཞ་
བཟླ་སྒྲུ་ཞེ་ཆེ་ག་མི་འཁྱུར། །ཇེ་སྐྲ་དཀྲུགས་བ
དེ་བཞིན་ཉི་ཁྱེར། གཉིས་སྐྱུ་མེད་དབོ་ཉིས་མེད

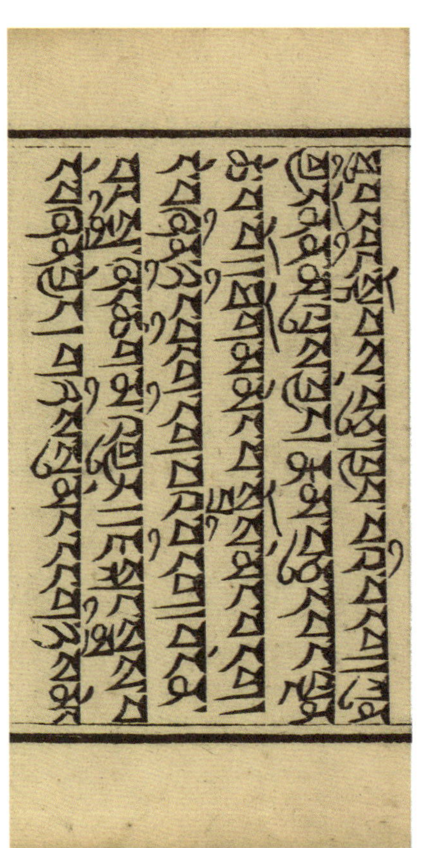

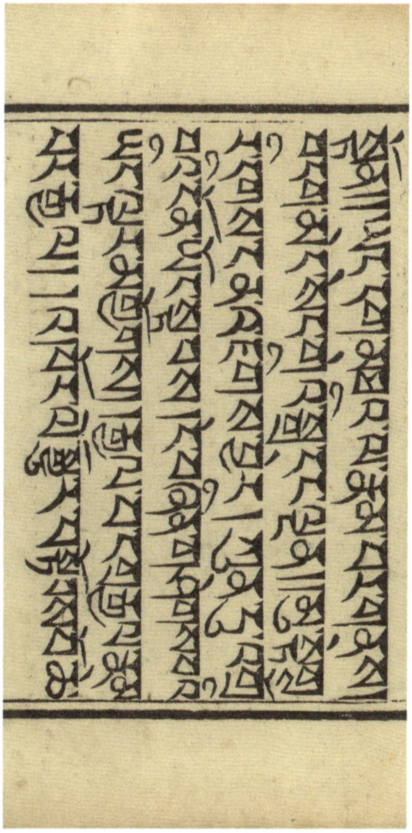

ཚོགས་ཀྱི་སློབ་དཔོན་ཚོགས་ཀྱི་མཆོག།
ཚོགས་རྗེ་ཚོགས་བདག་དབང་དང་ལྡན།།
མཐུ་ཆེན་གཅེས་པར་འཛིན་པ་སྟེ། །ཚུལ
ཆེན་གཞན་གྱི་དྲིང་མི་འཇོག། །ཚིག་རྗེ
ཚིག་བདག་སྨྲ་མཁས་པ།། ཚིག་ལ་དབང་
བ་ཚིག་མཐའ་ཡས།། ཚིག་གི་བདེན་པ་

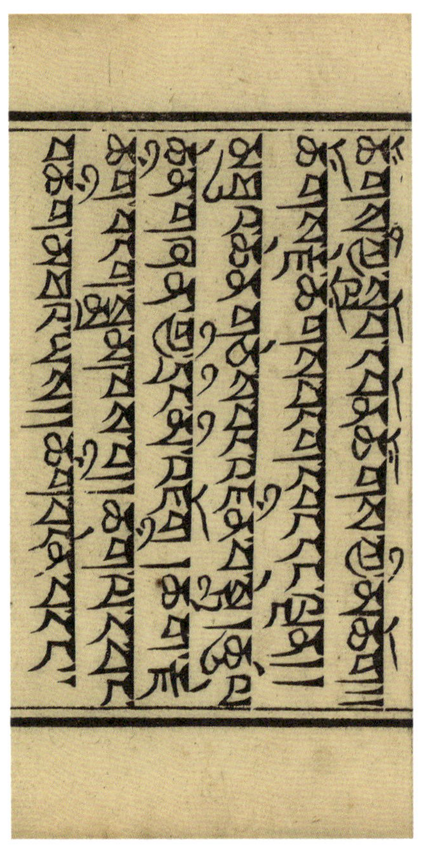

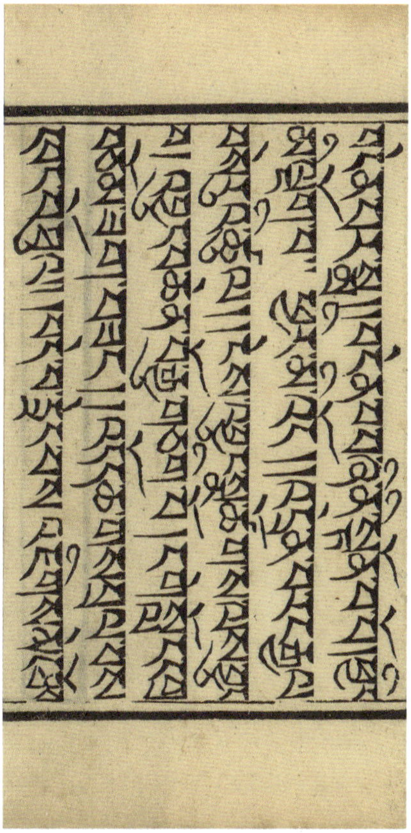
གེ་རྣམ་པར་སྣ། །བདེ་ན་བ་པ་ཞི་མི་སྣོན་མ་བ་པོ་ཞྭེར
ཨོ་ལྷེ་ག་བ། ཕྲུར་མི་འོང་། །འདི་རྣམ་པར་རྒྱལ
བས་ཏུ་འི་རྩུ་ལ། །དེ་ས་ལྷུ་ཧྲུ་ཀྱེ་ག་ས་ཡས་ཧུ
མ། འཕྲུ་ར་བ་ཆེན་པོ་རྒྱུ་གཅིག་པོ། །དགེ་སློ་ང་བྲེ
ཕཚེ་མ་ཟག་བཟང་། །འདོད་ཆ་གས་བྲལ་བས
ཡོང་པོ་ཕྲུག། །བདེ་བ་རྫི་ར་བས ལ་ཧྲིགས་མི་ཚོ

བསིལ་བར་ཁྲུར་བརྙེད་བ་མེད། །ཕྲིག་བདང་
ནཱཀྲི་ངབར་ལྡན། །བདག་ཤེགས་འདེགས་ཀྱིས
རྒྱ་བའི་མཆོག། །བདག་གིར་མི་འཛིན་ནང་པ
མི་འཛིན། །བདེན་པ་གཉིས་ཀྱི་ཚུལ་ལ་མཁས
ལ་བོར་བའི་བསྟོད་ཡོལ་མཐར་ཕྱིན་པ། །བྲུ་བ
བྲུམ་བསྐམ་མཁར་གནས། །ཤེས་པ་འབབ

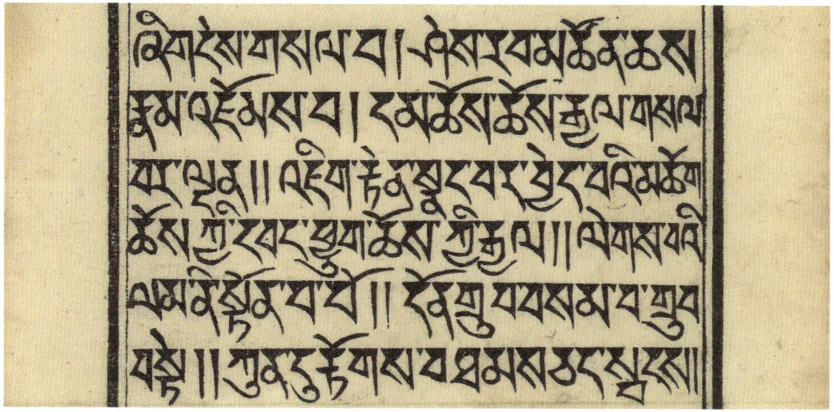
ཉིད་ངེས་གསལ་བ། །ཤེས་རབ་མཚོན་ཆས
རྣམ་འཇོམས་པ། །དམ་ཆོས་ཆོས་རྒྱལ་གསལ
བ་ཡིན། །འཇིག་རྟེན་སྣང་བར་བྱེད་པའི་མཆོག
ཆོས་ཀྱི་དབང་ཕྱུག་ཆོས་ཀྱི་རྒྱལ། །ལེགས་པའི
ལམ་ནི་སྟོན་པ་པོ། །དོན་གྲུབ་བསམ་པ་གྲུབ
པ་སྟེ། །ཀུན་ཏུ་རྟོགས་པ་ཐམས་ཅད་སྤངས།

སྨོན་པར་མི་རྟོག་འབྲི་རྒྱས་མི་ཟད།། ཆོས་ཀྱིས་དམ་པ་བཟང་མོ་ཞེས།། བསོད་ནམས་ལྡན་པ་བསོད་ནམས་ཚོགས།། ཡེ་ཤེས་ཡེ་ཤེས་འབྱུང་གནས་ཆེ།། ཡེ་ཤེས་ལྡན་པ་ཡོད་མེད་ཤེས།། ཚོགས་གཉིས་ཚོགས་ནི་བསགས་པ་པོ།། རྟག་པ་ཀུན་རྒྱལ་རྣལ་འབྱོར་ཅན།།

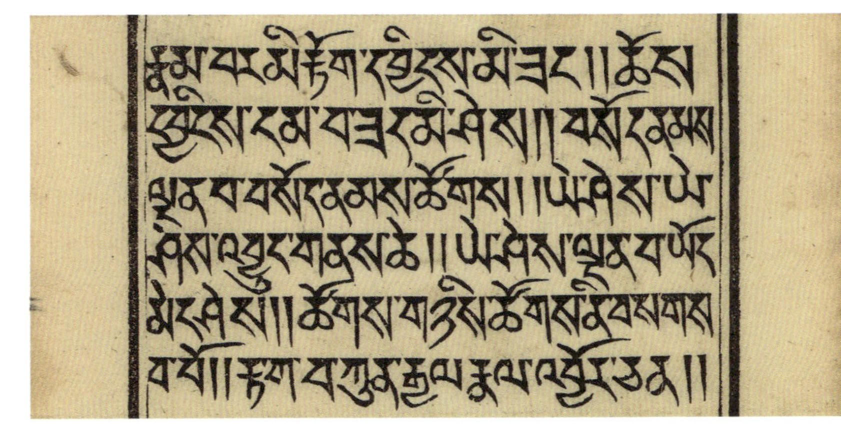

བསམ་གཏན་བསམ་བྱ་བློ་ལྡན་བདག །སོ་སོ
རང་རིག་མི་གཡོ་བ། མཆོག་གི་དང་པོ་སྐུ
གསུམ་འཆང་། །སངས་རྒྱས་སྐུ་ལྔ་འི་བདག
ཉིད་ཅན། །ཁྱབ་བདག་ཡེ་ཤེས་ལྔ་འི་བདག
སངས་རྒྱས་ལྔ་བདག་ཅོད་པན་ཅན། །སྤྱན
ལྔ་ཆགས་པ་མེད་པ་འཆང་། །སངས་རྒྱས

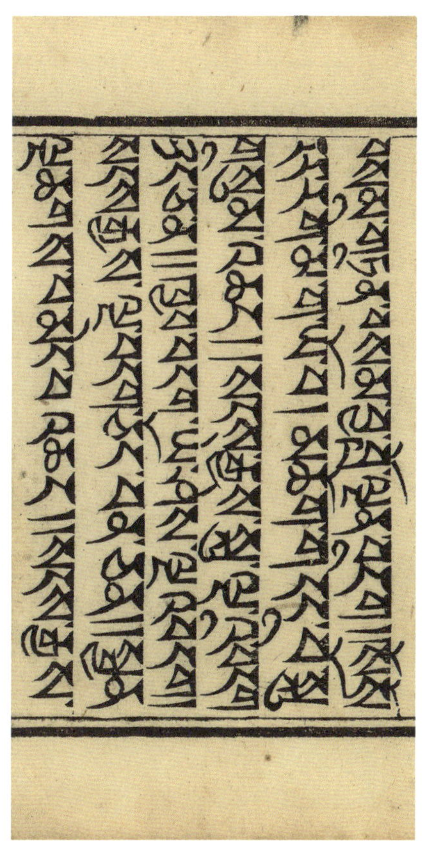

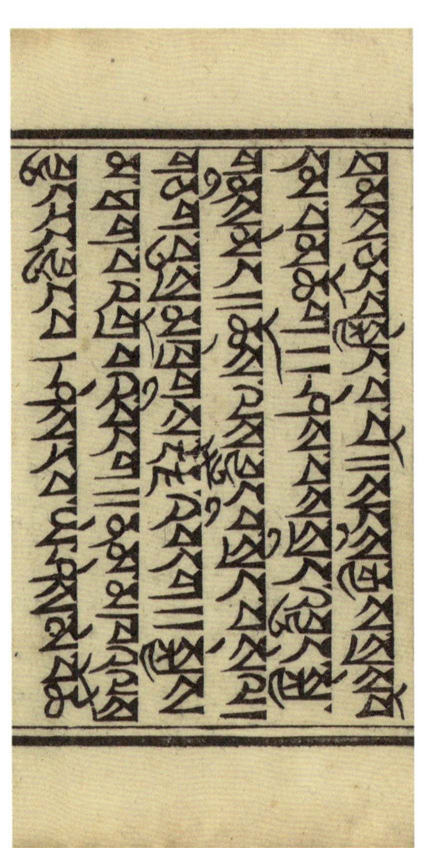

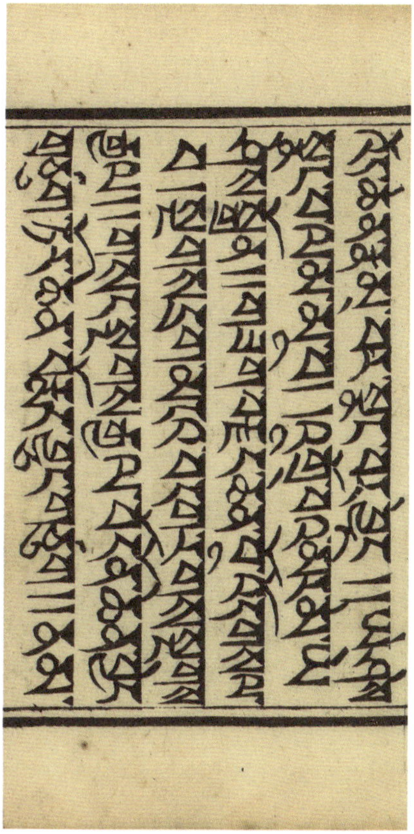
ཉོར་ཆེ་ན་རྣམ་ཀཱ་སྒྲུང་ཀཱ་ཏྲཱུཾ། །ཡེ་ཤེས
སྣང་བ་ལམ་མེ་བ། །འགྲོ་བའི་སྒྲོན་མ་ཡེ
ཤེས་སྒྲོན། །གཟི་བརྗིད་ཆེན་པོ་འོད་གསལ
བ། །སྔགས་དབང་མཁའ་བ་བཞི་རིག་སྔགས
རྒྱལ། །གསང་སྔགས་རྒྱལ་པོ་དོན་ཆེན་བྱེད
གཙུག་ཏོར་ཆེན་པོ་རྨད་བྱུང་གཙུག། །ནམ

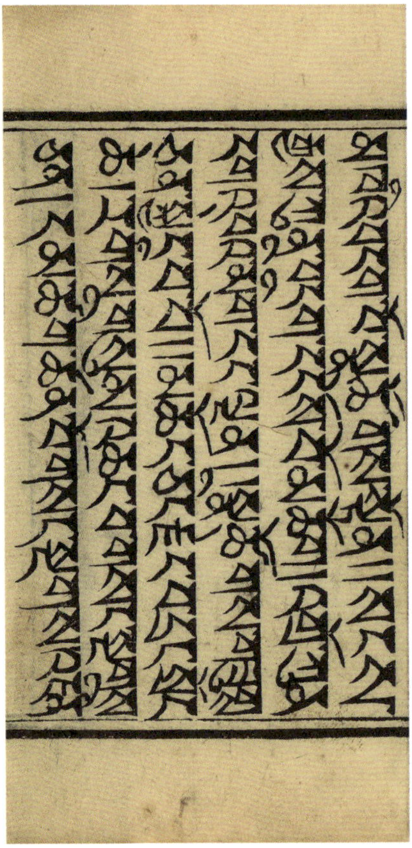

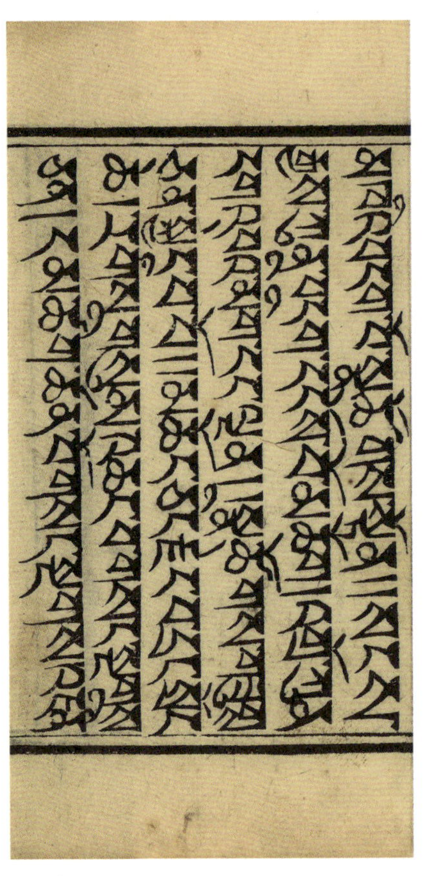

གཙོ་བོ་དེ་ནི་རྣམ་མཆོག་གསུམ་འཛིན་པ་ཕྱག
བ་མཆོག་གསུམ་སྟོན་པ་པོ། དོན་ཡོད་ཞགས
པ་རྣམ་པར་རྒྱལ། འཛིན་པ་ཆེན་པོ་རྡོ་རྗེ་ཞགས
རྡོ་རྗེ་ལྕགས་ཀྱུ་ཞགས་པ་ཆེ། །རྡོ་རྗེ་འཇིགས་
བྱེད་འཇིགས་པར་བྱེད། །ཁྲོ་བོའི་རྒྱལ་པོ་གདོང་
དྲུག་འཇིགས། །མིག་དྲུག་ལག་དྲུག་སྟོབས

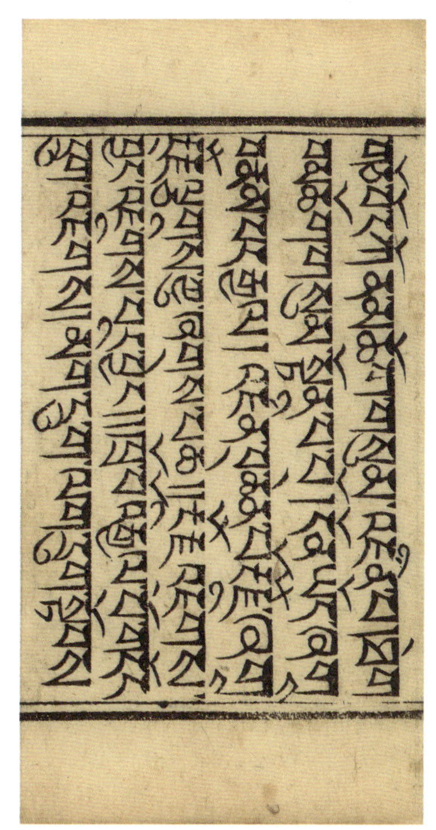

པར་འགྱུར། །ཀཏྲུས་མཆེ་བ་བཞི་ཐོགས་པ་པོ།
ཕྱ་ཡ་དང་། ལག་རྡོར་བརྒྱ་པ། །ཀ་ཤི་མ་རྗེ་གཞུང་པོ།
པ་གོ་གས་ཀྱི་རྒྱལ། རྡོ་རྗེ་ཕུག་ས་ཙན་འཛིན་གྲུ
ཀྱེ་པ། །རྡོ་རྗེ་ཞགས་པ་རྡོ་རྗེ་འི་སྐྱིད། །སྒྲུ་འབྲུལ
རྗེ་གསུམ་པོ་ཆེ། །རྡོ་རྗེ་ལས་སྐྱིས་རྡོ་རྗེ་འདབ་བ
རྡོ་རྗེ་འི་སྙིང་པོ་མཁའ་འཇུག་པ། །མི་གཡོ་ཡུ་རལ་པ་བག

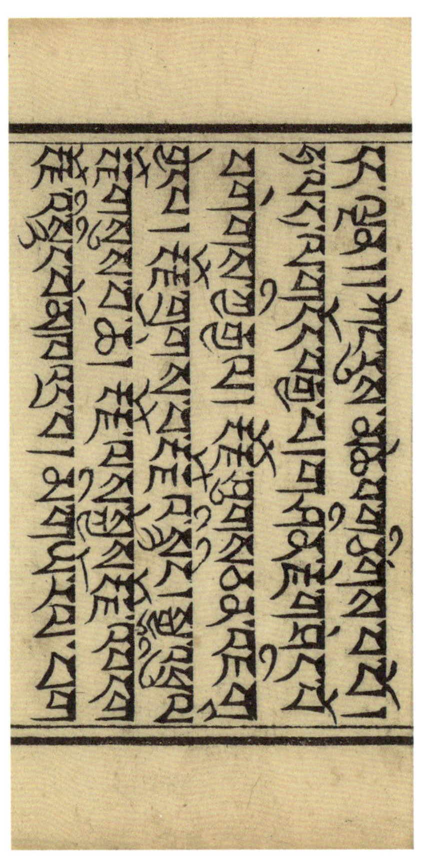

ཧཱི་གིས་བསྒྲིངསོ། སྨྲད་ཆེན་ཀོ་ཧྣ་ན་ཀོ་ཤུ་
ཧཱུྃ། དྲག་ཆེན་ཧཱུ་ཧཱུ་ཞེས་སྒྲོགས་པ། ཧི་ཧི་ཏྲེ
སྒྲོ་ཀྱཱ་འཇིགས་ཀར་ཁྱུང། །གད་མོ་ཆེན་པོ་གད་
རྒྱངས་ཅན། རྡོ་རྗེ་གད་མོ་ཆེར་སྒྲོགས་པ། རྡོ་རྗེ་
སེམས་དཔའ་སེམས་དཔའ་ཆེ། རྡོ་རྗེ་རྒྱལ་པོ་བདེ་
བ་ཆེ། རྡོ་རྗེ་དྲག་པོ་དགའ་བ་ཆེ། རྡོ་རྗེ་ཧཱུྃ་སྟེ་ཧཱུྃ་ཞེས་

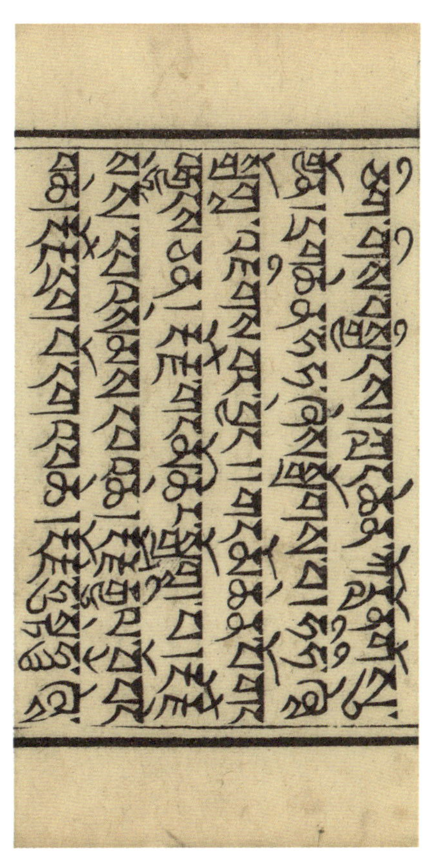

ཧྲཱུྃ་བྷྲཱུྃ།། མཚོན་ནུ་རྡོ་རྗེ་འི་མང་འཛོགས་པ།།
རྡོ་རྗེ་འི་ར་ལ་གྲིས་མ་ལུས་གཅོད།། རྡོ་རྗེ་ཀུན་ནས་འཆ
རྡོ་རྗེ་ཅན།། རྡོ་རྗེ་གཅིག་བུ་གཟུགས་ཡུལ་སེལ་བ།
རྡོ་རྗེ་འབར་བ་འམིགས་མ་བཟད། སྐྲ་ཡང་རྡོ་རྗེ
འབར་བ་སྟེ།། རྡོ་རྗེ་འབེབས་པ་འབེབས་པ་ཆེ
མིག་བརྒྱ་པ་སྟེ་རྡོ་རྗེ་འི་མིག། ལུས་ནི་རྡོ་རྗེ

འིབ་སྒྲུ་ཋཀ།། རྡོ་རྗེ་འི་སྒྲུ་ཉི་གཙིག་བུ་འི་ལུས།།
རི་ཞེ་མོ་སྐྱེས་པ་རྡོ་རྗེ་འི་རྩེ། །རྡོ་རྗེ་འི་སྙིང་པོ་ལྷུ་གུ
པམ་ཁྲུ་གས།། རྡོ་རྗེ་འི་ཕྲེང་ཕྲོགས་དབལ་དང
ལྡན། །རྡོ་རྗེ་འི་རྒྱན་གྱིས་བརྒྱན་བ་སྐྱེ། །གང་རྒྱལ
ཧ་ཧ་ངེས་པ་ང་སྒྲོགས།། ཡི་གེ་དྲུག་བ་རྡོ་རྗེ་འི
སྒྲ། །འཛམ་རྡོ་གྲངས་ཆེན་པོ་འི་སྒྲ་ཆེ་བ། །འཇིག

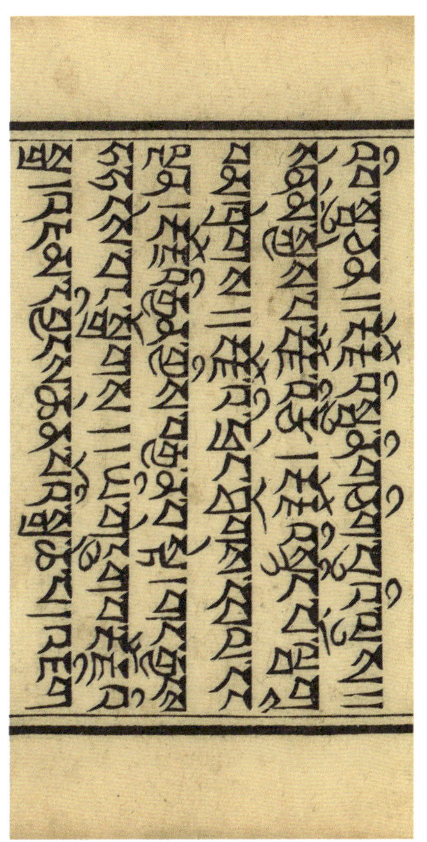

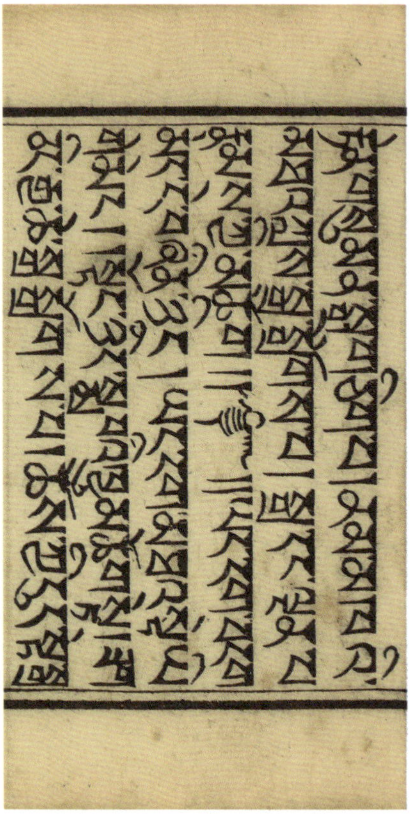

ཧྲཱི་གསུམ་ན་སྔགས་ཚིག་པ། ཉམས་མཁའ་ཡི་
མཐའ་ཡས་སྒྲ་སྒྲོགས་པ། སྒྲ་དང་ལྡན་པ
རྣམས་ཀྱི་མཆོག ༎ ༎ ཡང་དག་བདག
མེད་དེ་བཞིན་ཉིད། ཡང་དག་མཐའ་སྟེ་ཡི
གེ་མེད། སྟོང་ཉིད་སྨྲ་བའི་ཁྱུ་མཆོག་སྟེ། ཟབ
ཅིང་རྒྱ་ཆེ་སྒྲ་སྒྲོགས་པ། ཆོས་ཀྱི་དུང་ཆེ་སྒྲ

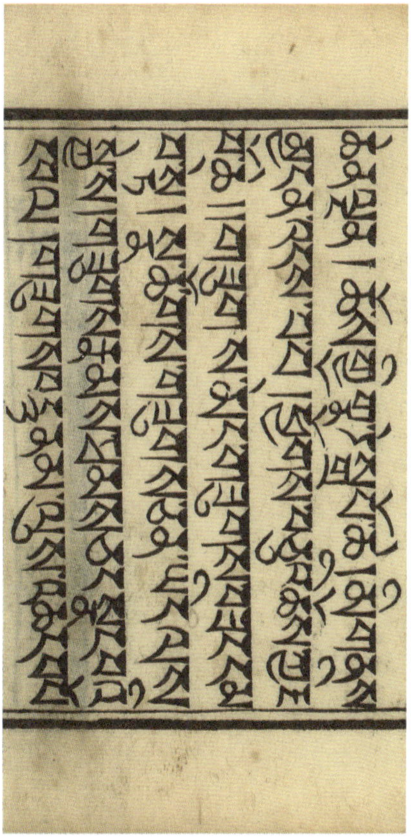

ཆེན་ལྡན། །ཆོས་ཀྱི་རྔ་ནི་སྒྲ་བོ་ཆེ། །མི་གནས་
མྱ་ངན་འདས་པ་པོ། །ཕྱོགས་བཅུའི་ཆོས་ཀྱི་རྔ་
བོ་ཆེ། །གཟུགས་མེད་གཟུགས་བཟང་དམ་
པ་སྟེ། །སྣ་ཚོགས་གཟུགས་ཅན་ཡིད་ལས་
སྐྱེས། །གཟུགས་རྣམས་ཐམས་ཅད་སྣང་བ་ཡི།
དཔལ། །གཟུགས་བརྙན་མ་ལུས་འཆང་བ་པོ

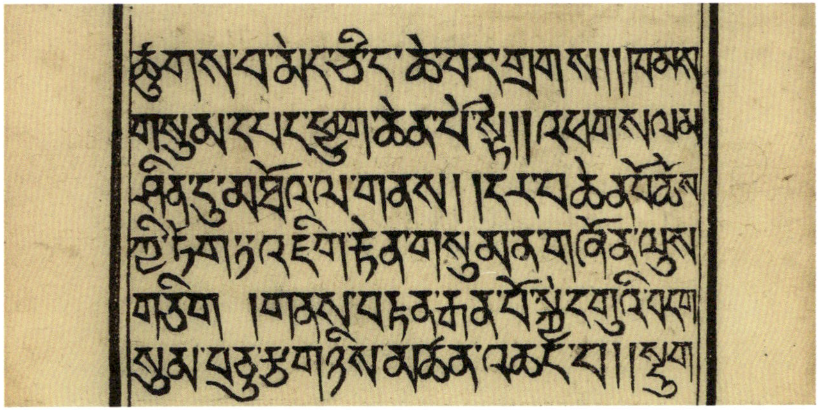
རྟོགས་པ་མེད་ཅིང་ཆེ་བར་གྲགས། །བཅས
གསུམ་དཔའ་རྒྱུག་ཆེན་པོ་སྟེ། །འཕགས་པ་ཡམ
ཤིན་ཏུ་མཐོང་ལ་གནས། །ད་དབང་ཆེན་པོ་ཞེས
ཀྱེ་རྡོར་ཤིག་ཉི་འདི་ཏིག་རྟེན་གསུམ་ཡན་གཞོན་ནུ་ཕྱུས
གཅིག །གནས་སྤྱུ་བརྟན་ཀྱན་པོ་སྐྱེ་དབུའི་ཞབས
སུམ་བཅུ་རྩ་གཉིས་མཚན་འཛིན་པ། །སྐུག

ཀྱུ་འཇིག་རྟེན་གསུམ་ན་མཛེས། །འཇིག་རྟེན་རྣམ་ཤེས
ཡིགས་སྐྱོབ་པ་དཔོན་ཏེ། །འཇིག་རྟེན་སྐྱོབ་པ་དཔོན
འཇིགས་པ་མེད། །མགོན་སྐྱབས་འཇིག་རྟེན་ཡང
གཙུགས་པ་སྐྱབས་དང་སྐྱོབ་པ་བླ་ན་མེད། །ནམ
མཁའི་མཐའ་ལ་ལོངས་སྤྱོད་པ། །ཐམས་ཅད་མཁྱེན
པའི་ཡེ་ཤེས་མཚོ། །མ་རིག་སྒོང་ང་འི་སྦུབས་འབྱེད

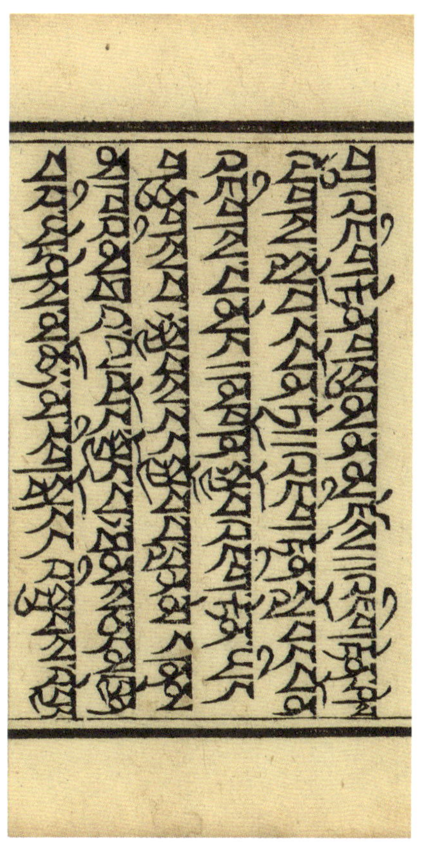

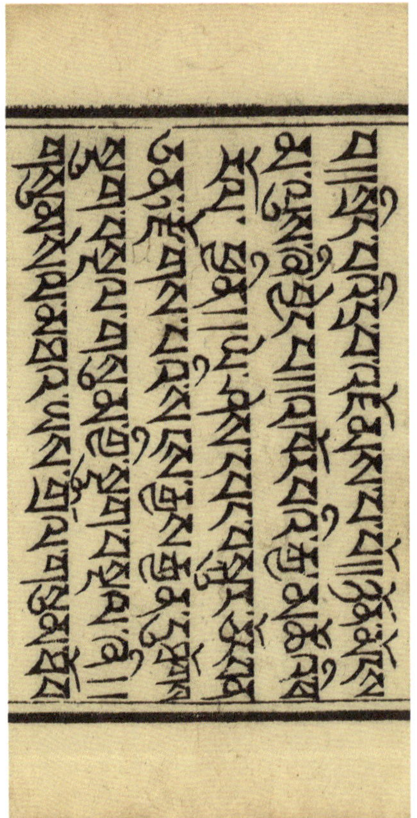

སྒྲིབ་པ་ཀུན་ལས་ངེས་པར་གྲོལ། །མཁའ་
ལྟར་མཉམ་པ་ཉིད་ལ་གནས། །ཉོན་མོངས་
དྲི་མ་ཀུན་ལས་འདས། །དུས་གསུམ་དུས་མེད་
རྟོགས་པ་པོ། །སེམས་ཅན་ཀུན་གྱི་ཀླུ་ཆེན་
པོ། །ཡོན་ཏན་ཐོད་ཅན་རྣམས་ཀྱི་ཐོད། །ཉོན་མོངས་
ཀུན་ལས་རྣམ་གྲོལ་བ། །ནམ་མཁའི་ལམ་ལ

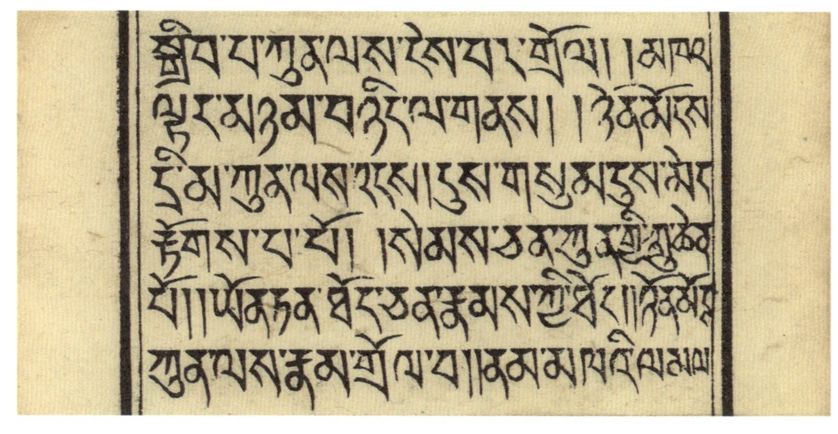

རབ་གནས་པ།། ཡིད་བཞིན་ནོར་བུ་ཆེ་ནྟོ
འཆང་།། སྐྱབས་བགོ་རིན་ཆེན་ཀུན་གྱི་མཆོ
དཔག་བསམ་ཤིང་ཆེན་རྒྱས་པ་སྨྲ།། སྤྲུ་བ
བཟང་པོ་ཆེ་བའི་མཆོག ། སྤྱོད་པ་སེམས་ཅན
ཀུན་ནོར་སྟེར།། ཐུན་འདི་སེམས་ཅན་མ་ཉེས
ཀཿཤིན་པ། ཁ་བཟང་ངང་ཤེས་ཤིང་དུས་ཤེས་ལ

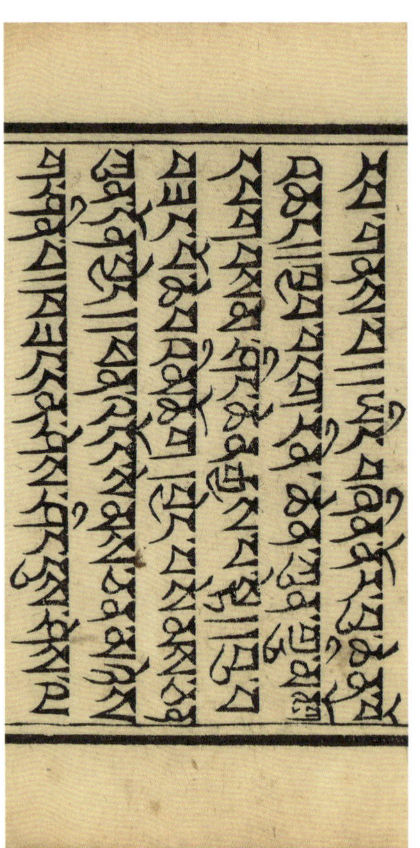

ཁྱབ་བདག་དམ་ཤེས་དམ་ཚིག་ལྡན། །དུས
ཤེས་སེམས་ཅན་དབང་པོ་ཤེས། །རྣམ
གྲོལ་གསུམ་ལམ་ངེས་པ་པོ། །ཡོན་ཏན་ལྡན
ཞིང་ཡོན་ཏན་ཤེས། །ཆོས་ཤེས་བཀྲ་ཤིས
བཀྲ་ཤིས་འབྱུང་། །བཀྲ་ཤིས་ཀུན་གྱི་བཀྲ་ཤིས
པ། །གྲགས་པ་བཀྲ་ཤིས་སྙན་གྲགས་དགེ།

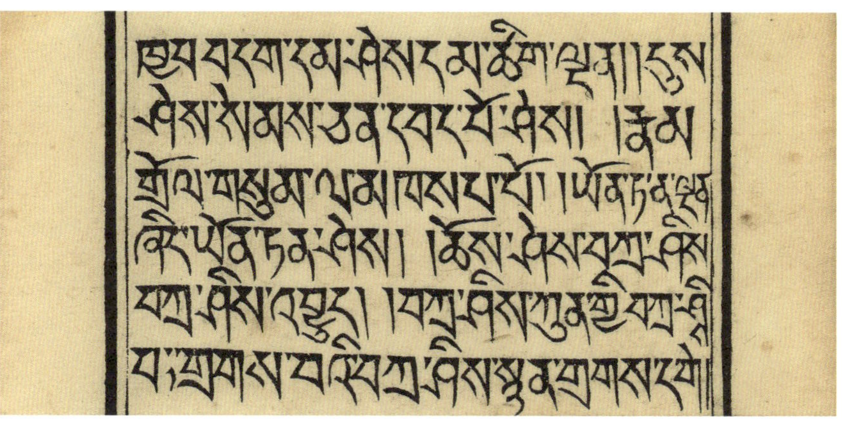

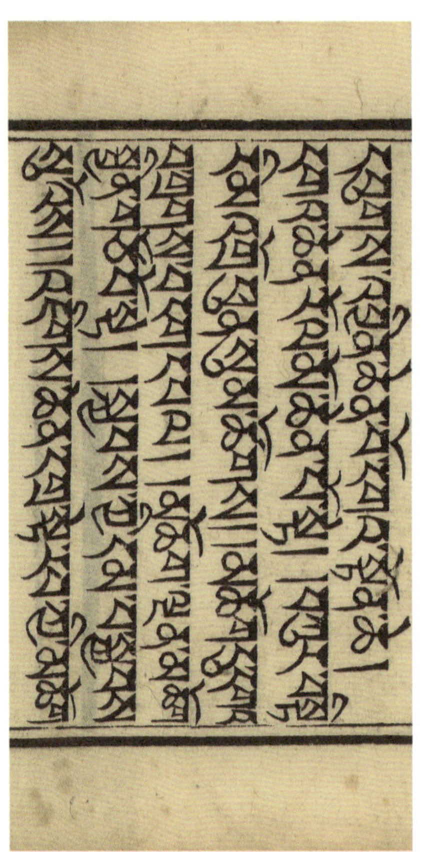

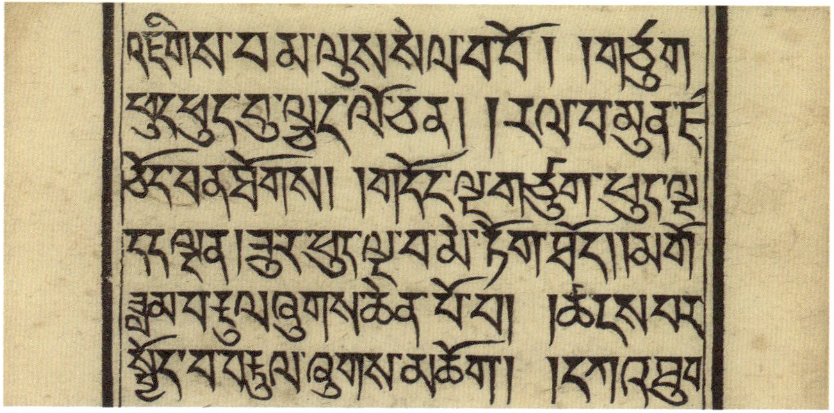
འཇིགས་པ་མ་ལུས་སེལ་བ་པོ། །གཙུག
ཕུད་ཕུད་ལྔ་ལྔའི་ཅོད་པན་ཅན། །རལ་པ་བསུན་ཇེ
ཅོད་པན་ཐོགས། །ཞལ་ལྔ་གཙུག་ཕུད་ལྔ་
དང་ལྡན། །ཟུར་ཕུད་ལྔ་པ་མེ་ཏོག་ཐོར་མགོ
རེག་པ་བརྟུལ་ཞུགས་ཆེན་པོ་བ། །ཚངས་པར
སྤྱོད་པ་བརྟུལ་ཞུགས་མཆོག །དཀའ་ཐུབ

མཐར་ཕྱིན་དཀའ་ཐུབ་ཆེ། །གཙང་གནས
རབ་བསྒོ་ཨུ་དམ། །བྲམ་ཟེ་ཚོགས་པ་ཚོགས
པ་ཞེས། །མྱ་ངན་འདས་པ་ཚོལ་བ་ཕྲེ་བ།
གྲོལ་བ་ཐར་པ་རྣམ་གྲོལ་ལུས། །རྣམ་གྲོལ
ཞི་བ་ཞི་པ་ཉིད། །མྱ་ངན་འདས་ཞི་མྱ་ངན་འདས
ལེགས་པར་མྱ་ངན་འདས་པ་དང་ངེ། །བདེ་སྡུག

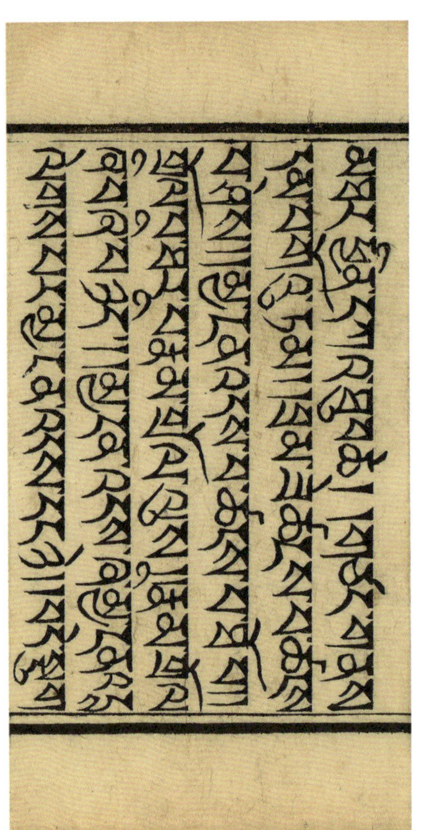

སེལ་བ་མཐར་ཕྱིན་པ། །ཚོགས་བྲལ་ཡུལ་ལས་
ལས་འདས་བ་པོ། །སྒྲིབ་པ་མེད་པ་དྲི་ཡེ་མེད་
པ། །མི་མཉེན་མི་སྣང་གསལ་བྱེར་མེན། །མི
འཕྱུར་ཀུན་འགྲོ་ཁྱབ་བ་པོ། །ཕྲ་ཞིང་ཟག་མེ
ས་བོན་ནི། །རྡུལ་མེད་རྡུལ་བྲལ་དྲི་མ་མེད། །ཉེས
བ་སྤངས་པ་སྐྱོན་མེད་པ། །ཤིན་ཏུ་སད་པ

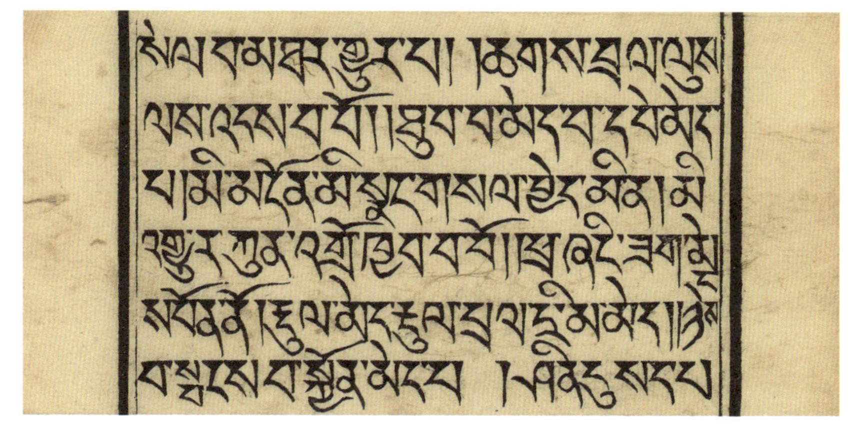

སྡང་བའི་བདག ། ཀུན་ཤེས་ ཀུན་རིག་དམ
པ་པོ་རྨུམ་ པར་ཤེས་པའི་ཆོས་ཉིད་དྲི་ཡ
ཤེས་གཉིས་མེད་རྒྱལ་འཆང་བ། རྣམ་པར
རྟོག་མེད་ལྷུན་གྱིས་གྲུབ། །དུས་གསུམ་སངས
རྒྱས་ལྷ་ཡི་དབང་སལ་རྒྱས་སྤོགས་མ་ཐ་མ་མེ
དཔོའི་སལ་རྒྱས་རྒྱུ་མེད་བ། ཡེ་ཤེས་མིག

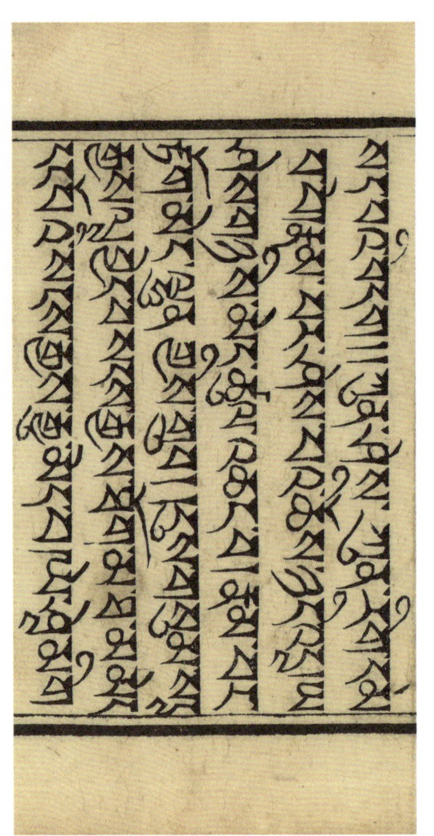

གཙུག་གི་དྲི་མ་མེད། །ཡེ་ཤེས་ལུས་ཅན་དེ་
བཞིན་གཤེགས། །ཚིག་གི་དབང་ཕྱུག་སྨྲ་བ་ཆེ
སྨྲ་བའི་སྐྱེས་མཆོག་སྨྲ་བའི་རྒྱལ། །སྨྲ་བའི་དམ་
པ་མཆོག་གི་གནས། །སྨྲ་བའི་སེང་གེ་ཕྱོགས་པ
མེད། །ཀུན་དུ་ལྟ་བ་མཆོག་ཏུ་དགའ། །གཟི་བརྗིད་
ཕྲེང་བ་བལྟ་ན་སྡུག །འོད་བཟང་འབར་བ་

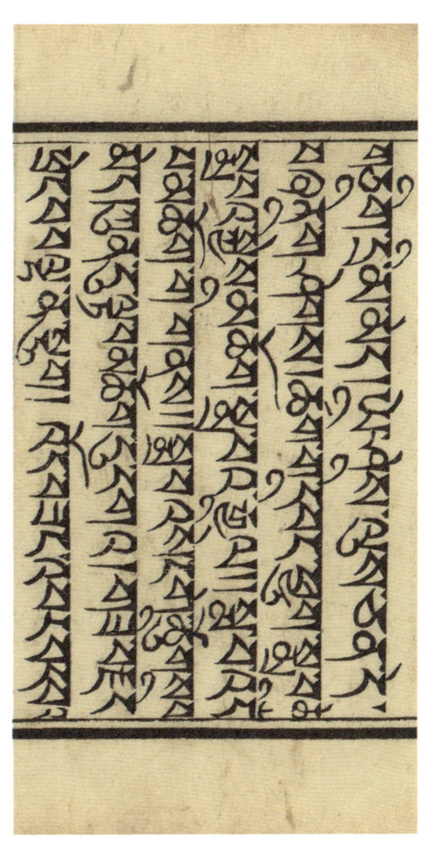

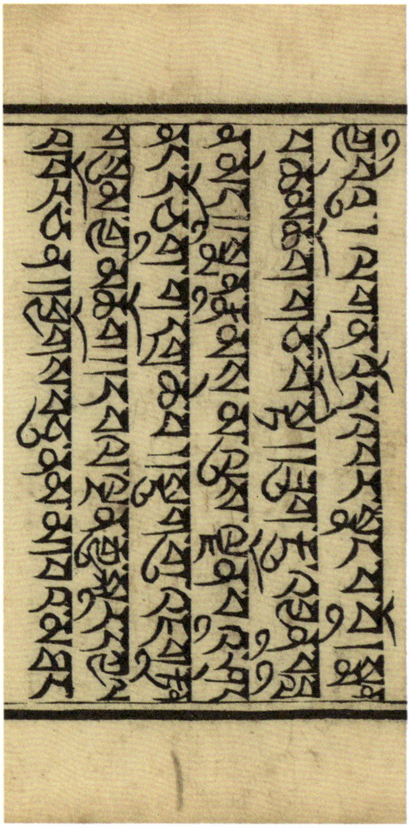
ཀྱི་ཞེ་ན། །ལག་ན་རྡོ་རྗེ་དེ་བར་ལྡང་པ་བོ། །སྔགས
པ་ཚེ་མཆོག་གཙོ་བོ་སྟེ། །ཐུབ་ཏུ་འཕྲེ་ཤེ་བསྒྲ
ན་མེད། །སྨུ་ནུ་མཐུས་མ་ལུས་སྡིན་བ་དེ་སྤྱི
ར་དེ་ཙིག་གི་གྲྭ་ཆེན། །སྐུ་གསུ་འཛིག་རྟེན
གསུམ་གྱི་མཆོག །དབལ་ཡི་ནི་རྒྱུ་སྐྱུ་རང་བཞིན
གཤོར་ཅན། །རྒྱལ་བ་དབྱེ་ནམ་མཁའ་འདམ་ཐར

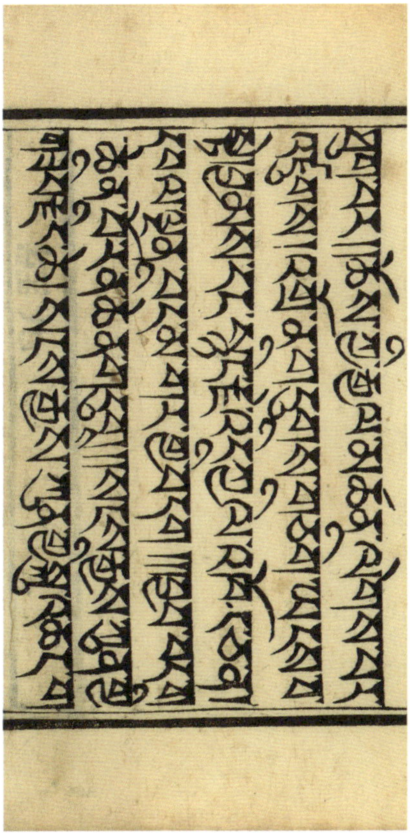

ཕྱུགས་པར། །ཆོས་ཀྱི་རྒྱལ་མཚན་ལེགས་པར་
འཛུགས། །འགྲོ་ན་བ་དུགས་གཅིག་ཡ་མཚན་
སྤྲོ་ཁྲམས་དང་། སྐྱེ་རྗེ་འདྲེན་ཀྱི་ལ་འཛིན་ཅན།
དེ་བ་ལ་སྟན་བདེ་མ་གར་ཀྱི་བདག །ཁྱབ་པ་ཁྱབ
ཆེན་པོ་རིན་ཆེན་གདུགས། །སངས་རྒྱས་ཀུན་གྱི
བདག་ཉིད་ཆེ། སངས་རྒྱས་ཀུན་གྱི་སྐུ་འཆང་བ

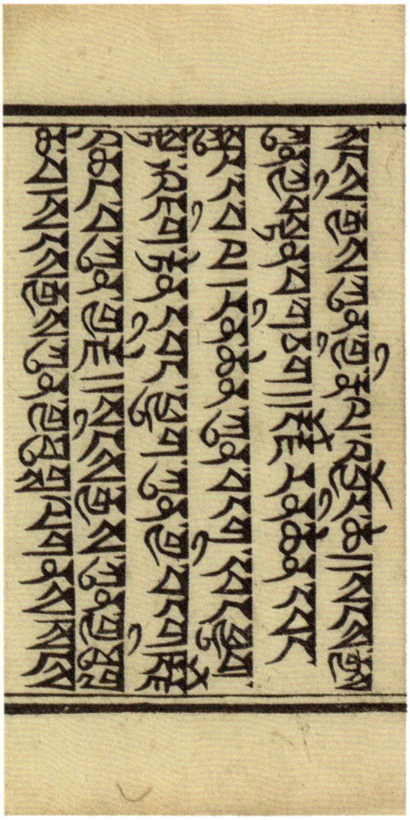

རྒྱས་ཀུན་གྱི་སྐུ་ཆེ་བ། །སངས་རྒྱས་ཀུན་གྱི་
གསུང་ཡང་ཡིན། །རྡོ་རྗེ་ཉི་མ་སྣང་བ་ཆེ། །རྡོ་རྗེ་ཟླ་
བ་དྲི་མེད་འོད། །ཆགས་བྲལ་ལ་སོགས་ཆགས་སྣ་
ཚོགས། ཁ་དོག་སྣ་ཚོགས་འབར་བའི་འོད། །རྡོ་རྗེ་
སྐྱིལ་ཀྲུང་རྫོགས་སངས་རྒྱས། །སངས་
རྒྱས་འདྲེན་པའི་ཆོས་འཛིན་པ། །དཔལ་ལྡན་སངས་

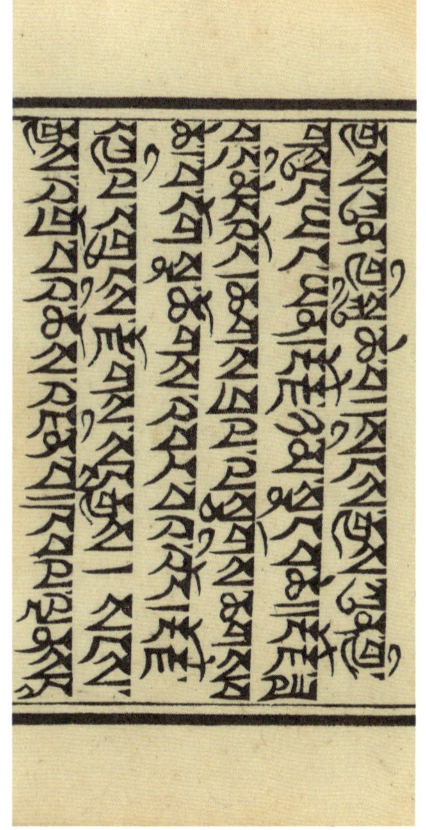

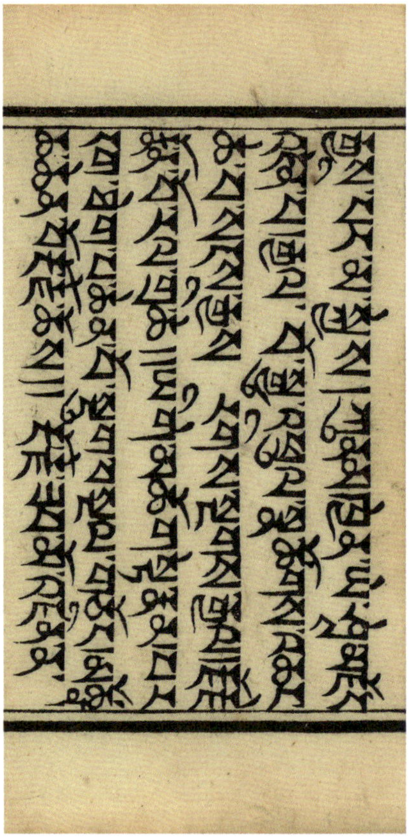
ཀྲུས་པར་མ་སྐྲུས། ཀུན་མཁྱེན་ཡེ་ཤེས་རྡོར
འཛིན་པ། ཀྲུལ་ པོ་སྒྲ་འབྲུལ་སྣ་ཚོགས་འཚར
ཚ་བ་སལ་ལེ་ཀྲུས རིགས་སྔགས་ཀྲུལ། རྡོ
རྗེ་ཕོ་རལ་གྲི་ཚ།། ཡི་གེ་མཆོག་སྟེ་རྣམ་པར
དག ཐེག་པ་ཆེན་པོ་སྤུག་བསྒུལ་གཅོད། མཆོག
ཚ་ཆེན་པོ་རྡོ་རྗེ་ཚེས།། རྡོ་རྗེ་ཟབ་མོ་འཛིན་ནར

ཕཇེ་ཀ། །རྡོ་རྗེ་སྤྲུལ་གྱིས་རྟེན་བཞིན་ཉིད་ཐིག་ཕྲ་རོལ་
སྤྲིན་པ་ཀུན་རྗེ་གསལ་པ། །ས་རྣམས་ཀུན་གྱི་རྒྱུན་
དང་ལྡན། །རྣམ་པར་དག་པ་བདག་མེད་ཆོས་
ཡང་དག་ཡེ་ཤེས་ཟླ་འོད་བཟང་། །བརྩོན་ཆེན་
སྒྱུ་འཕྲུལ་དྲྭ་བ་སྔ། །རྒྱུད་ཀུན་གྱི་ནི་བདག་པོ་
མཆོག །རྡོ་རྗེ་གདན་ནི་མ་ལུས་ལྡན། །ཡེ་ཤེས་

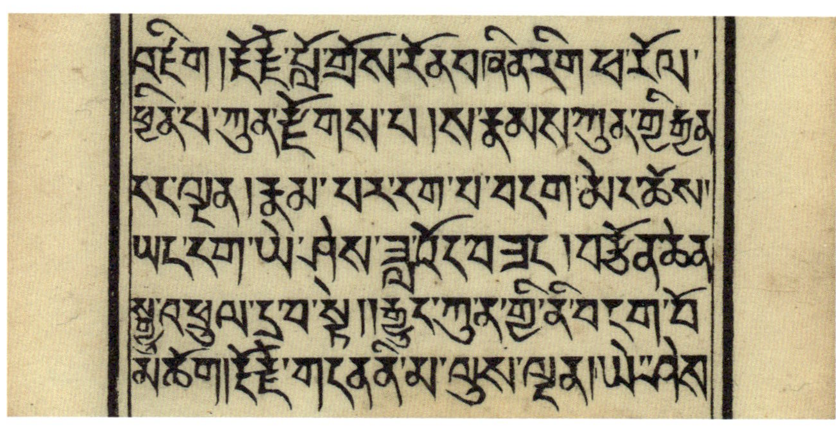

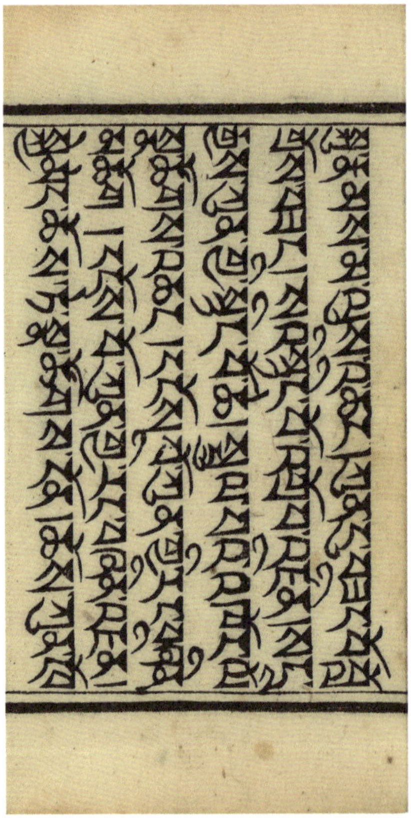
སྐུ་རྣམས་མ་ལུས་འཆང་། །ཀུན་དུ་བཟང་པོ་སྤྲོ
ཁྲོས་བཟང་། །སྣ་ཚོགས་སྤྱོད་པོ་འཁྲུལ་འཛིན། །སྡུ
ཐུས་ཀུན་གྱི་སྤྱོད་པོ་ཆེ། །སྤྲུལ་པའི་འཁོར་ལོ
སྣ་ཚོགས་འཆང་། །དངོས་པོ་ཀུན་གྱི་ར་དཔལ་ཆེ
མཆོག །དངོས་པོ་ཀུན་གྱི་ངང་བཞིན་འཛིན།
སྐྱེ་མེད་ཆོས་ནི་སྣ་ཚོགས་དོན། །ཆོས་ཀུན་ངོ་བོ

ཉེ་འཚང་བ། །ཤེས་རབ་ཆེན་པོས་སྙིང་ཚིམ་ལ།
ཆོས་ཀུན་ཡོངས་དུ་ཀྱུར་བ་འཆད། །ཆོས་ཀུན་
མངོན་པར་རྫོགས་པ་བསྐྱེ། །ཐུབ་པ་བ་སྤྲོ་མཆོག་
འབྱུང་པོའི་མཐའ། །མི་ག་ཡོ་རབ་ཏུ་དང་བའི་
བདག །རྫོགས་པ་བའི་སངས་རྒྱས་བྱང་ཆུབ་འཆང་
སངས་རྒྱས་ཀུན་གྱི་མངོན་སུམ་པ། །ཡེ་ཤེས

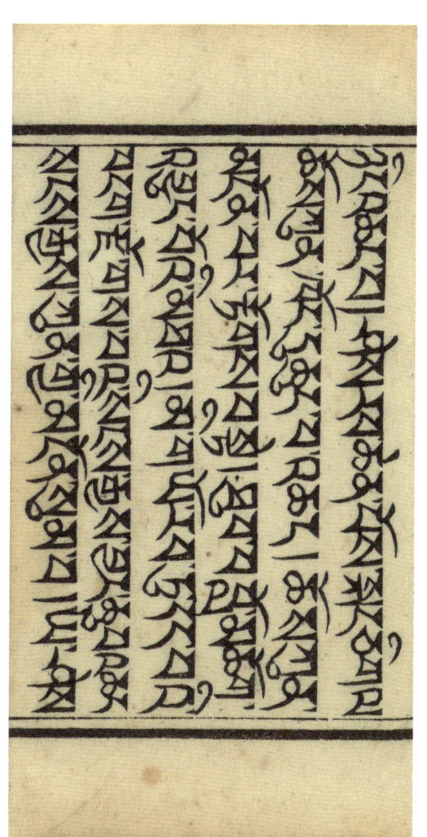

མི་ཀྱེ་རྡོ་ར་བཀའ་སྩལ་པ། །འཛོད་པའི་དོན
སྒྲུབ་དམ་པ་བསྟོ། །ངན་སོང་ཐམས་ཅད་རྐྱེན་མ
སྦྱོང་བའི། །མགོན་པོ་སེམས་ཅན་ཀུན་གྱི་
མཆོག །སེམས་ཅན་ཐམས་ཅད་ངན་བགྲོལ
ཕྱིར། །ཉིན་མོ་ངེས་པ་ཡུལ་དུ་གཅིག་དབང་འབབ།
མི་ཤེས་དགྲ་ཡི་རྟགས་པ་འཇོམས། །སྒྲུབ་ཕྱམ

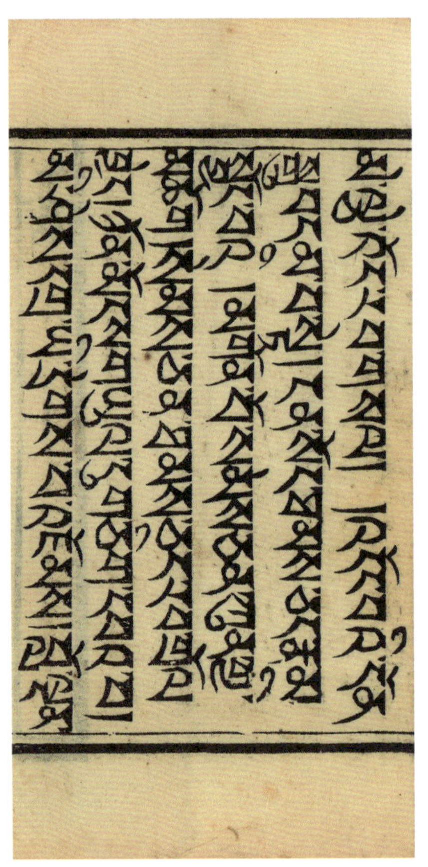

སྔགས་འཆང་དཔལ་ལྡན་ལྷུམ། །བརྟན་པོ་མི་
ཕྱུག་གཟུགས་འཆང་བ། །ལག་པ་བརྒྱ་པོ་
ཀུན་བསྐྱོད་ཅིང་། །གོམ་པའི་སྟབས་ཀྱིས་གང་
རྒྱུ་བ། །དཔལ་ལྡན་ལག་བརྒྱས་གང་ཡངས་ཆེ
མ་བར་ཁྱབ་པར་གར་བྱེད་པ། །ས་ཡི་དཀྱིལ
འཁོར་བཞི་ཡི་སྟེང༌། །རྐང་བ་ཡ་ཅིག་མཐིལ

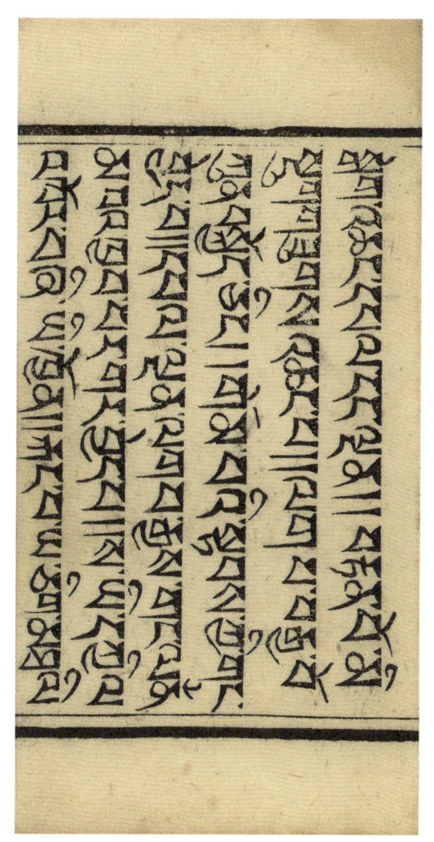

གྲིས་གནོན། །ཆུང་ཐེབ་ཤིན་མོའི་ཕྲེང་གྲིས
ཀྲུང་། །ཚོགས་པའི་ཡུལ་ས་སྡེ་ནས་གནོན། །
དོན་གཅིག་གཉིས་མེད་ཆོས་ཀྱི་དོན། །དམ
པའི་དོན་ནི་འཇིག་པ་མེད། །རྣམ་རིག་སྒྲ་སྐྱོན
གཟུགས་དོན་ཅན། །སེམས་དང་རྣམ་ཤེས
རྒྱུ་དང་འབྲེལ། །དངོས་དོན་ལུགས་རྣམ་སྣ་ཡ་བོའ

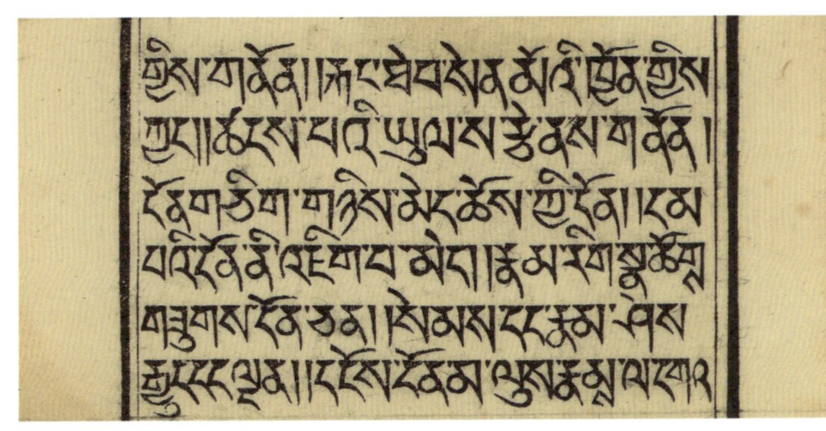

སྤྲོང་པ་ཉི་ཁྲ་ཀར་འཛིན་ཚོགས་སྐྲོ། །སྒྲོ་དཔྲི
འཛིན་ཚོགས་སྐྱོགས་སྨྲ་ཤེས་པ། །སྒྲོ་དཔགས་མ
ཁྲོ་འར་པ་ཆེན་པོ་སྒྲེ། །སྒྲུབ་དཀར་དགེ་པ
བཞི་སྟུ་ཏུ་ཀར། །འོད་པ་ཟང་སྤྲོན་ཀའི་ཟླ་བའི
རོང་ཉི་མ་འི་ཆར་ཀའི་དཀྲི་ལ་ལྷར་མདོགས་ནོན
མེའི་འོད་ནི་ཤས་ཆེར་ངམ། །ཅེར་པའནབཟང

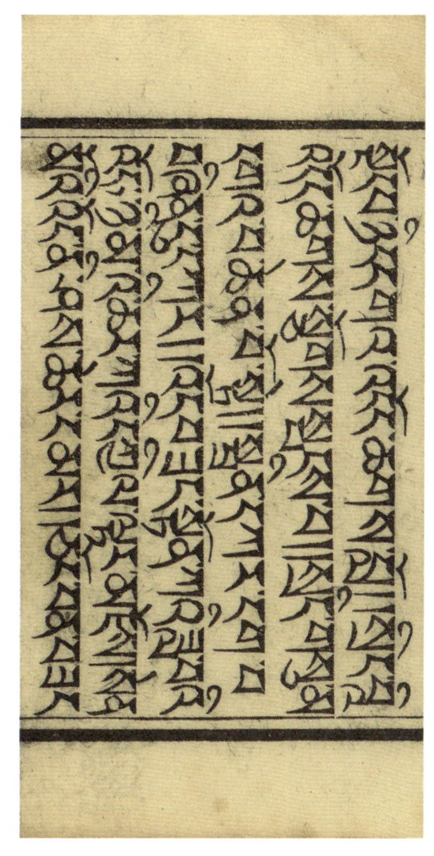

པོ་མ་ཐོབ་ཀྱི་འདྲེ། །སྭཱ། མཆོག་མཐོང་ཀ་ཆེན་པོ
ཅམ་ནོར་བུ་ཆེན་པོ་འདོད་ཆགས་དབལ་ལ༔ཡདྲ
ཀྲུས་སྒྲུལ་ པའི་ཀྲུན་དང་ལྡེམ། །འཛིག་རྟེན
ཁམ་བཀྲ་ཀུན་བསྐྱོད་པ། །ཧཱུྃ་འཕྲུལ་ཡ་ཧྲ་དང་པའི
སྐྱབ་ཆེན་ལྡེམ། །ཏེ་འབྲིན་པ་ཆེན་པོའི་ཚལ་རྒྱུ
བབ་ཉིད་པོའི་ཧྲང་འཛིན་ཀྲུ་ལ། །ཁྲང་རྒྱུབ་ཡུ་ལག

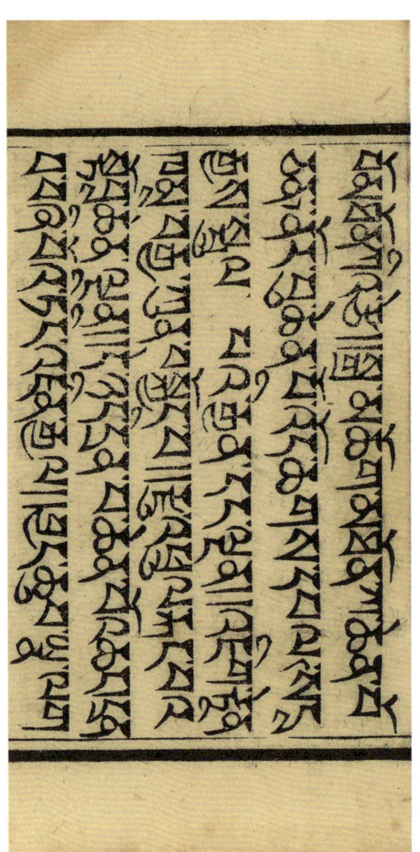

མི་རྟོག་སྤྱོས། །དེ་བཞིན་གཤ་སྣ་བའི་ཡོན་ཏན
མཆོག་ལམ་གྱི་ཡན་ལག་བརྒྱད་ཚུལ་རིག །སྐྱུ
དགོས་བྲ་ཀྲུས་ལམ་རིག་པ། །སེམས་ཅན་ཀུན་ལ
ཕས་ཙ་ར་ཆགས། །ནམ་ཁའི་ལྟ་བུར་ཆགས་སྣ་བ
མང་། །སེ་མུས་ཅན་ཀུན་གྱི་ཡིད་ལ་འཇུག །སེམས
ཅན་ཀུན་གྱི་ཡིད་ལྟར་མགྱོགས། །སེམས་སེམས་ཅན

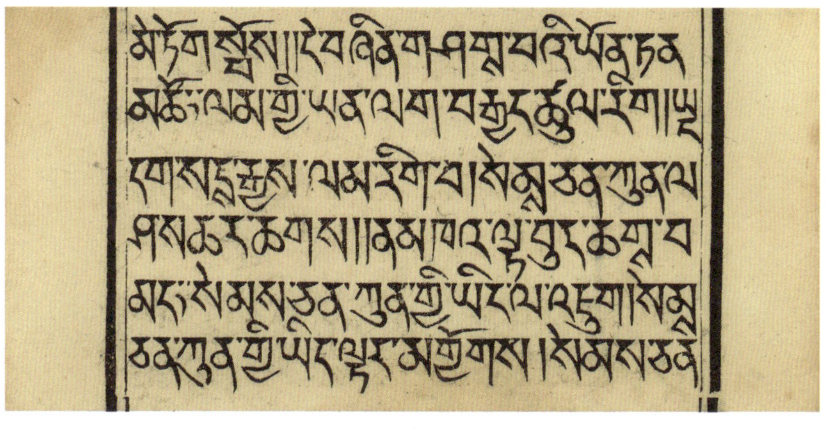

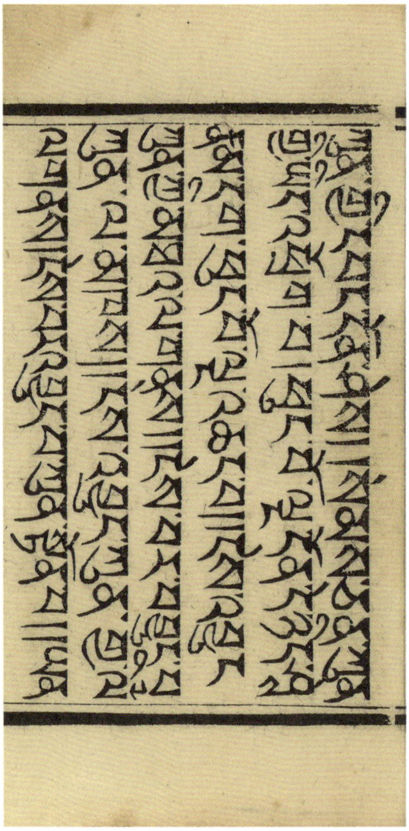

ཀུན་གྱི་དབང་དོན་ཞེས། །སེམས་ཅན་ཀུན
གྱི་ཡིད་འཕྲོག་པ། །ཕྱུང་པོ་ལྔ་དོན་དེ་ཉིད་དུ
རྣམ་དག་ཕྱུང་པོ་ལྔ་འཆང་བ། །ངེས་འབྱུང
ཀུན་གྱི་མཐའ་ལ་གནས། །ངེས་བར་འབྱུང་བ
ཀུན་ལ་མཁས། །ངེས་འབྱུང་ཀུན་གྱི་ལ
ལག་ནས། །ངེས་བར་འབྱུང་བ་ཀུན་སྟོན་པ། །ཡན

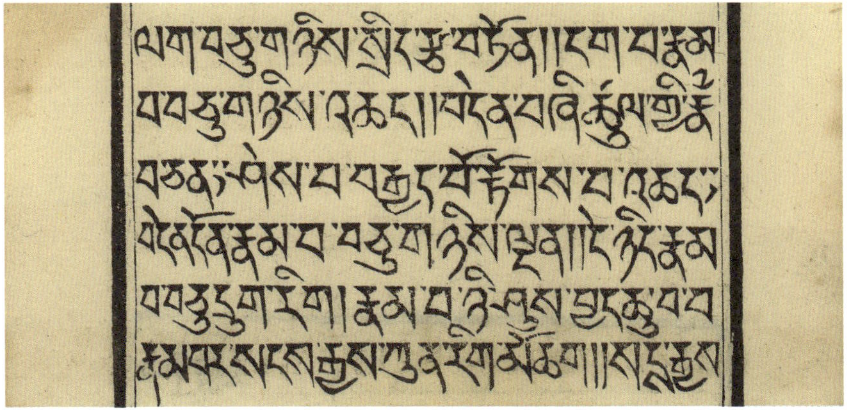
ལག་བཅུ་གཉིས་ཀྱིར་རྒྱུ་བརྗོད། །ངག་བརྩམ
པབ་རྒྱུ་གཉིས་འཆད། །བདེན་བཞི་རྣལ་ཡི་རྟོགས
བཅན། ཤེས་པ་བརྒྱད་པོ་རྟོགས་པ་འཆང་།
བདེན་དོན་རྣམ་པ་བཅུ་གཉིས་ལྡན། །དེ་ཉིད་རྣམ
པ་བཅུ་དྲུག་རིག །རྣམ་པ་ཉི་ཤུས་བྱང་ཆུབ་པ།
རྣམ་པར་སངས་རྒྱས་ཀུན་རིག་མཆོག །སངས་རྒྱས་

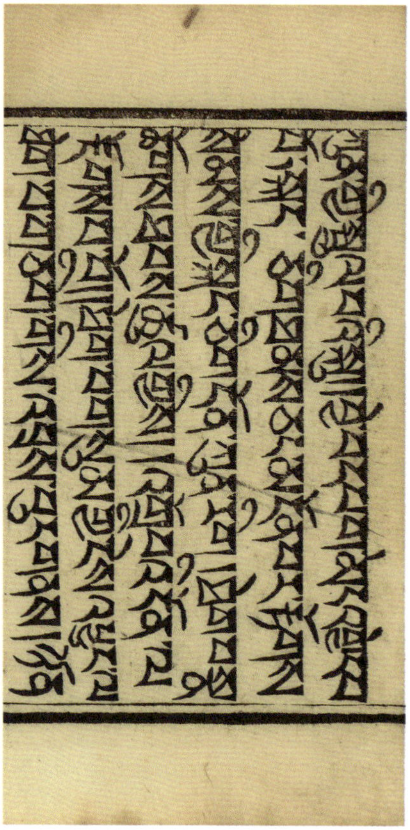

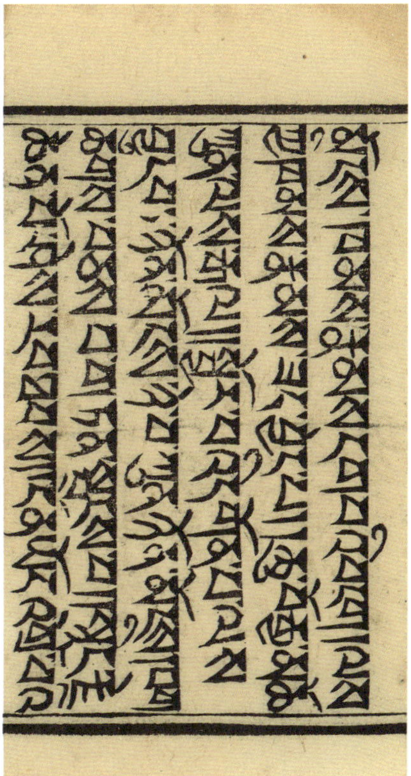

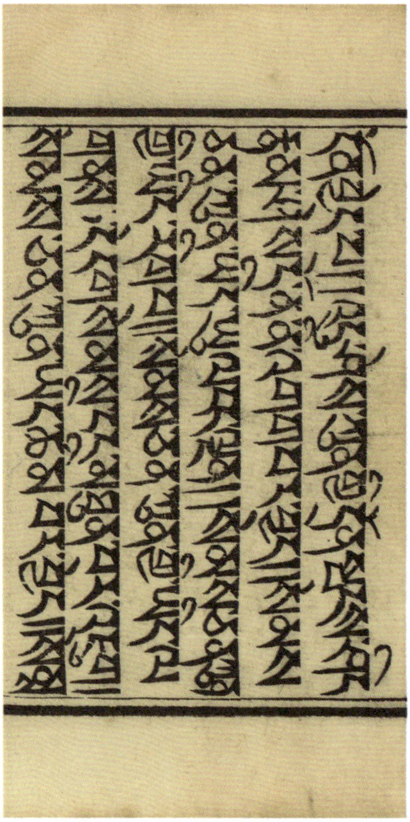

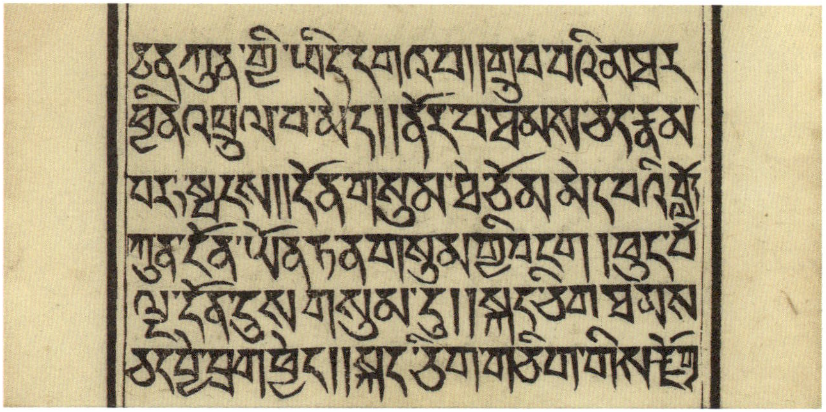

ཙིནྟ་ཀུཎྜ་ཤྲཱི་ཡིད་དགའ་ཁྲུབ་པའི་མཆོག
ཐུན་འགྲུབ་ལ་བ་མེད། །ཐོར་བ་སྦྲམས་ཅན་ནས
བར་སྒྲུབས། །ཏོན་གསུམ་ཕ་ཏྲི་མ་མེ་ཏེ་འབྲེ
ཀུན་ཏོན་ཡོན་ཏན་གསུམ་སྦྲེབ་ཏྭོ། །ཁྱུང་བོ
ལྷ་ཏོན་ཏུས་གསུམ་ཏྲ། །ཀྭཎ་ཏིཀ་ཐ་མ་ས
ཙ་ཀྲ་སྲུ་ཀྲི་ཏ། །སྣང་ཙིག་ཀཙིག་ཀེས་ཧཱུྃ

སངས་རྒྱས། །སངས་རྒྱས་ཀུན་གྱི་རང་བཞིན་
འཆང་། །ཡུམ་མེད་ཡུམ་དེ་ཡུམ་གྱི་མཆོག
ཡུམ་གྱི་མཐར་ནི་རྫོགས་པ་པོ། །གཟུགས་
ཉམས་སྣ་ཚོགས་ཀུན་ཏུ་སྟོན། །ནོར་བུ་ཆེན་
པོ་རིན་ཆེན་ཏོག། ༀ། །སངས་རྒྱས་ཀུན་གྱི་
རྟོགས་མཛད་པ། །སངས་རྒྱས་བྱང་ཆུབ་སྨན་ནམ་

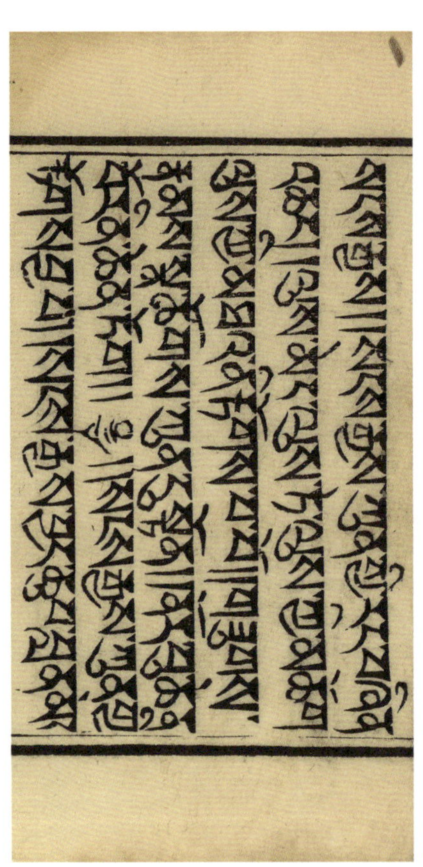

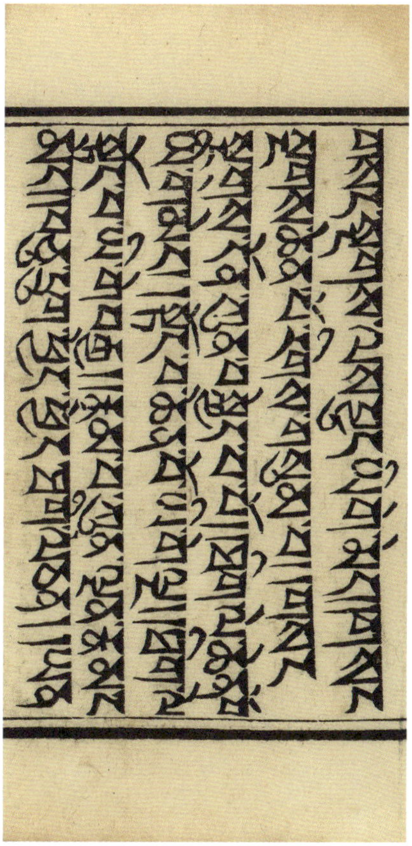
བཟང་སྔགས་འཆང་ཡི་གེ་མེད་པ་གསང་
སྔགས་ཆེན་པོ་རིགས་གསུམ་པ། །གསང་
སྔགས་དོན་ཀུན་བསྒྲུབ་པ་པོ། །ཐིག་ལེ་ཆེན་པོ་
ཡི་གེ་མེད། །སྟོང་པ་ཆེན་པོ་ཡི་གེ་ལྔ། །ཐིག་ལེ་
སྟོང་པ་ཡི་གེ་བརྒྱ། །རྣམ་པ་ཀུན་ལྡན་རྣམ་མང་
མེད་པ་བཅུ་དྲུག་ཕྱེད་ཕྱེད་ཐིག་ལེ་ཅན། །ཡན

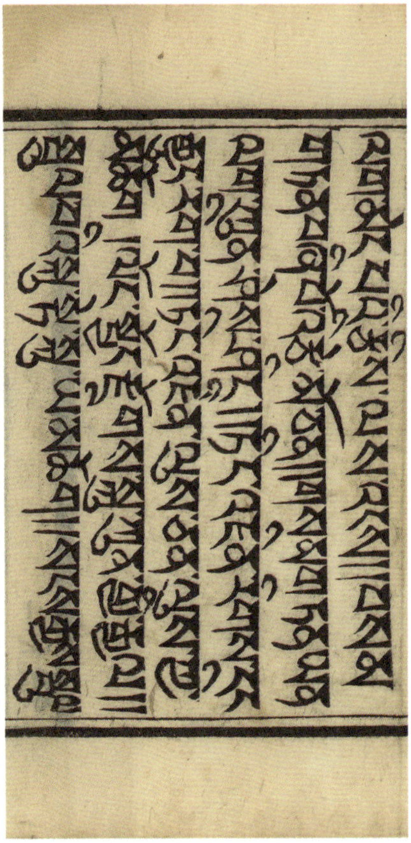
ཡག་མེད་པའི་རྟོགས་ལས་འདས། །ཐམས
ཅད་མཁྱེན་པ་ཉིད་ཐོབ་འདི་རྗེ་བཙུན་མ། །གསུམ་པ་ཏཎ་ཡཎ
ཡག་ཀྱུན་ཤེས་ཤོར་ ། །ངེ་ང་འཛིན་རིགས་ངང
རྒྱུད་རིག་པ། །ངེ་ང་འཛིན་ལུས་ཙན་ལུས་ཀྱི
མཆོག ། །ཡོང་སྤྱོད་རྫོགས་སྐུ་ཀུན་གྱི་རྒྱལ། །
སྤྲུལ་པའི་སྐུ་རྗེ་སྐུ་ཡི་མཆོག །སངས་རྒྱས་སྤྲུལ

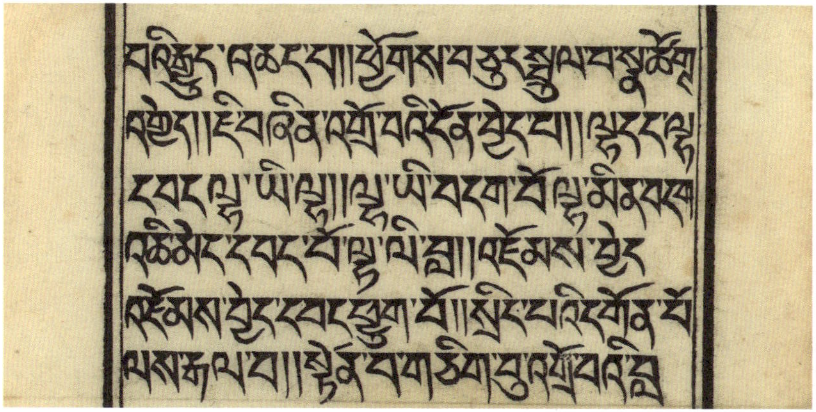
བའི་སྒྲུར་ཁཆང་པ། །ཕྱོགས་བཅུར་སྤྲུལ་པ་བསྟན་ཚོགས།
བརྗོད། །དེ་བཞིན་འགྲོ་བའི་དོན་བྱེད་པ། །ཨྰ་ད་ཨྰ
དབང་ཨྰ་ཡི་ཨྰི། །ཨྰ་ཡི་བསྐལ་པོ་ཨྰ་མི་ནུབ་ཚེ
འཆི་མེད་དབང་པོ་ཨྰ་ཡི་སྐྲ། །འཇིགས་མས་བྱེད
འཇིགས་མས་བྱེད་དབང་ཕྱུག་པོ། །སྲིད་པའི་དགོན་པོ
ལས་རྒྱལ་བ། །སྟོན་པ་བཅིག་བུ་འགྲོ་བའི་བླ

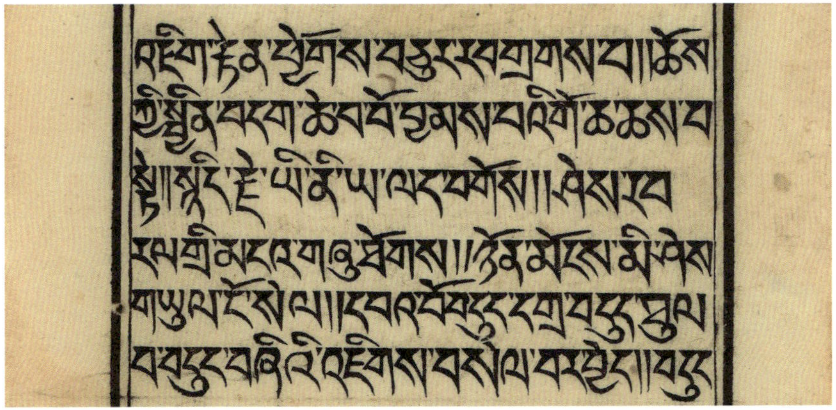
འཇིག་རྟེན་ཕྱོགས་བཅུ་རབ་གྲགས་པ། །ཆོས
ཀྱི་སྤྲིན་ཕབ་བོ་ཆེ་བཅོ་ཕྲམས་པའི་གོ་ཆ་ཆས་པ
སྐྱུ། །སྙིང་རྗེ་ཡི་ནི་ཡ་ལད་བཀོས། །ཤེས་རབ
རལ་གྲི་མདའ་དང་གཞུ་ཐོགས། །ཉོན་མོངས་མི་ཤེས
གཡུལ་ངོ་སེལ། །དཔའ་བོར་བདུད་དགྲ་བདུད་བརྡུལ
བ་བདུད་བཞི་ནི་འཇིགས་བསྒོལ་བསྐྱེད། །བདུད

ཀྱི་ར་བྱུང་ ཛུམས་ཞམ་ཕྱིར་བ། །རྫོགས་པའི
སངས་རྒྱས་འཇིག་རྟེན་འདྲེན། །མཆོད་ནས
བསྟོད་ནས་ཕྱག་གི་གནས། །རྟག་ཏུ་རི་མོར་བྱ
བའི་ནོས། །བཀུར་ནས་རྗོད་པོར་བྱབའི་མཆོག །
ཕྱག་ཕྱུར་ ནོས་པ་སླམའི་རབ་འཇིག་རྟེན
གསུམ་པོགོམ་གཅིག་བགྲོད། །མཁའ་འཕྱུར

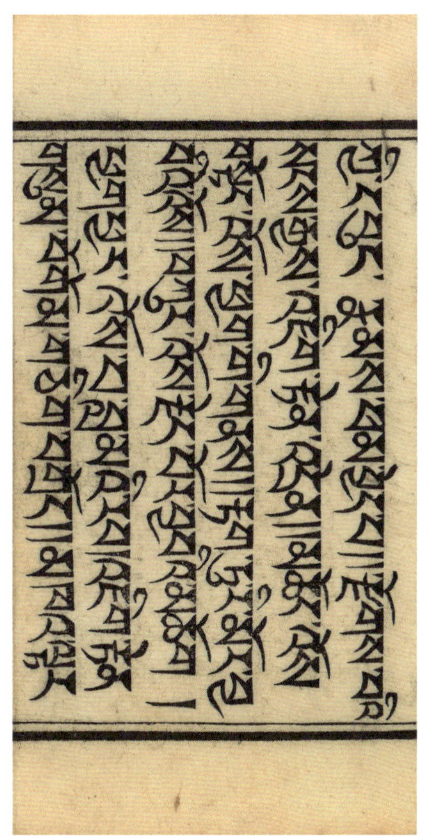

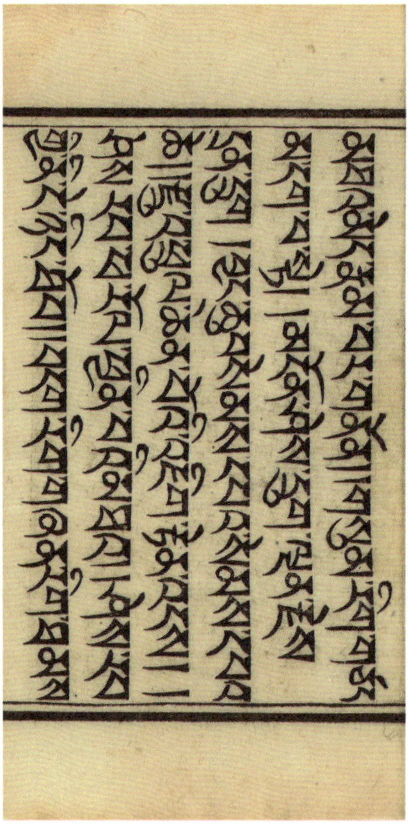

མཐའ་འཇིང་རྣམ་པར་གནོན། །གསུམ་རིག་གཙང
མ་དག་པ་སྟེ། །མཚོན་ཤེས་དྲུག་ལྡེམ་རྗེས
དྲན་དྲུག །བྱང་ཆུབ་སེམས་དཔའ་སེམས་དཔའ
ཆེ། །རྫུ་འཕྲུལ་ཅན་པོའི་འཇིག་རྟེན་འདས། །
ཤེས་རབ་ཕ་རོལ་ཕྱིན་པའི་མཐའ། །ཤེས་རབ
ཀྱི་ནི་དེ་ཉིད་ཐོབ། །བདག་རིག་གཞན་རིག་ཐམས

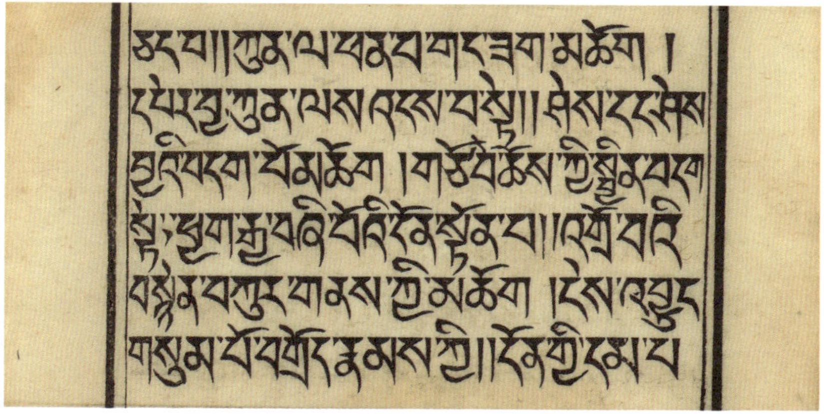
ཅན་པ། །ཀུན་ལ་ཕན་པ་གང་ཟག་མཆོག །
ངོ་བོ་ཉིད་ཀུན་ལས་འདས་པ་སྟེ། །ཤེས་དང་ཤེས
ཕྱུ་ནི་བདག་པོ་མཆོག །གཙོ་བོ་ཆོས་ཀྱི་སྦྱིན་བདག
ཆེ། །ཕྱག་རྒྱ་བཞི་པོའི་དོན་སྟོན་པ། །འགྲོ་བའི
བསྙེན་བཀུར་གནས་ཀྱི་མཆོག །ངེས་འབྱུང
གསུམ་པོ་བགྲོད་རྣམས་ཀྱི། །ངེས་ཀྱི་ངེས་པ

༄མ་དག་དཔལ༔ འཇིག་རྟེན་གསུམ་ན་སྐལ
བཟང་ཚེ། །དཔལ་ལྡན་འཁོར་བ་ཀུན་སྤྱོད་པ།
འཇམ་དཔལ་དབལ་དང་ལྡན་པའི་མཆོག །
༄མཆོག་སྤྲུལ་རྡོ་རྗེ་མཆོག་ཤེད་འདུད། །ཡང་དག
མཐར་གྱུར་ཕྱེད་ལ་ འདུད། །སྟོང་ཉིད་ལས
བྱུང་ཕྱེད་ལ་འདུད། །སངས་རྒྱས་བྱང་ཆུབ་སྟེར

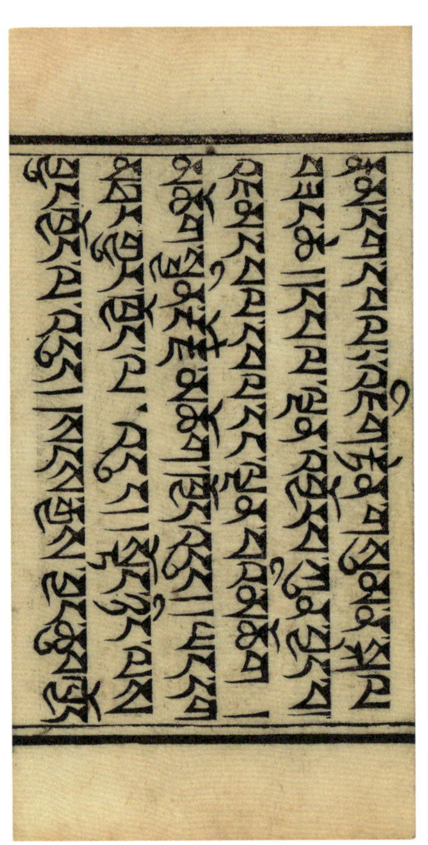

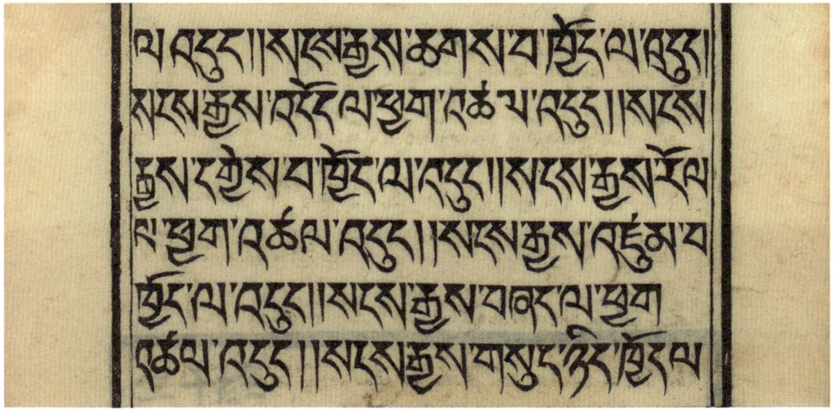
ལ་འདུད། །སངས་རྒྱས་ཚོགས་པ་ཁྱོད་ལ་འདུད།
སངས་རྒྱས་འདོད་ལ་ཕྱག་འཚ་ལ་འདུད། །སངས་
རྒྱས་དགྱེས་པ་ཁྱོད་ལ་འདུད། །སངས་རྒྱས་རོལ
པ་ཕྱག་འཚལ་འདུད། །སངས་རྒྱས་འཛུམ་པ
ཁྱོད་ལ་འདུད། །སངས་རྒྱས་བཞད་ལ་ཕྱག
འཚལ་འདུད། །སངས་རྒྱས་གསུང་ཉིད་ཁྱོད་ལ

ཧཱུྃ། སངས་རྒྱས་སྐུ་གསུང་ལ་ཕྱག་འཚལ
འདུད། མེད་པ་ལས་བྱུང་སྤྱོད་ལ་འདུད། སྐྱེ
རྒྱས་འབྱུང་བ་སྤྱོད་ལ་འདུད། ནམ་མཁའ
ལས་བྱུང་སྤྱོད་ལ་འདུད། ཡེ་ཤེས་ལས་བྱུང
སྤྱོད་ལ་འདུད།། རྒྱུ་འབྲས་ལ་དྲ་བ་སྤྱོད་ལ་འདུད།
ས་རྒྱུས་མོ་ལ་སྟོན་པ་སྤྱོད་ལ་འདུད། ཐམས་ཅད

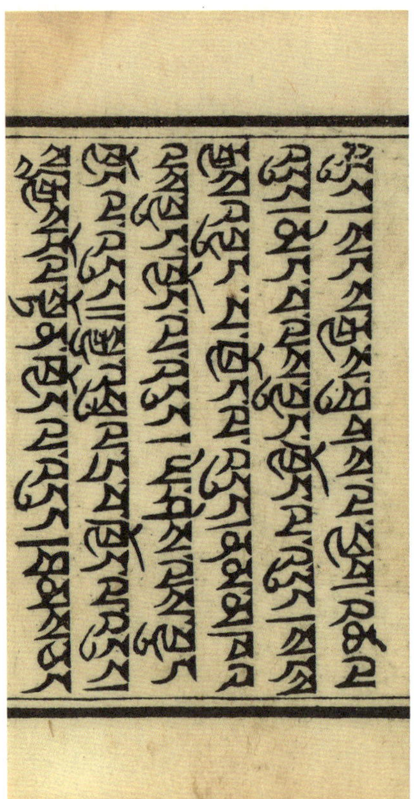

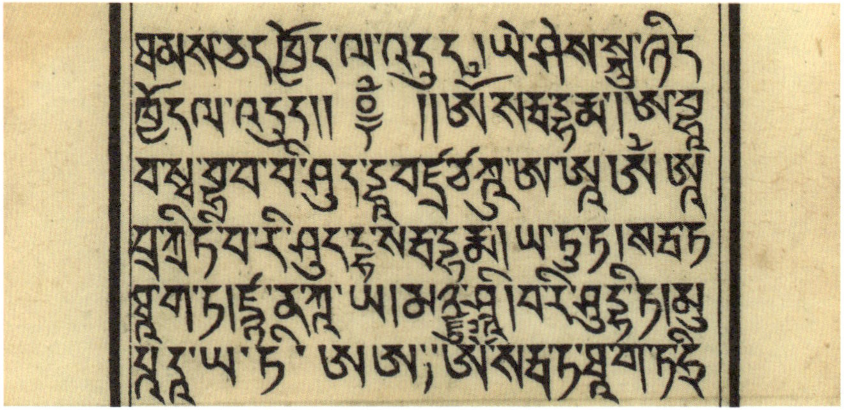

ཐམས་ཅད་ཕྱིར་ལ་འདུ་དུ། ཡེ་ཤེས་སྐུ་ནི་
ཕྱིར་ལ་འདུད། ༄ ། ཨོཾ་སརྦ་དྷརྨཱ། ཨ་བྷཱ་
ཝ་སྭ་བྷཱ་ཝ་བི་ཤུདྡྷ་བཛྲ་ཨ་ཨཱ་ཨཾ་ཨཿ
པྲ་ཀྲྀ་ཏི་པ་རི་ཤུདྡྷ་སརྦ་དྷརྨཱ། ཡ་དུ་ཏ། སརྦ་ཏ
ཐཱ་ག་ཏ་ཛྙཱ་ན་ཀཱ་ཡ། མཉྫུ་ཤྲཱི། པ་རི་ཤུདྡྷི་ཏ། མུ
པཱ་དཱ་ཡ་ཏེ་ཨ་ཨཿ སརྦ་ཏ་ཐཱ་ག་ཏ་ཧྲྀ་

ཧཱུྃ་ཧཱུྃ་ཕཊ་ཕཊ།ཨོཾ་ཧྲཱིཿཧྲཱིཿ་ཧྲཱ་ག་ཙནྟ།ཧྲཱིཿ་ཧྲུཾ

ཕཊ།ཧཱུྃ་ཧཱུྃ་སྭཱ་ཧཱ།ཧཱུྃ་ཧཱུྃ་ཧཱུྃ།ཨ་ཀྵ་ཧཱུྃ་ཀྵ་ག་གན

ཨཱམ་ཡ་སྭཱ་ཡ་ར་ཤུད་ཛྭཱ་ལ་ཧཱུྃ་ཀྵ་ཧཱུྃ་ཏུ་ཧཱུྃ་ག་ཧྲི

ཨཱ།དེ་ནས་རང་བ་ལ་སྤྱན་ རྗེ་རྗེ་འཆེད་ཁྱེད

ཞིང་མ་གྲུ་ནུས་པ་ལ་ཨོཾ་སུ་ར།།མགོན་པོ་བཅོ

ལྡན་རྗེ་བཞིན་ག་ཤེ་ག་ས།རྫོགས་སངས་ཞེས་རྒྱས

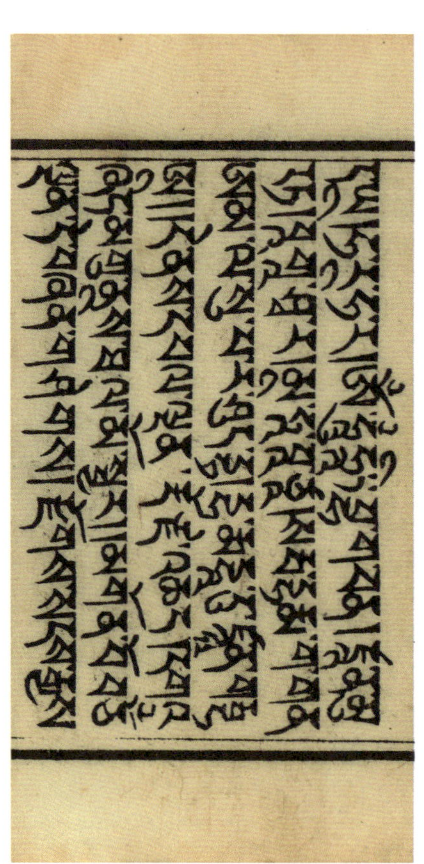

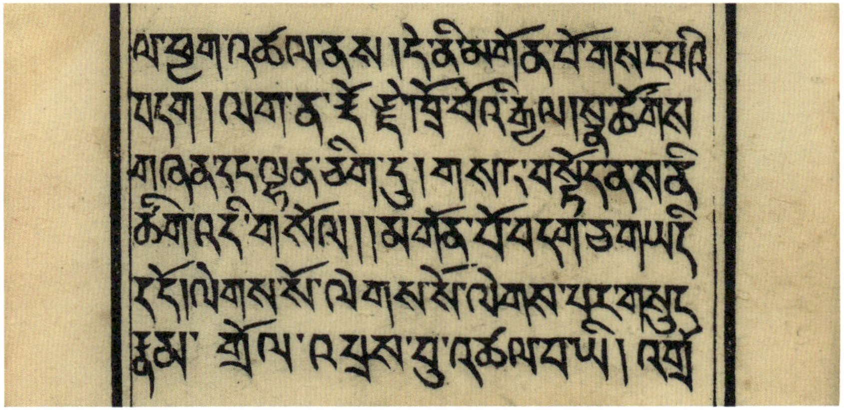

ལ་ཕྱག་འཚལ་ནས། །དེ་ནི་མགོན་པོ་གསང་བའི
བདག །ལག་ན་རྡོ་རྗེ་ཁྲོ་བོའི་རྒྱལ། །སྐུ་ཚོགས
གཞོན་དང་ལྡན་ཅིང་ཏུ། །གསང་བརྗོད་ནས་ནི
ཚིག་འདི་གསོལ་ཏོ། །མགོན་པོ་བདག་ལ་ཕན་པ་ཡི
དང་། །ལེགས་སོ་ལེགས་སོ་ལེགས་སོ་ཕྱག་གསུང་
ཀྱིས་ ཀྱི་ལ་འཕྲུལ་བུ་འཚལ་བ་ཡི། །འགྲོ

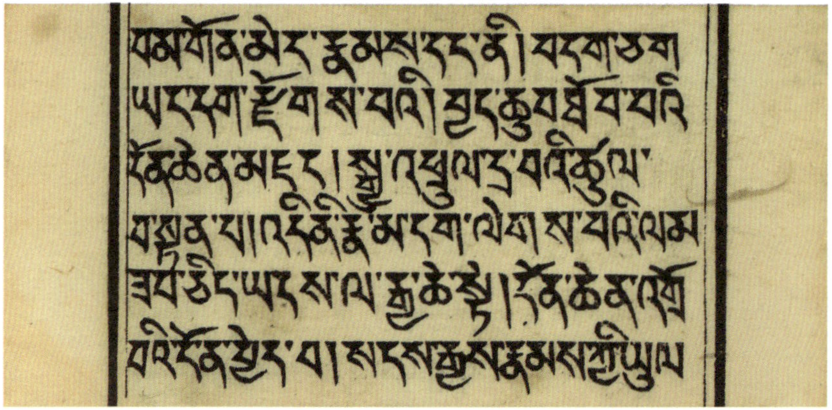

བསམ་གྱོན་མེར་རྣམས་རང་ནི། བདག་ཅག
ཡང་དག་རྫོགས་པའི། བྱང་ཆུབ་སྒྲུབ་པ་པའི
དོན་ཆེན་མཛད། སྦྱི་འབྲུ་ལཏྲ་བའི་རྒྱལ་
བསྟན་པ་འདི་ནི་རྣ་མདག་ལེགས་པའི་ལམ
ཟབ་ཅིང་ཡང་སལ་རྒྱ་ཆེ་སྐྱེ། དོན་ཆེན་འགྲོ
བའི་དོན་སྤྱོད་པ། སངས་རྒྱས་རྣམས་ཀྱི་ཡུལ

འདི་ནི། རྫོགས་པའི་སངས་རྒྱས་ཀུན་གྱིས་
བཤད།། བཅོམ་ལྡན་འདས་འཇམ་དཔལ་
ཡེ་ཤེས་སེམས་དཔའི་དོན་དམ་པའི་མཚན་
ཡང་དག་པར་བརྗོད་པ། བཅོམ་ལྡན་འདས་
དེ་བཞིན་གཤེགས་པ་ཤཱཀྱ་ཐུབ་པས་གསུངས་
པ། རྫོགས་སྷོ།། ༄༅ །ཀྱཻ་གསར་གྱི་མ་པན

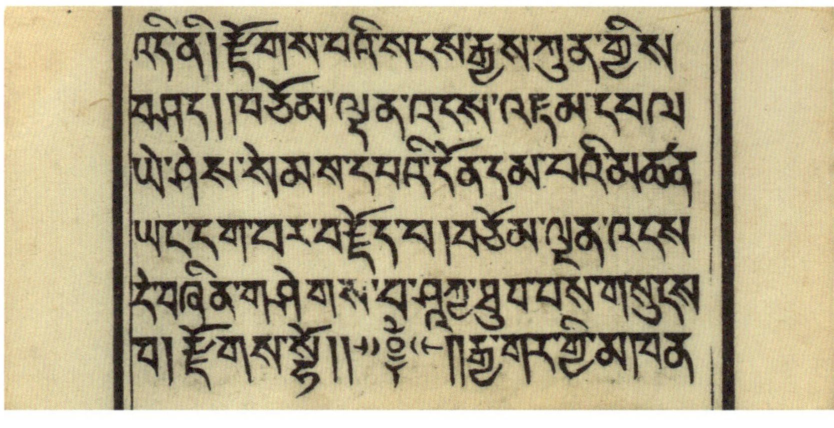

ཡོན་ཧྲུ་ཀ་ར་ཁྱེ་རྐྱ་དང་། གྲྀ་མ་ལ་གྲུབ་ཏ
དང་། ཁྲི་ཚེ་ན་ཀྲི་ཡོ་ཙ་བ་དགེ་སློང་རིན་ཆེན
ཕྲང་བསོ་བསྒྱུར་ཅིང་ཞུས་ཏེ་གཏན་ལ
ཕབ་པའོ།། །།འཕགས་པ་
འཇམ་དཔལ་གཞོན་ནུར་གྱུར་པ་ལ་ཕྱག
འཚལ་ལོ།། ན་མོ་མཉྫུ་ཤྲཱི་ཀུ་མཱ་ར་བྷཱུ

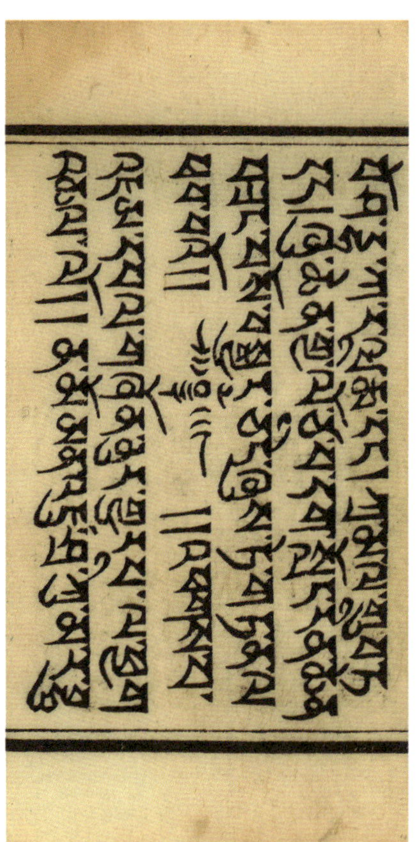

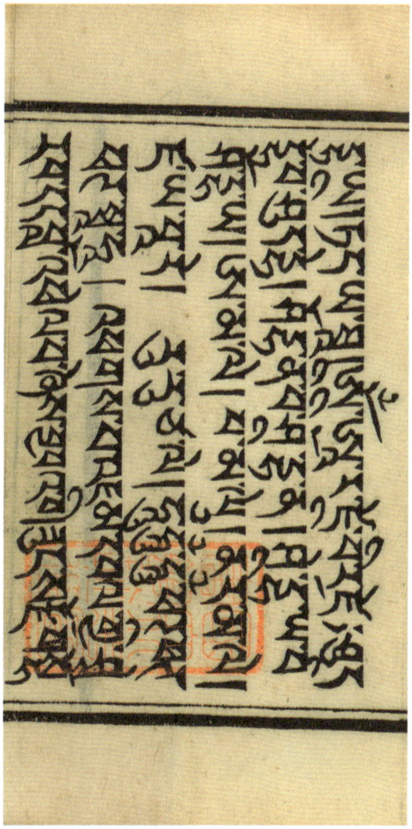

ཛྙཱ་ཡཱ་ཧ་ཏ་ཡ་སྭཱ། ཨོཾ་ཨཱ་ར་ཛེ་ཝི་ར་ཛེ། ཝཛྲ
སྠི་ར་བནྡྷེ། སེ་དྷ་ན་བ་སྲུ་ཧྲ་ཧུ་ནེ། སེ་དྷ་ཡ་བ
སྟྲ་ཡཱ། ཨ་མ་ལེ། བ་མ་ལེ། ནིར་མ་ལེ།
ཛ་ཡ་ལྤ་རེ། ཧུ་ཧུ་ཙ་ལེ། ཧཱུཾ་ཧཱུཾ་ཧཱུཾ་ཕཊ་སྭཱ
ཧཱ་སྭཱ་ཧཱ། འཕགས་པ་འཇམ་དཔལ་གྱི་མཚན
ཡང་དག་པར་བརྗོད་པ་ཞེས་བྱ་བ་རྫོགས་སོ།།

御製後序

如來法藏，至妙難測。至高無等，至廣莫極。淵而無際，深不可量。大包天地，細入無間。功德無量無邊，不可思議，誠超三域之平

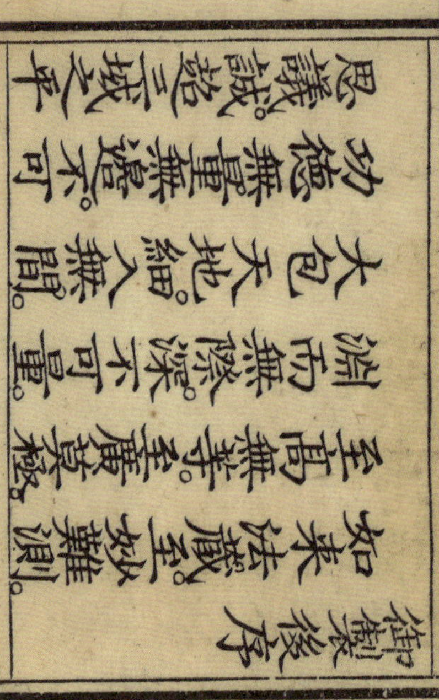

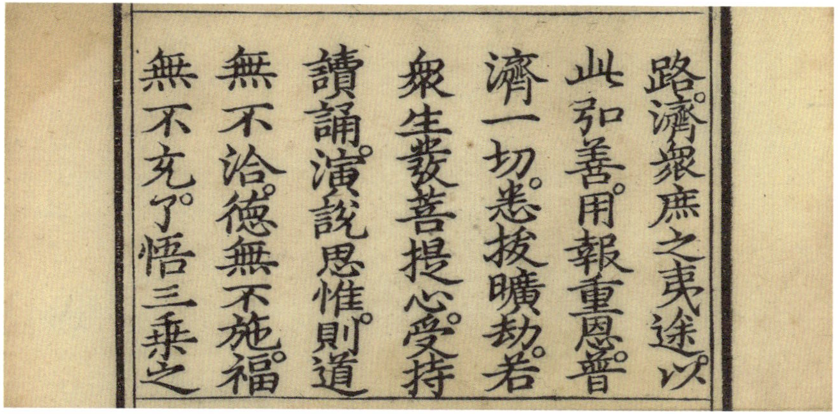

路濟衆庶之東途以
此弘善用報重恩普
濟一切悲拔曠劫若
衆生發菩提心受持
讀誦演說思惟則道
無不洽德無不施福
無不充了悟三乘之

宗。總解真如之旨。即
成正覺。求諸佛陀。

大明永樂九年四月十七日

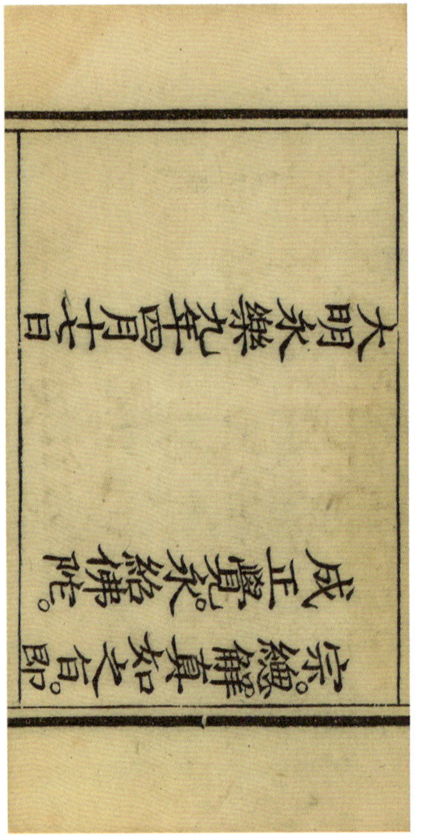

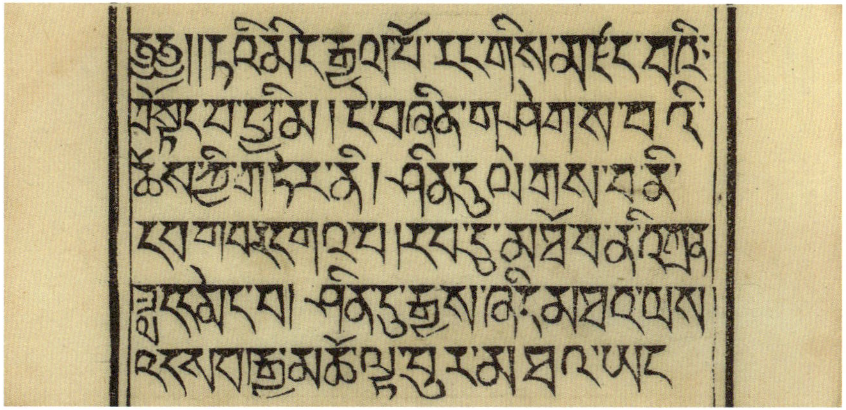

མི་འཆི། །ཟབ་པ་བརྙེ་བ་བསམ་གྱིས་མི་ཁྱབ་པ། །སྐུ
ཀྱི་ཐམས་ཀུན་ལས་ཁྱབ་བསྐྱུང་བ། །འཕྲུལ་པ་ནི
ཀུན་ལ། འཇུག་ཅིང་། ཡོན་ཏན་གྱི་མཐའ་འདང་པ་བ
ཀྱོང་བ་བསམ་གྱིས་མི་ཁྱབ་པའོ། །ཁྱིམས་
བསྐུལ་ལས་སྒྲོལ་བའི་ལམ་ཉེས་པ་ཡི་རྣམ་སྲི
པ་ཀུན་ལ་བཅུན་པར་སྐྱོང་བའི་ལམ་ཆེན་པོ་ཡི། །

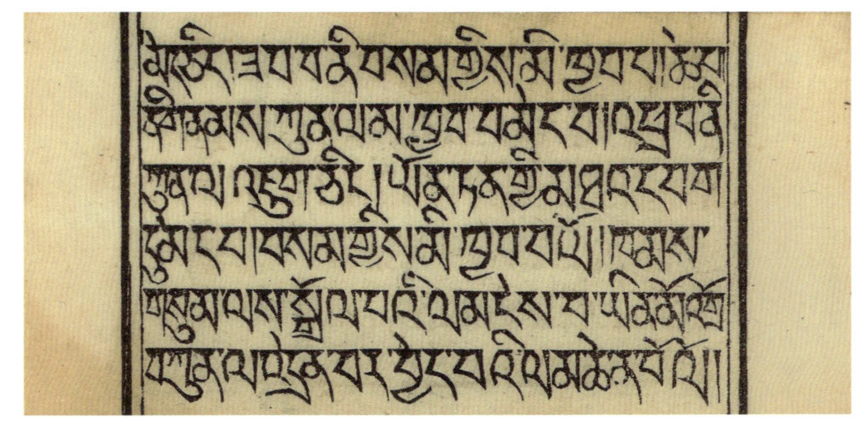

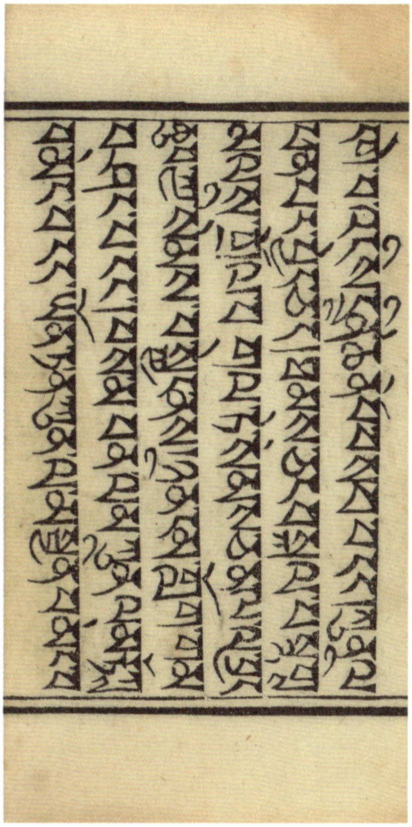
ཀྱེ་བ་འདི་ཡི་སྙིང་ཆེ་ནི་ཕོ་བ་སབ་བ་དང་ཀུན་ནུ་ཡ
ཁྲུ་པར་ཡི་ཀྱིང་ཅིང་། ཐམས་ཅད་བསྐལ་ཡ་བ་སྐྱ་ཡ
མཁས་ཀྱི་ཡ་བ་ཀ་ཡ་རྗེ་སེམས་ཅན་མ་པ་ཡ་གྱུར
རྒྱུ་བ་ཀྱི་སེམས་བསྐྱེད་ནས། ཀུན་ཏུ་ཞེ་སྤྲོ་ག་ག་མ
བ་ཞིང་པ་དང་། བསོམ་བན་ཡམ་ཀུན་ལ་མཆོག
བམེད་པ་དང་ཡོན་ཏན་ཀུན་ལ་མཁྱེན་པ་མེད་བ

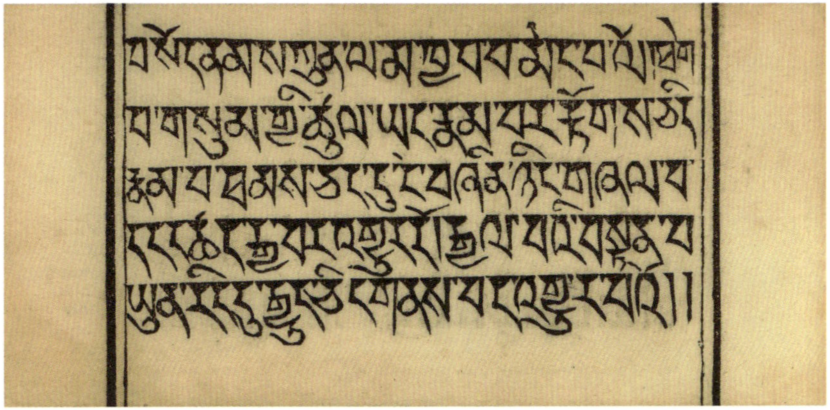

པ་སོ་ཉེམ་ས་ཀྱུན་ལ་མ་ཁྲ་པ་པ་མོ་ང་པ་ཡོ་ཁྲེ
པ་གསུམ་གྲི་ཚུལ་ཡང་ཚེམ་བླ་ཧྥོ་ག་ས་ཐོ
ཆམ་པ་ཐམས་ཅད་དུ་ངེ་བ་ཉེན་ཏེ་ང་ཀྲ་ཉེ་ལ་པ
དད་ཆེ་དྲེ་བ་འཁྱུར་བོ། ཁྲུལ་བ་བའི་བསྐྱུ་བ
ཡུན་རིང་དུ་ཁྲུ་ཏི་ཚོགས་པ་འཁྱུར་བར་ཤོག ། །

། །ཏཱ་མིང་ཡུང་ལོ་ཧེ་ཙུ་བ་ཧི་ལོ་ཟླ་བ་བཞི
བའི་ཚེས་བཅུ་བདུན་བ་ཉི་མ། །

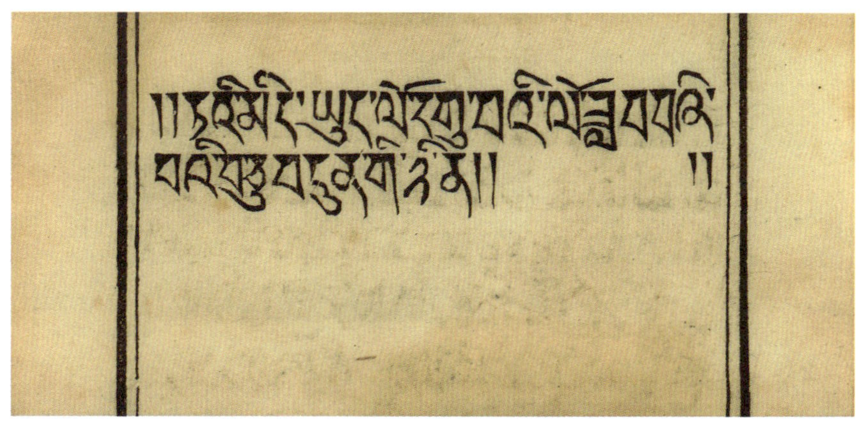

◆ 回鶻文

回鶻，原稱回紇，唐德宗（780—805年在位）時改稱回鶻。唐初，漠北有九姓鐵勒，回鶻即其中之一，於公元744年取代突厥，在漠北高原建立了回鶻汗國，建國初期使用突厥文。9世紀中葉，回鶻西遷，借用粟特文創製了回鶻文，廣泛使用至15世紀。13世紀，蒙古族利用回鶻文字母創製了蒙古文；16世紀，滿族又依蒙古文創製了滿文。回鶻文文獻存世較多，敦煌藏經洞和新疆吐魯番等地出土了大量回鶻文文獻，其中除宗教文獻外，還有社會經濟文書和文學作品等。

大唐大慈恩寺三藏法師傳

〔唐〕釋慧立、釋彦悰撰，勝光法師譯。10世紀寫本，梵夾裝，18.0釐米×43.0釐米。館藏號·回鶻1。

1930年前後發現於新疆，現存殘卷共計394葉，788面。出土之時即被人爲分成兩部分，一部分由清華大學教授袁復禮先生協助國立北平圖書館（國家圖書館前身）購得，計240葉；一部分歸法國東方考古學家海金（Joseph Hackin），流散至法國吉美博物館，計123葉；俄羅斯科學院東方學研究所聖彼得堡分所存23葉。我館所藏的240葉於1932年借給德國學者葛瑪麗（Annemarie von Gabain）。抗戰前和抗戰初期曾多次去函催還，都無下文。直到抗戰勝利後，與Hackin收藏的幾葉一同歸還。目前，我館存有248葉，硬筆楷書書寫，葉27行，四邊朱色界欄。紙張呈麻質黄褐色，雙面書寫，每葉第5至9行之間有圓圈，直徑約4.9釐米。圓圈中間有繩孔，每葉左邊用小字回鶻文注明葉碼，現多已殘損。

譯者僧古薩里，亦稱勝光法師，維吾爾族古代翻譯家，别失八里（今屬新疆吉木薩爾縣）人。生卒年及生平事迹均不詳，大約活動於9至10世紀。他精通古漢語、梵文、古龜兹語和佛學。其譯著還有《金光明最勝王經》，1910年在甘肅酒泉附近的裕固族地區發現，被俄國學者馬婁夫帶往俄國，於1913至1917年在俄國用回鶻文出版，共707頁。

以回鶻文翻譯的歷史典籍較爲罕見，此本開本宏大、字迹清晰，保存完好，堪稱回鶻文文獻的代表。入選第一批《國家珍貴古籍名録》，名録號02300。

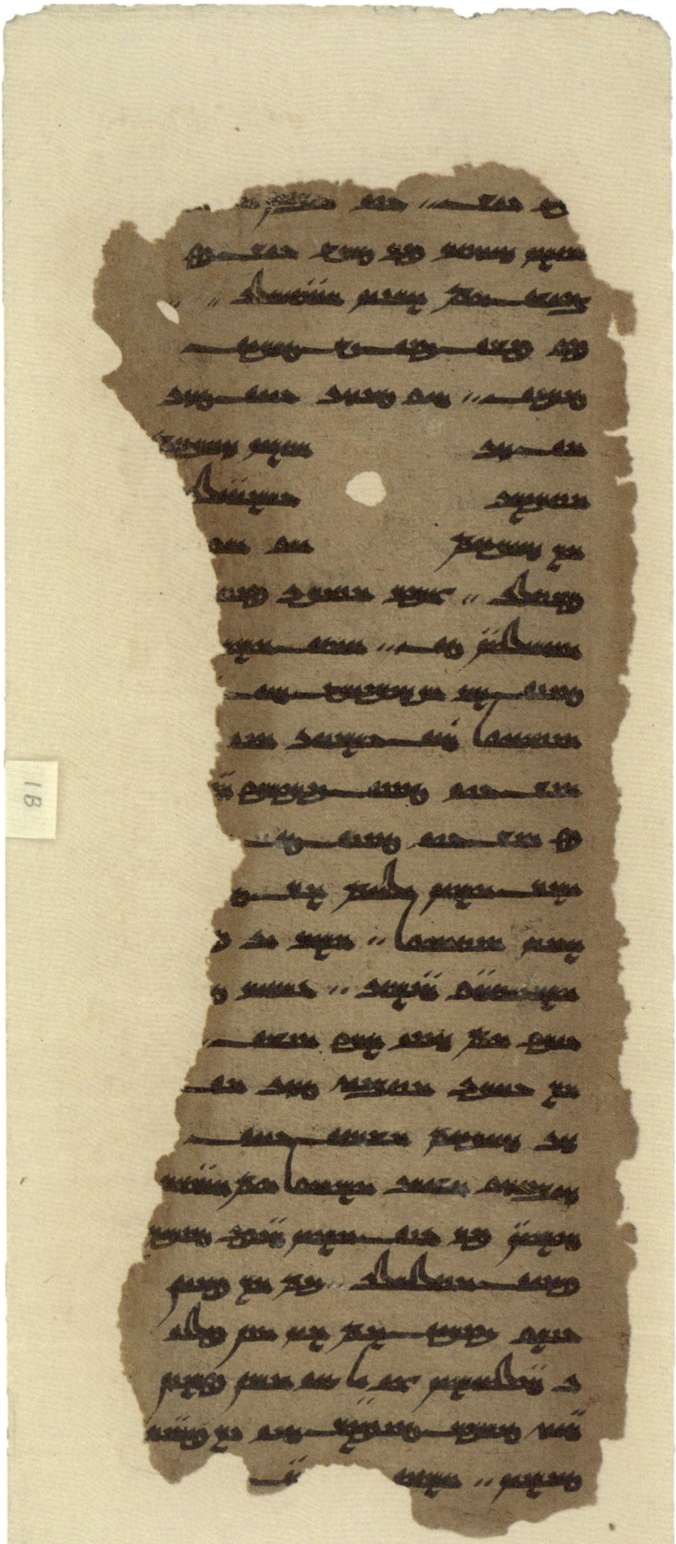

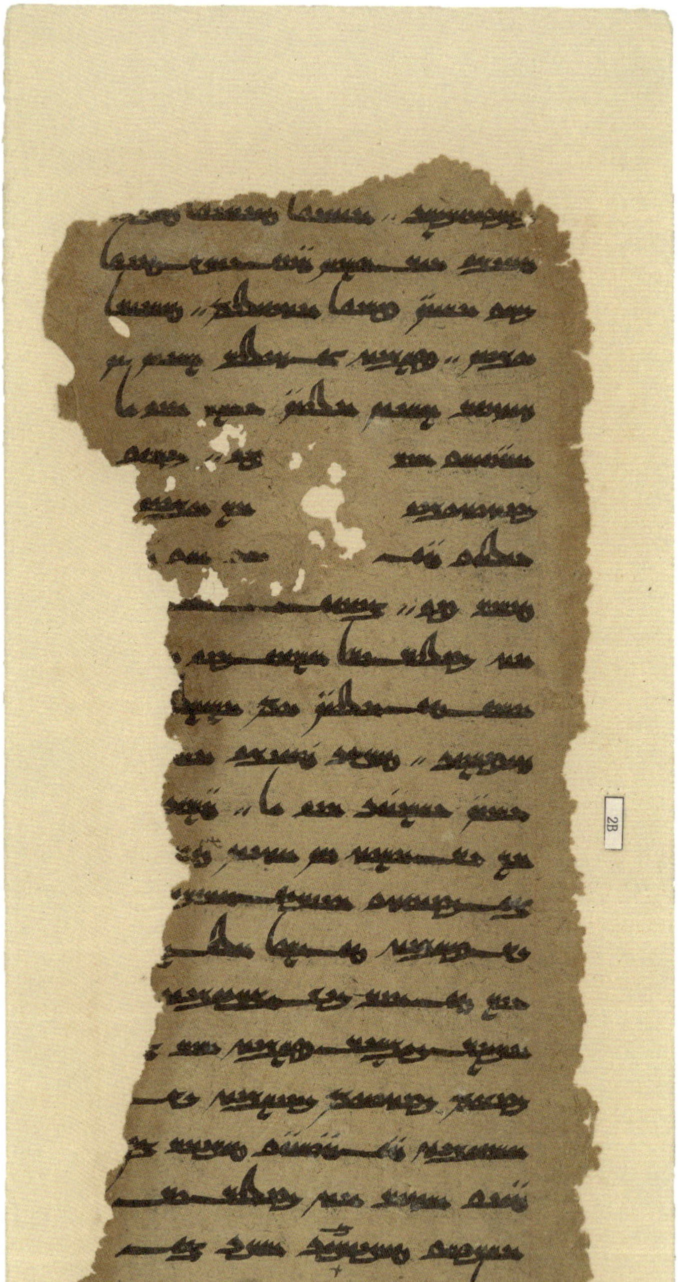
2B

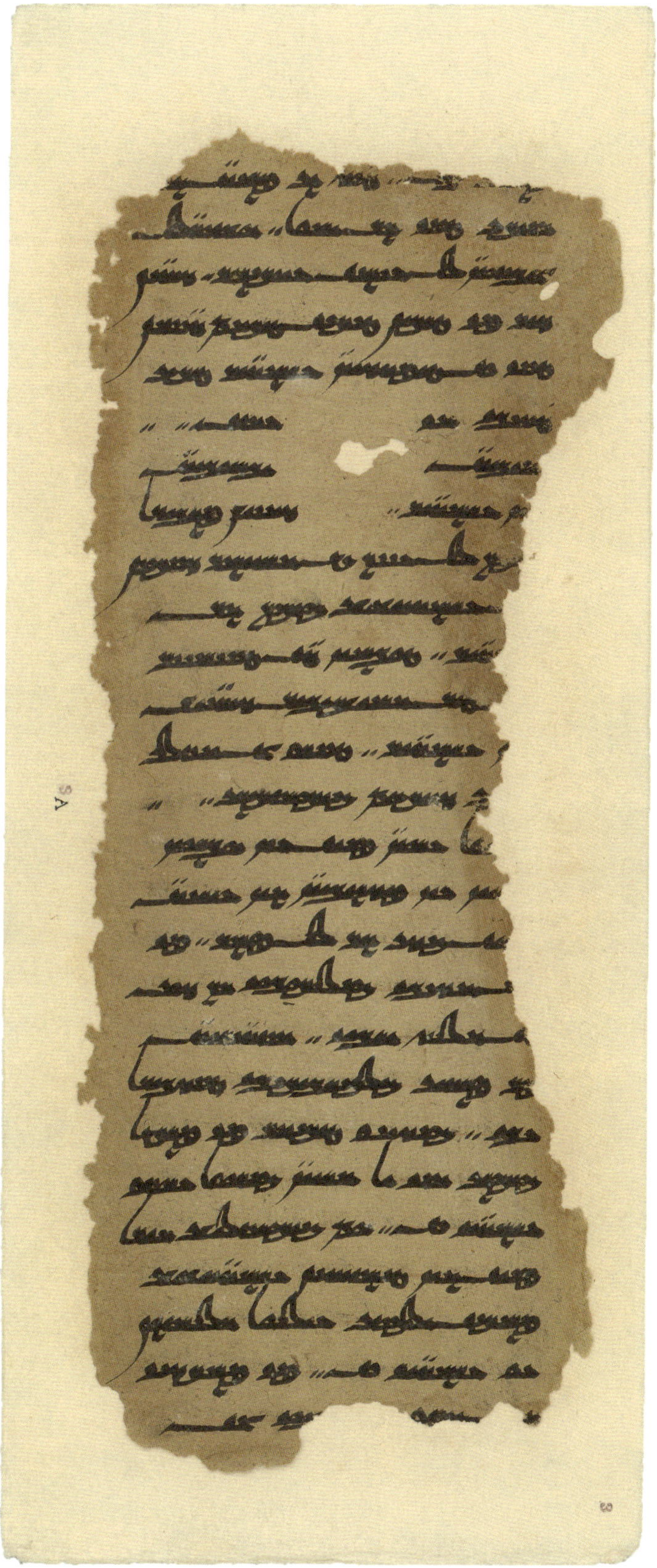

回鶻文　大唐大慈恩寺三藏法師傳

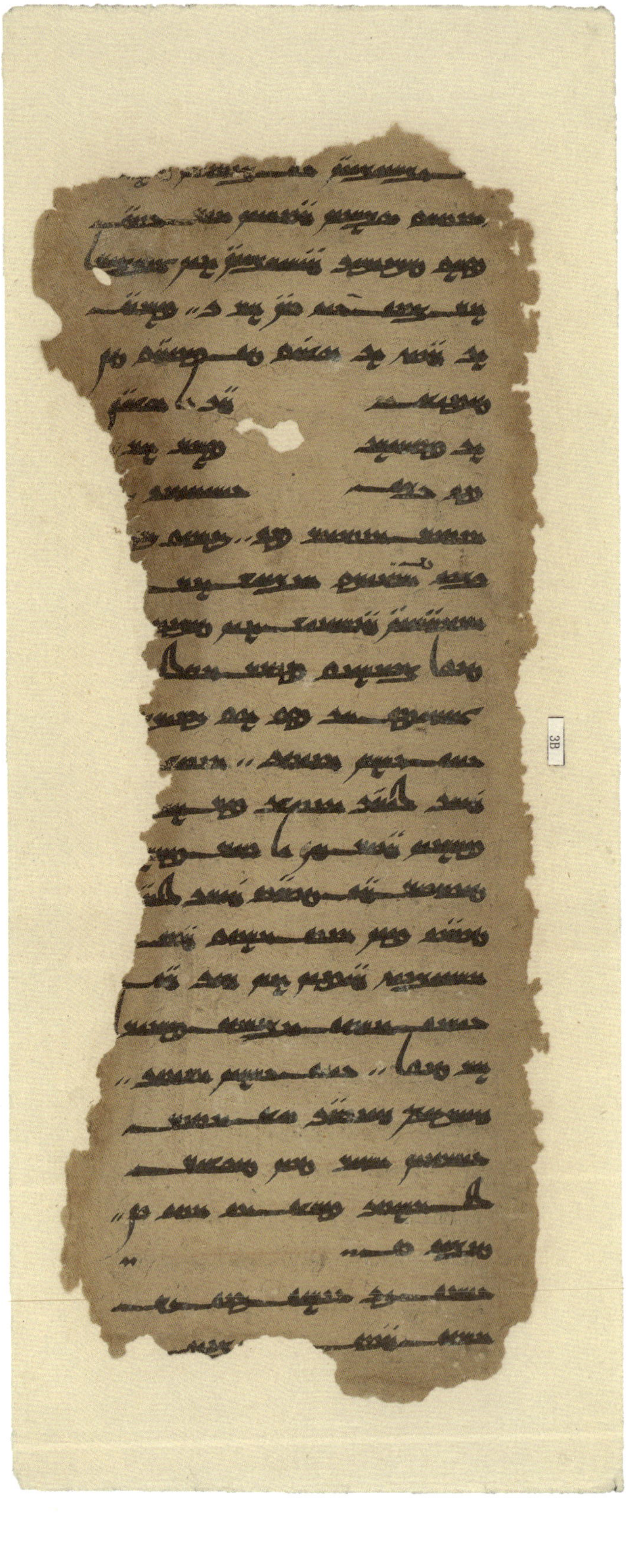

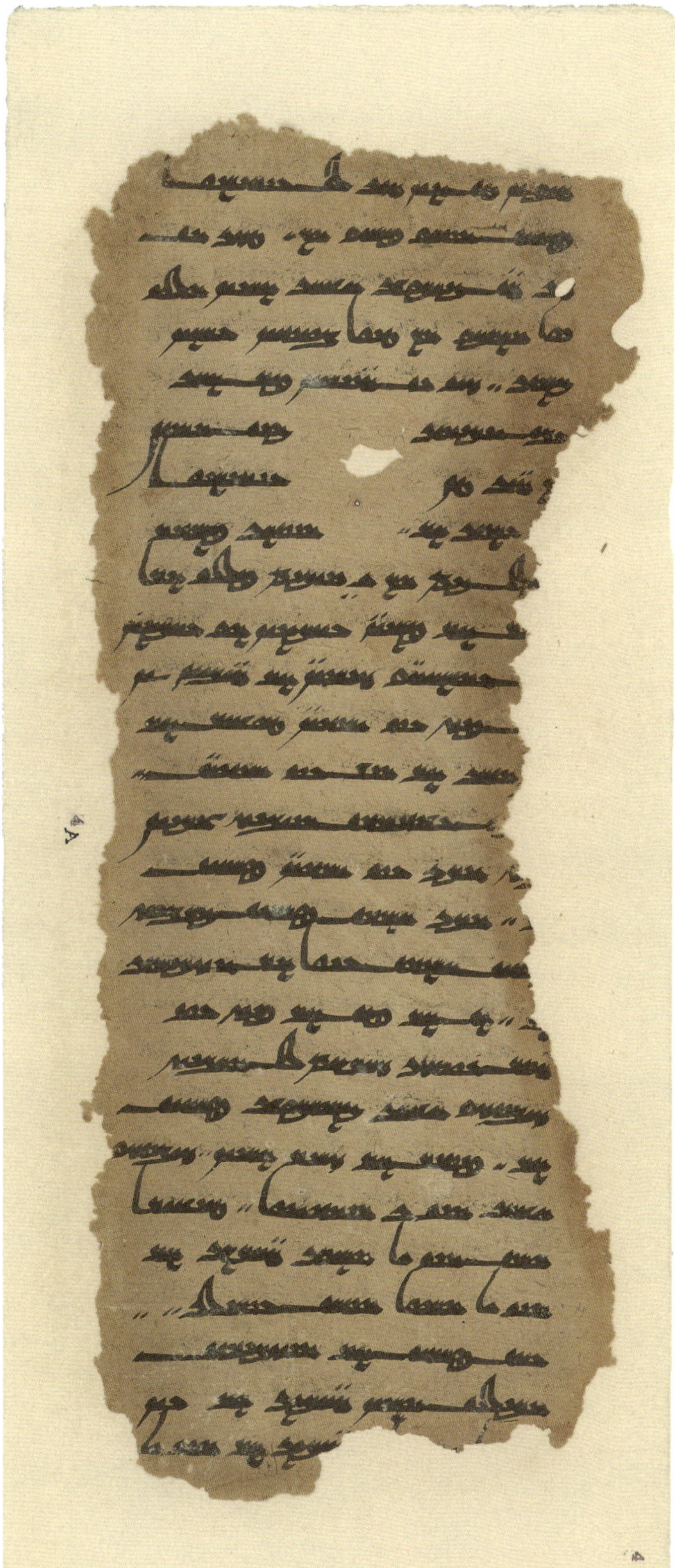

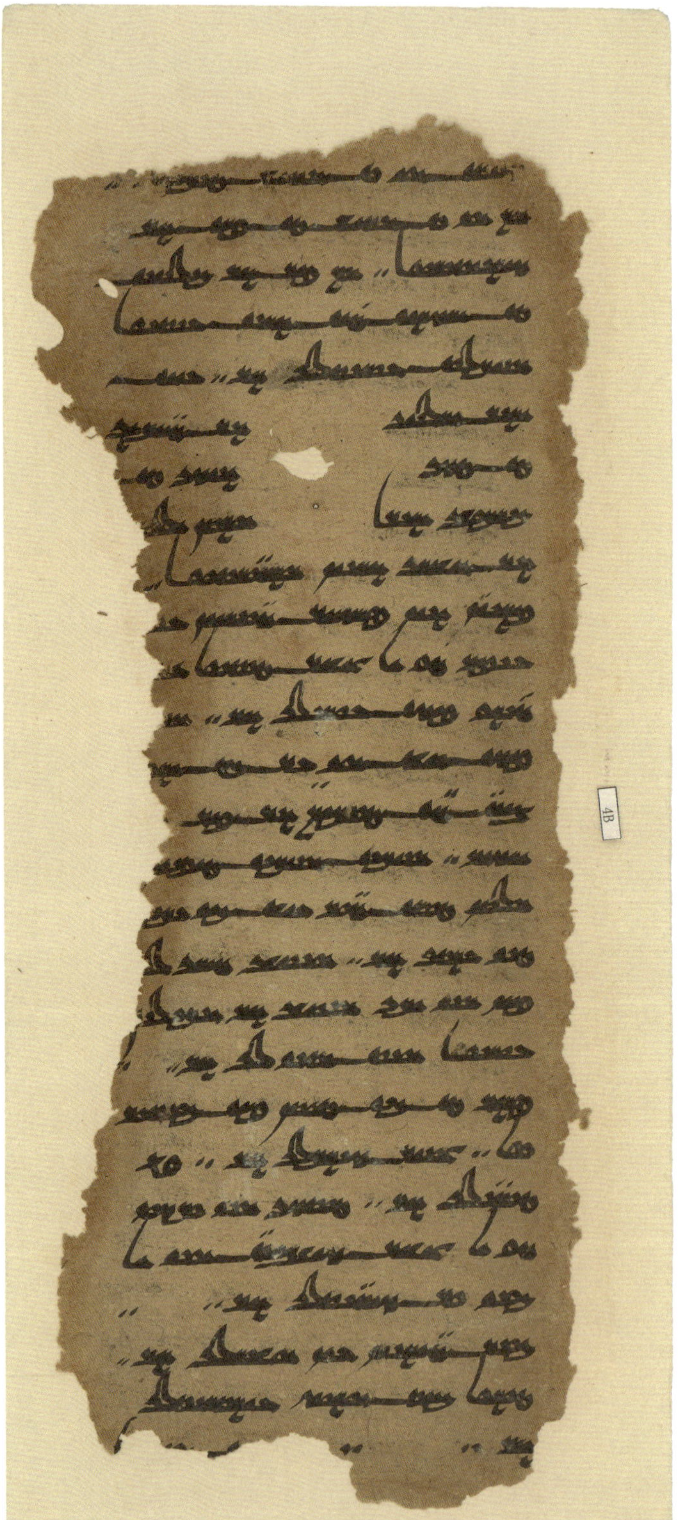
4B

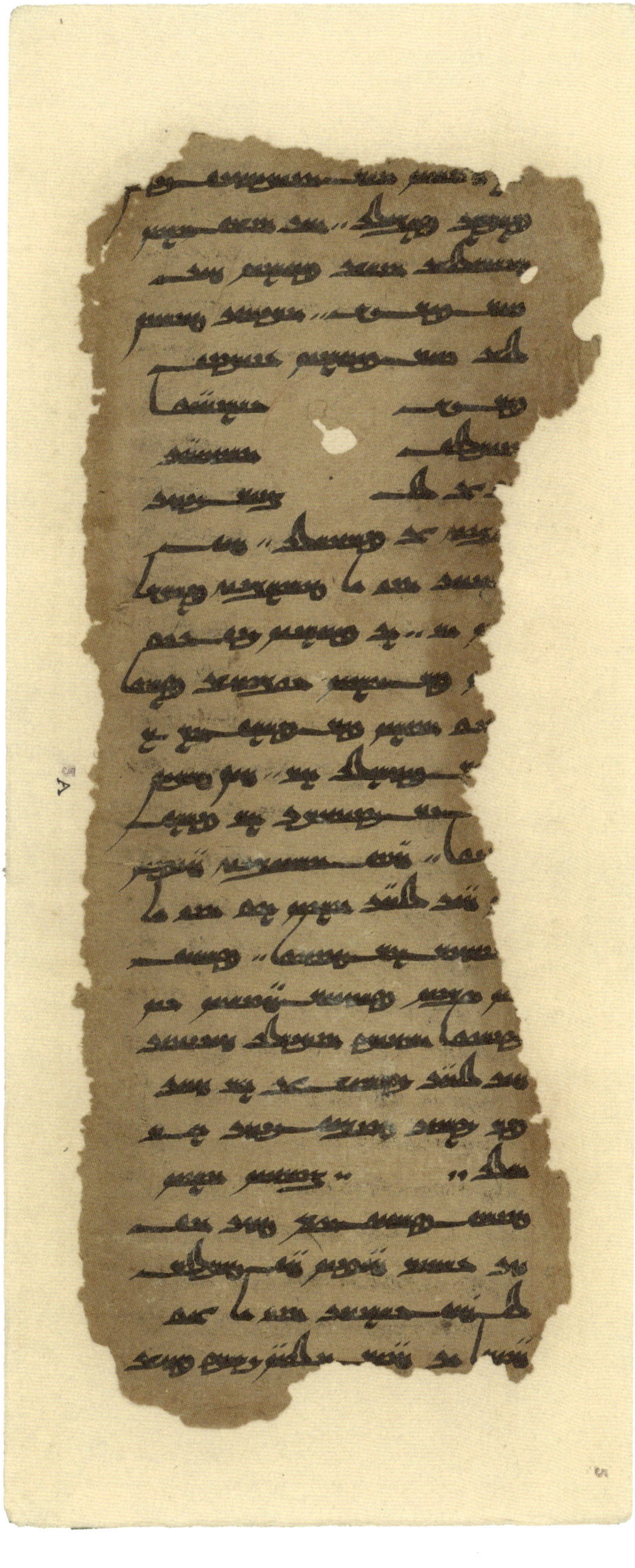

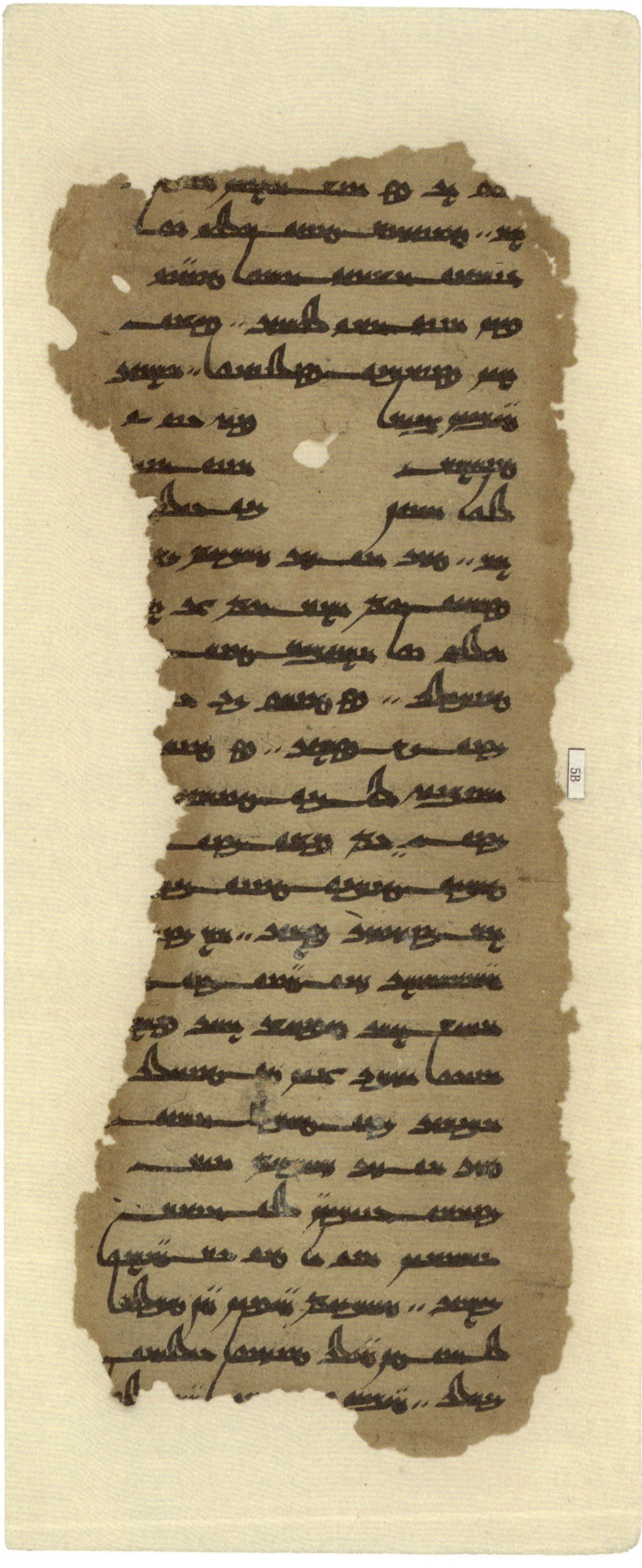
5B

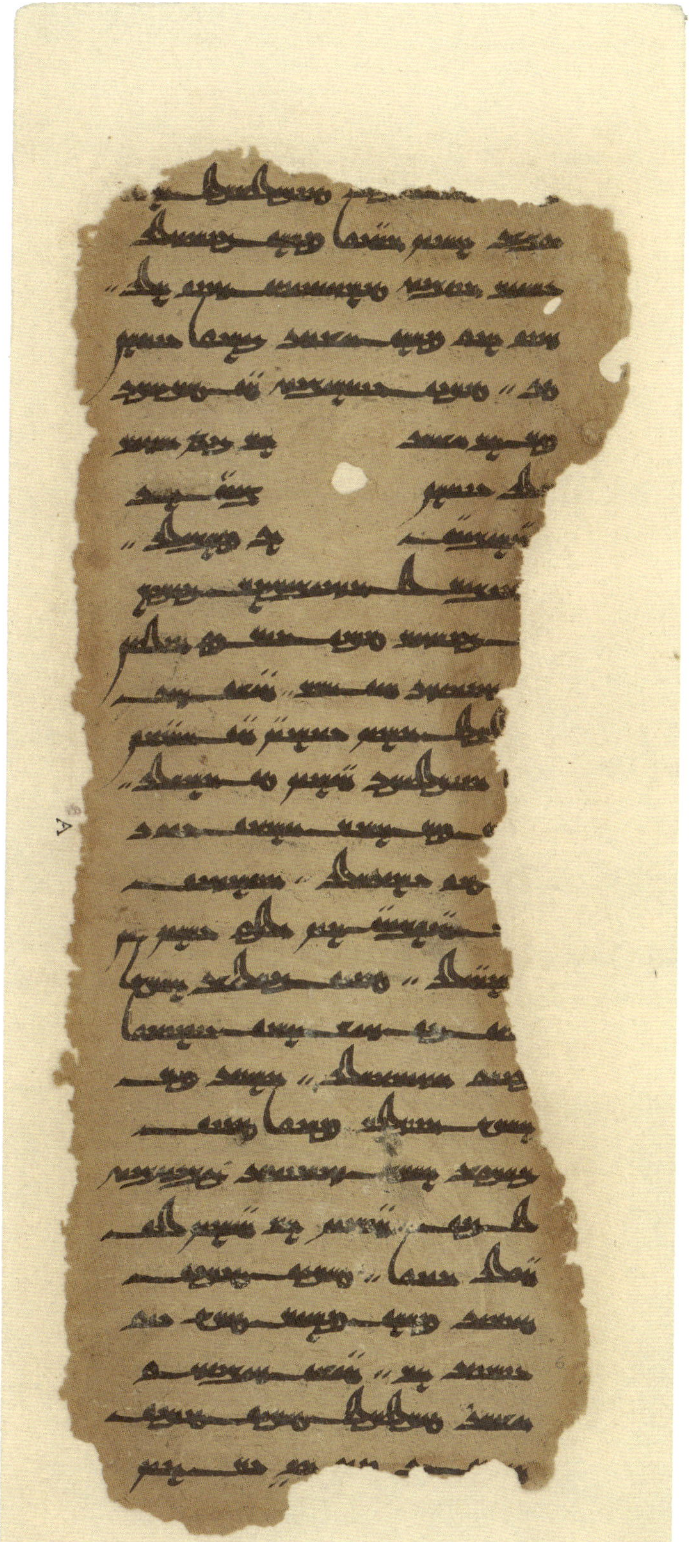

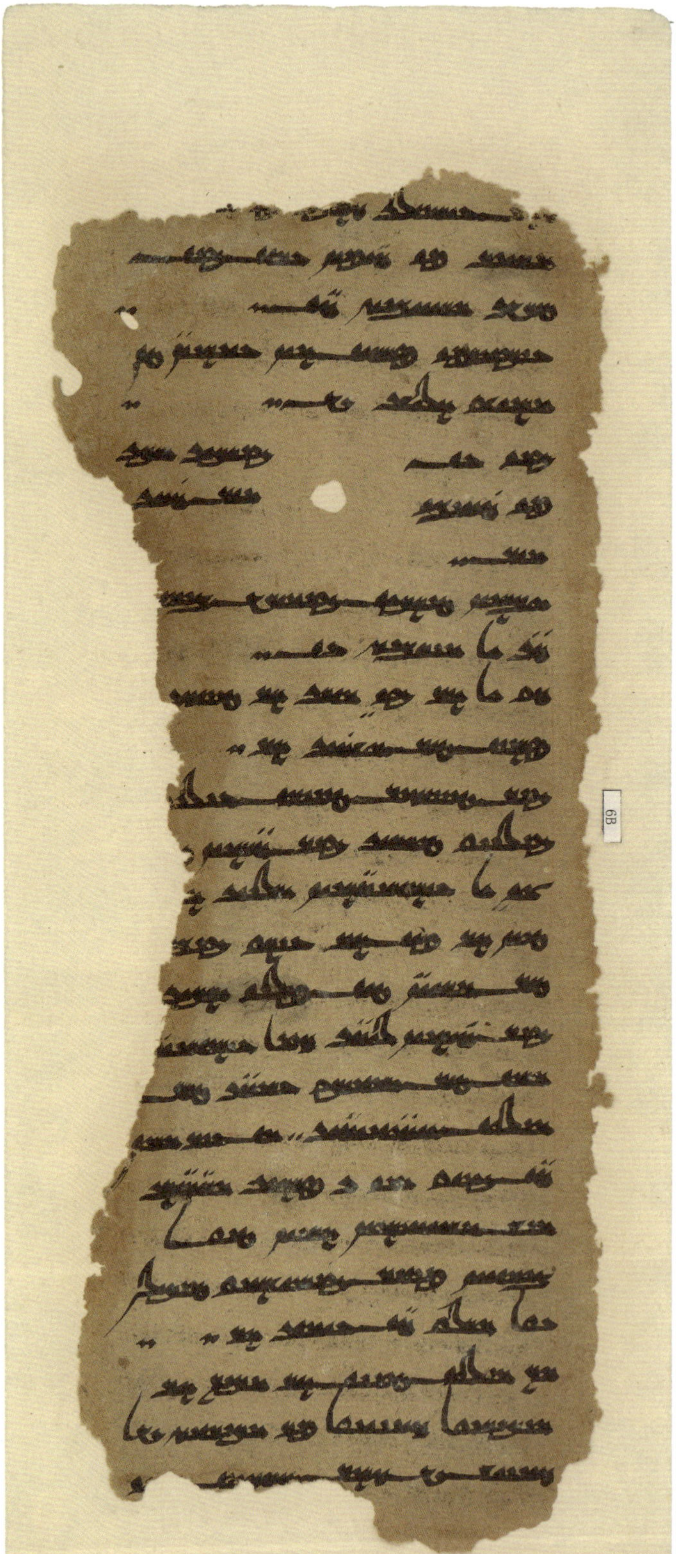
6B

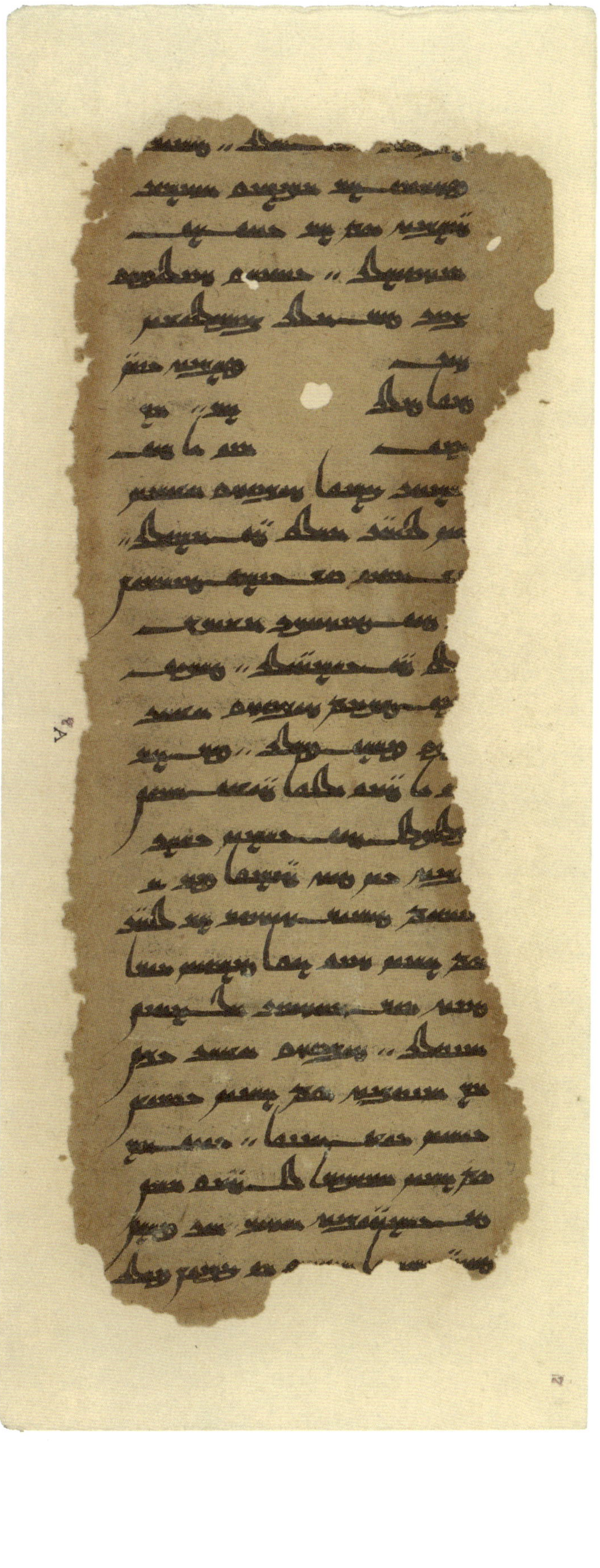

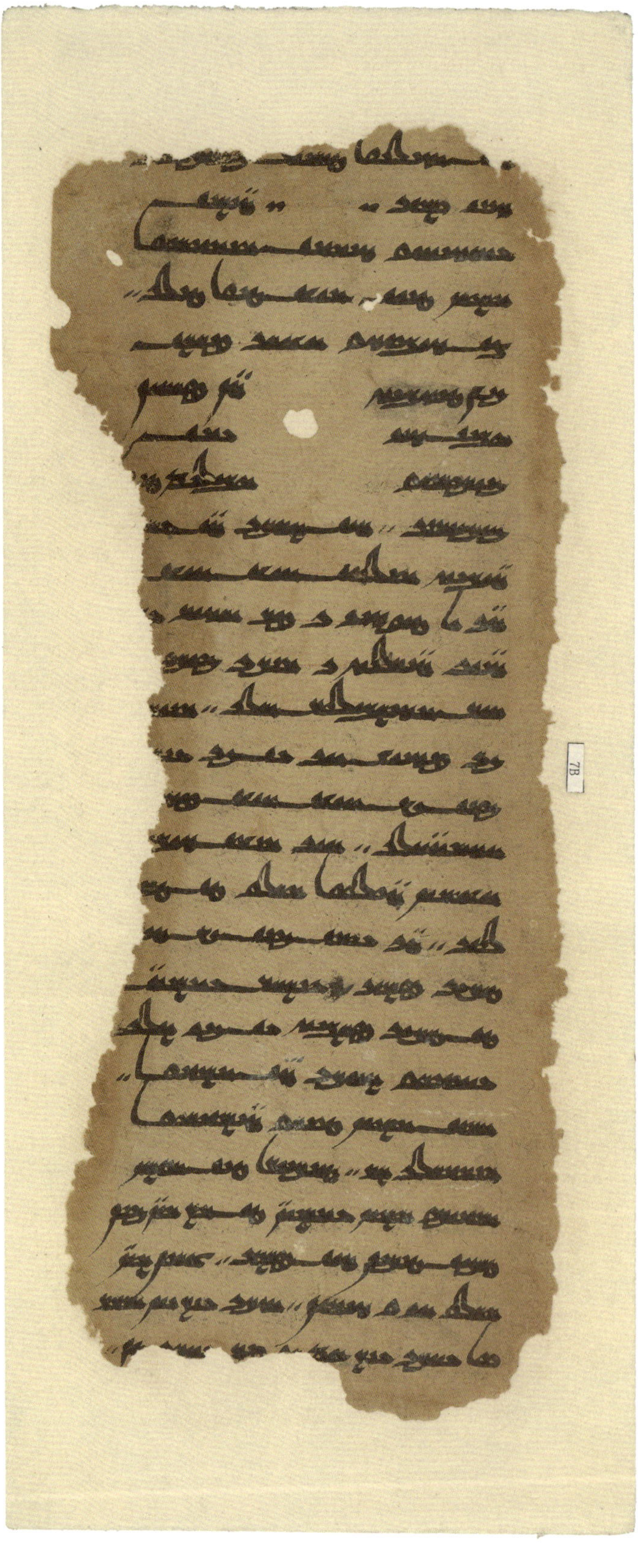
7B

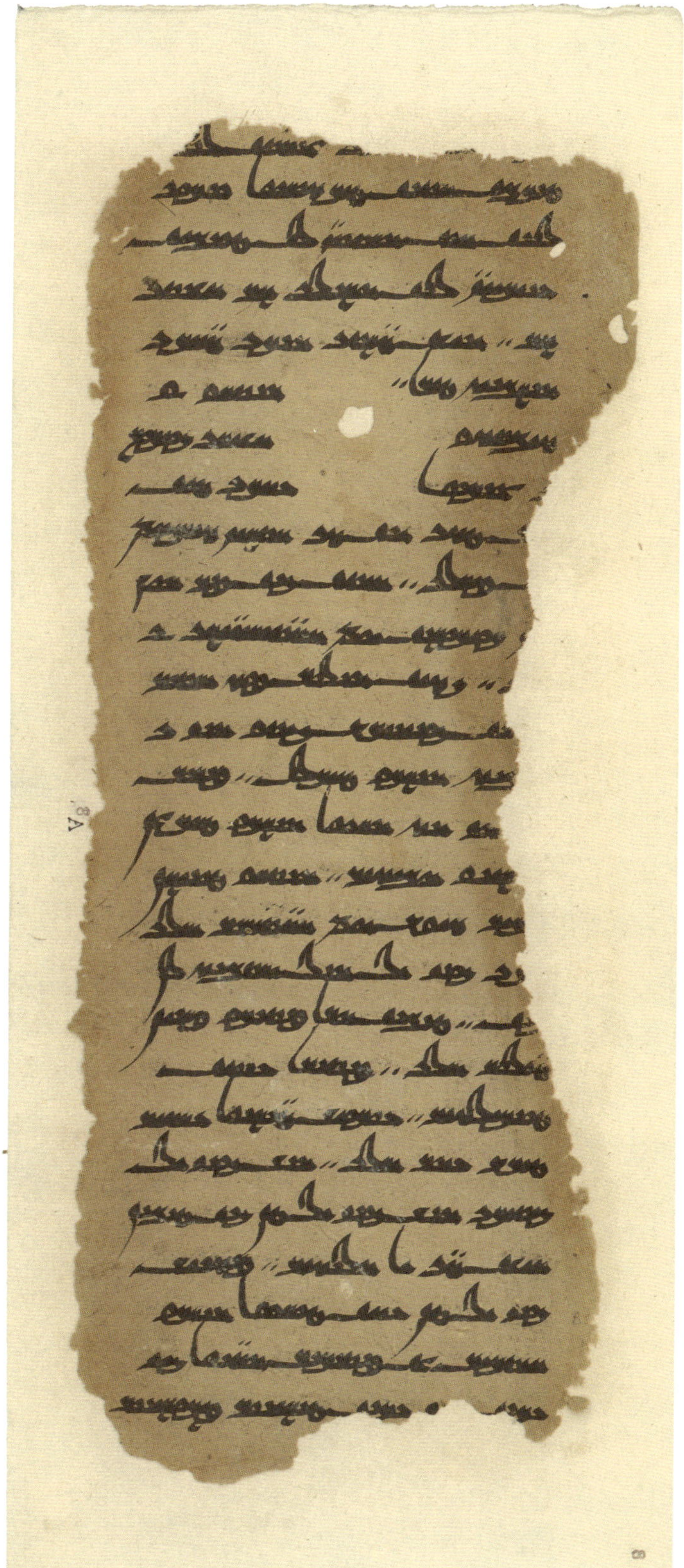

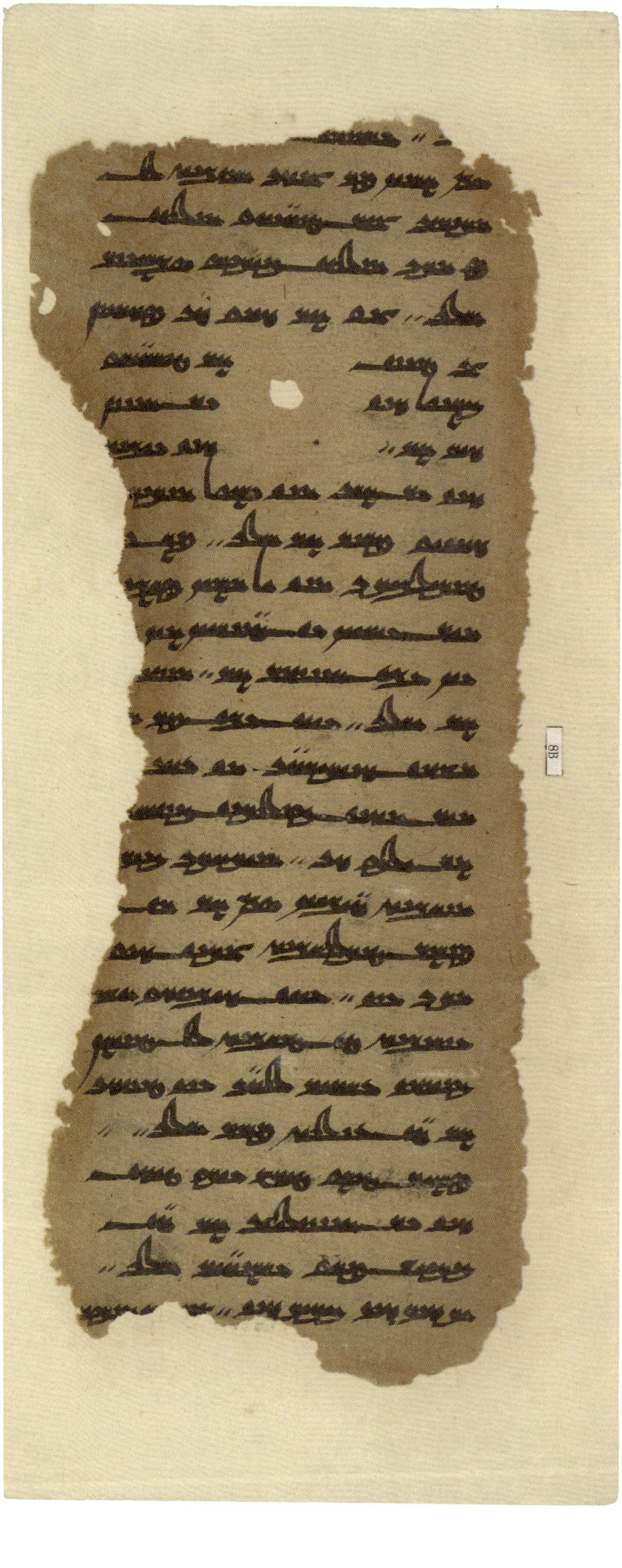
8B

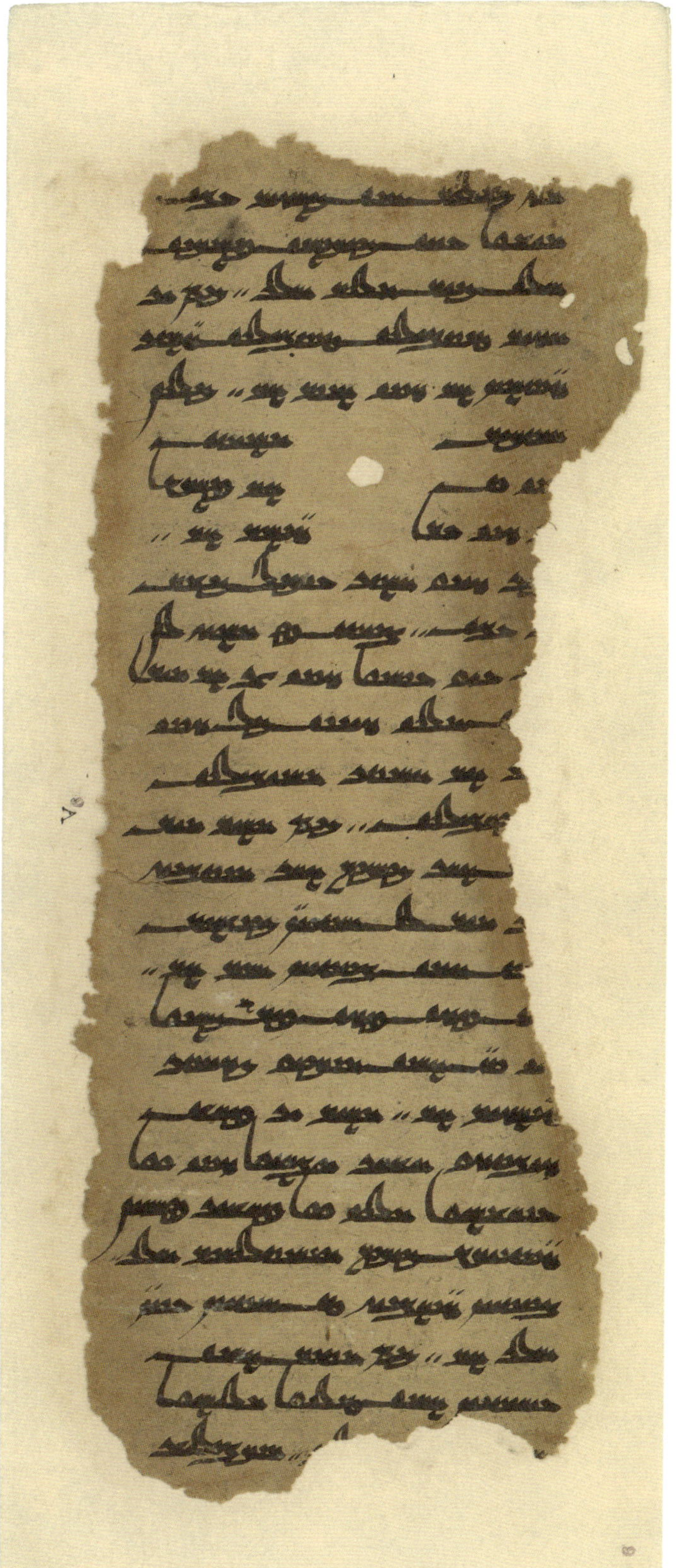

回鶻文　大唐大慈恩寺三藏法師傳

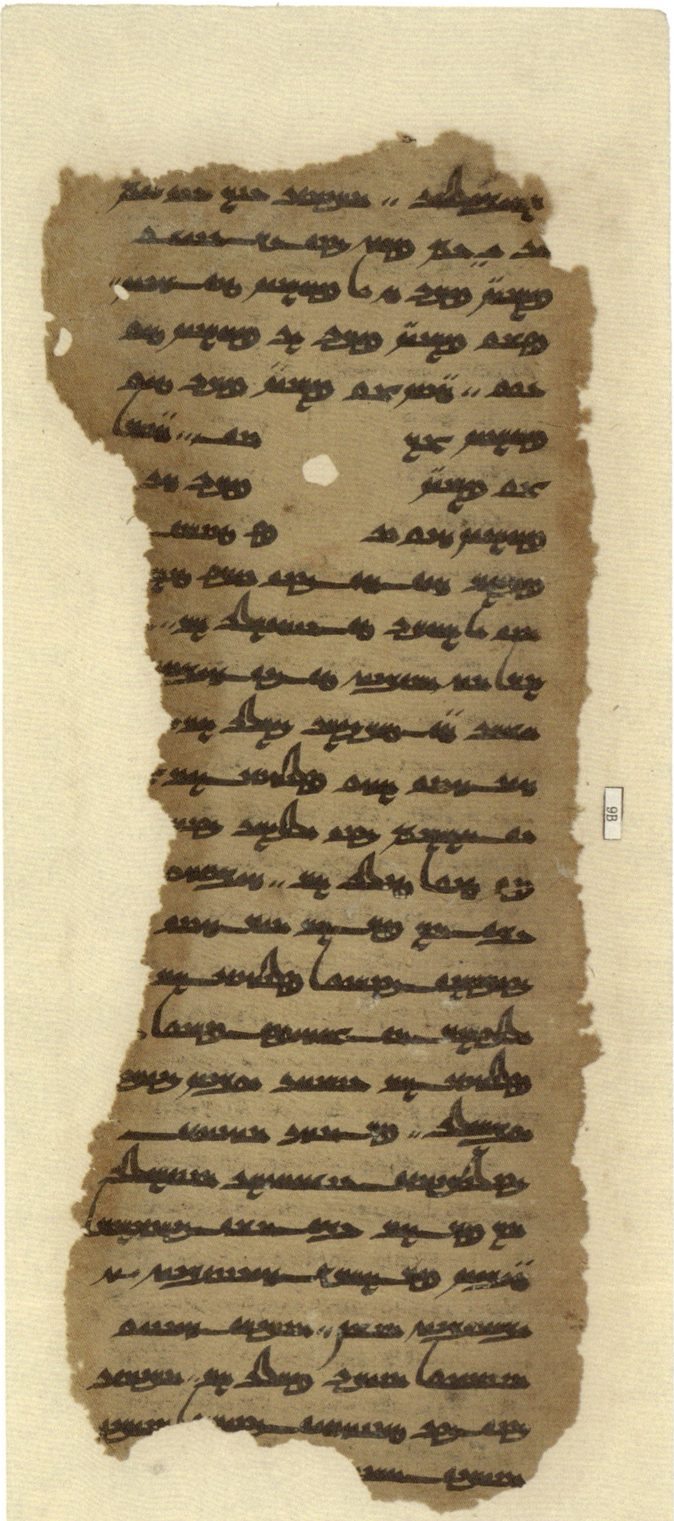
9B

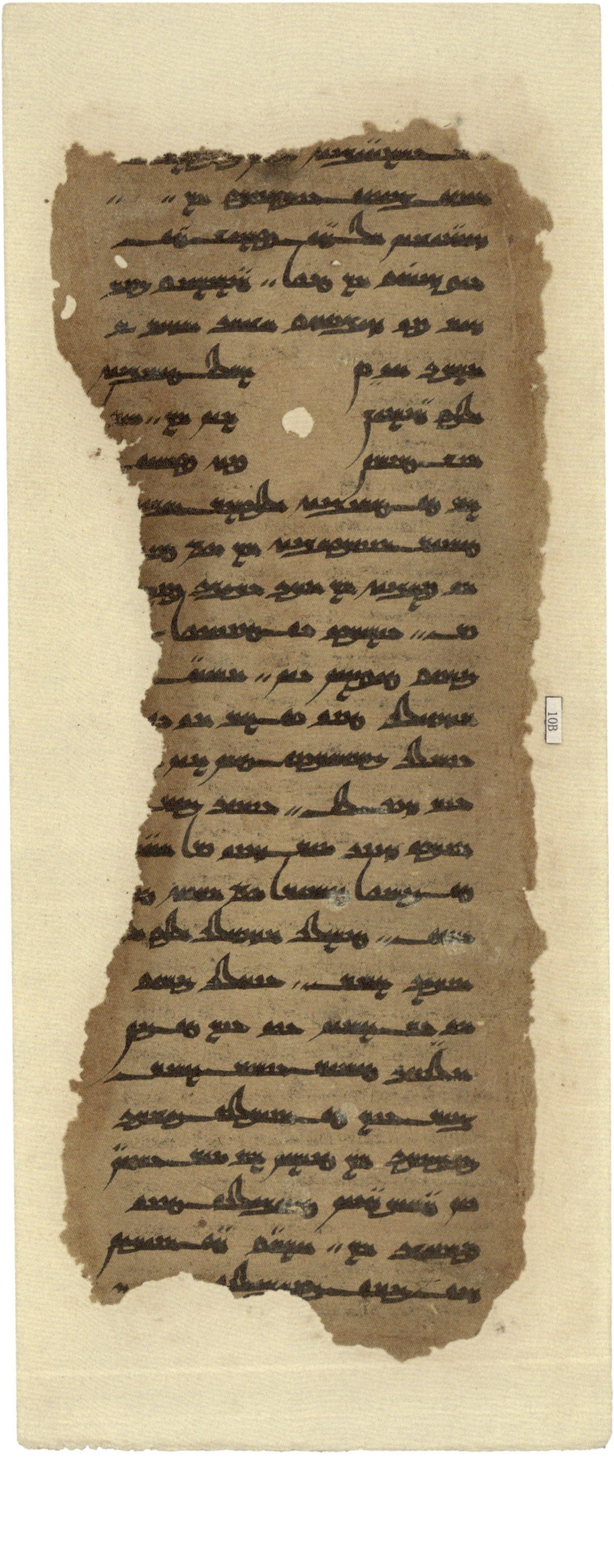
10B

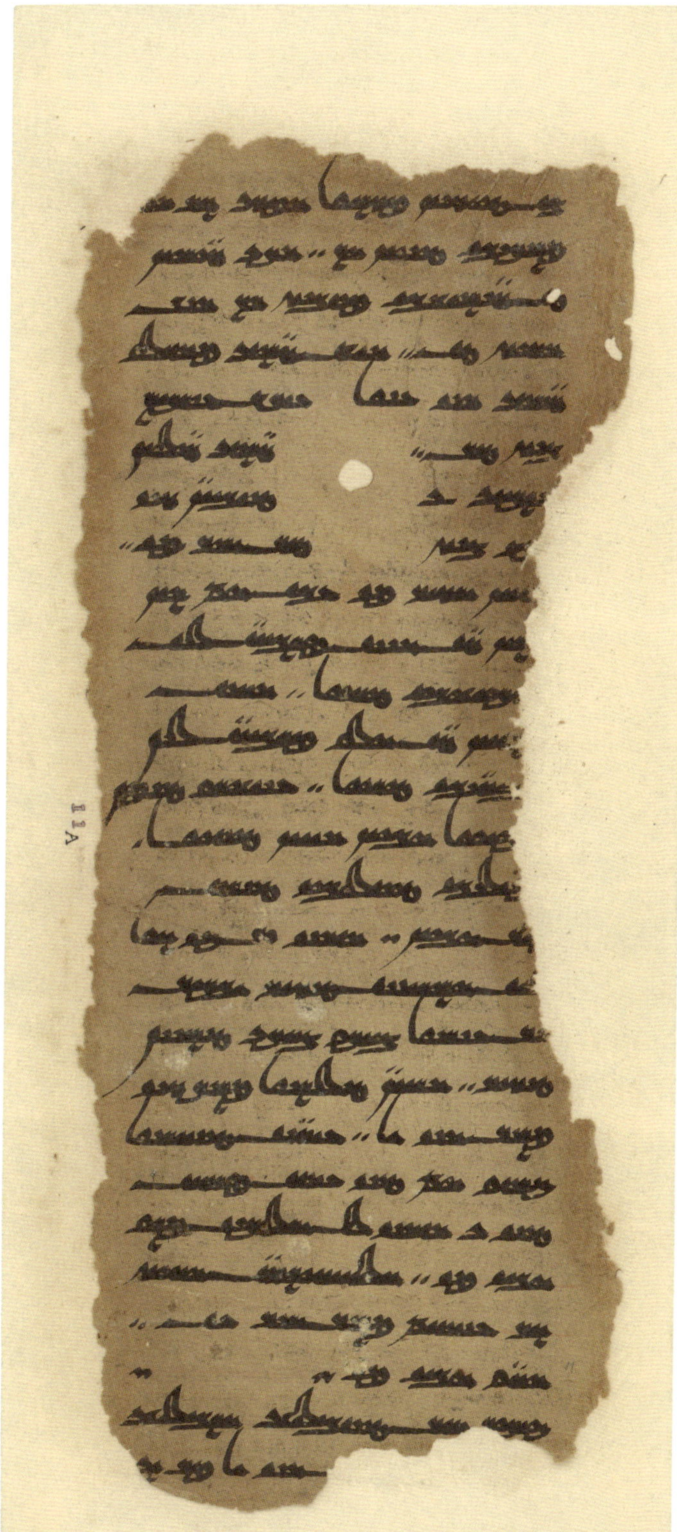

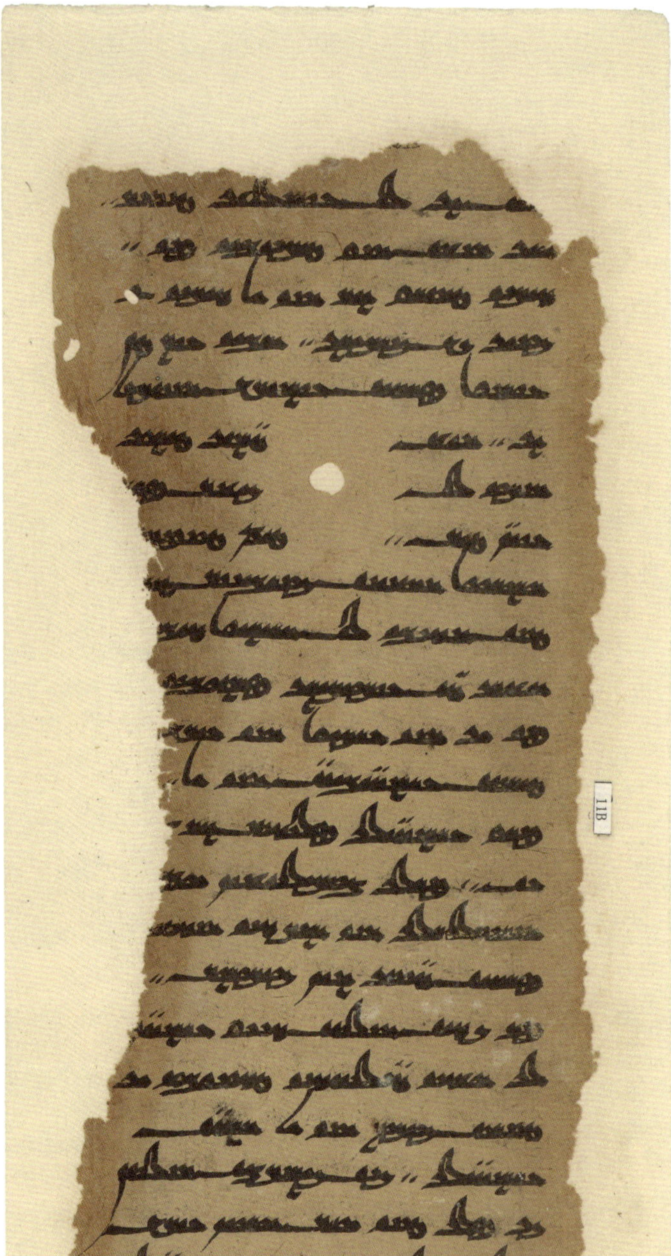
11B

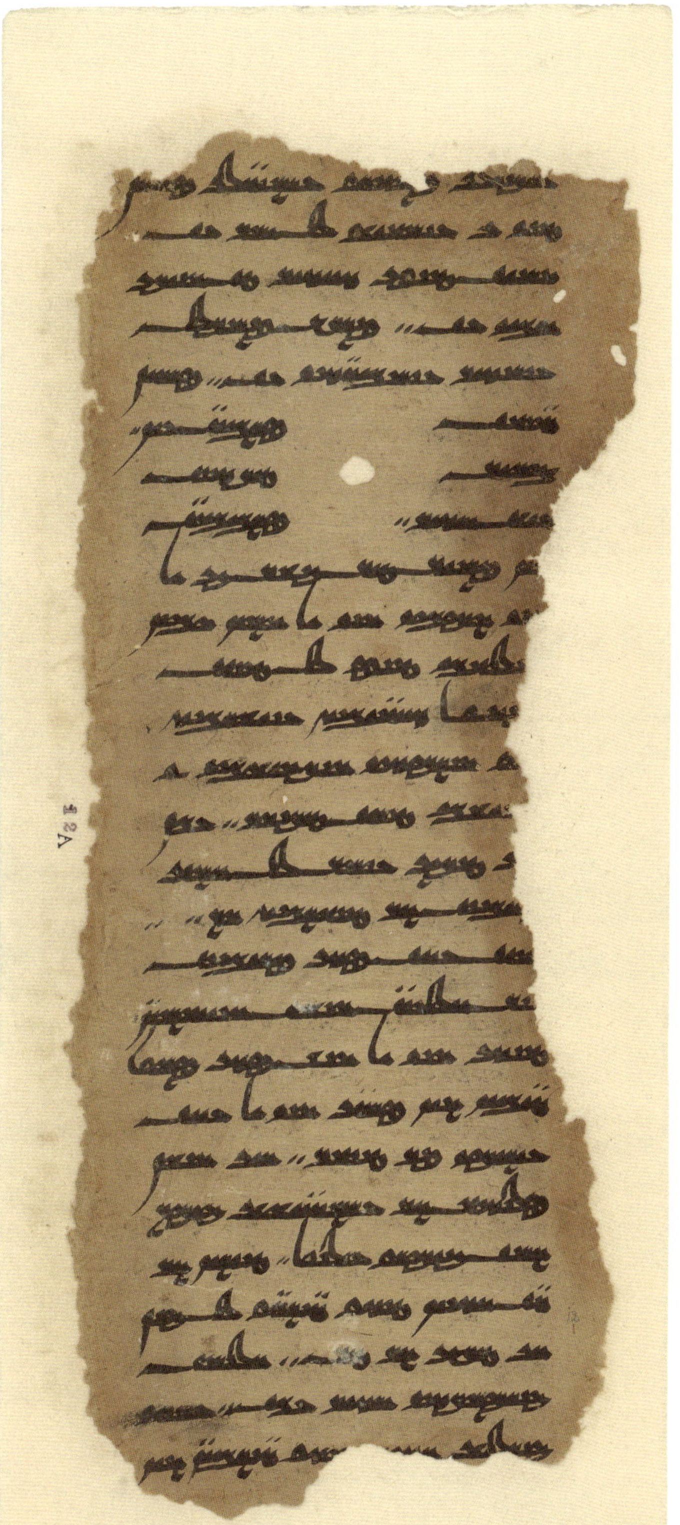

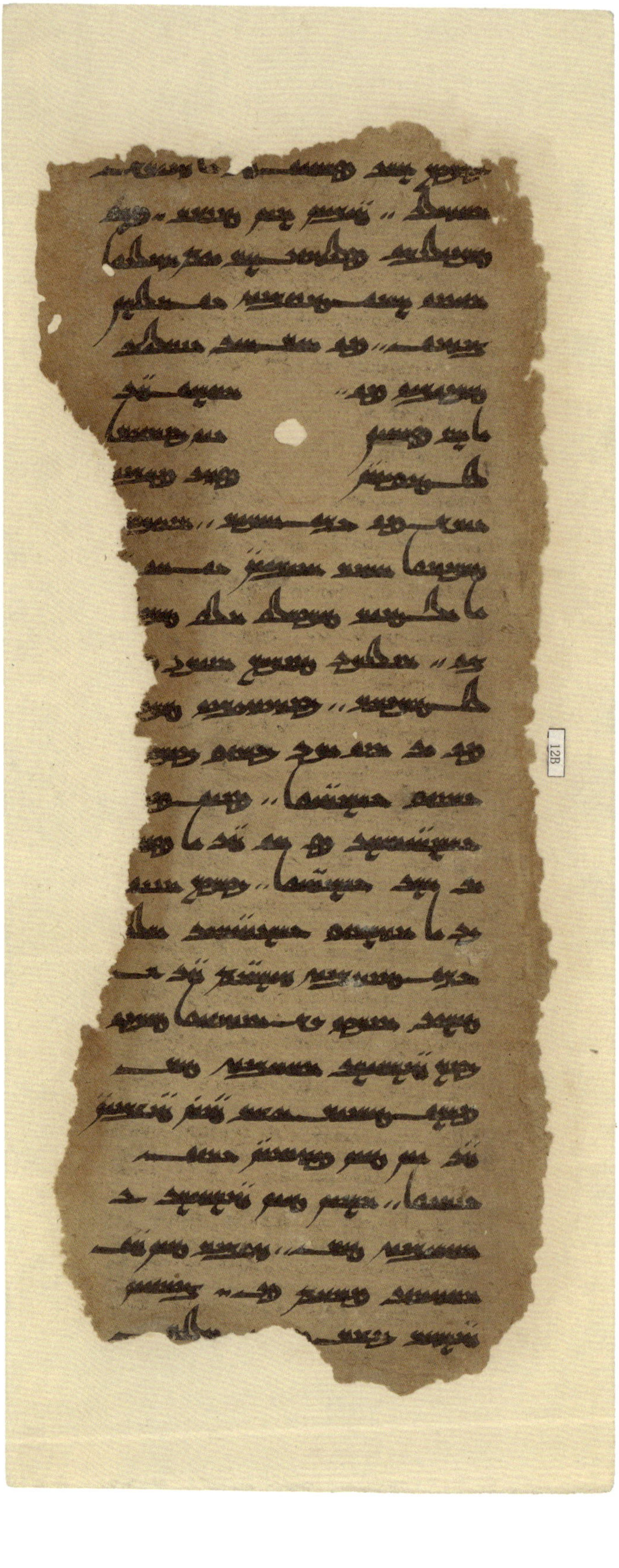

12B

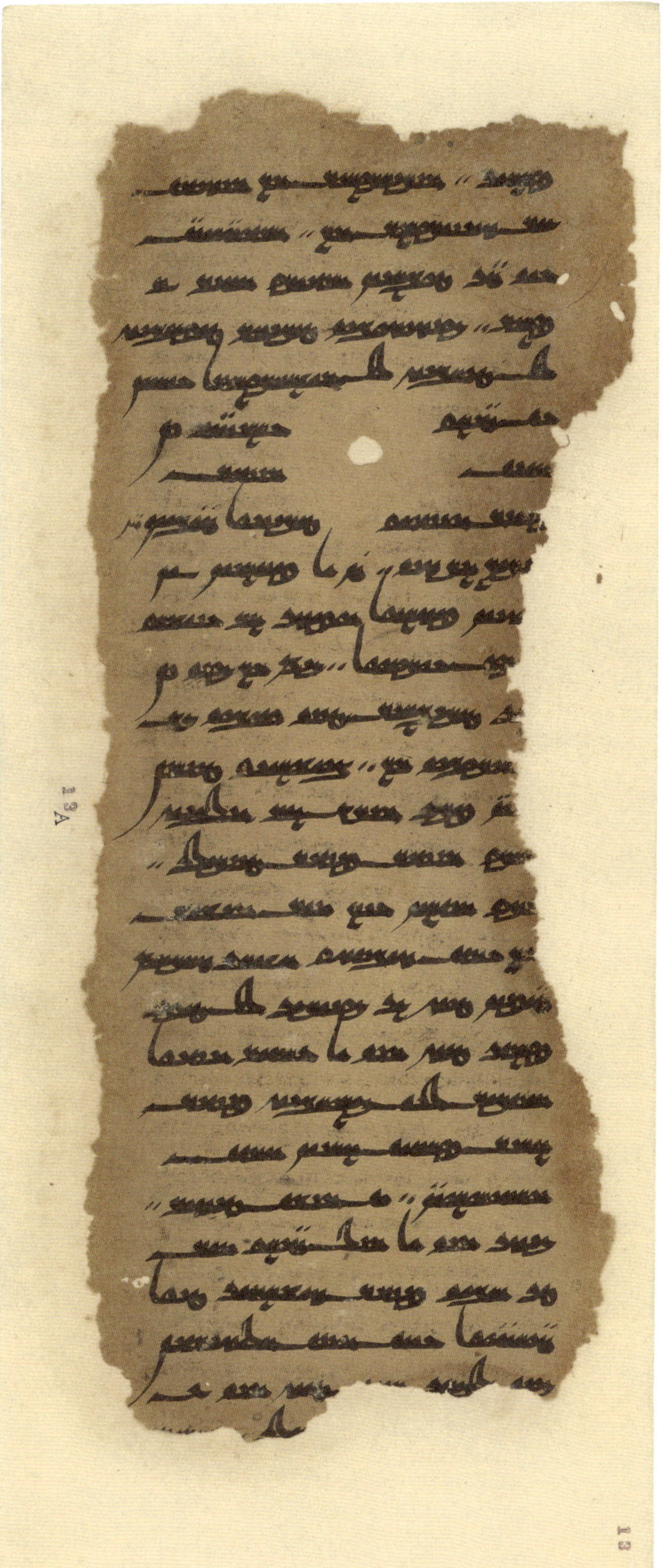

回鶻文　大唐大慈恩寺三藏法師傳

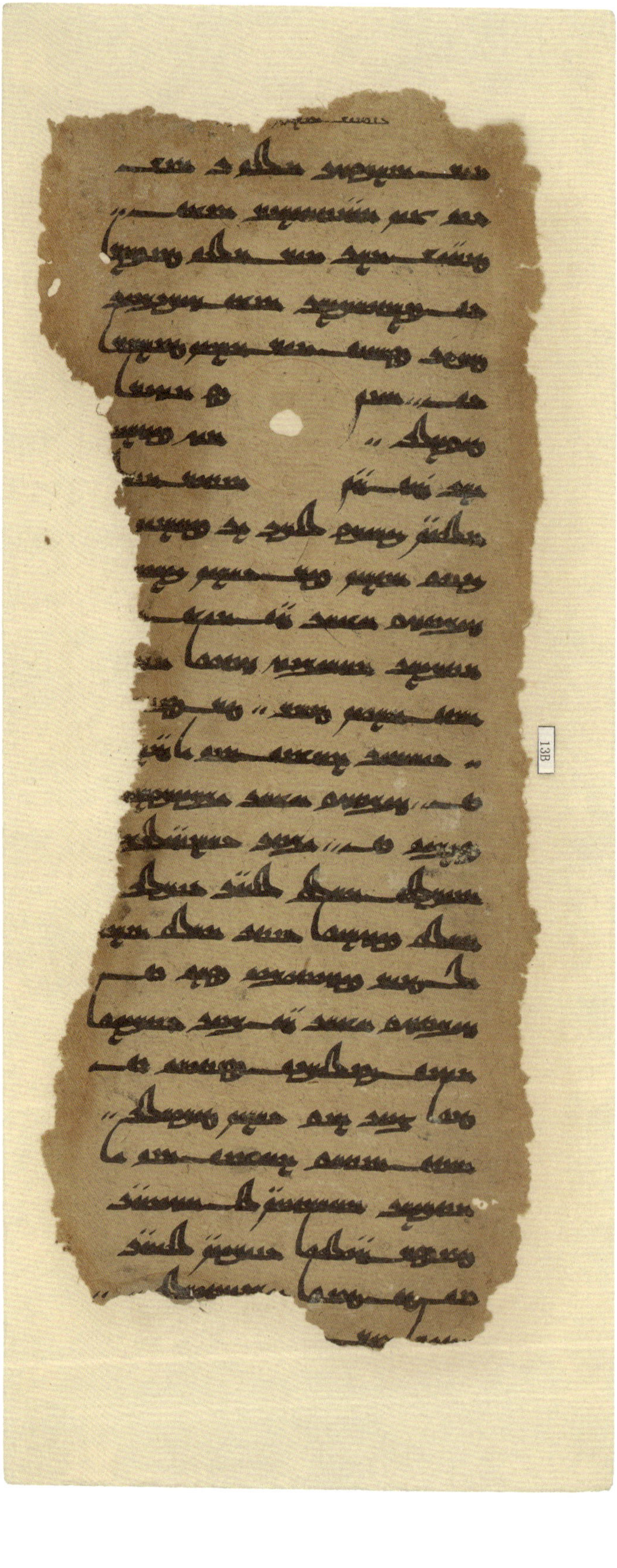

13B

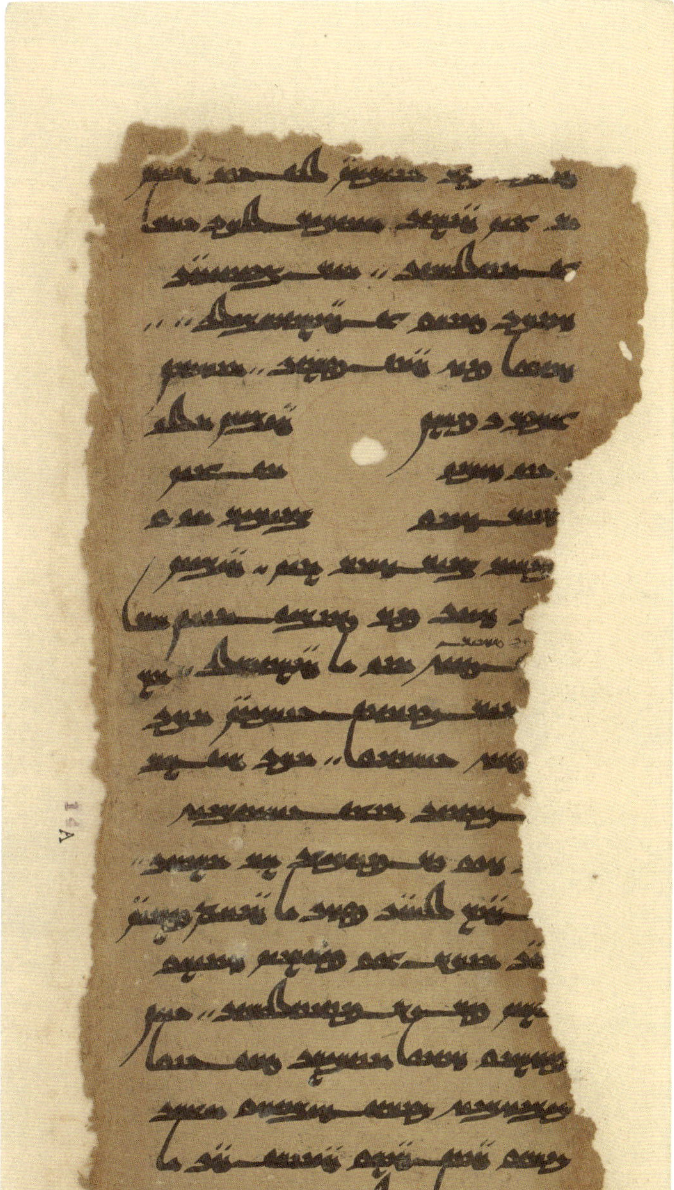

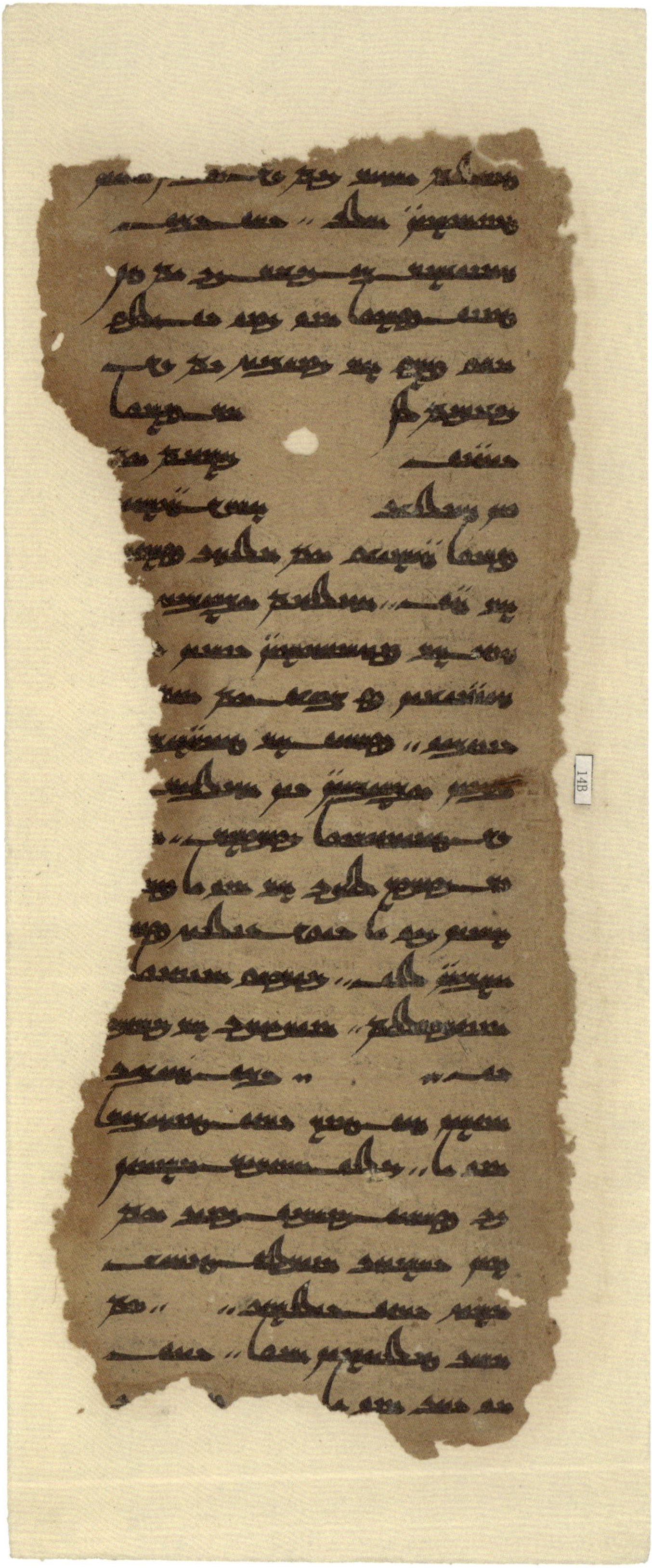
14B

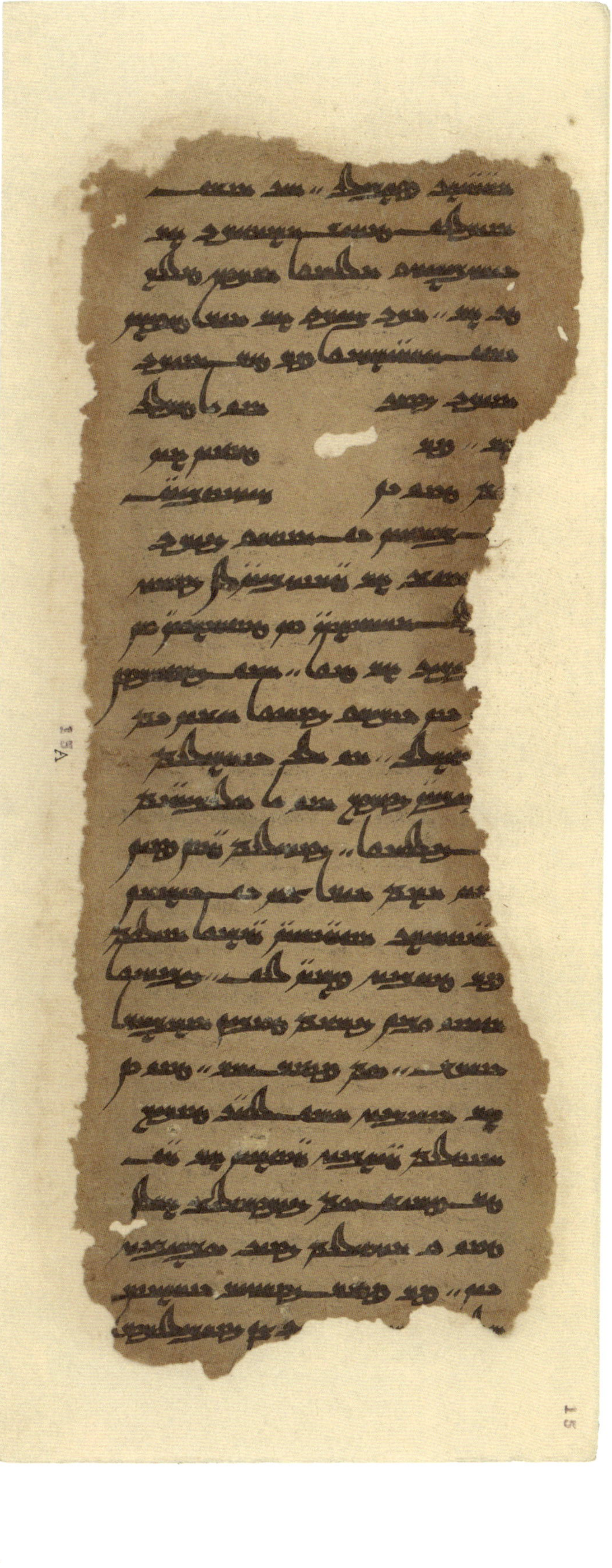
15A
15

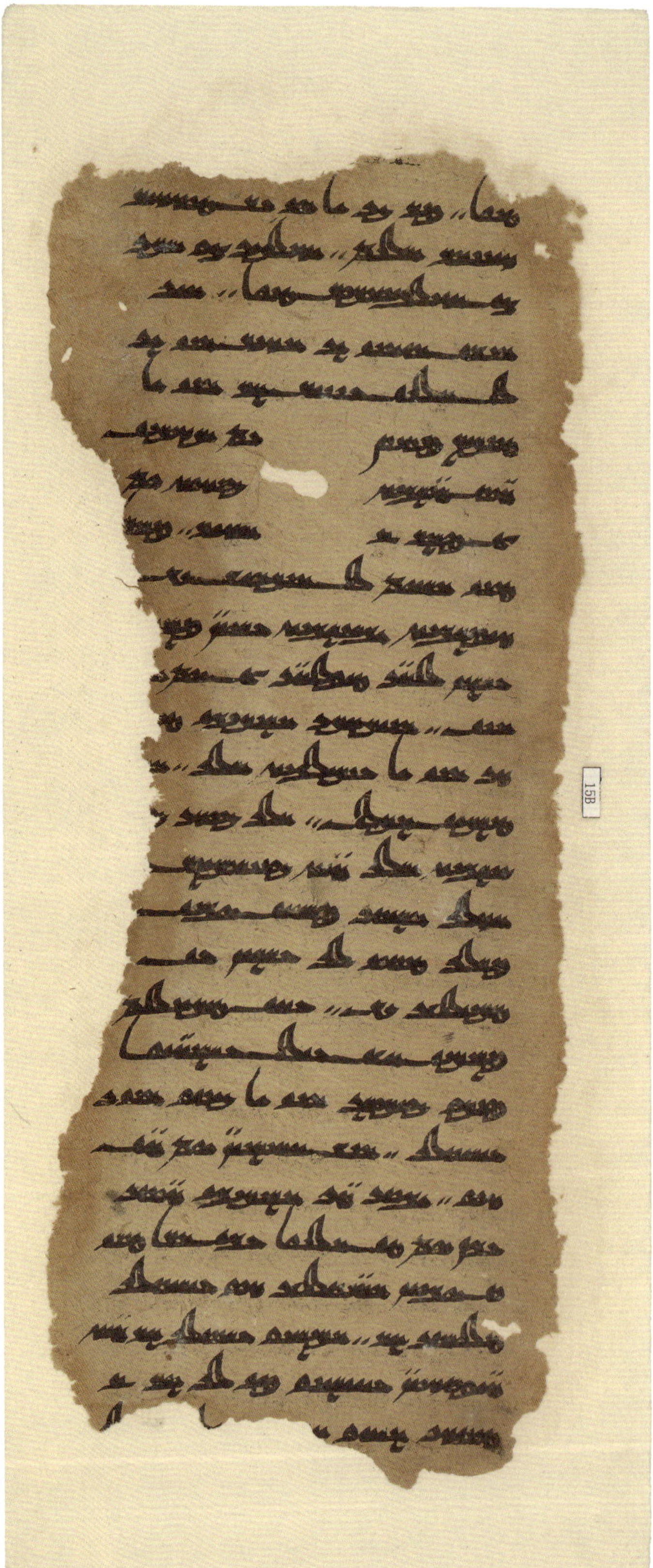

15B

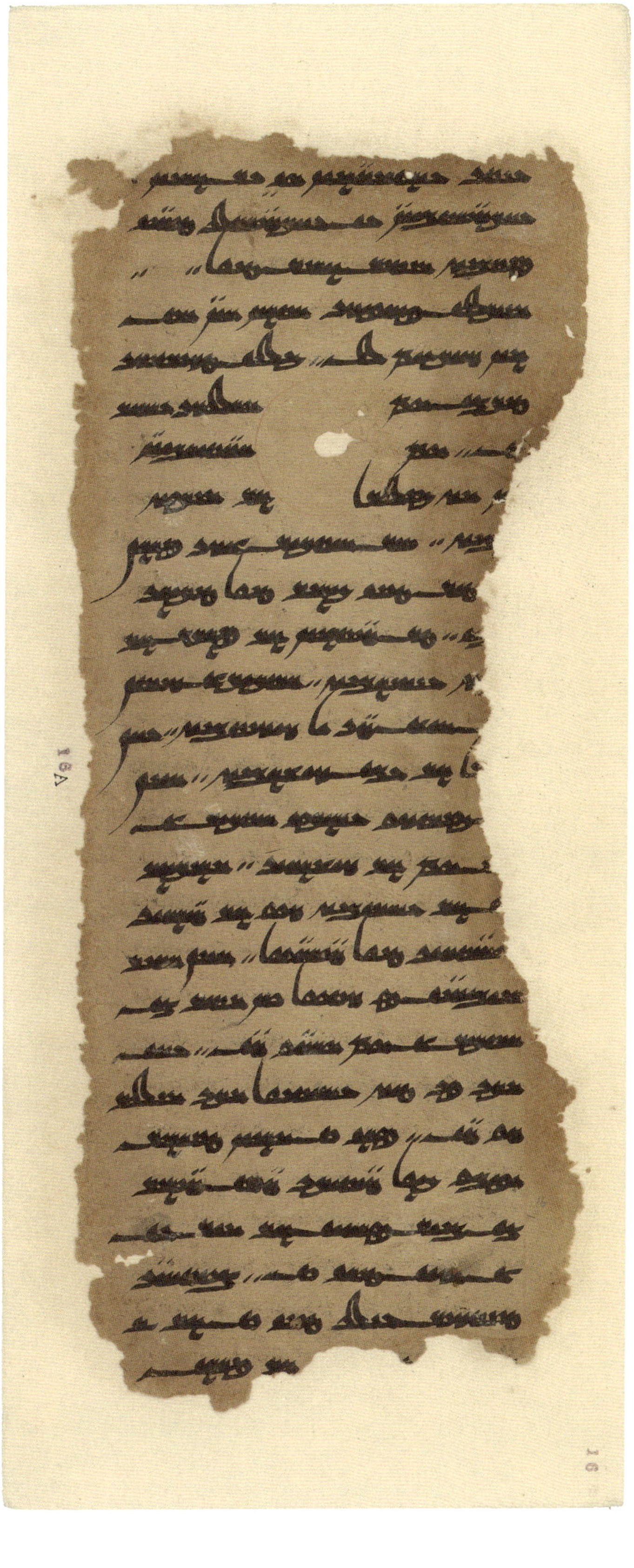

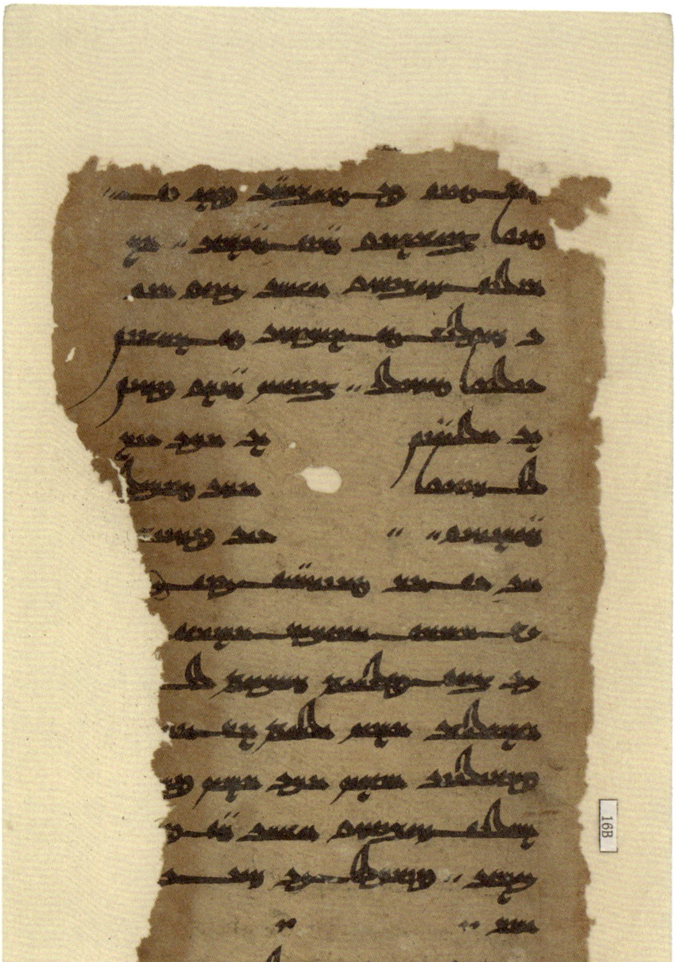
16B

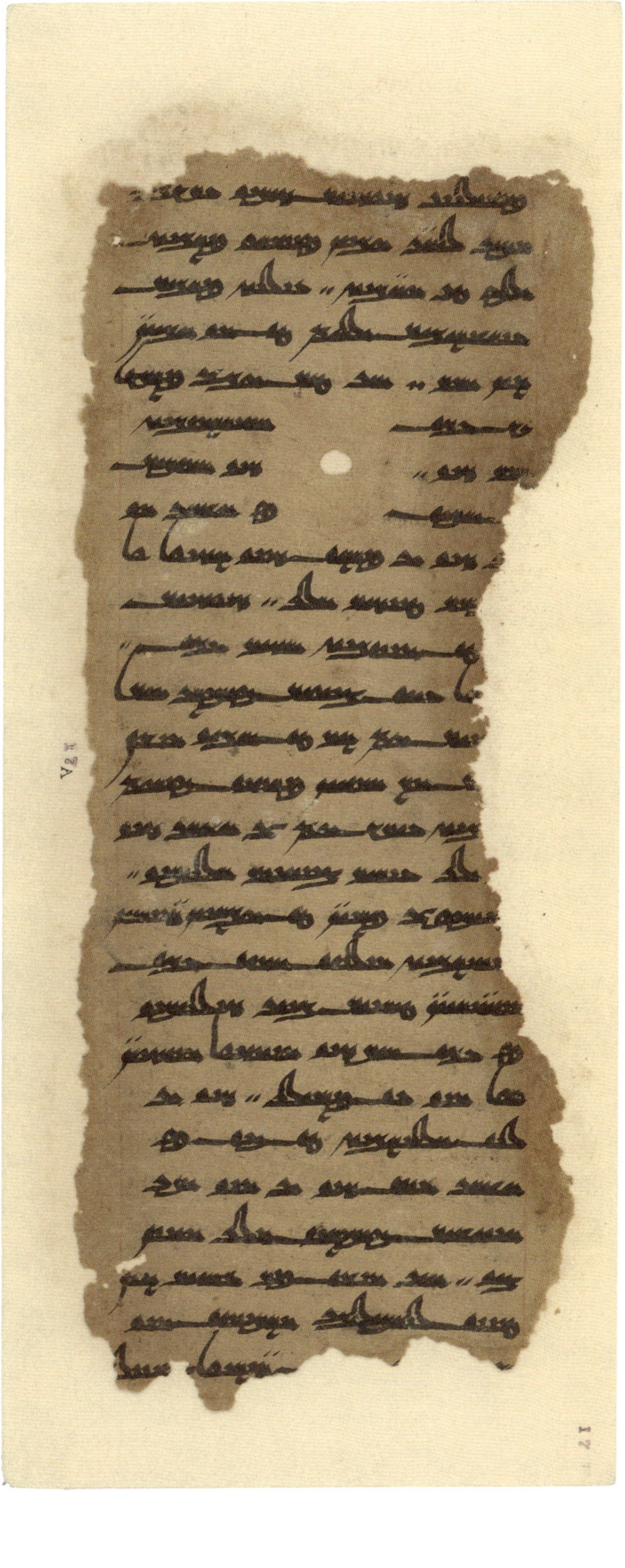

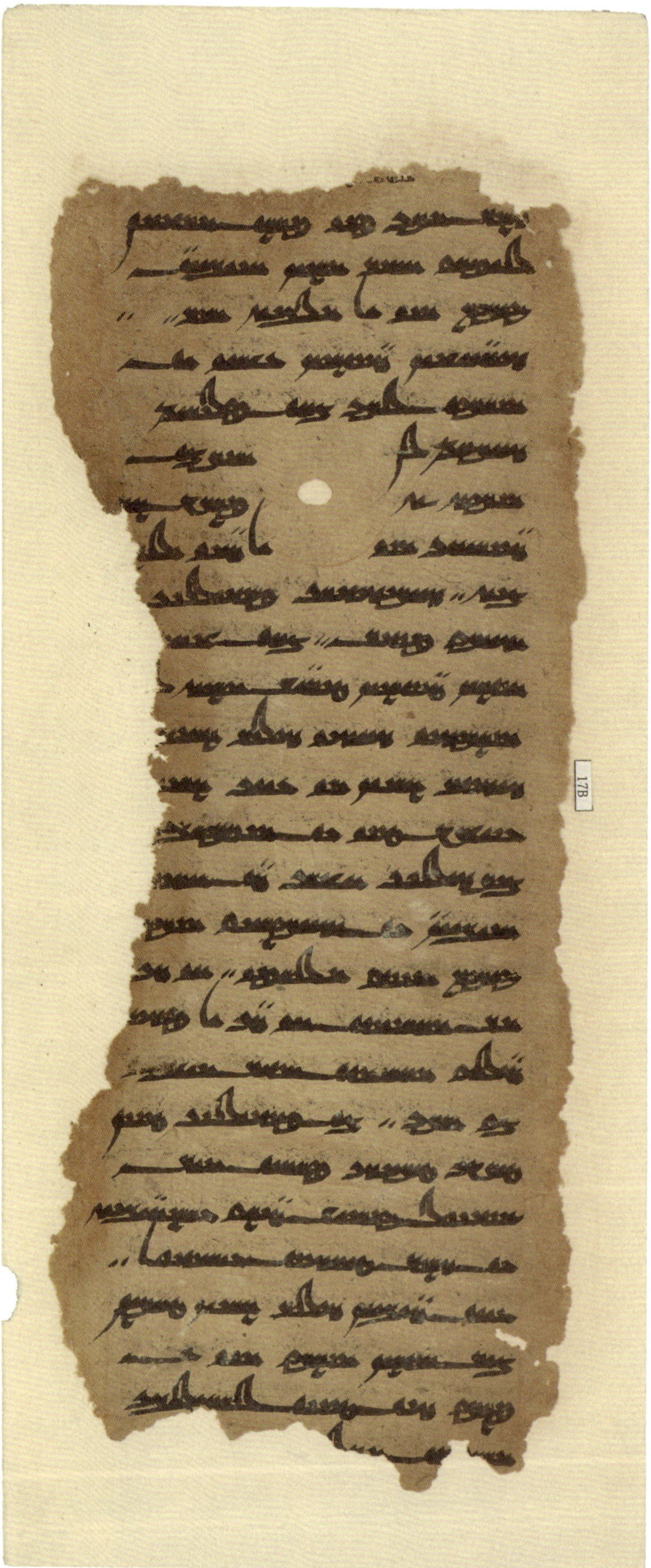

17B

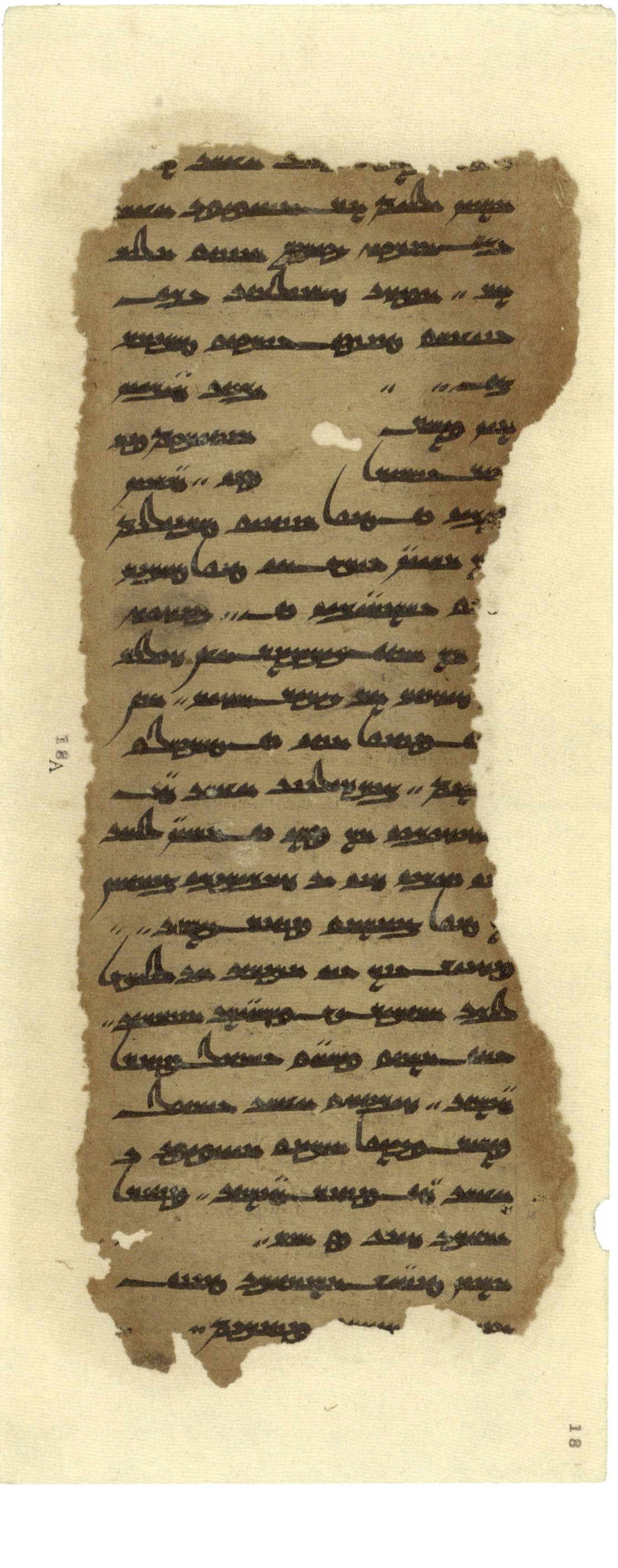

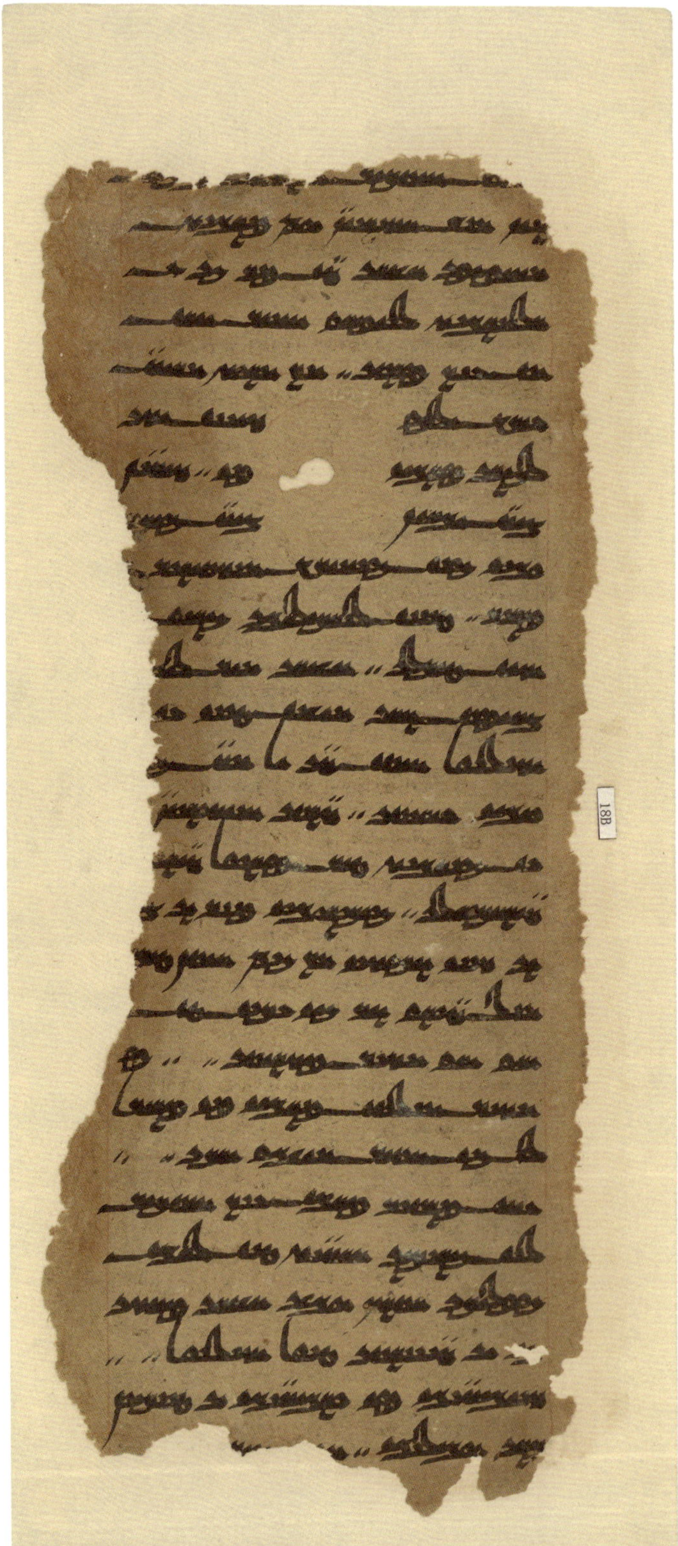

18B

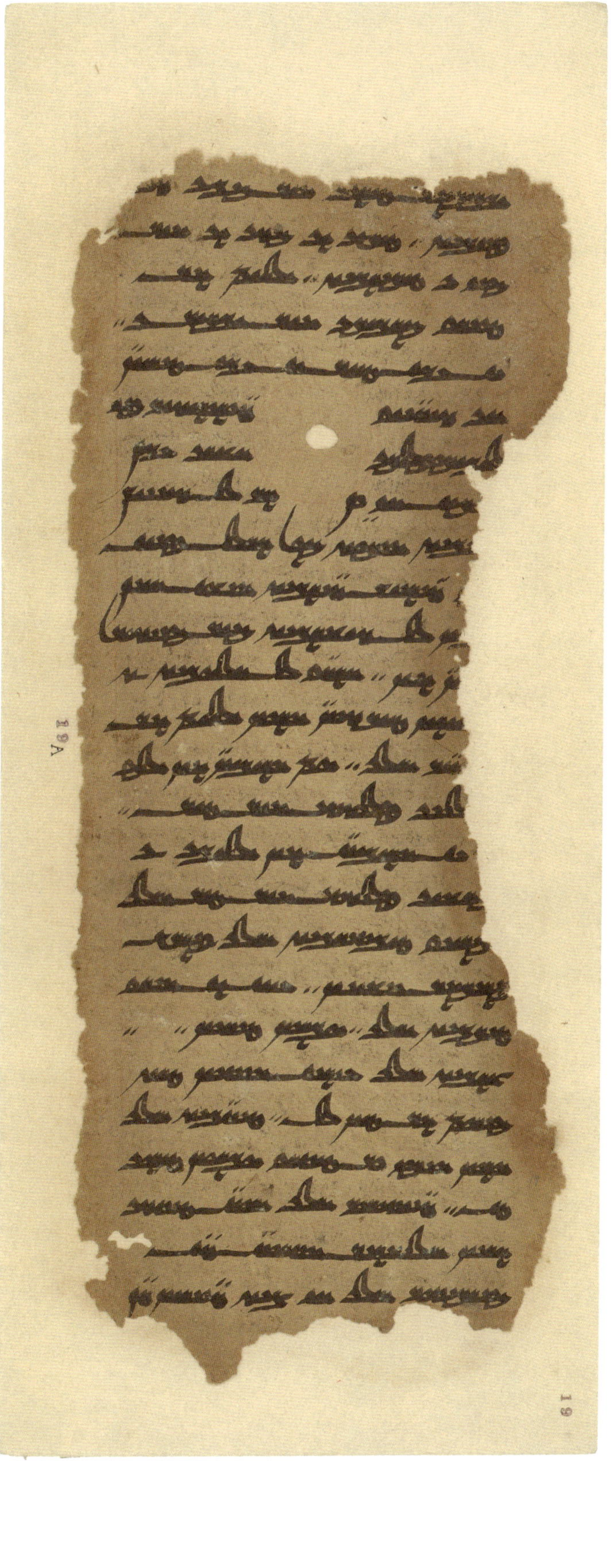

回鶻文　大唐大慈恩寺三藏法師傳 一

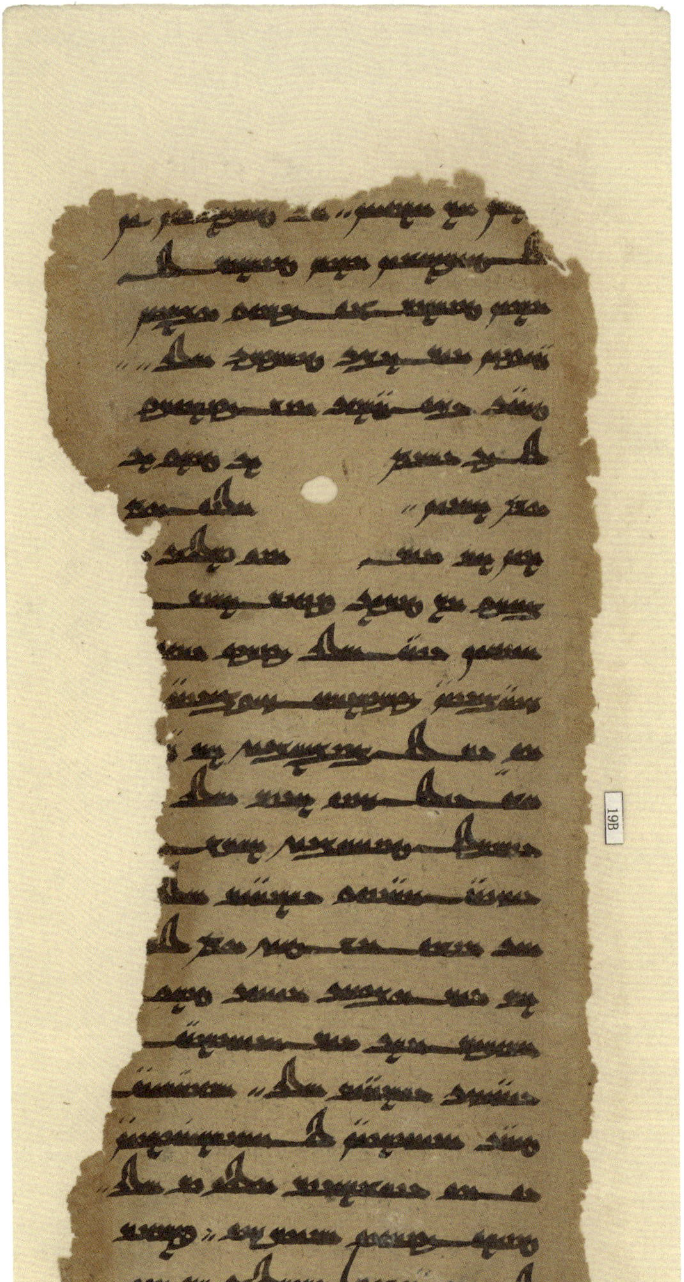

19B

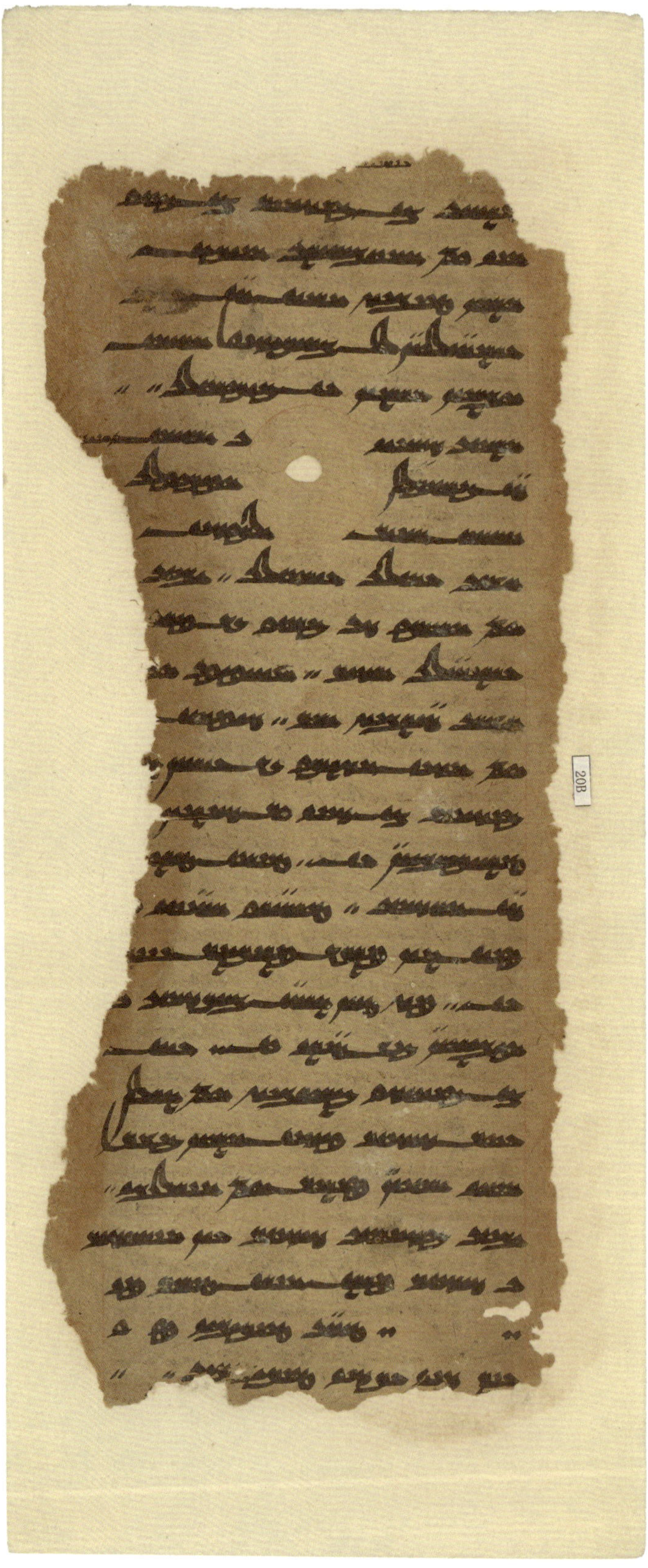
20B

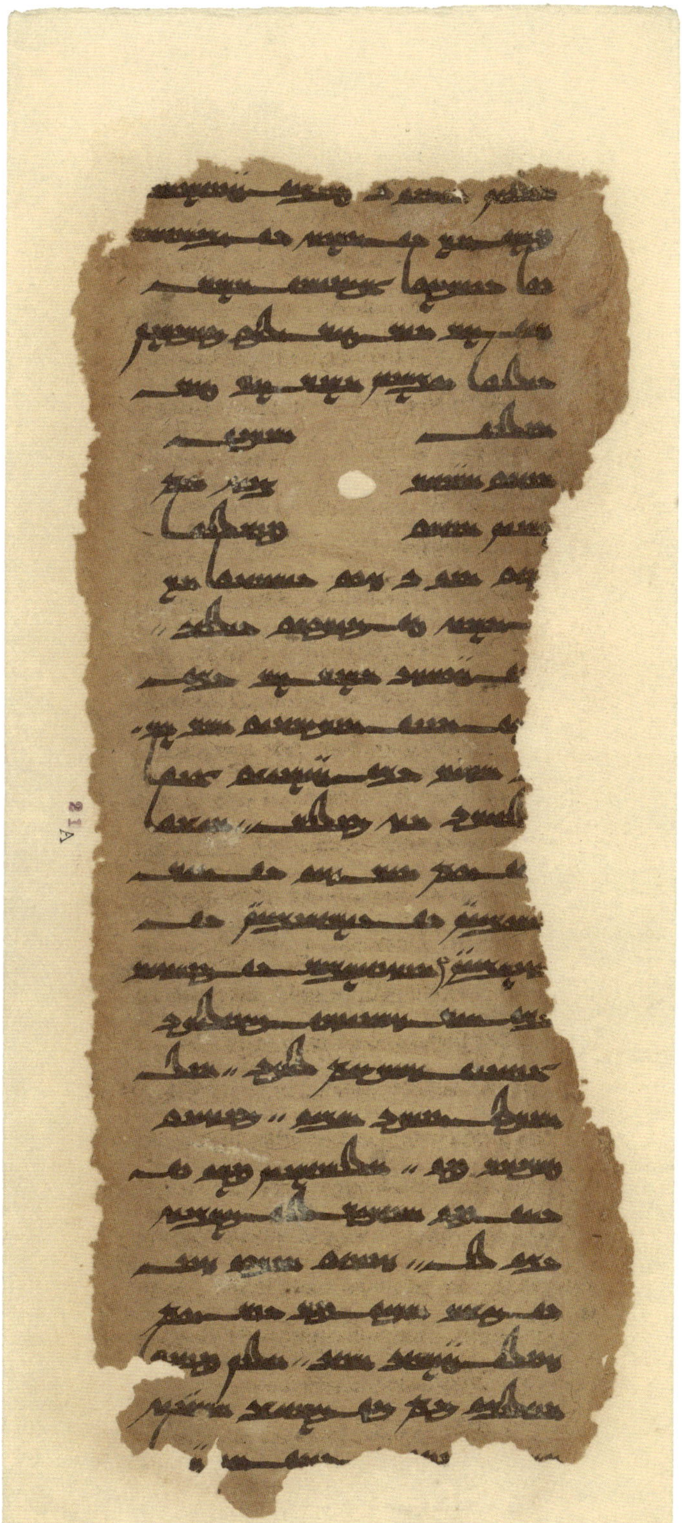

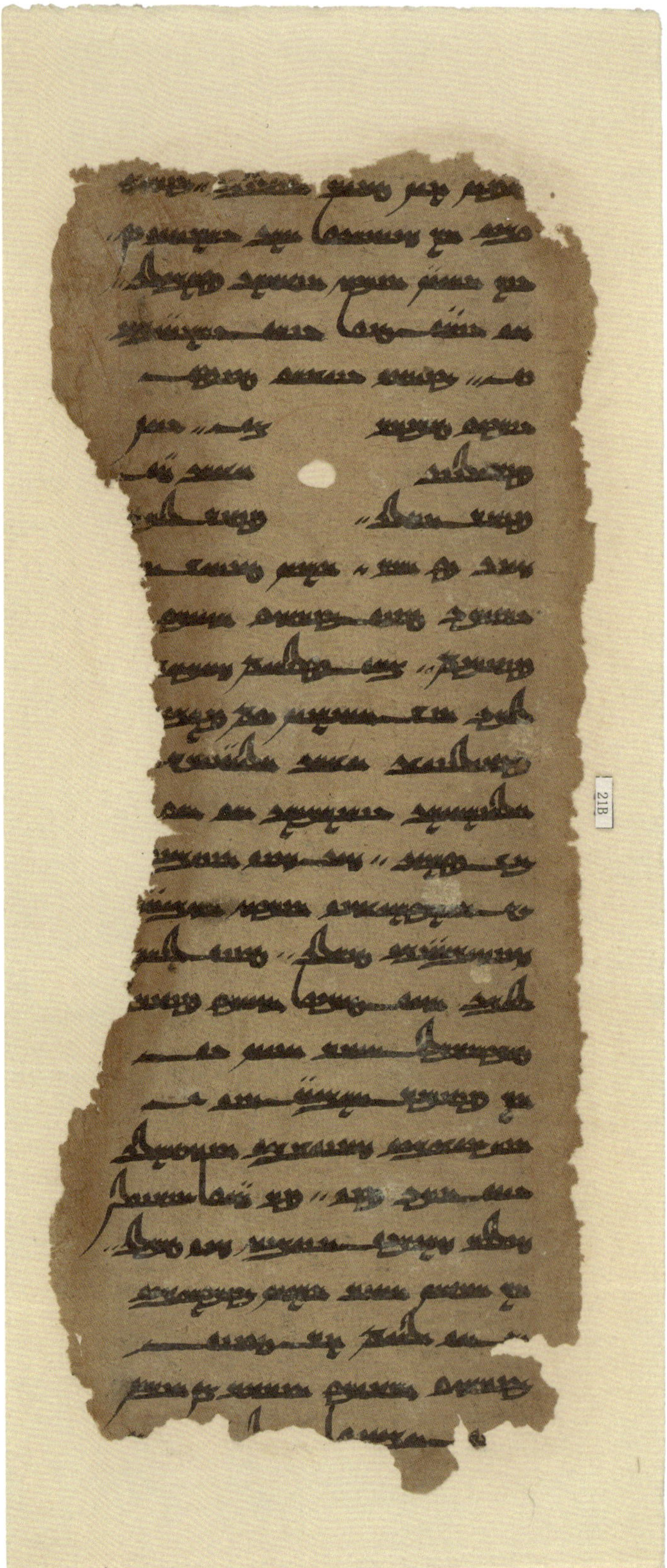
21B

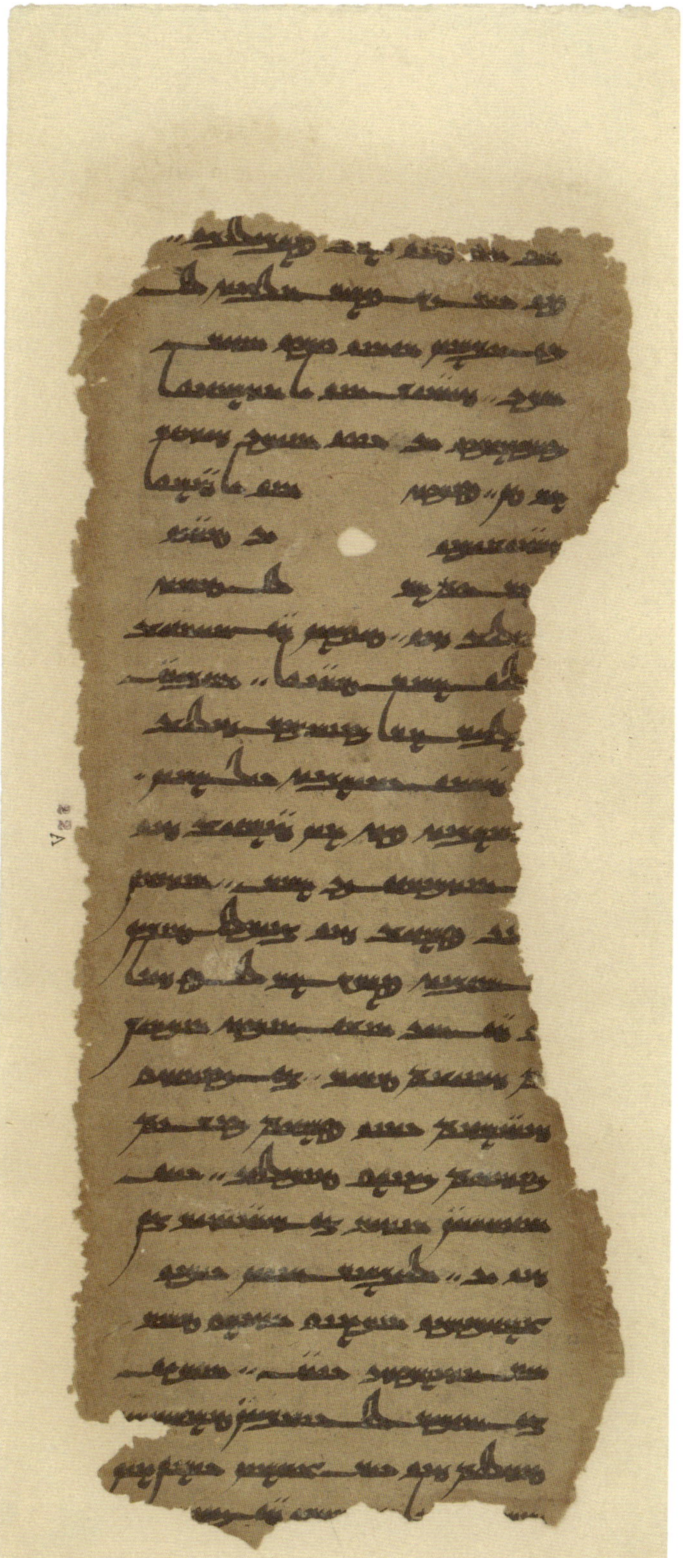

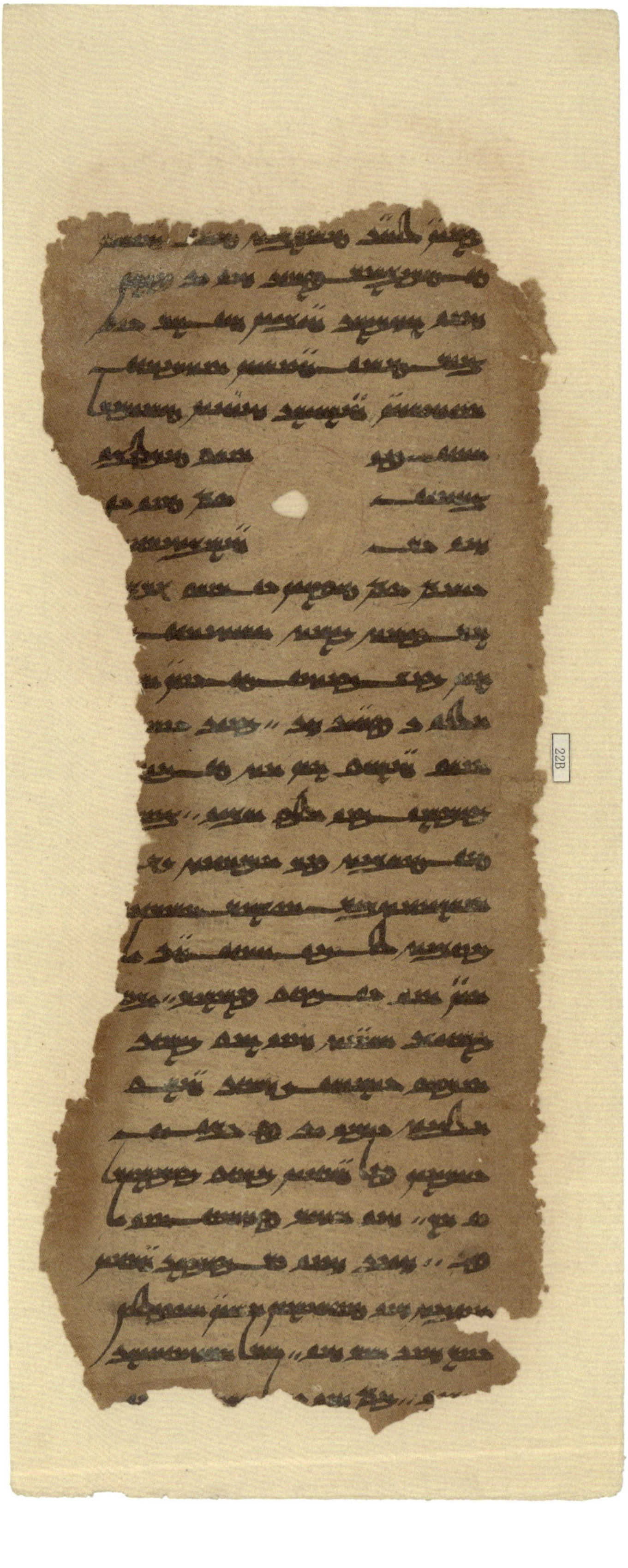

22B

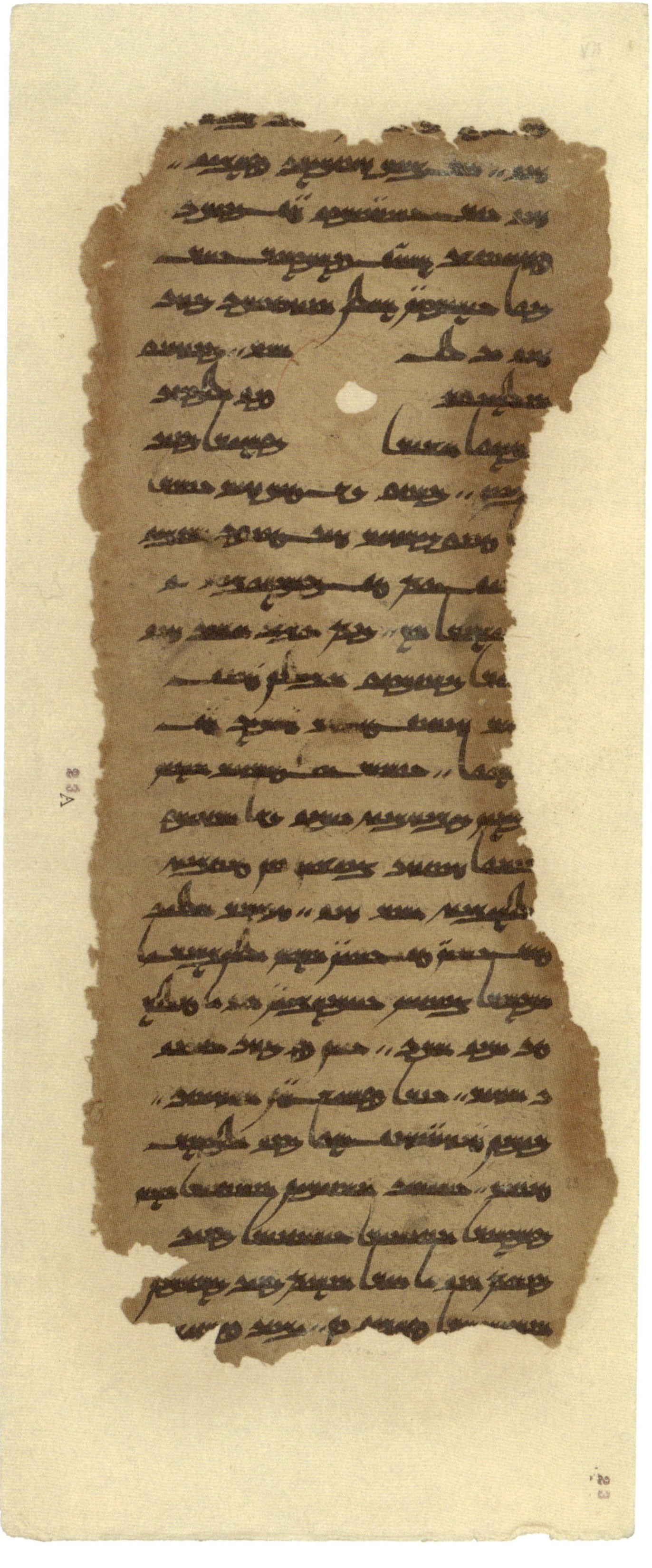

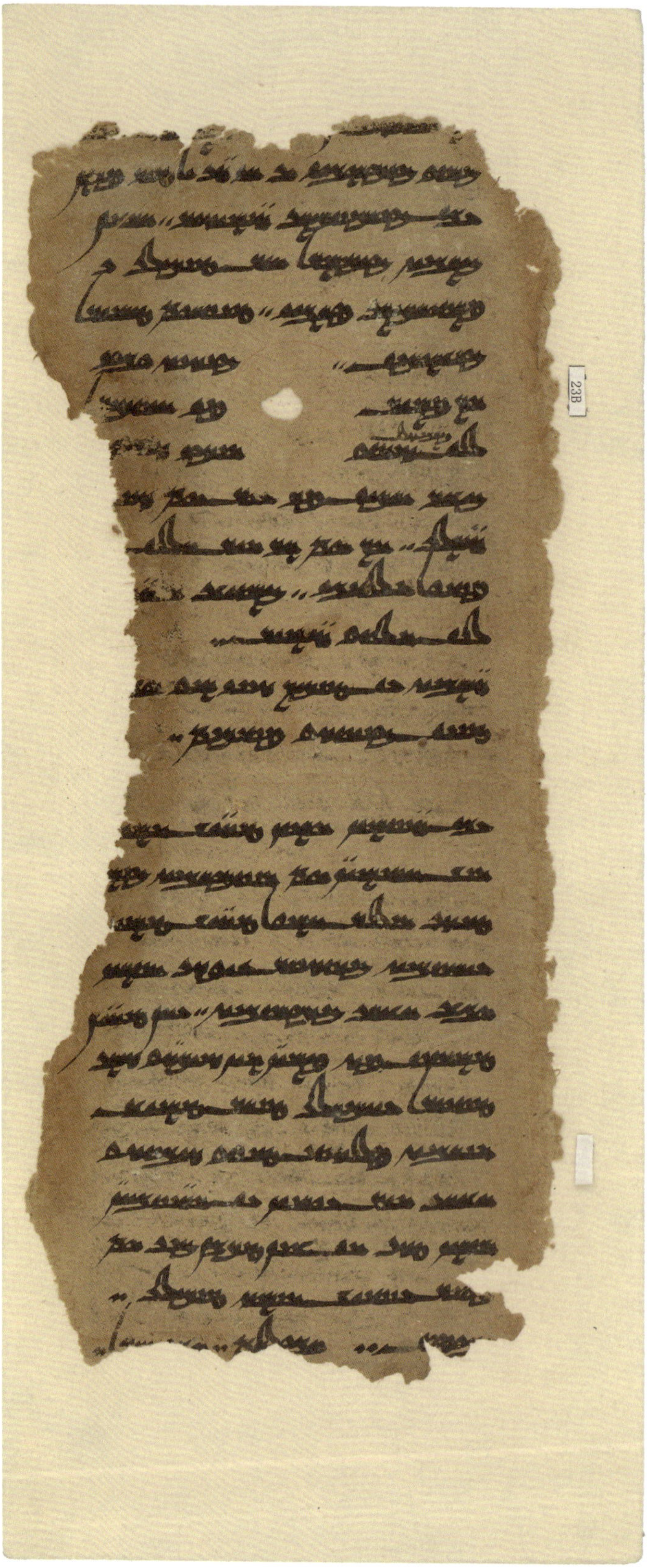
23B

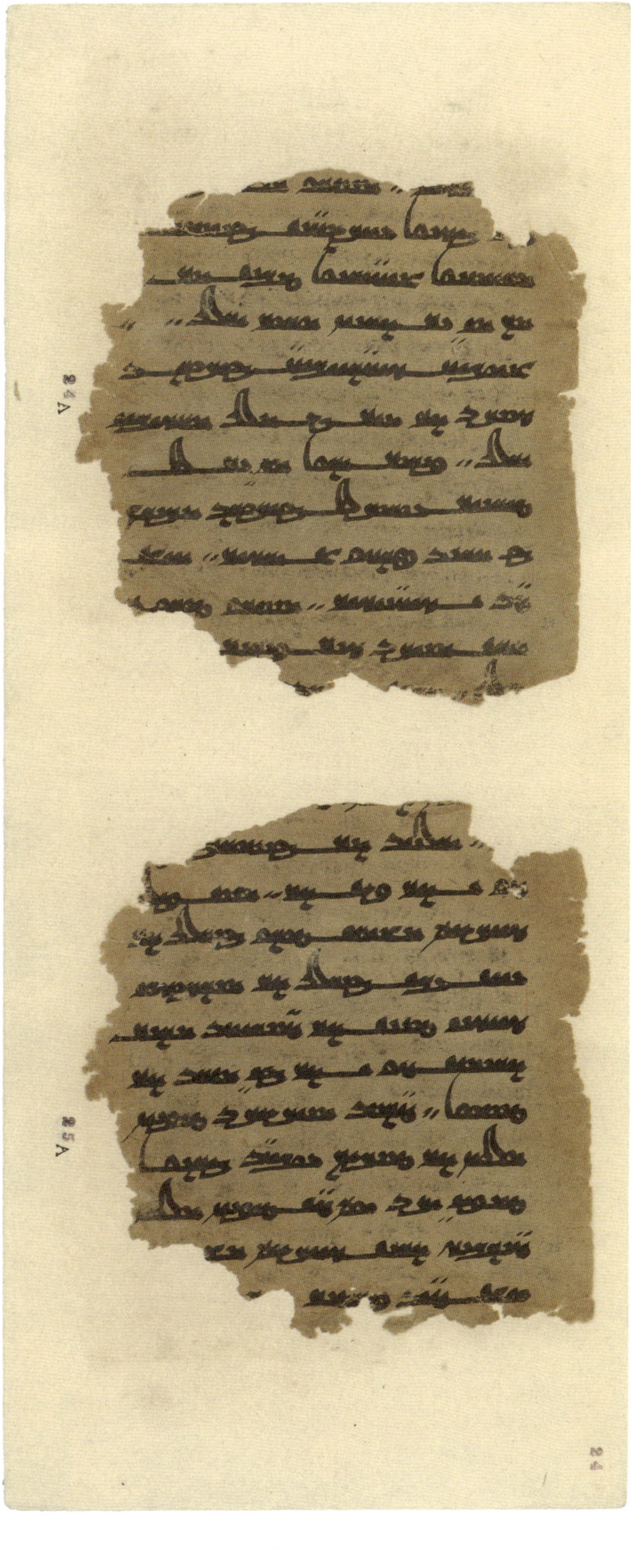

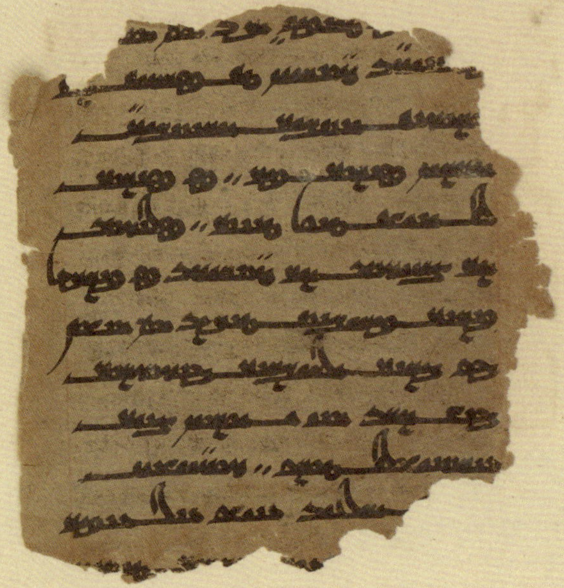

24B

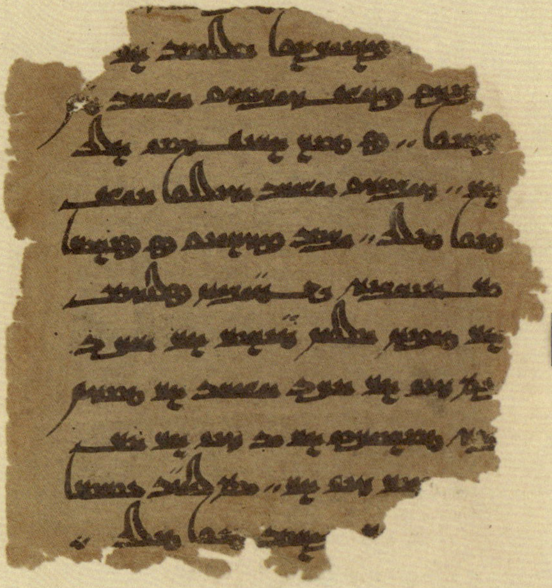

25B

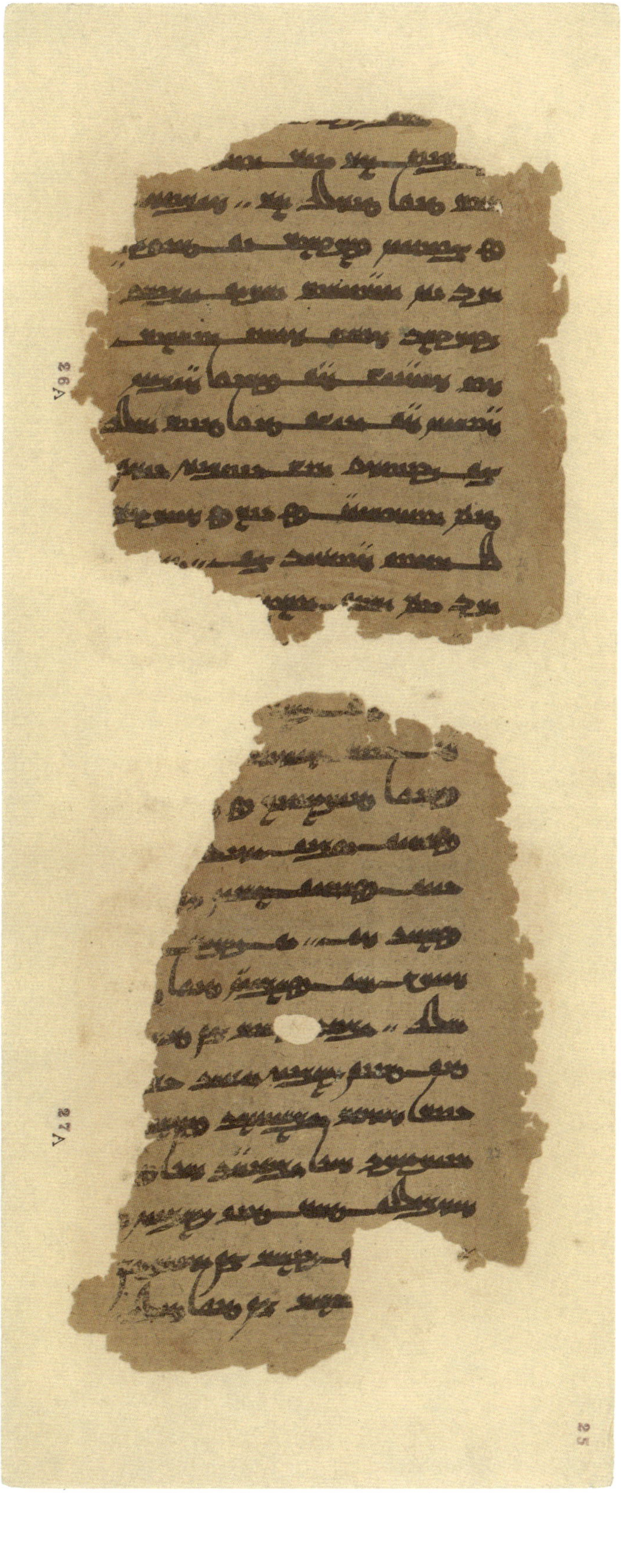

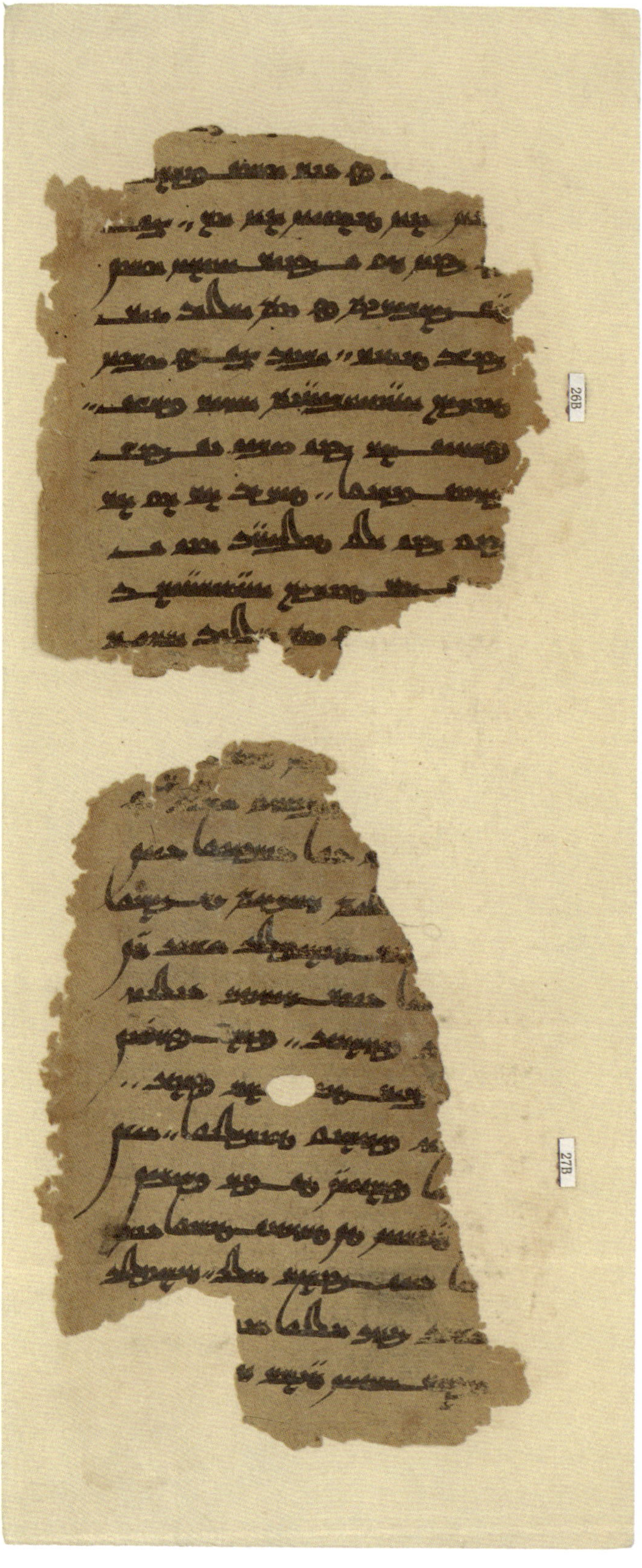
26B
27B

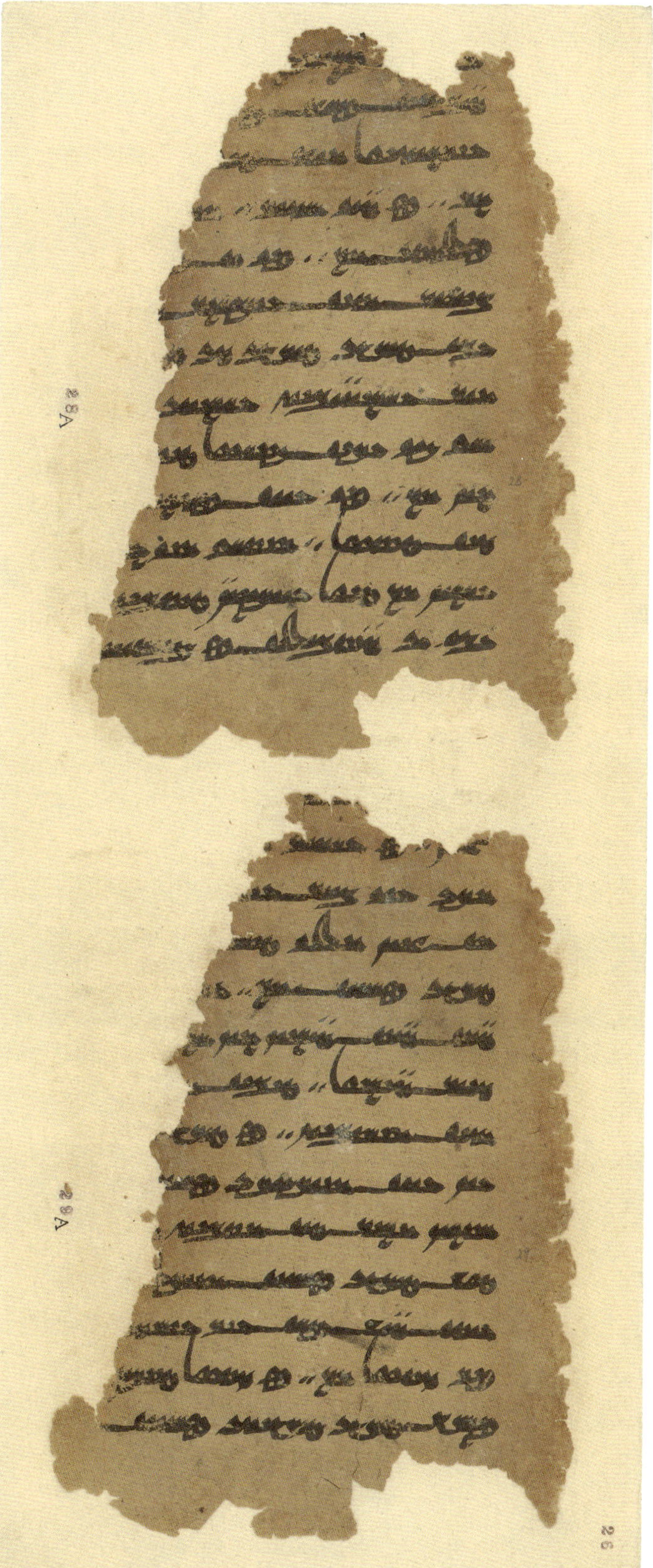

回鶻文　大唐大慈恩寺三藏法師傳

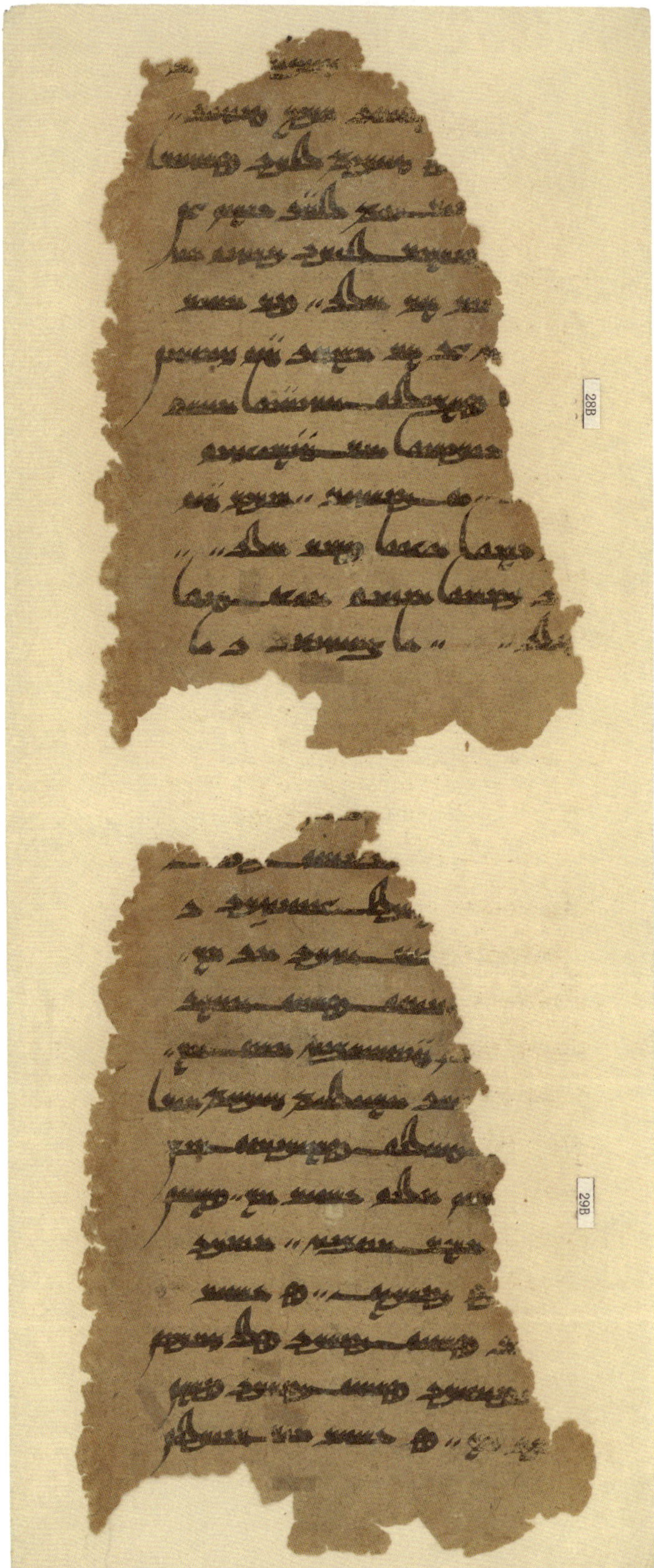
28B
29B

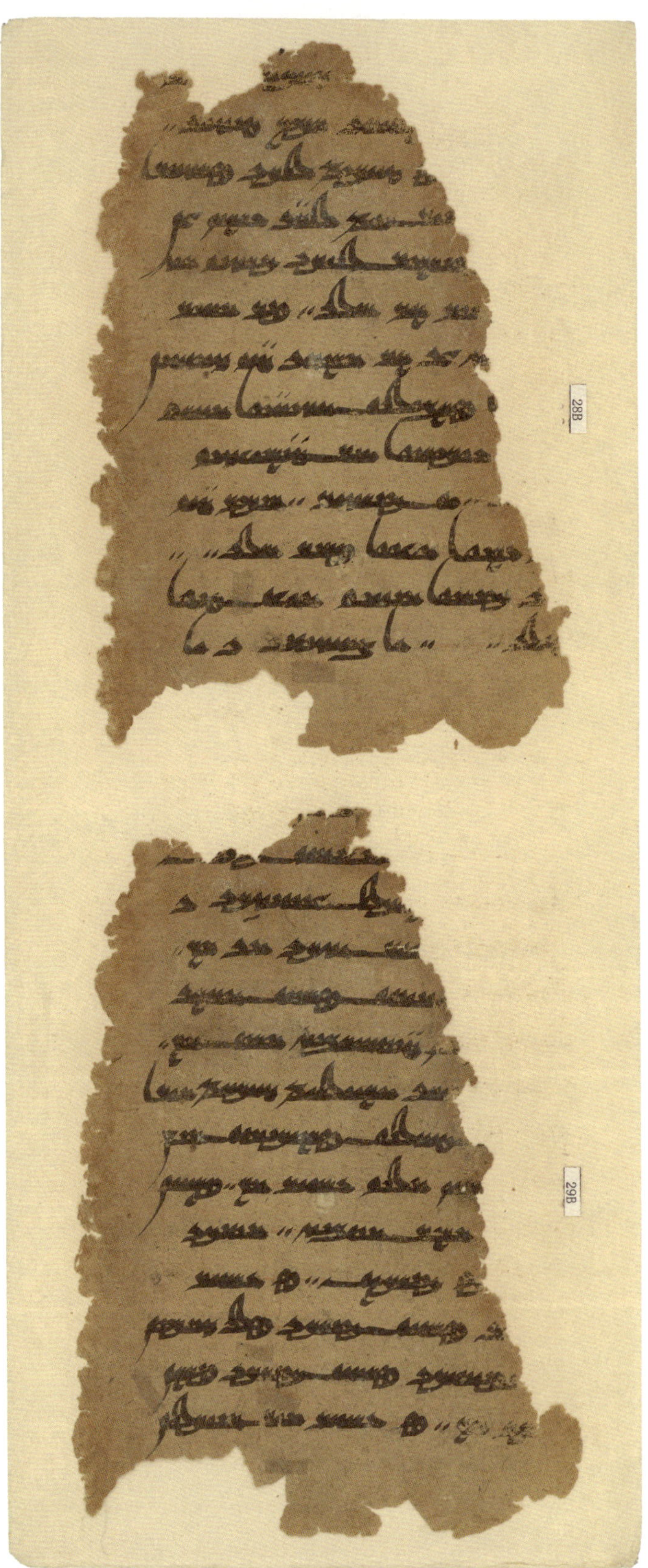

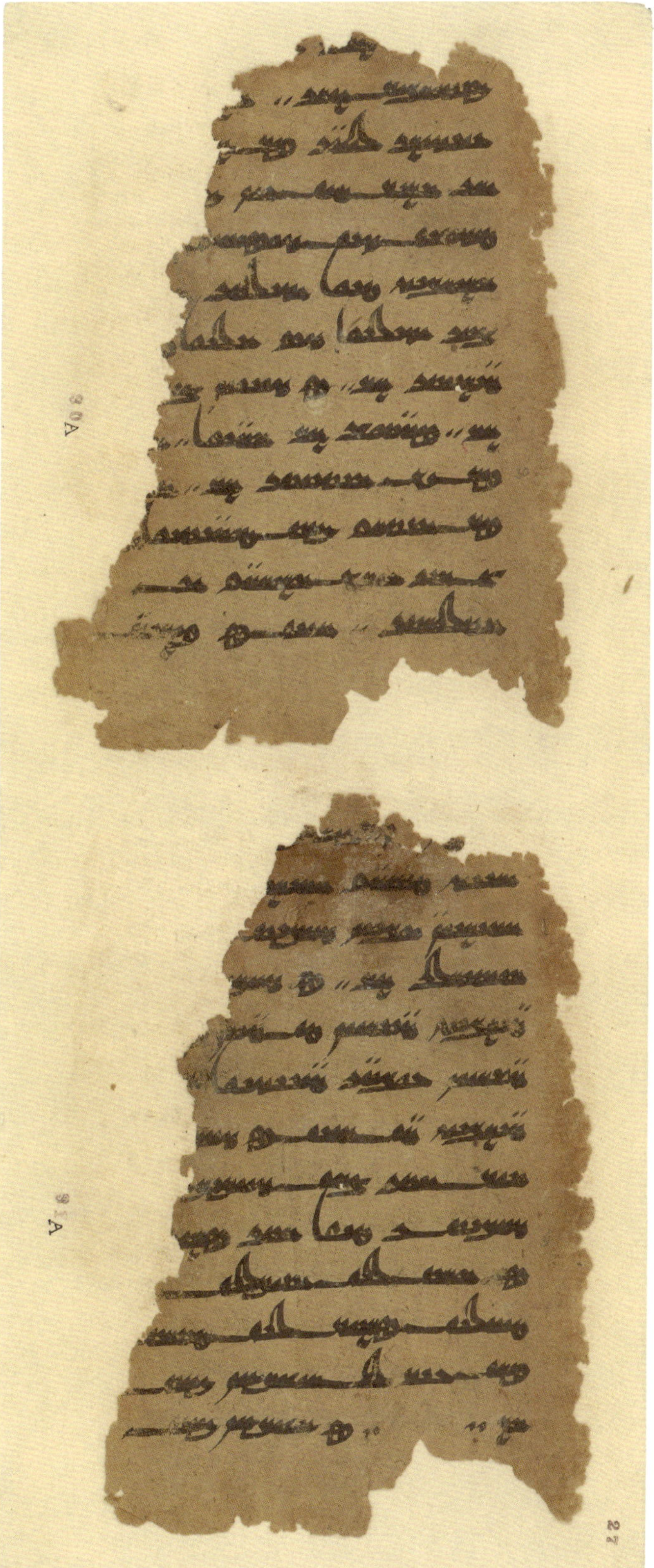

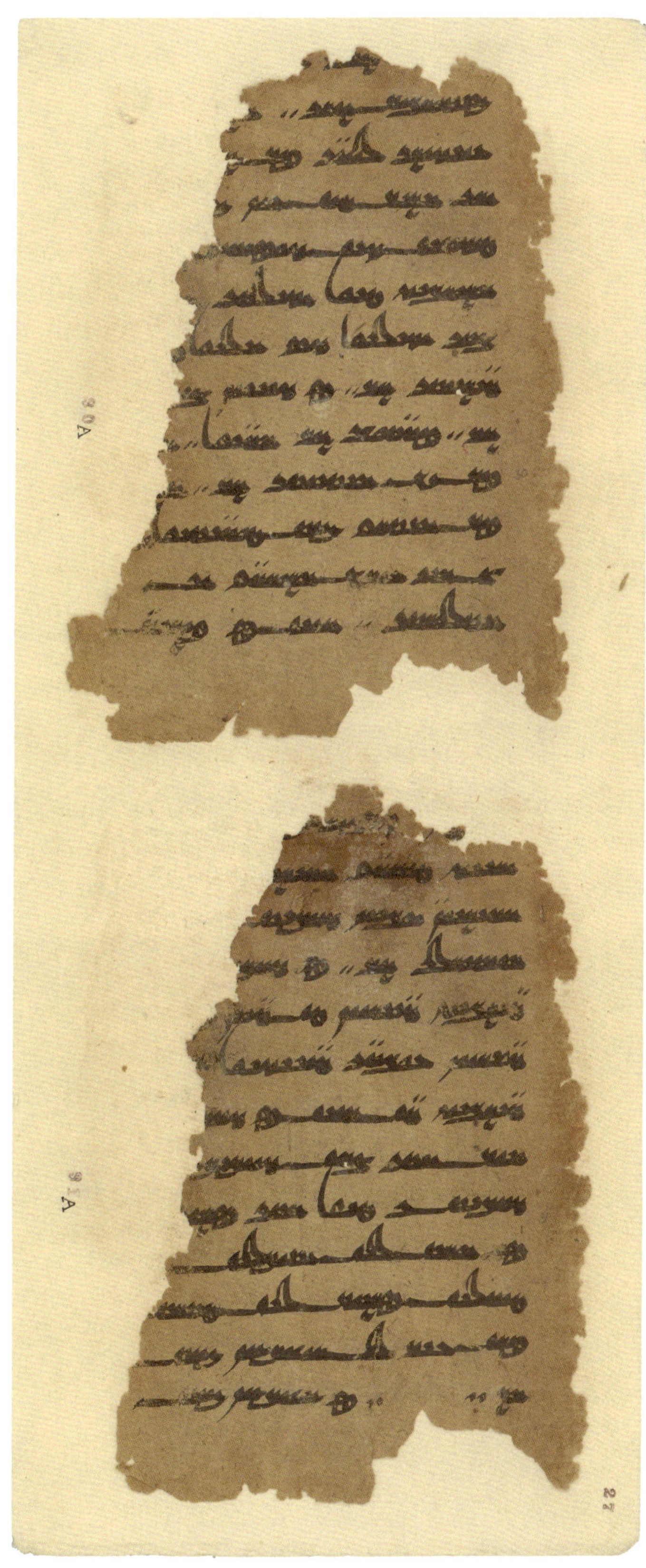

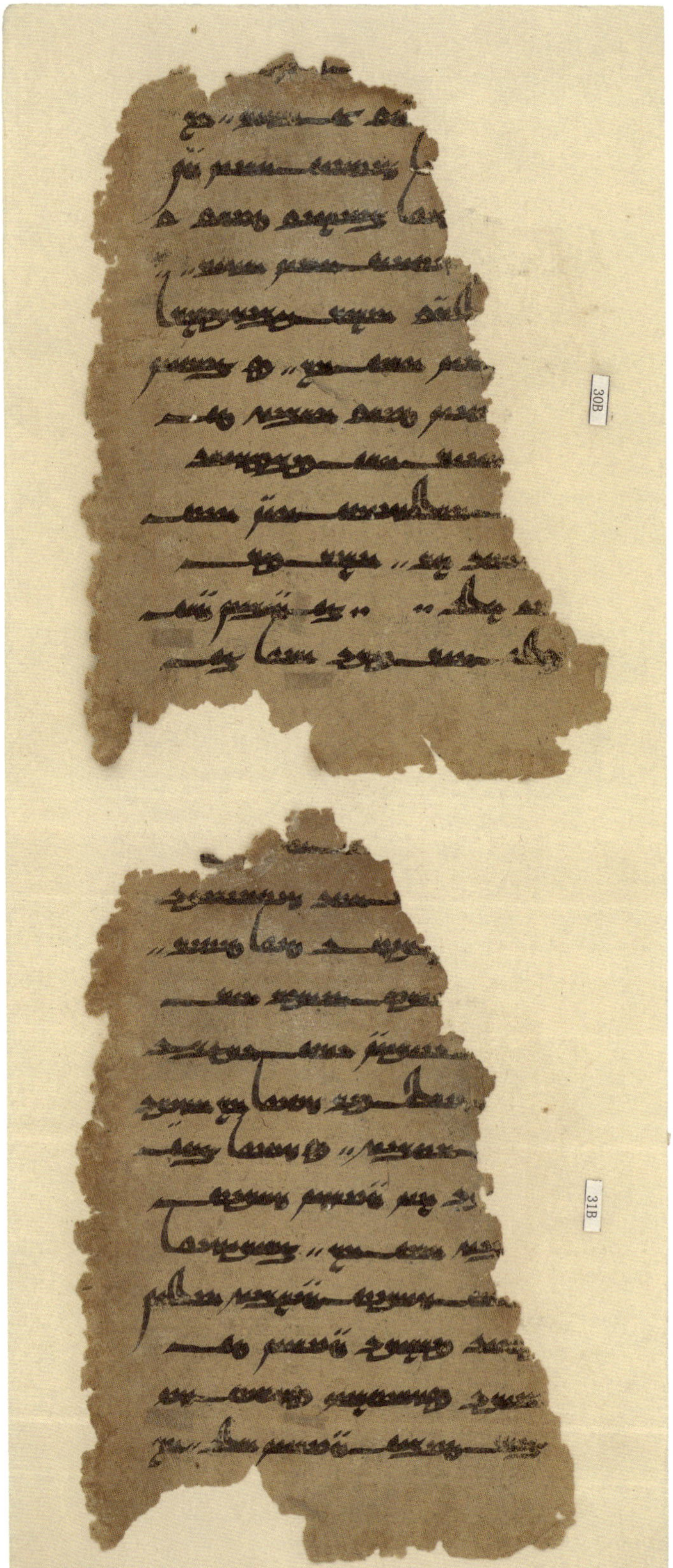
30B
31B

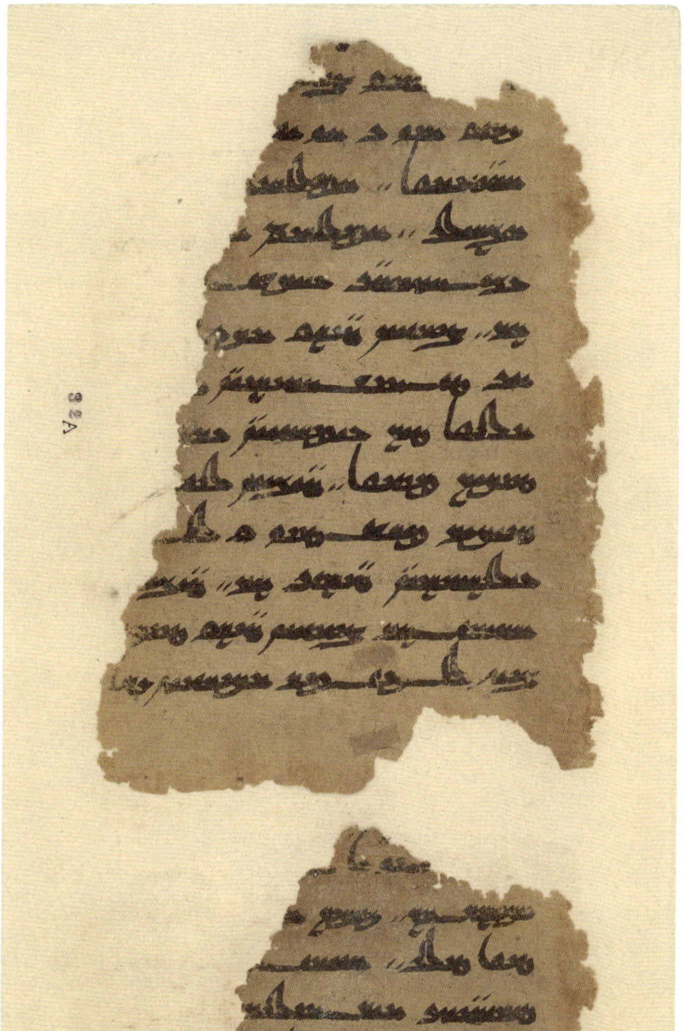

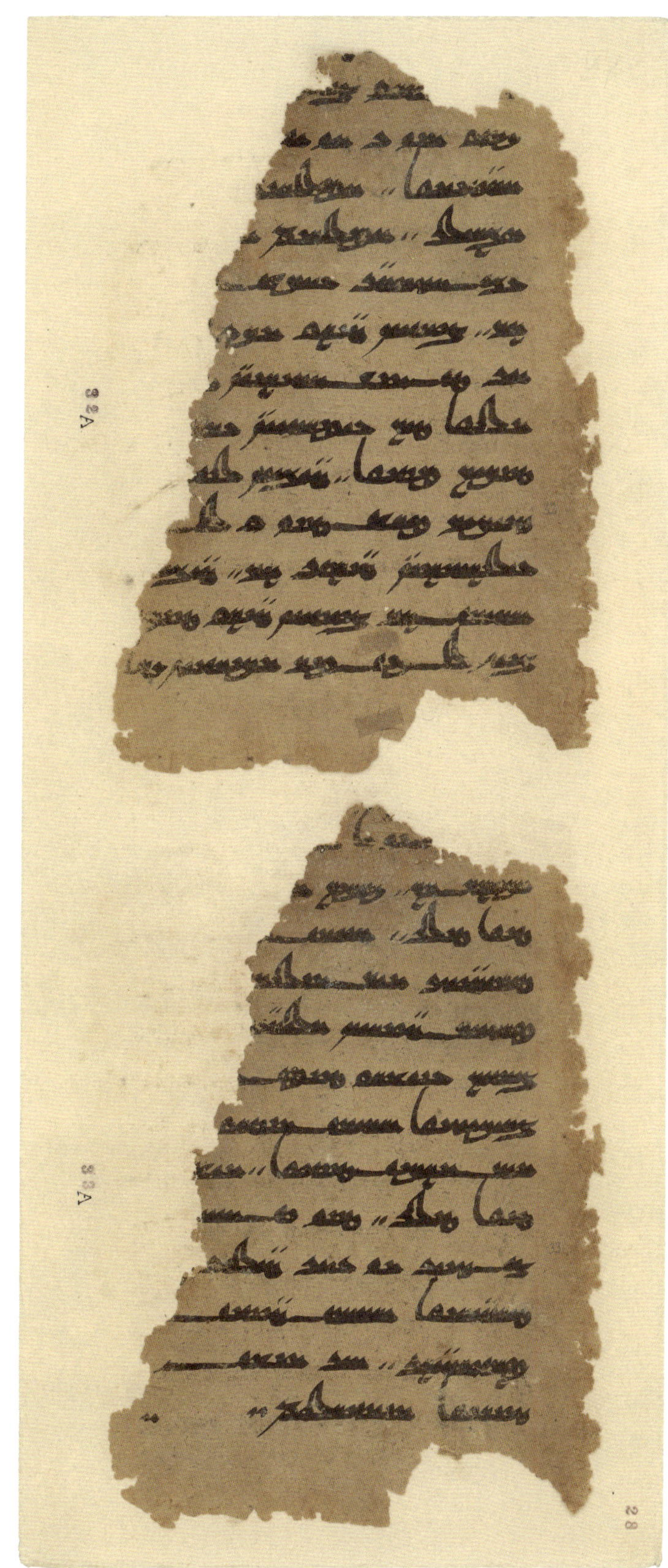

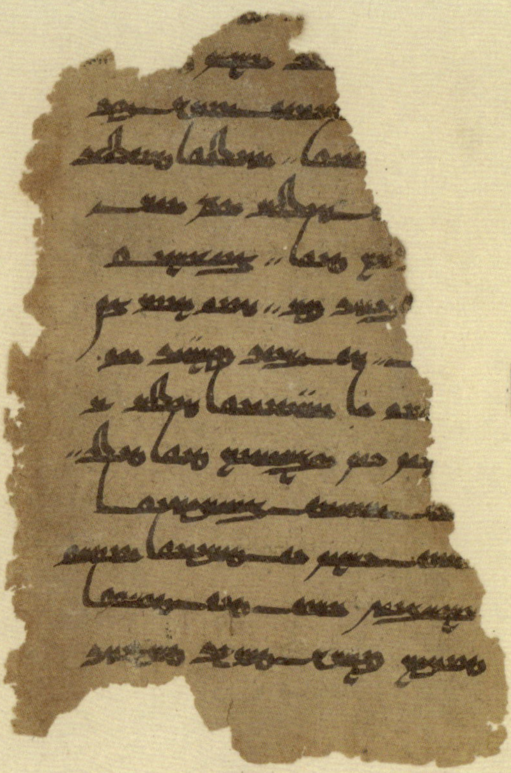

32B

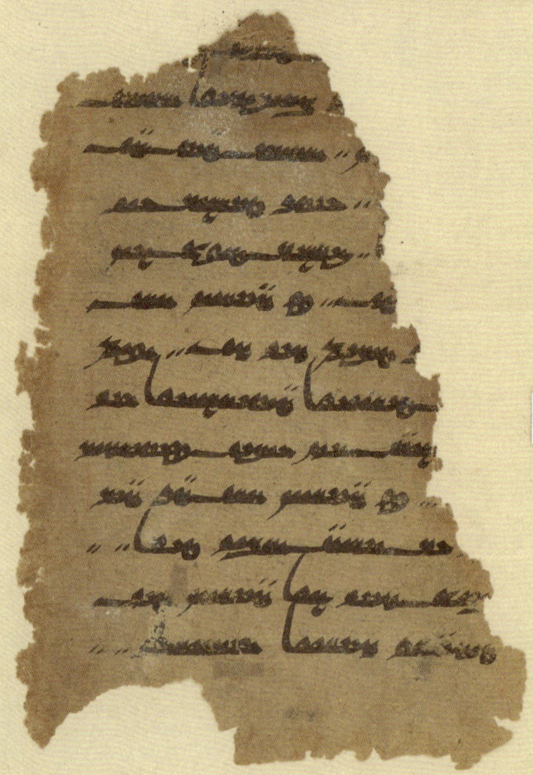

33B

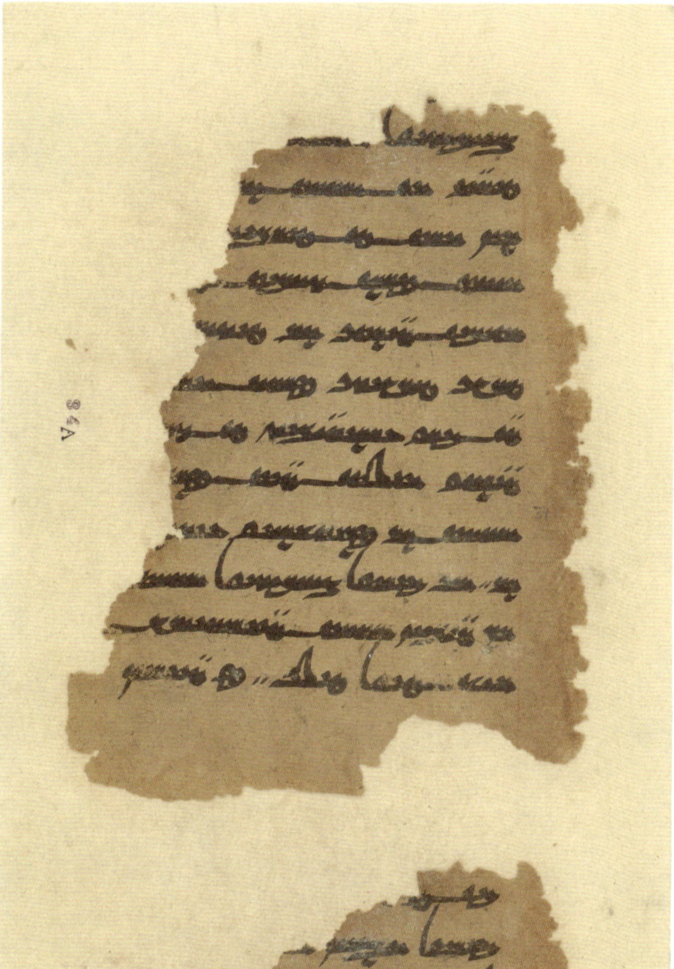

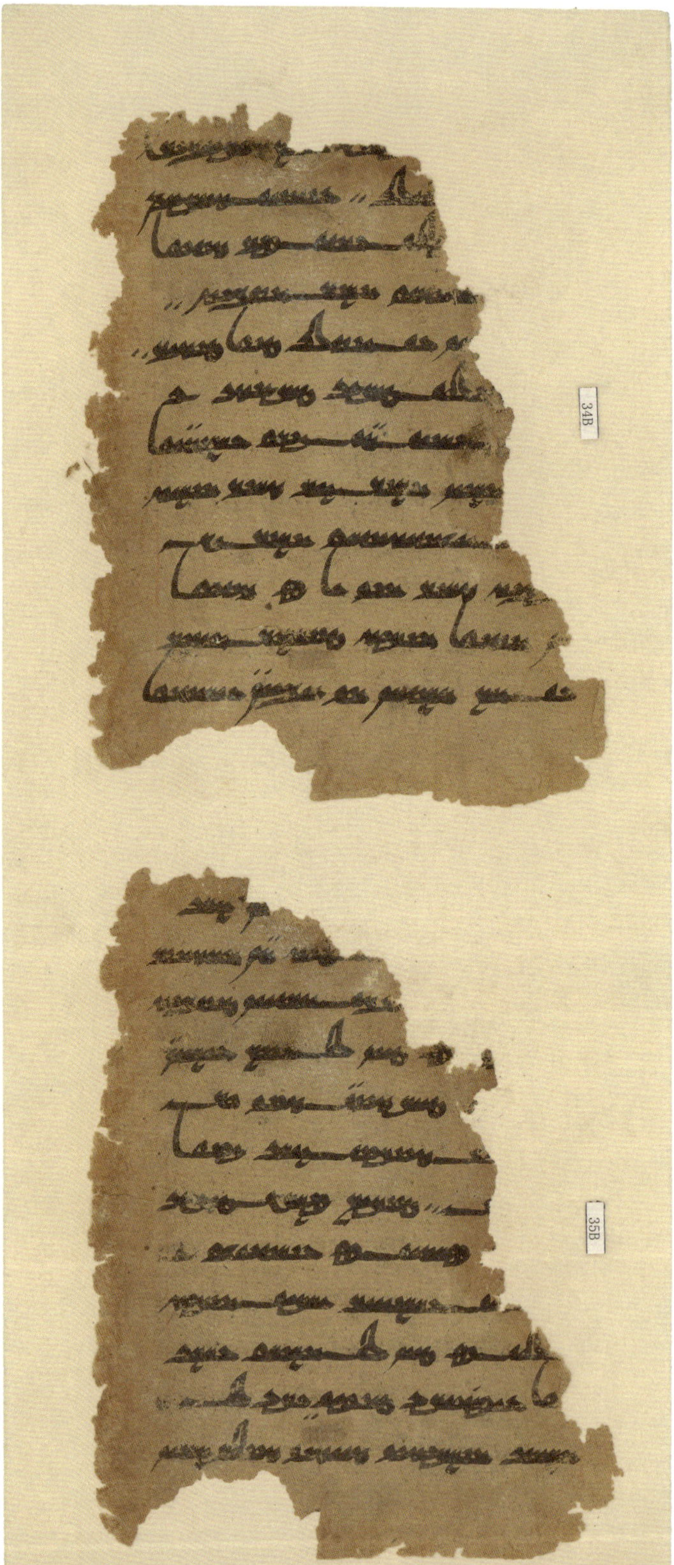
34B
35B

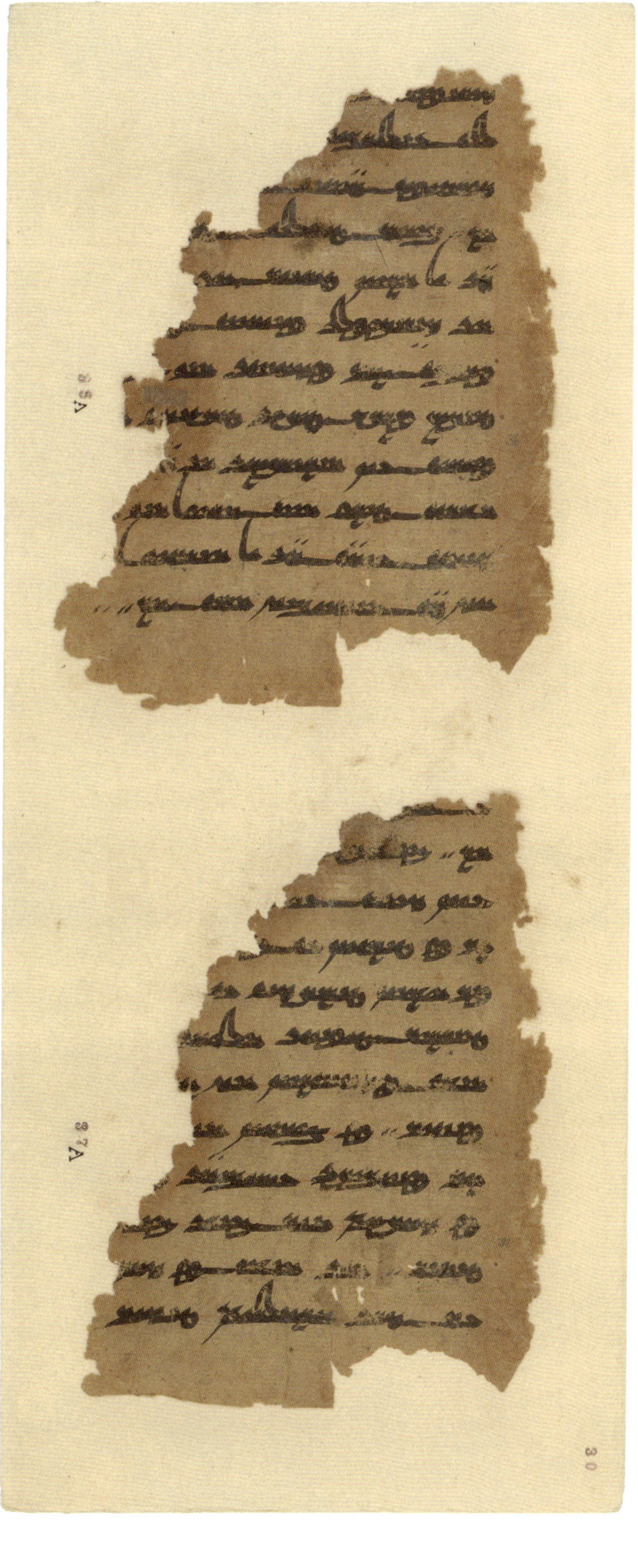

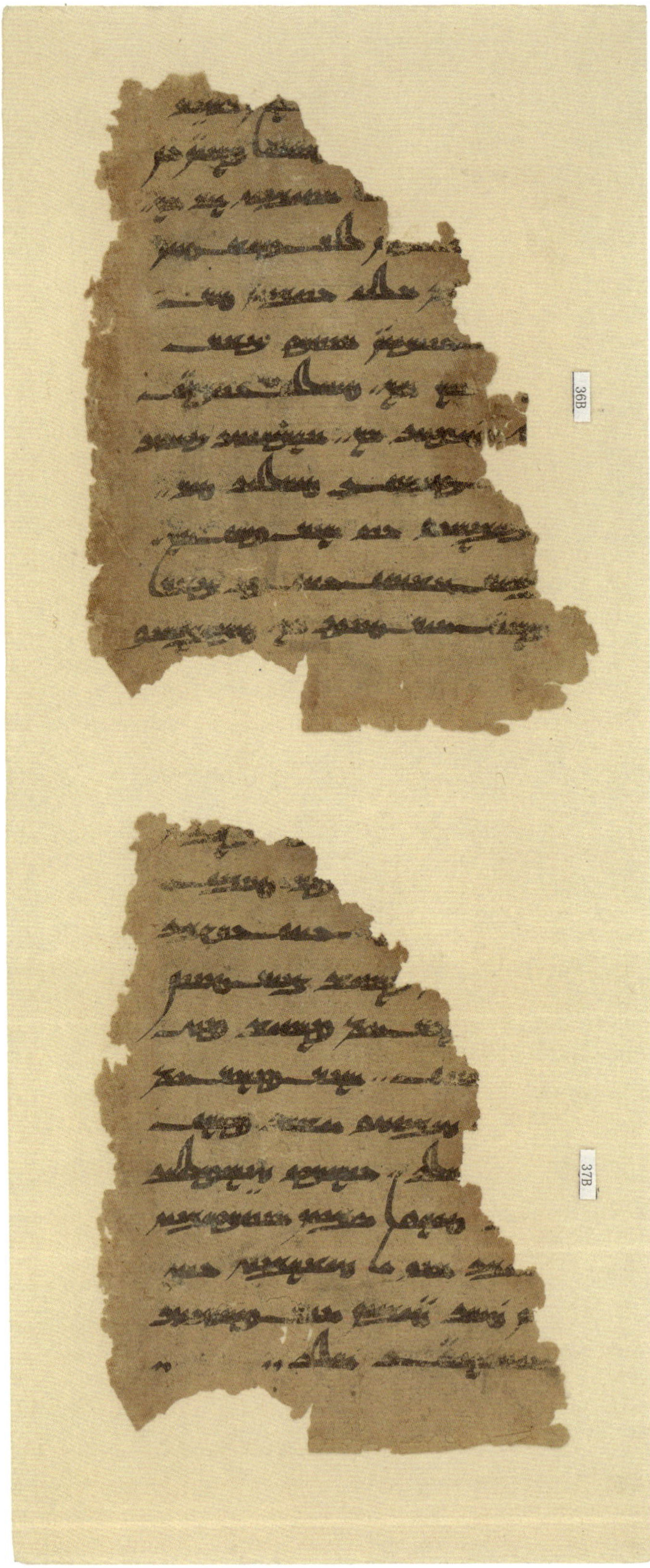
36B
37B

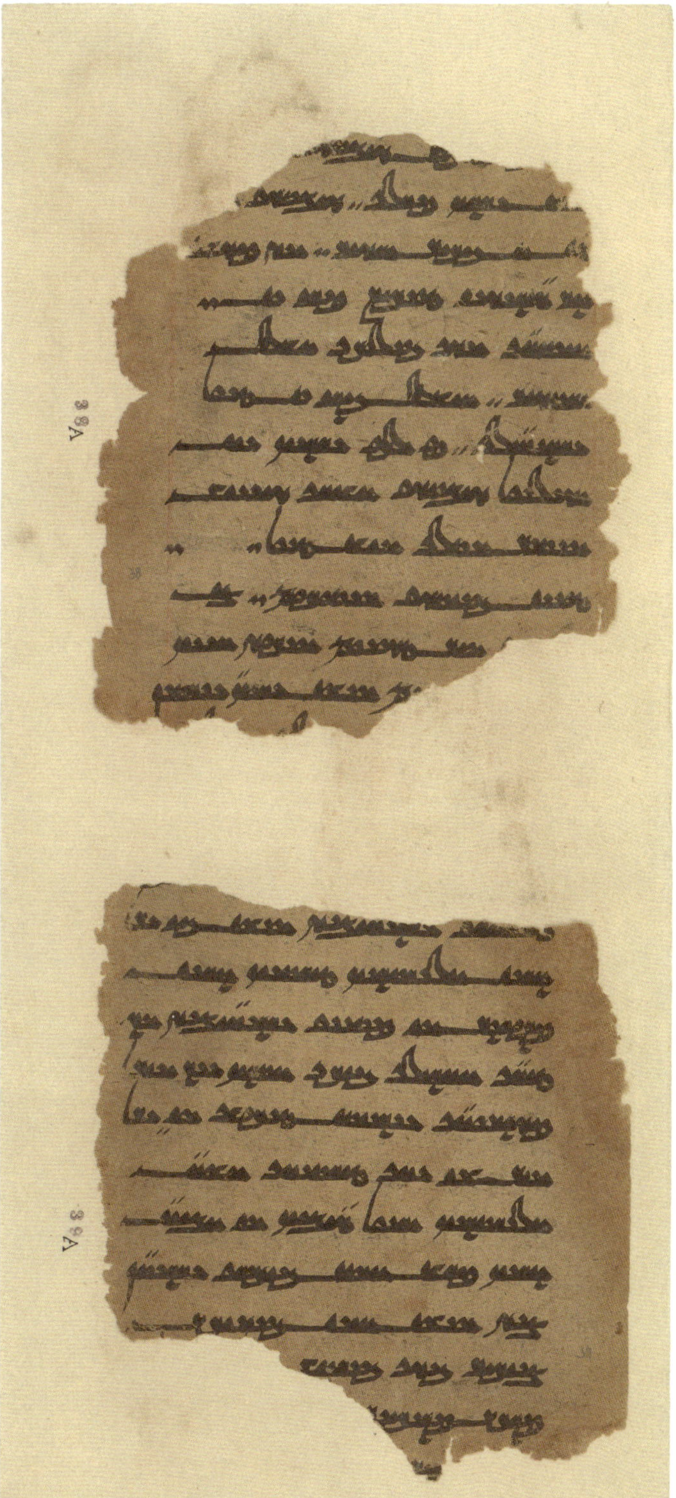

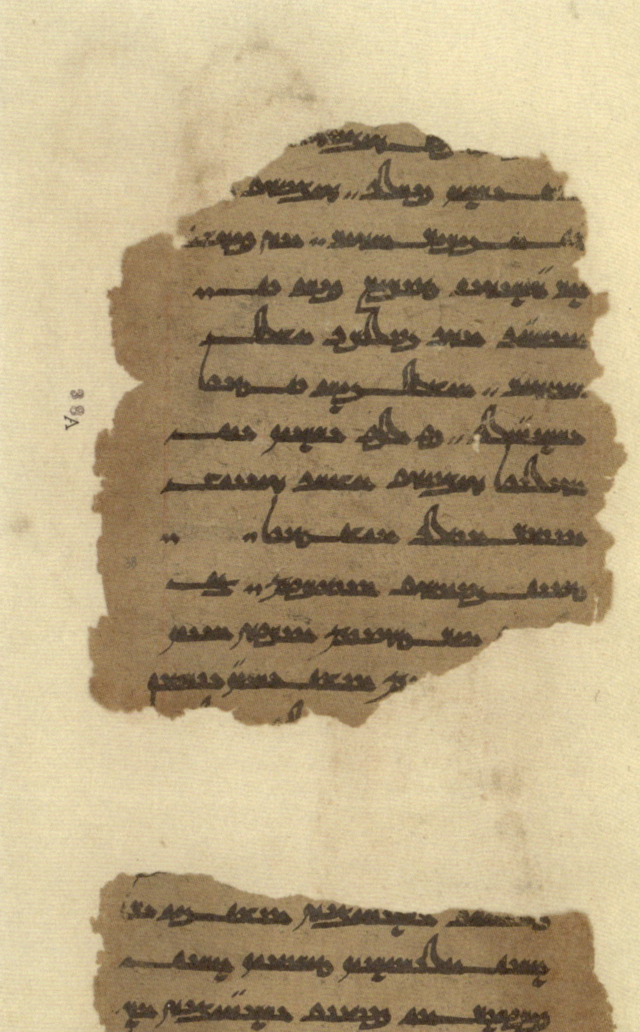

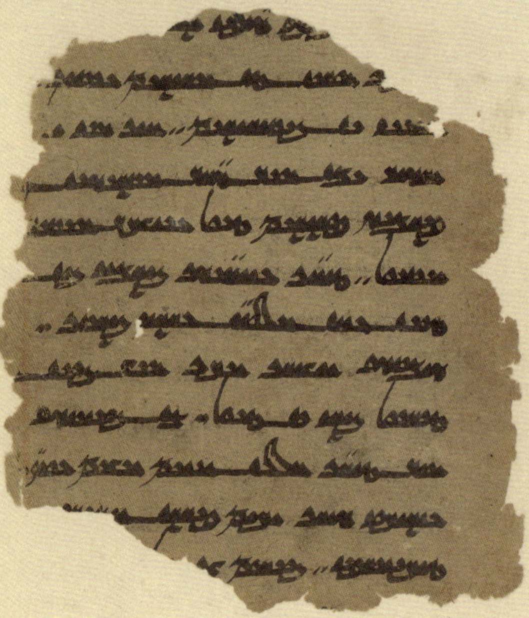

38B

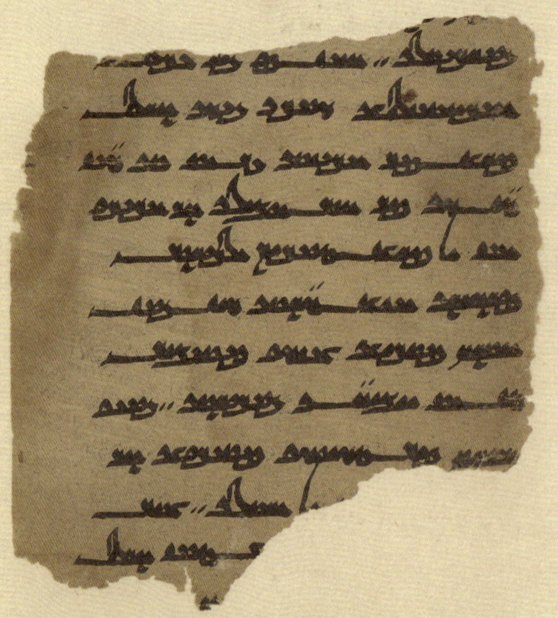

39B

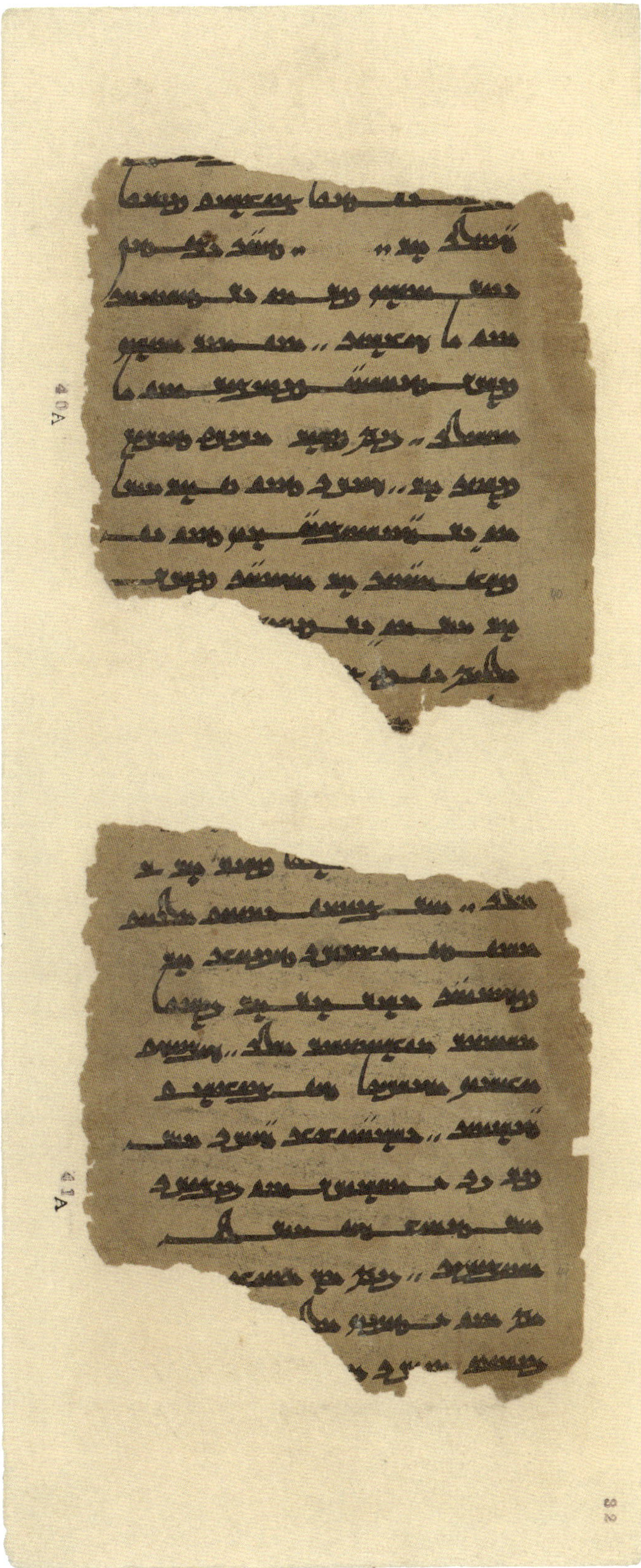
40A
41A

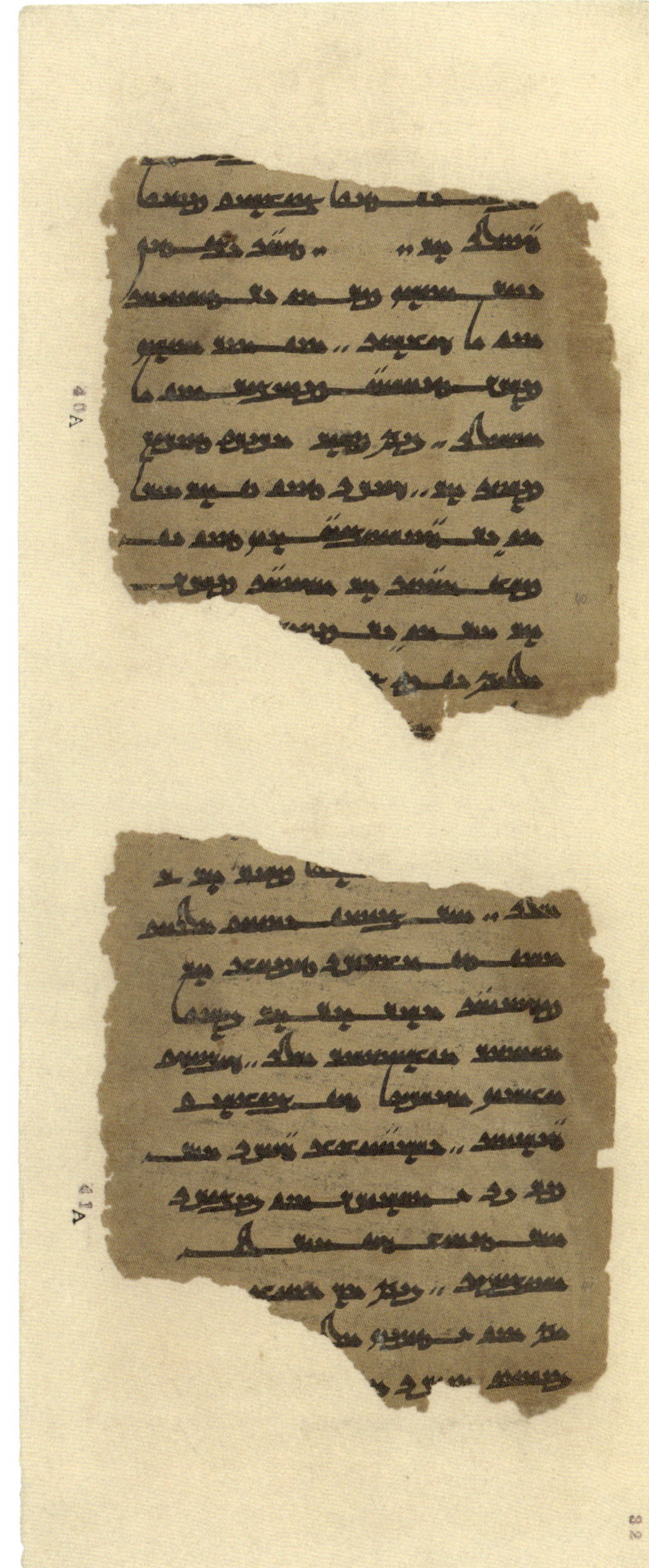

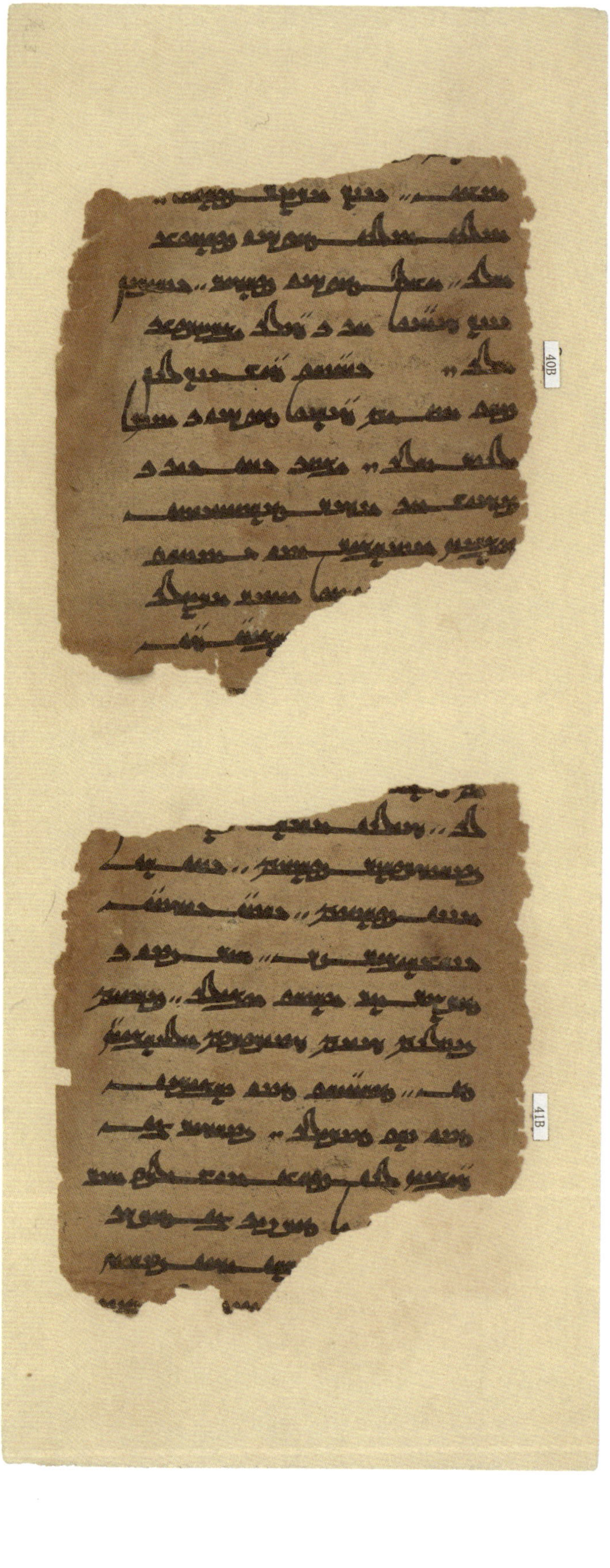
40B
41B

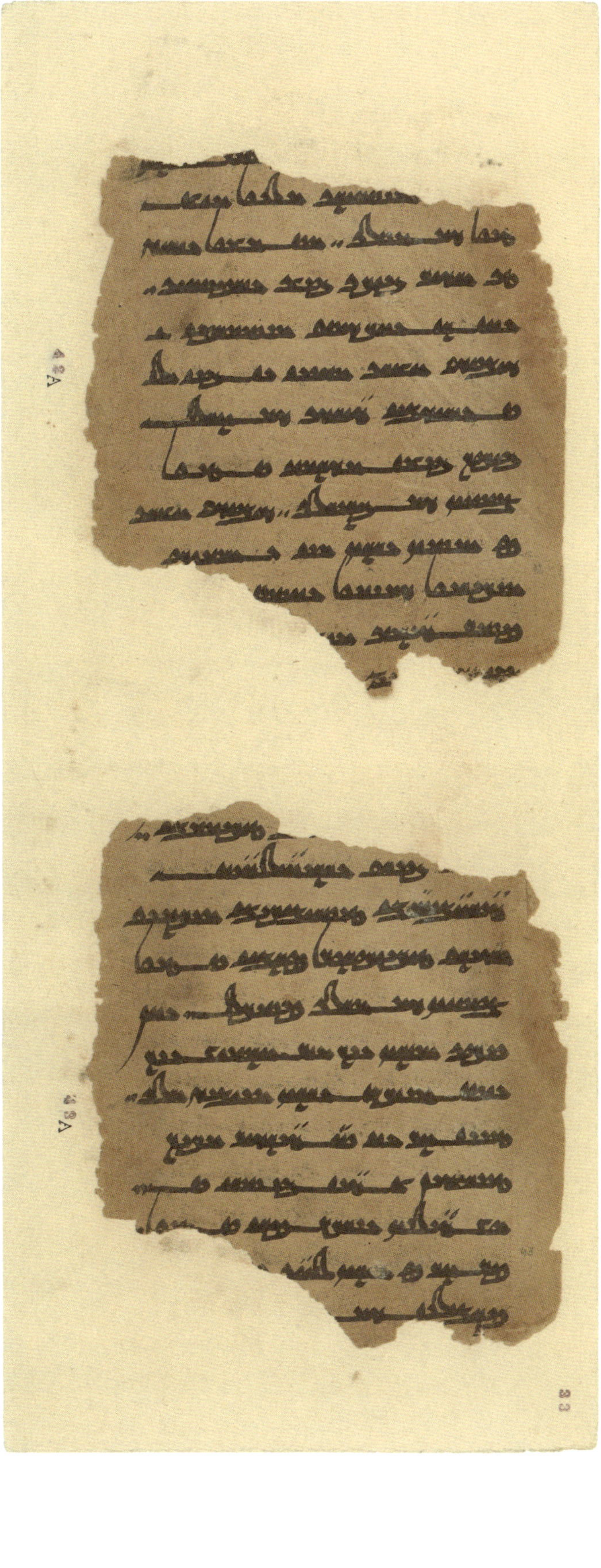

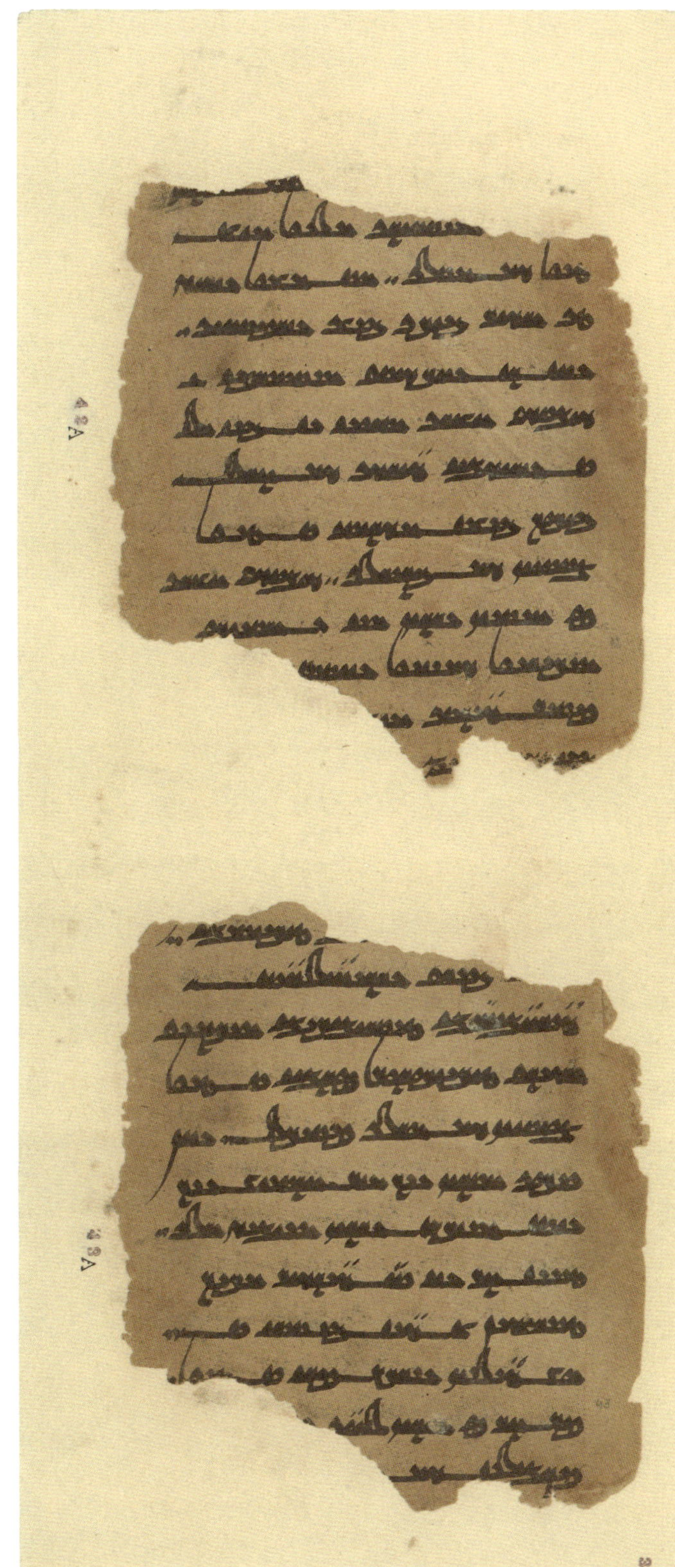

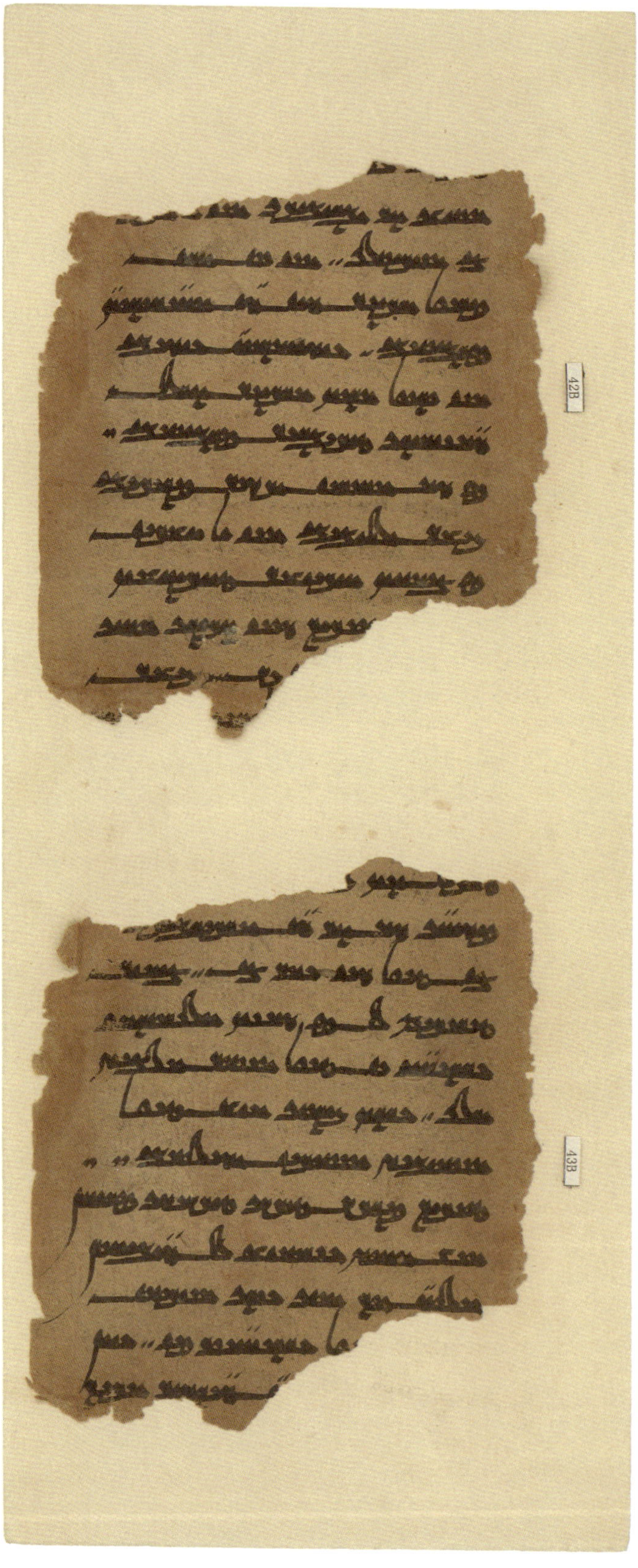
42B
43B

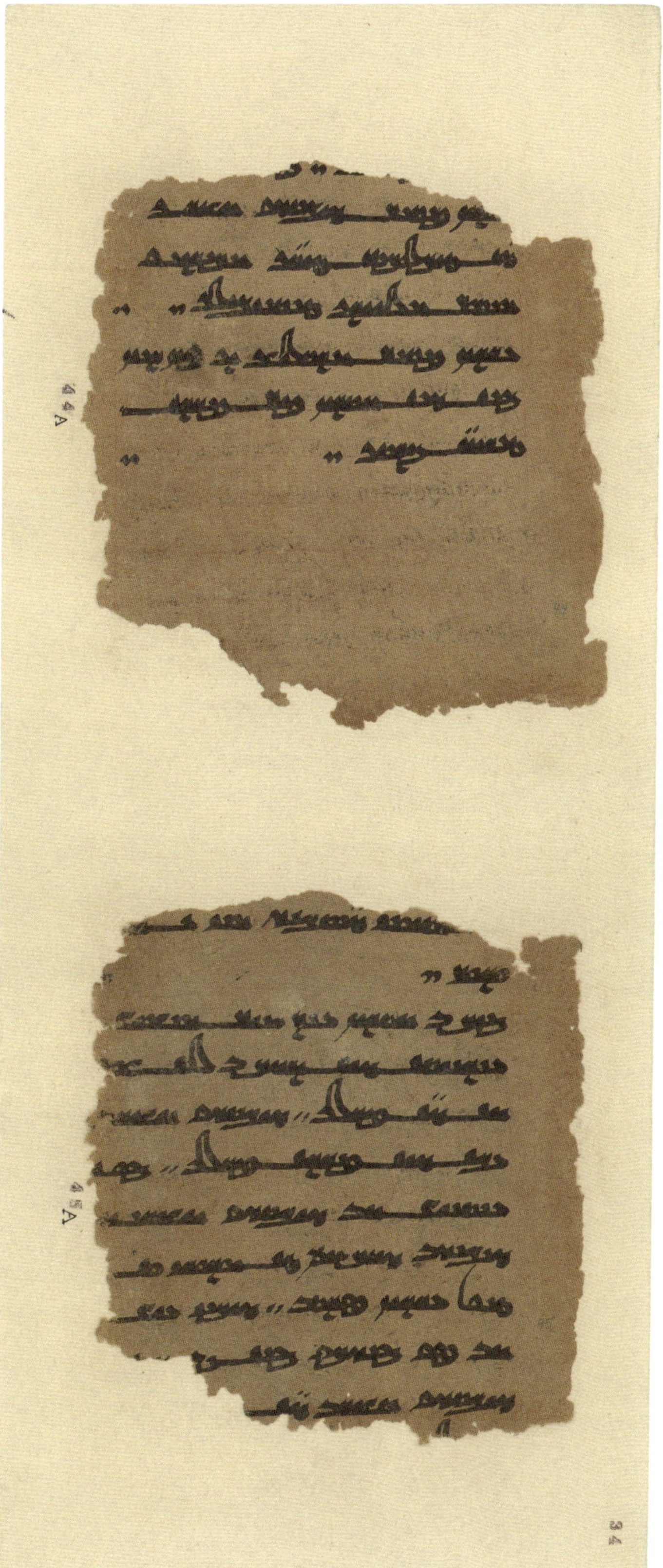

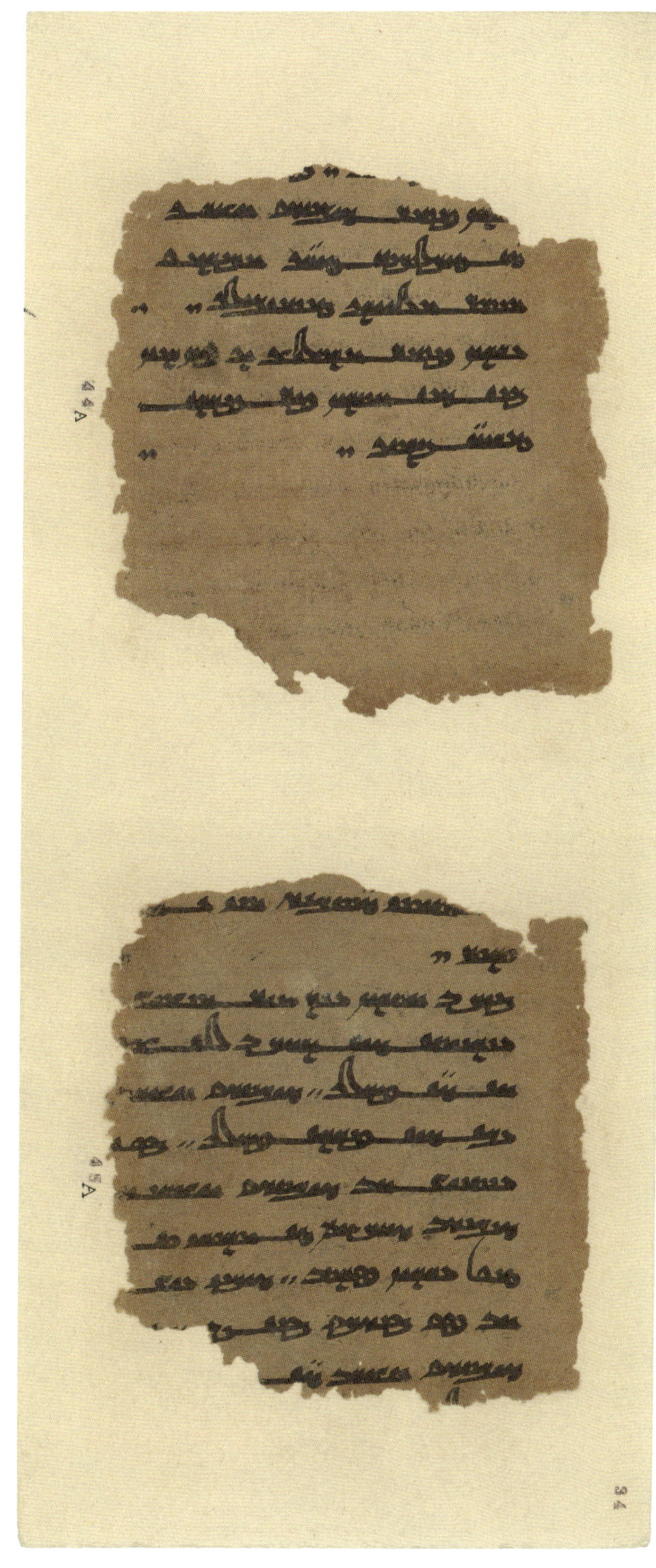

44B
45B

46A
47A
35

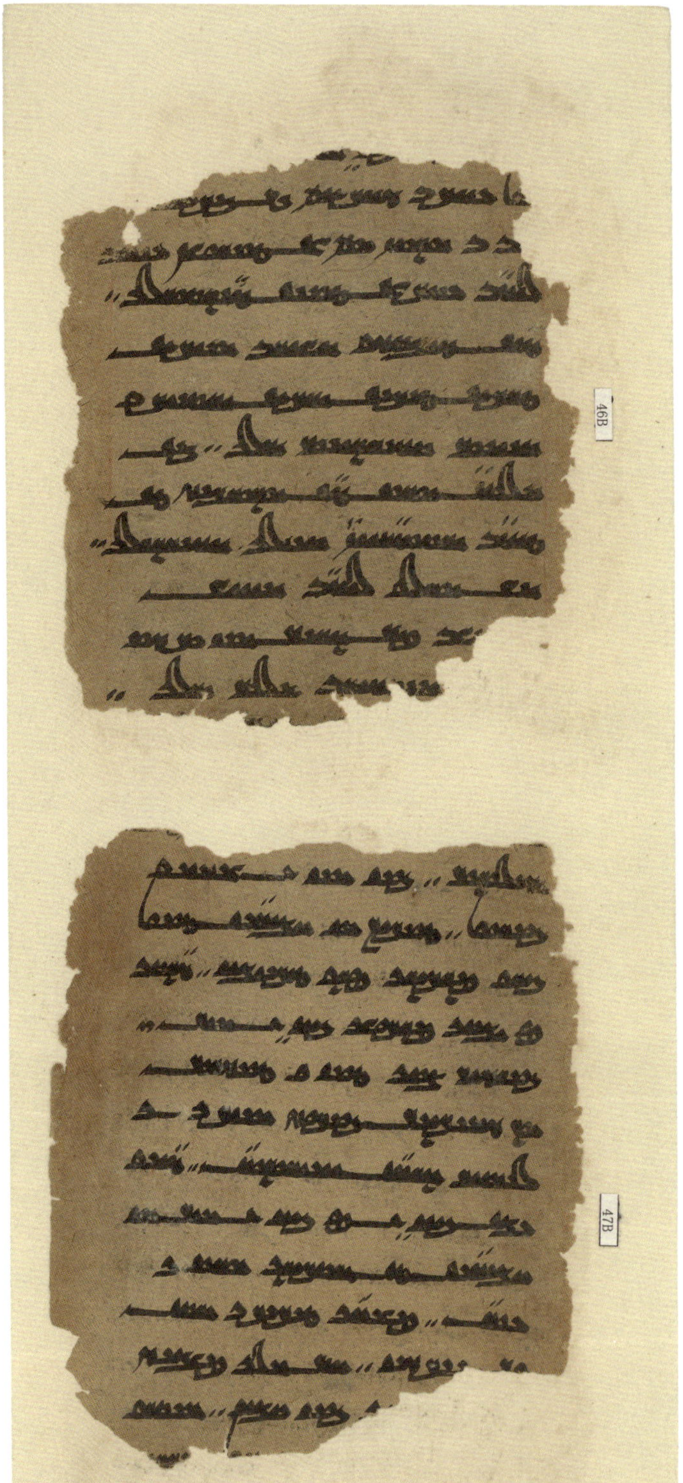
46B
47B

48A
49A
36

48B
49B

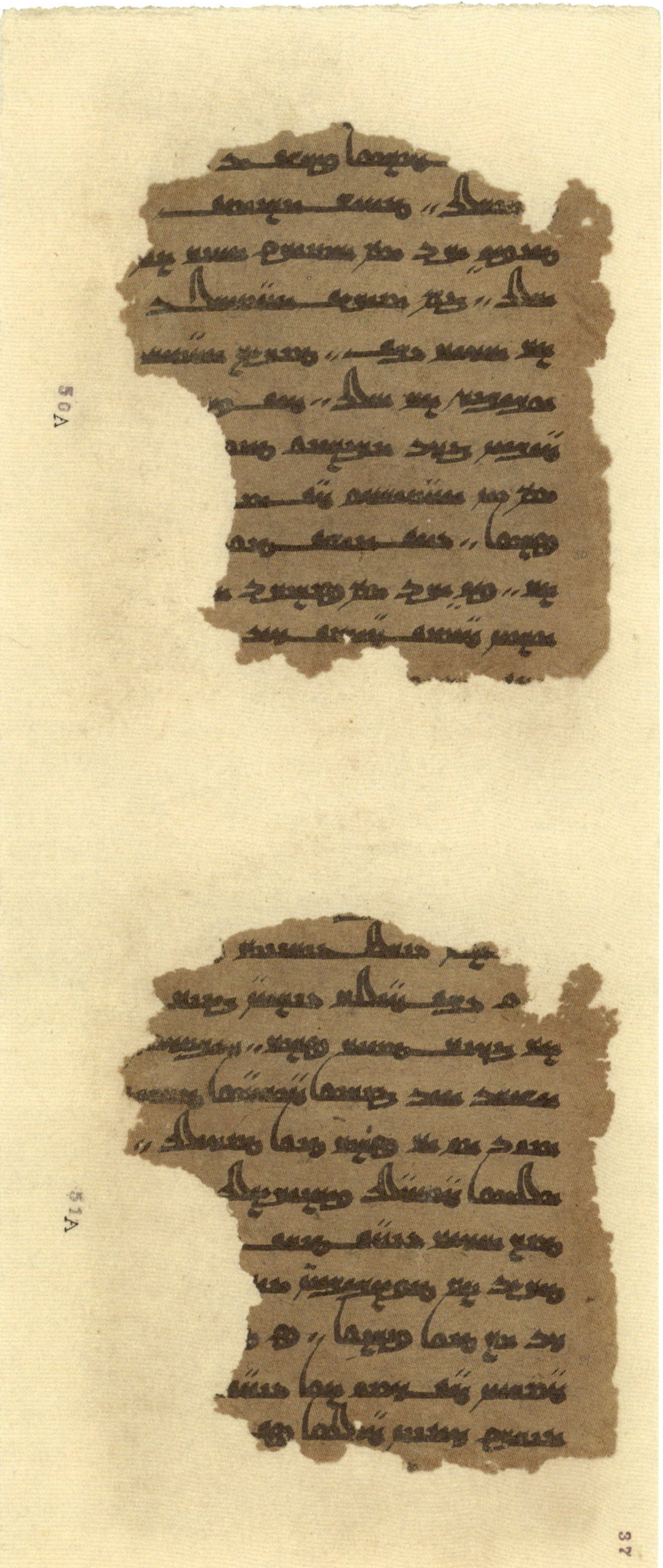
50A
51A
37

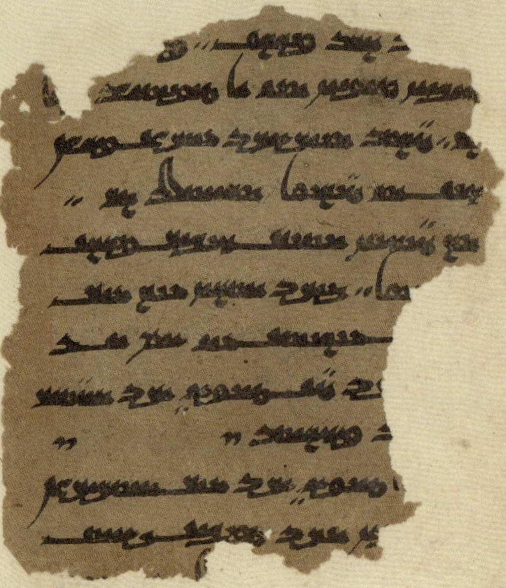

50B

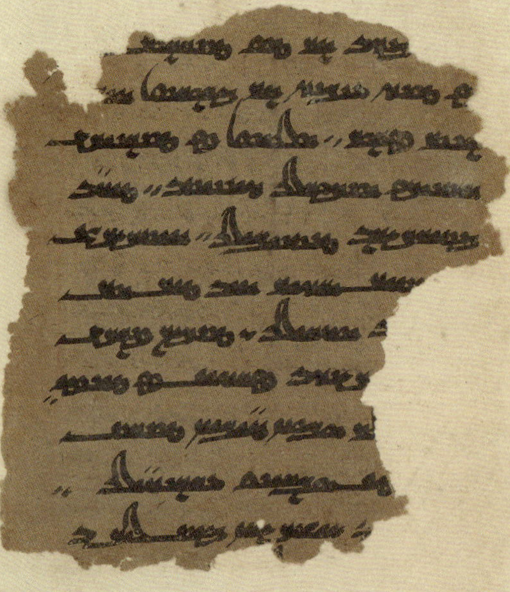

51B

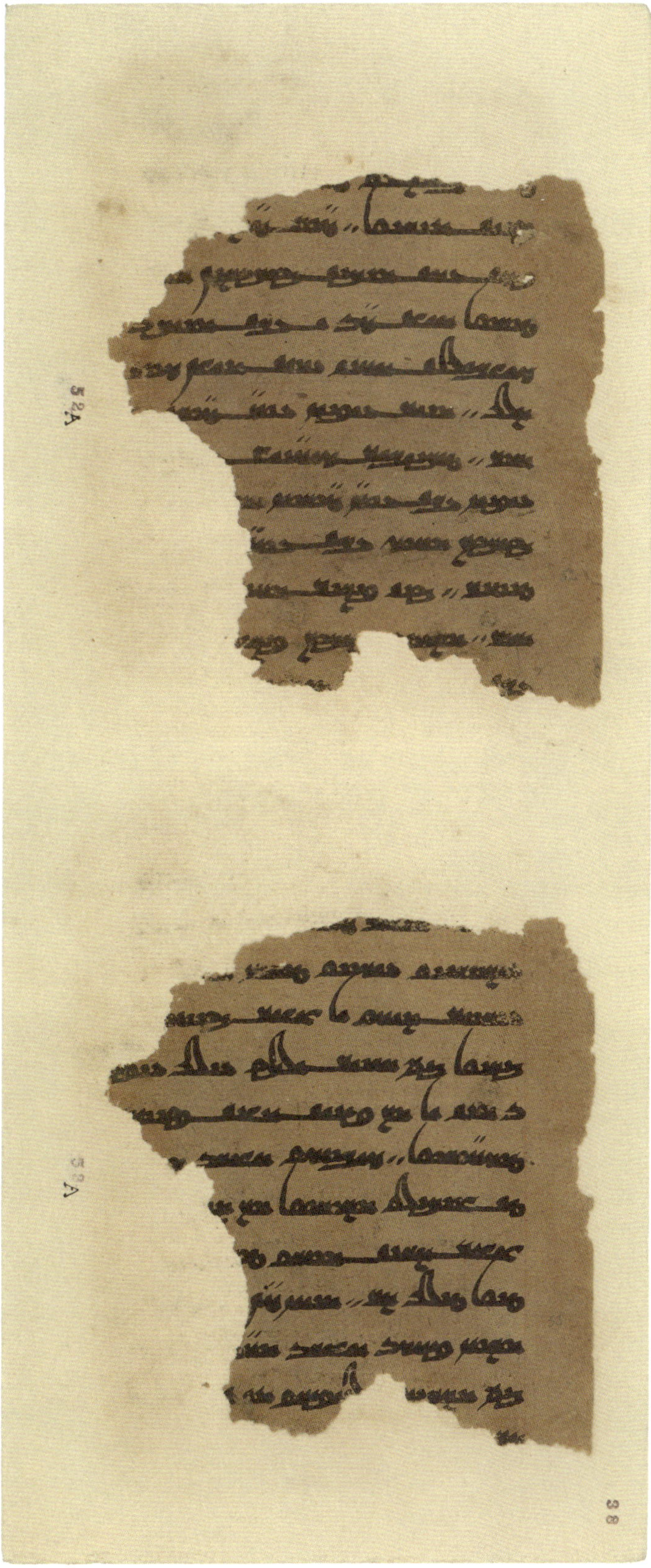

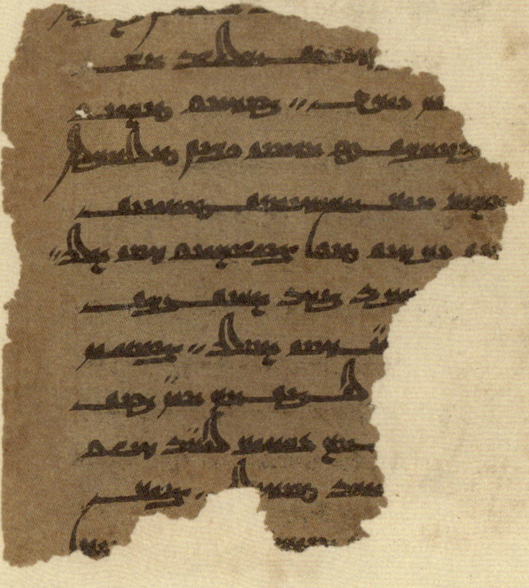

52B

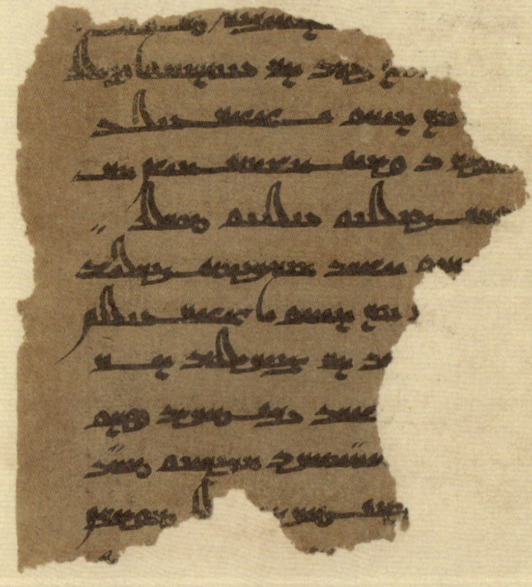

53B

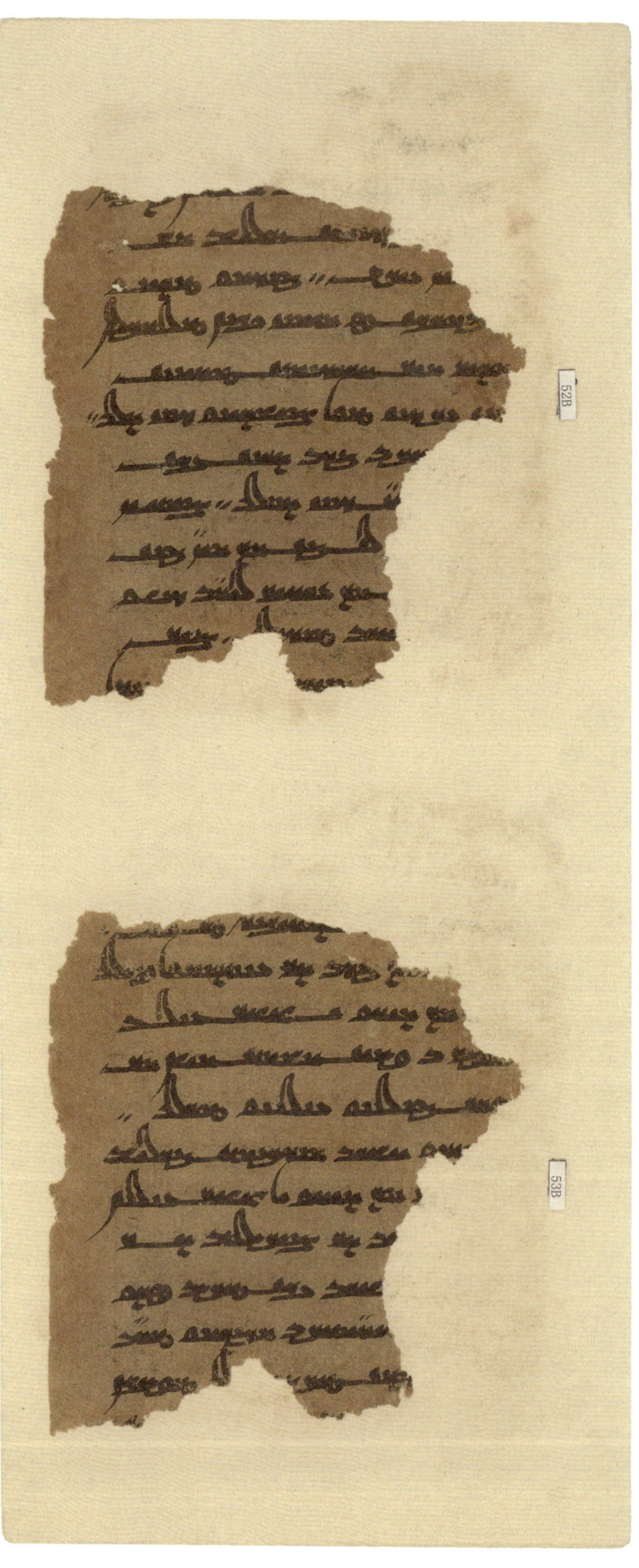

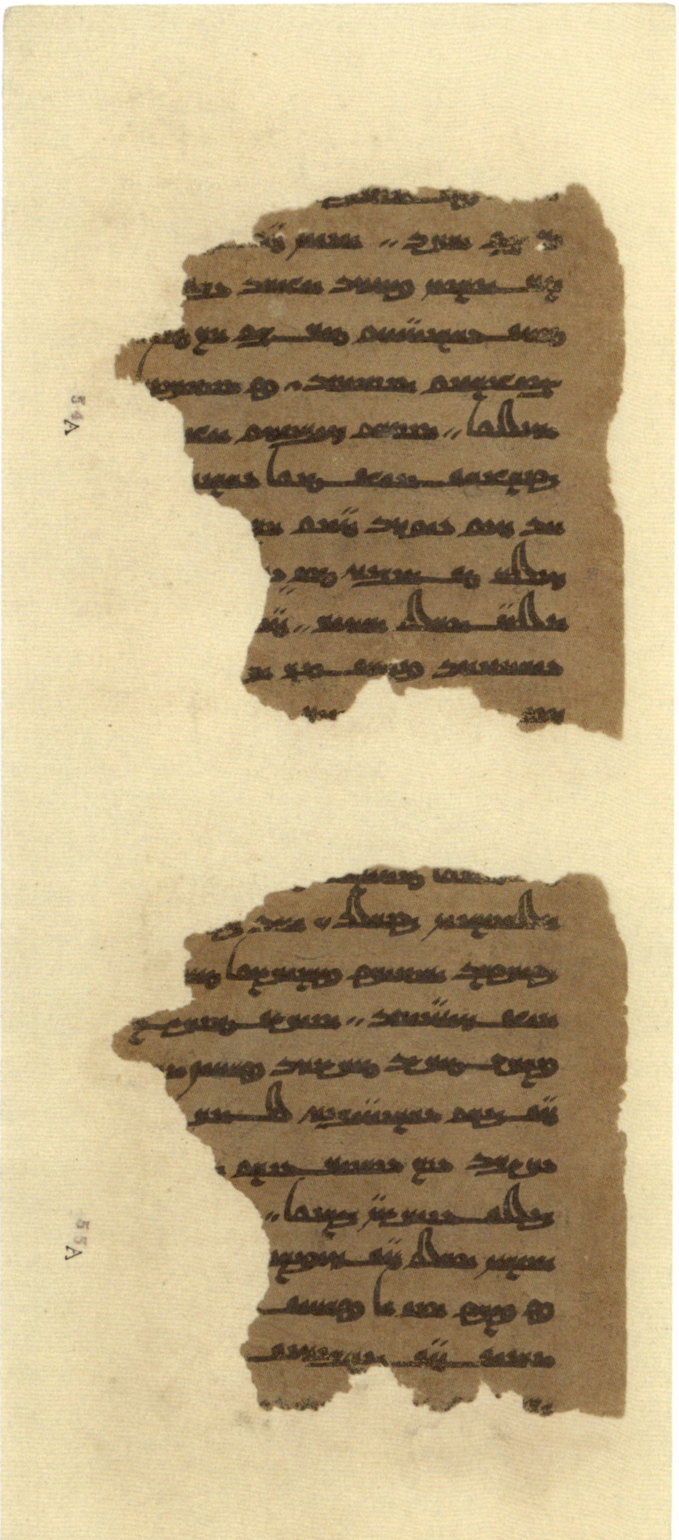

54B

55B

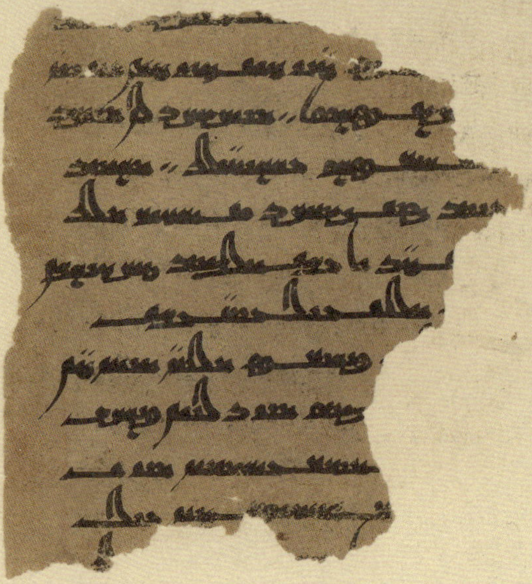

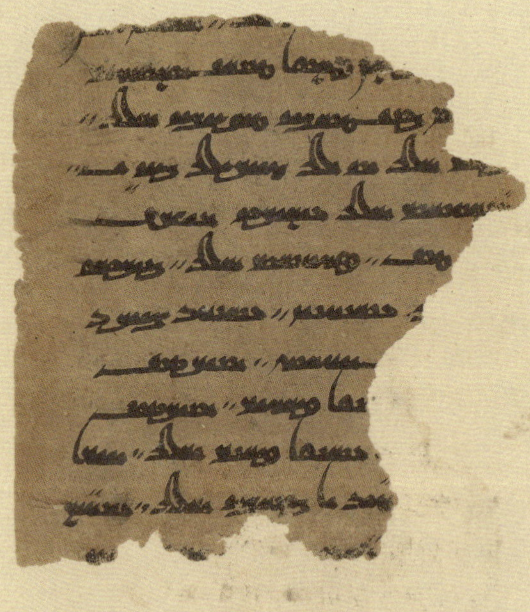

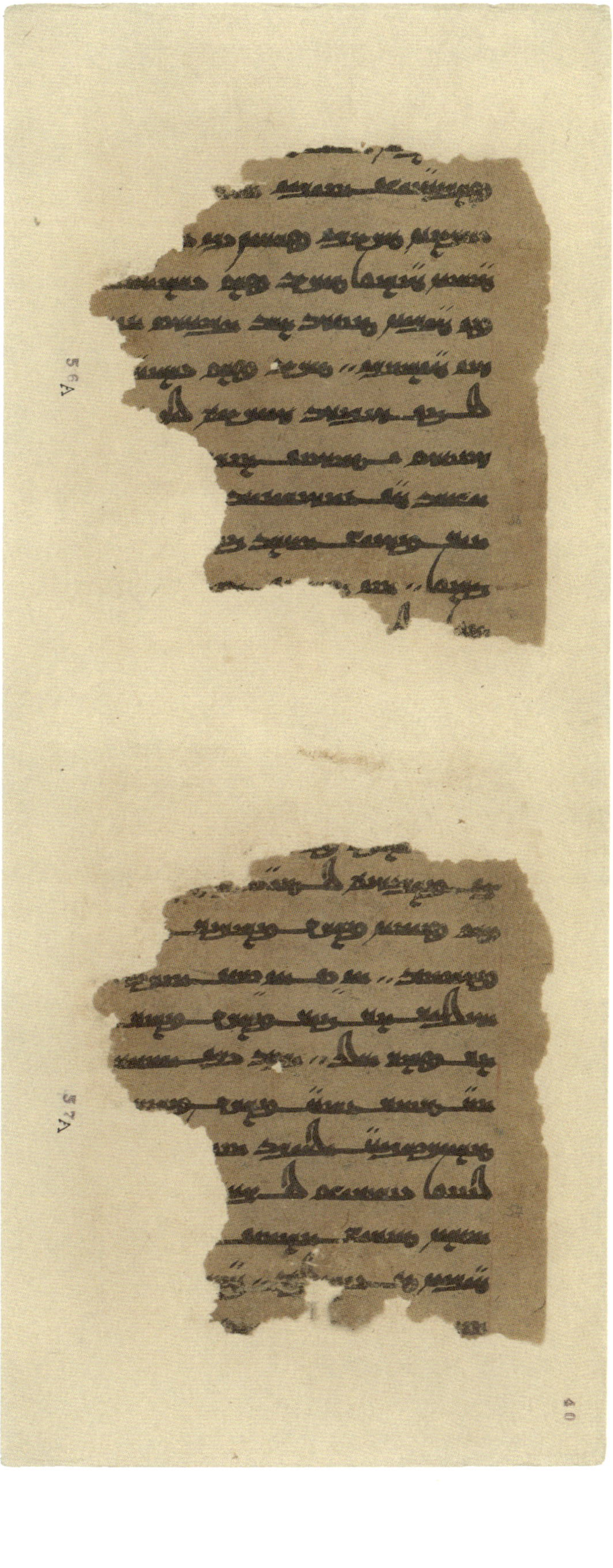
56A
57A
40

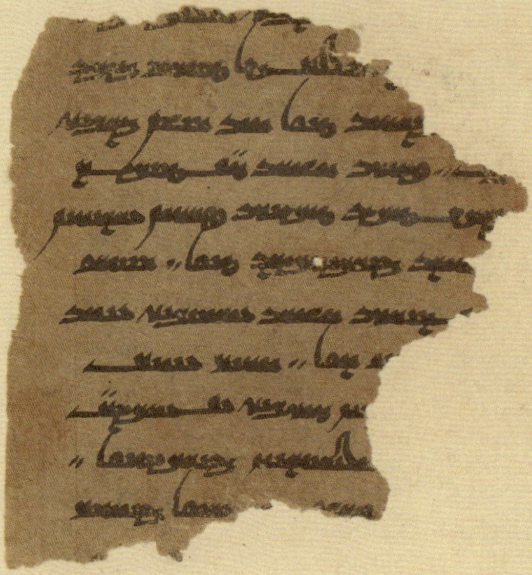

56B

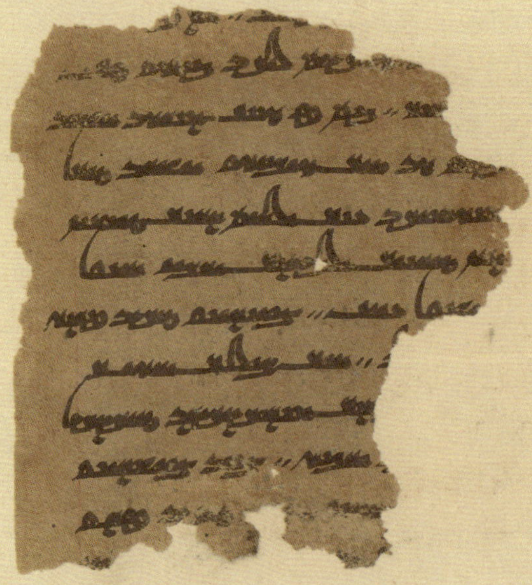

57B

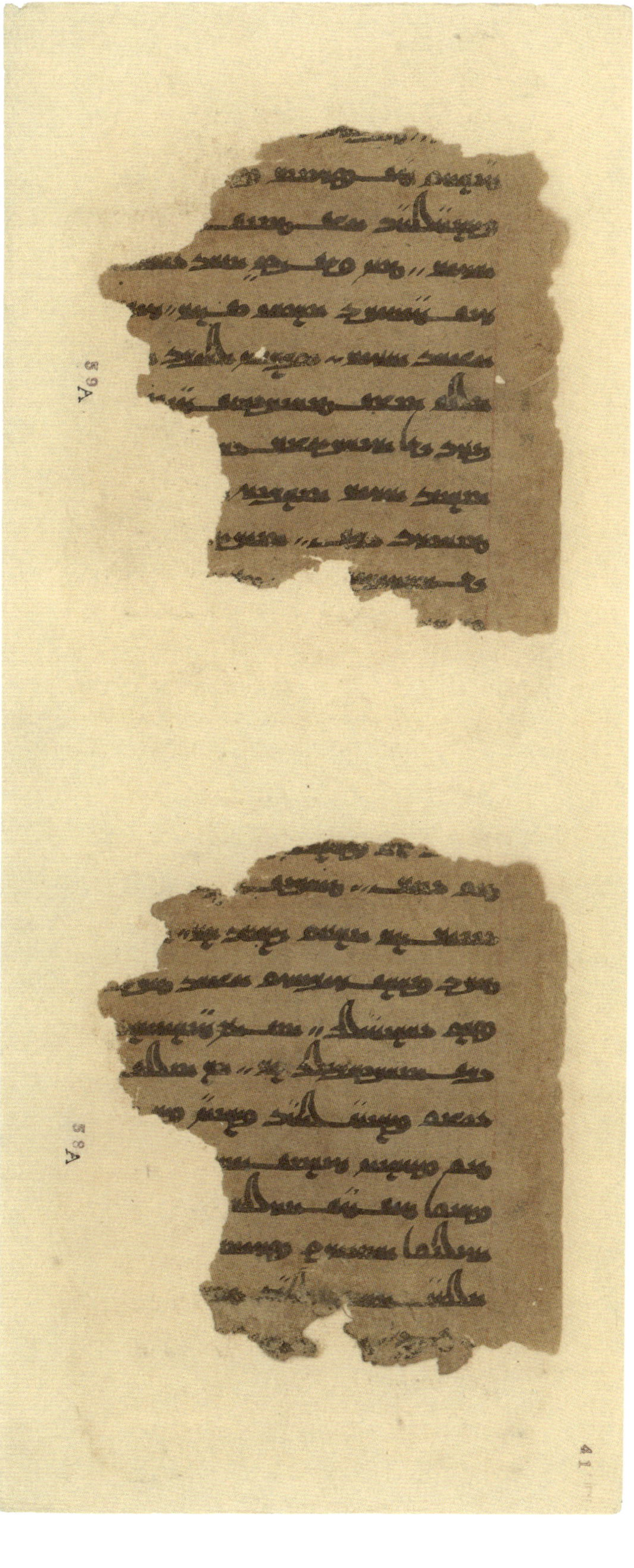

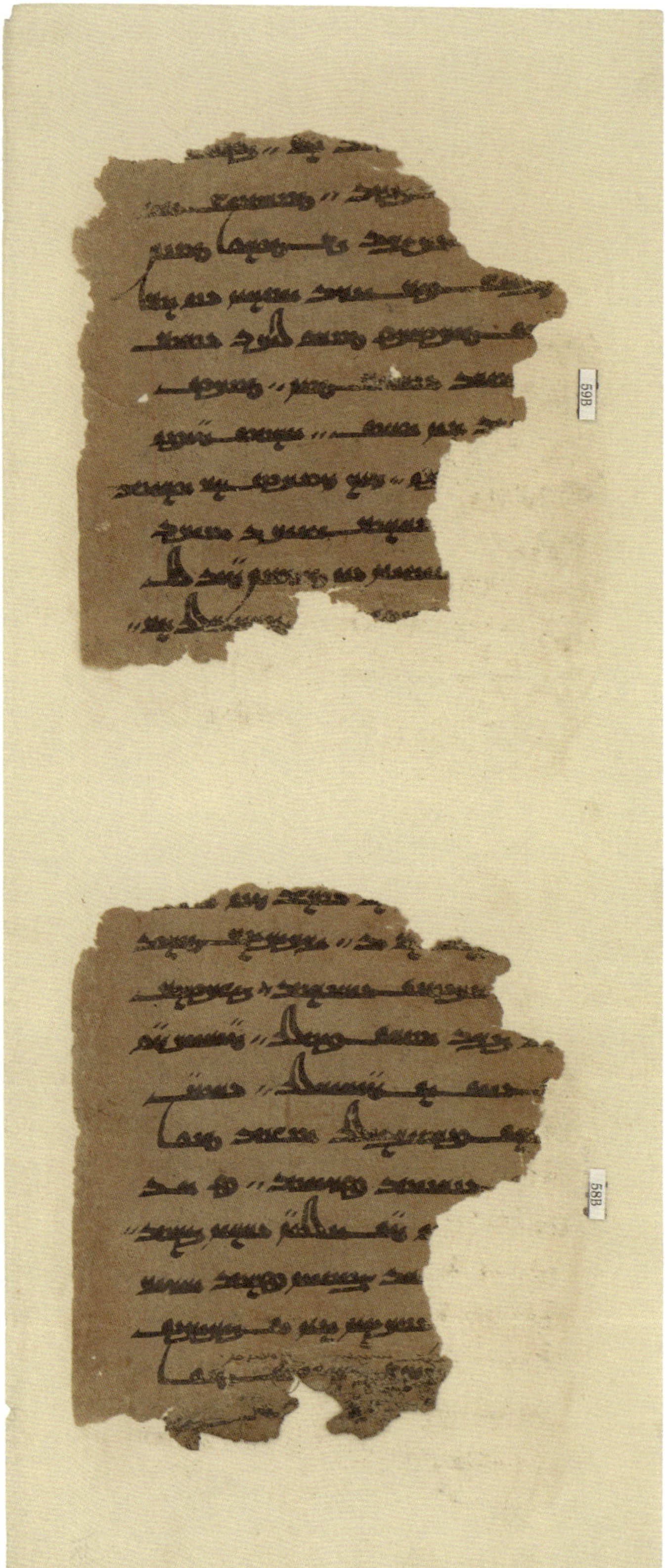
59B
58B

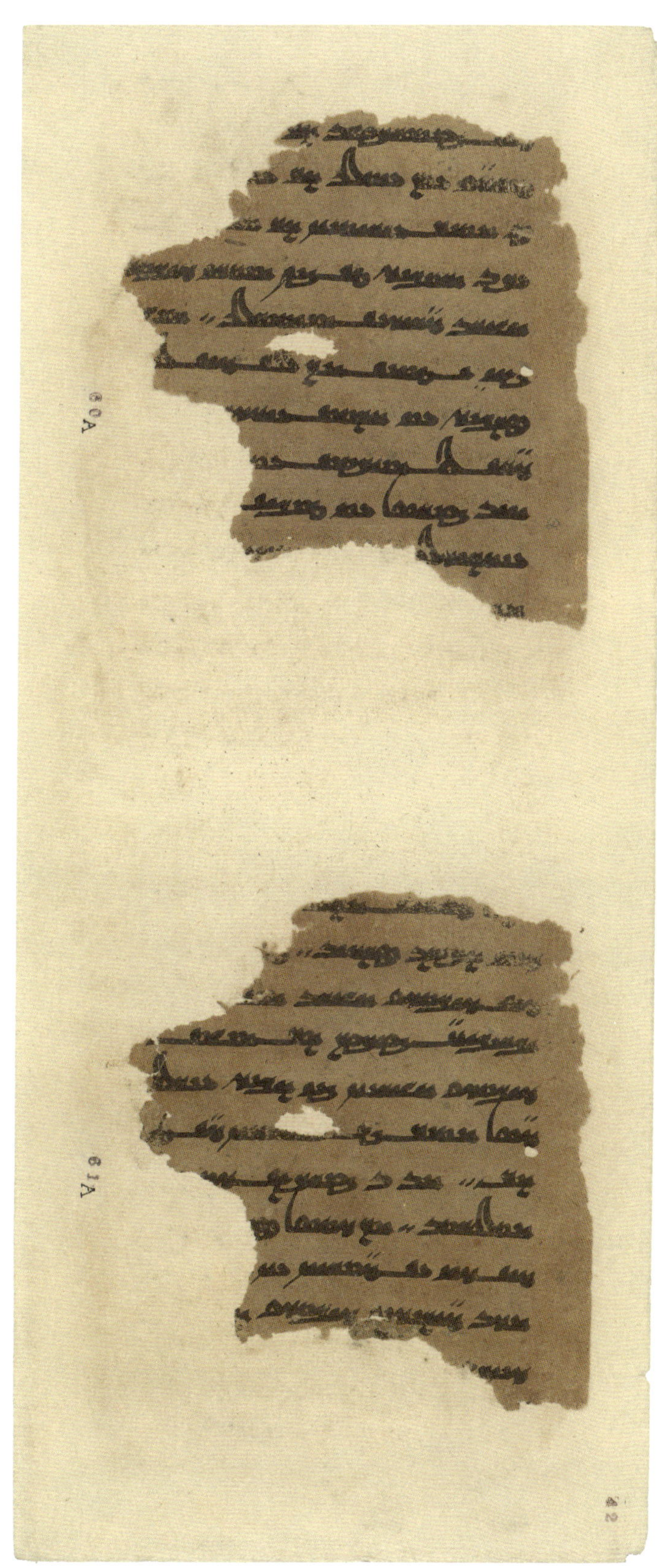

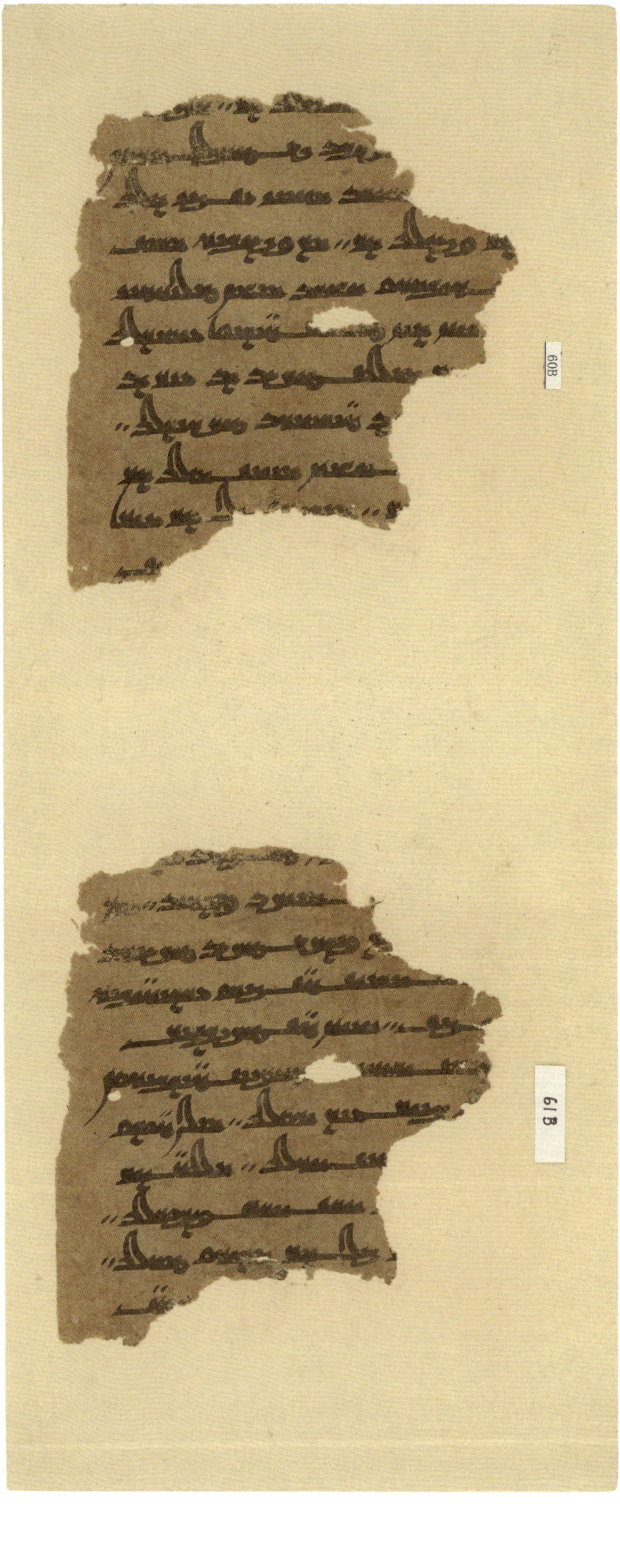
60B
61B

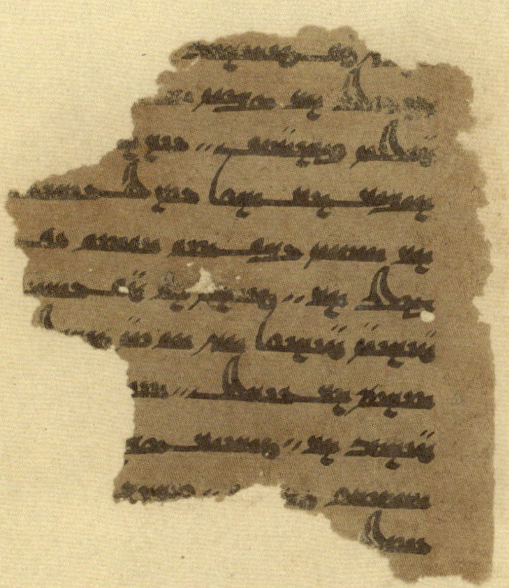

62A

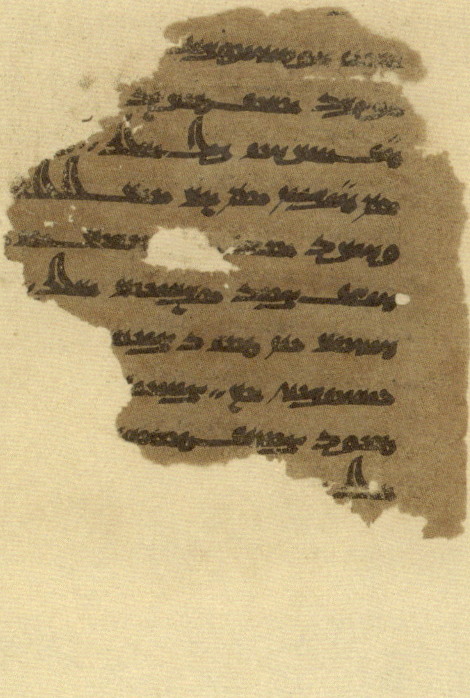

62A(a)

43

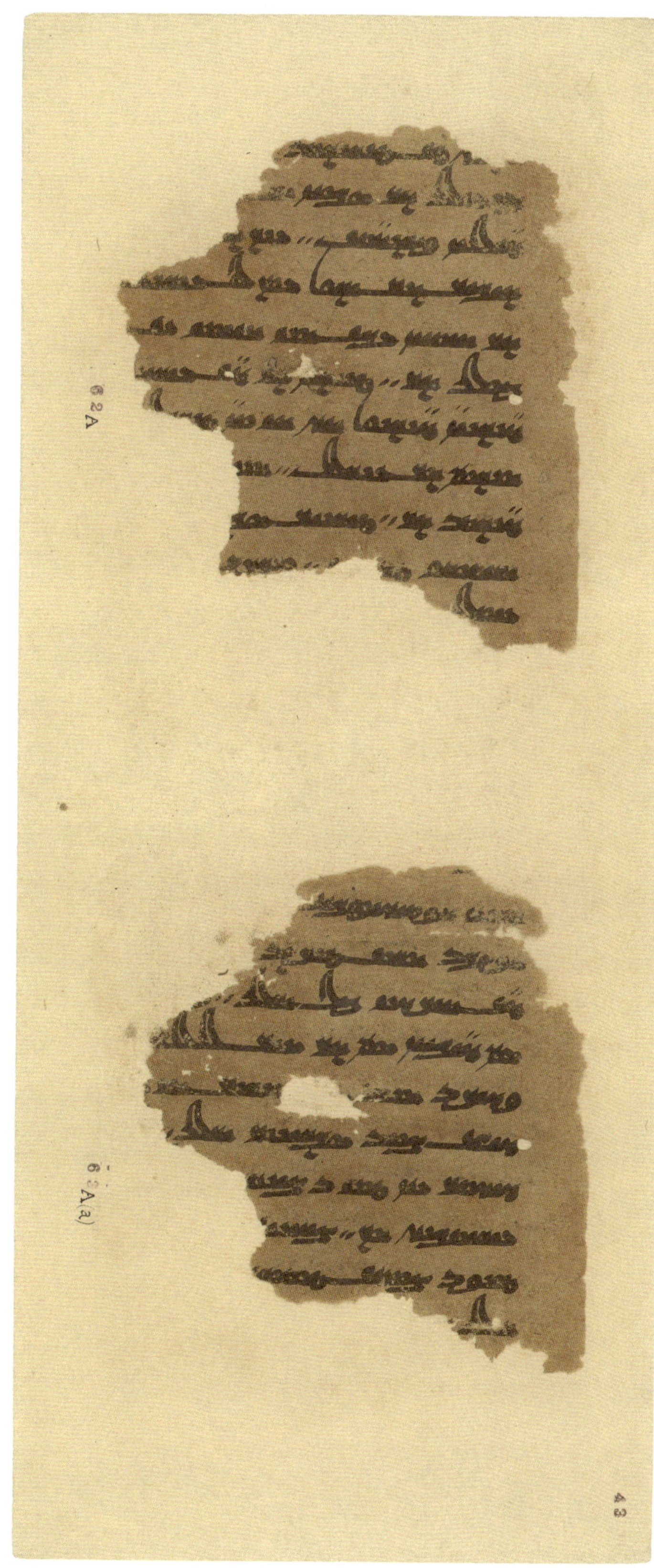

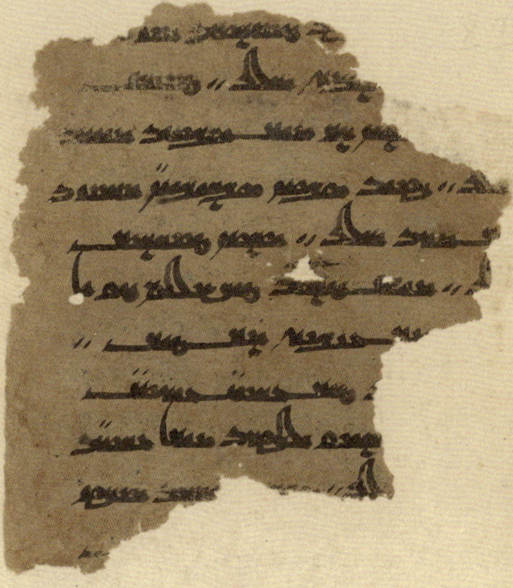

62B

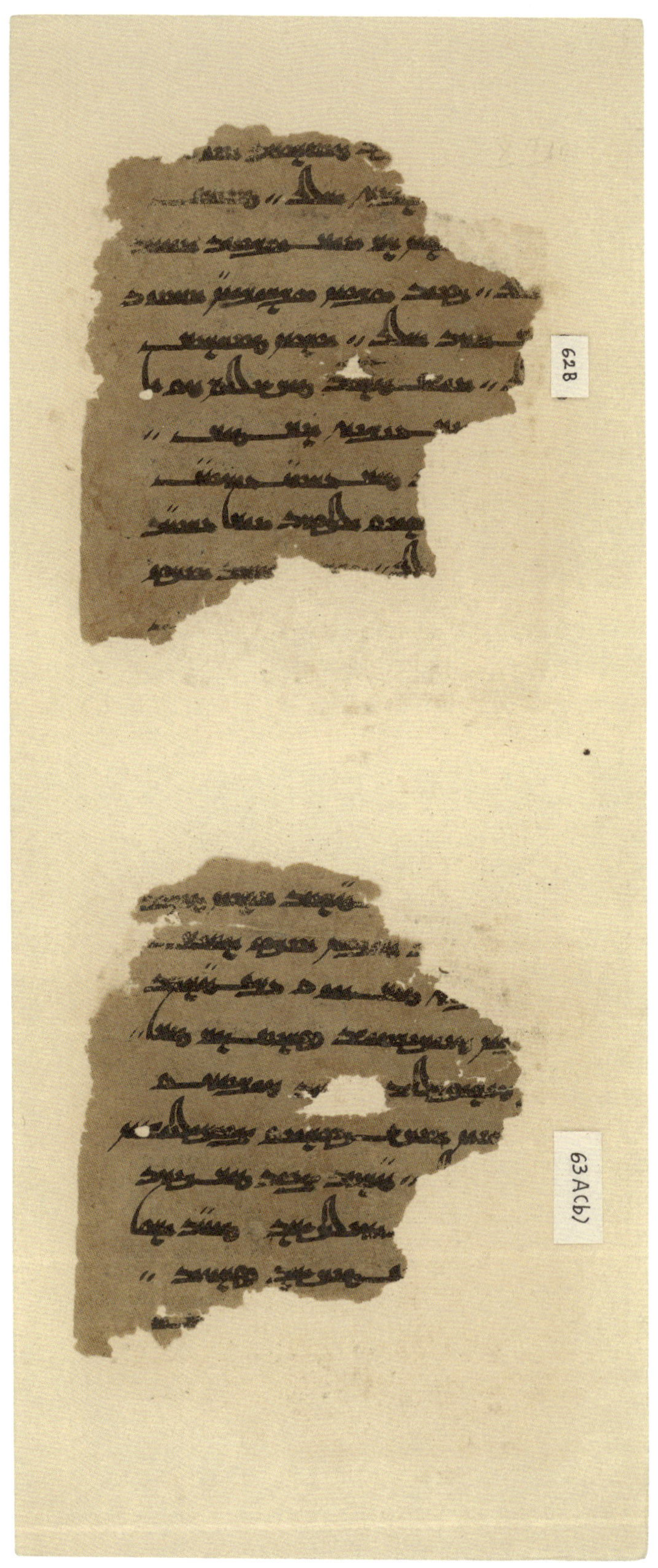

63A(b)

63B(a)
64A

63B(6)
64B

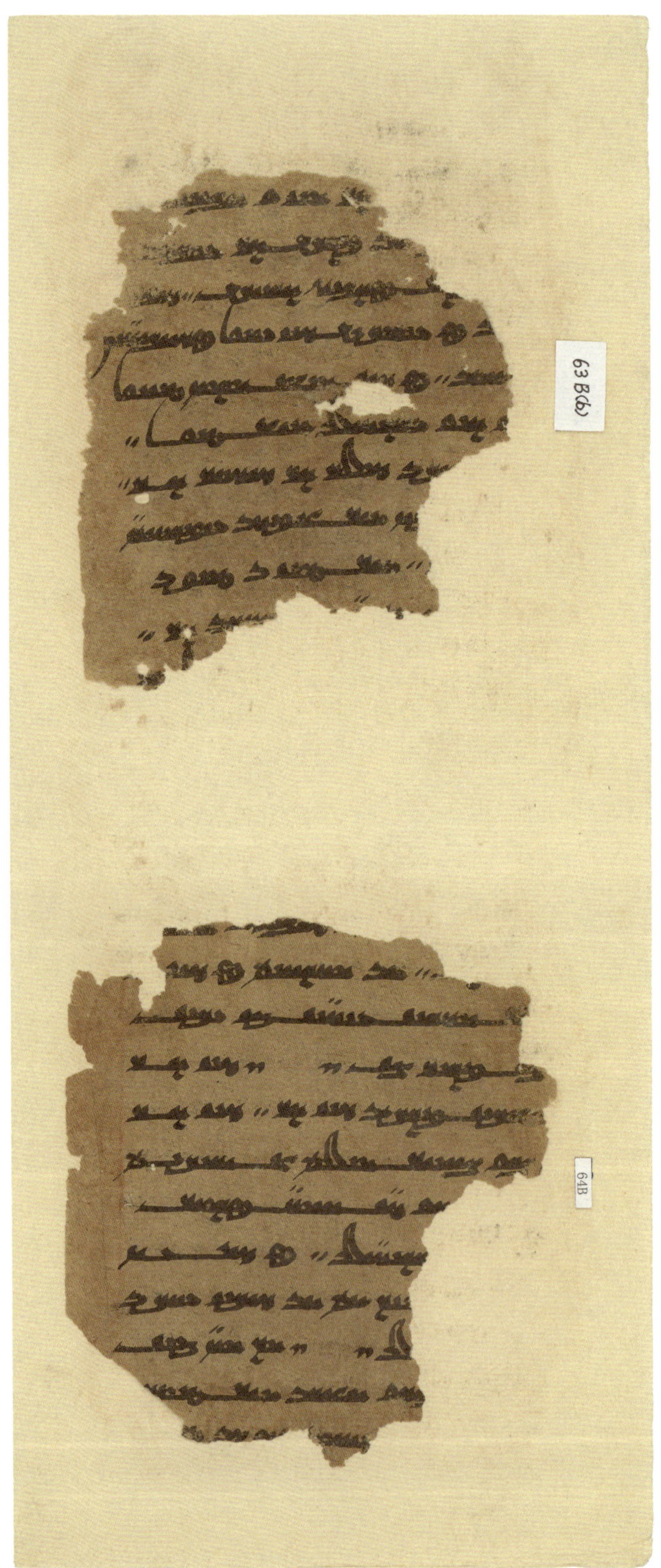

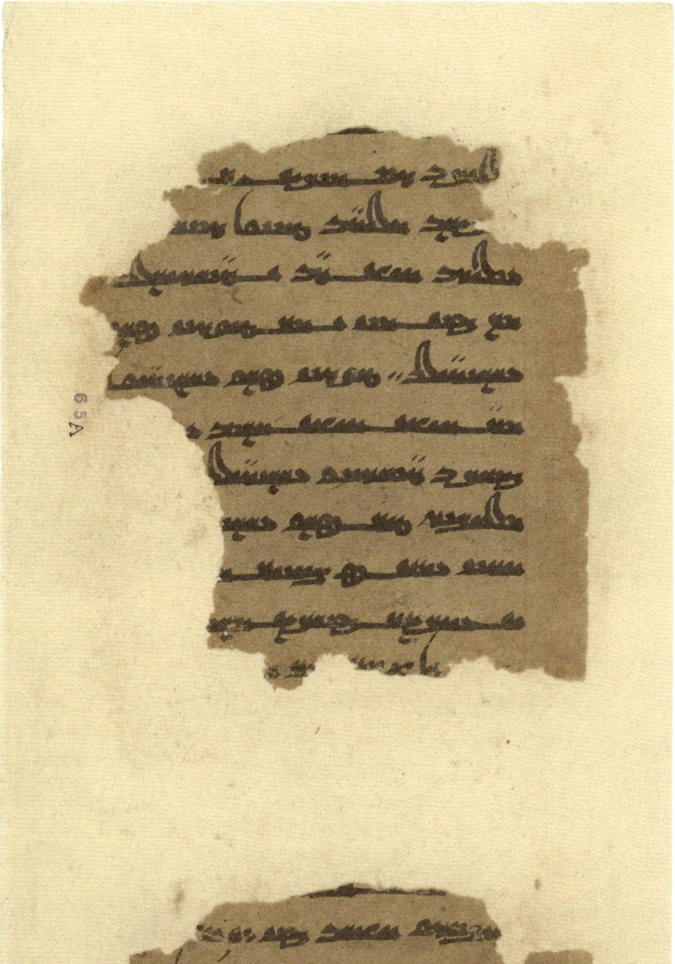
65A
66A
45

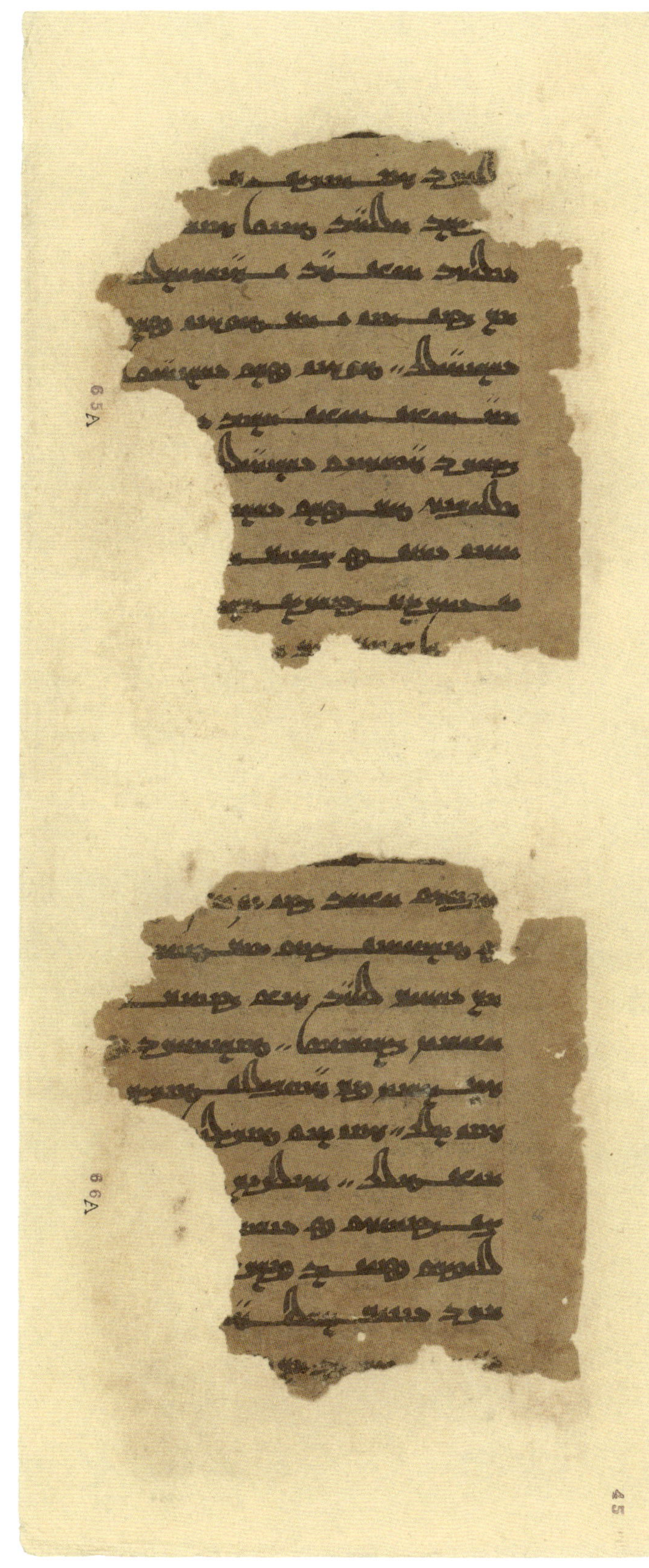

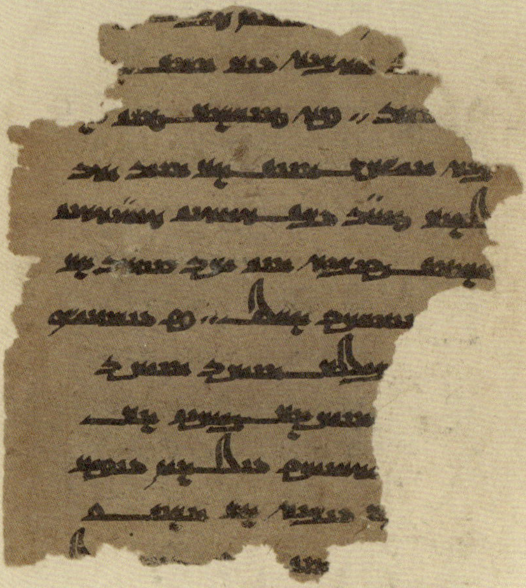

65B

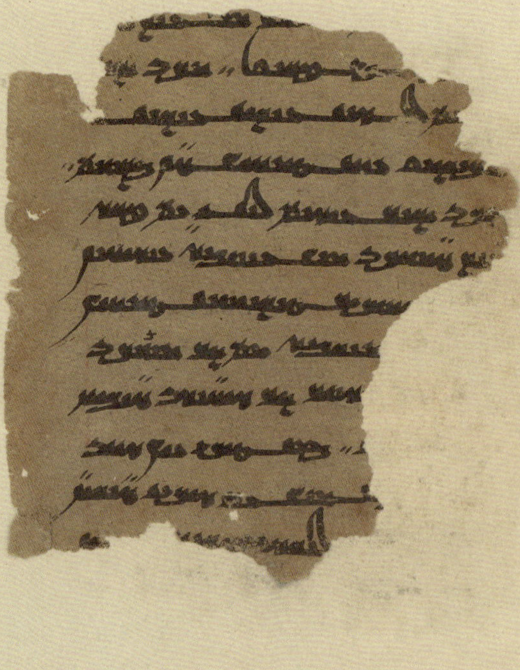

66B

67B

68B

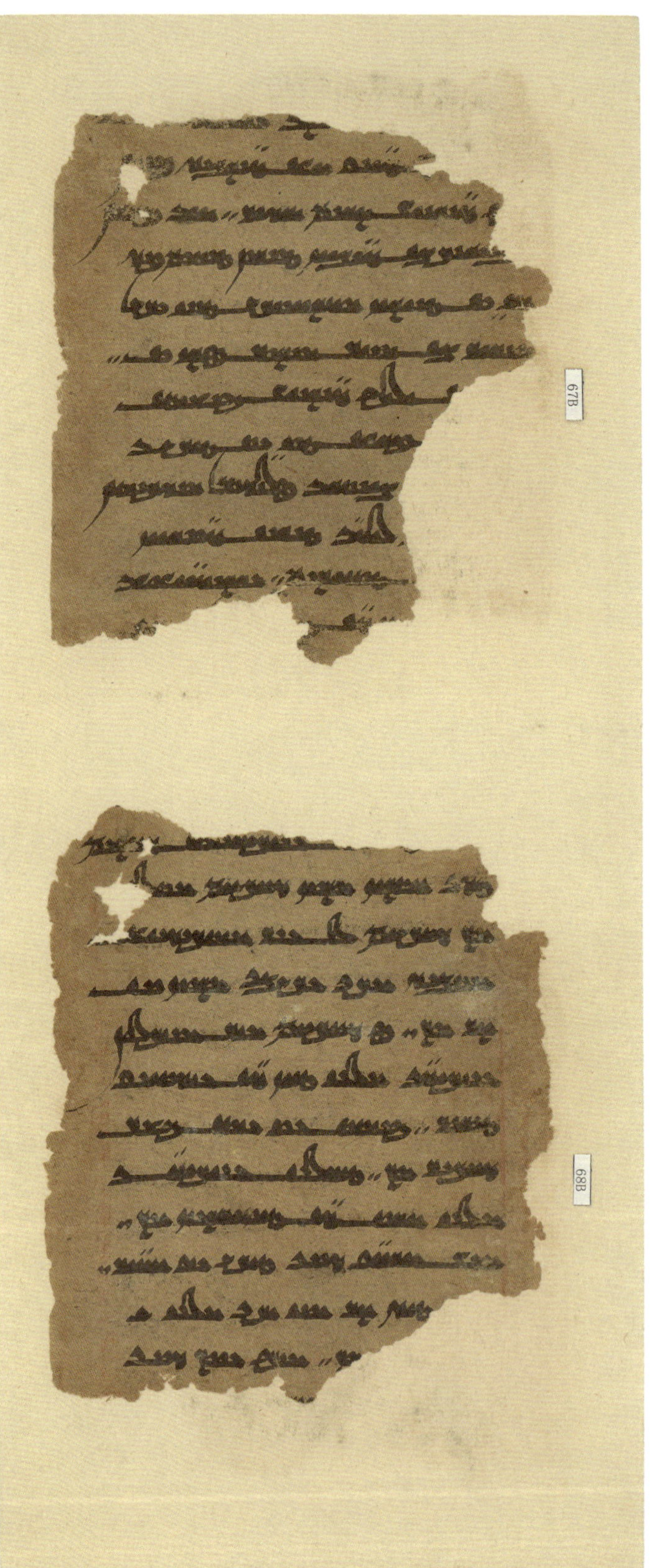

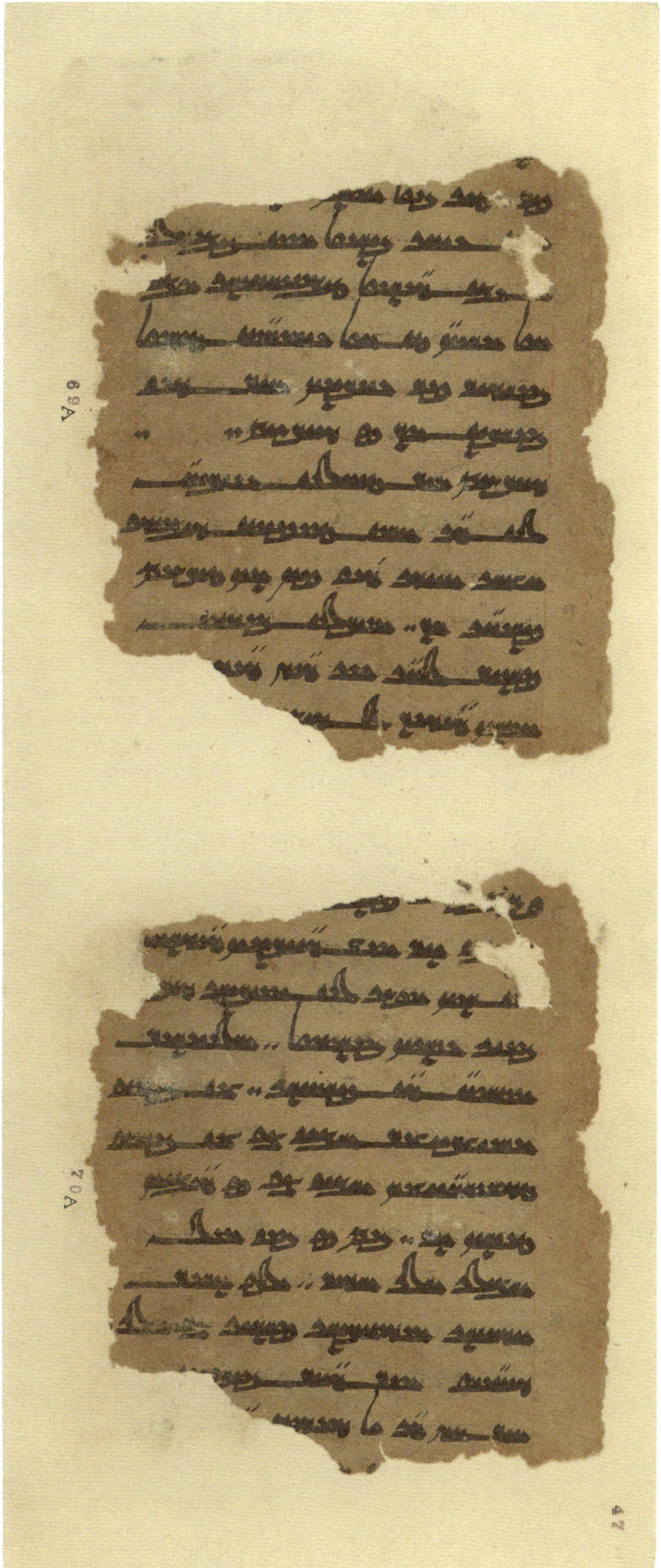

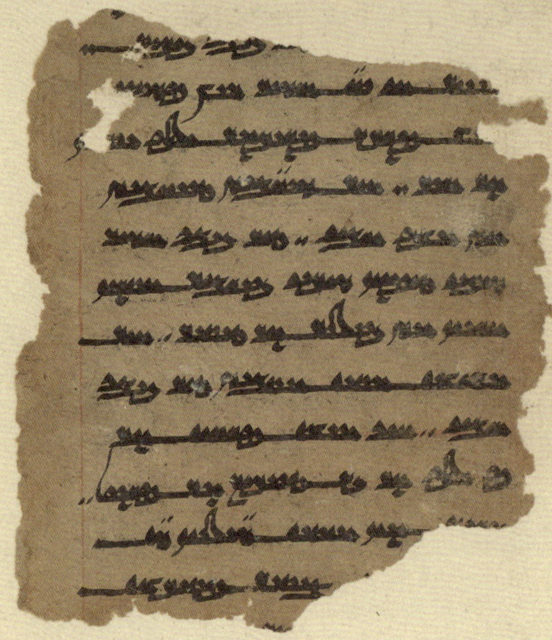

69B

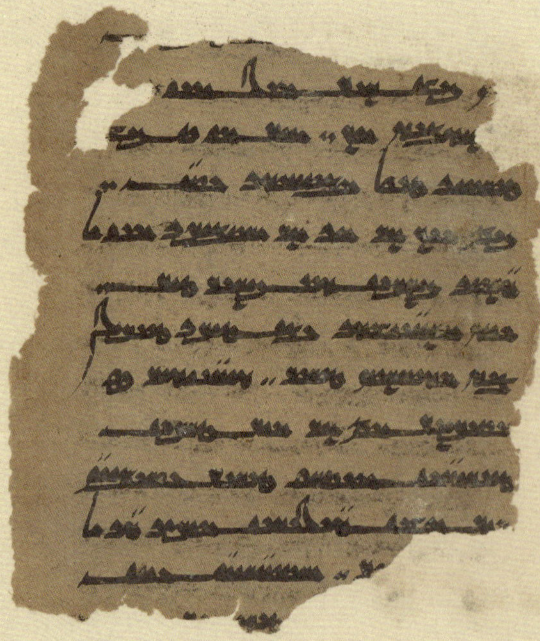

70B

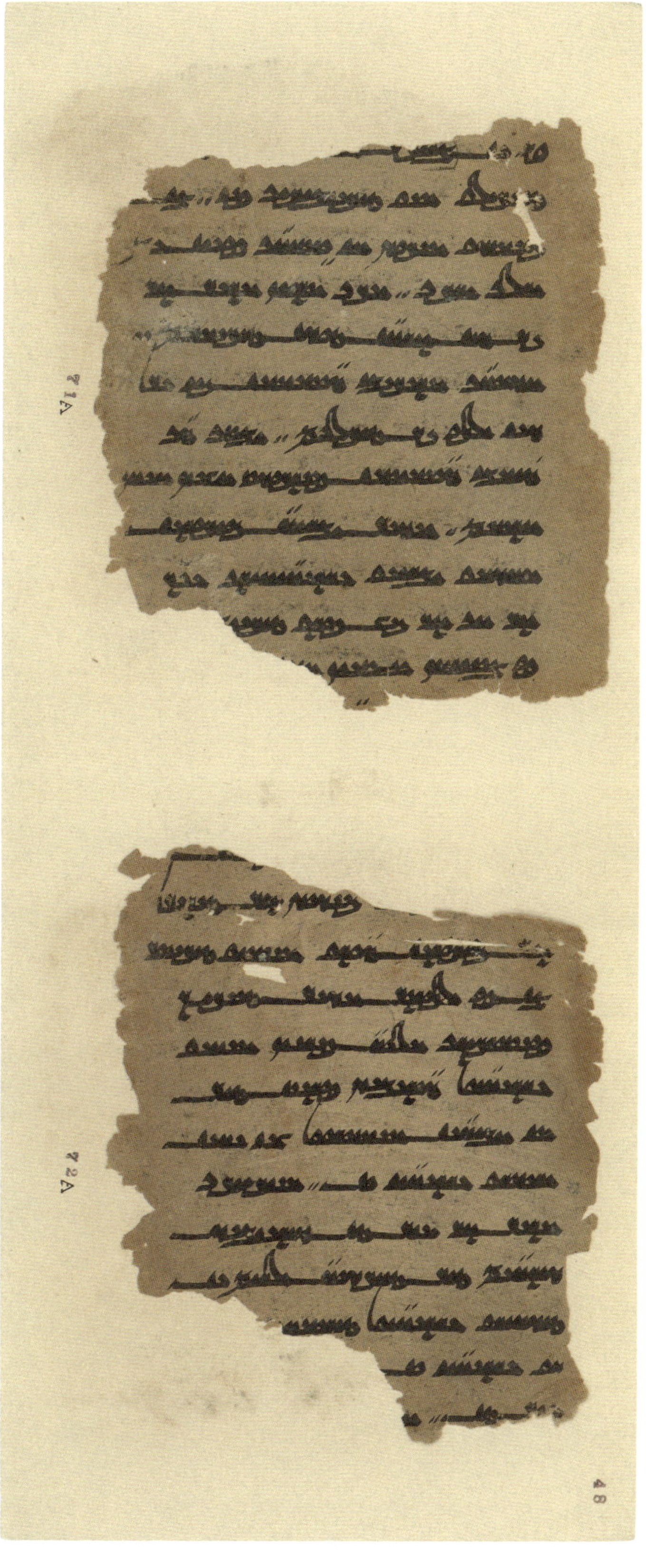

71B
72B

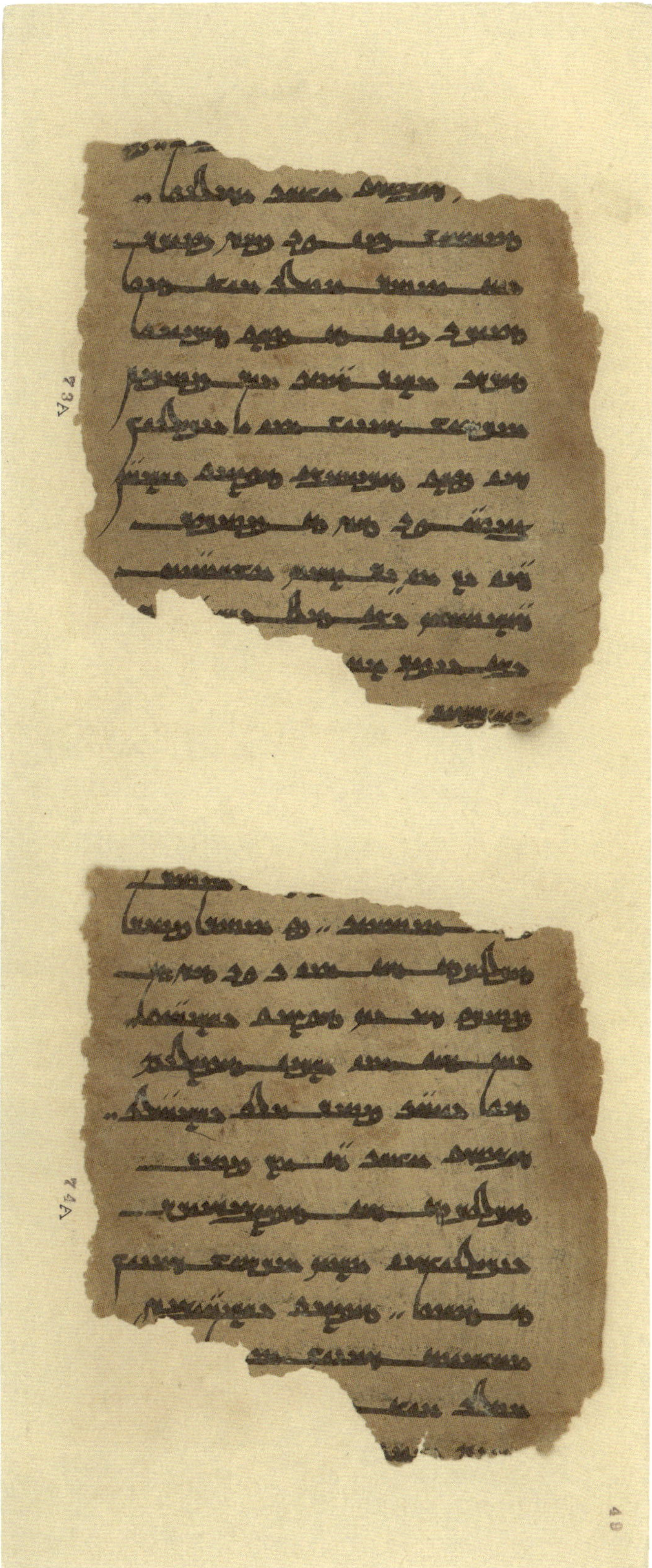

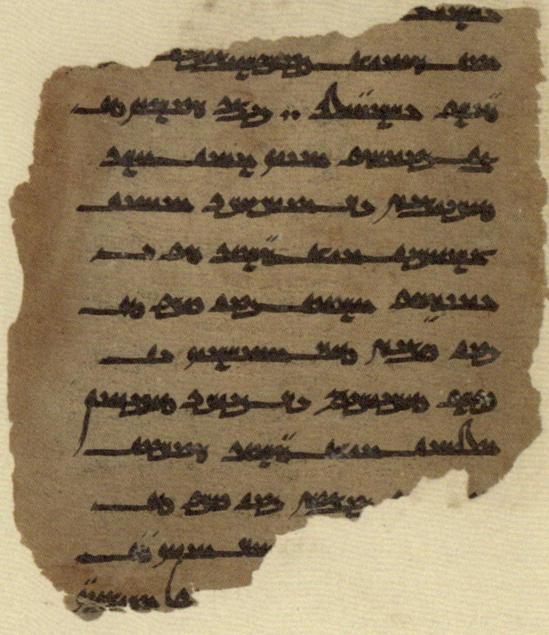

73B

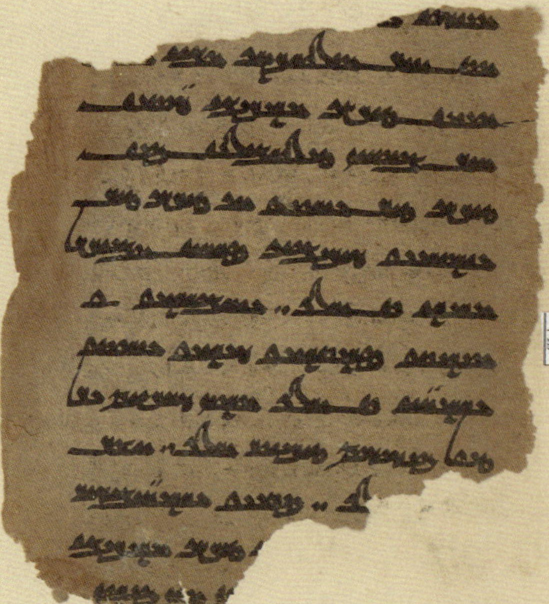

74B

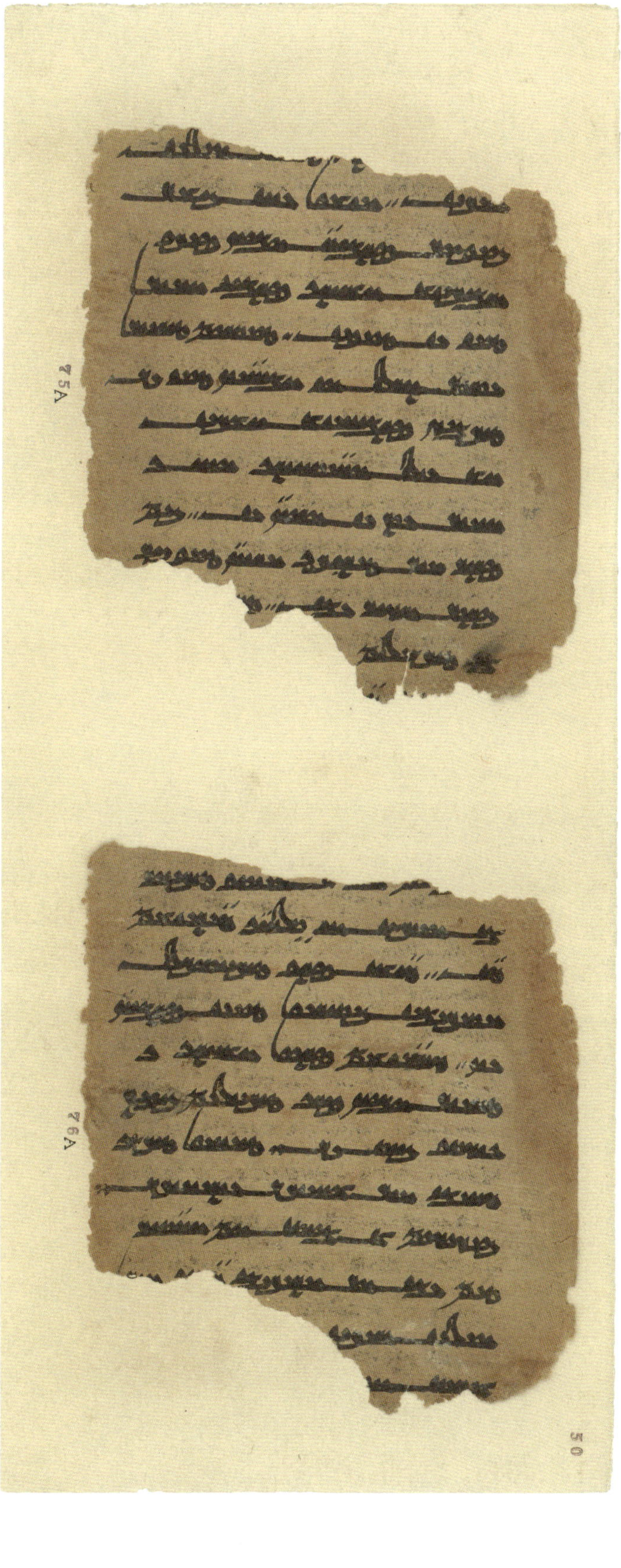
75A
76A
50

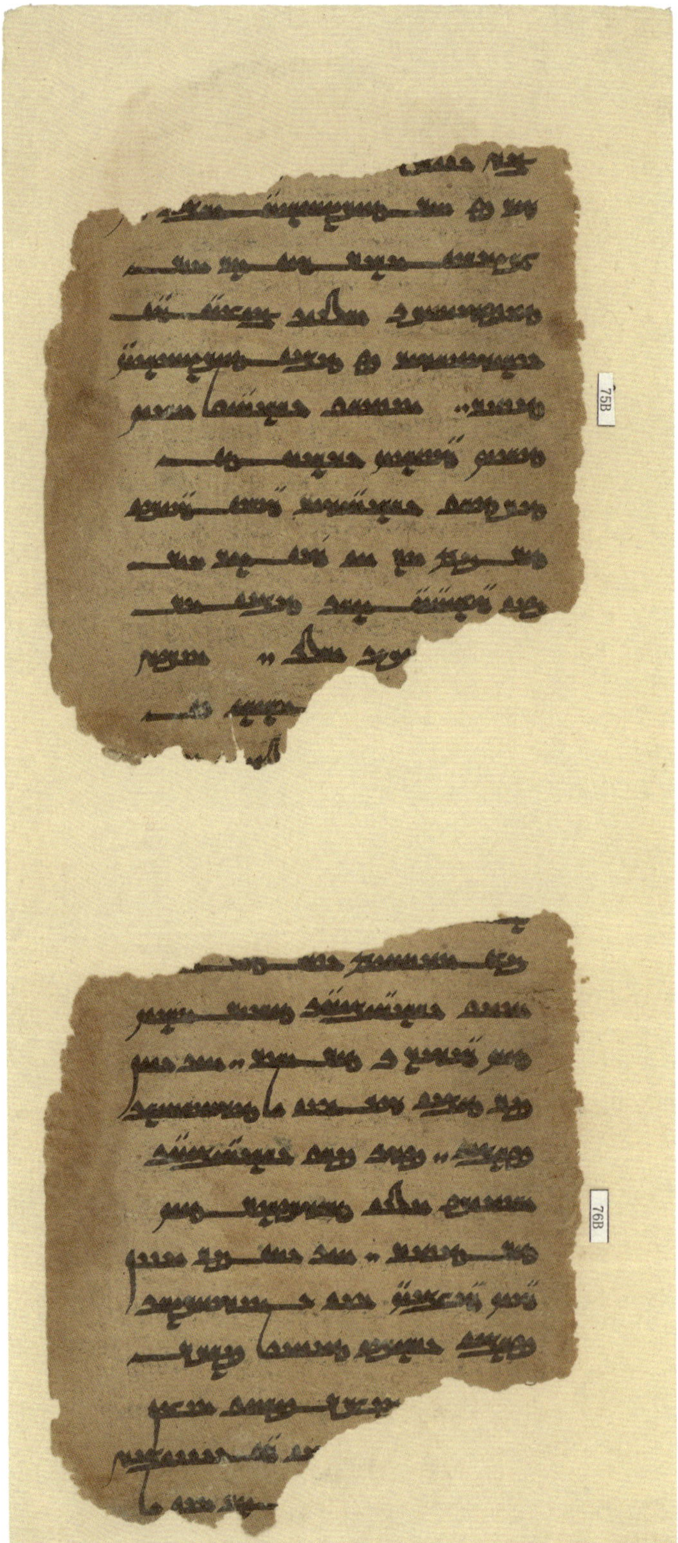
75B
76B

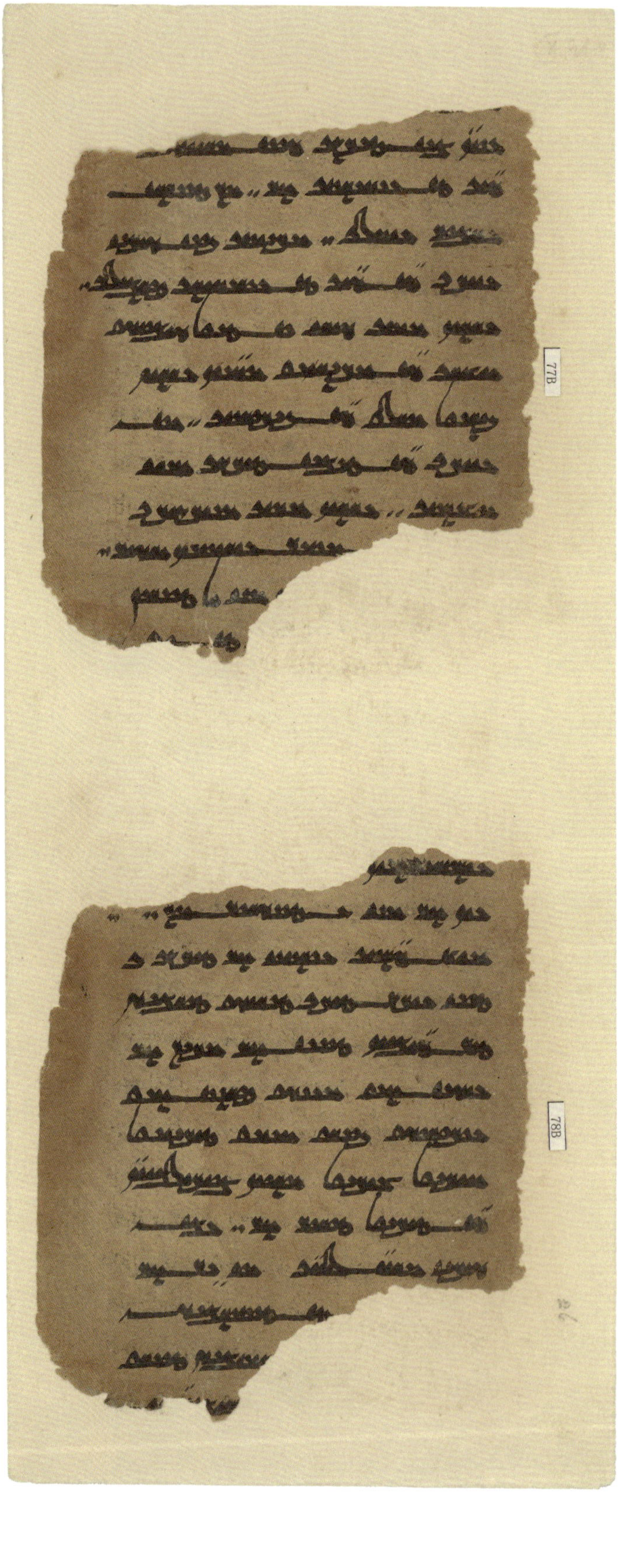
77B
78B

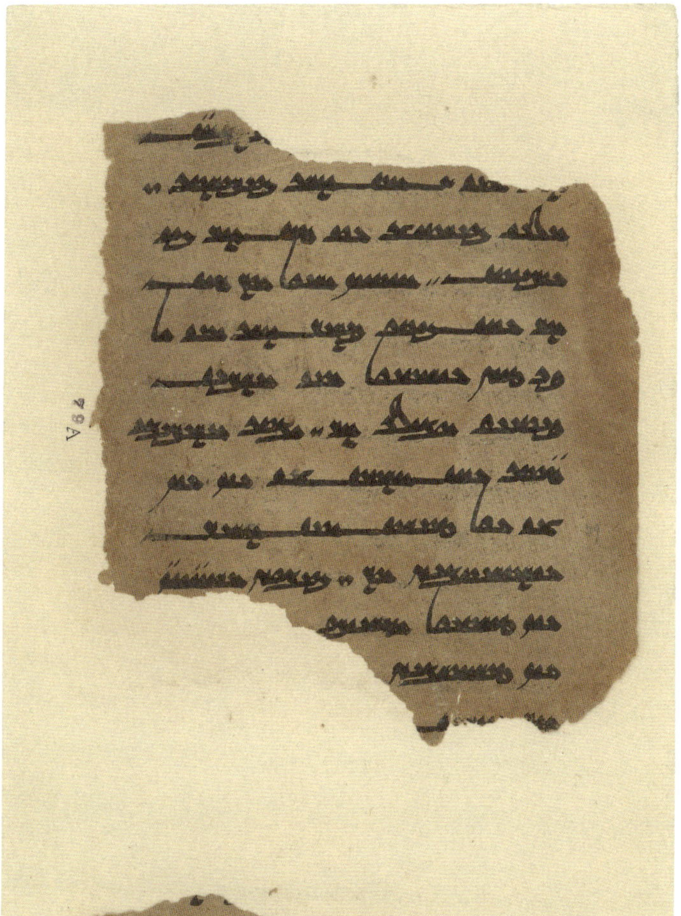
V64
V08
52

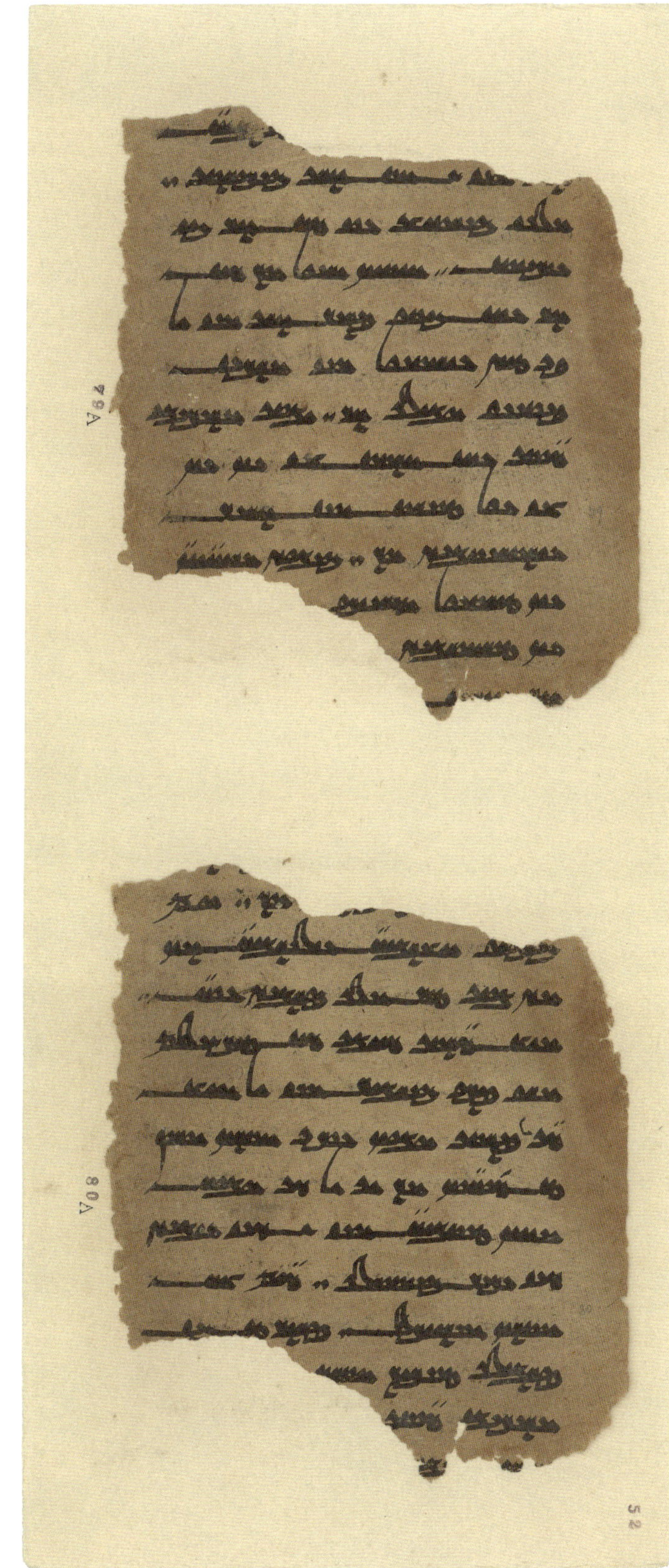

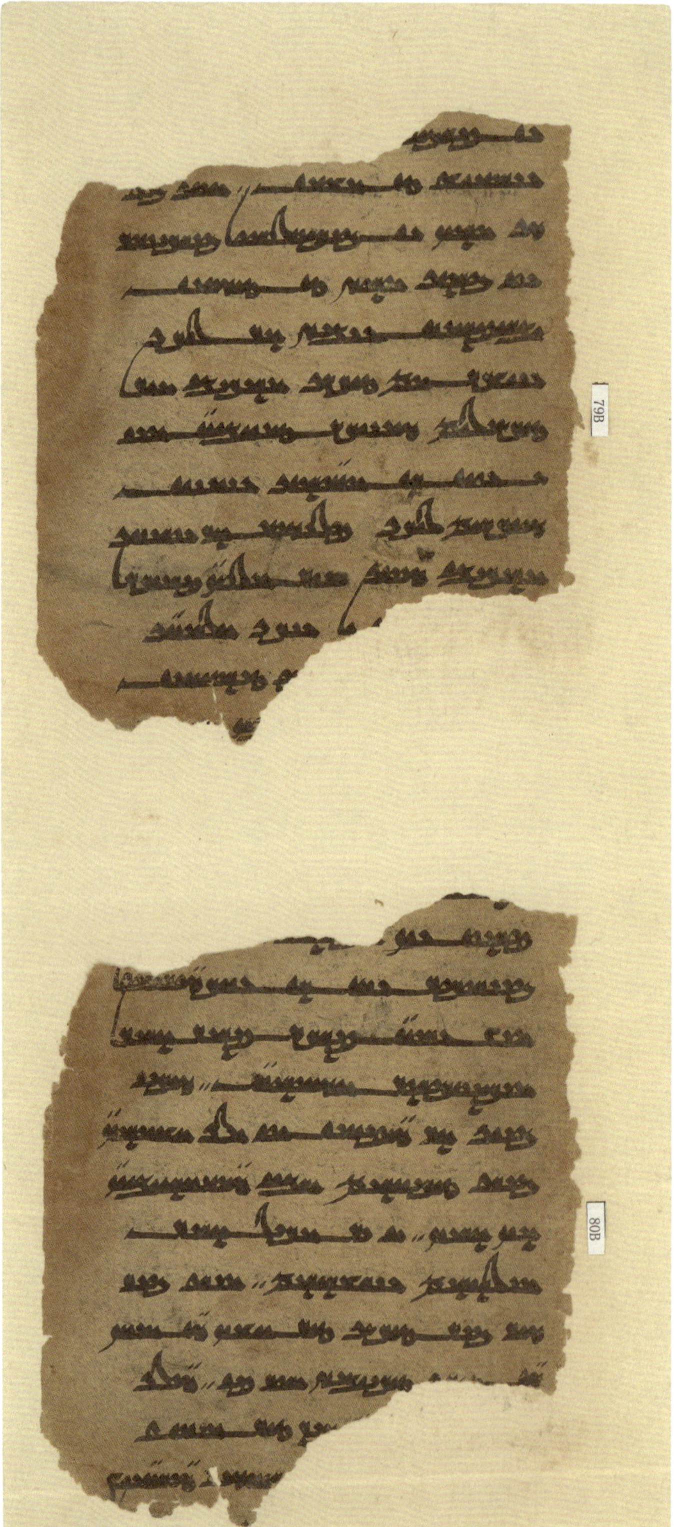
79B
80B

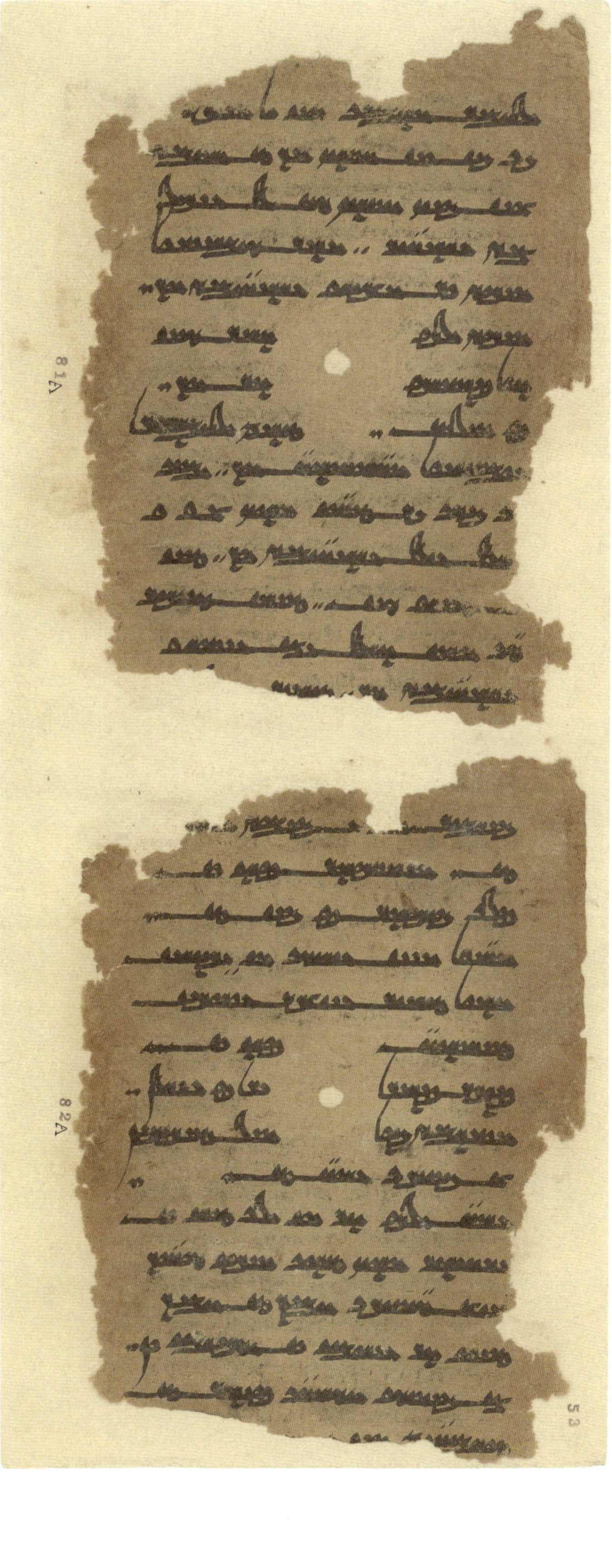

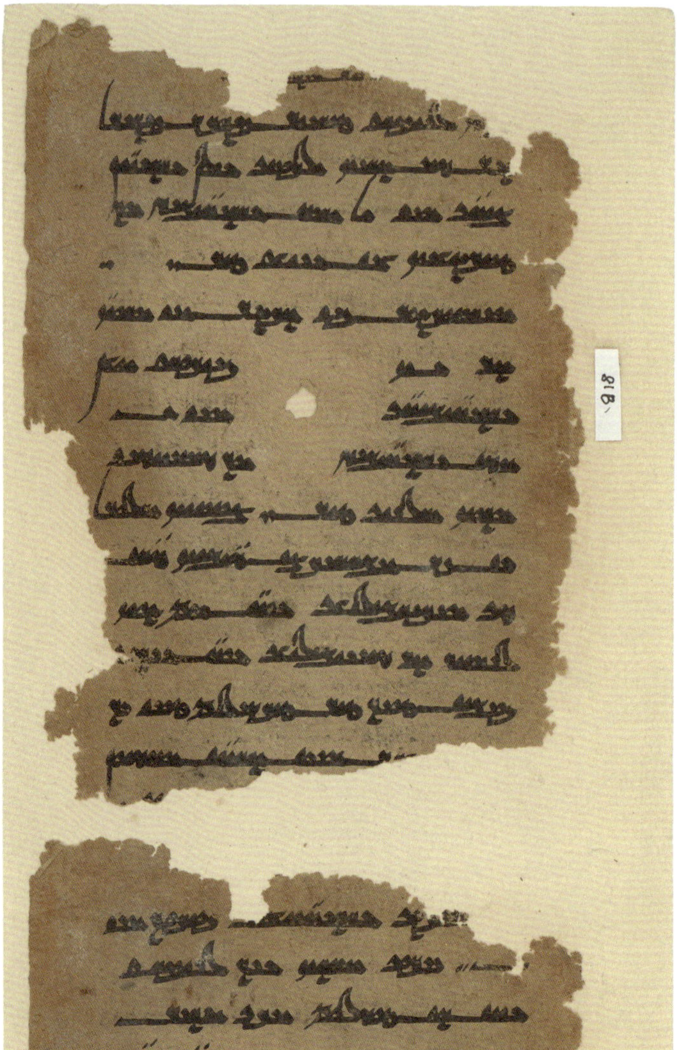
81B
82B

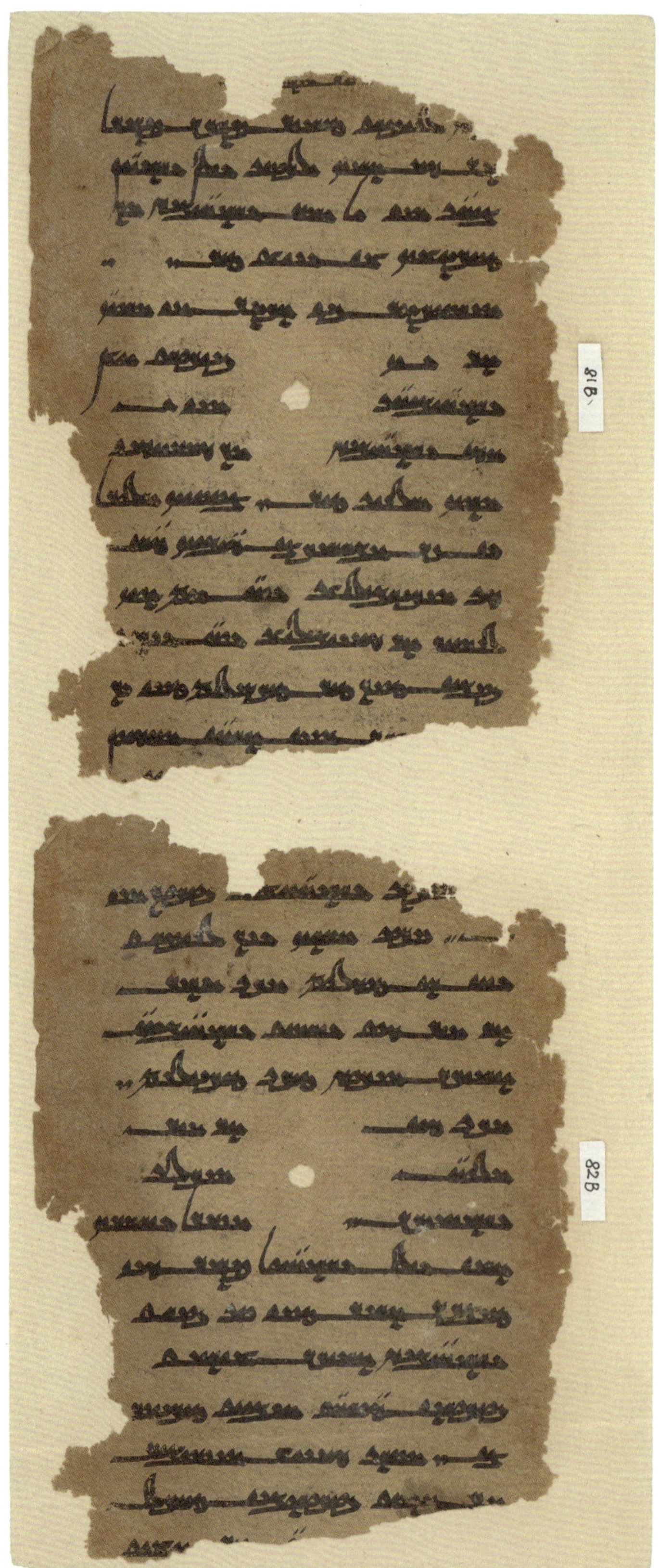

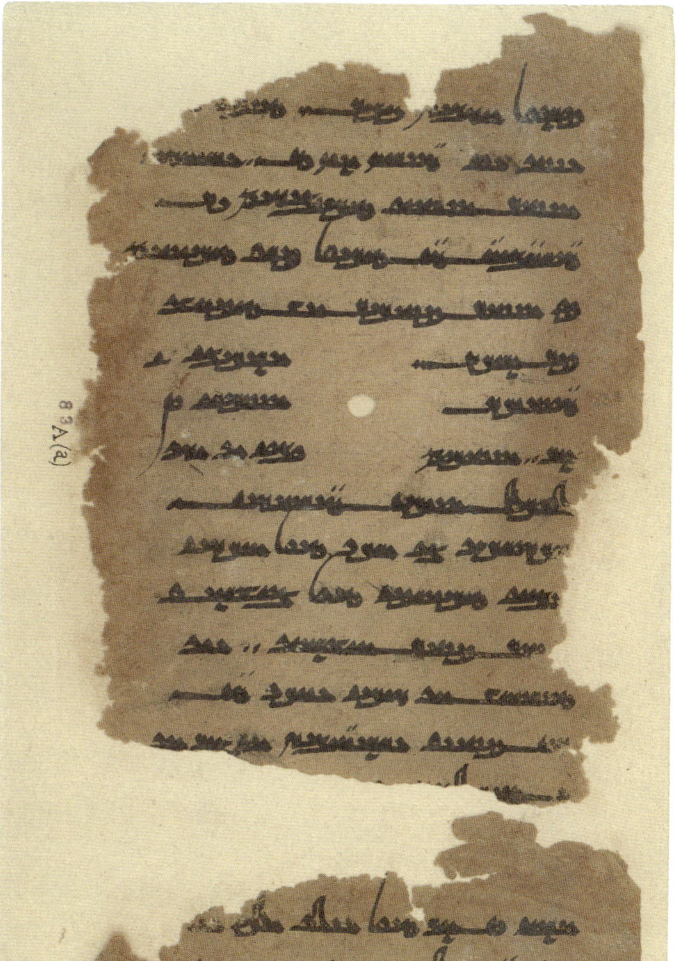

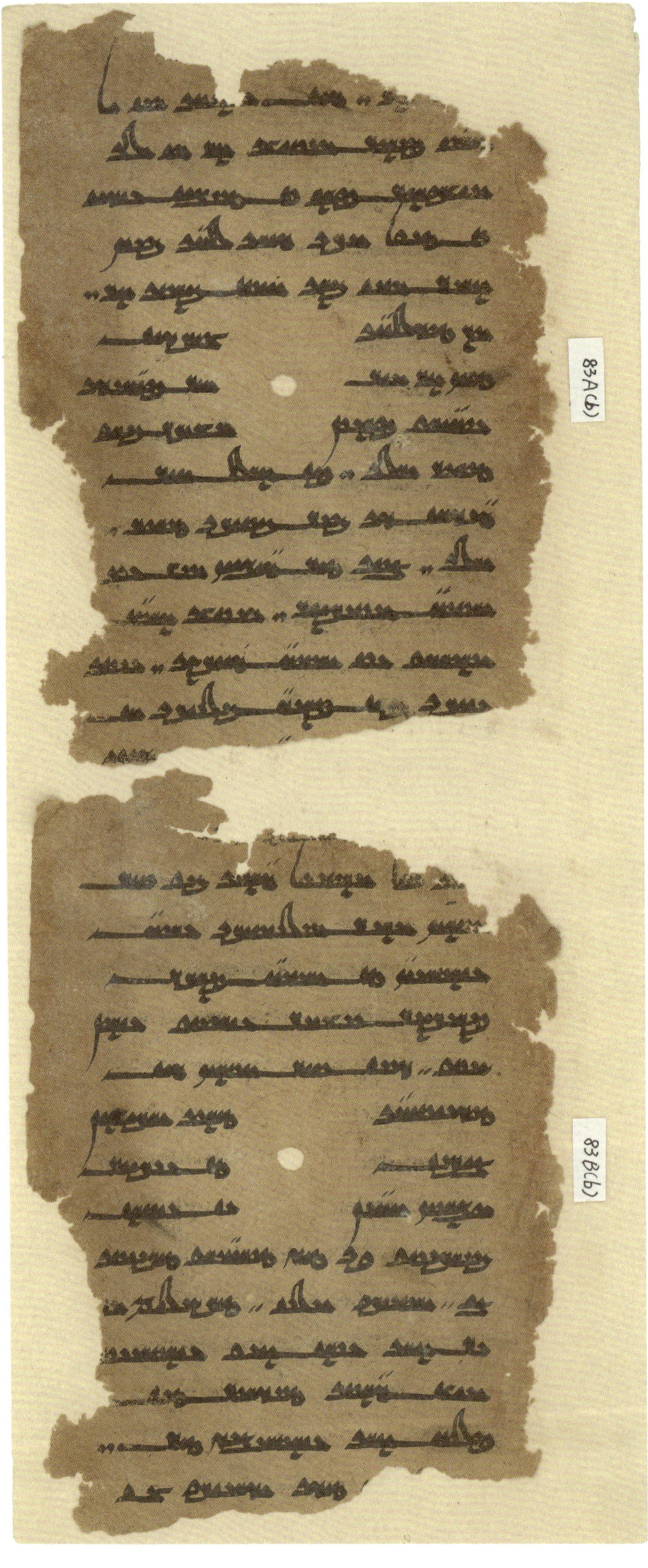
83A(b)
83B(b)

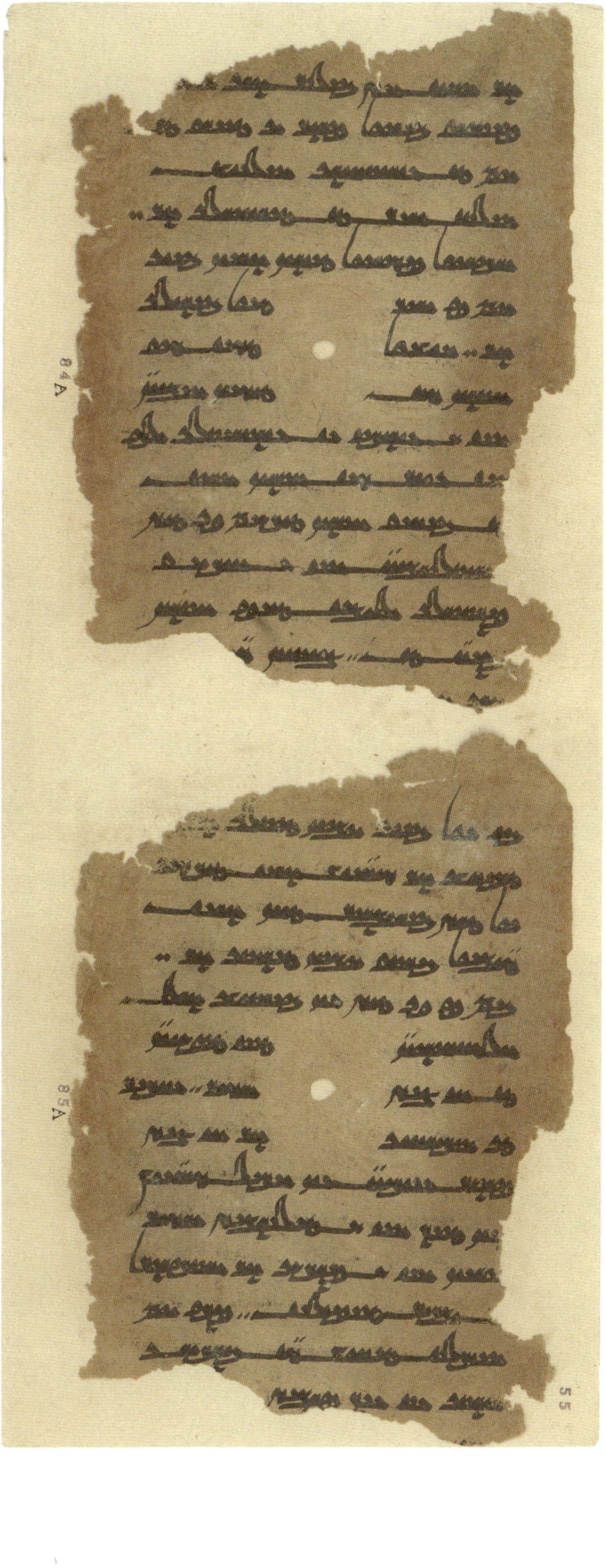
84A
85A

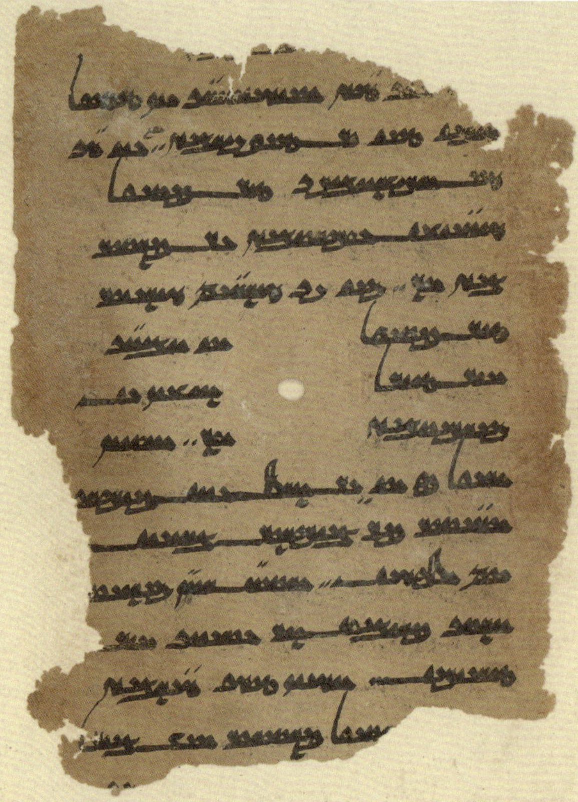

84B

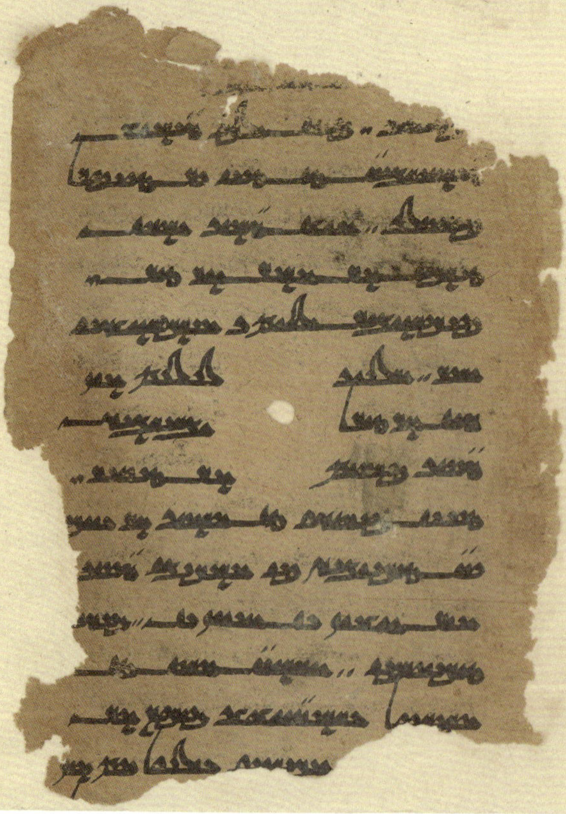

85B

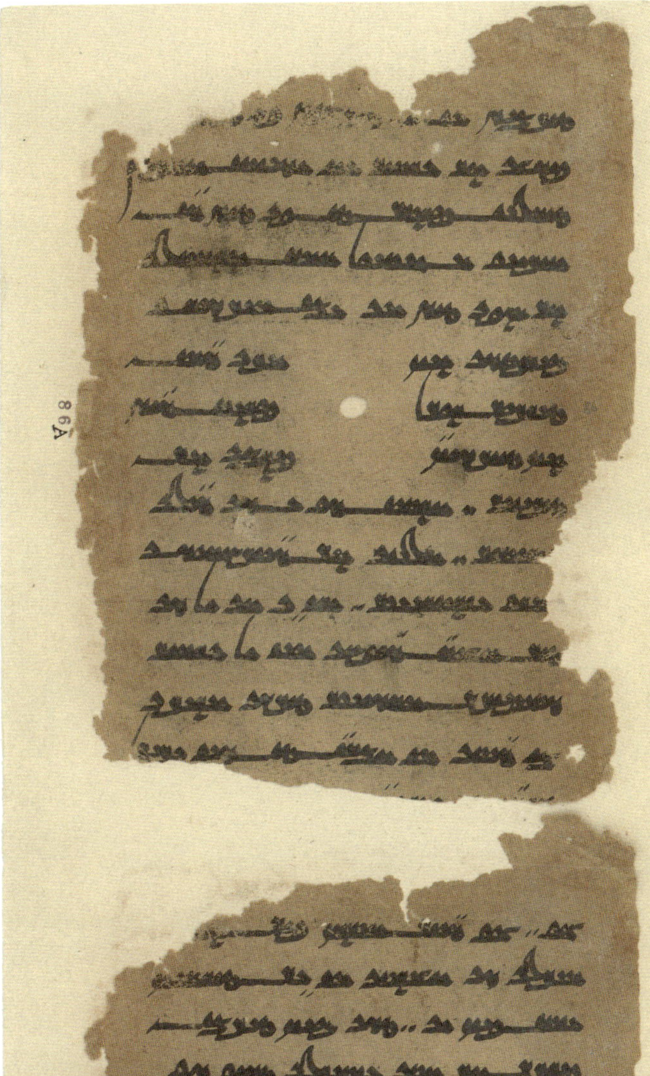

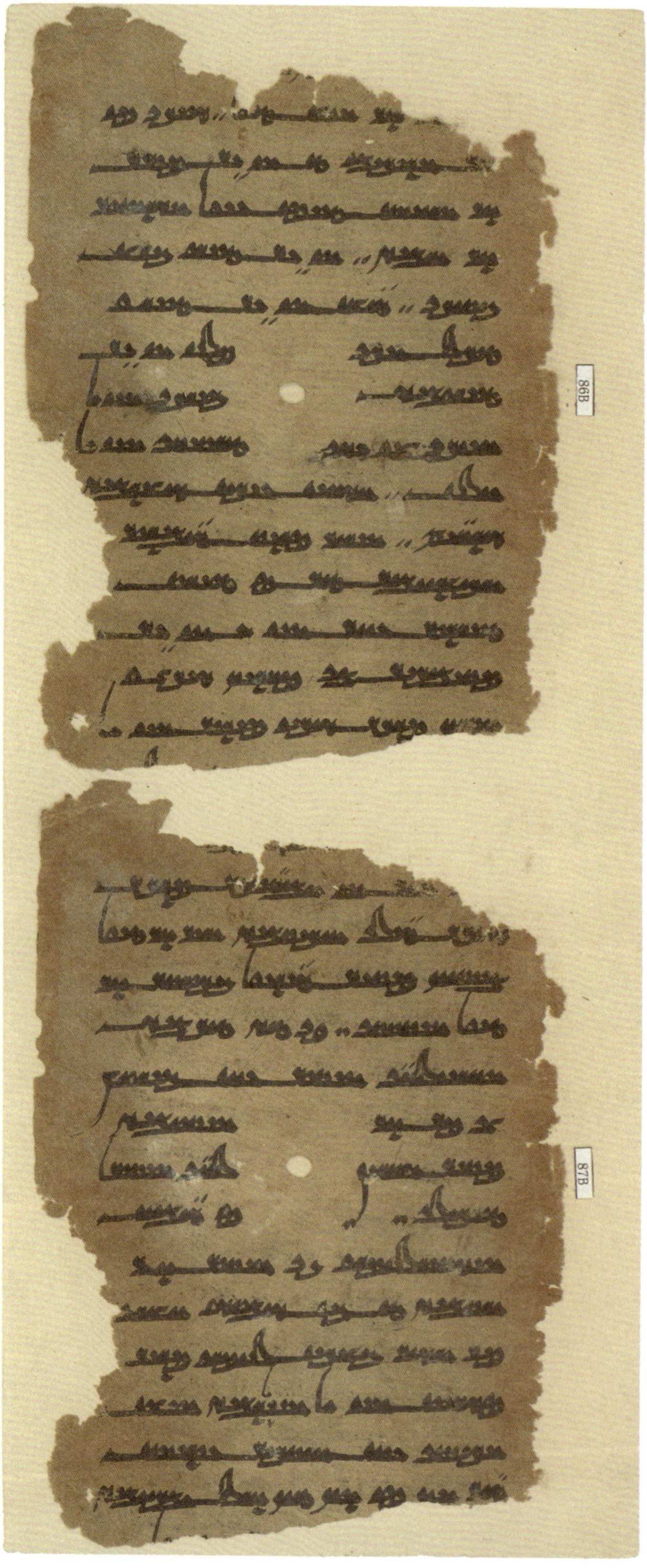
86B
87B

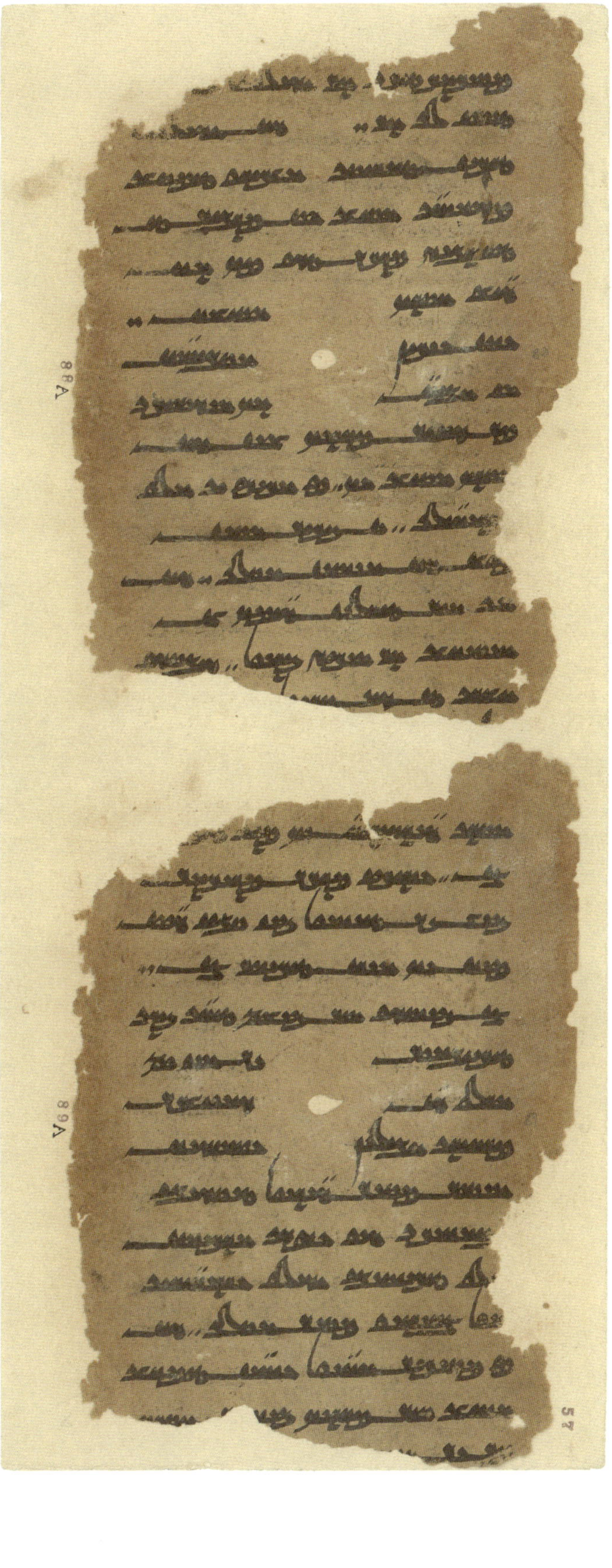

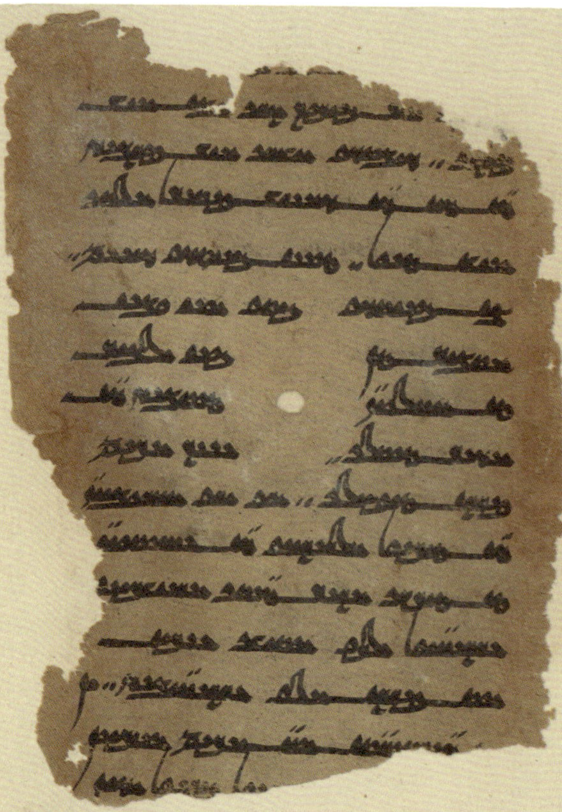

88B

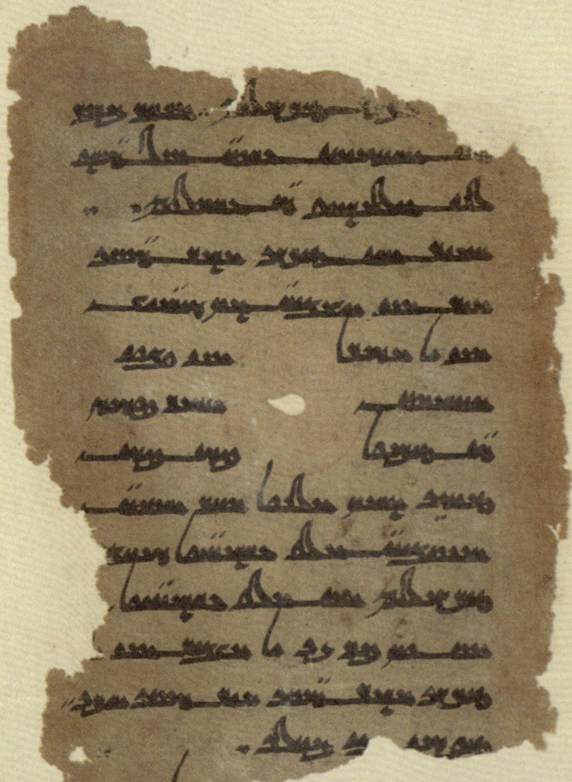

89B

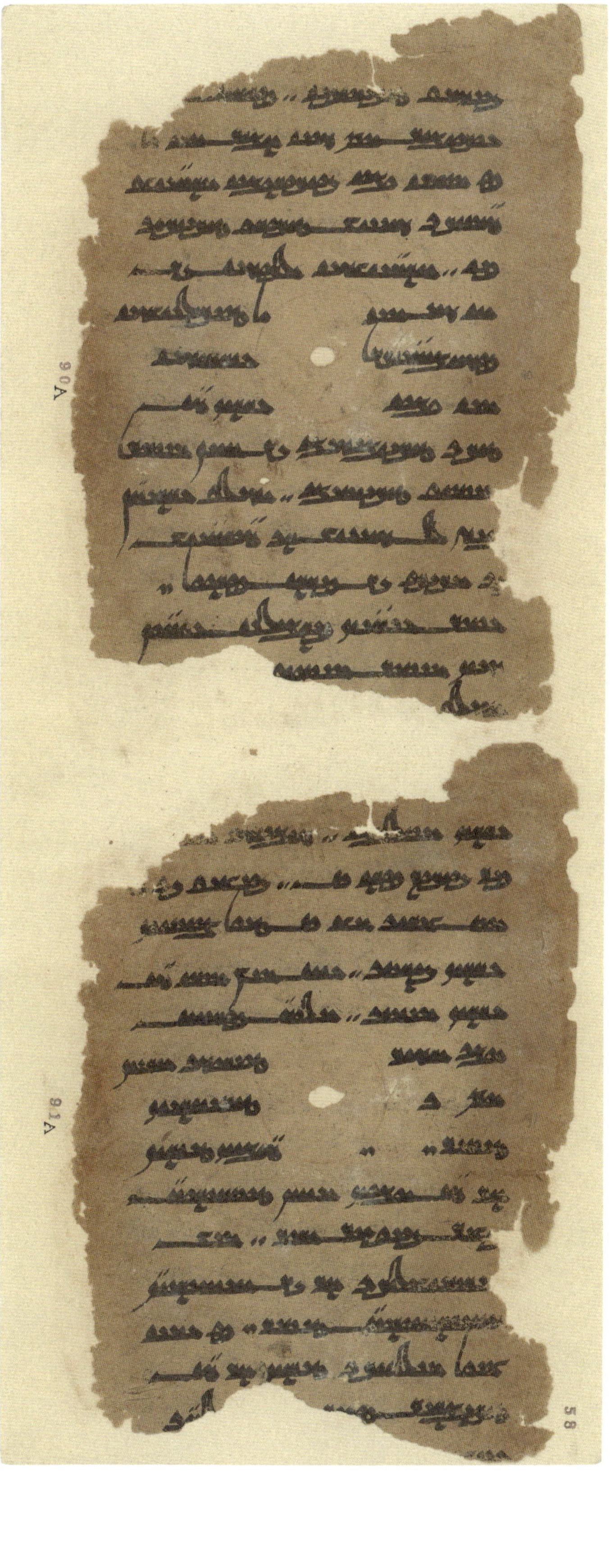
90A
91A
58

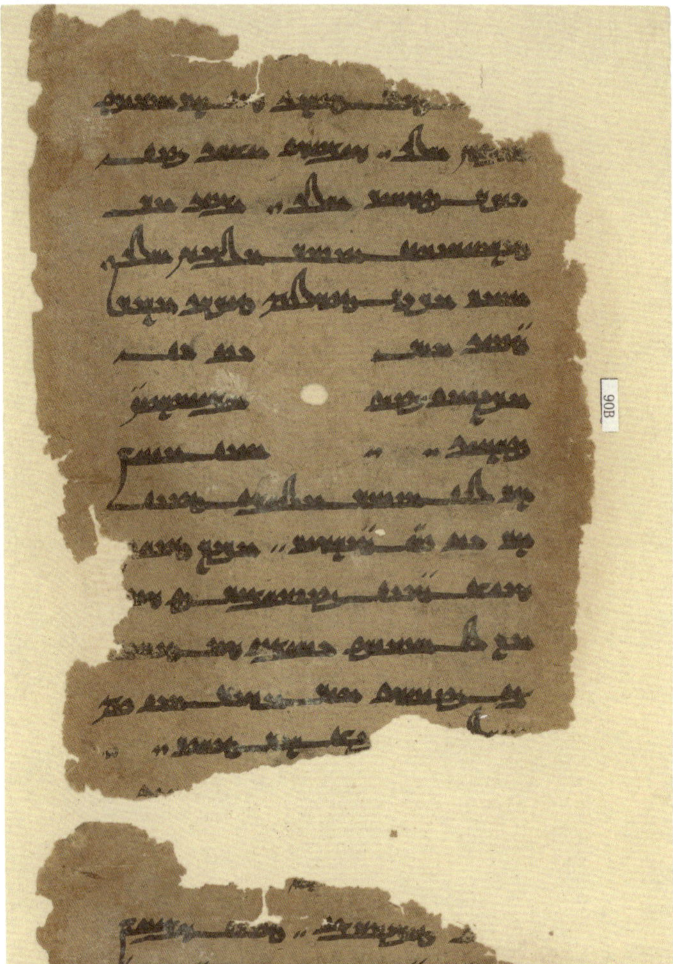
90B
91B

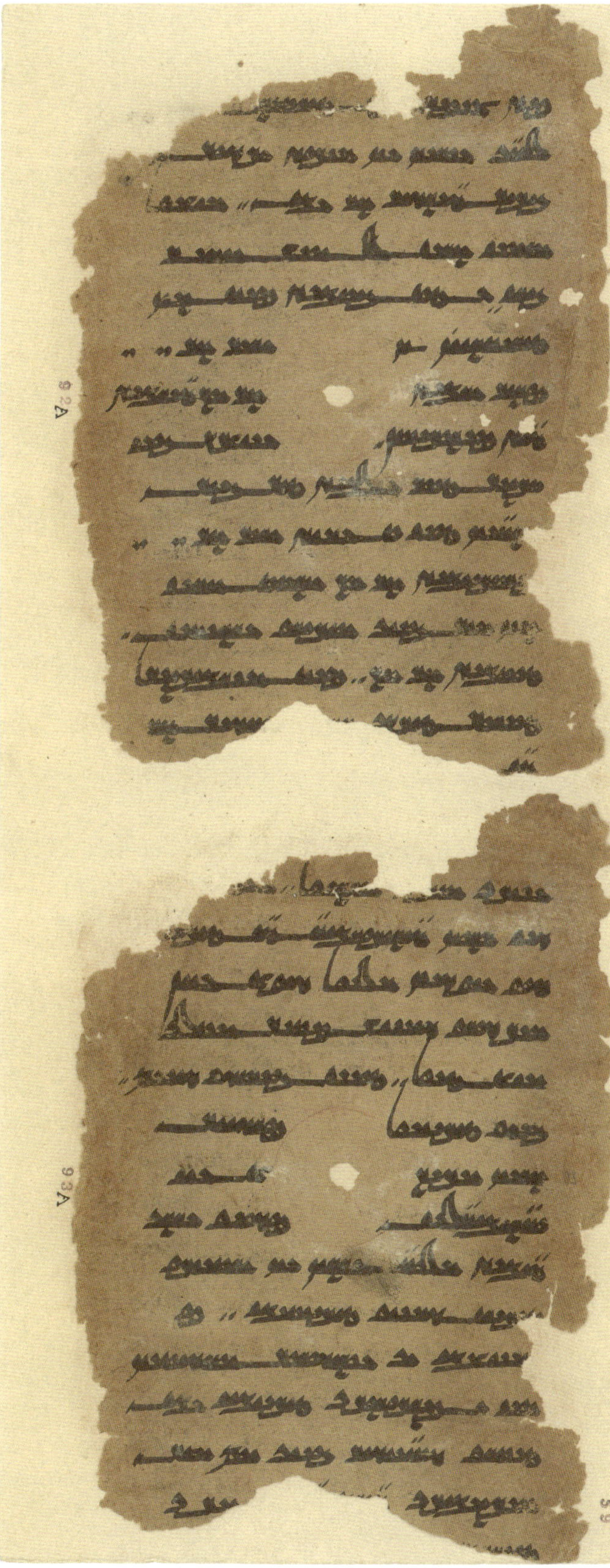

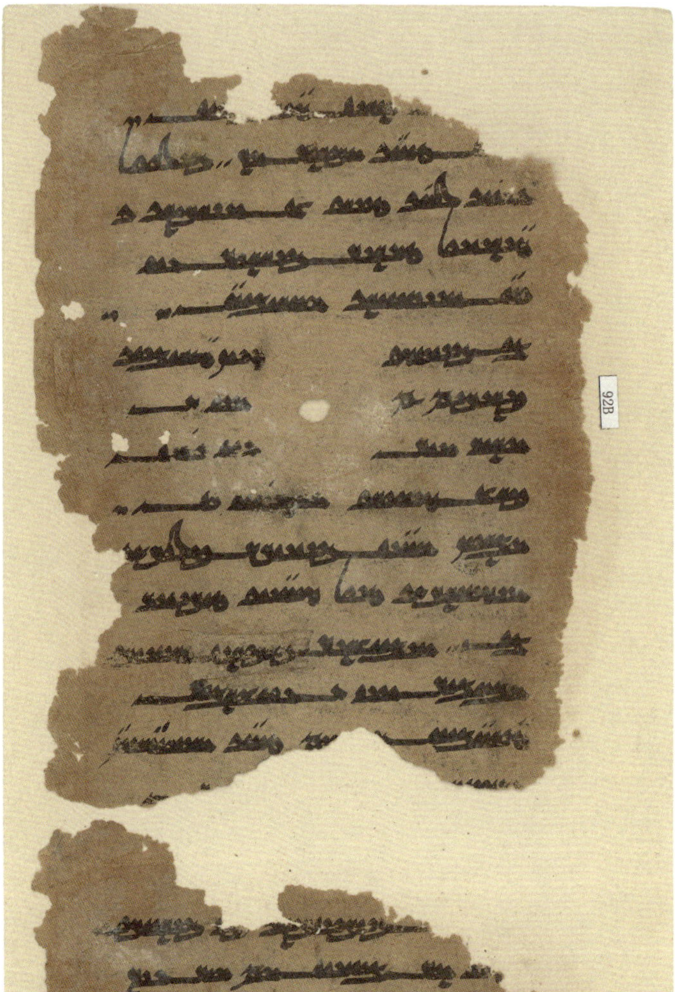
92B
93B

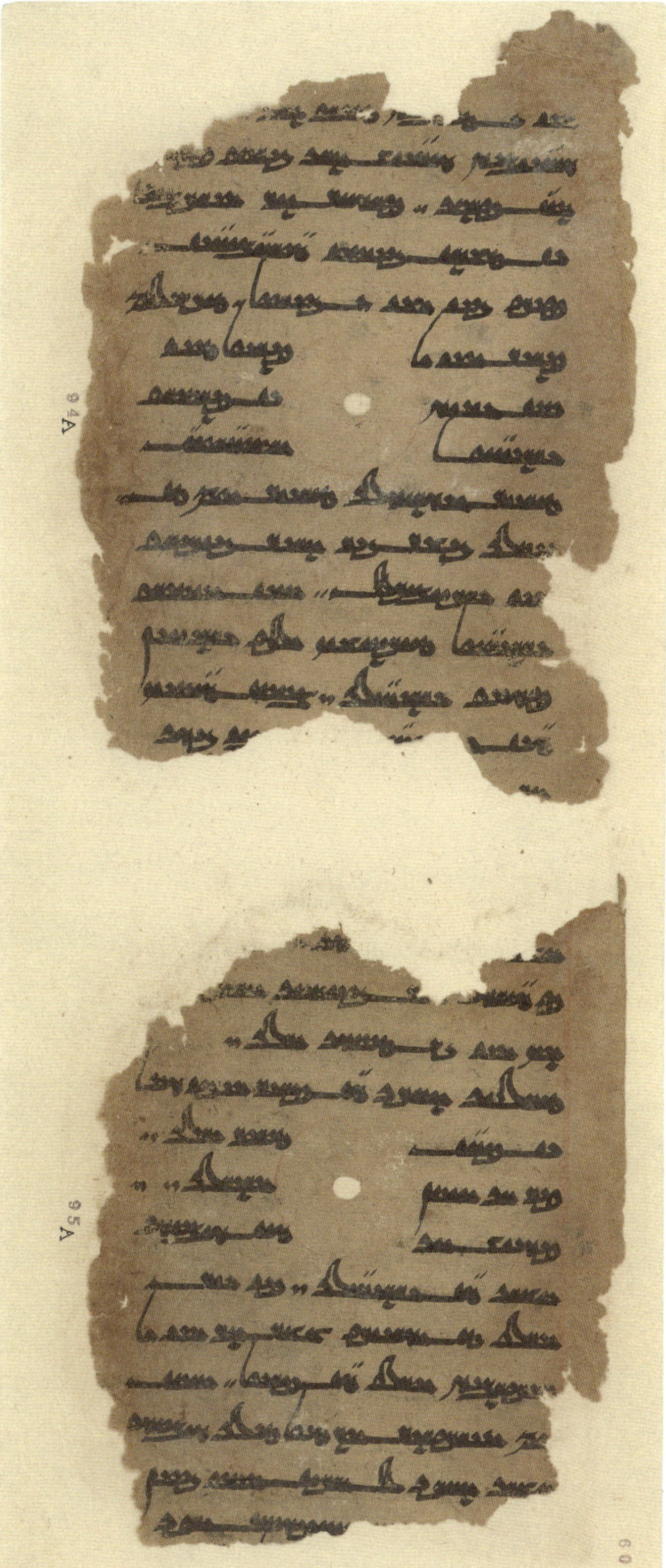
94A
95A
60

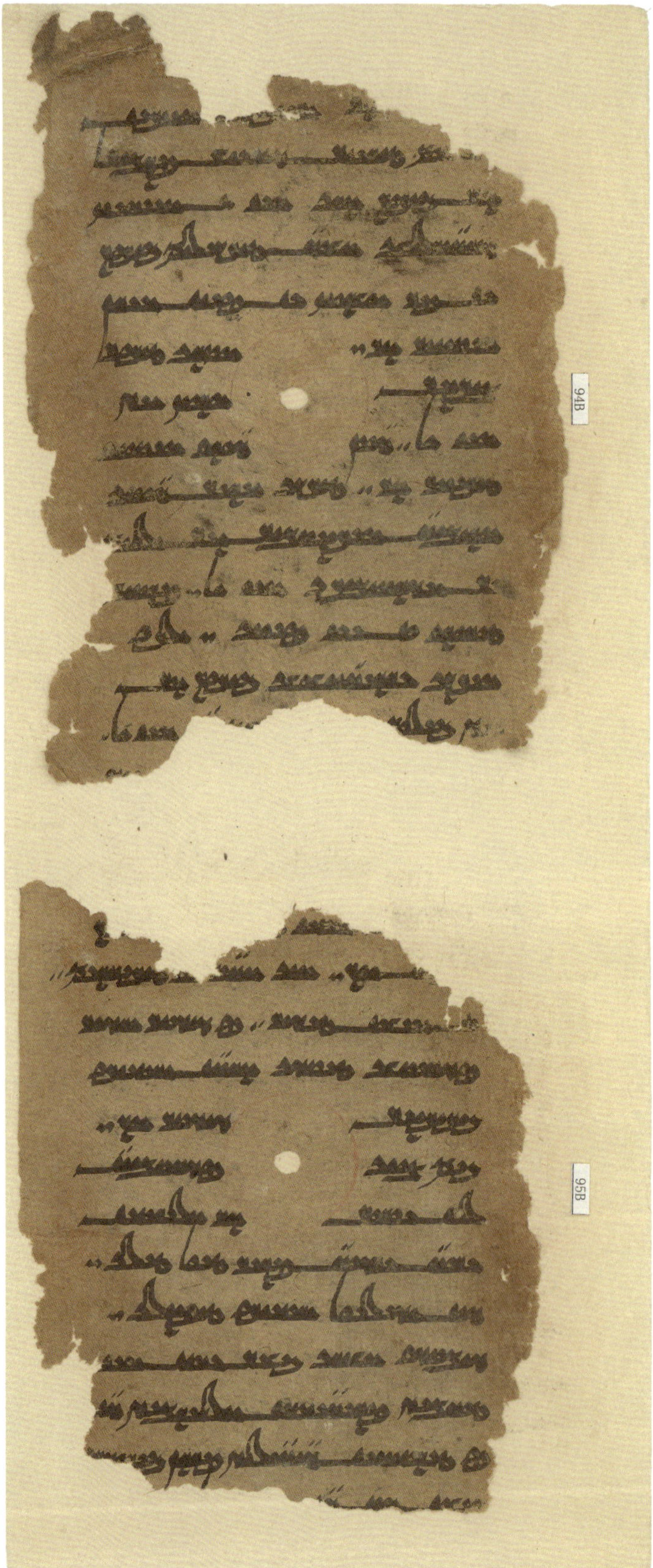
94B
95B

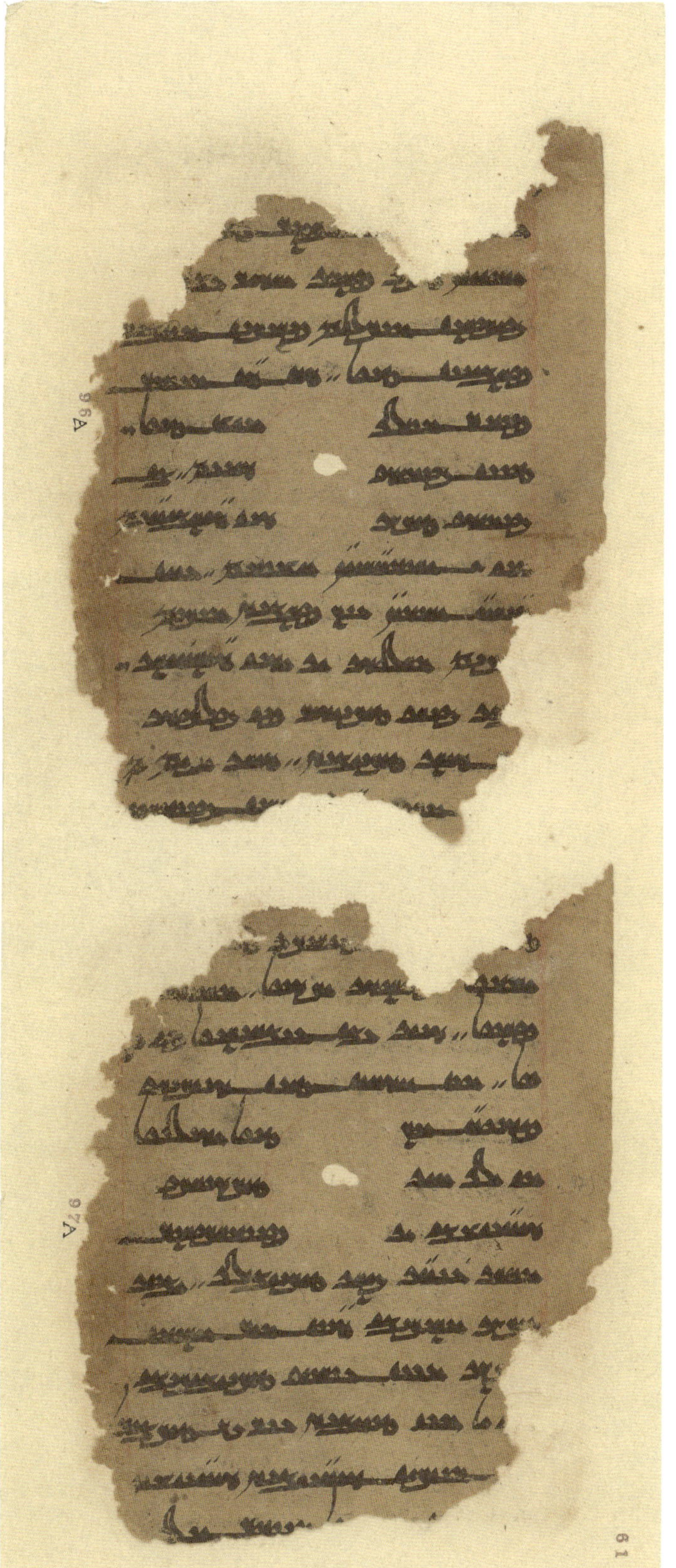

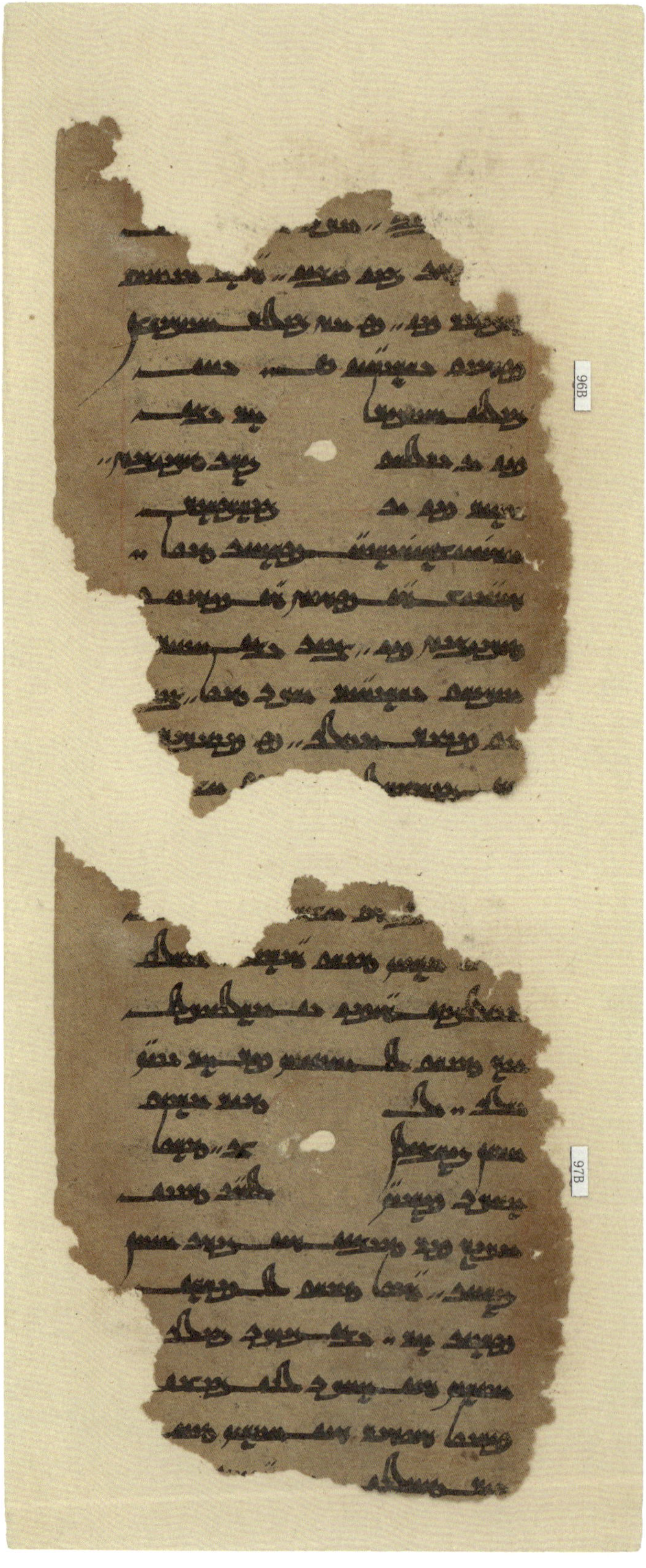
96B
97B

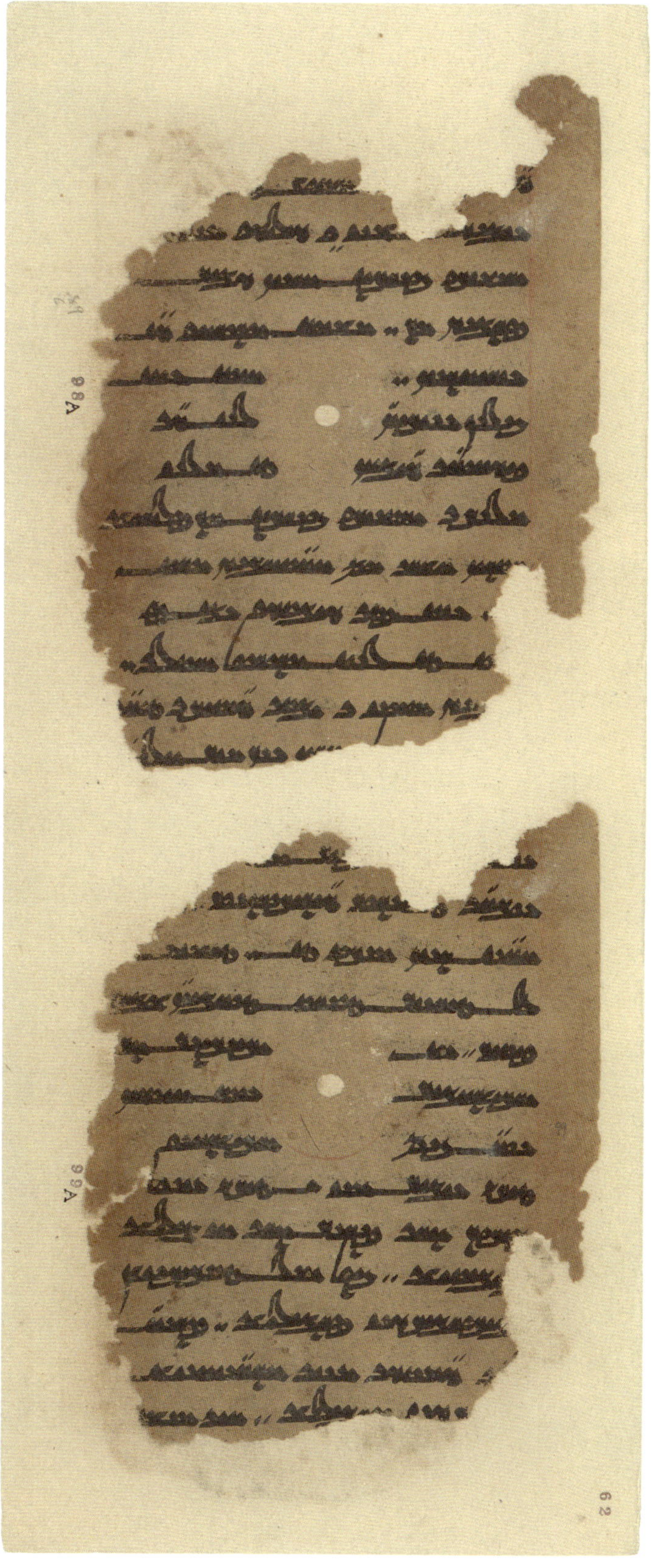

98B
99B

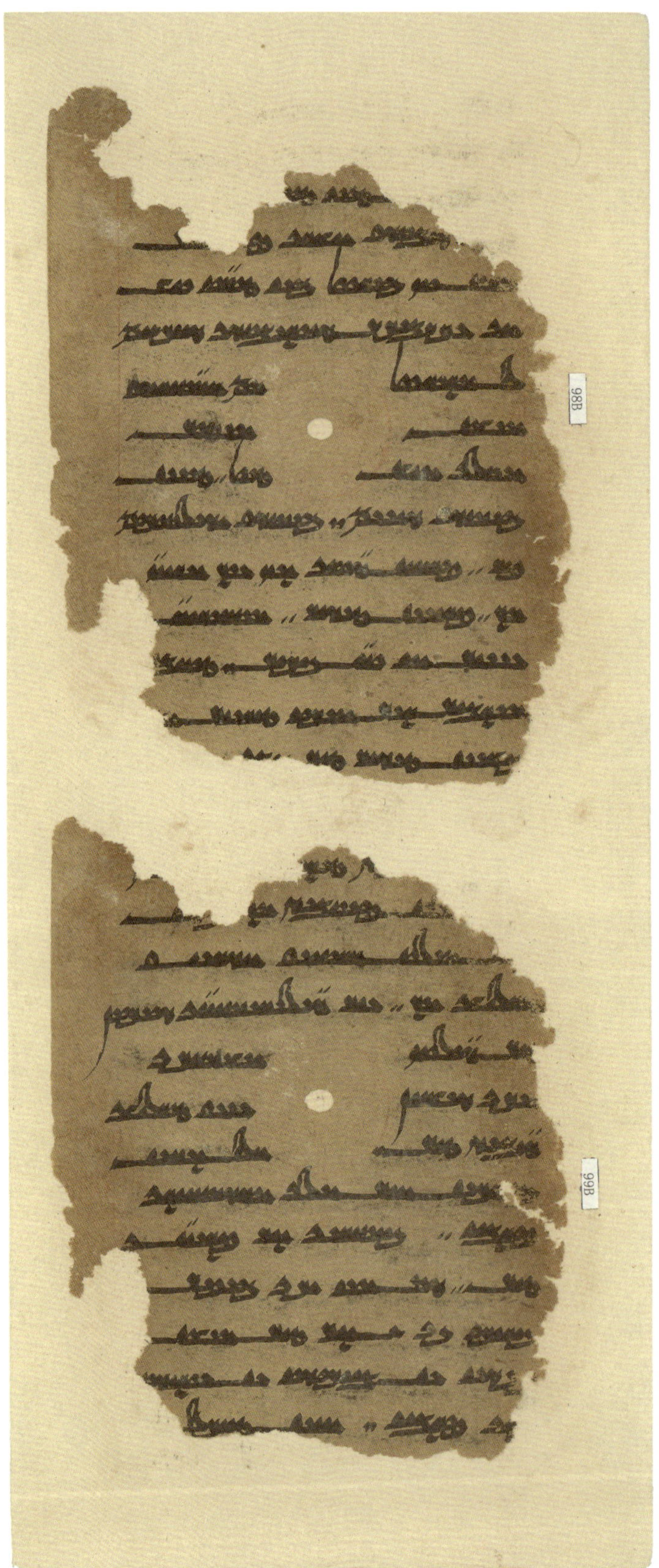

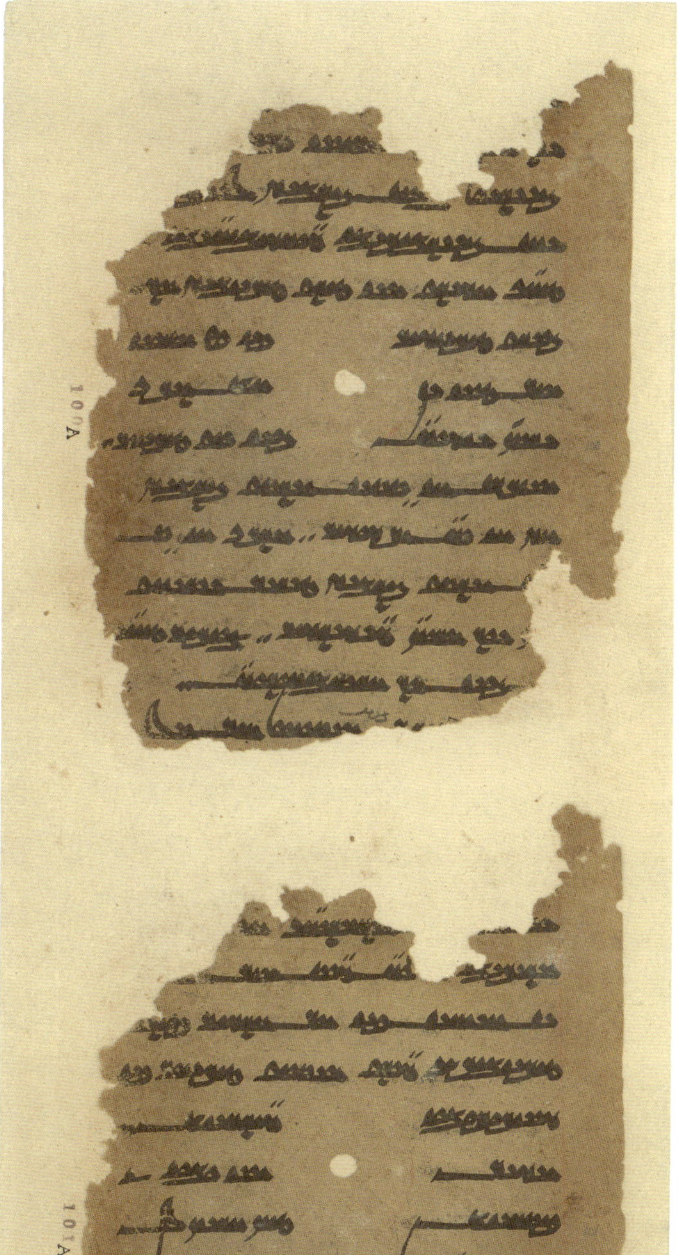
100A
101A
63

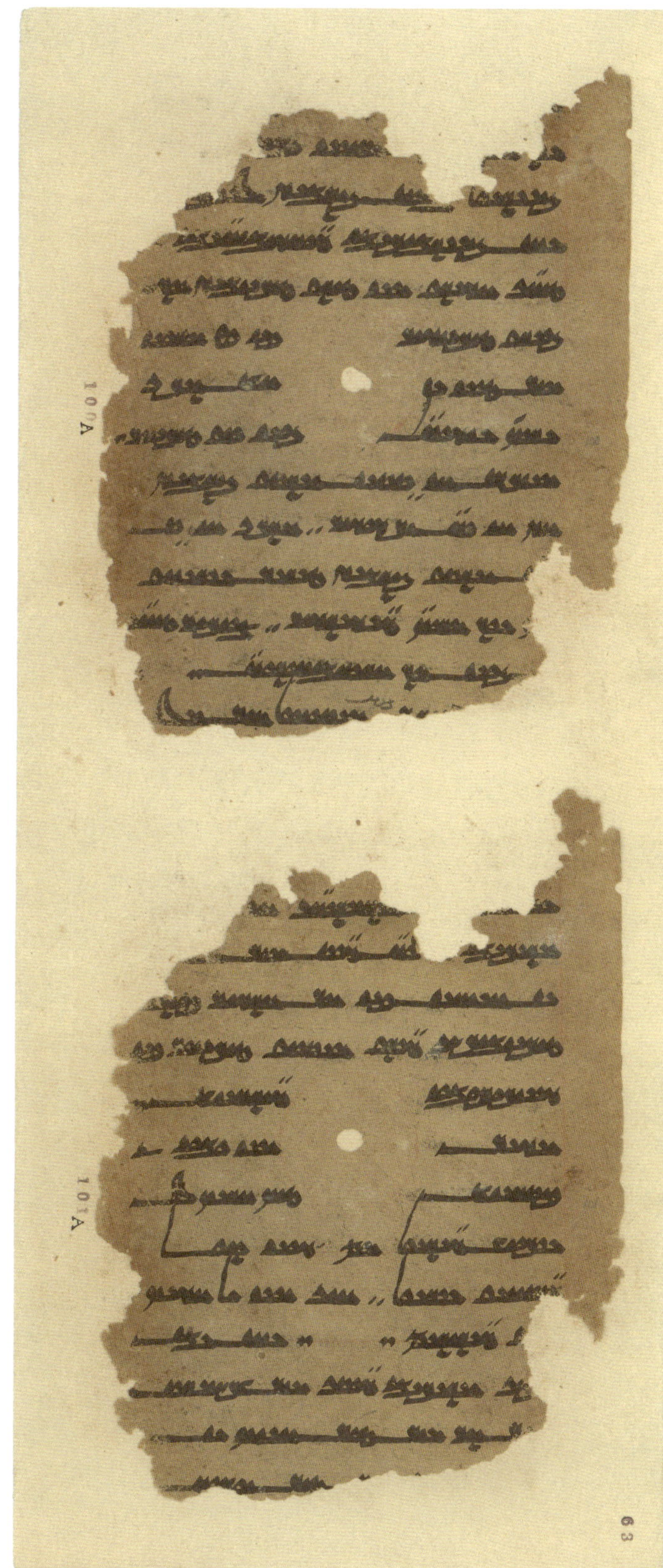

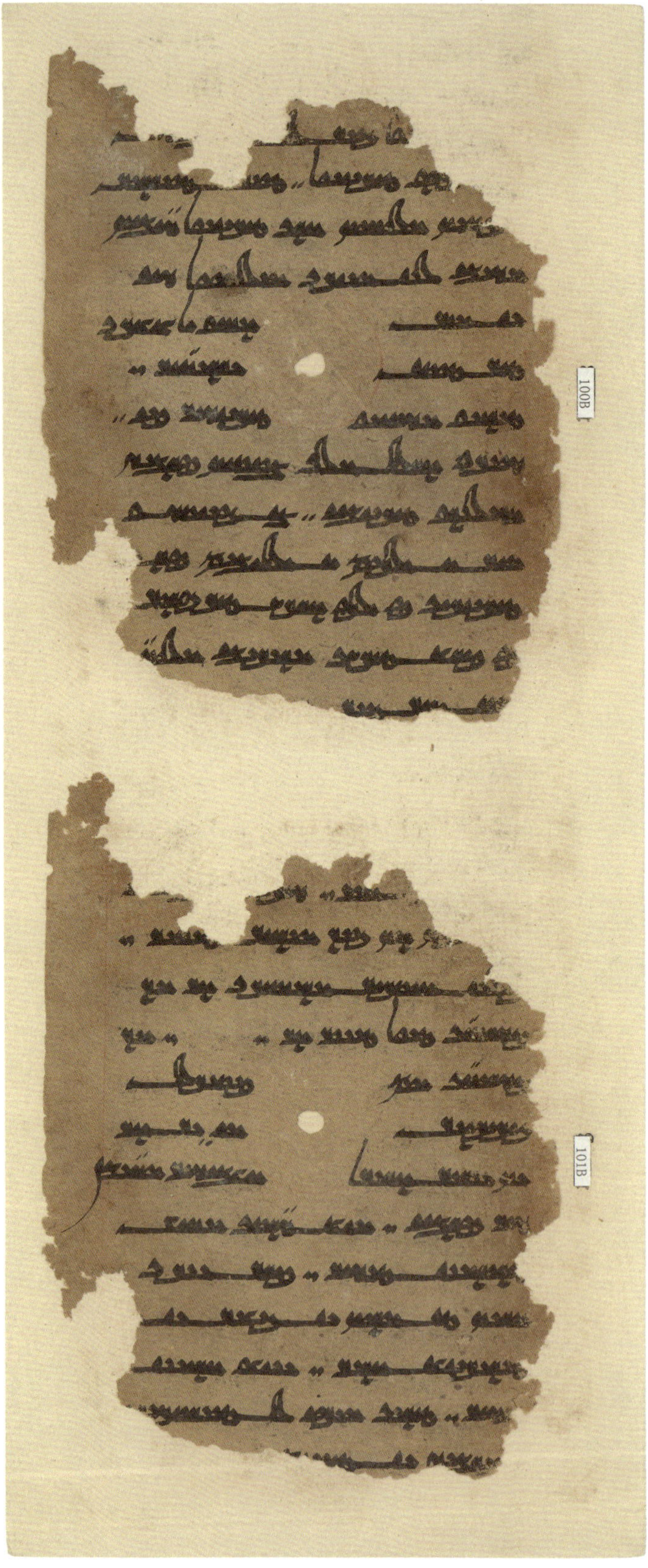
100B
101B

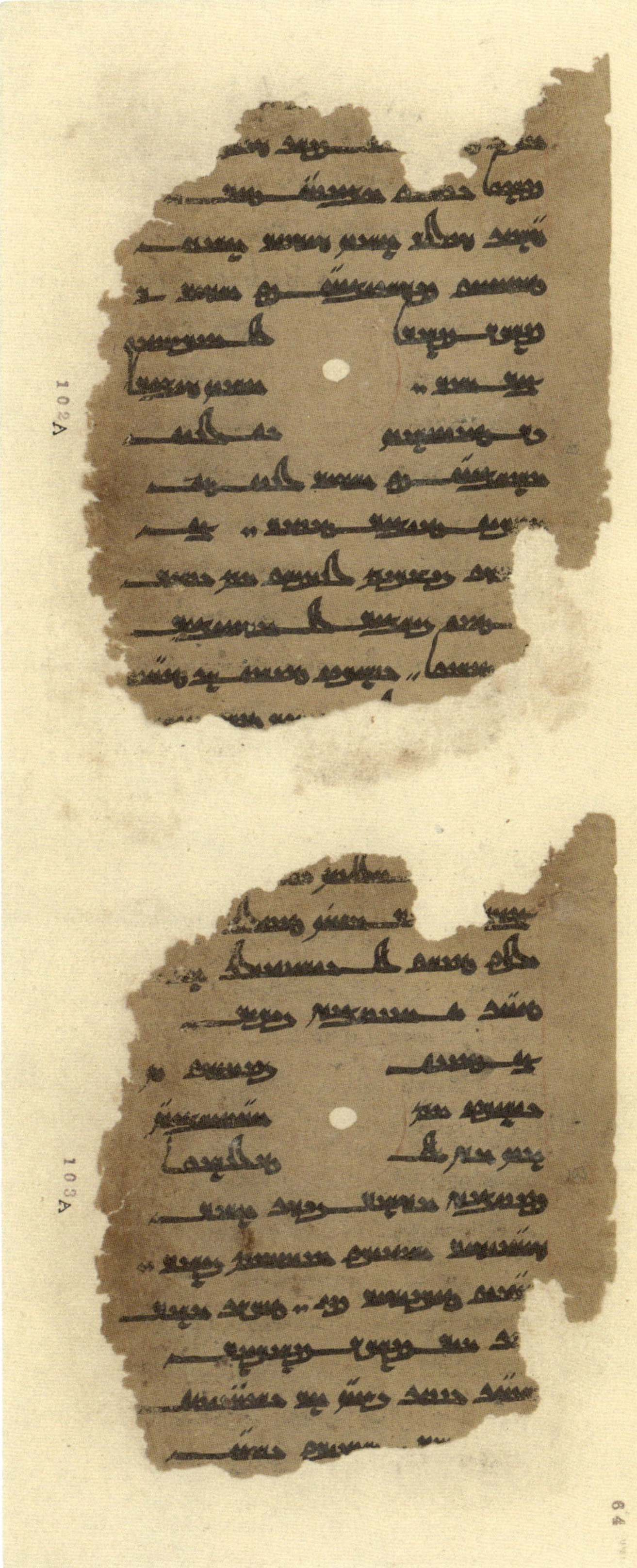
102A
103A
64

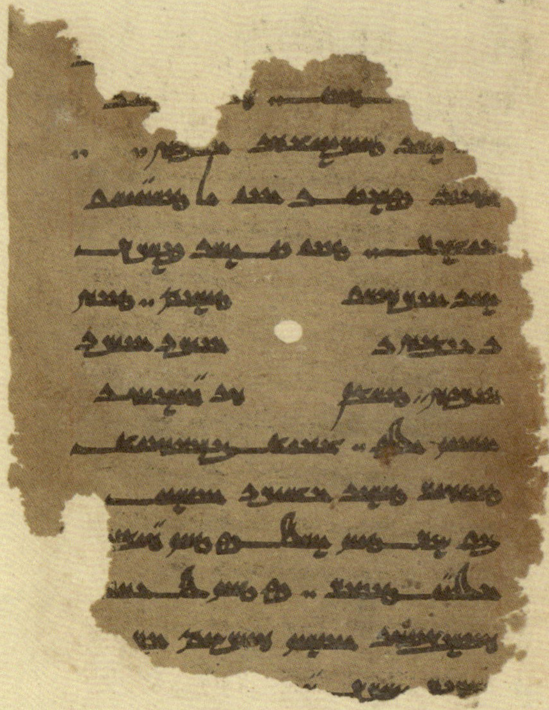

102B

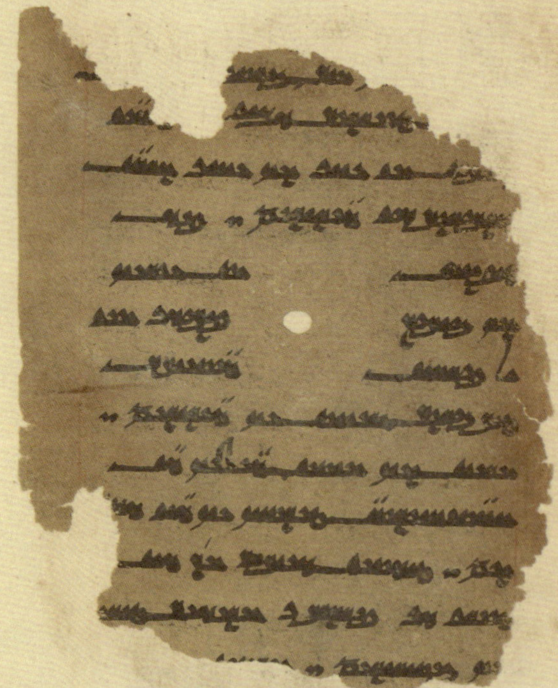

103B

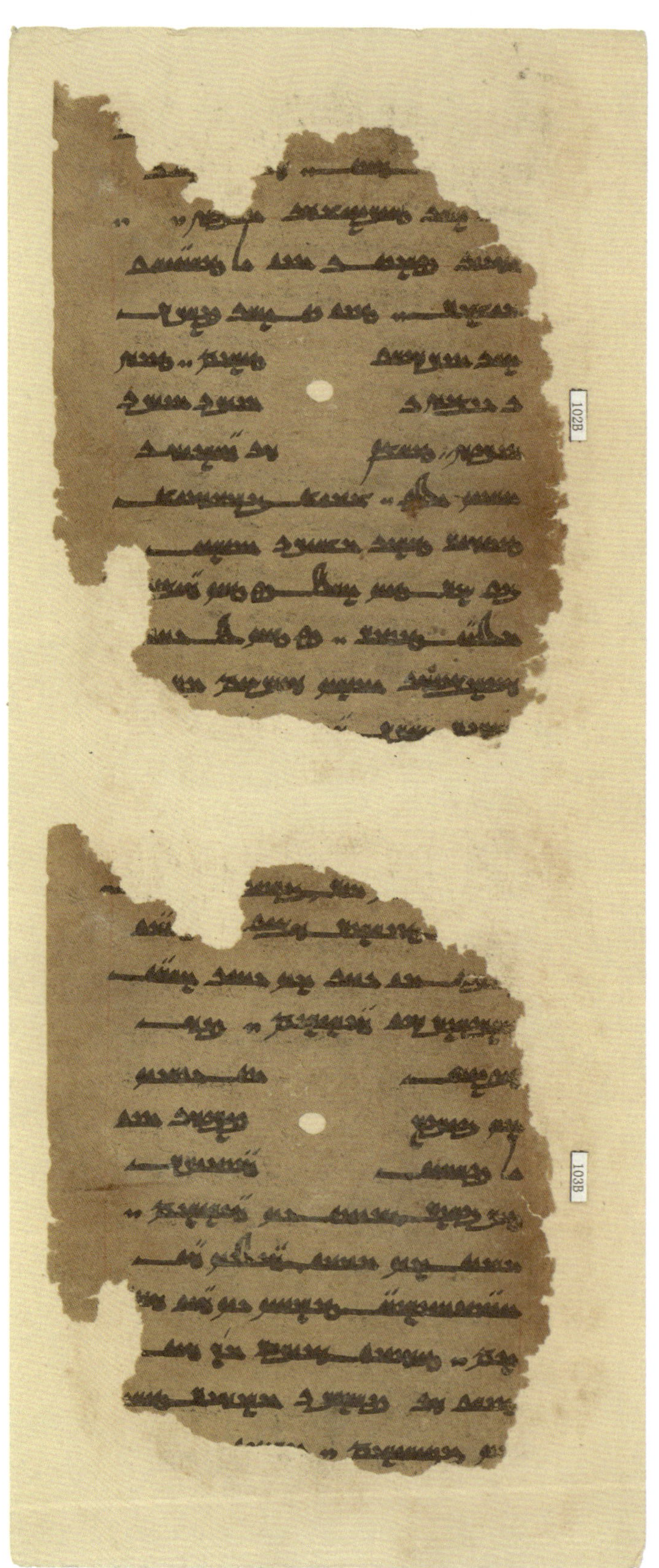

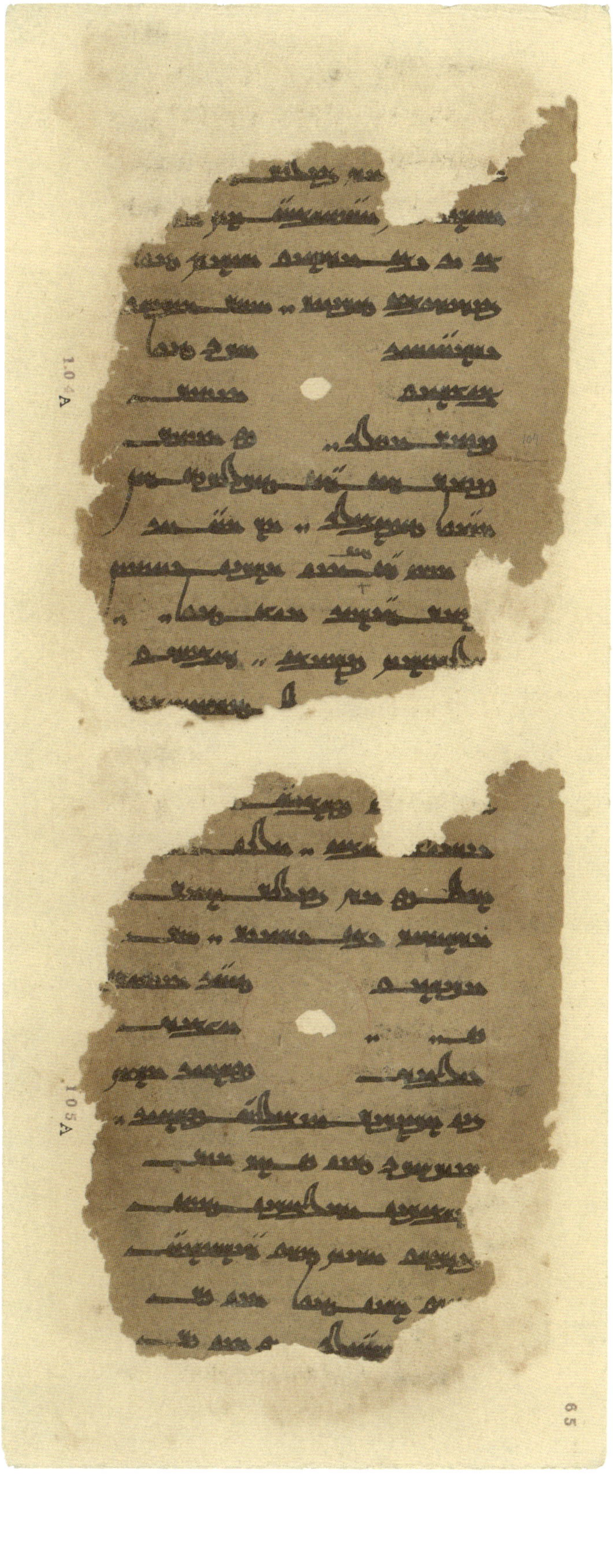
104A
105A
65

104B
105B

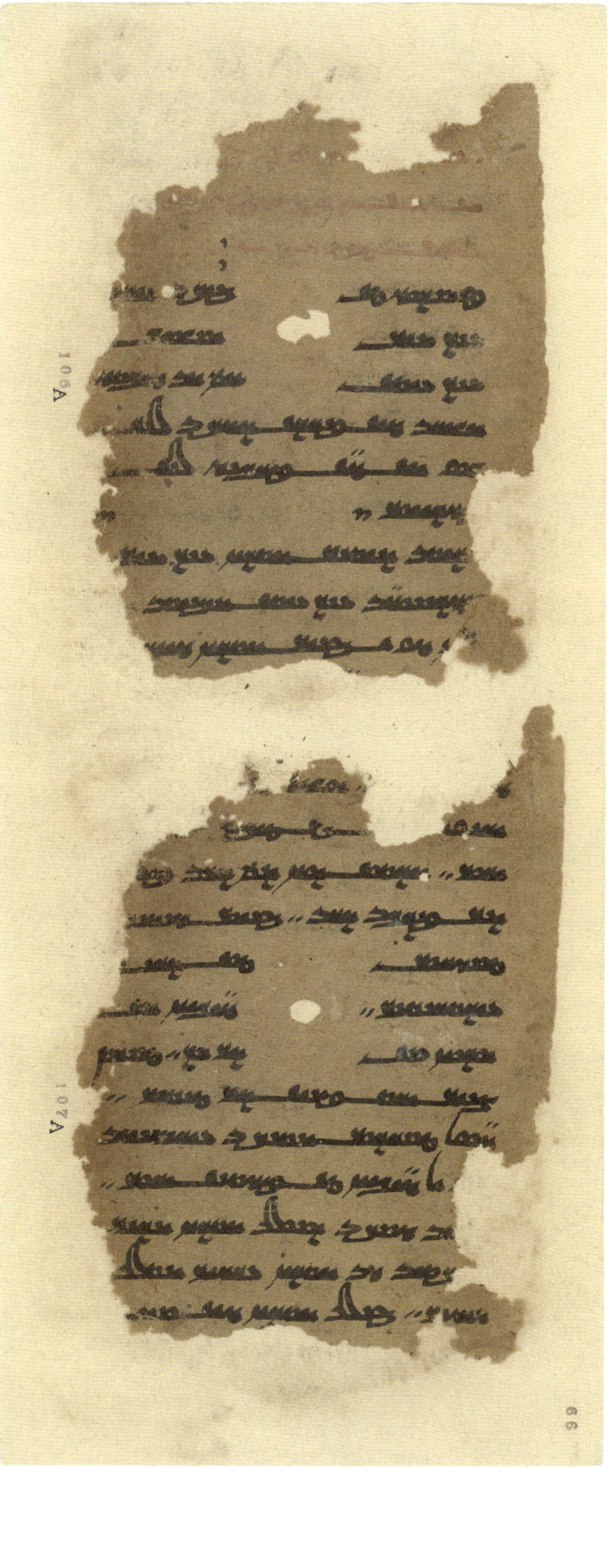

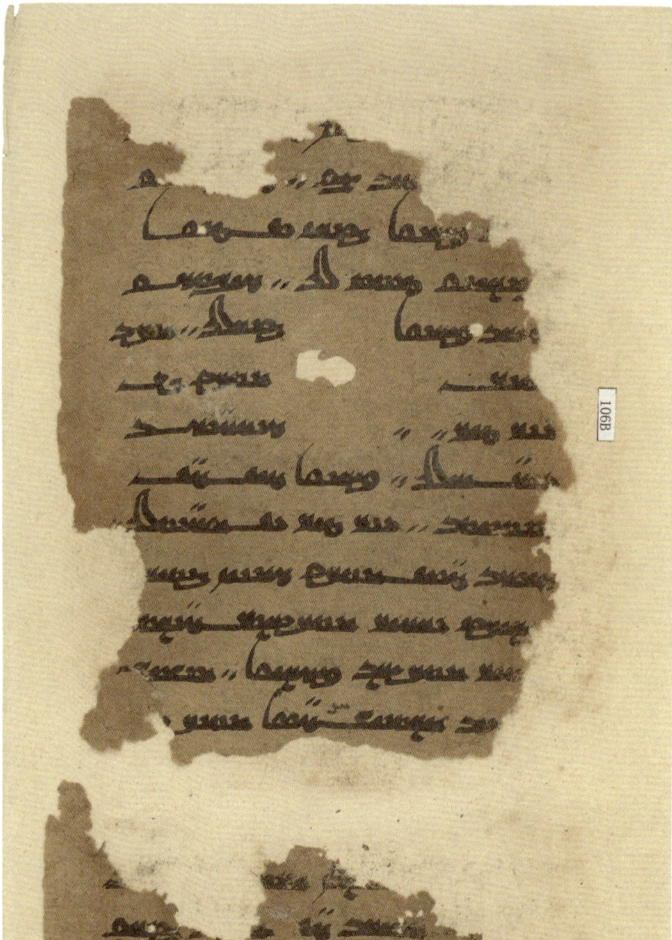

106B

107B

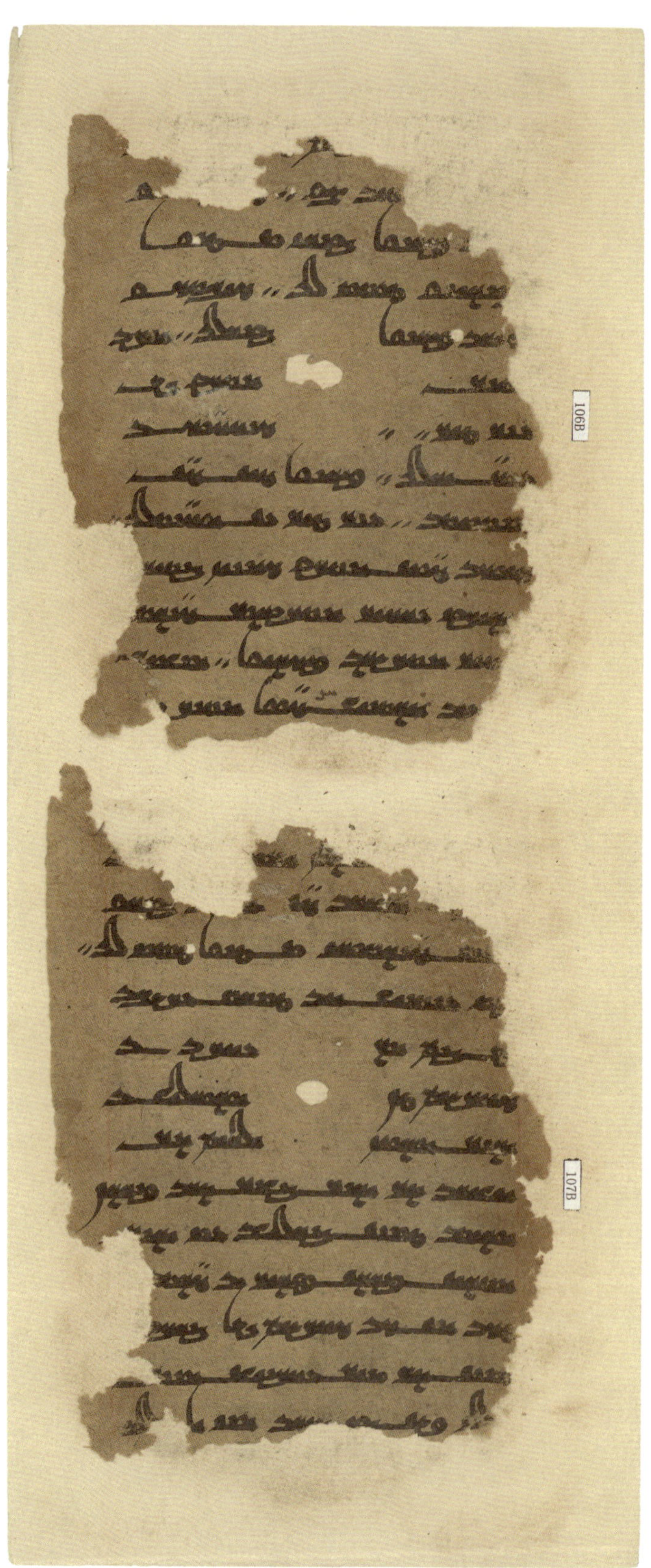

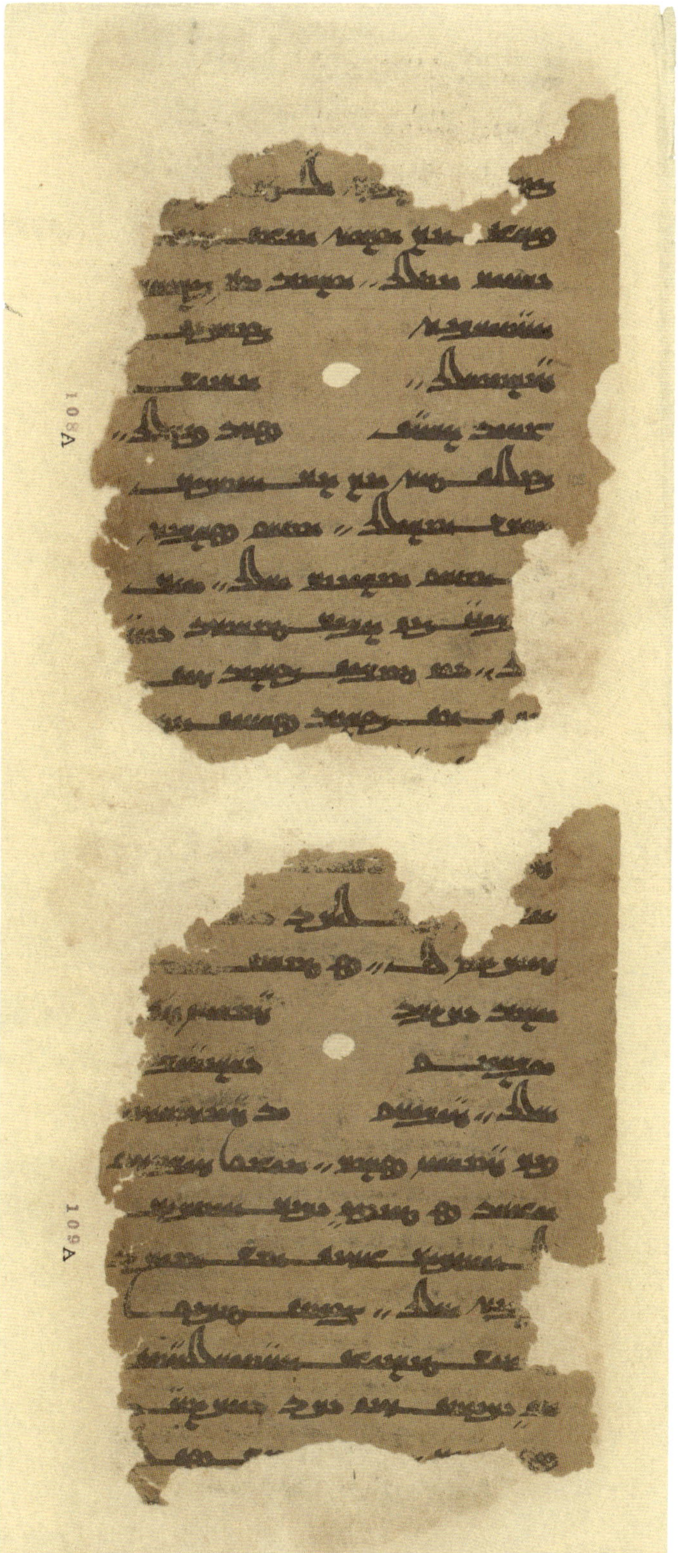
108A
109A

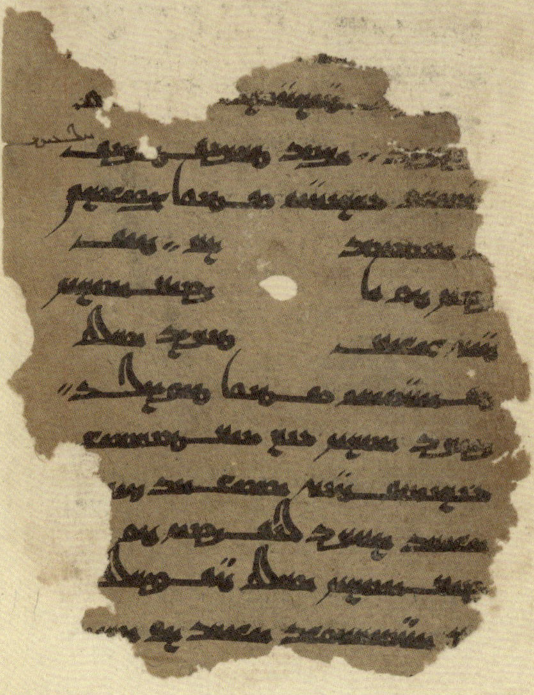

108B

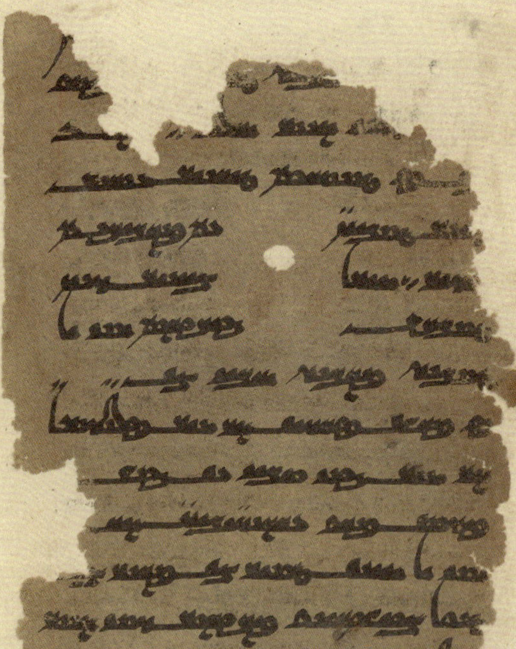

109B

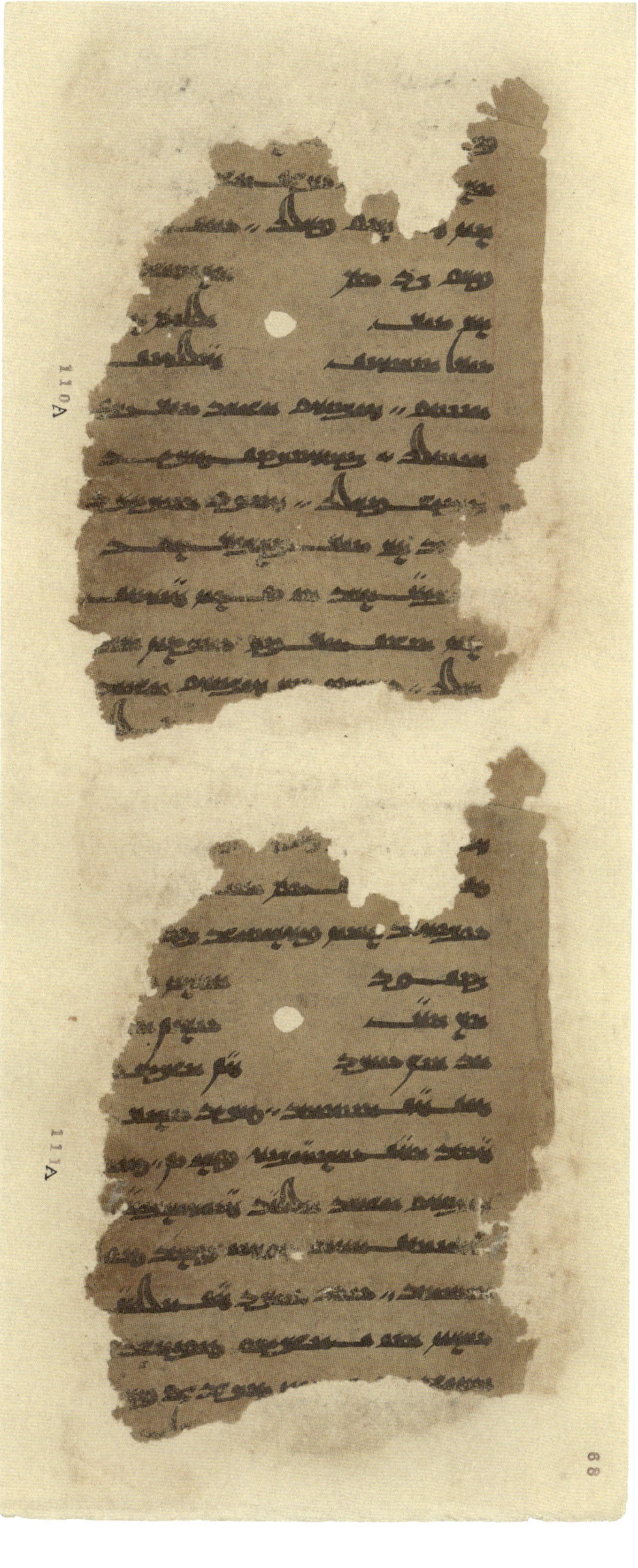

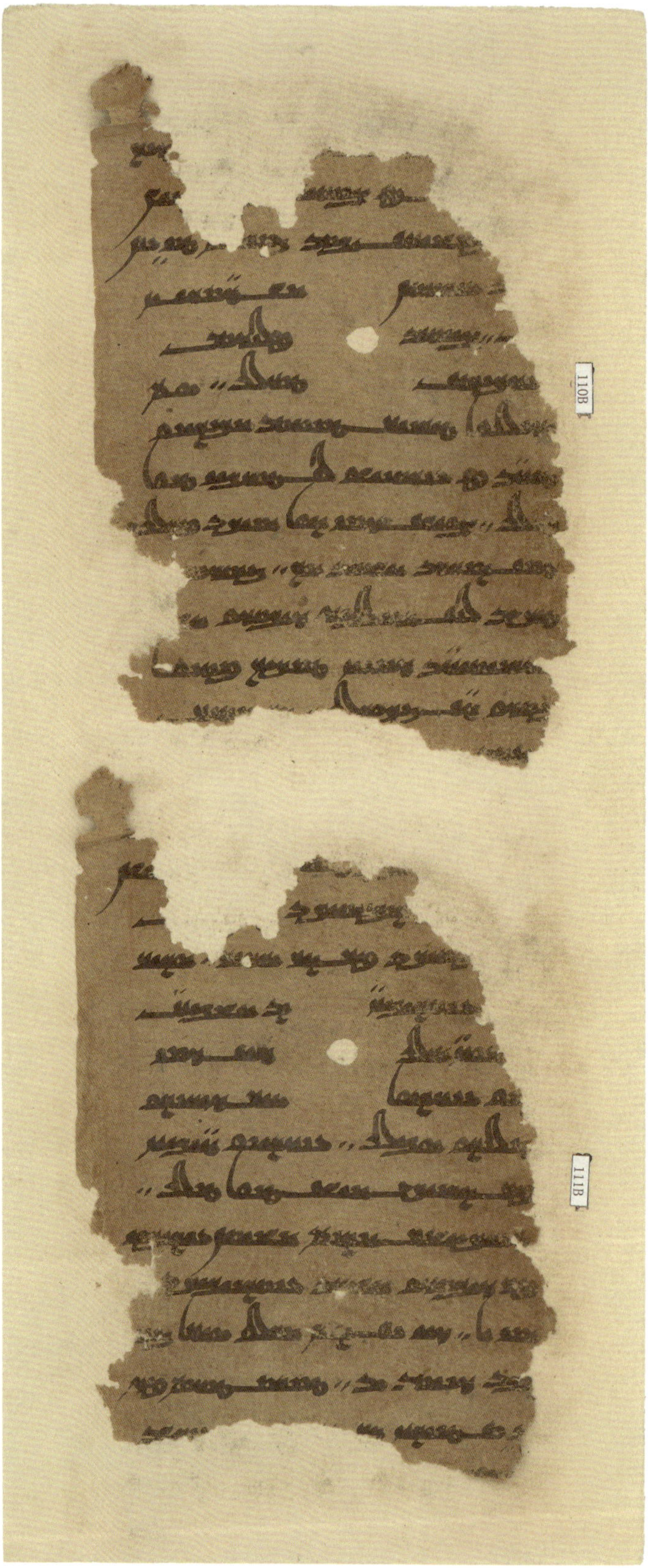
110B
111B

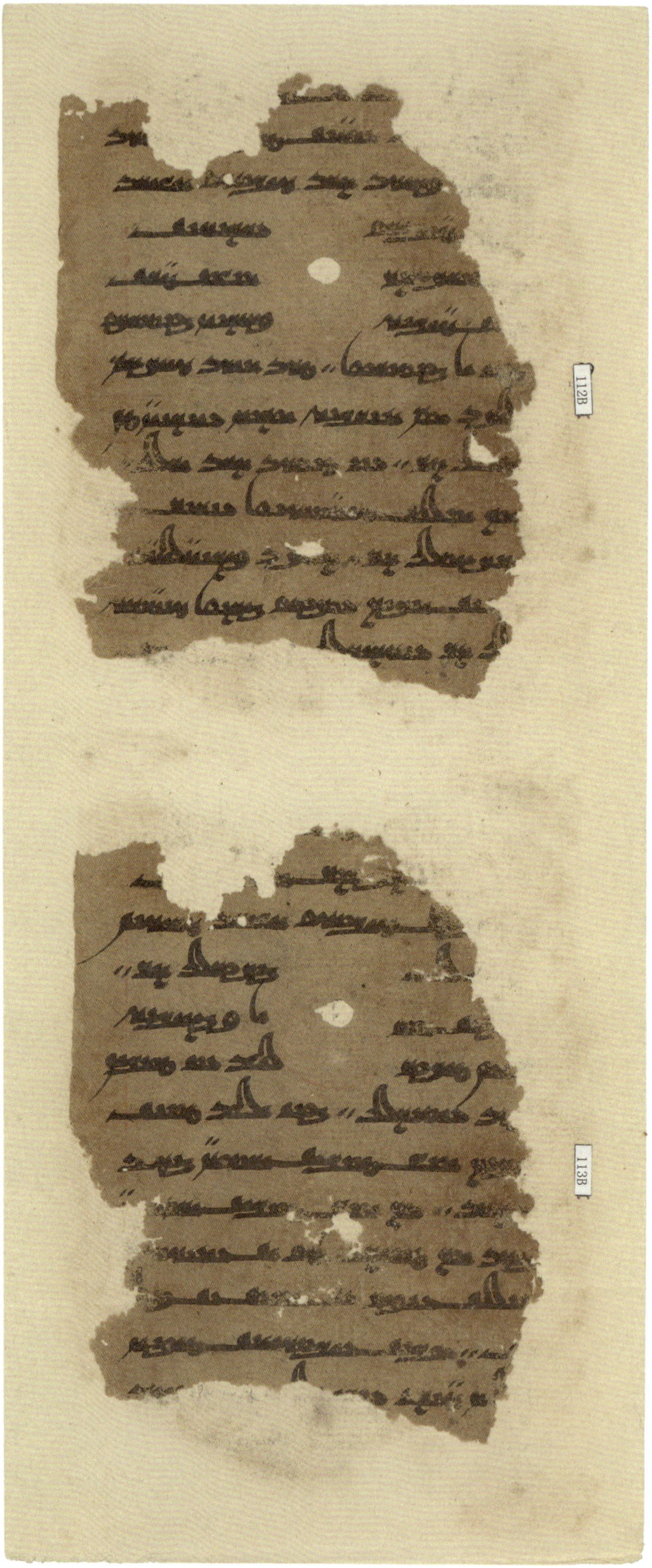

112B

113B

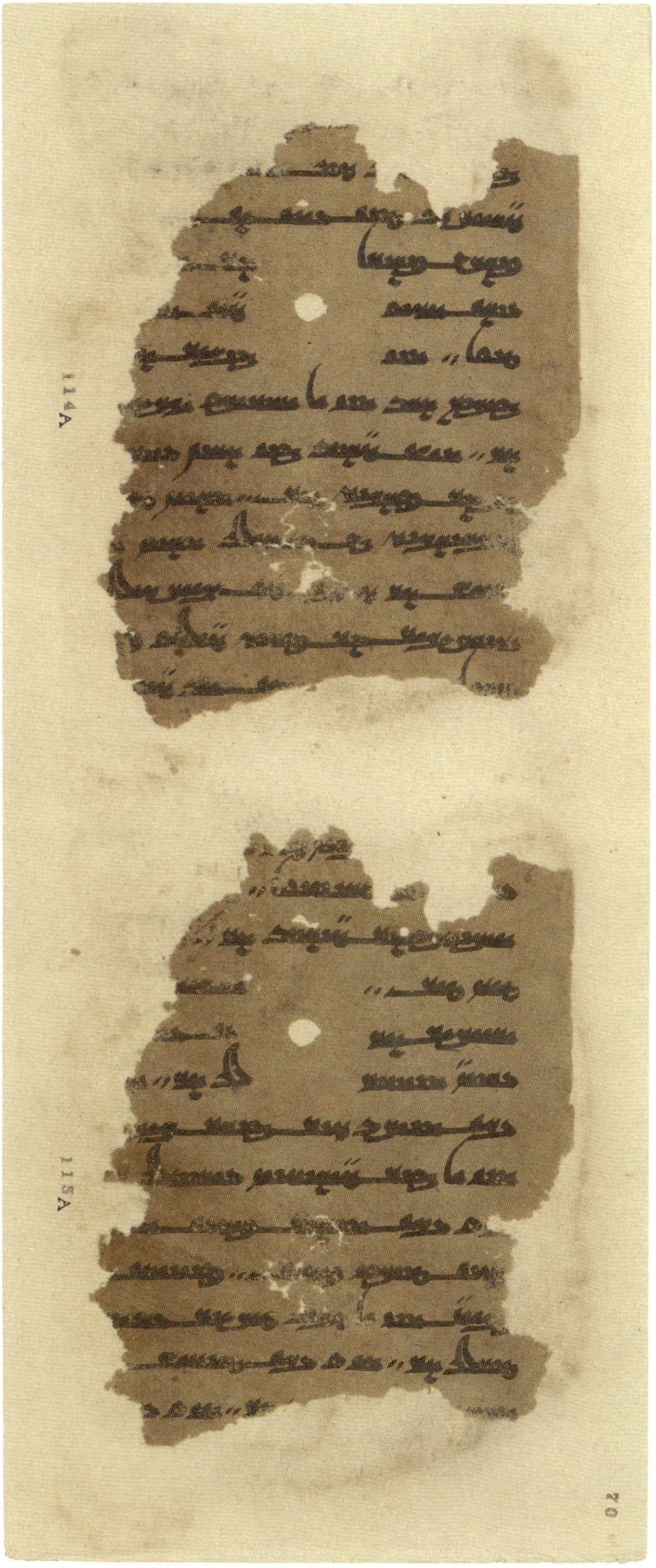
114A
115A

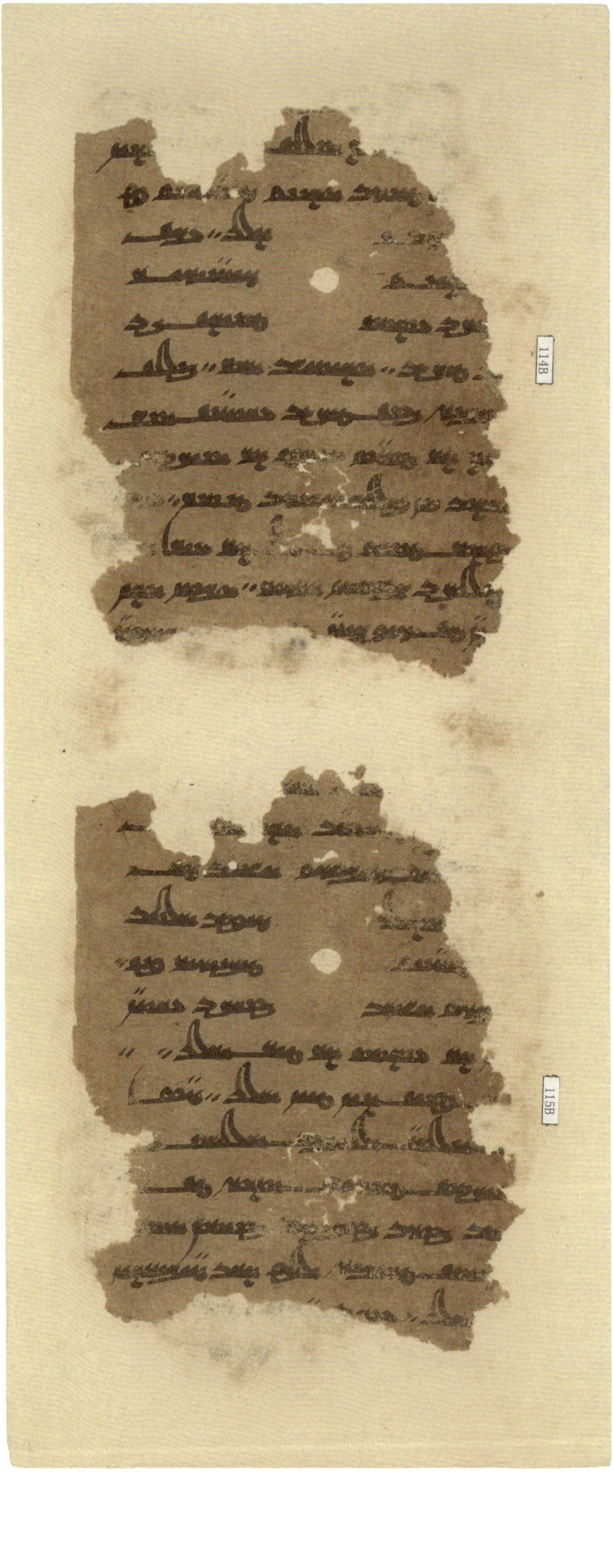
114B
115B

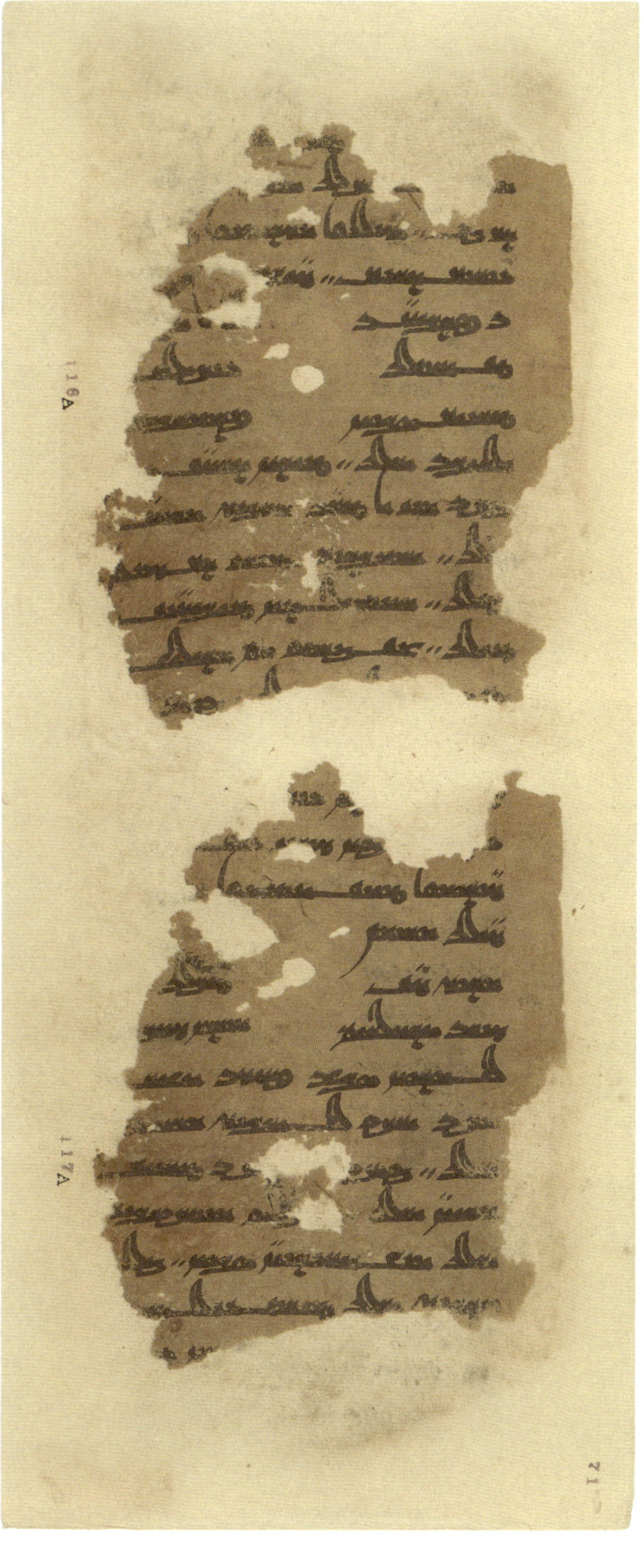

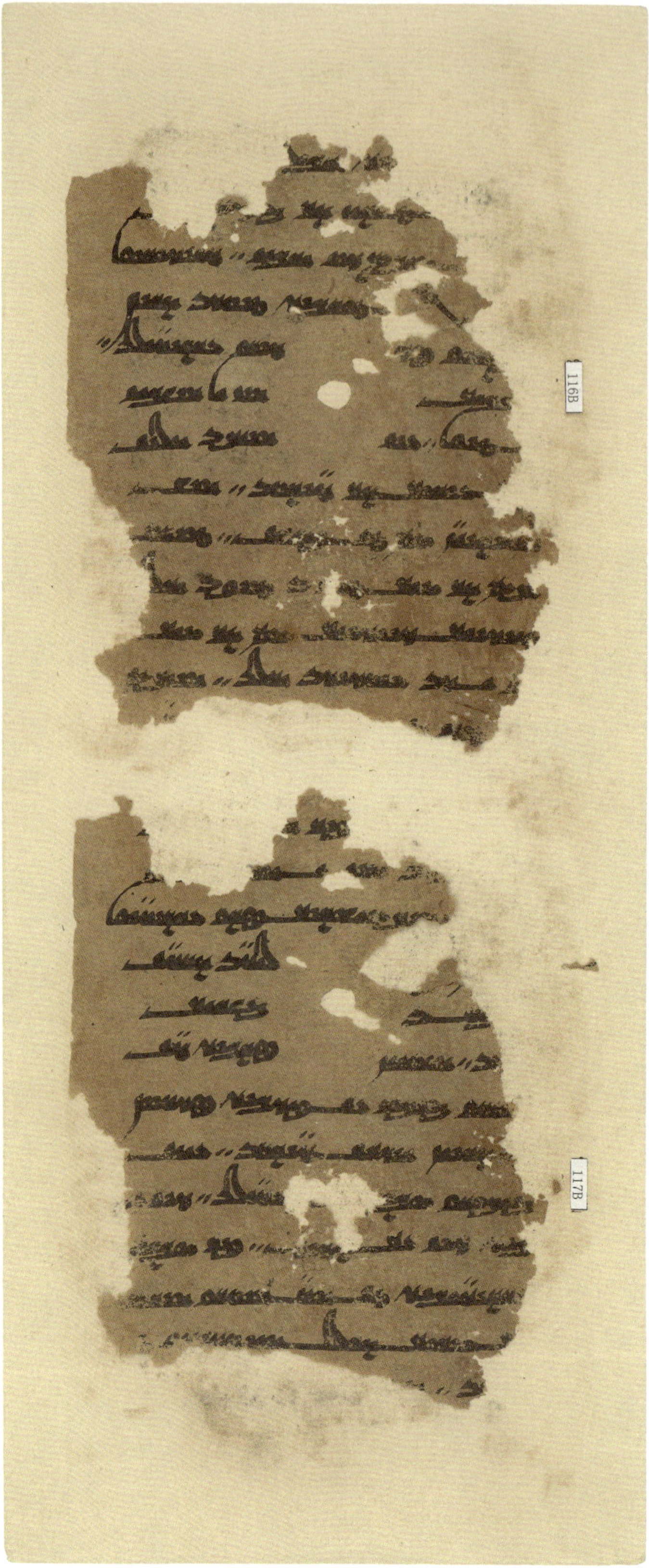
116B
117B

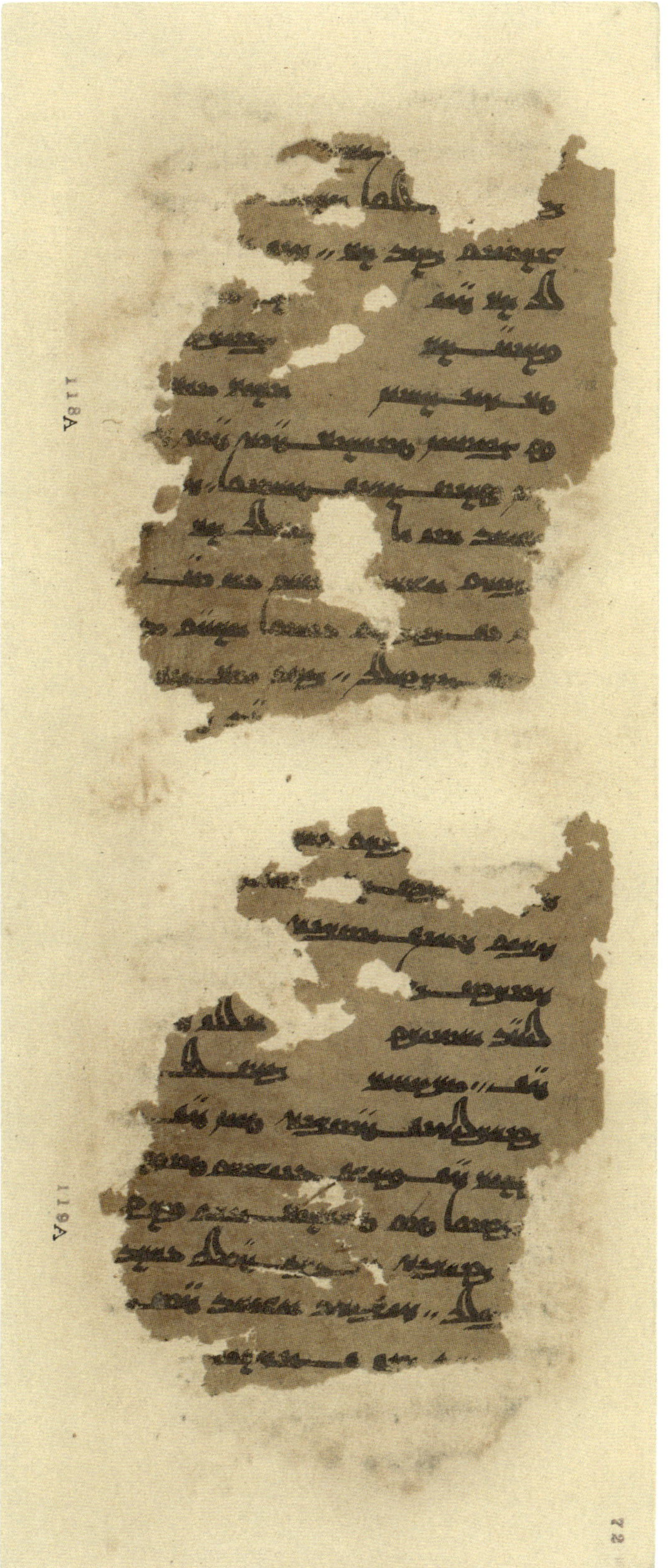
118A
119A
72

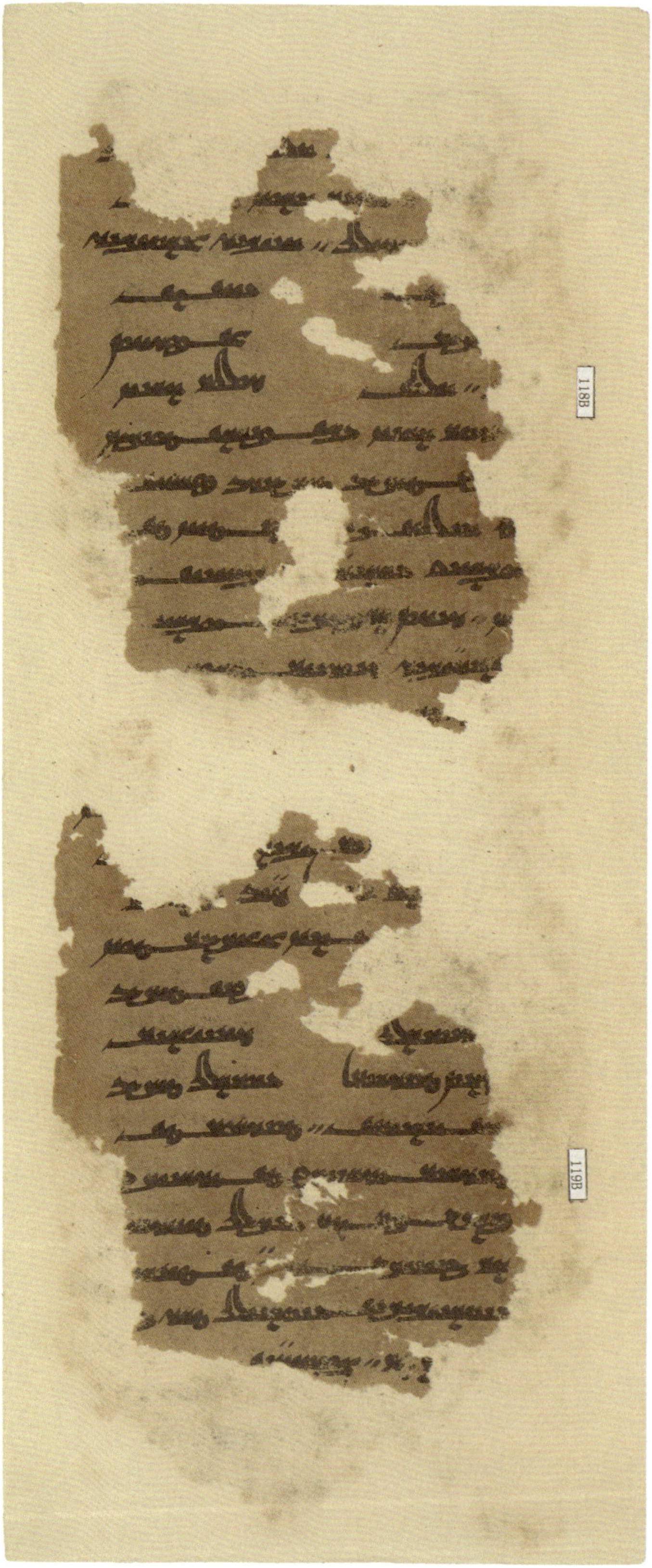
118B
119B

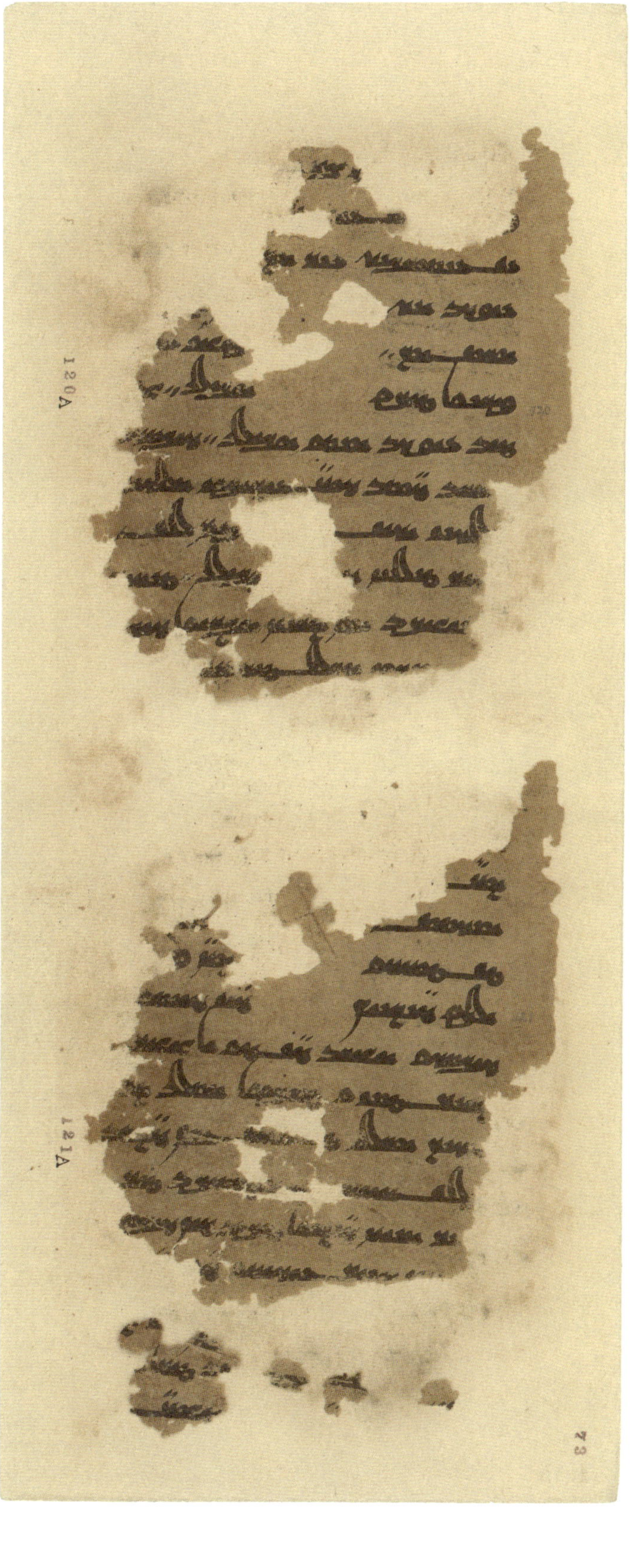

回鶻文　大唐大慈恩寺三藏法師傳 一

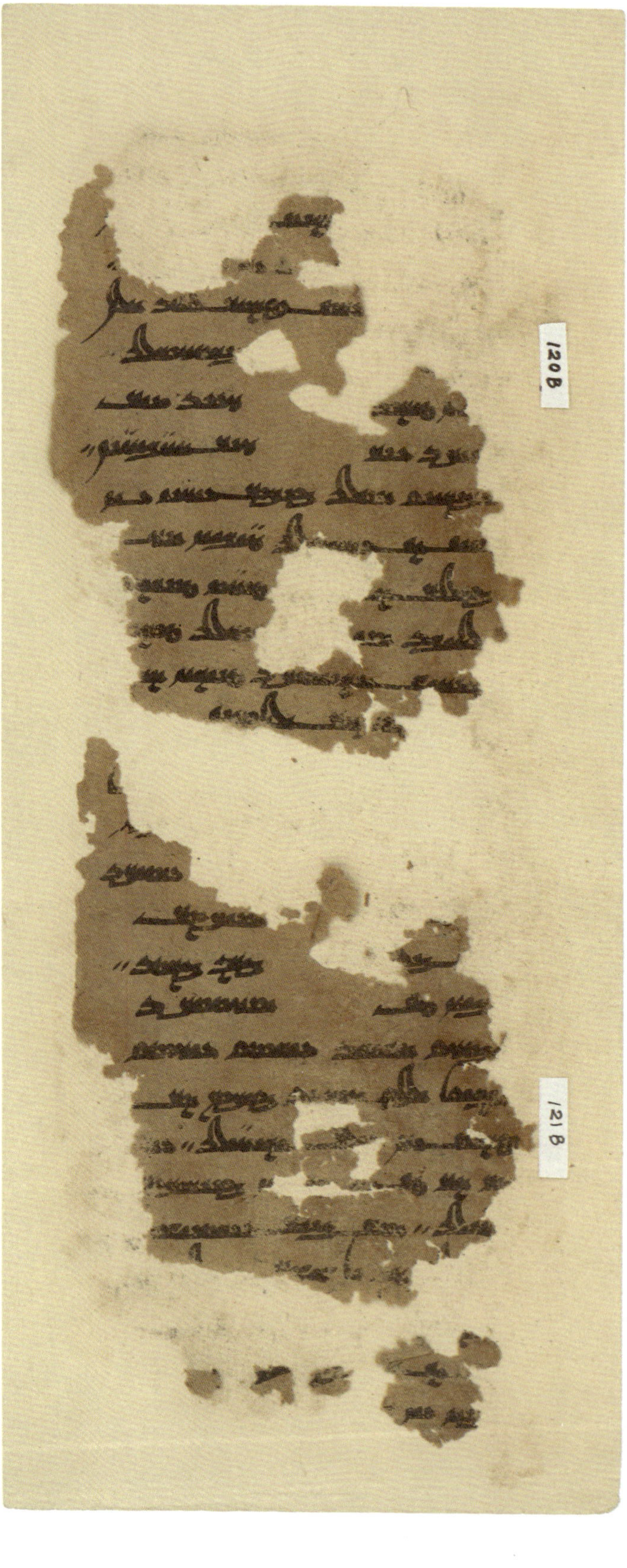
120B
121B

122A(a)
122B(a)

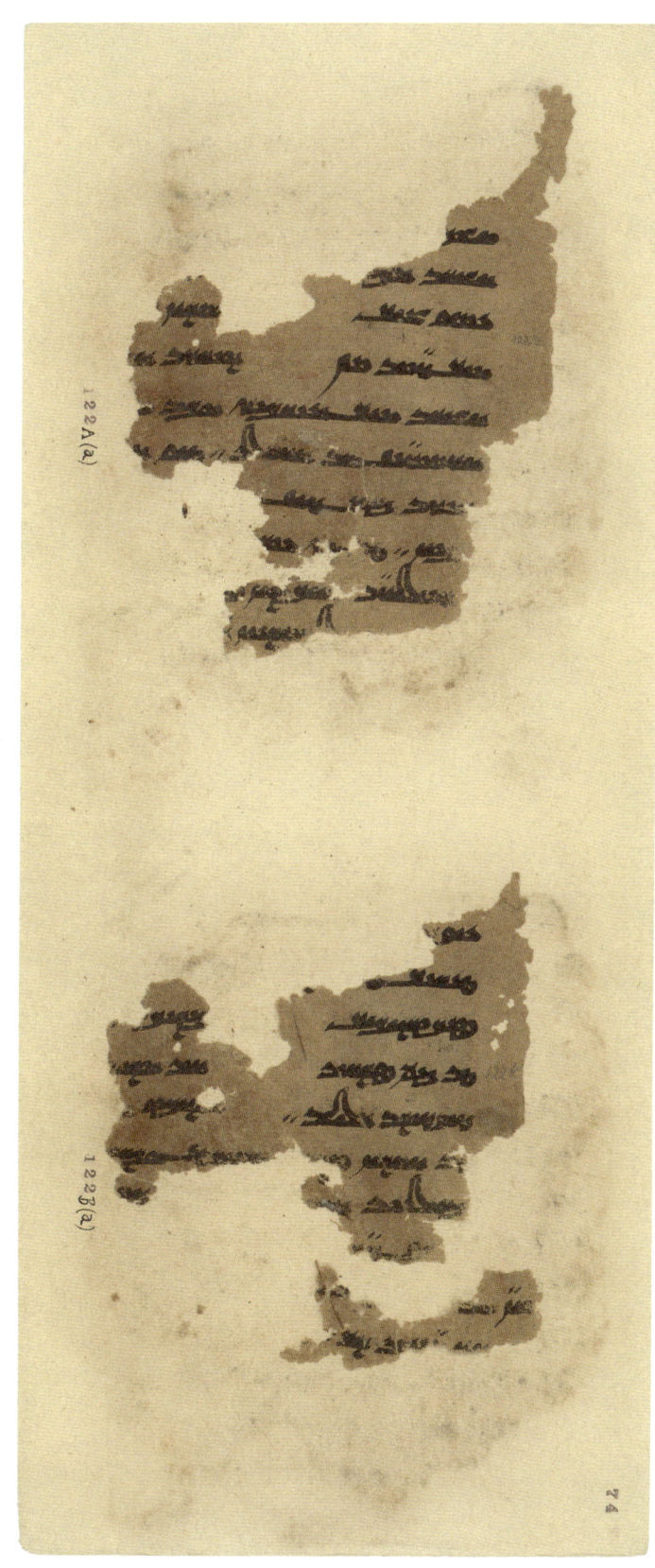

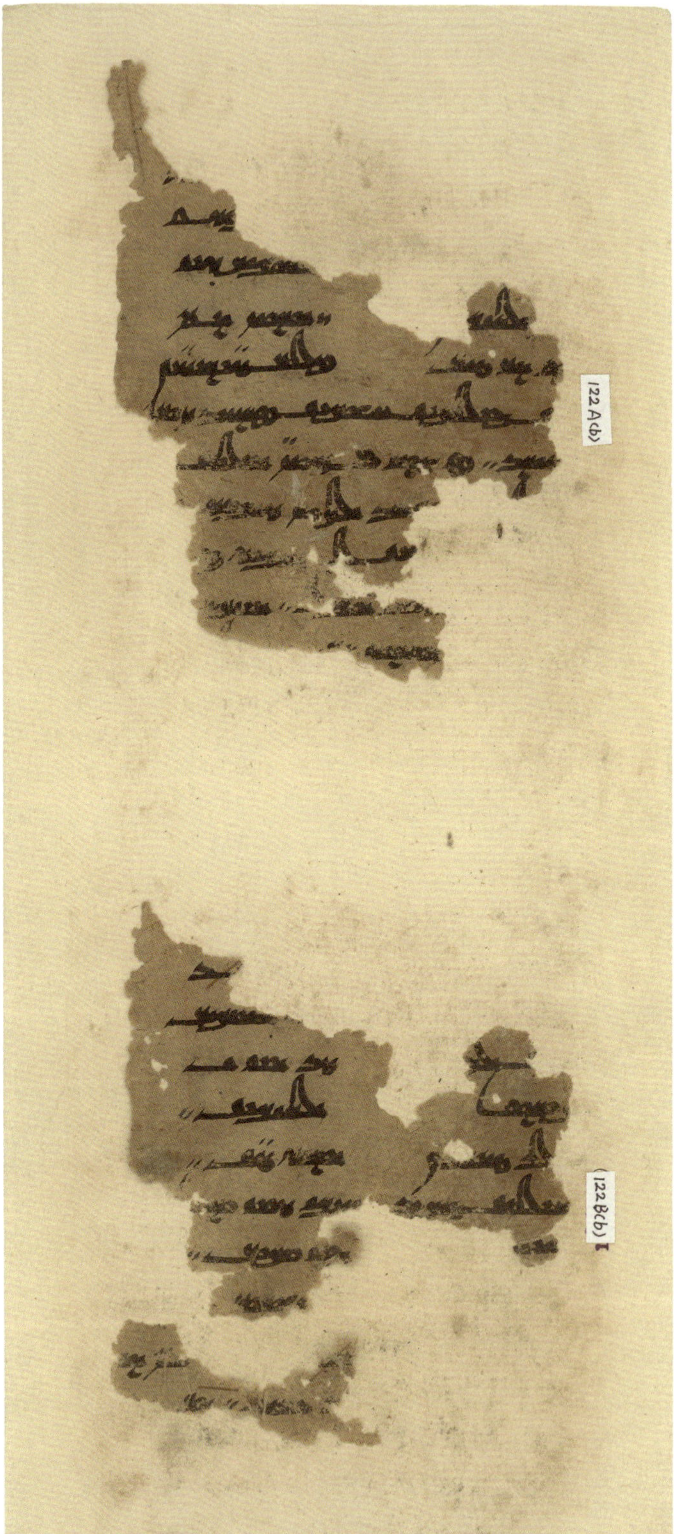
122A(b)
122B(b)

123A
124A(a)
75

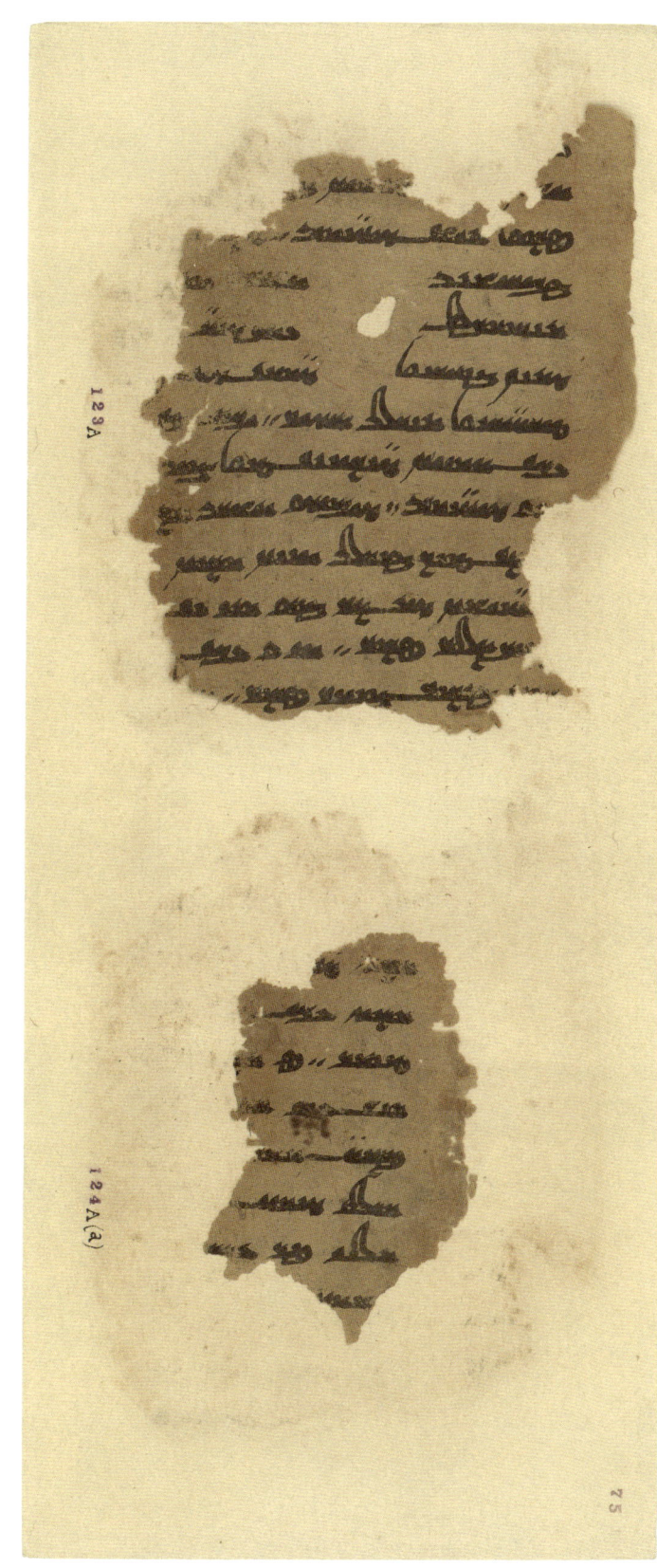

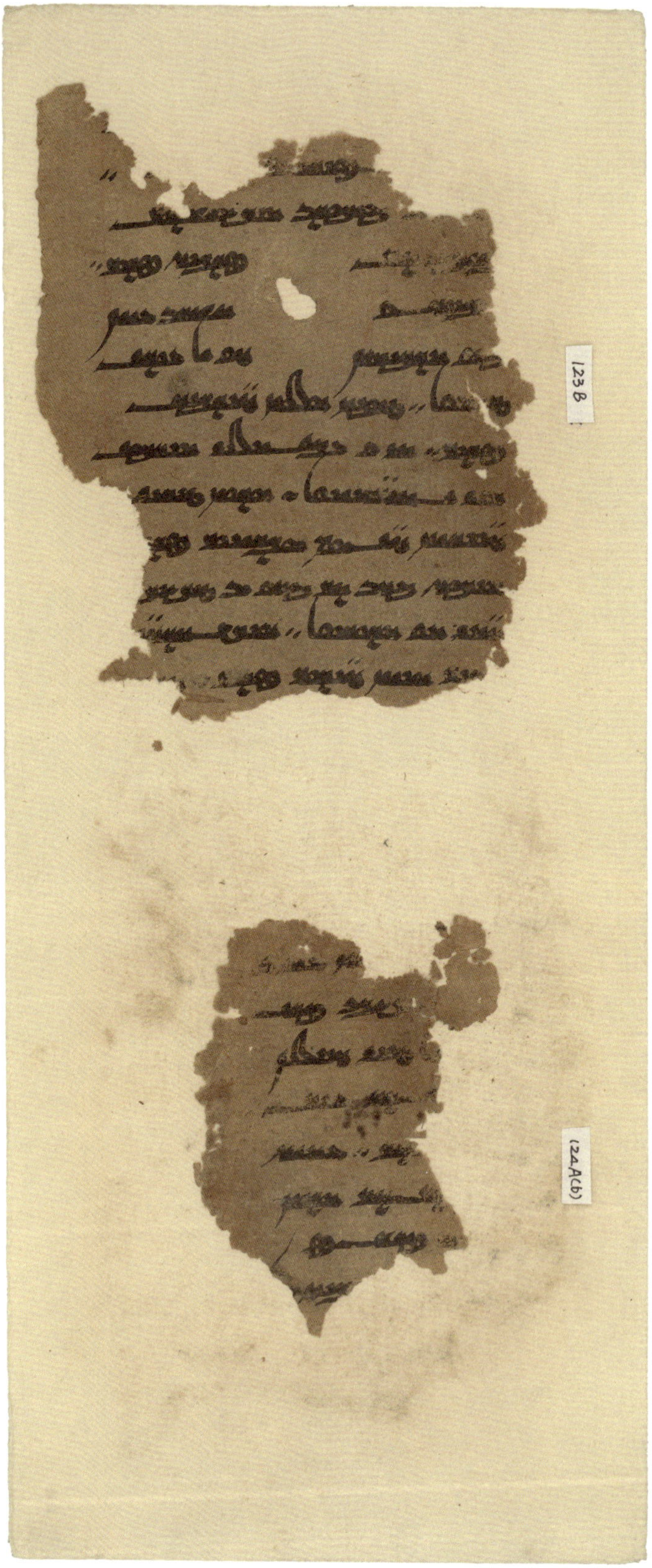
123B
124A(b)

124B(a)
125A

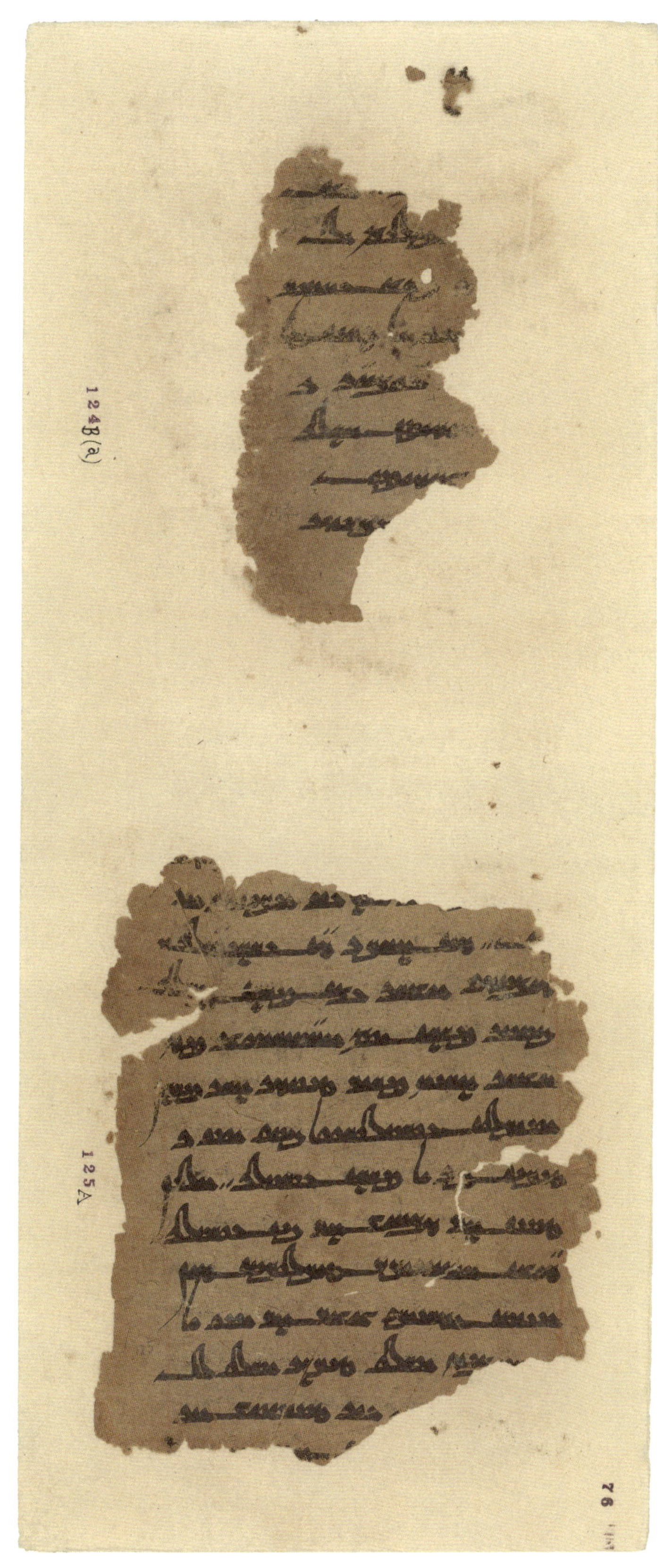

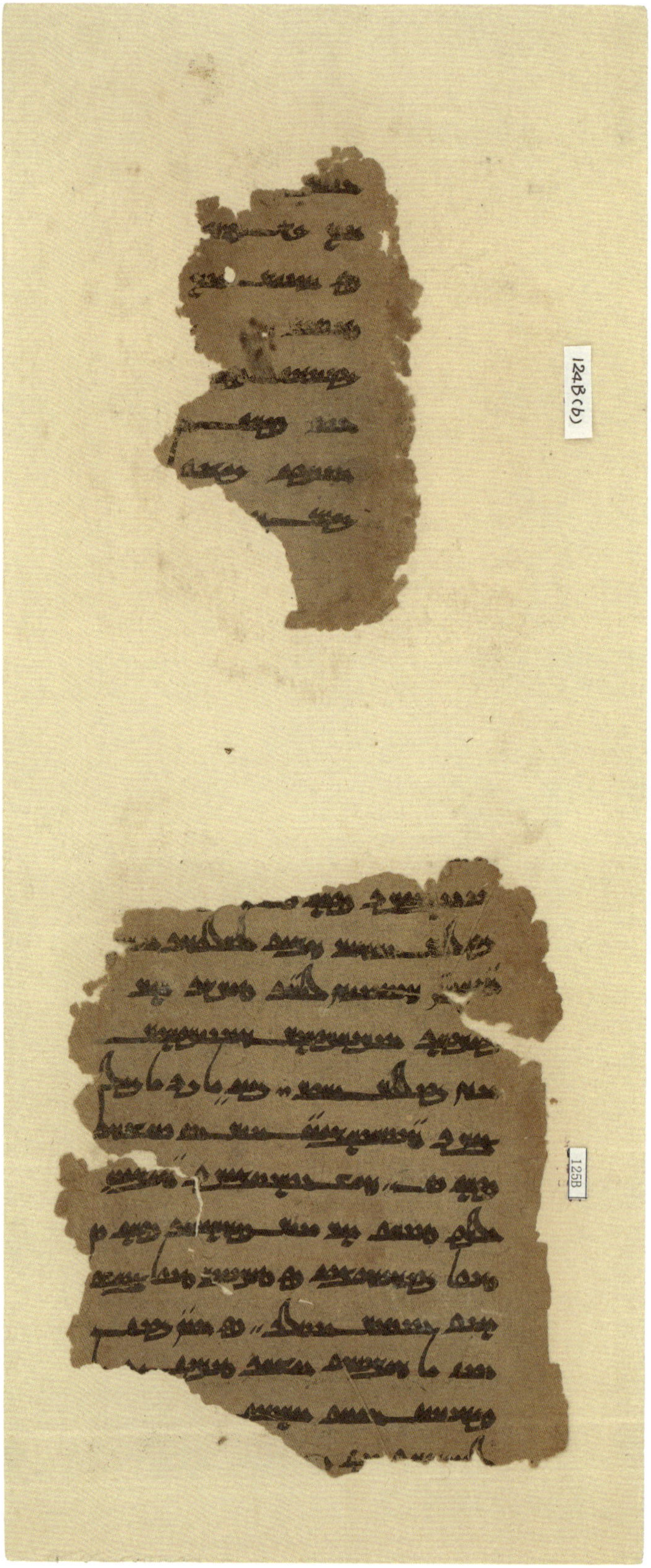
124B(b)
125B

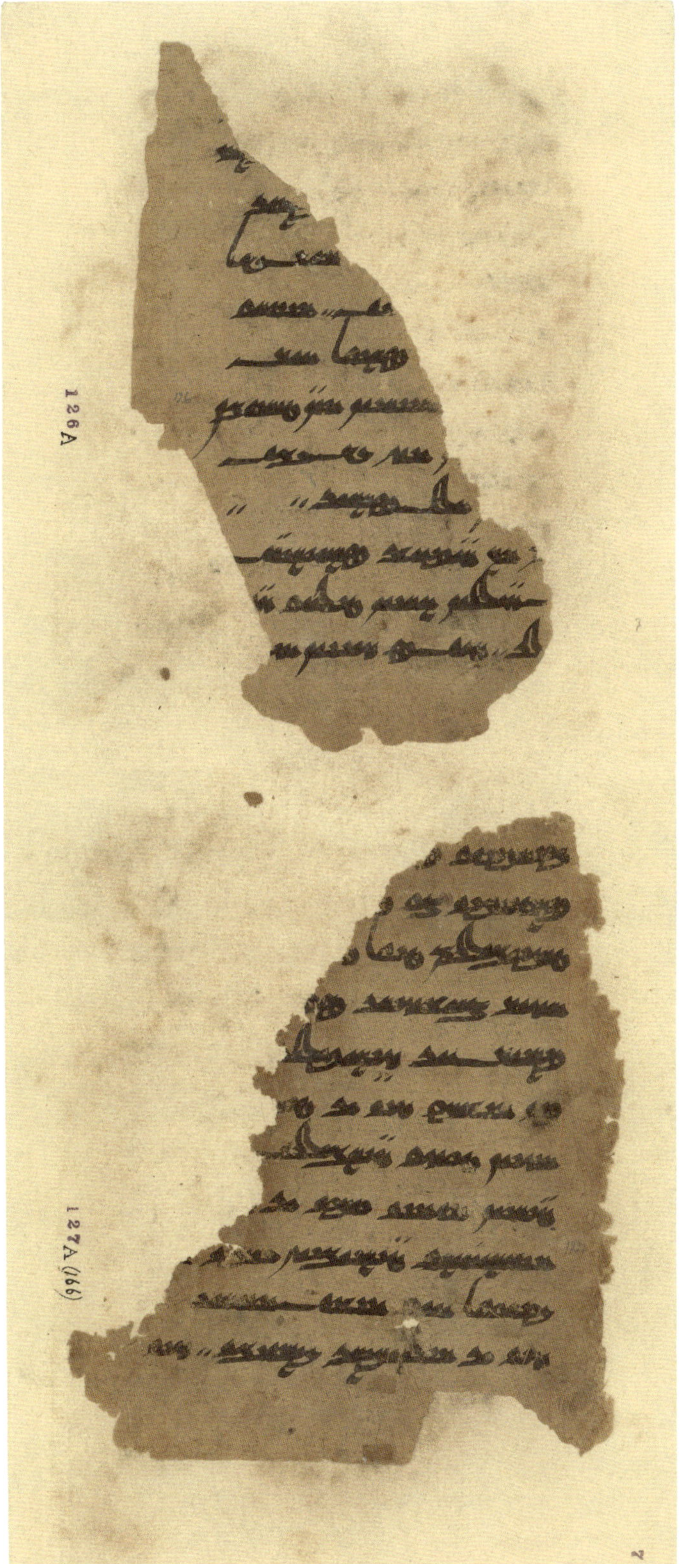
126A
127A (166)

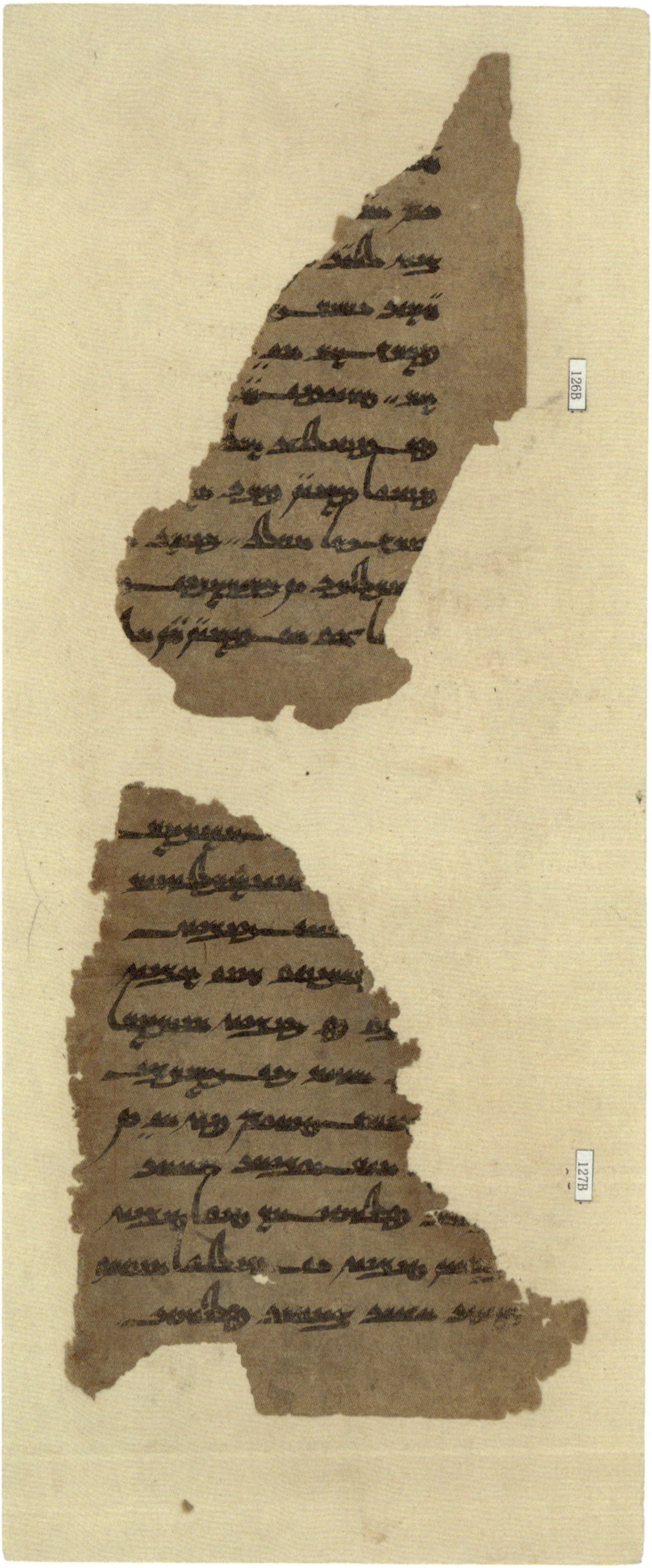
126B
127B

128A
129A
82

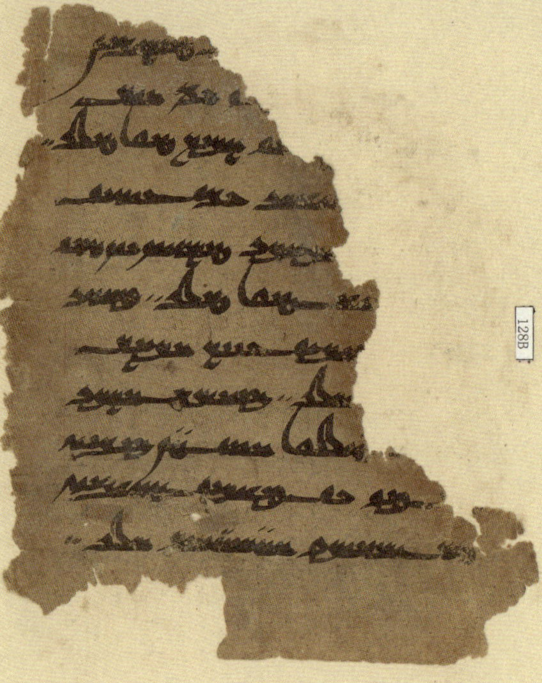

128B

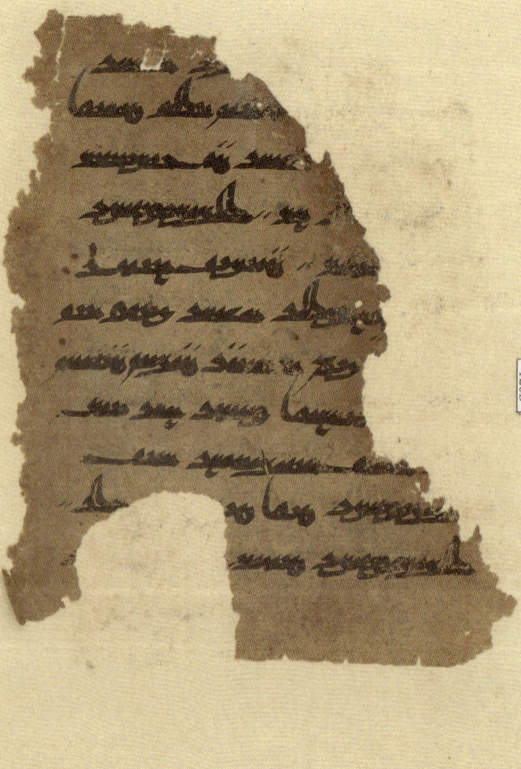

129B

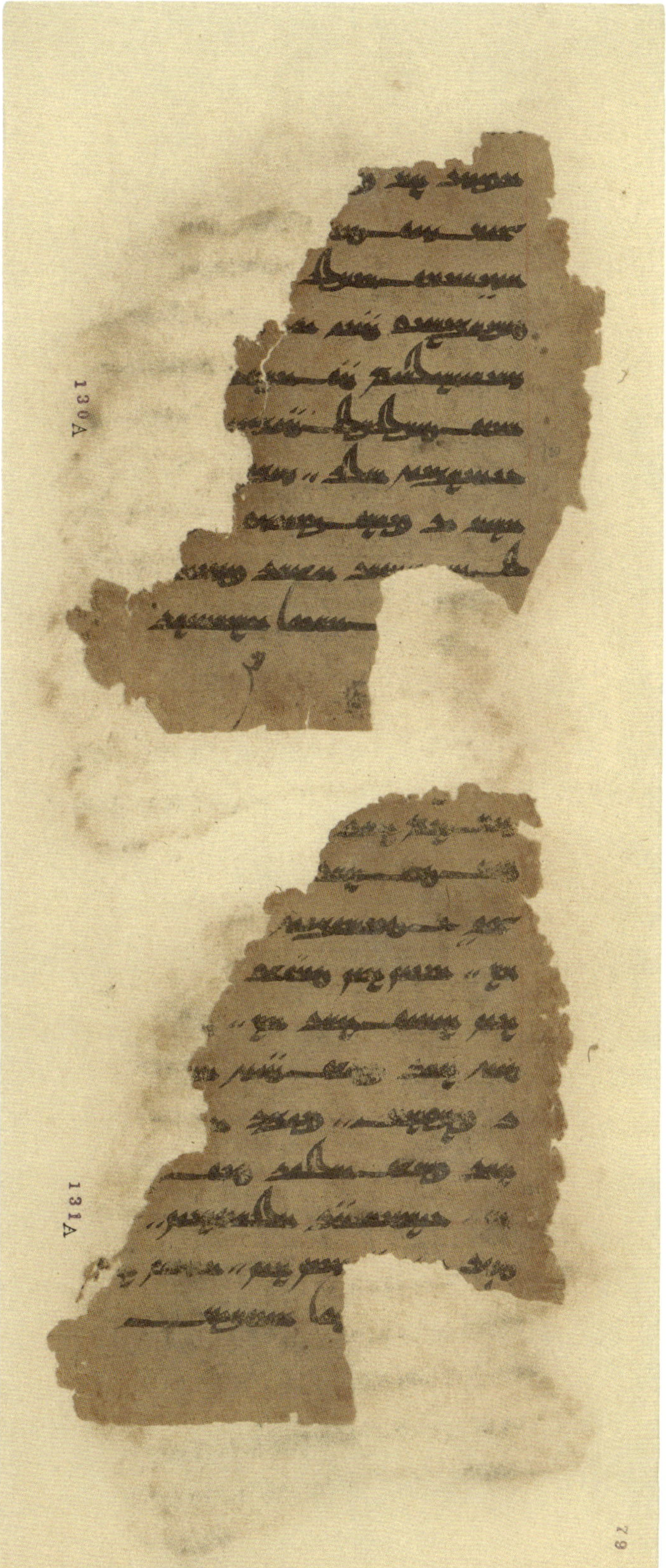
130A
131A
79

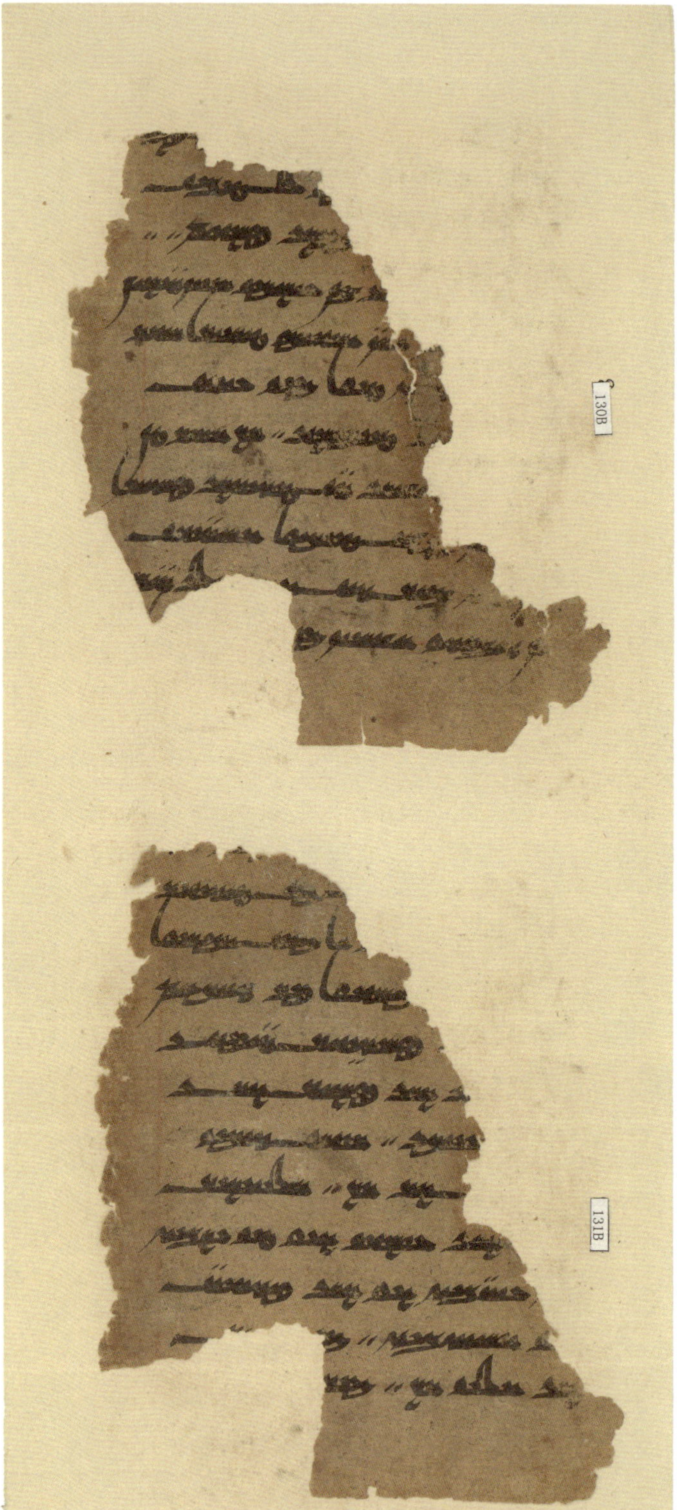
130B
131B

132A
133A(165
80

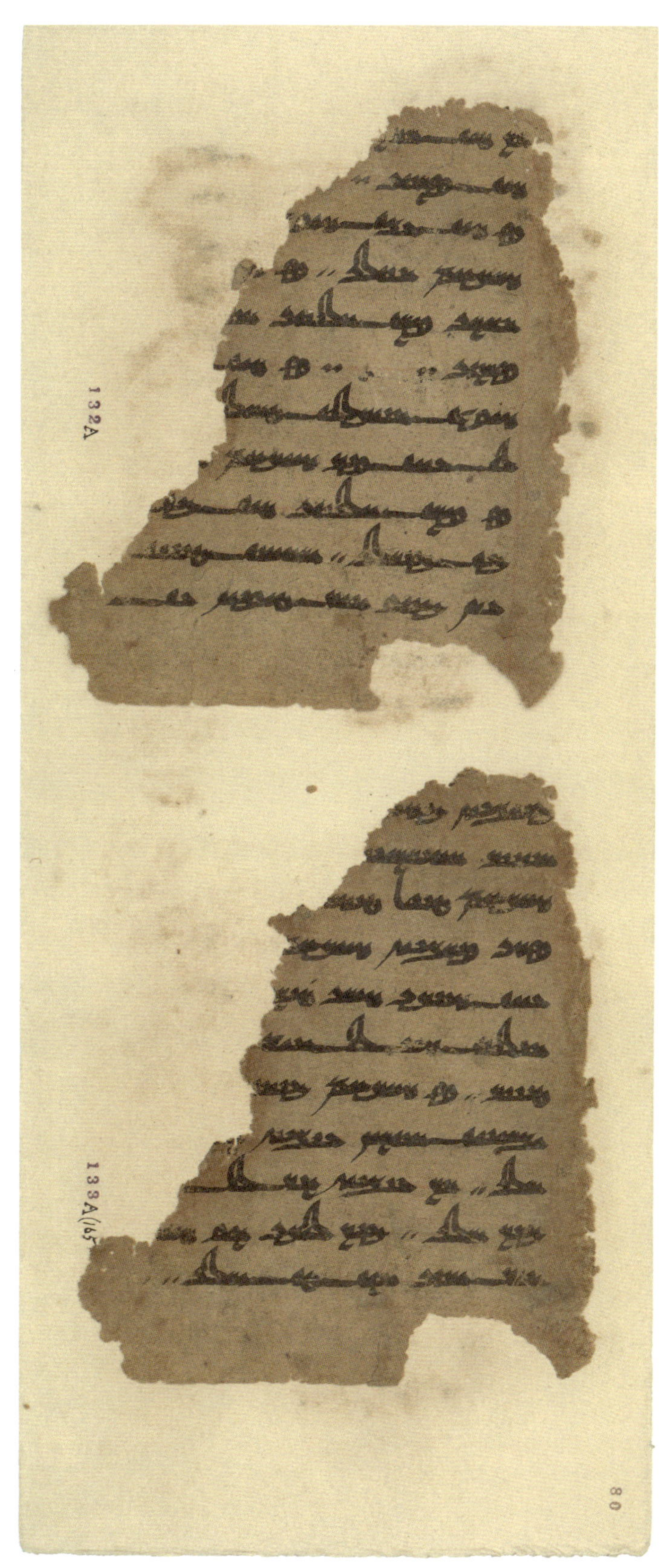

132 B
133B

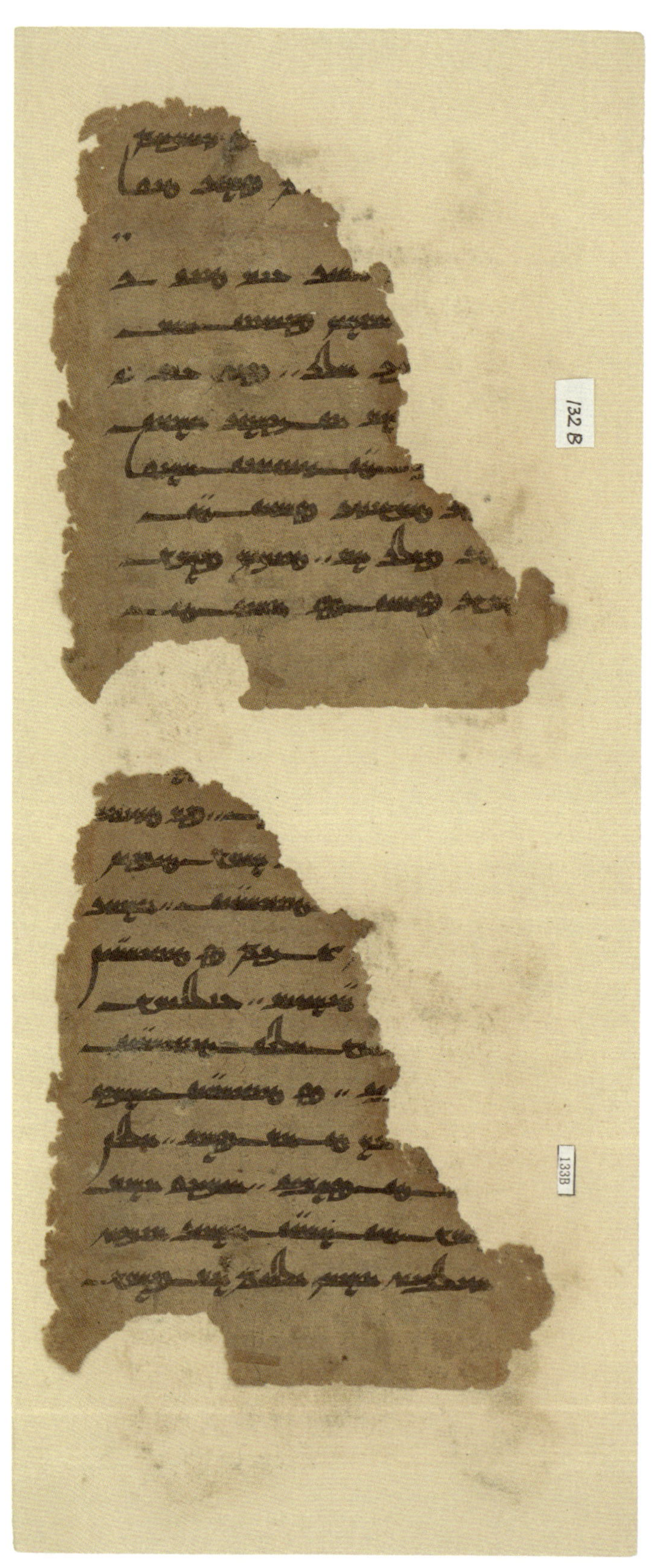

134A(164)
135A
81

134B

135B

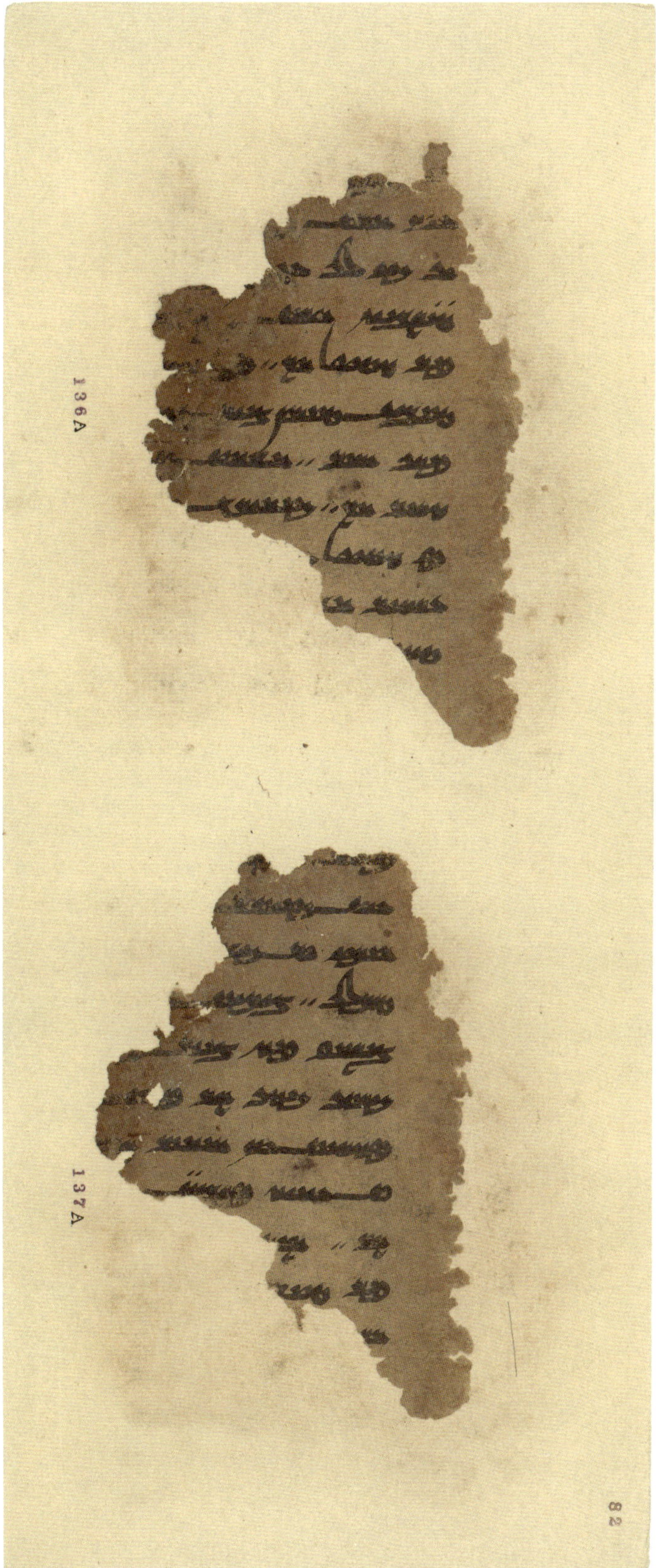
136A
137A
82

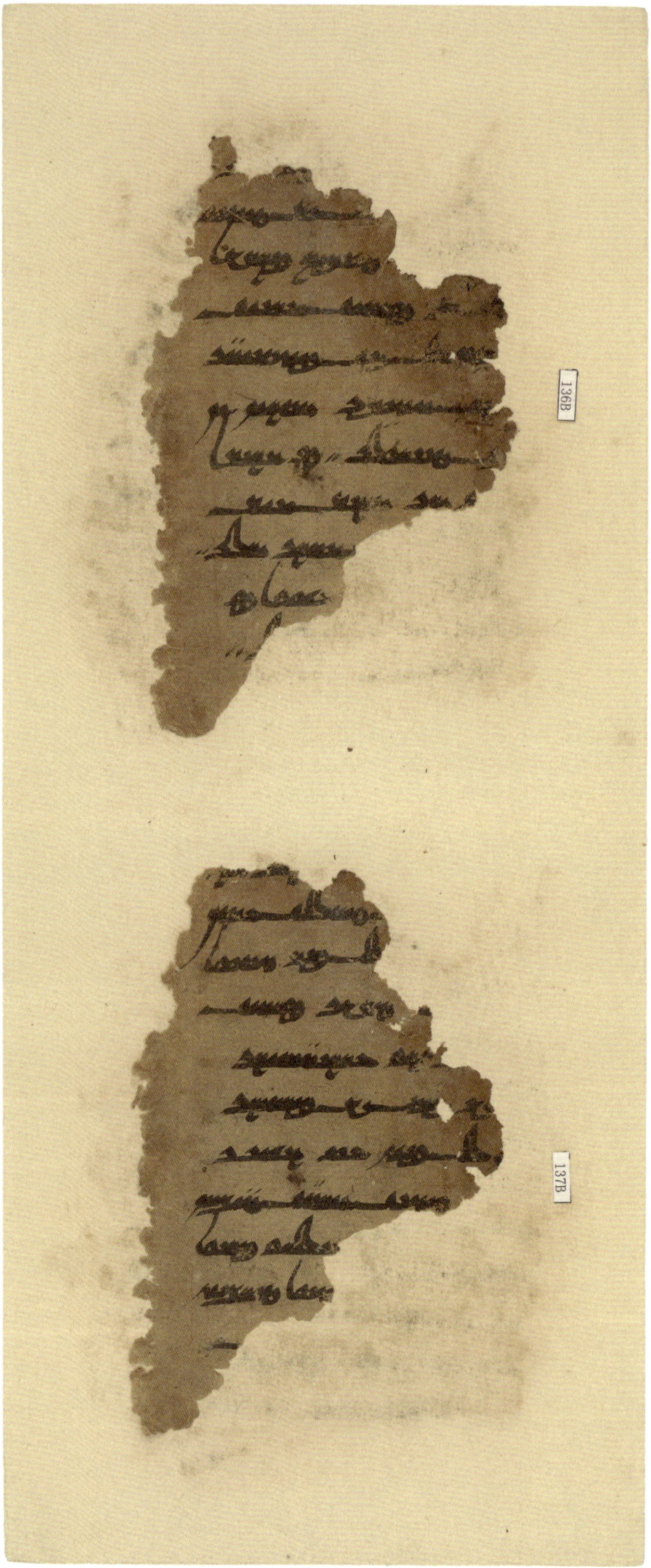
136B
137B

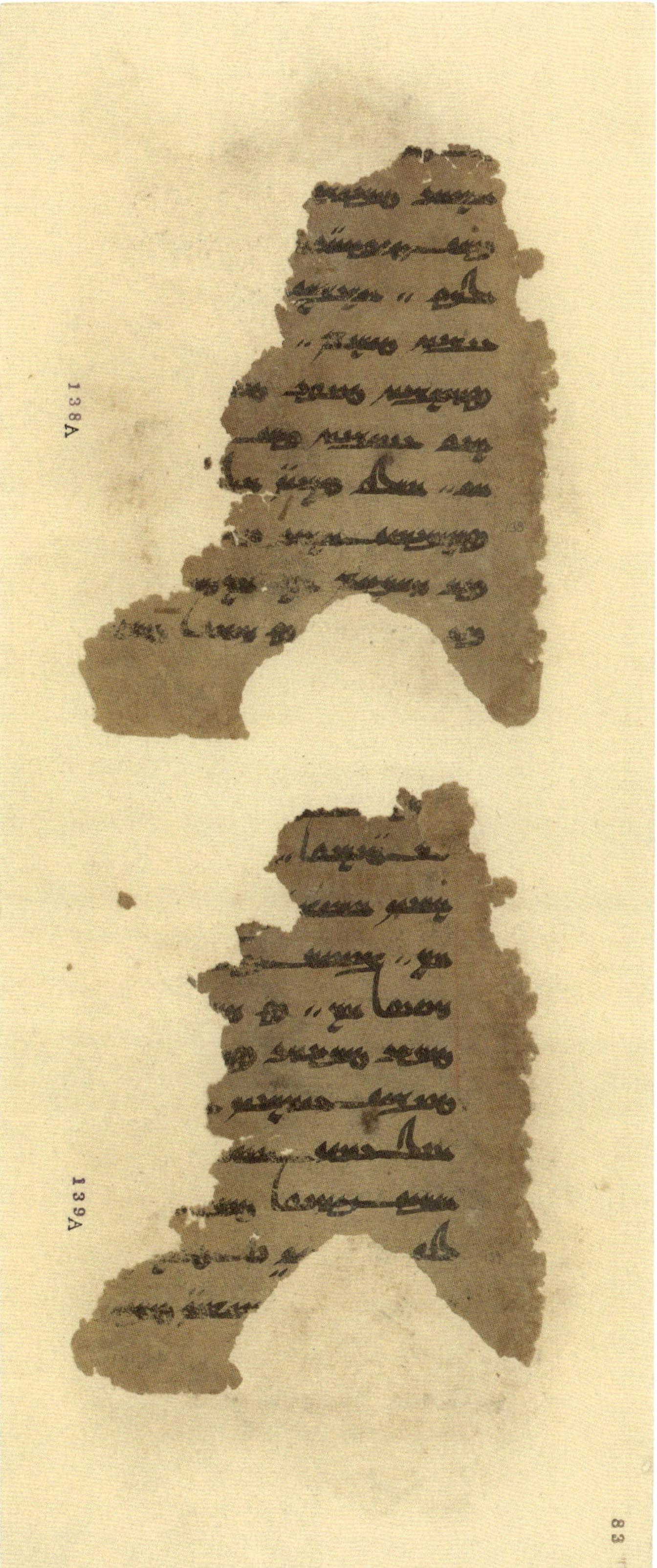
138A
139A
83

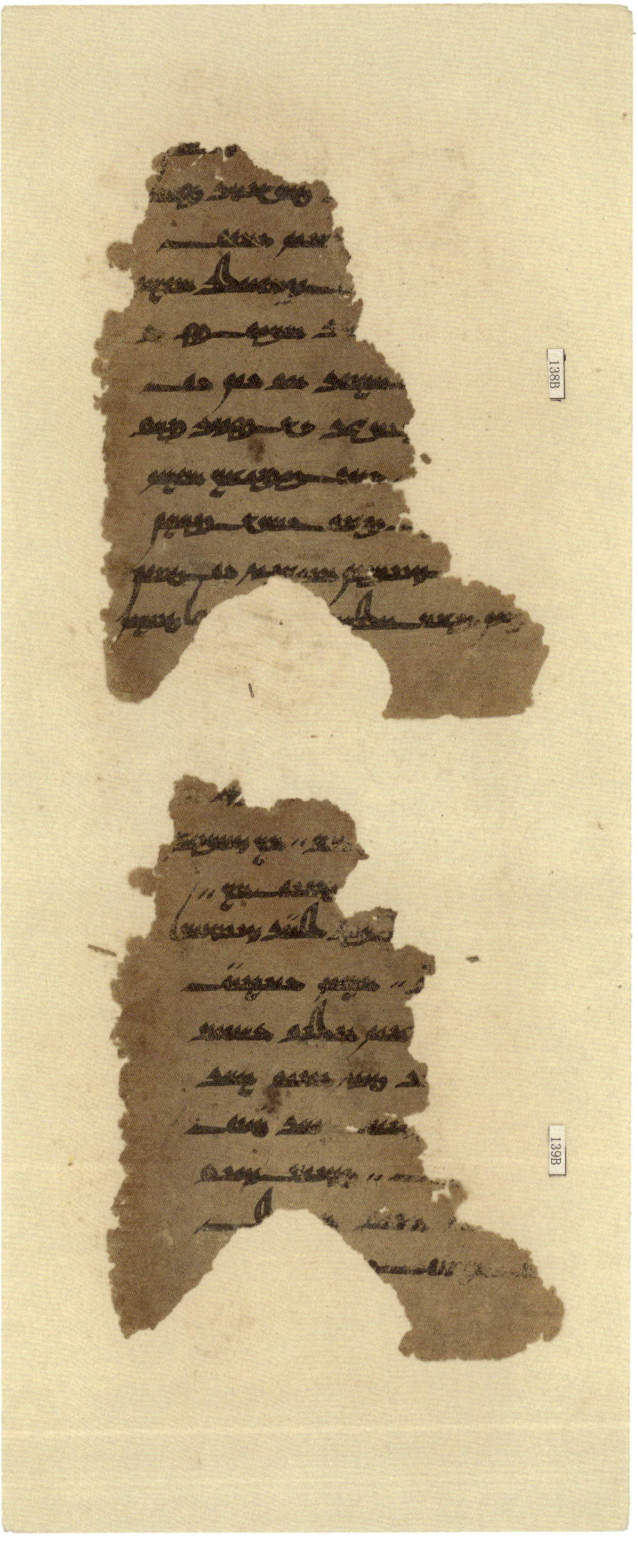
138B
139B

140A
141A
84

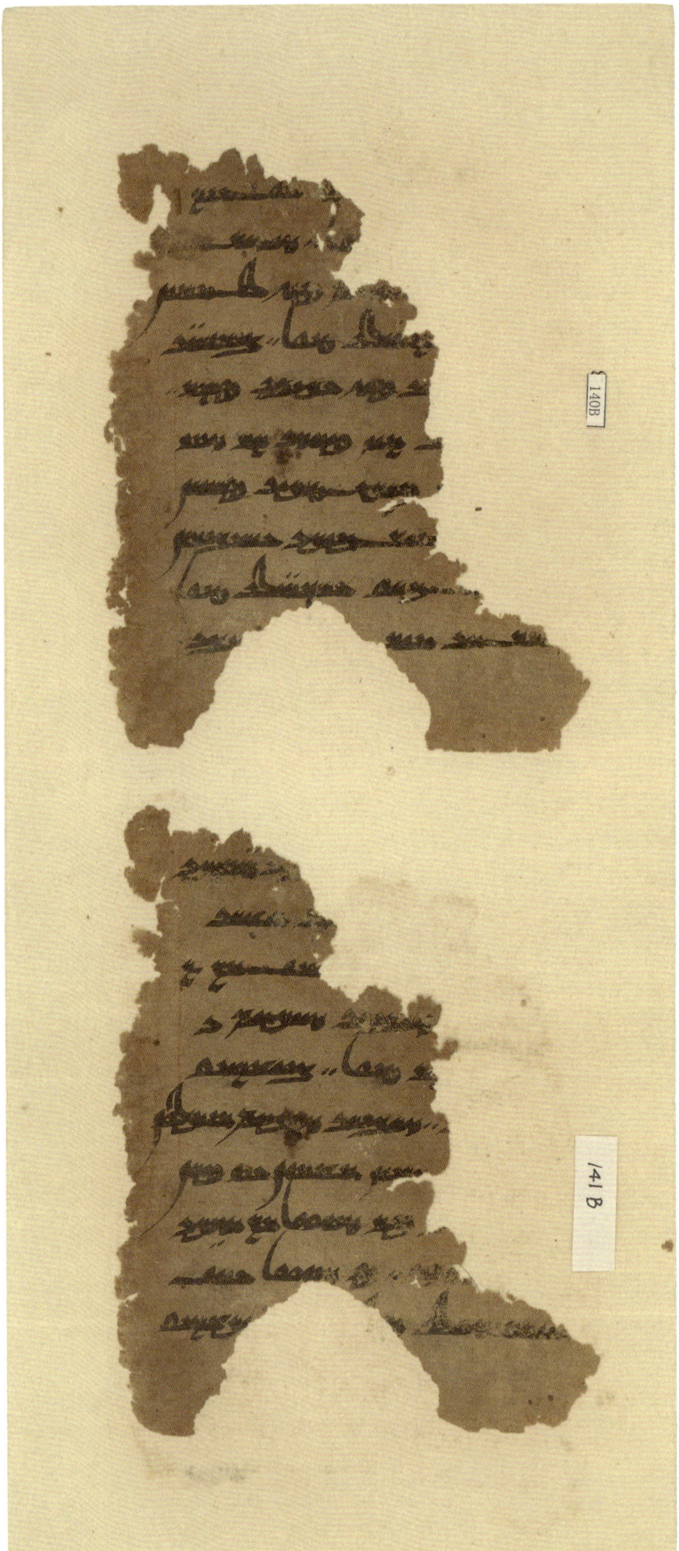
140B
141B

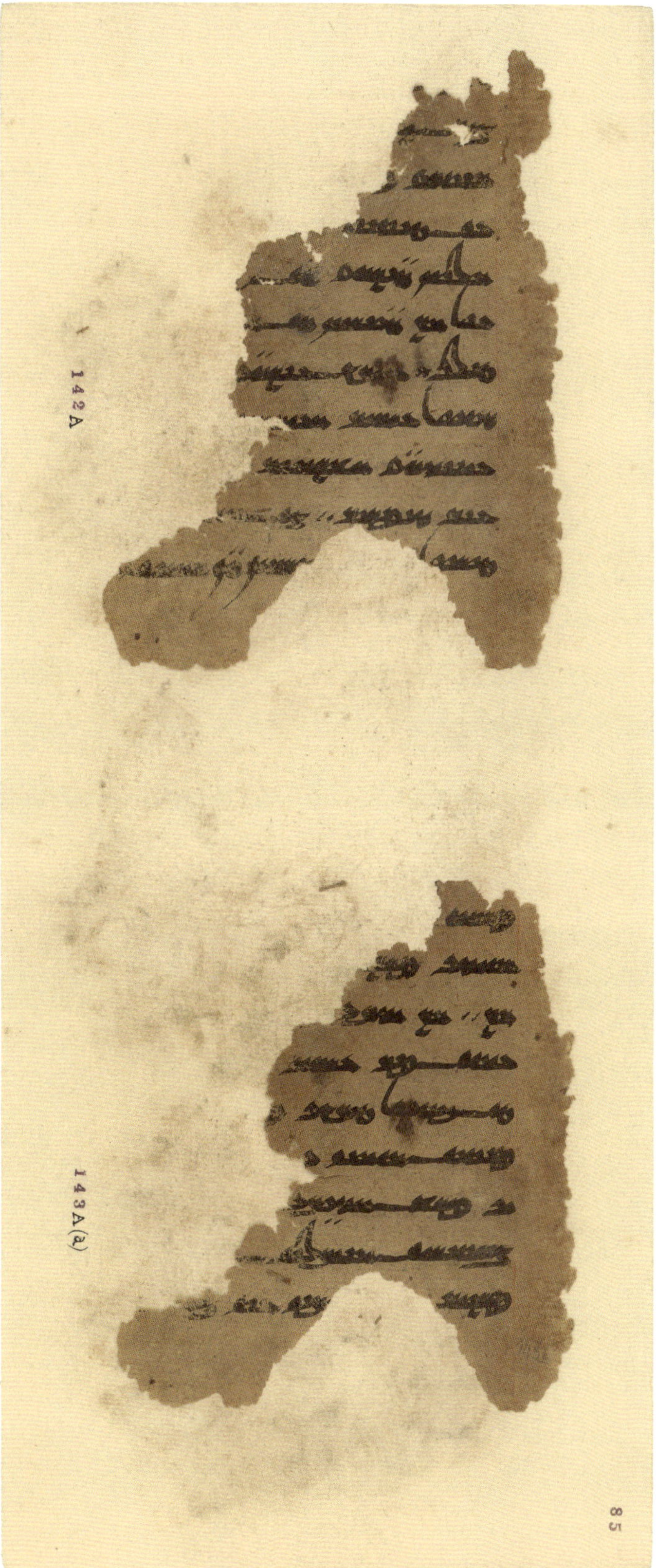
142A
143A(a)
85

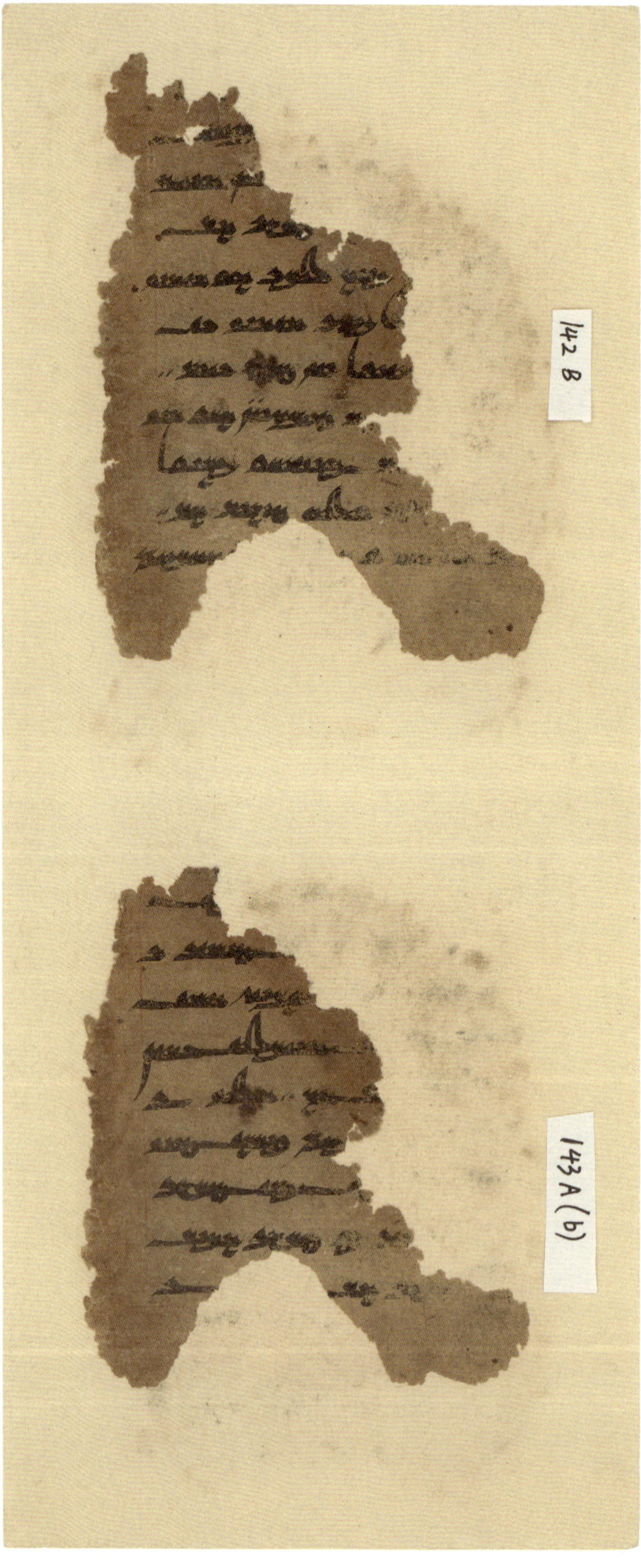
142 B
143 A (b)

143B(a)
144A
86

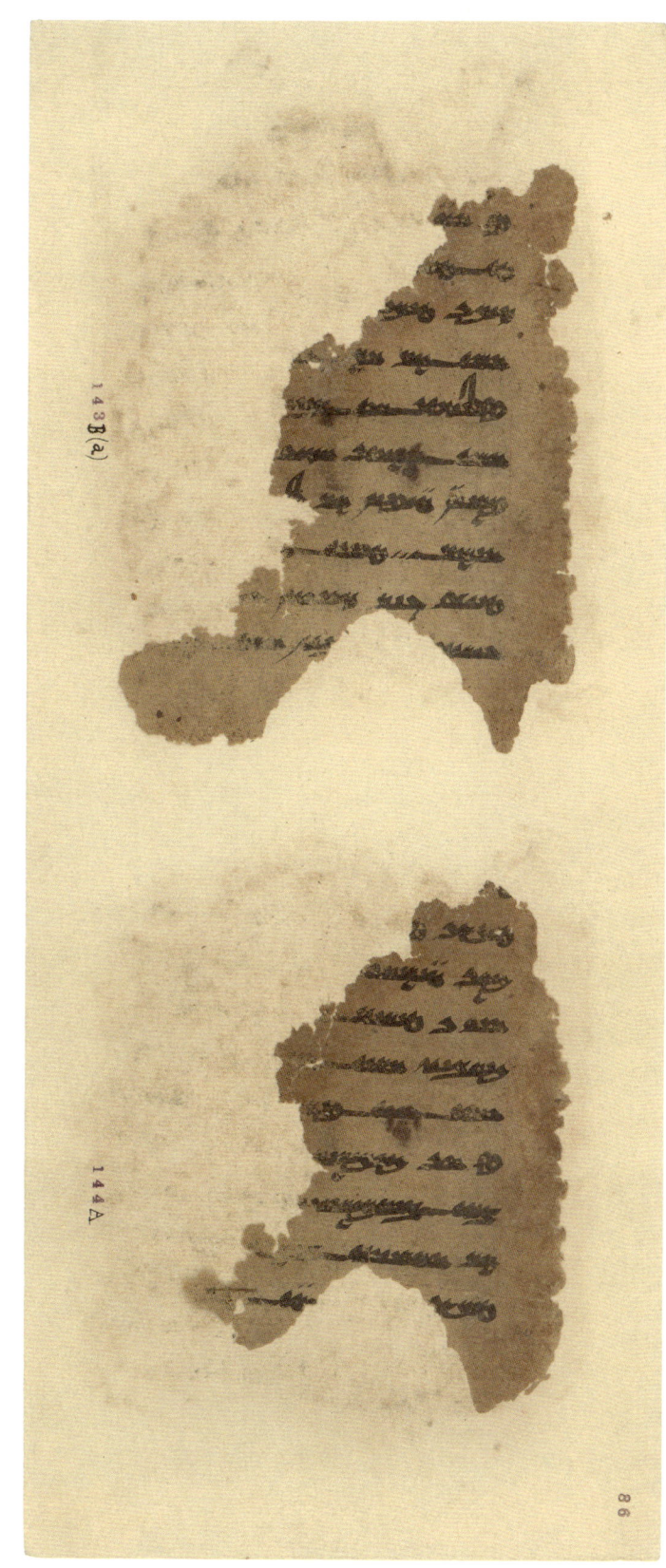

143B(6)
144B

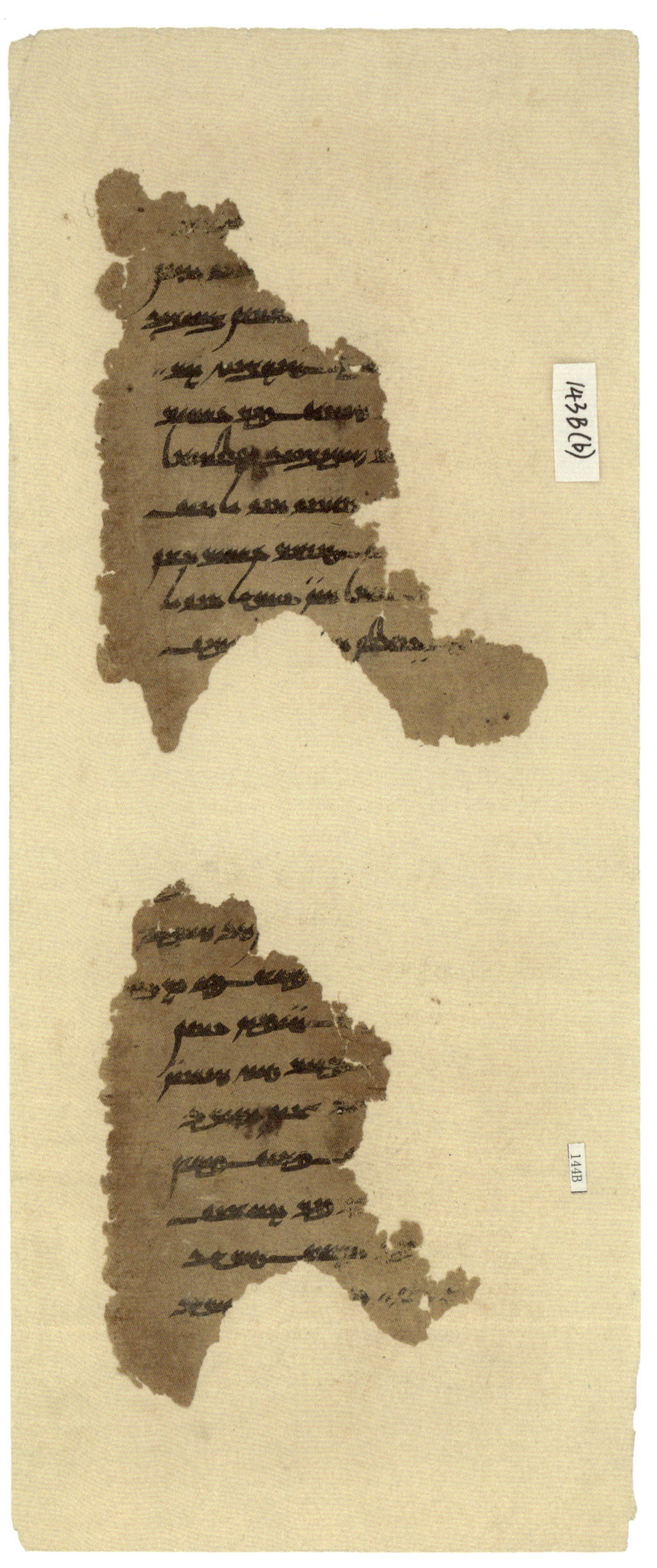

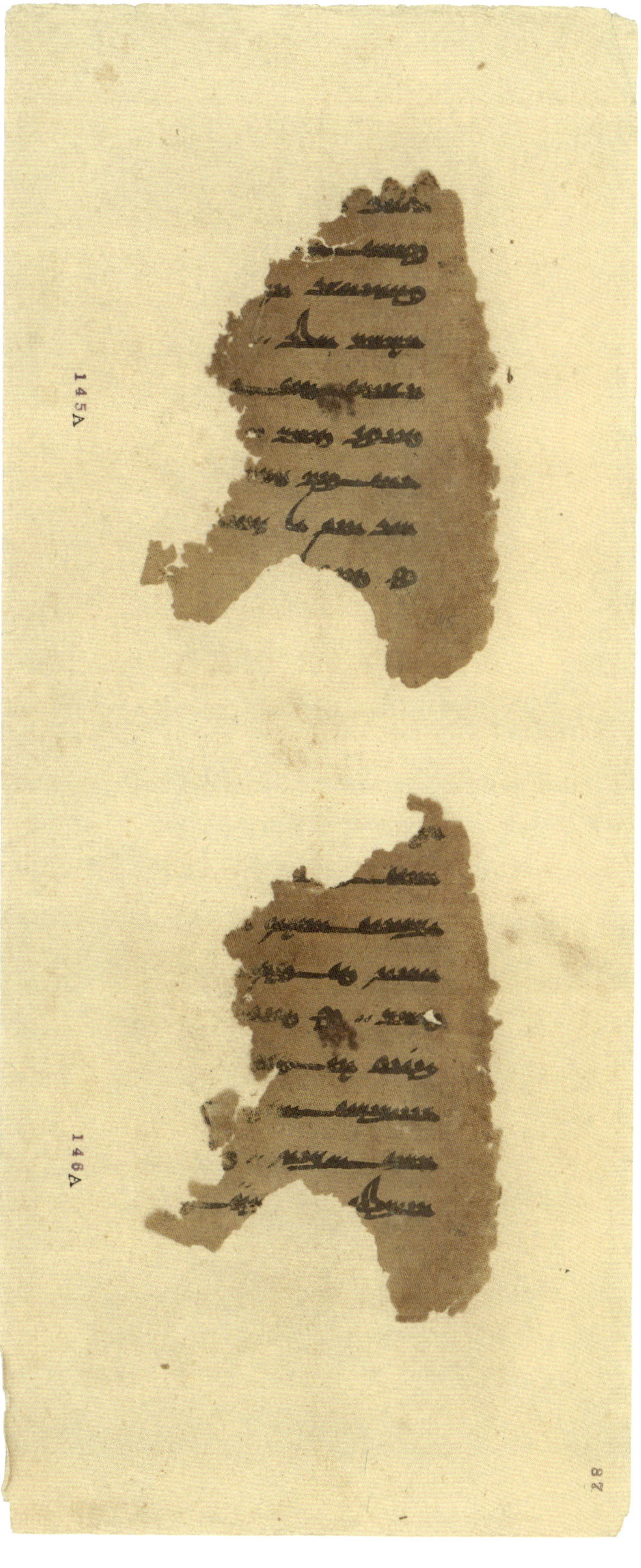
145A
146A
28

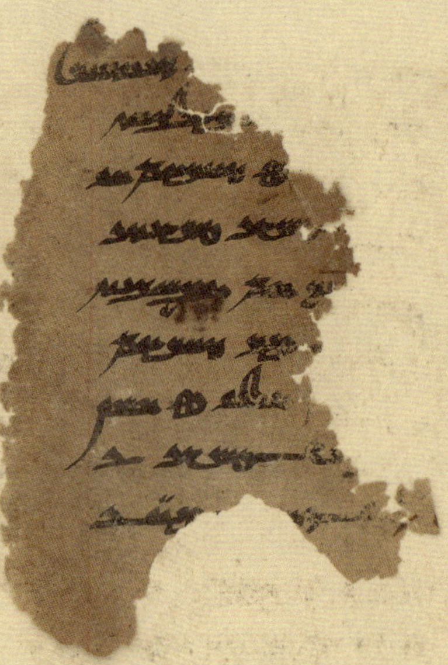

145B

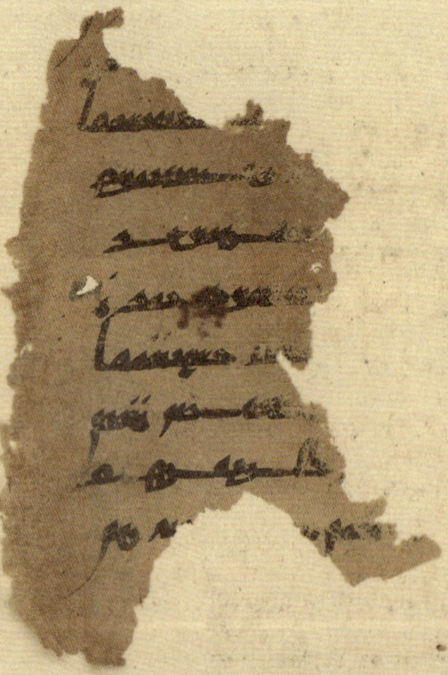

146B

147A
148A
88

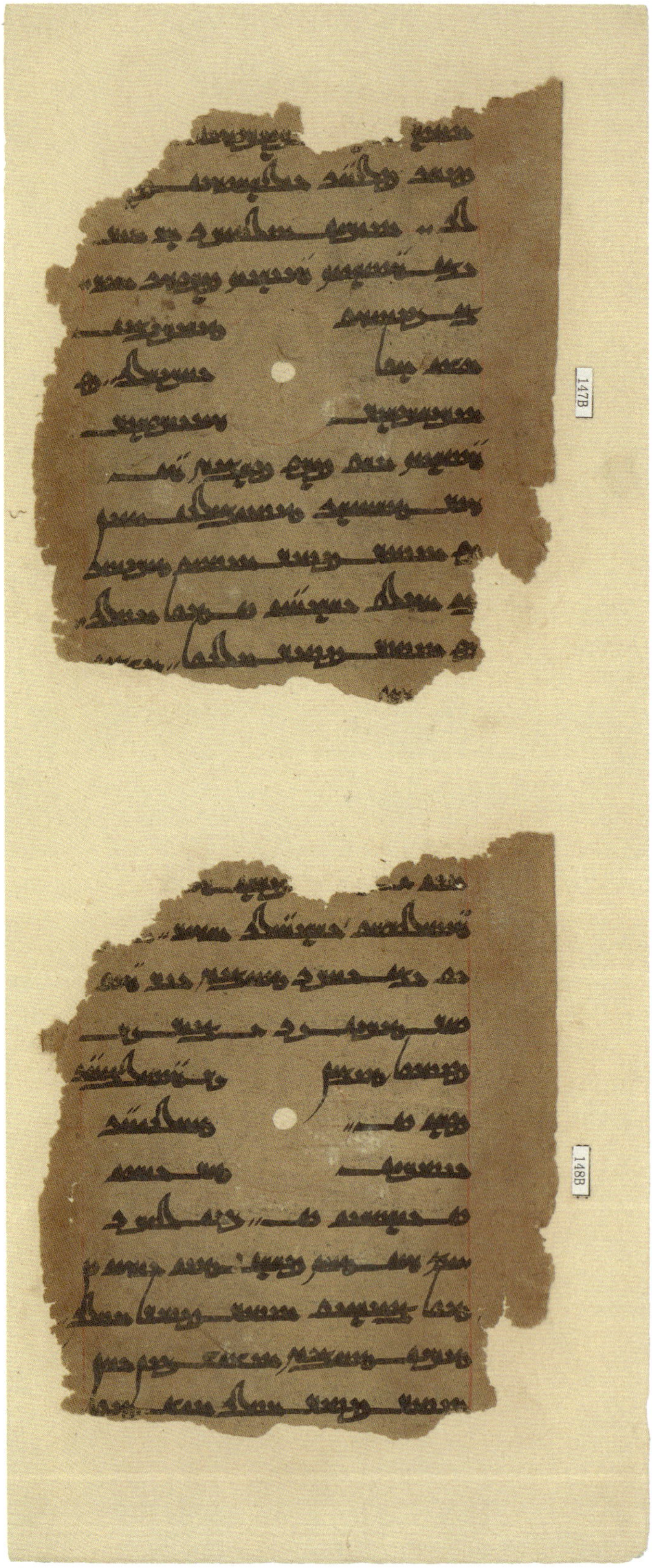
147B
148B

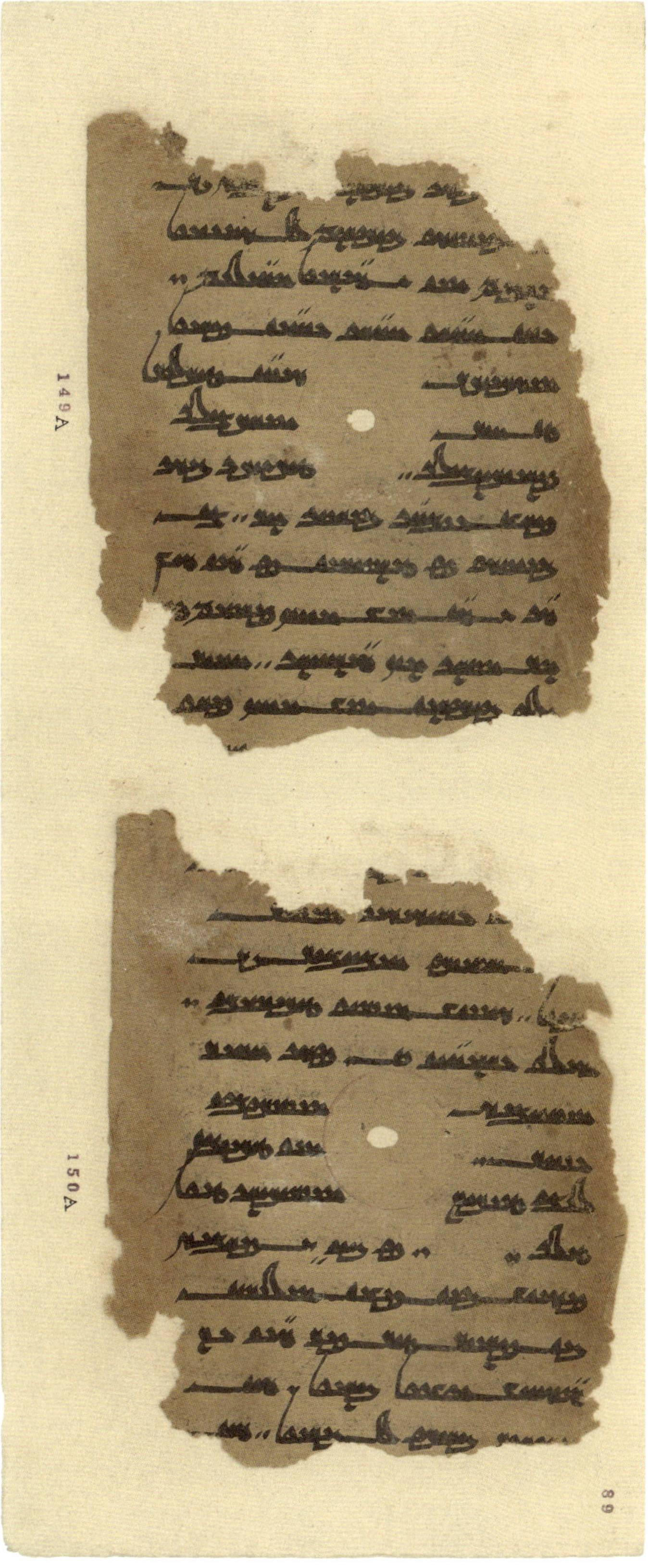
149A
150A
89

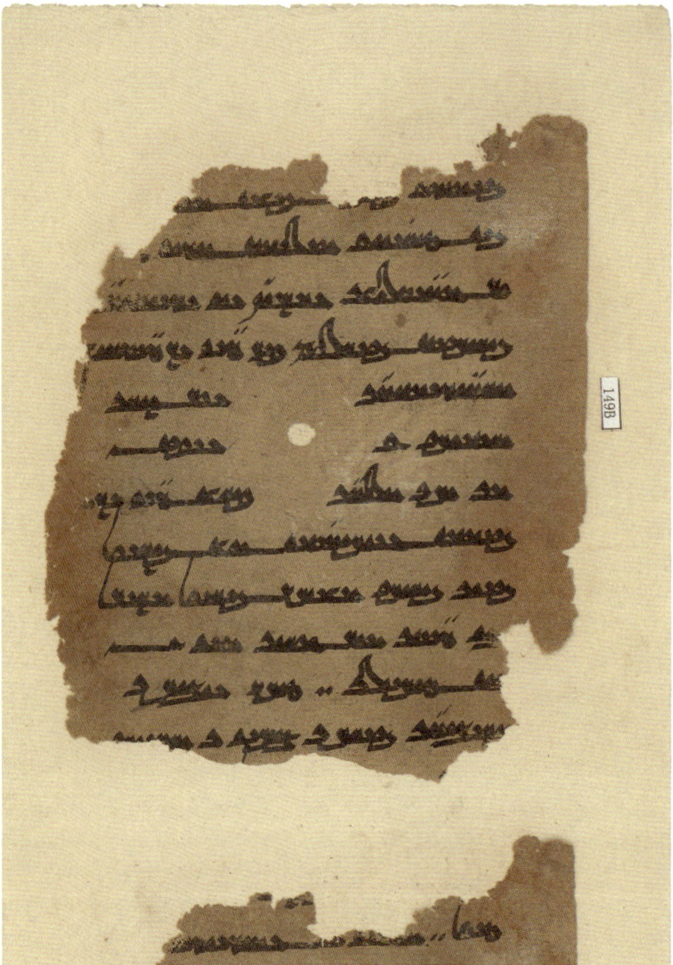
149B
150B

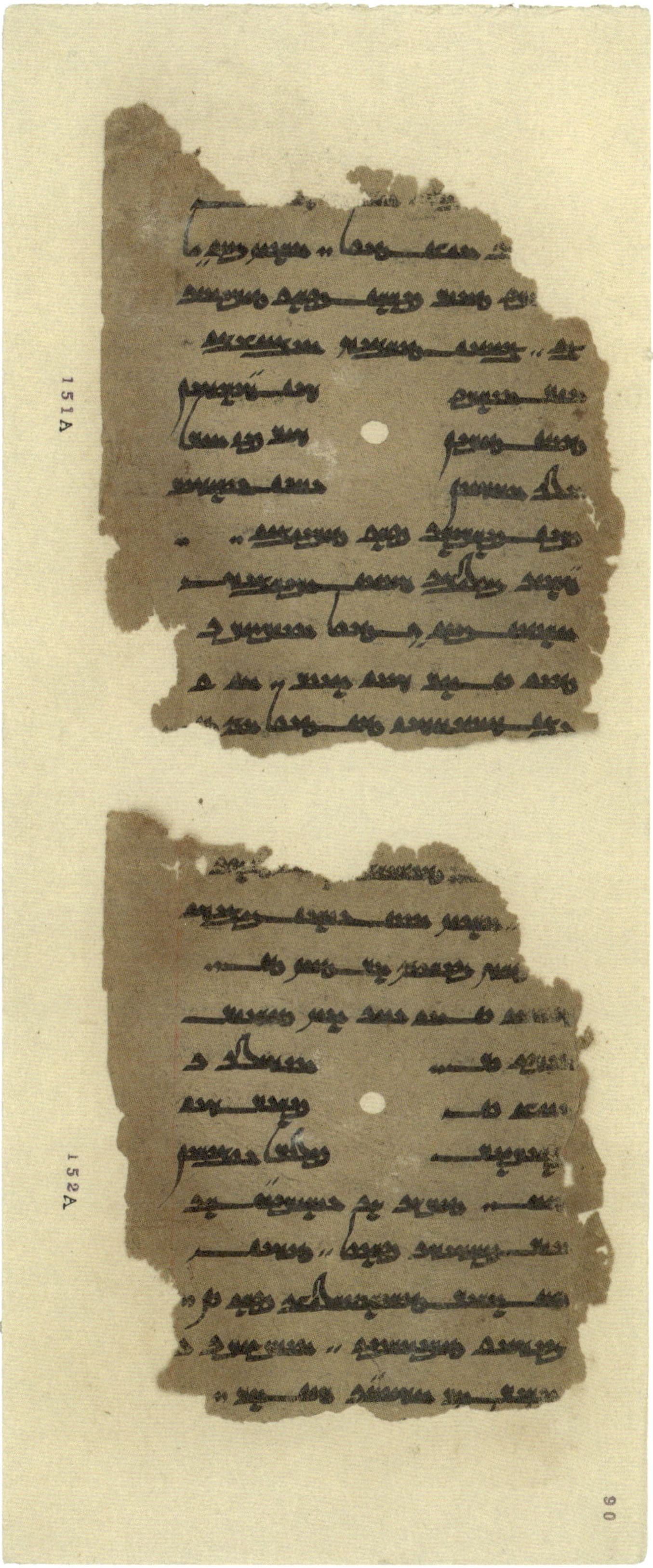
151A
152A
90

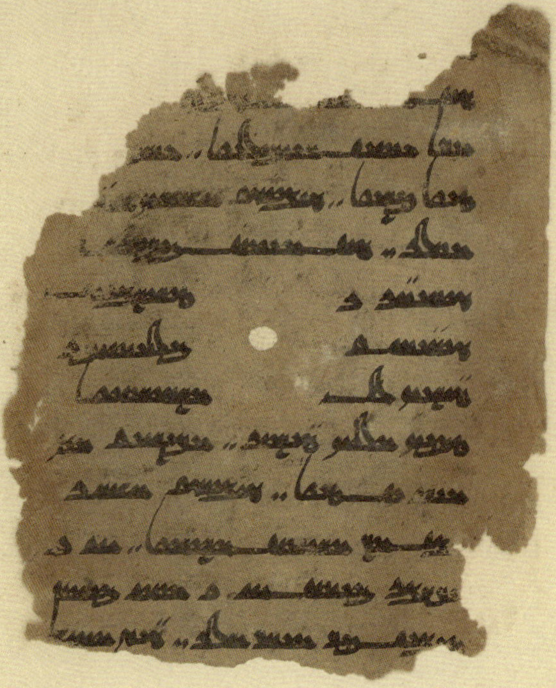

151B

152B

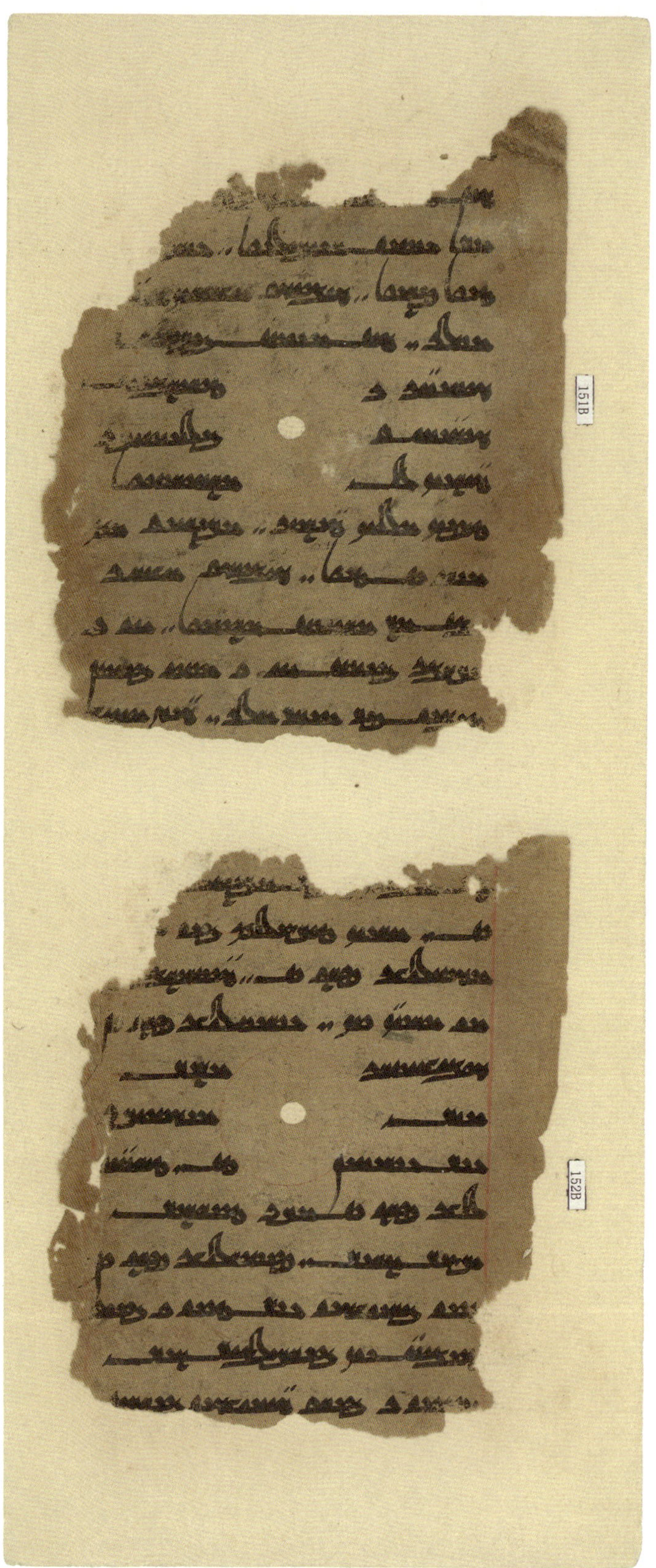

153A
154A
91

153B
154B

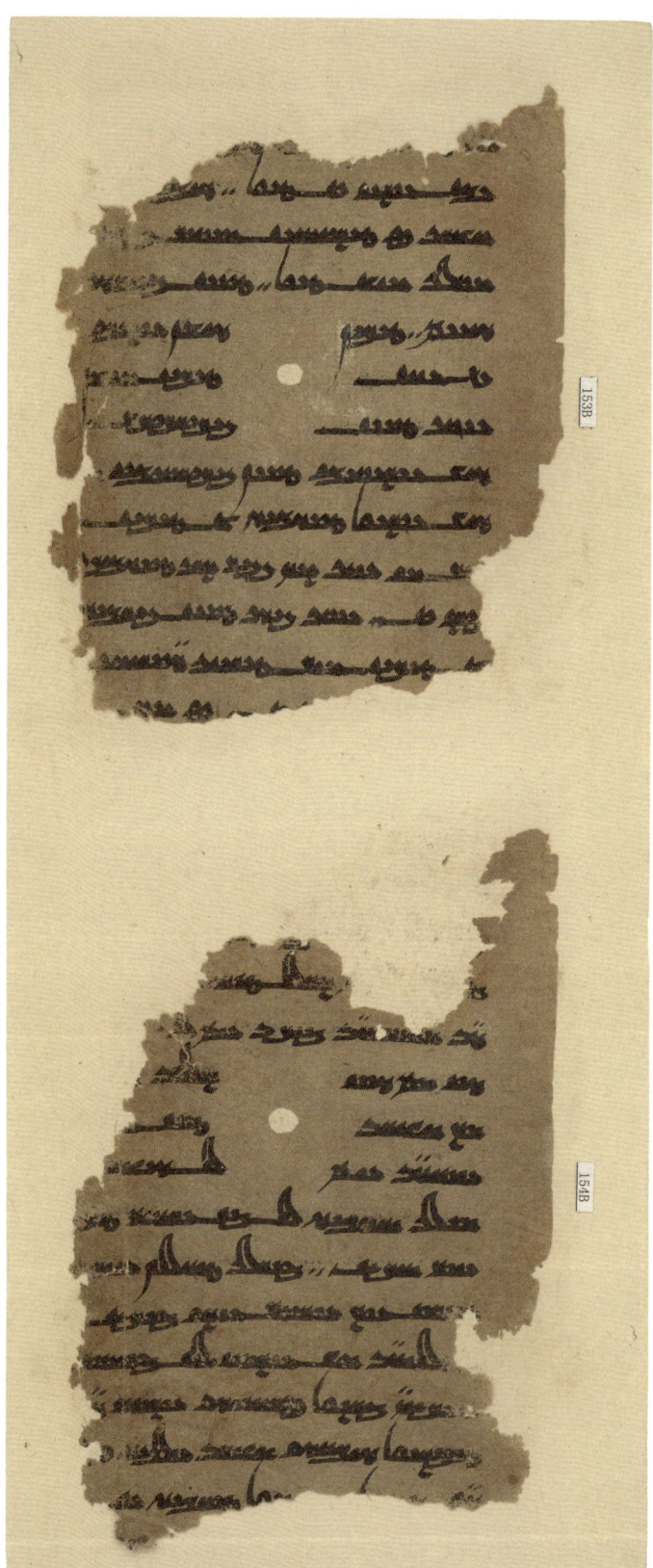

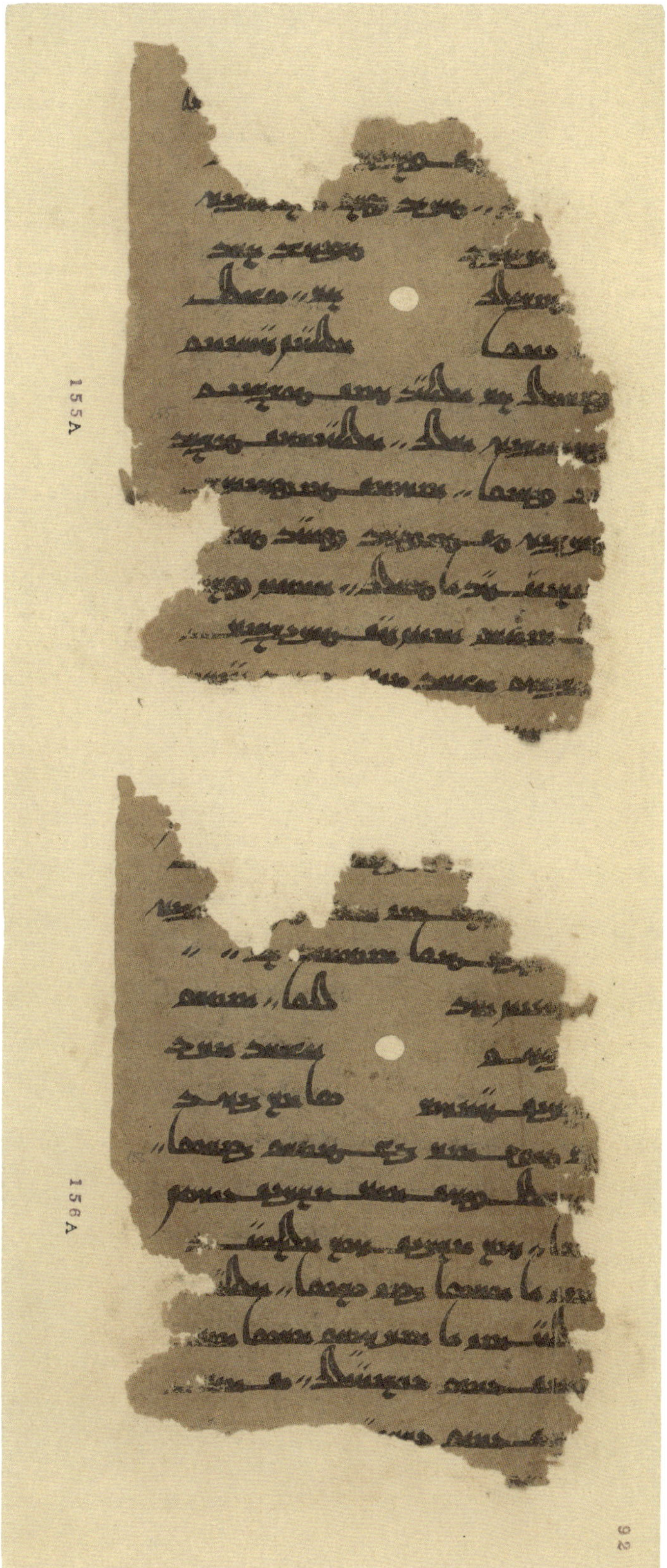
155A
156A
92

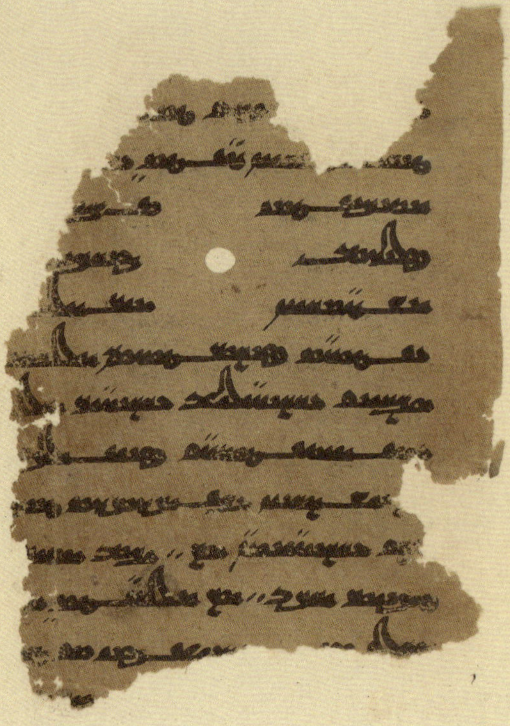

155B

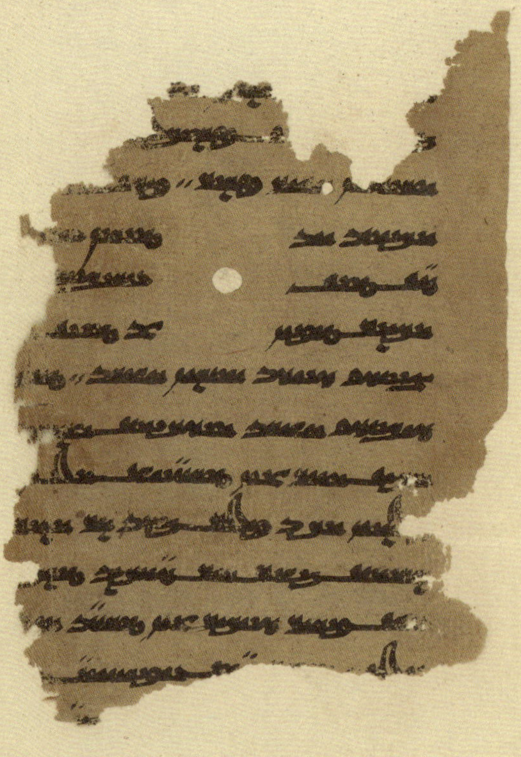

156B

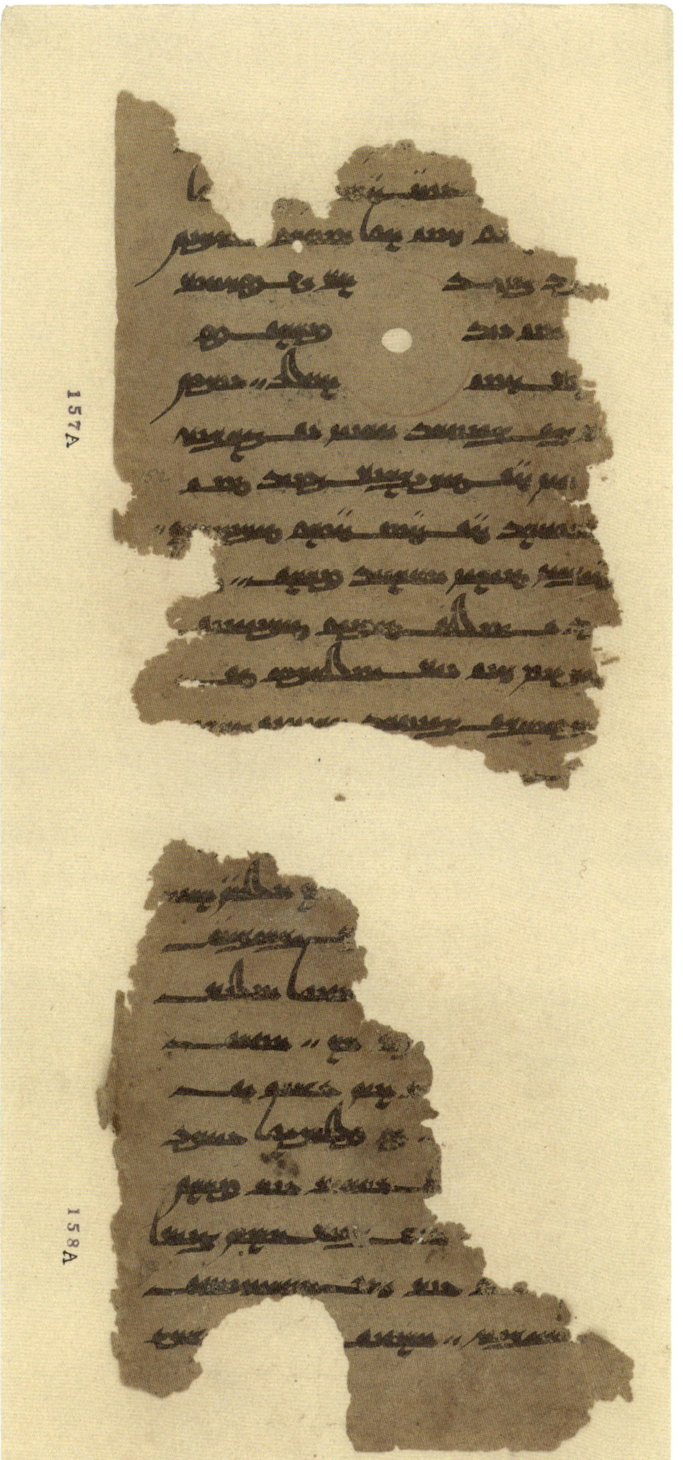

回鶻文　大唐大慈恩寺三藏法師傳一

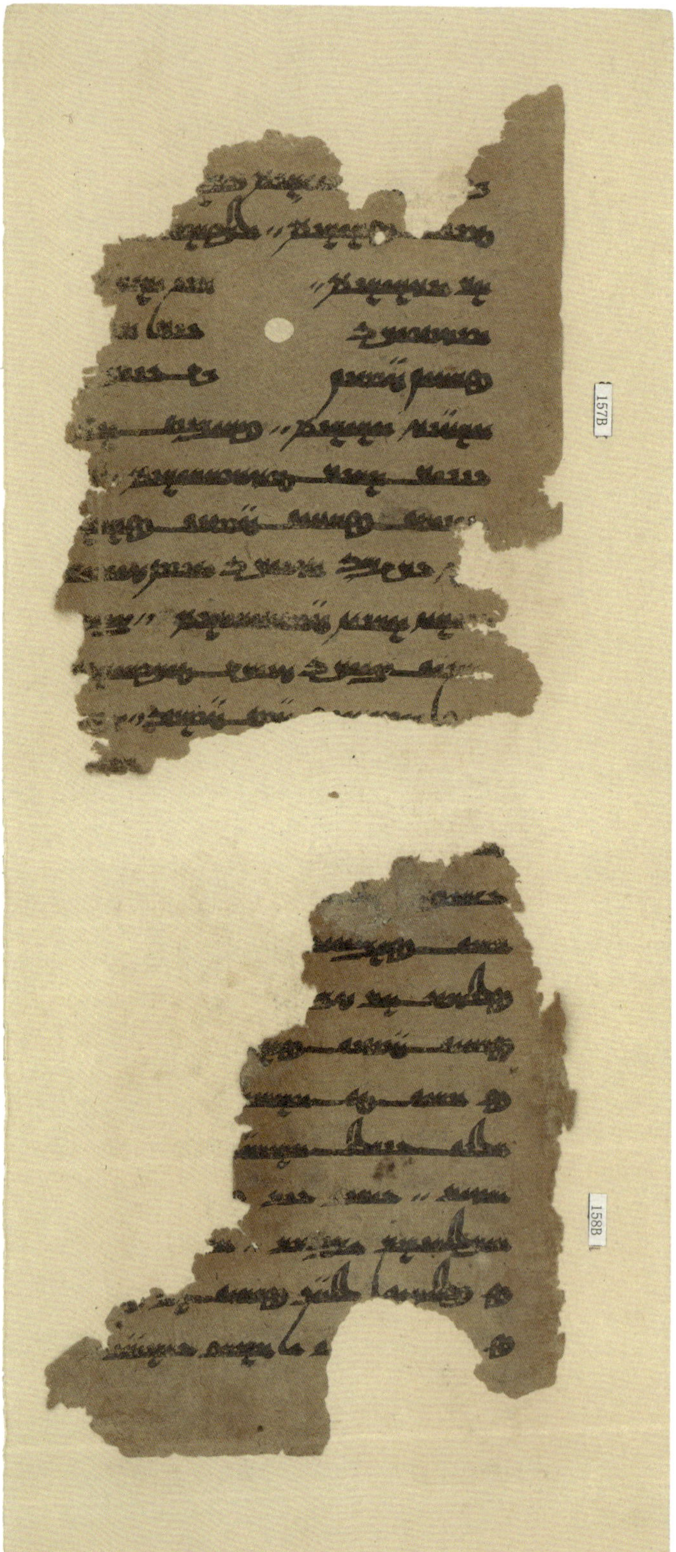
157B
158B

159A
160A
94

159B
160 B

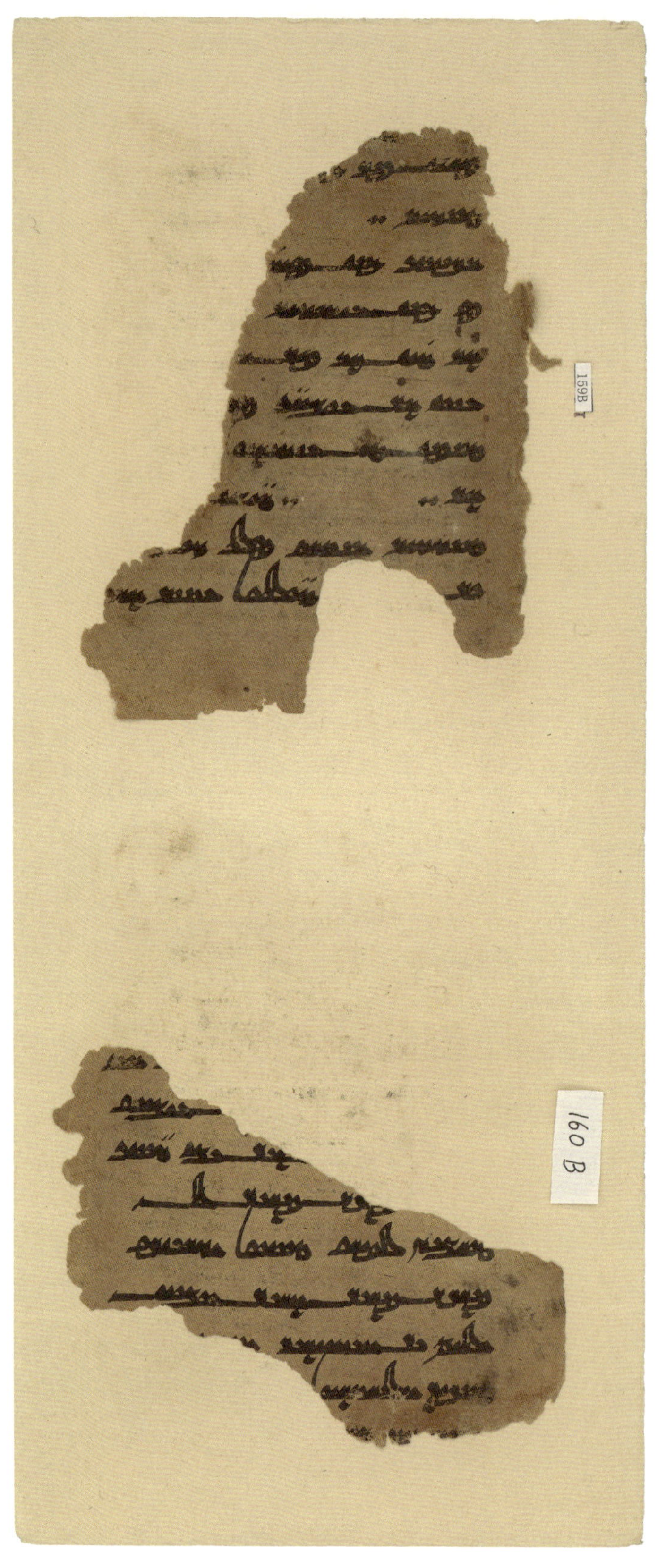

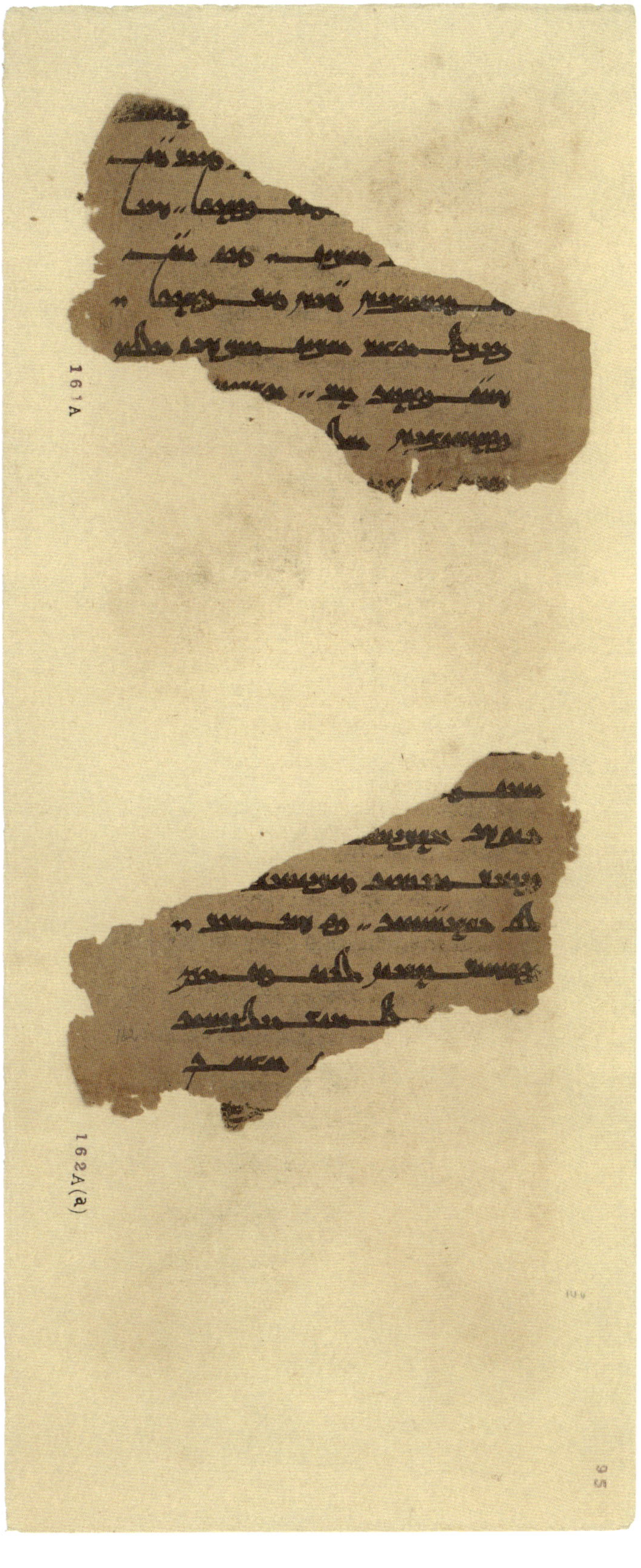
161A
162A(a)

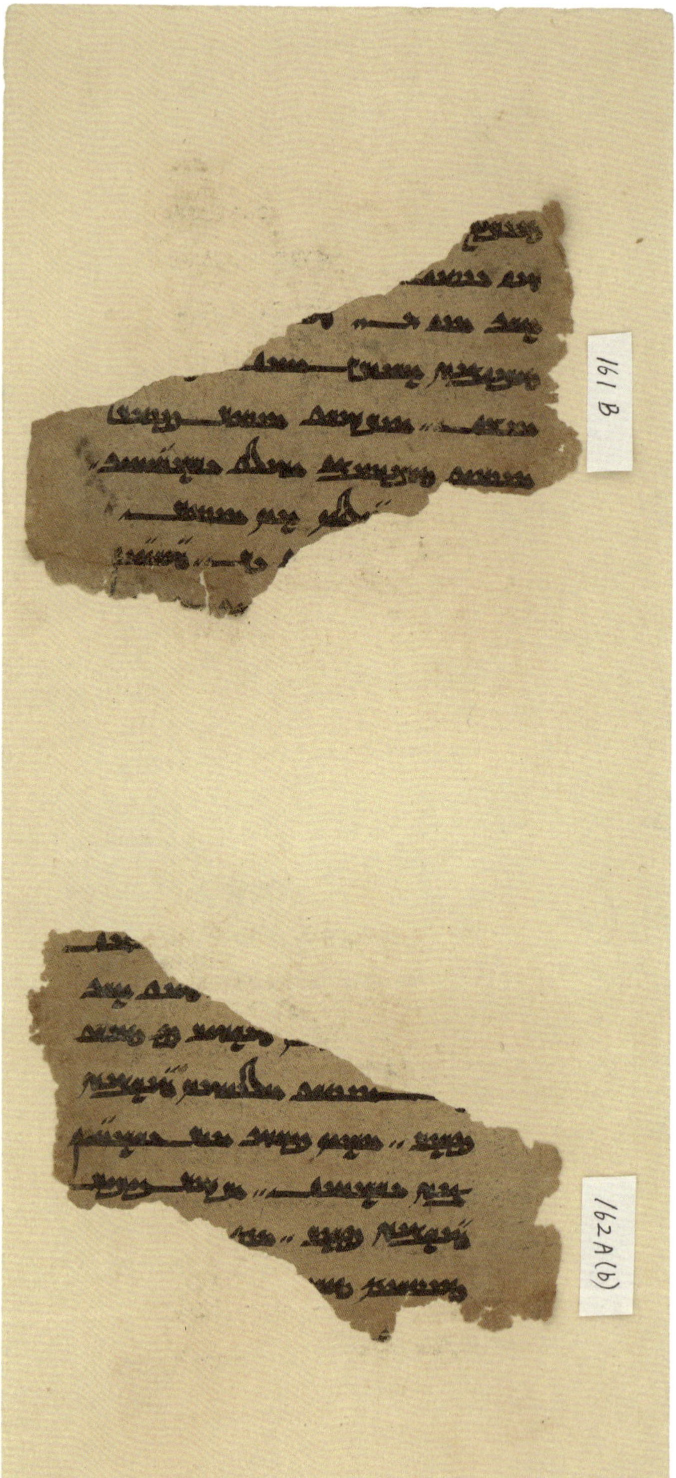
161 B
162A(b)

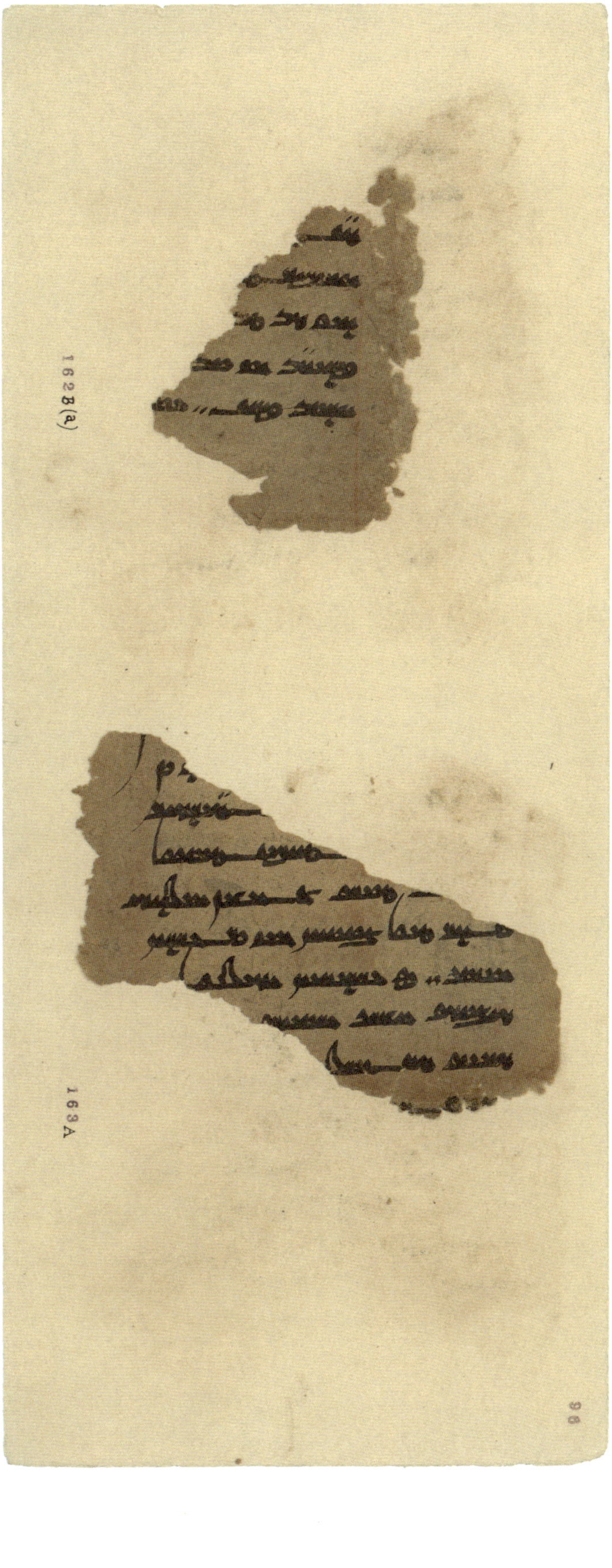

回鶻文　大唐大慈恩寺三藏法師傳　一

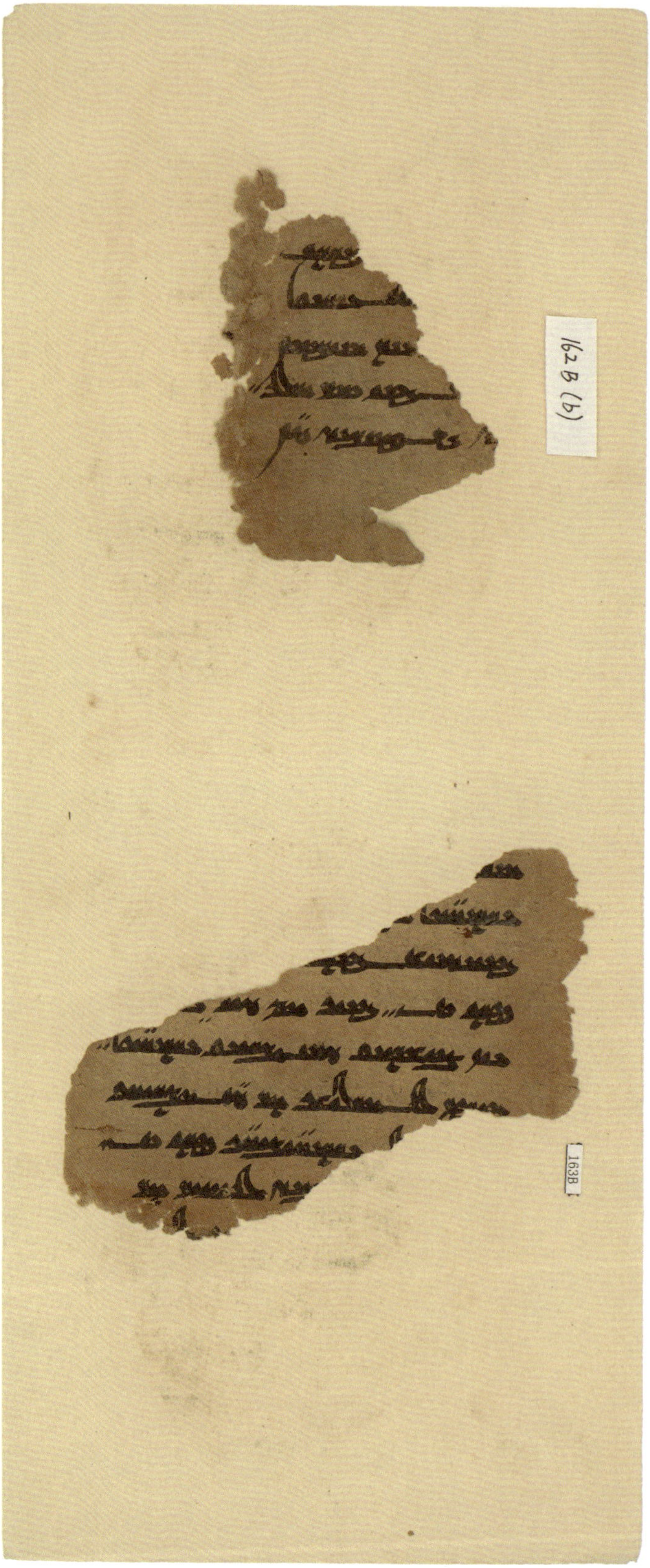
162B (b)
163B

184A
185A
97

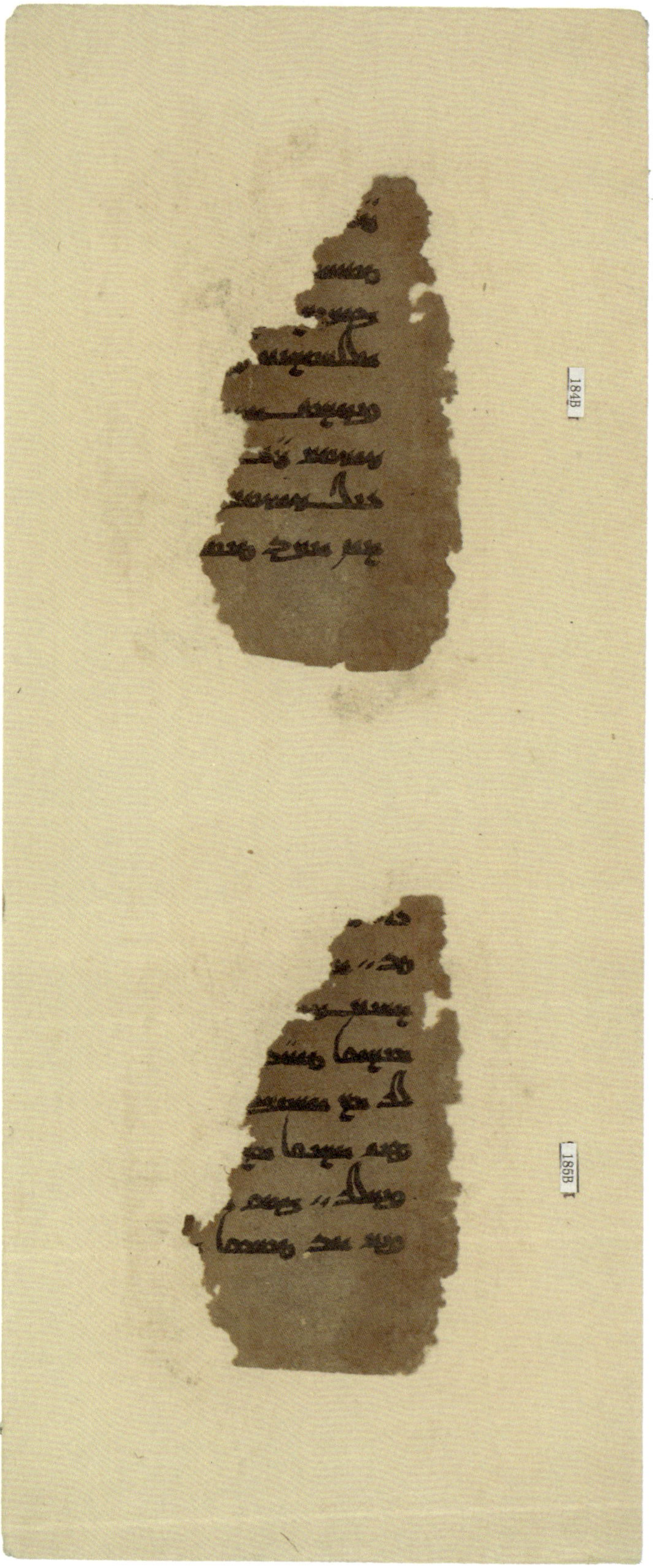
184B
185B

186A
187A
98

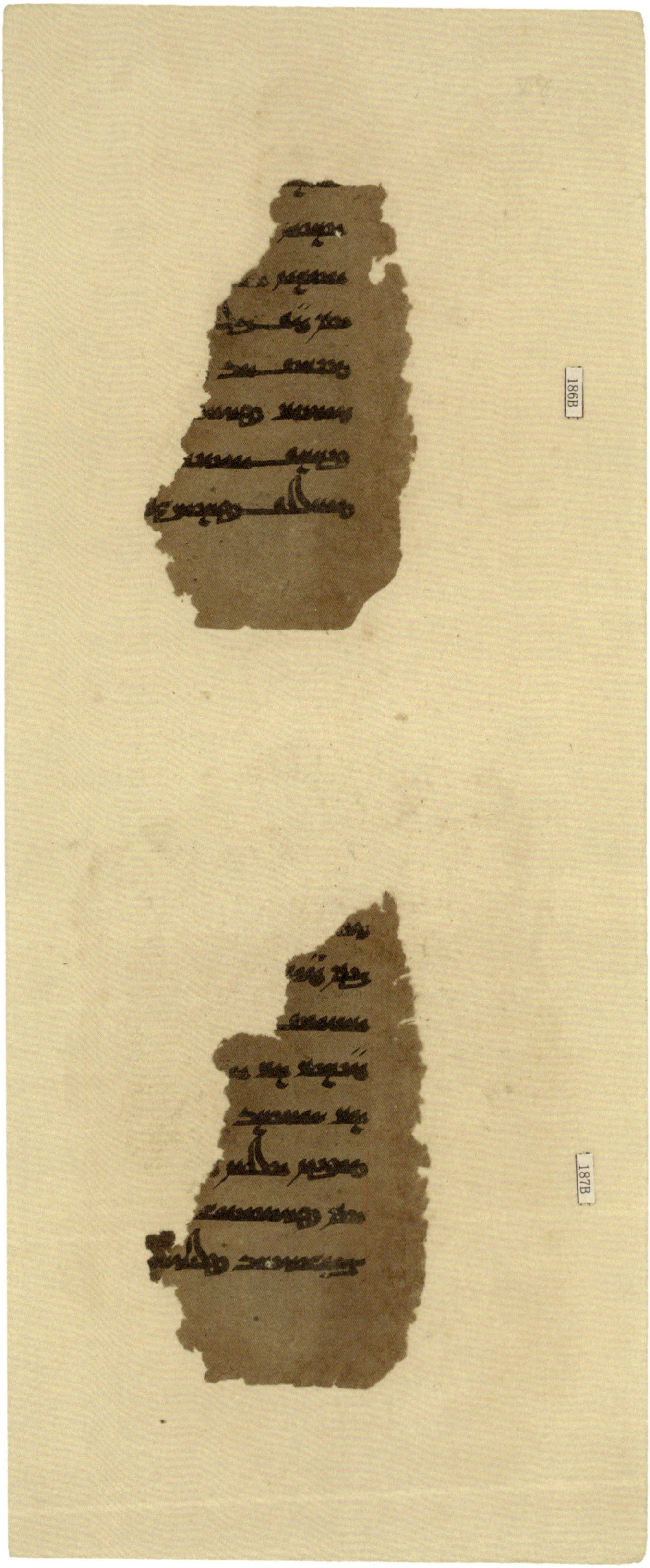
186B
187B

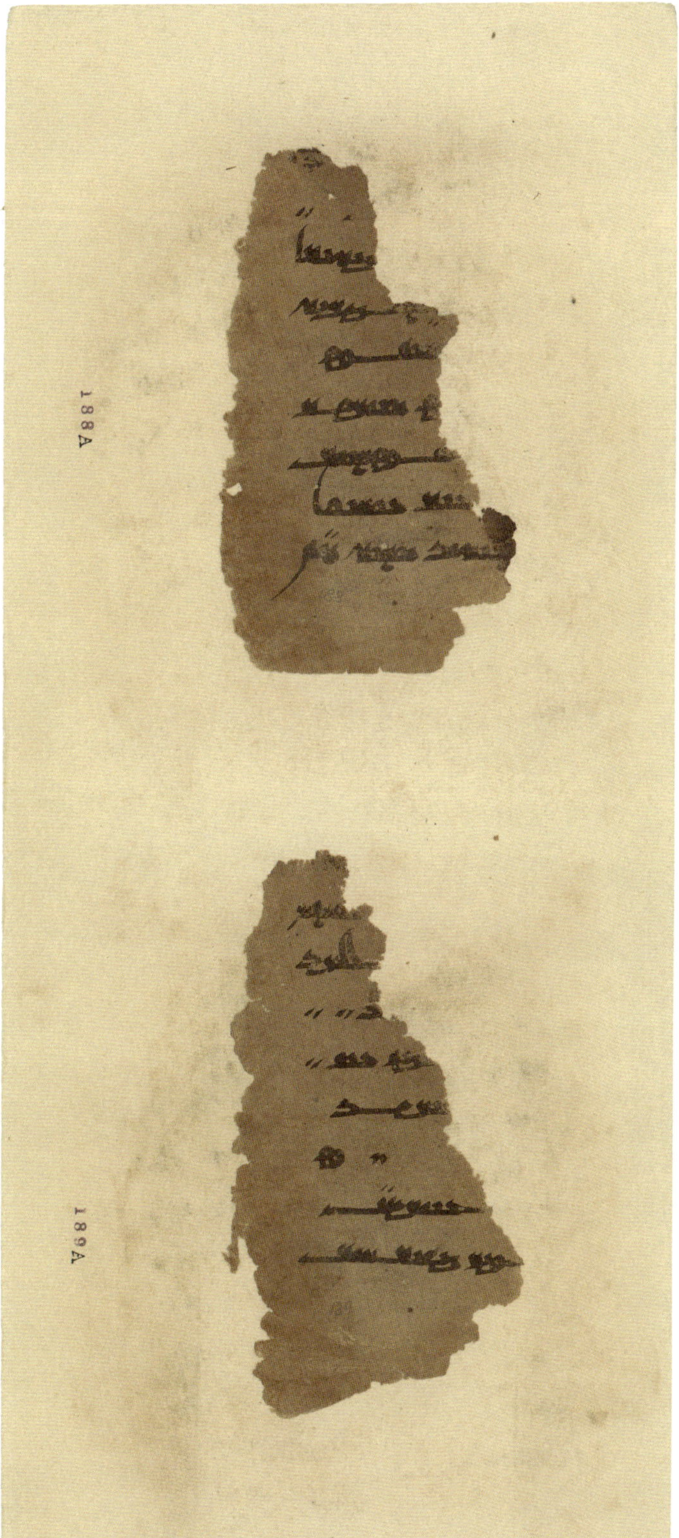

回鶻文　大唐大慈恩寺三藏法師傳　一

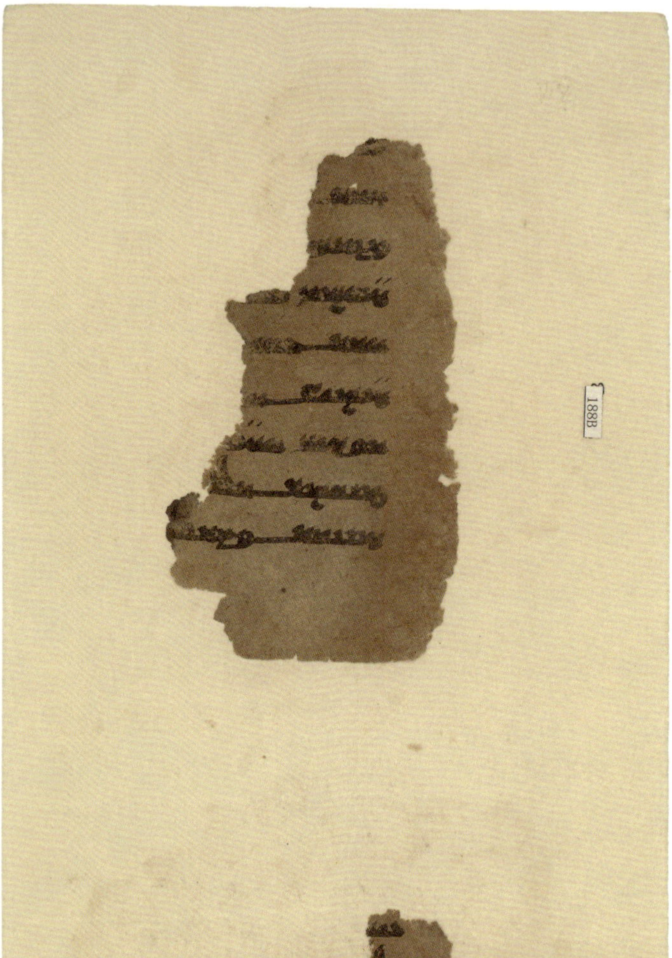
188B
189B

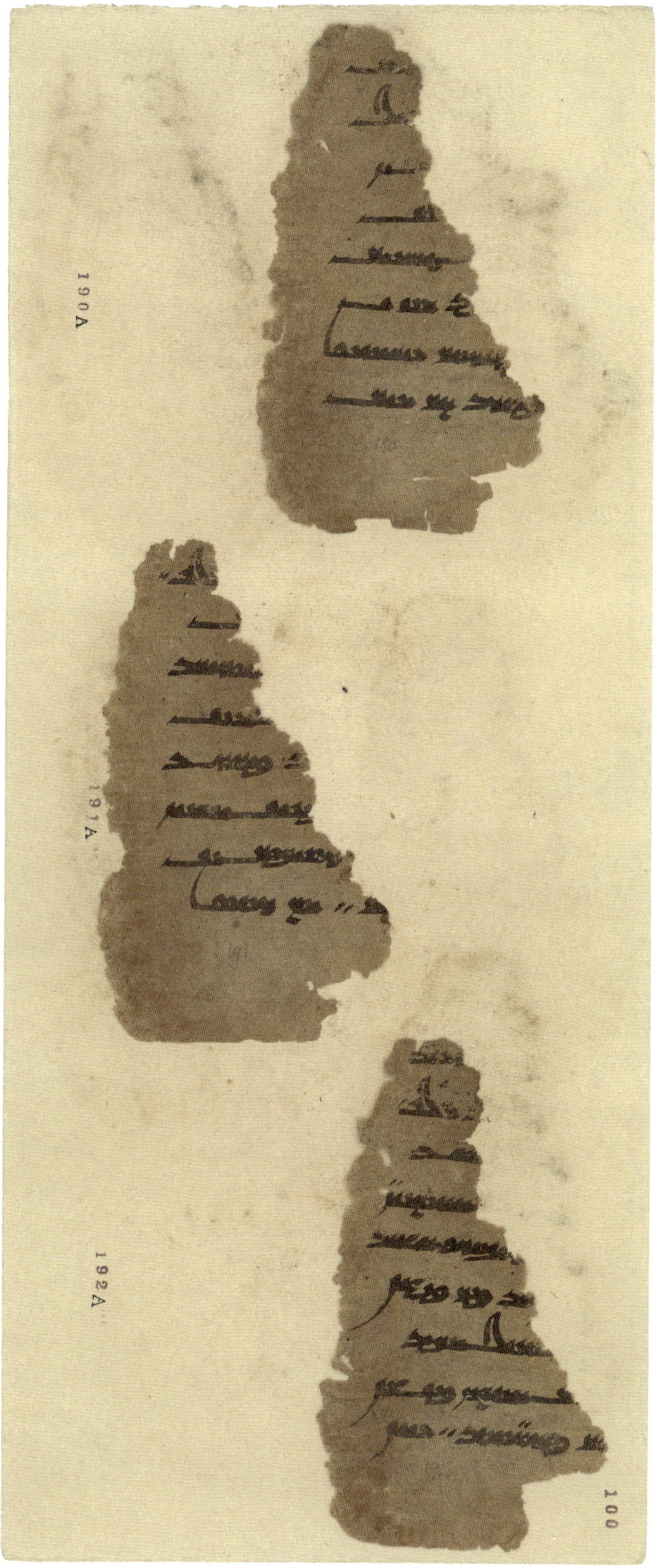
190A
191A
192A
100

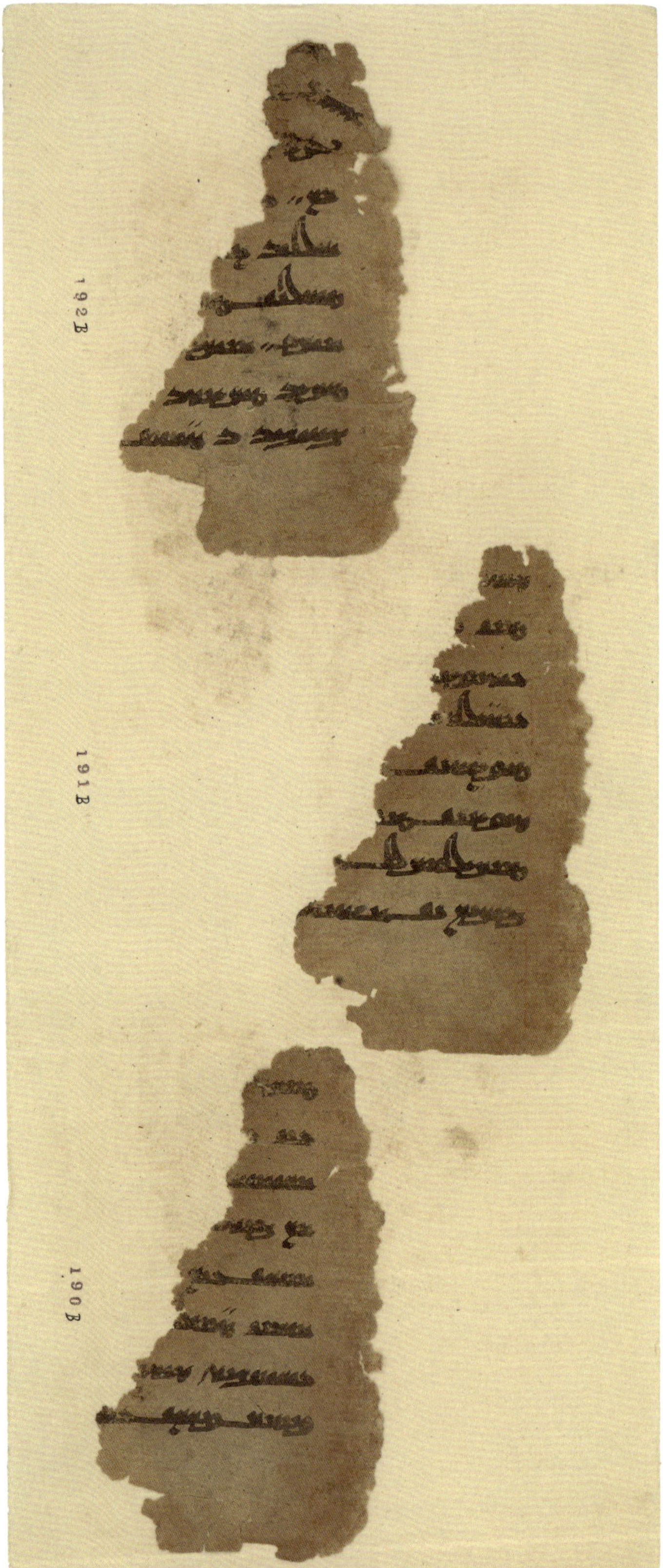
192B
191B
190B

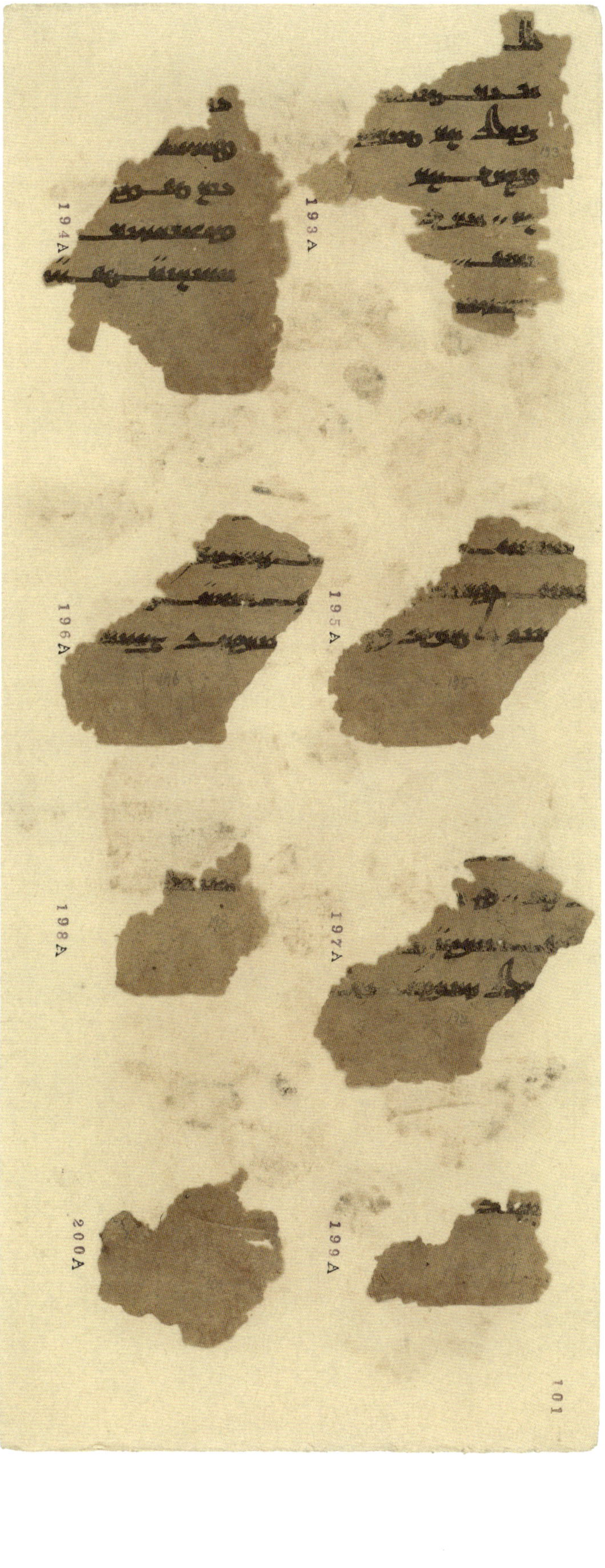
193A
194A
195A
196A
197A
198A
199A
200A
101

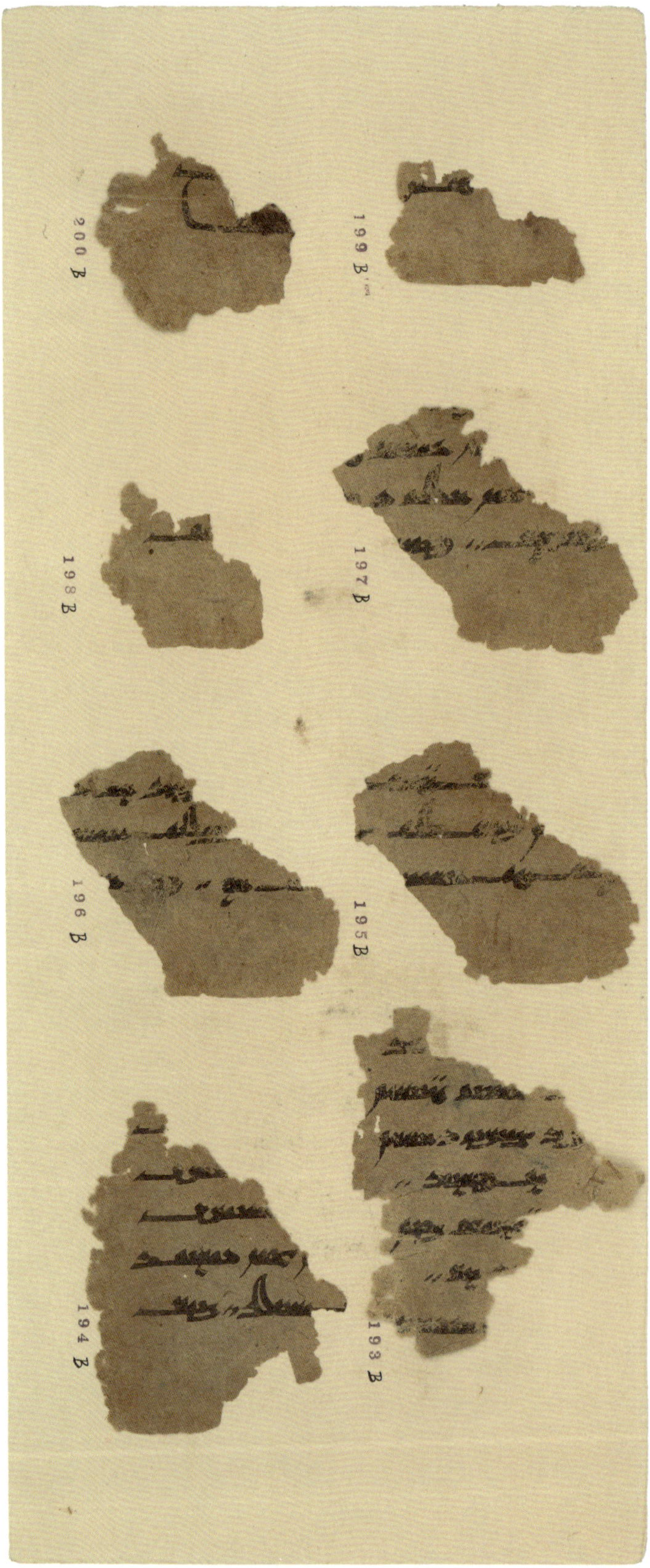
200 B
199 B
198 B
197 B
196 B
195 B
194 B
193 B

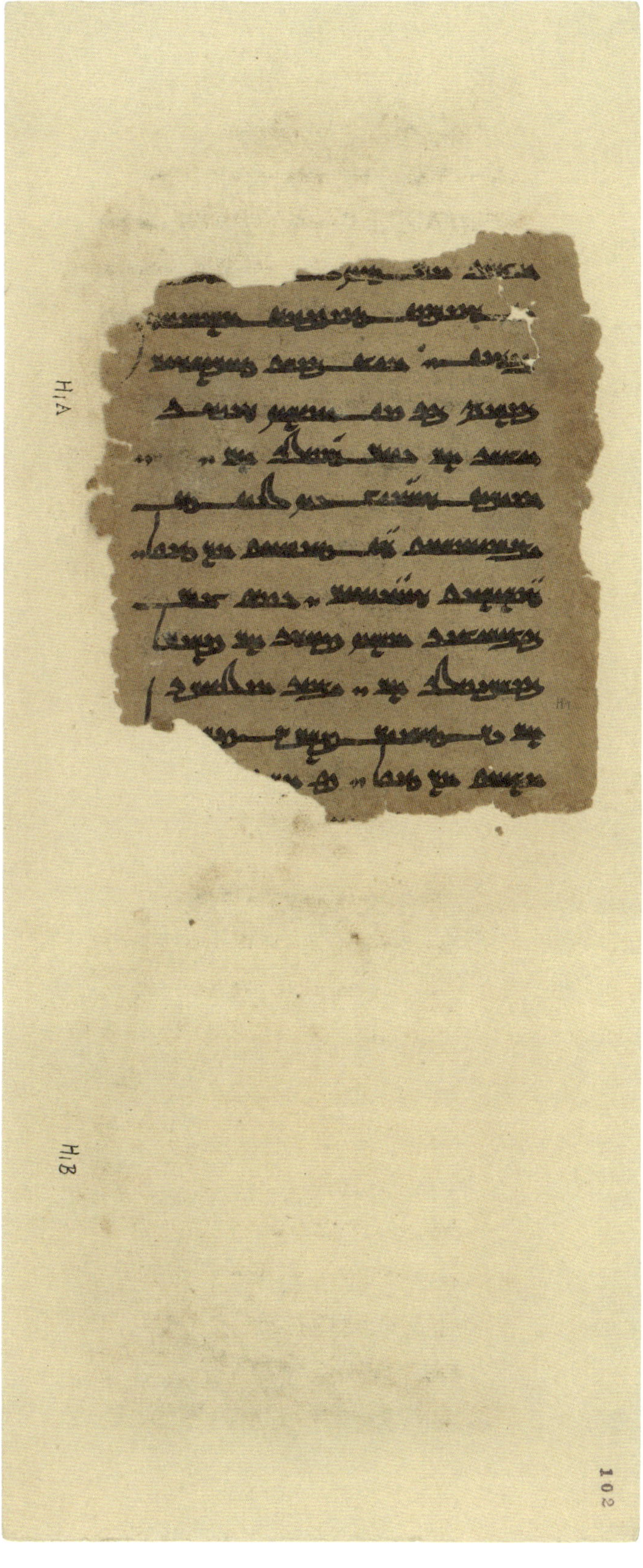
H1A
H1B
102

H2A
H2B
103

H2A
H2B
103

H3A
H3B
104

H3A
H3B
104

H4A
H4B
105

H5A
H5B

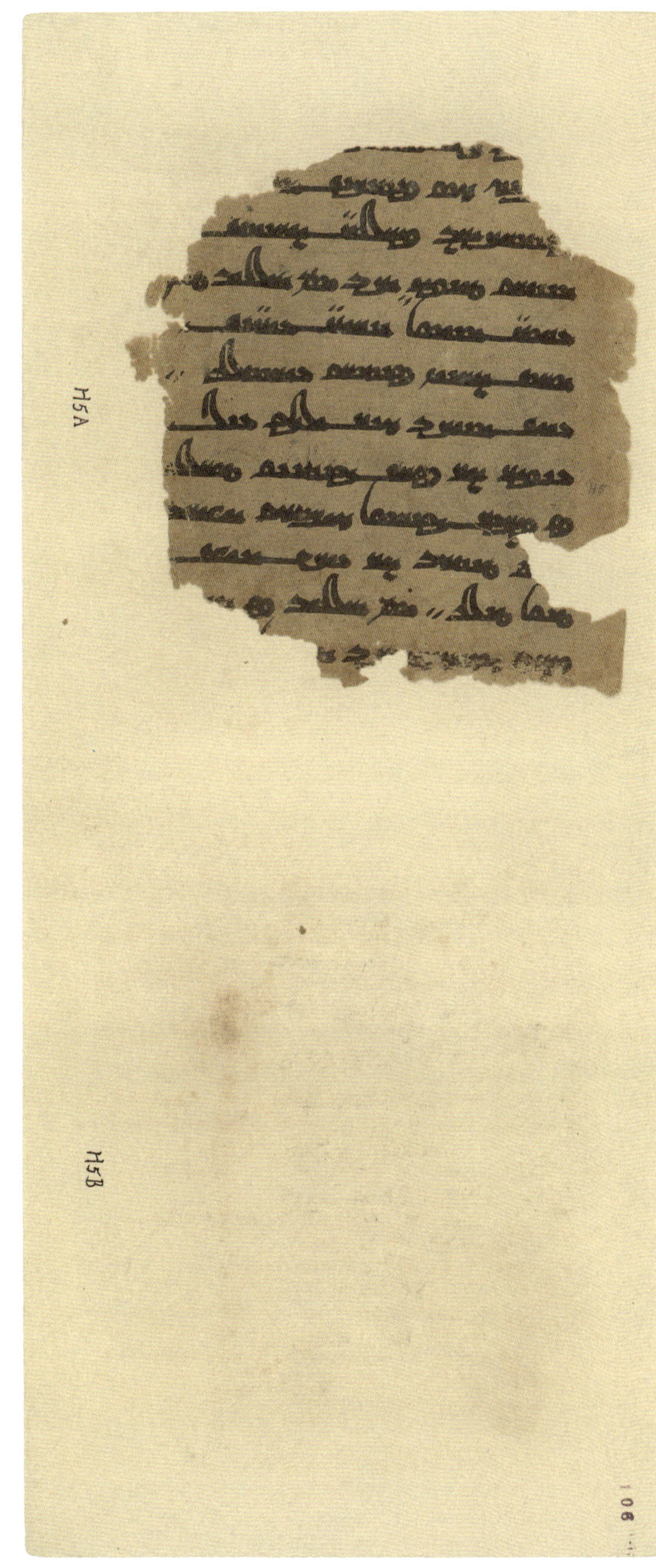

H5A
H5B

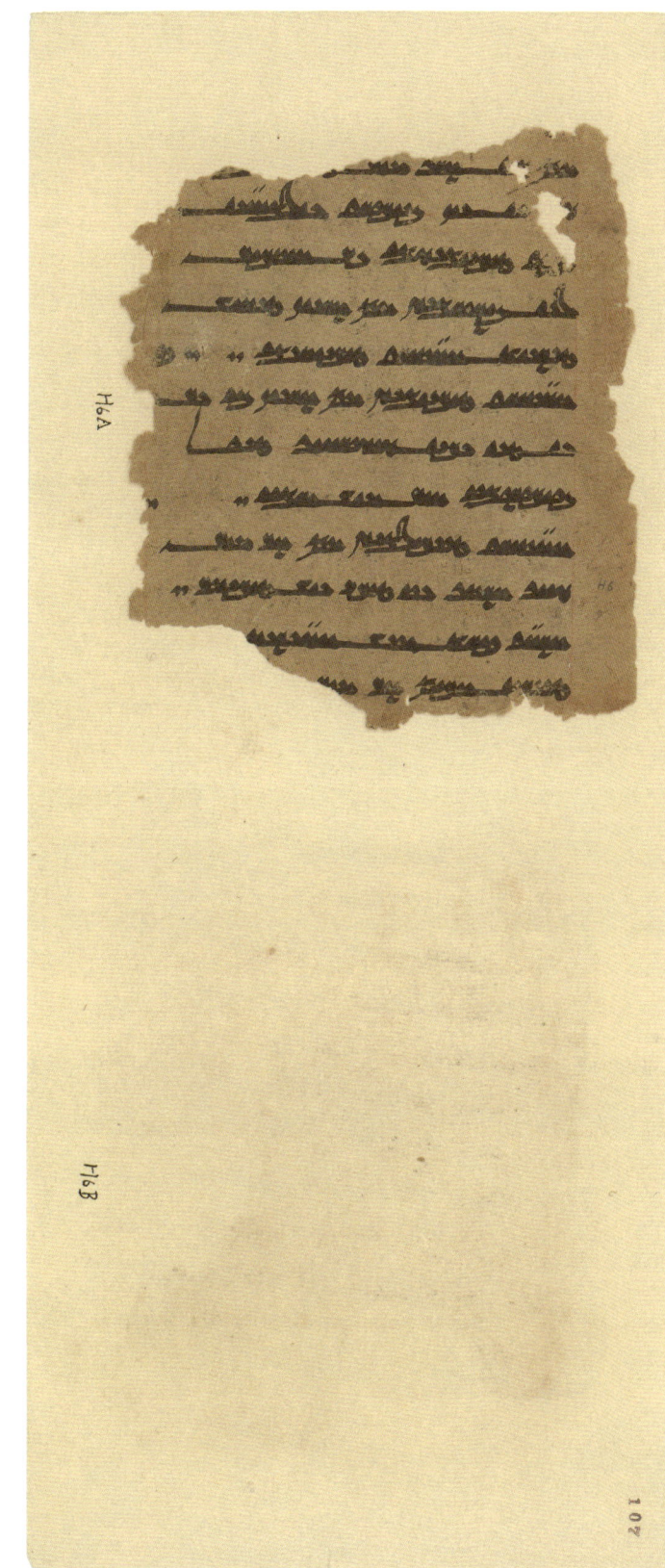

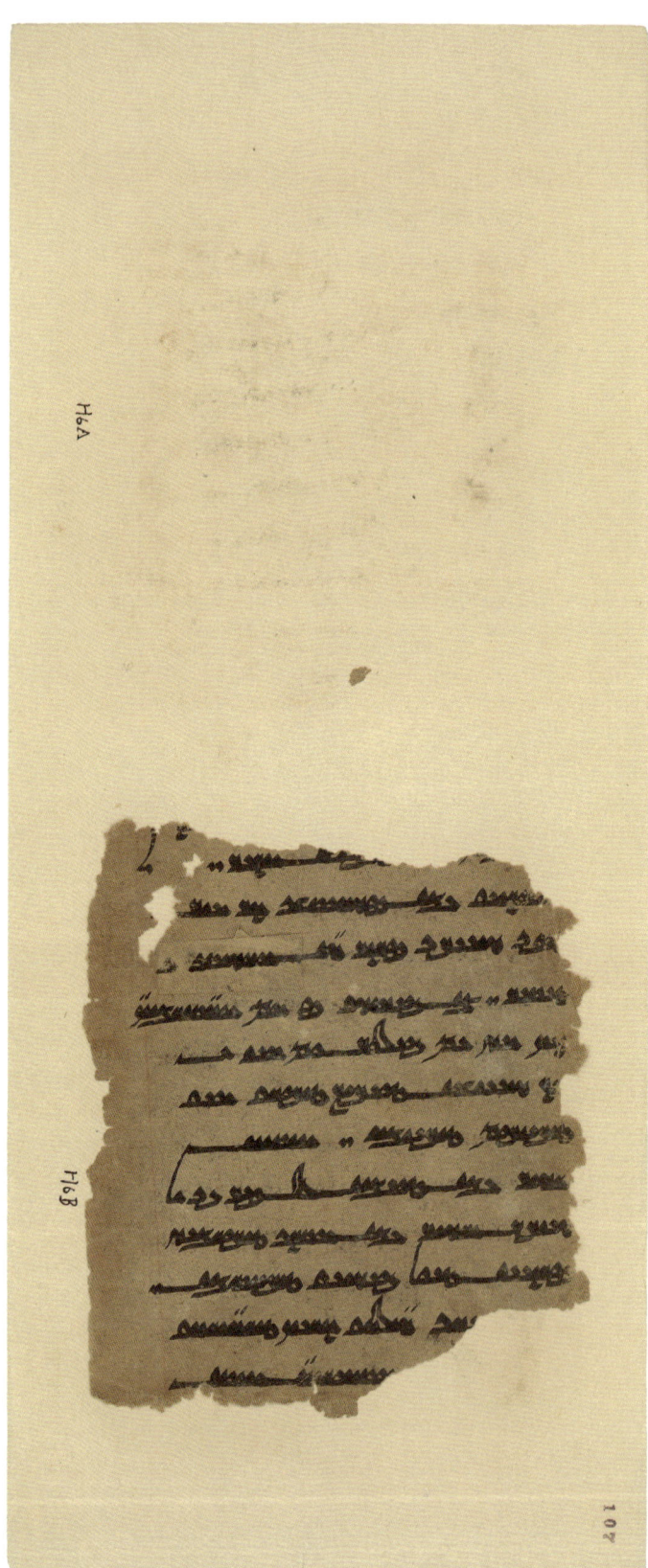

H7A
H7B
108

H7A
H7B
108

H8A
H8B

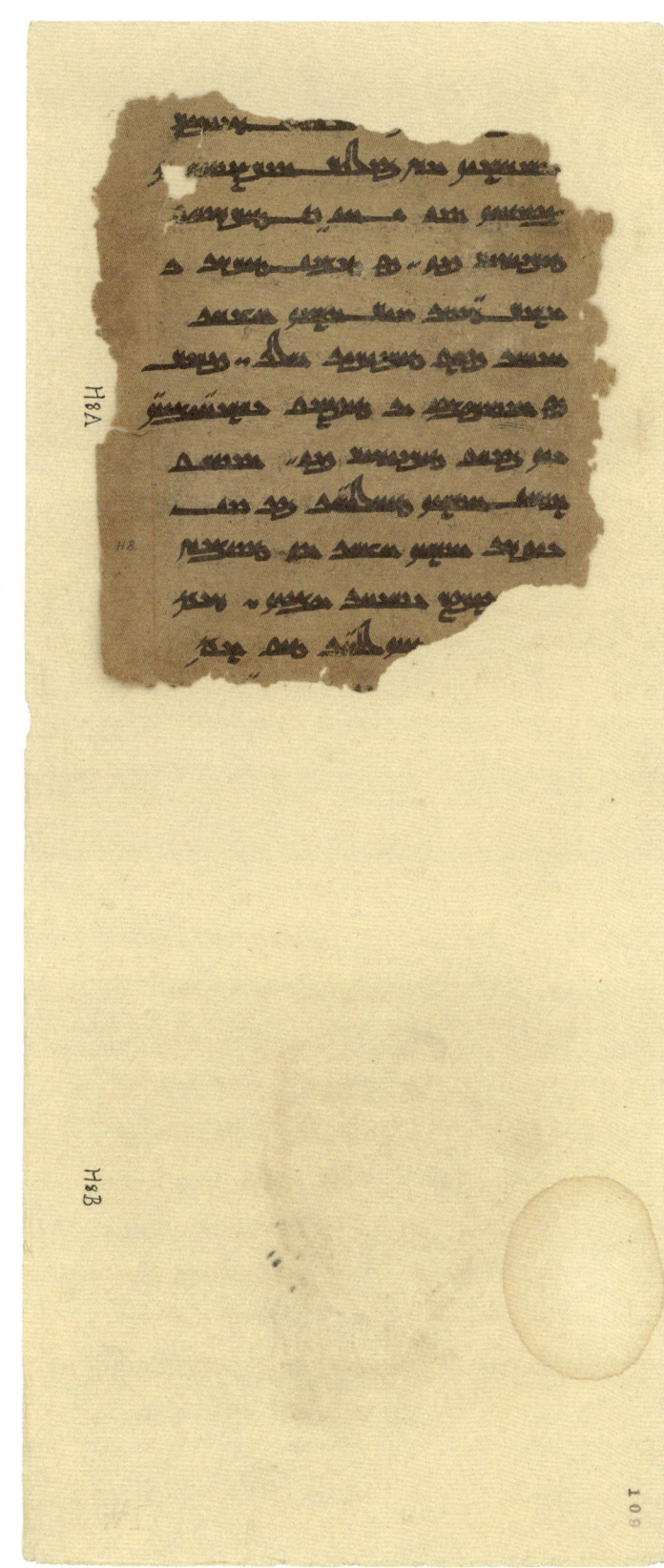

H8A
H8B

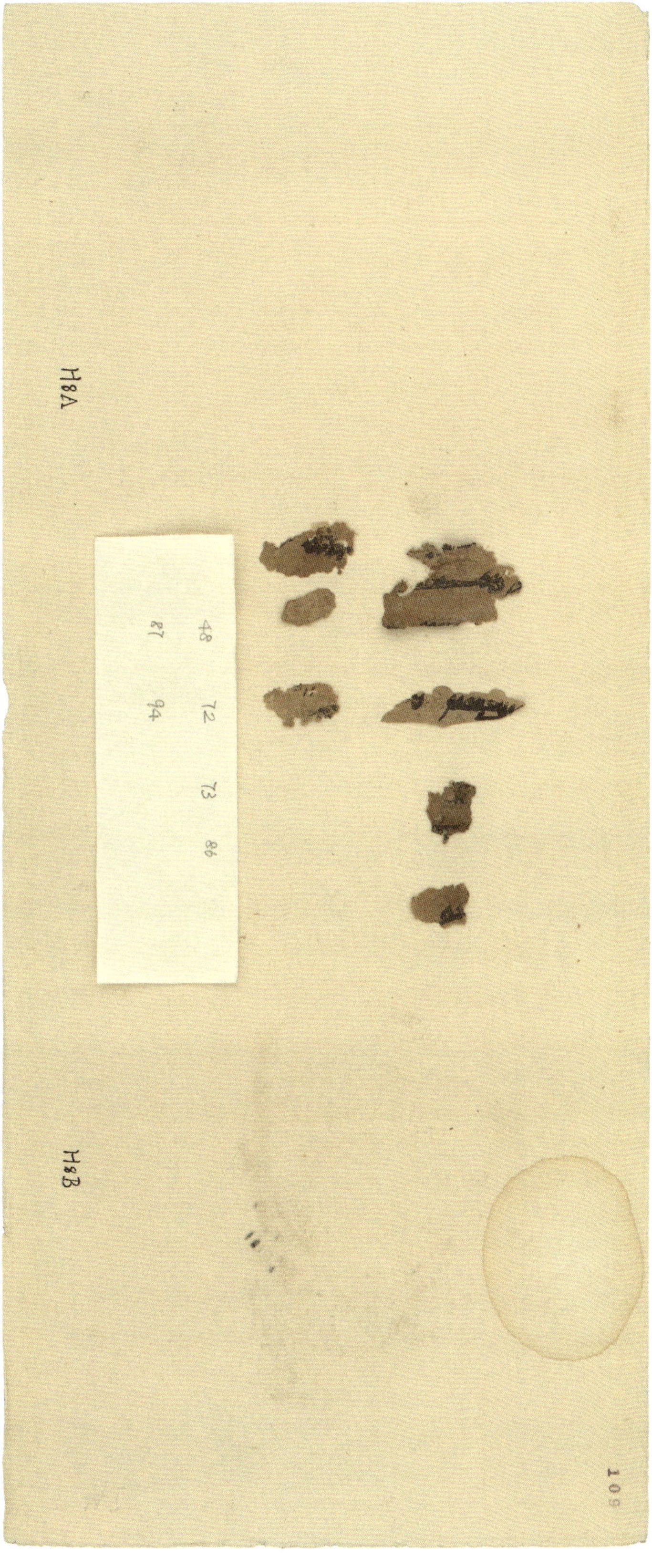
H8A
H8B

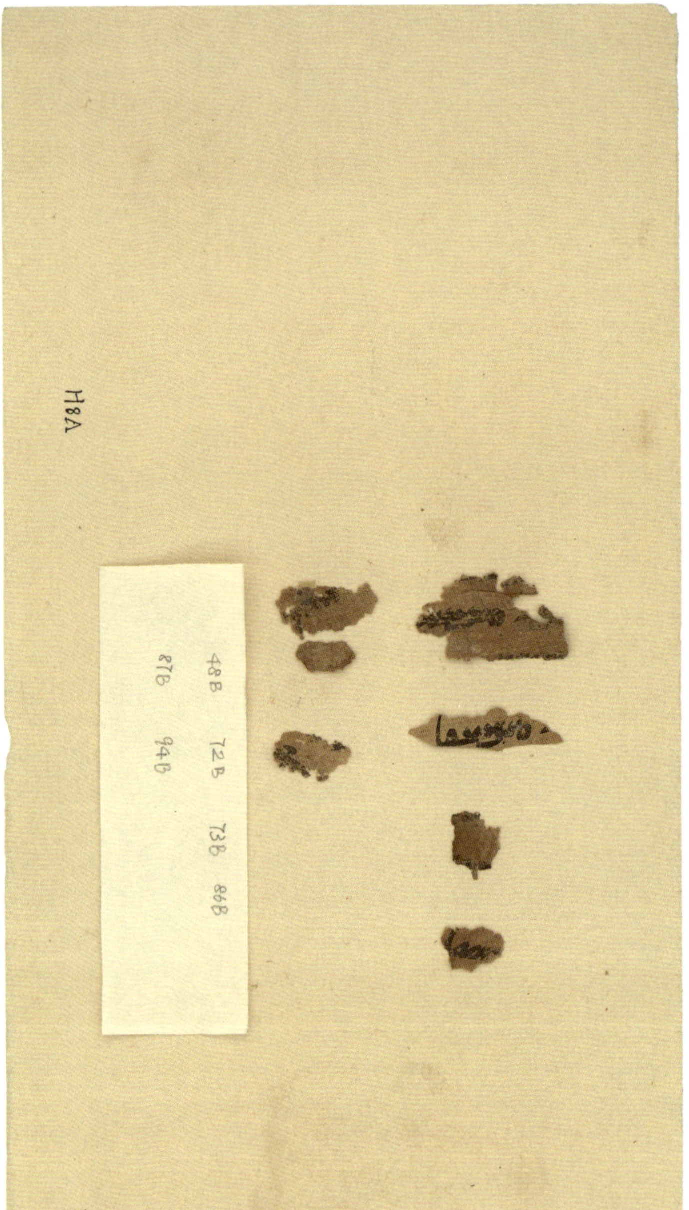

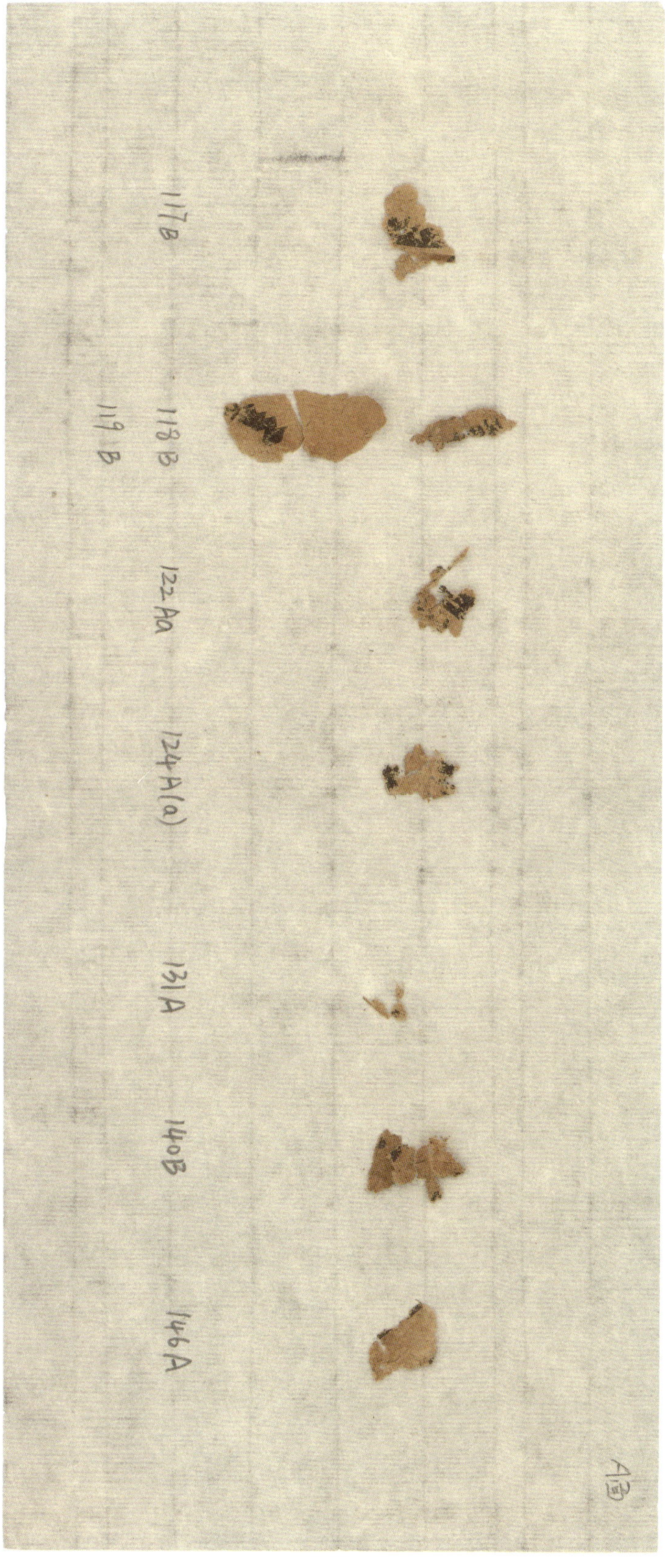
117B
118B
119B
122Aa
124A(a)
131A
140B
146A

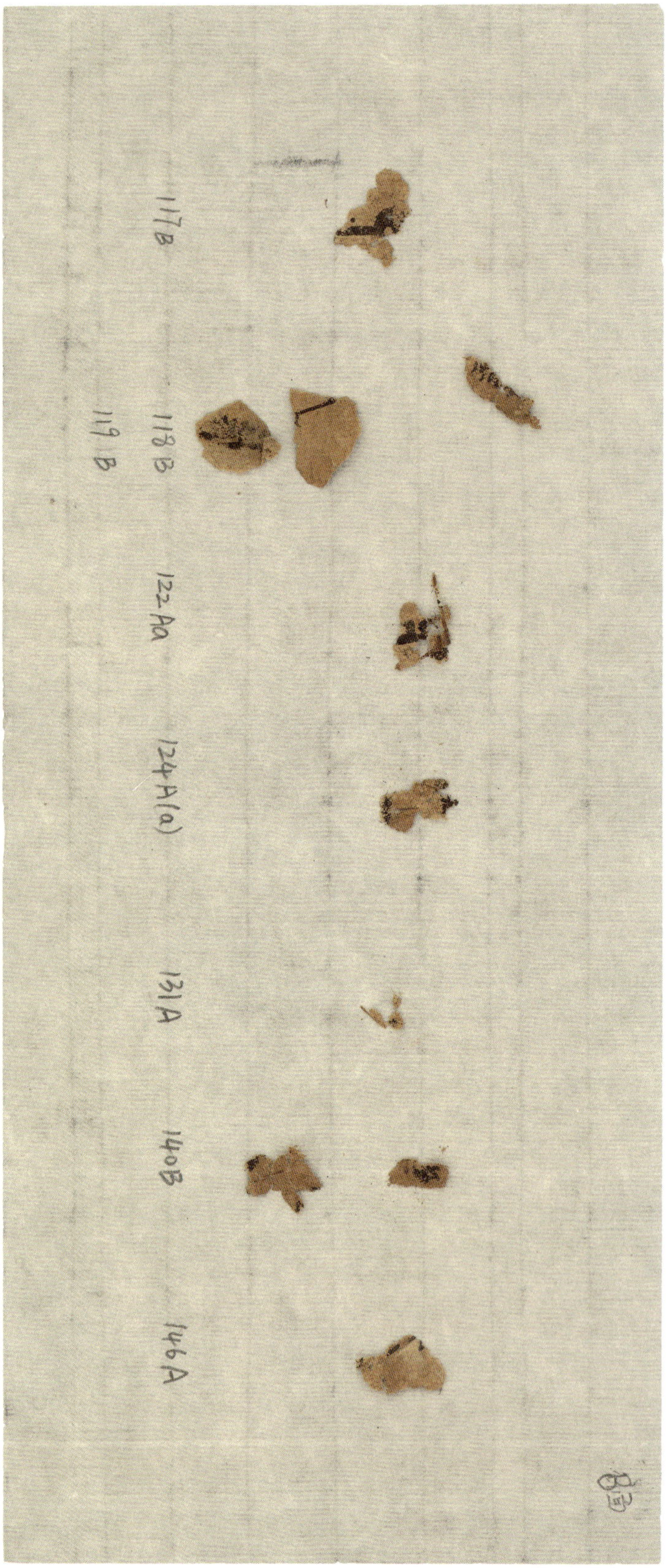
117B
118B
119B
122Aa
124A(a)
131A
140B
146A

◆ 西夏文

西夏（1038—1227）是以党項族爲主體建立的王朝，其地域包括今寧夏、甘肅大部、陝西北部、内蒙古西部和青海東北部。1036年，元昊命大臣野利仁榮借用漢字創製本民族文字在境内推行，自稱番文，尊爲國字，共有6000餘字。元代稱河西字，後世稱西夏文。西夏文不僅在整個西夏時期使用，西夏亡國後仍行用幾百年之久。西夏文文獻數量豐富，種類繁多，其内容涵蓋佛經、儒家典籍、法律、歷史、文學、辭書等各方面，還有碑銘、官印、錢幣等。國立北平圖書館（國家圖書館前身）於1929年重金購得一批西夏文文獻，由此爲國内西夏文文獻庋藏最豐富的單位。

大方廣佛華嚴經

〔唐〕釋實叉難陀漢譯，〔西夏〕仁宗校。元活字本，經摺裝，31.4 釐米 ×13.0 釐米。館藏號：xixia6.02。

該經西夏文文本較多，此爲元活字印刷本，存 63 卷，絹質封面，上有題籤。後有西夏文題款兩行，譯文爲「唐于闐三藏實叉難陀譯，奉天顯道耀武宣文神謀睿智制義去邪惇睦懿恭皇帝御校」。卷末有西夏文題記兩行，譯文爲「實勾管作選字出力者盛律美能慧共　復願一切隨喜者當共成佛道」。其中「選字」應是揀字、排字之意。入選第一批《國家珍貴古籍名録》，名録號 02318。

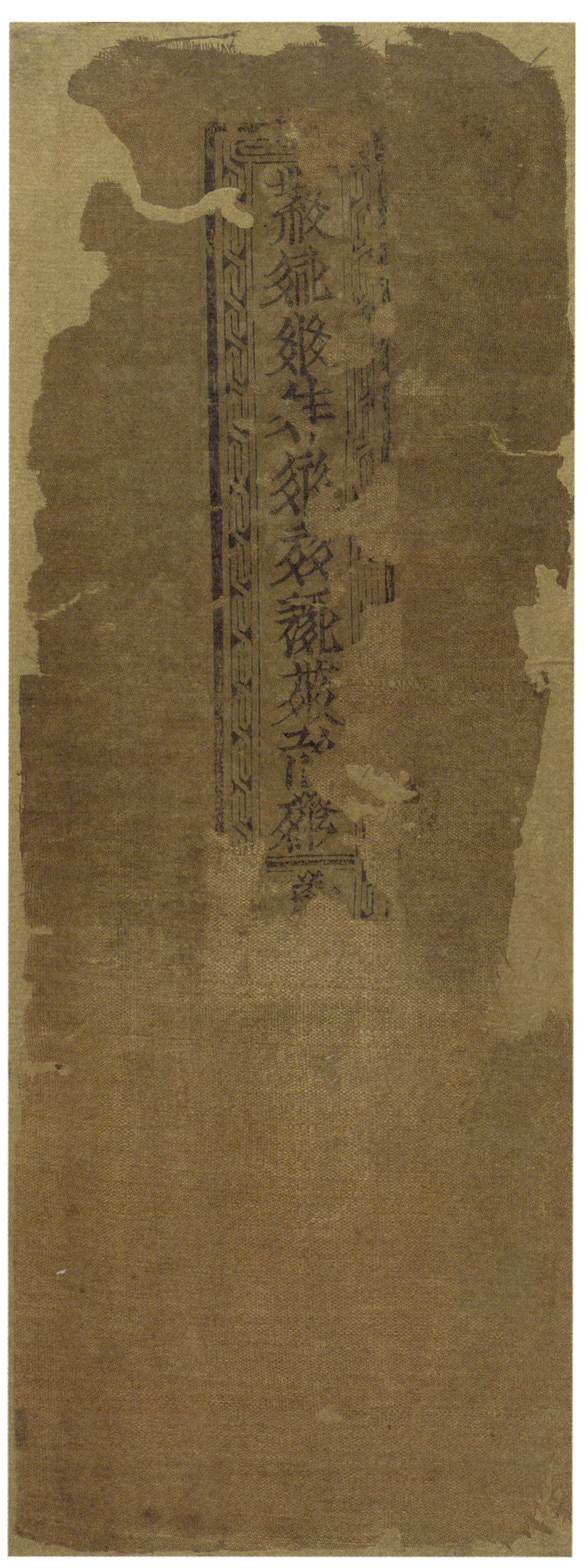

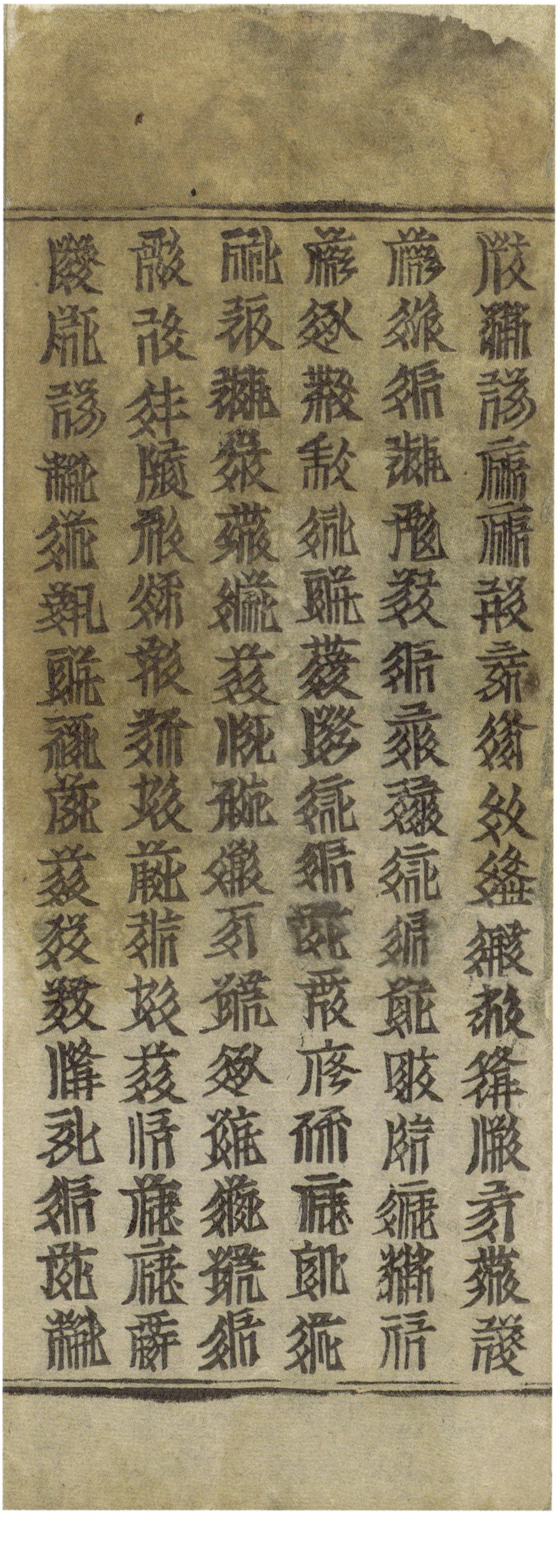

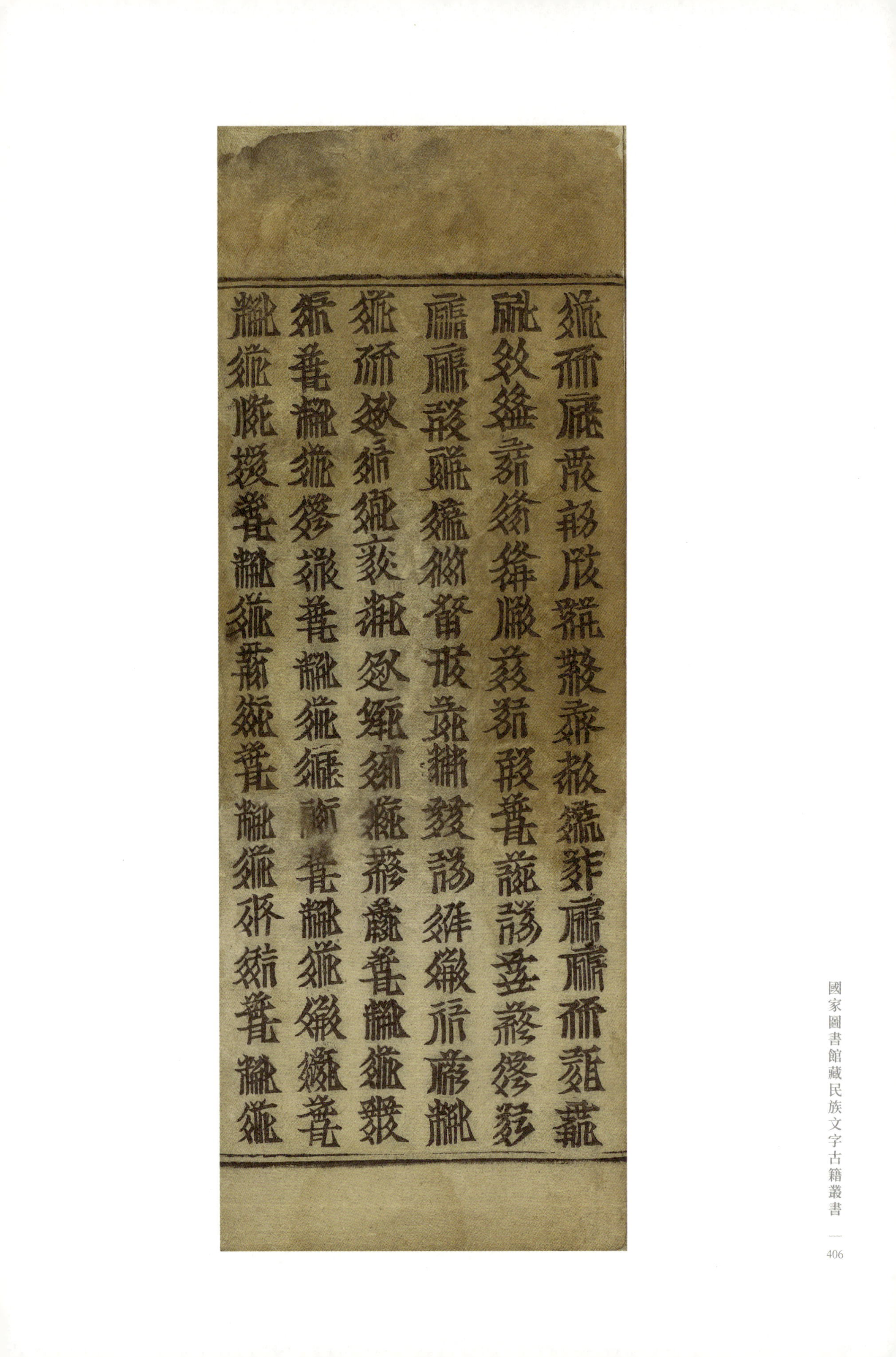

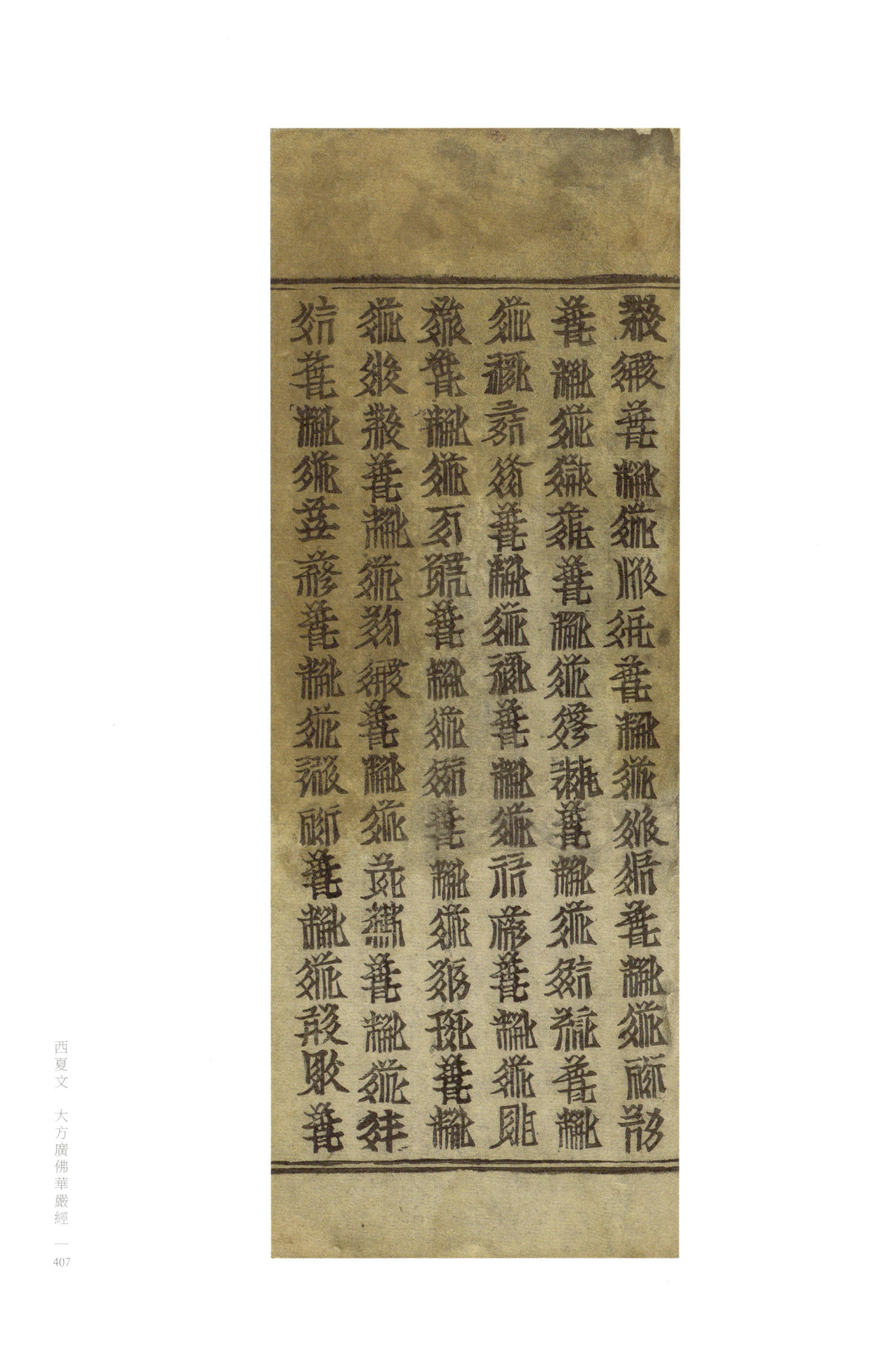

[illegible]

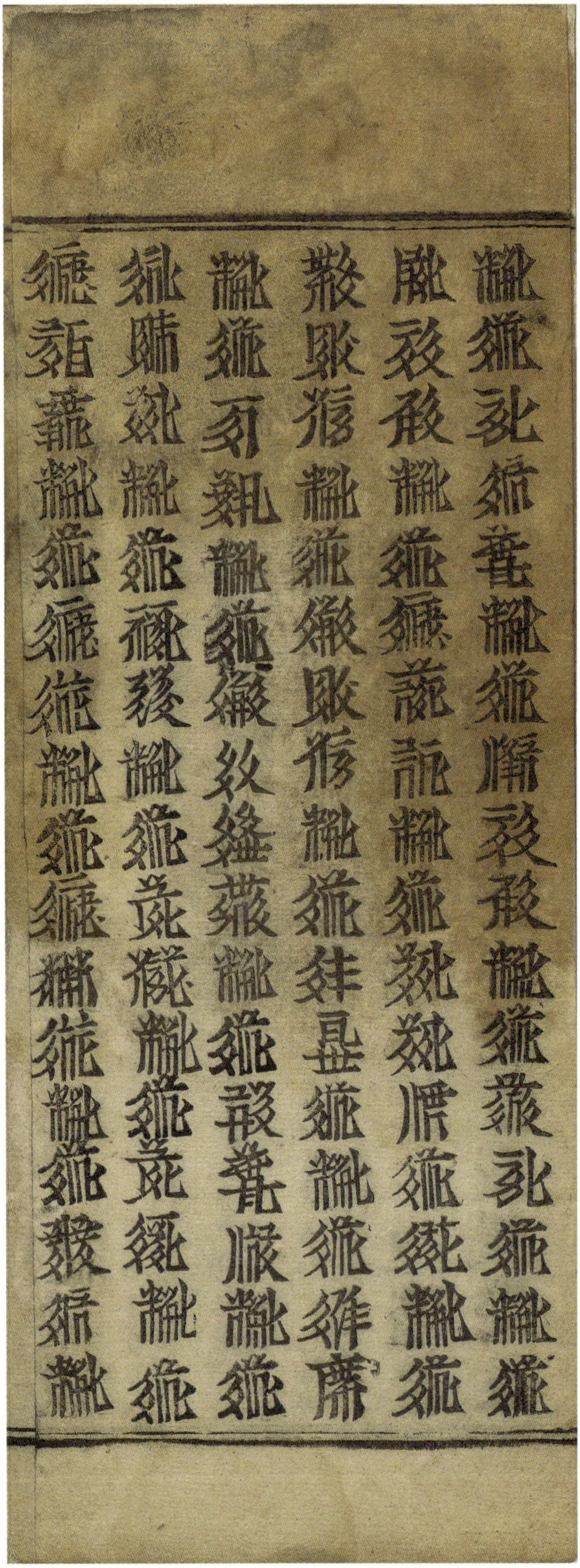

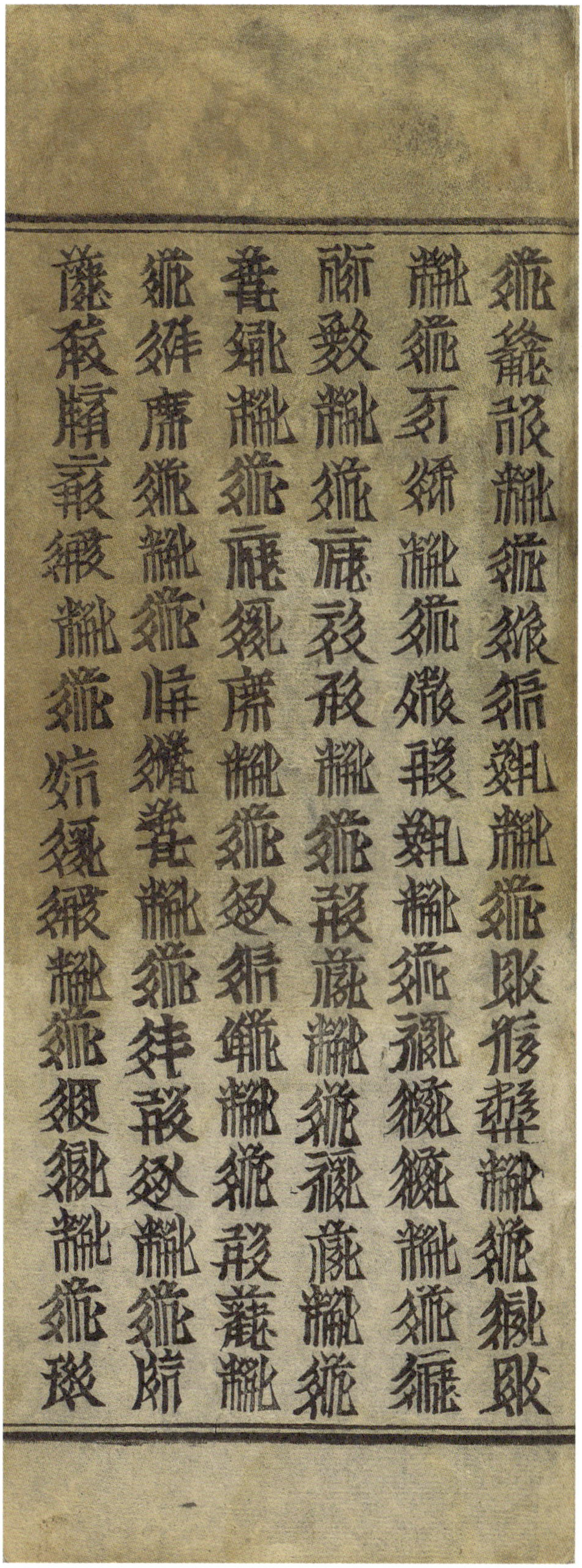

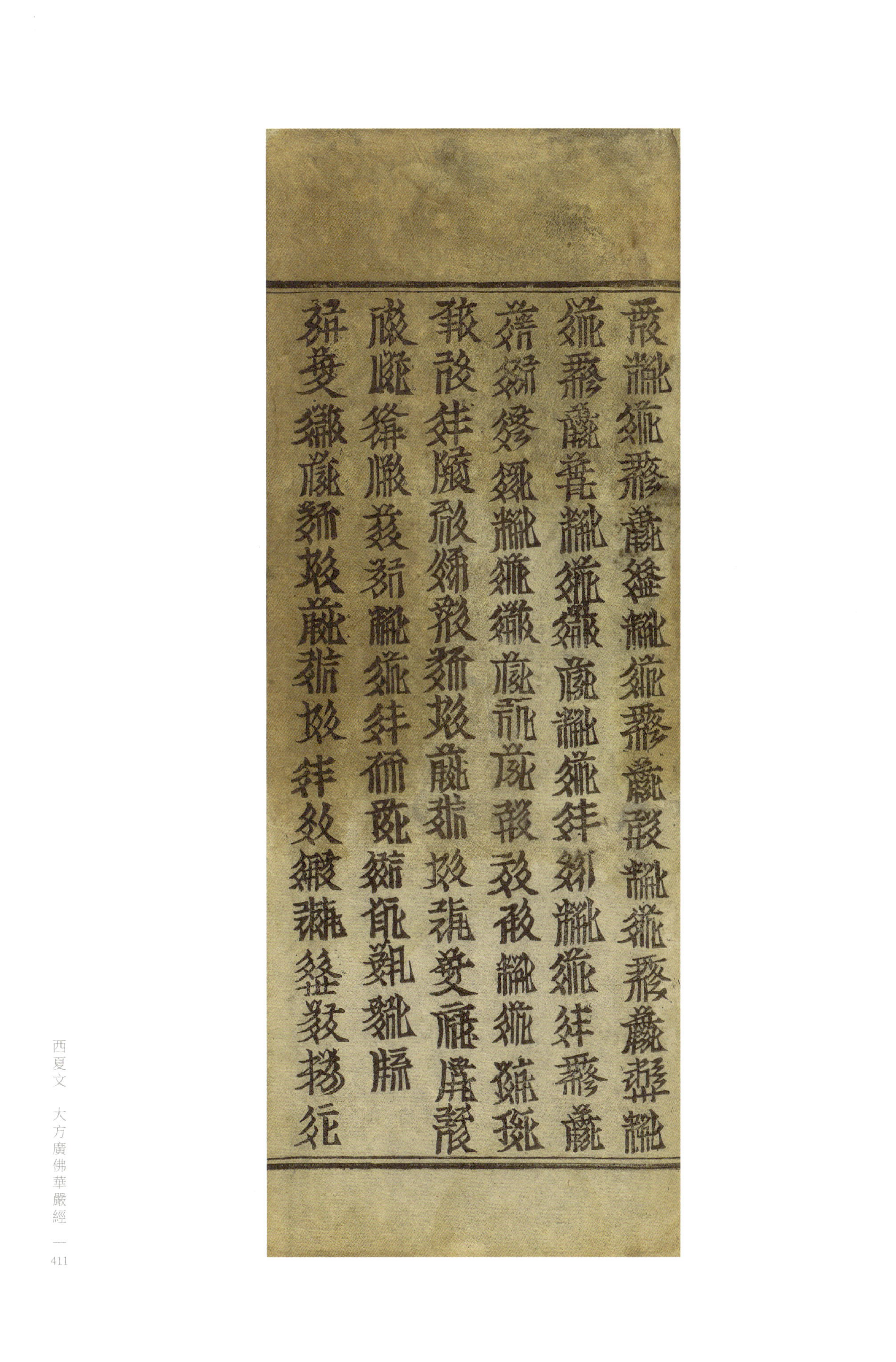

[illegible]
[illegible]
[illegible]
[illegible]
[illegible]
[illegible]
[illegible]

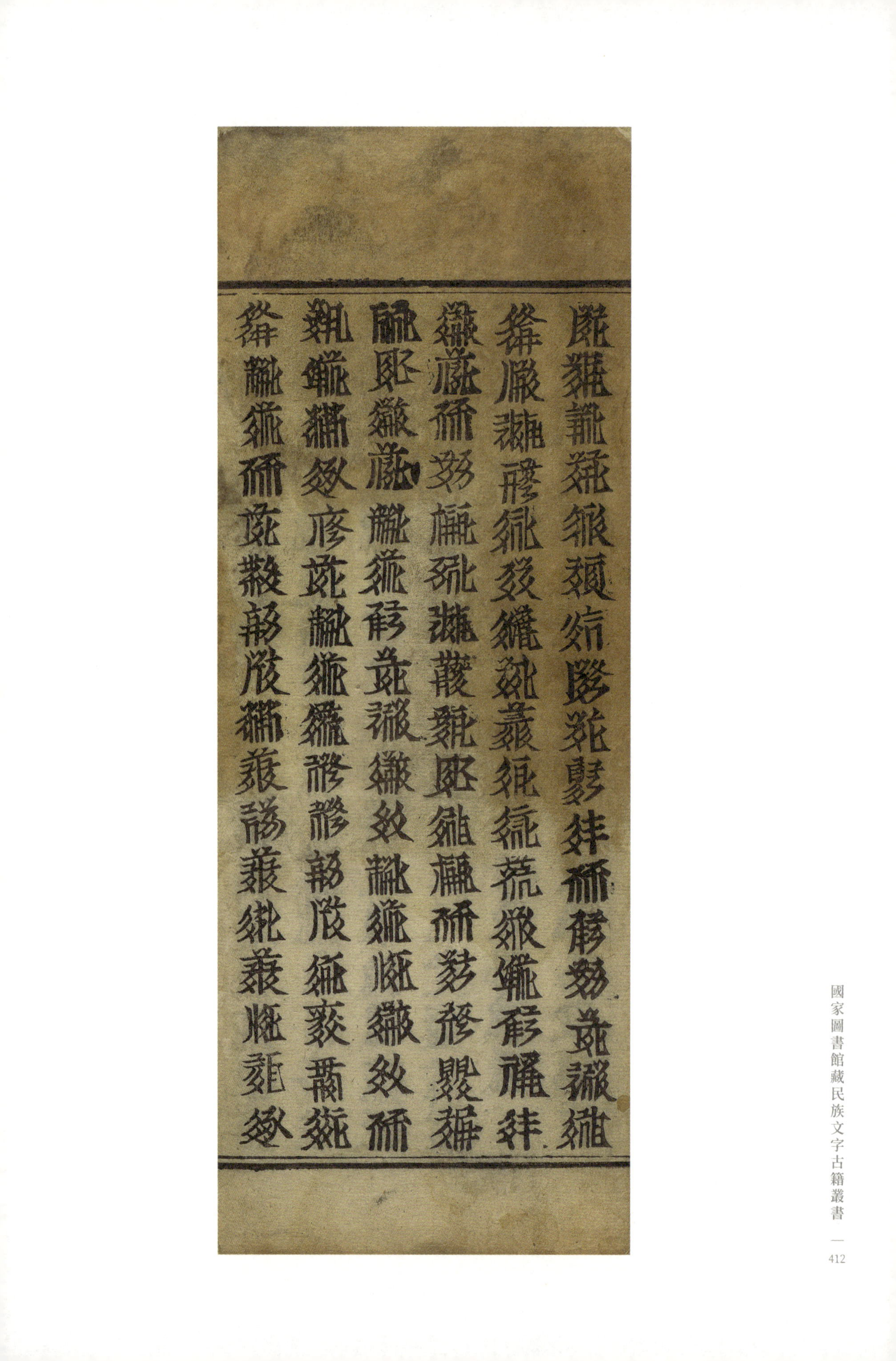

[illegible]

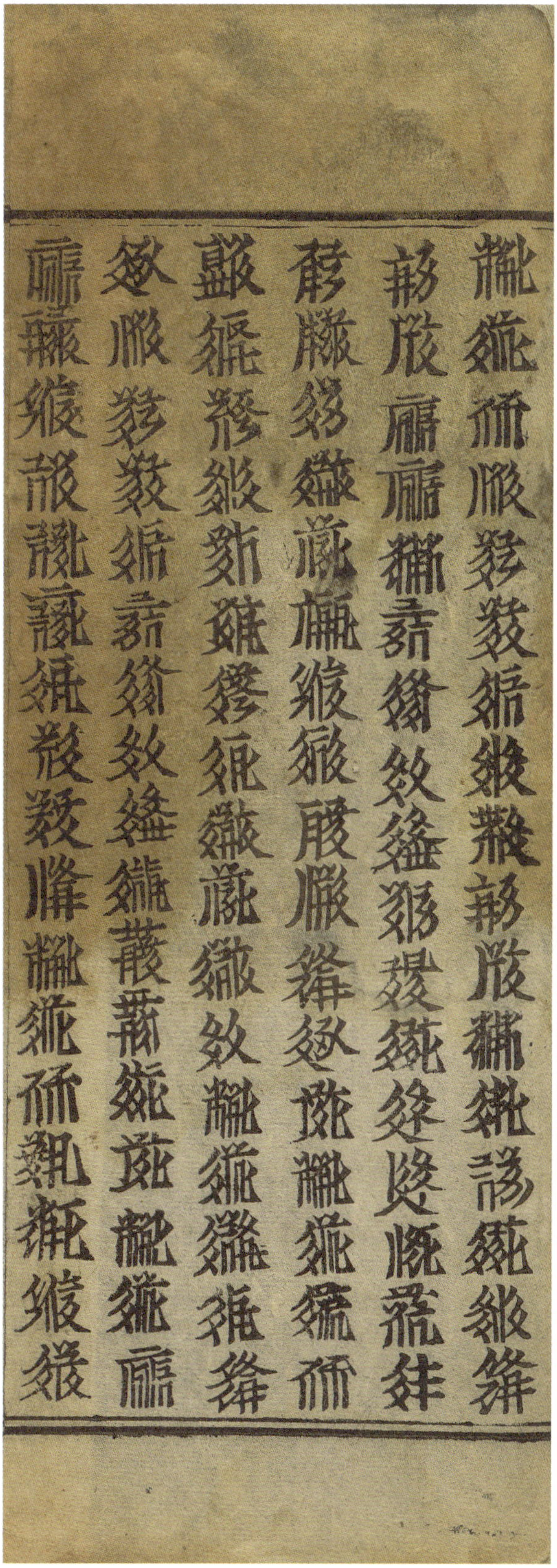

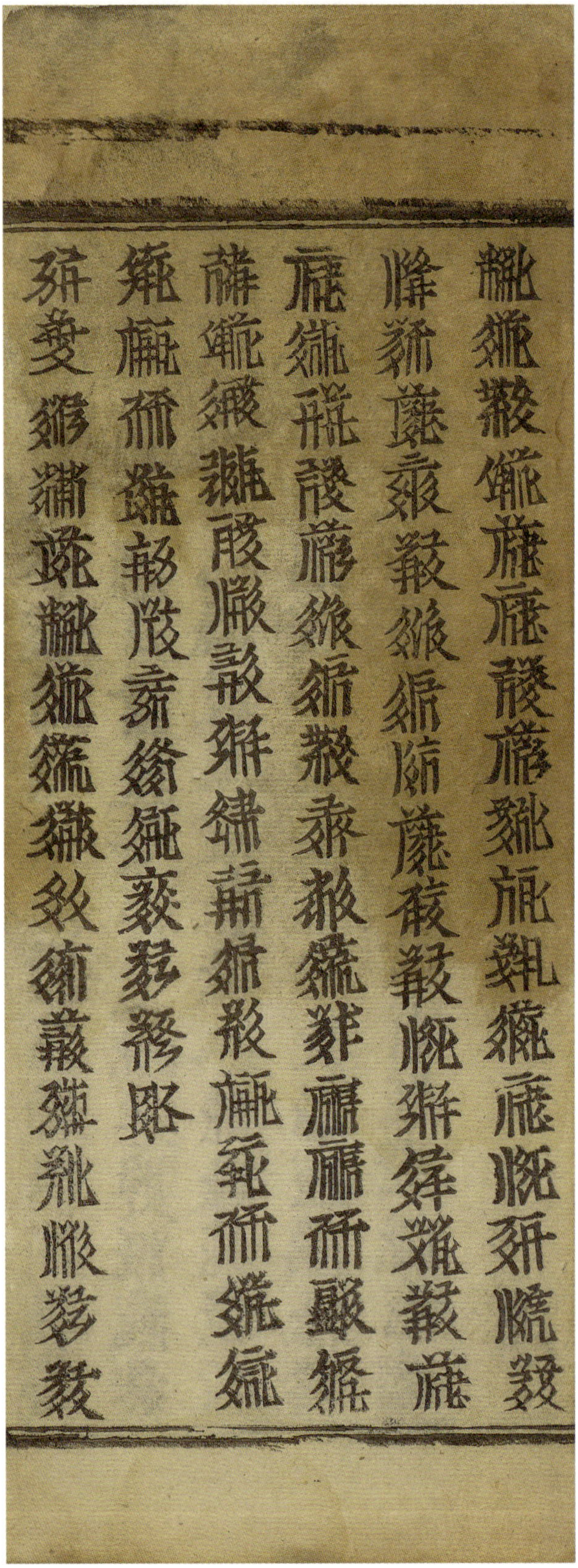

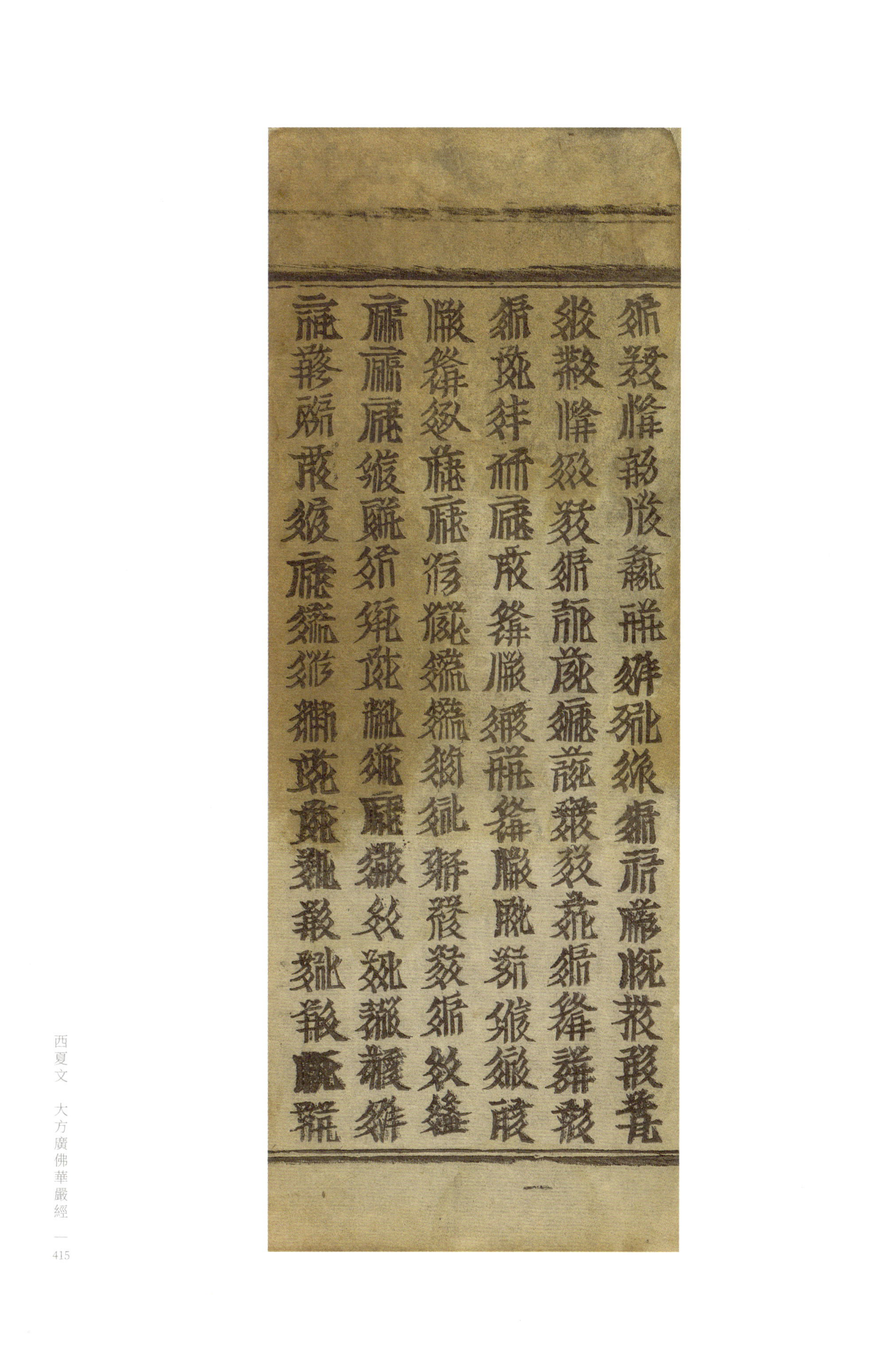

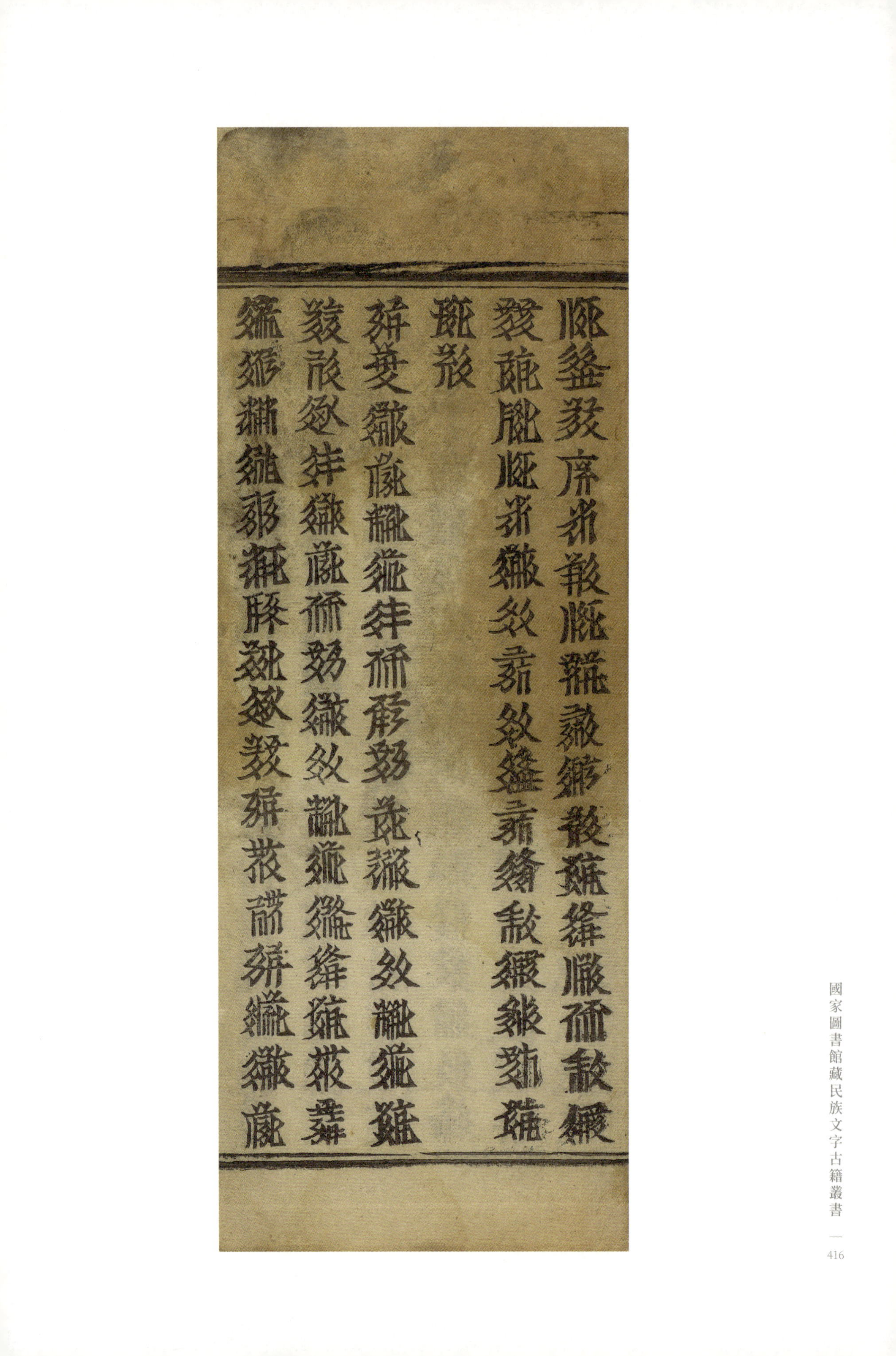

[illegible]

[illegible]

[illegible]

[illegible]

[illegible]

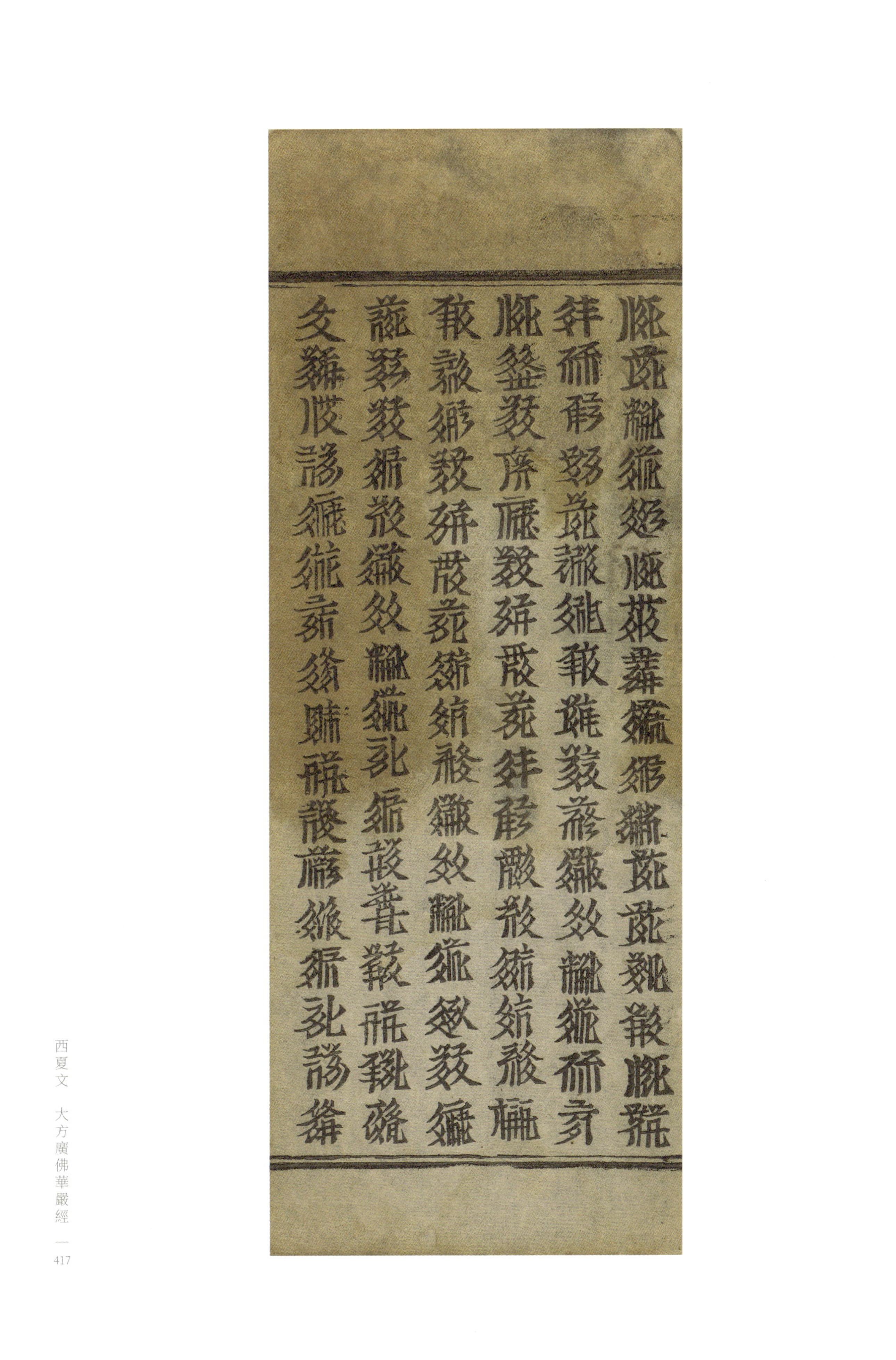

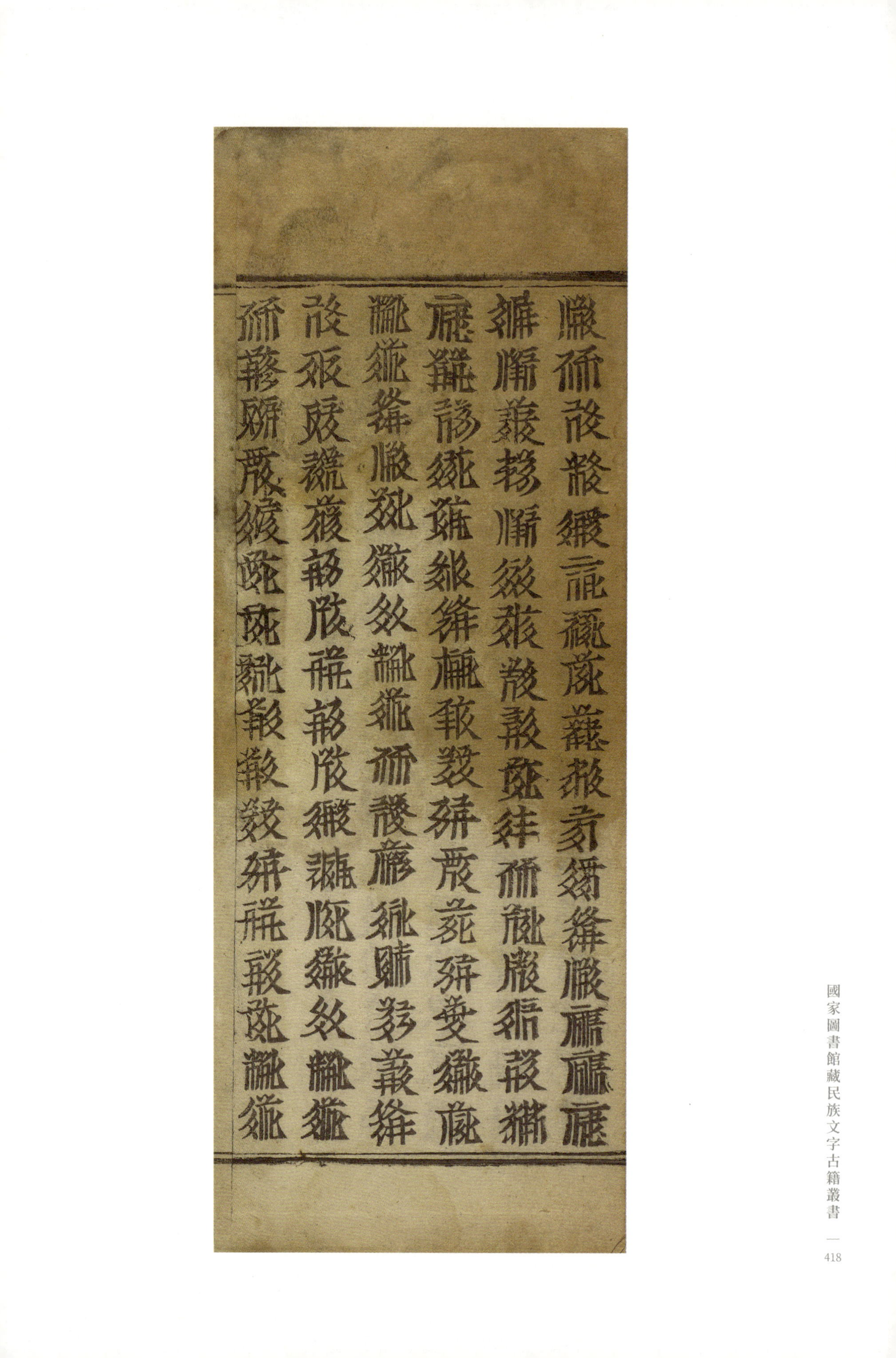

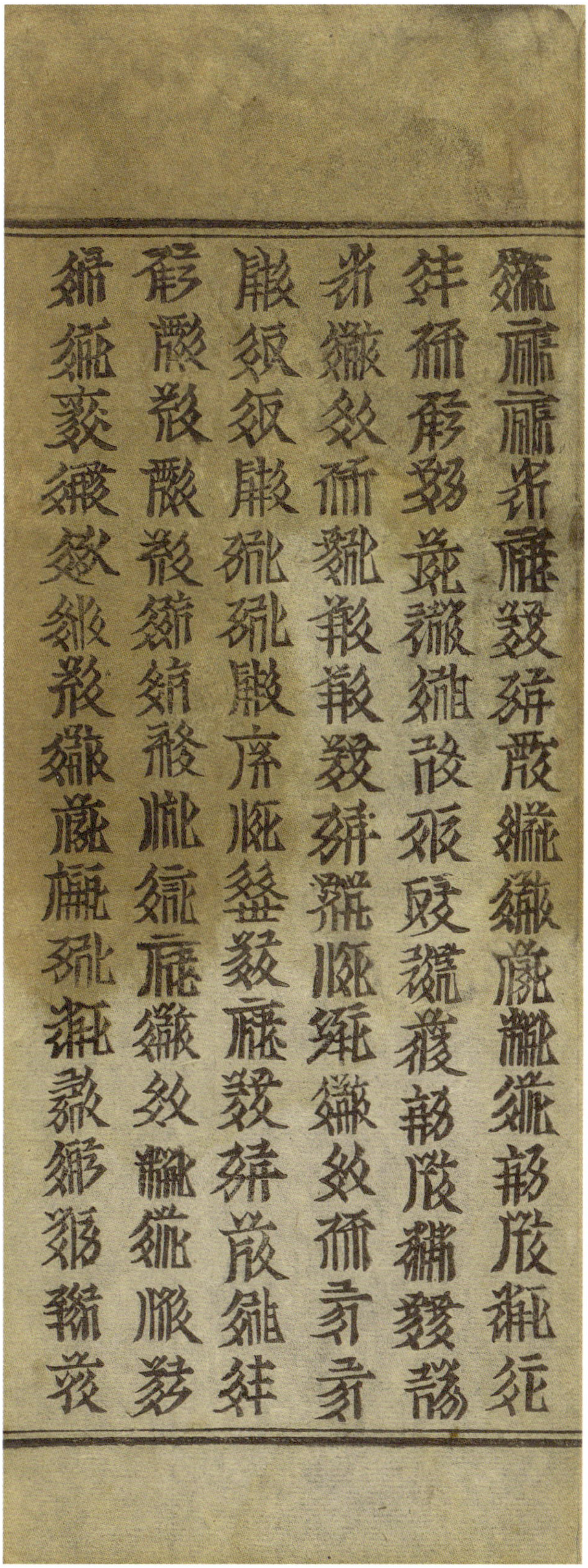

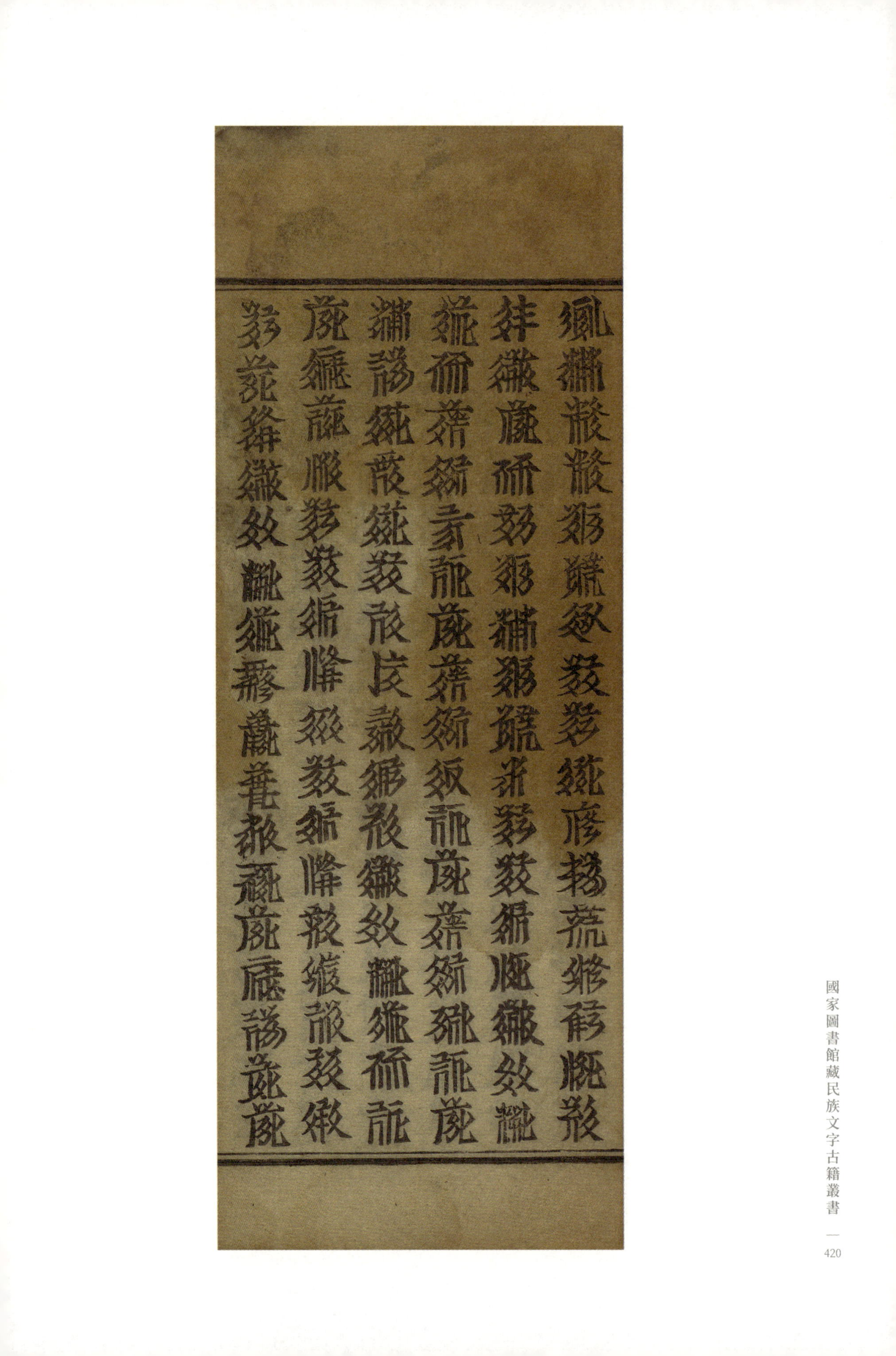

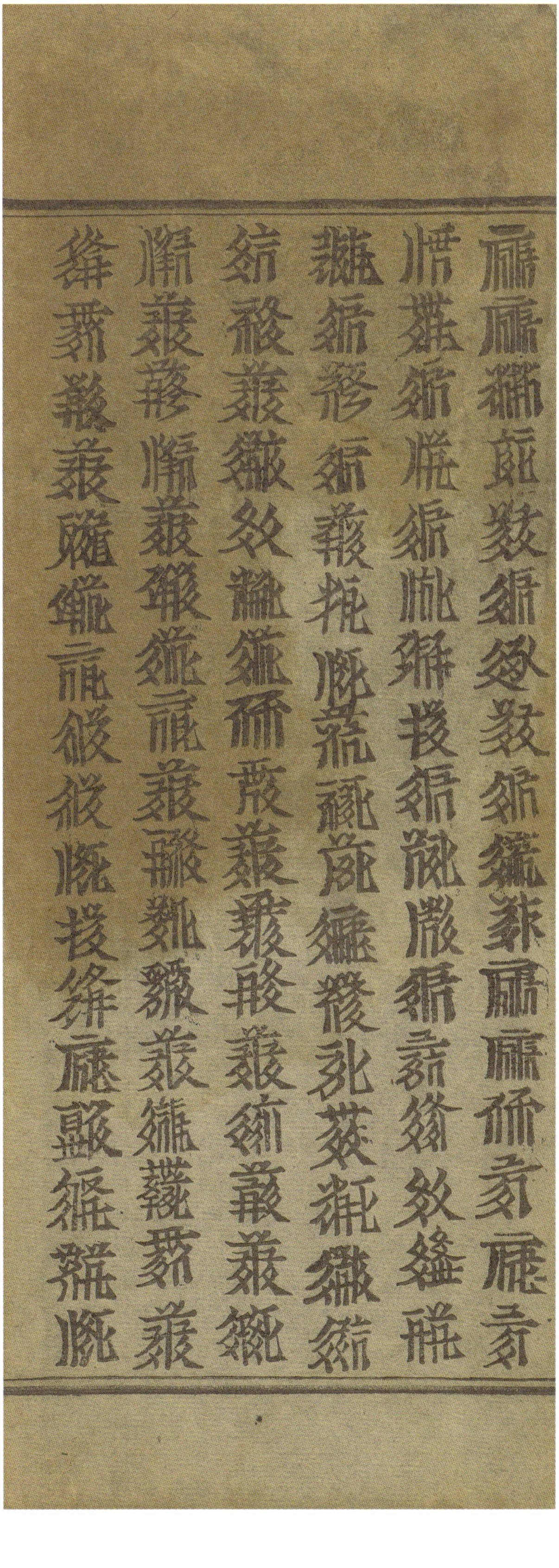

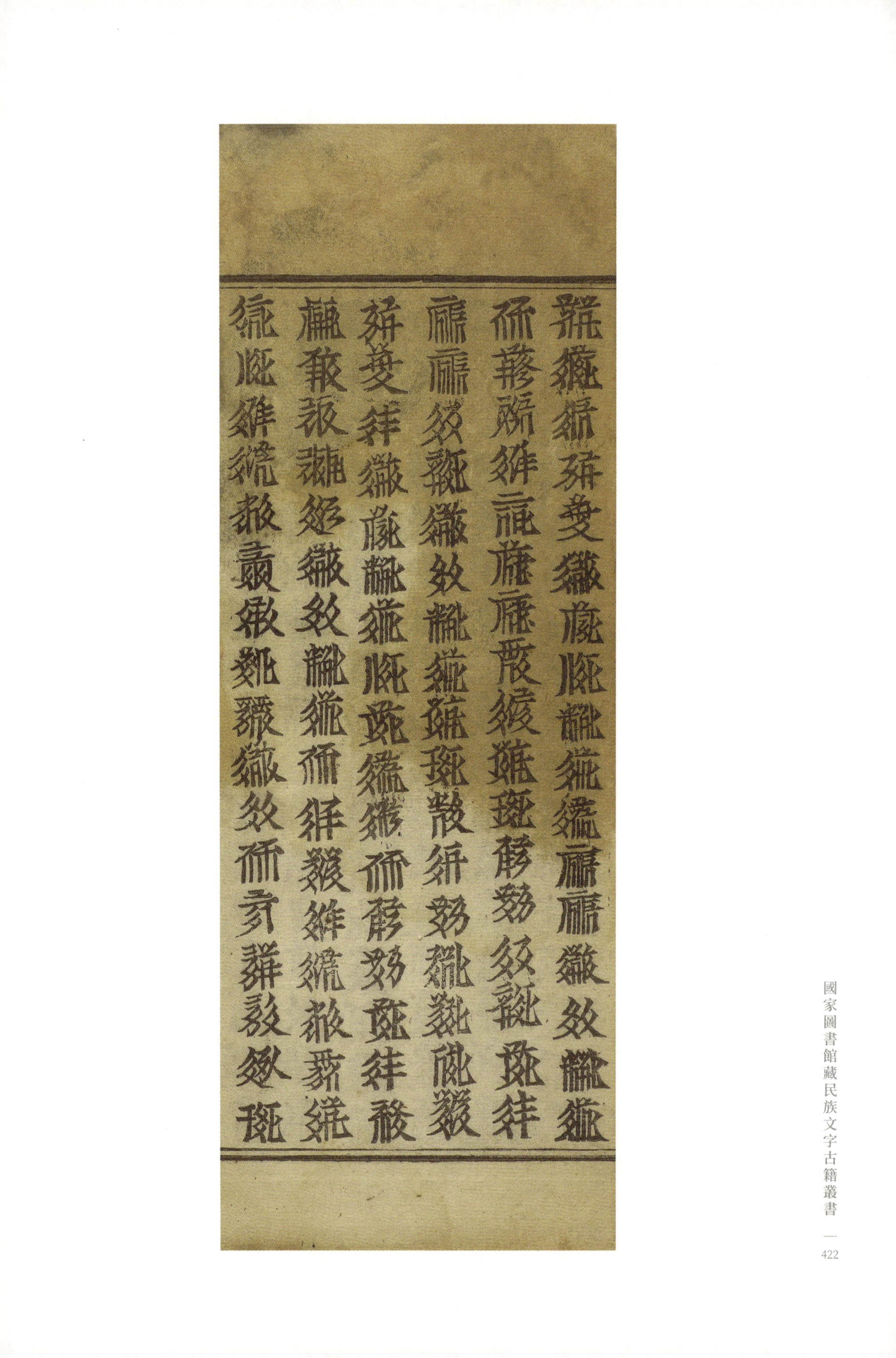

[illegible]
[illegible]
[illegible]
[illegible]
[illegible]
[illegible]
[illegible]

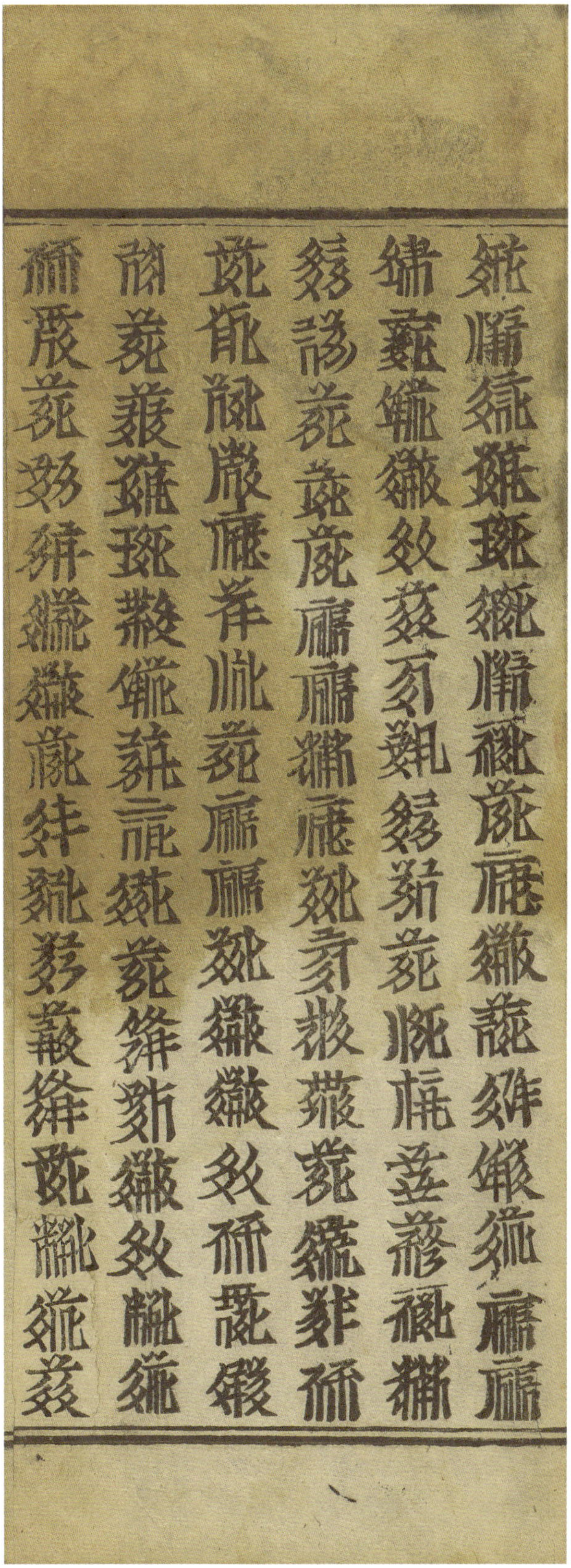

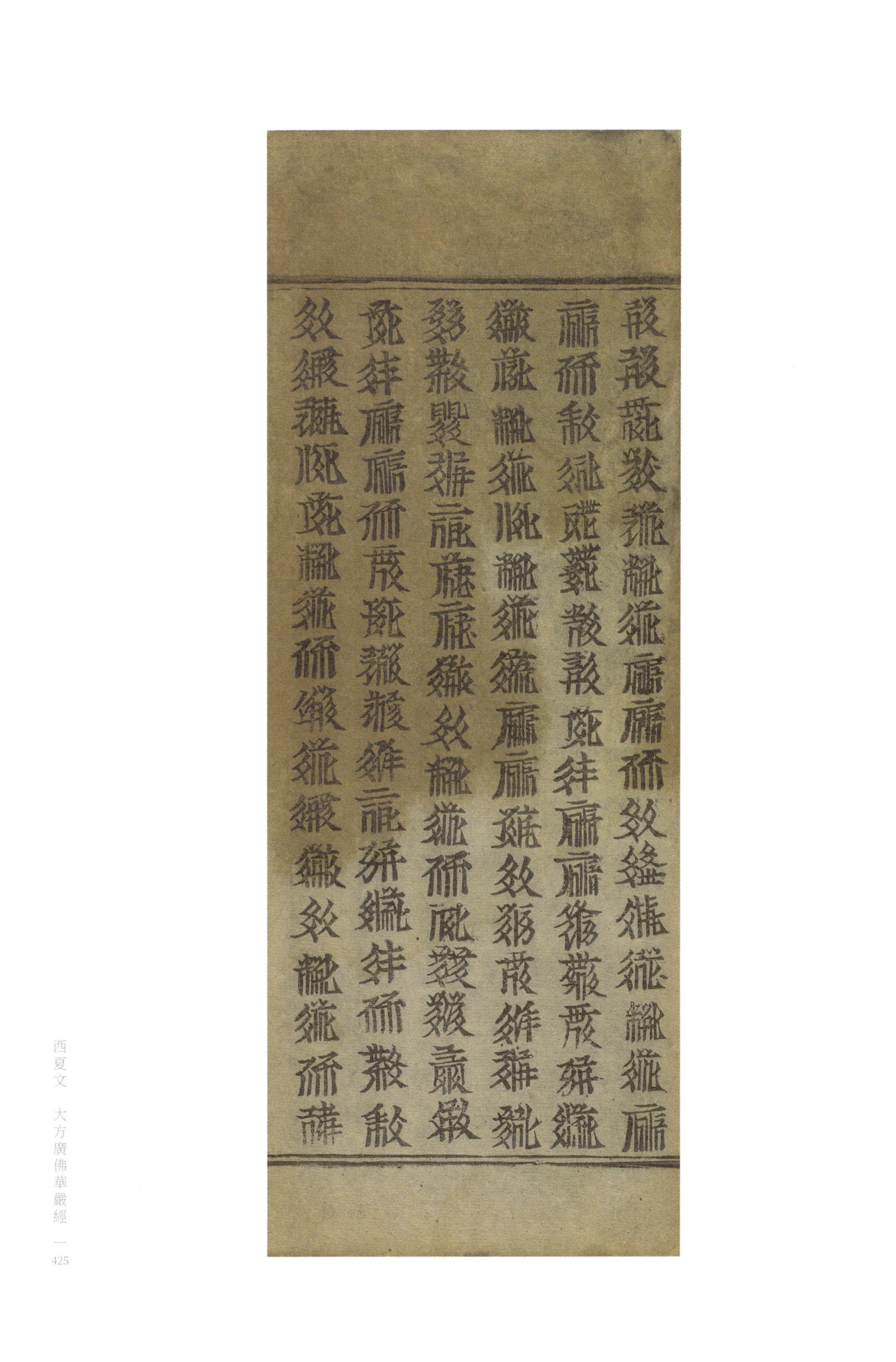

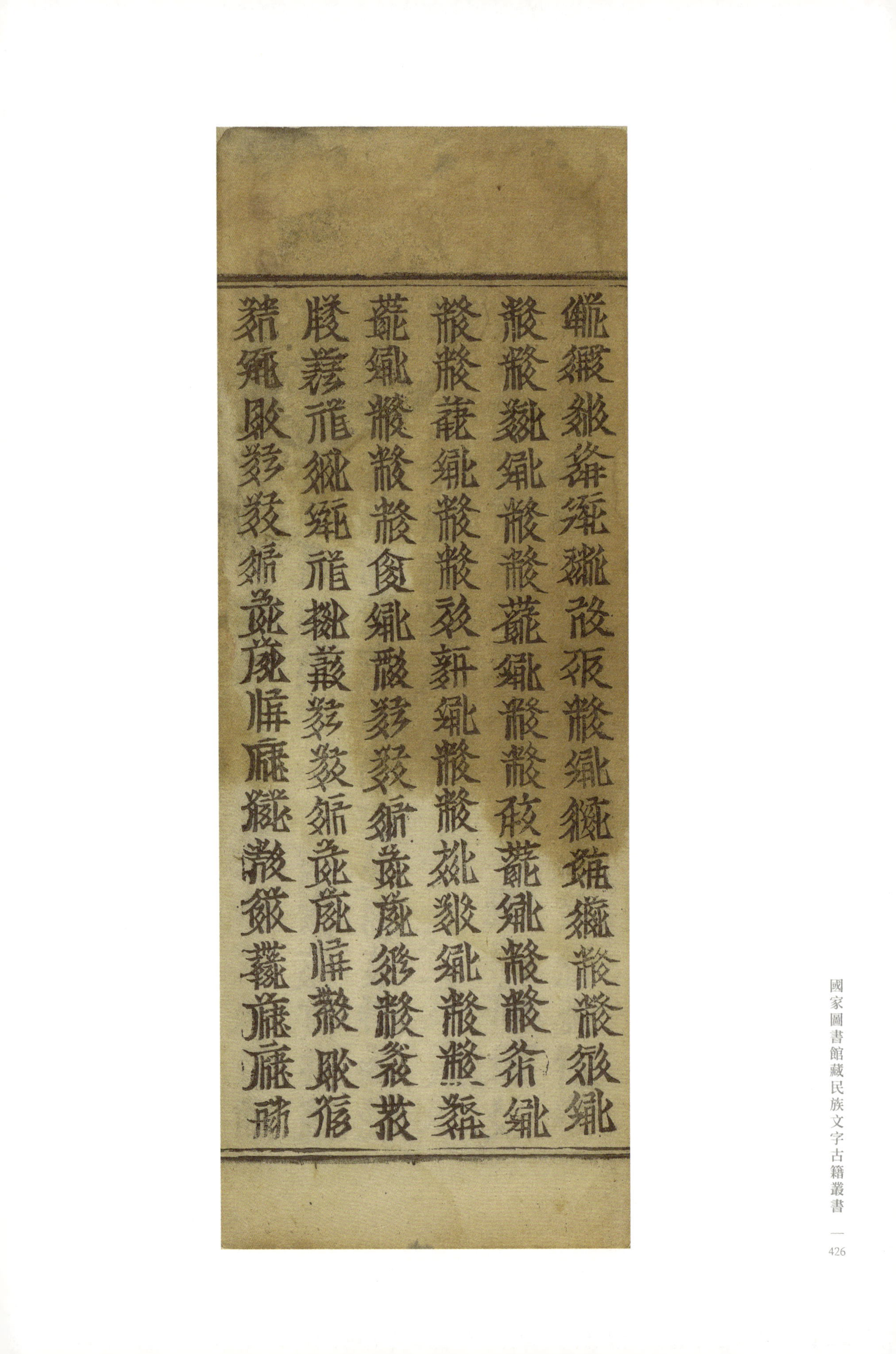

[illegible]

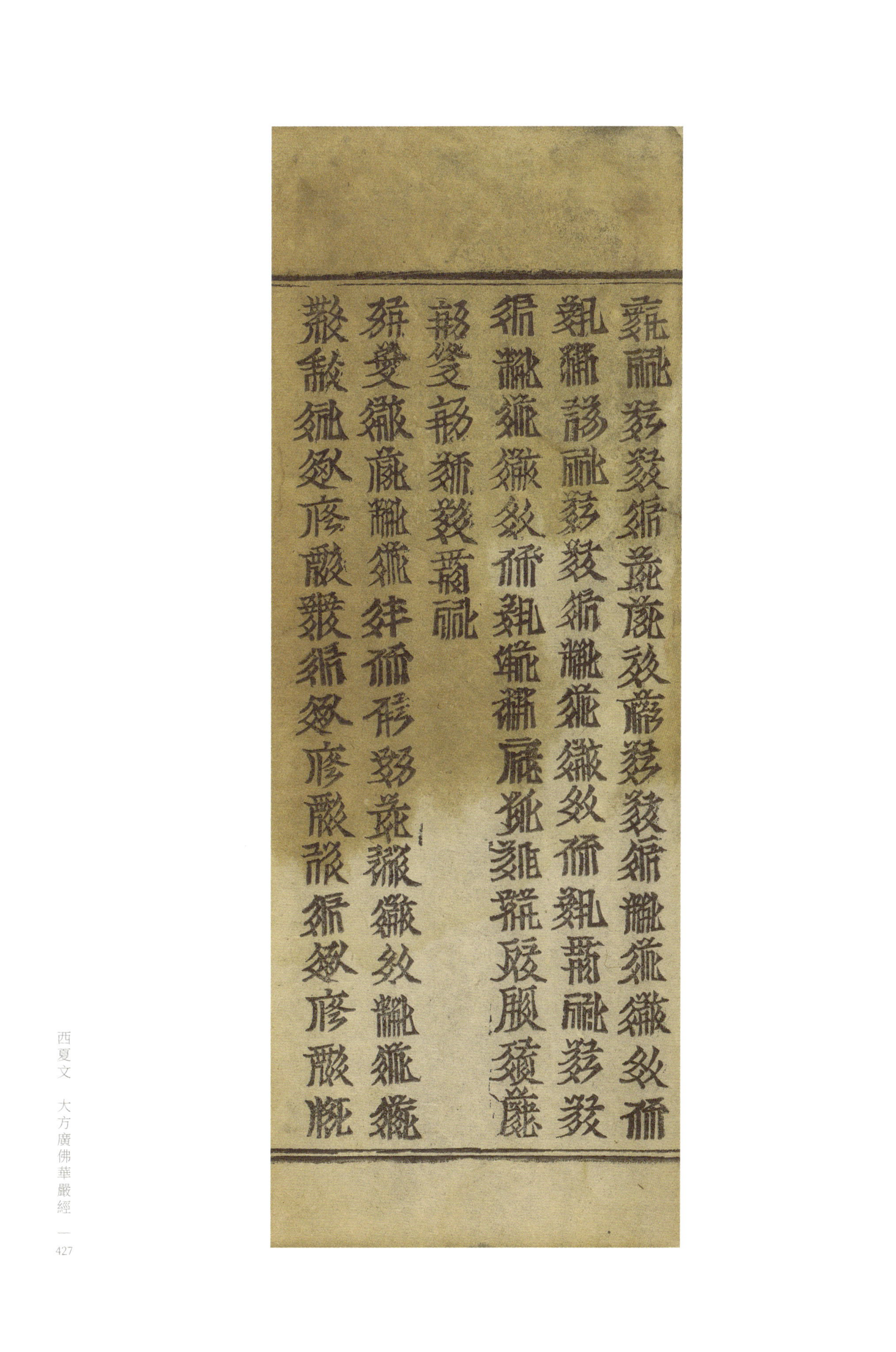

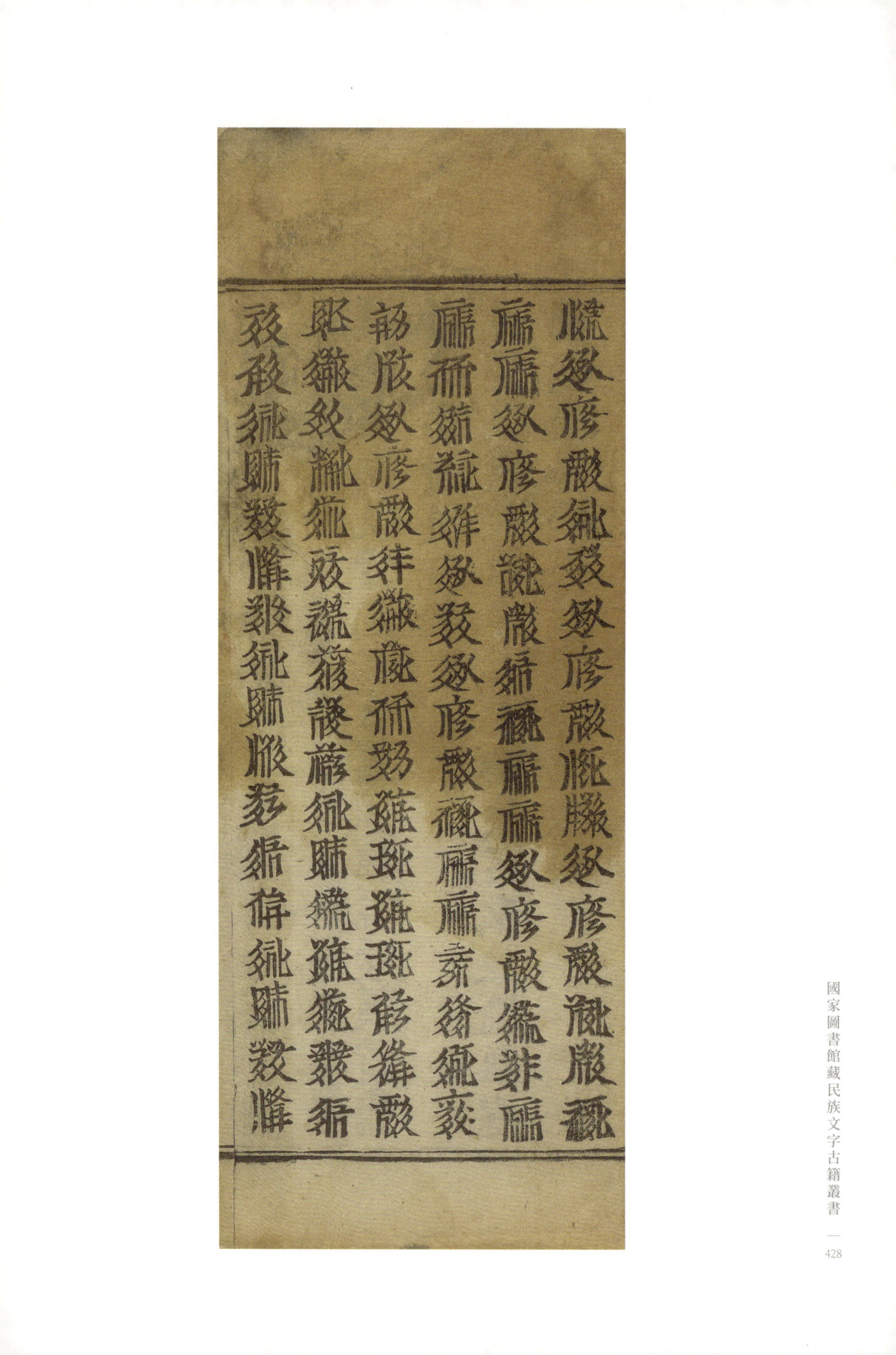

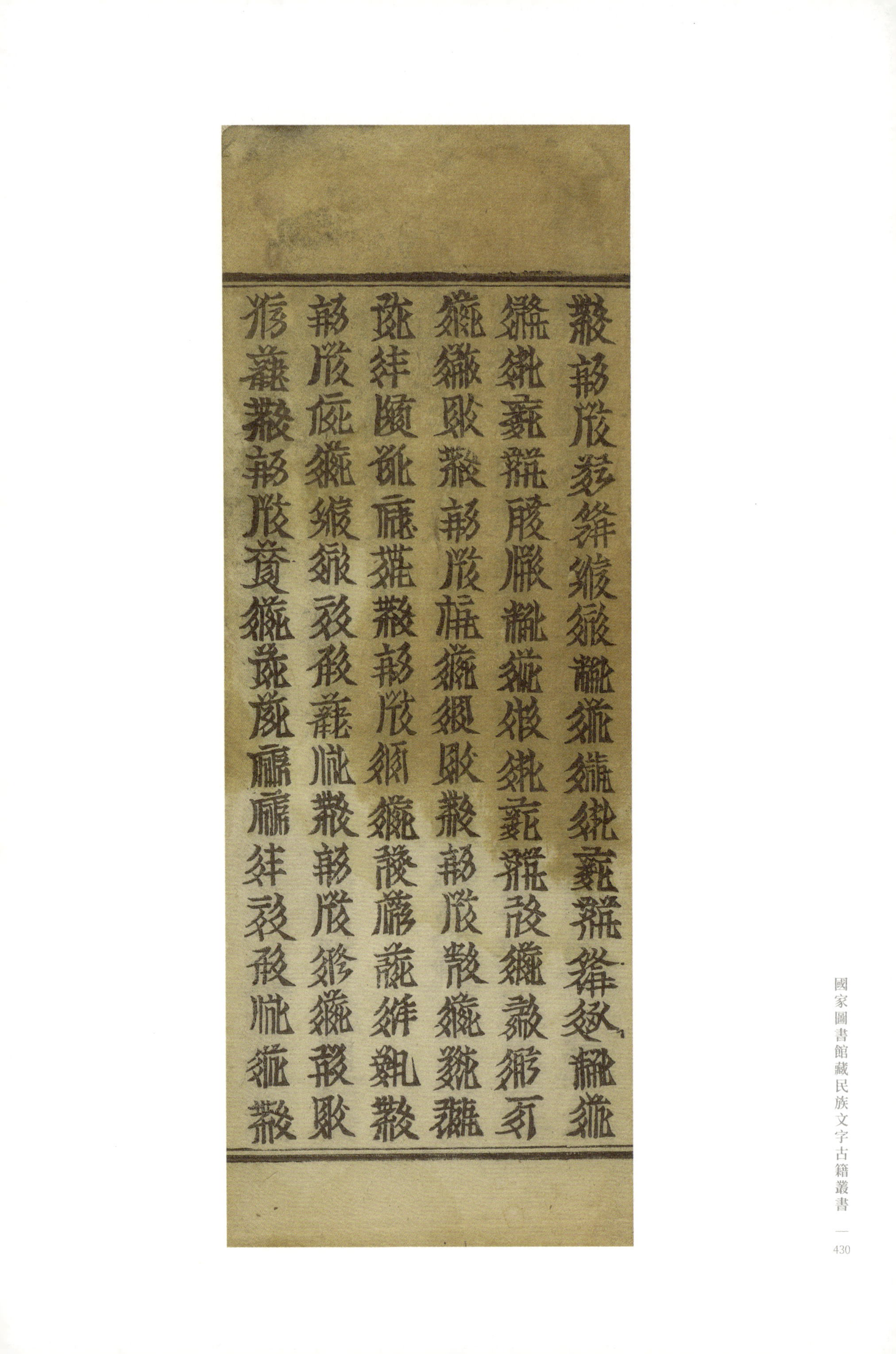

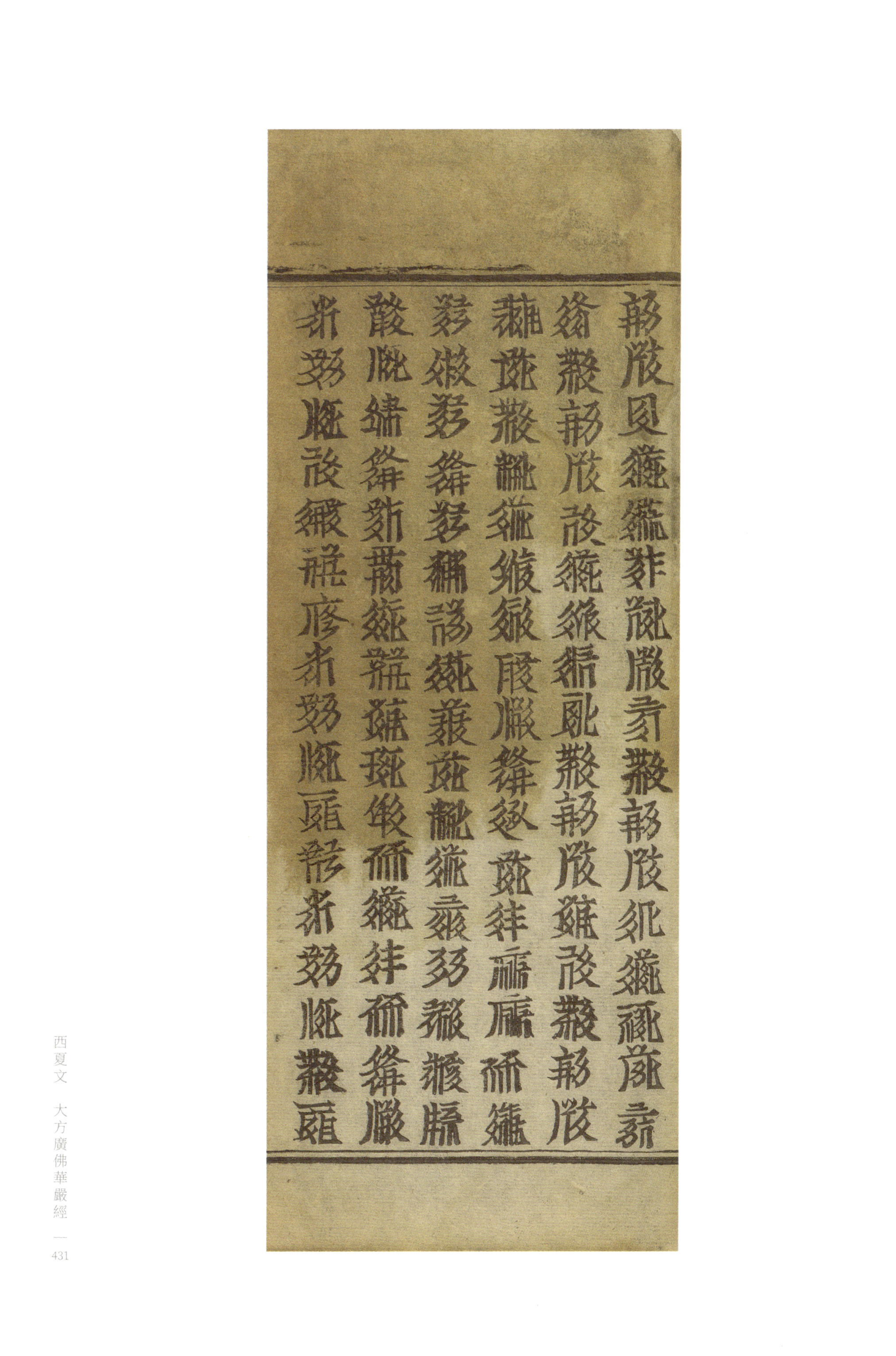

[illegible]

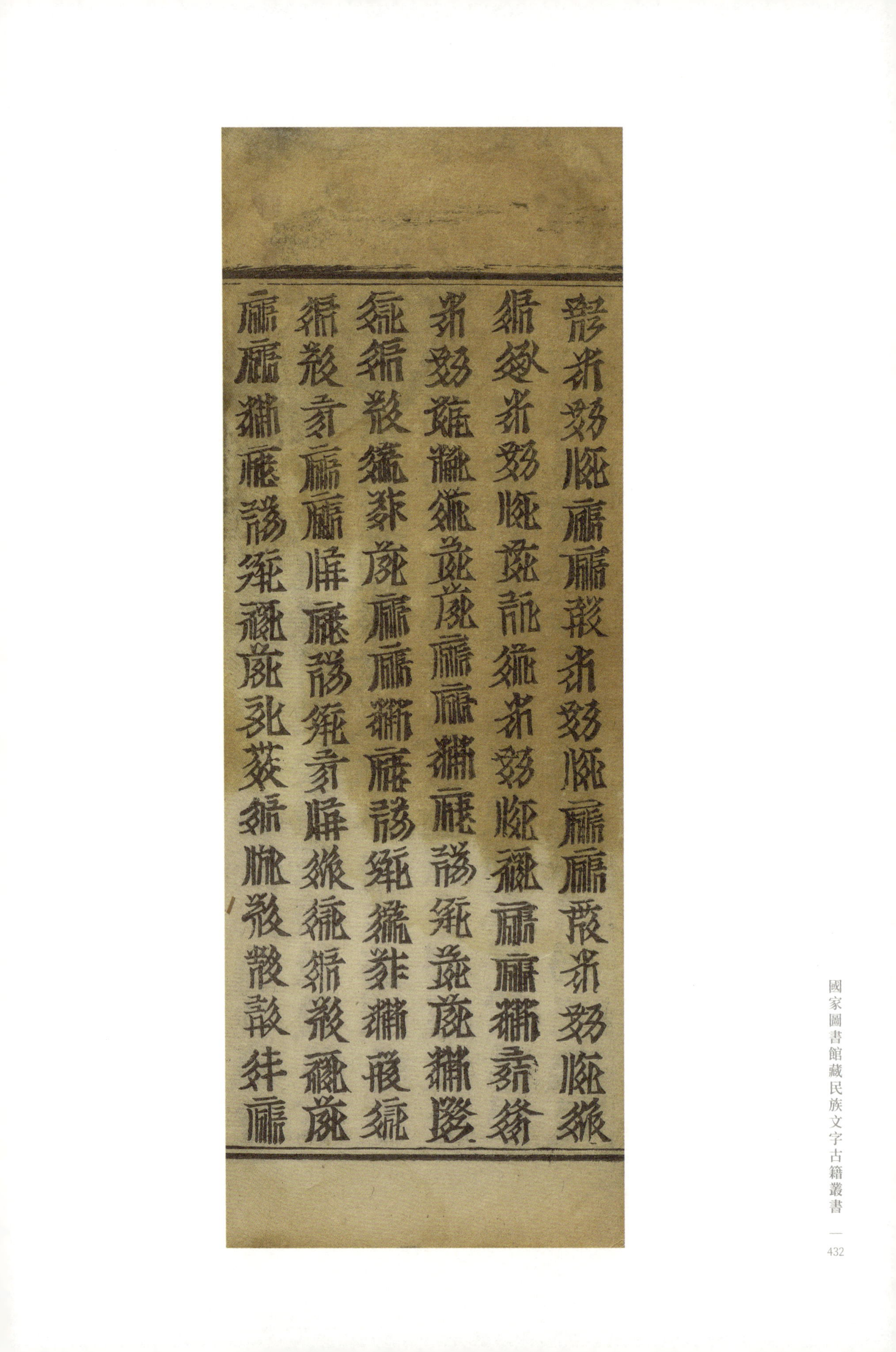

[illegible]

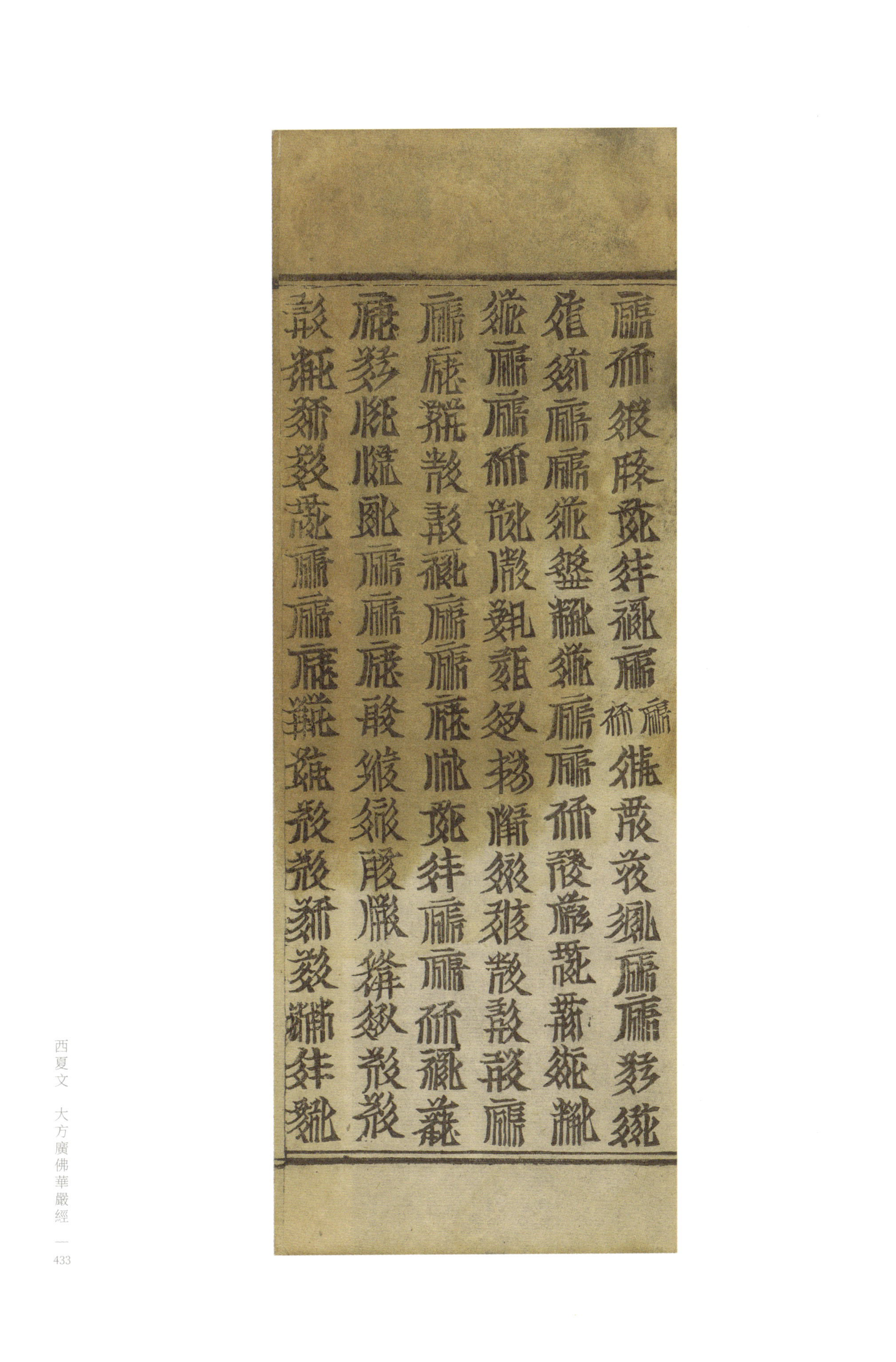

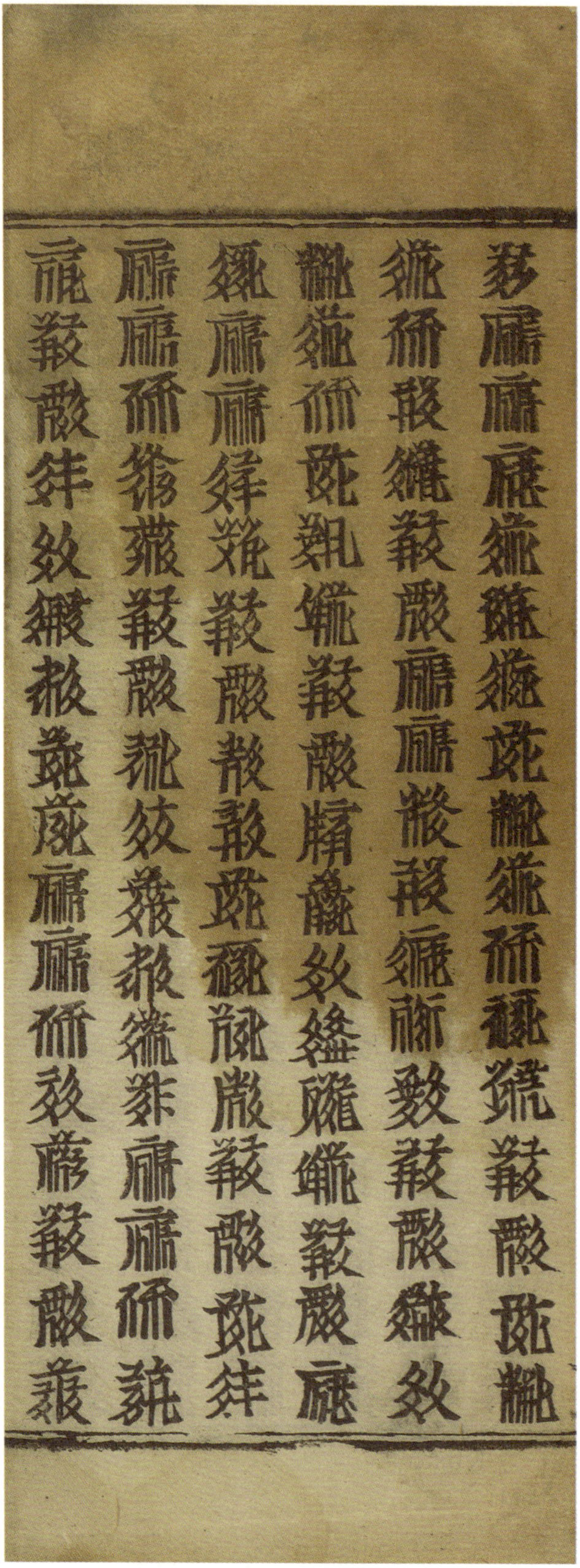

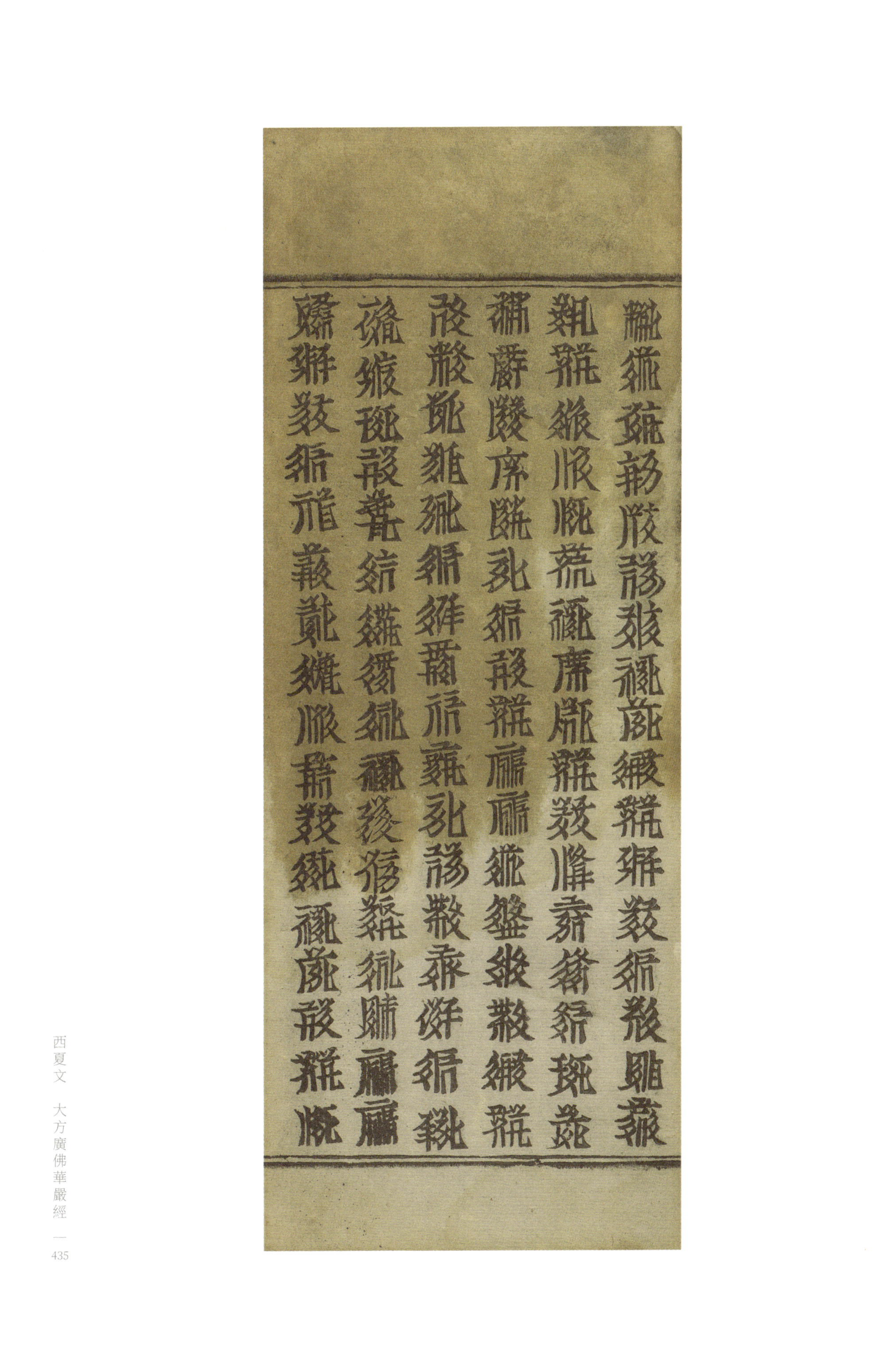

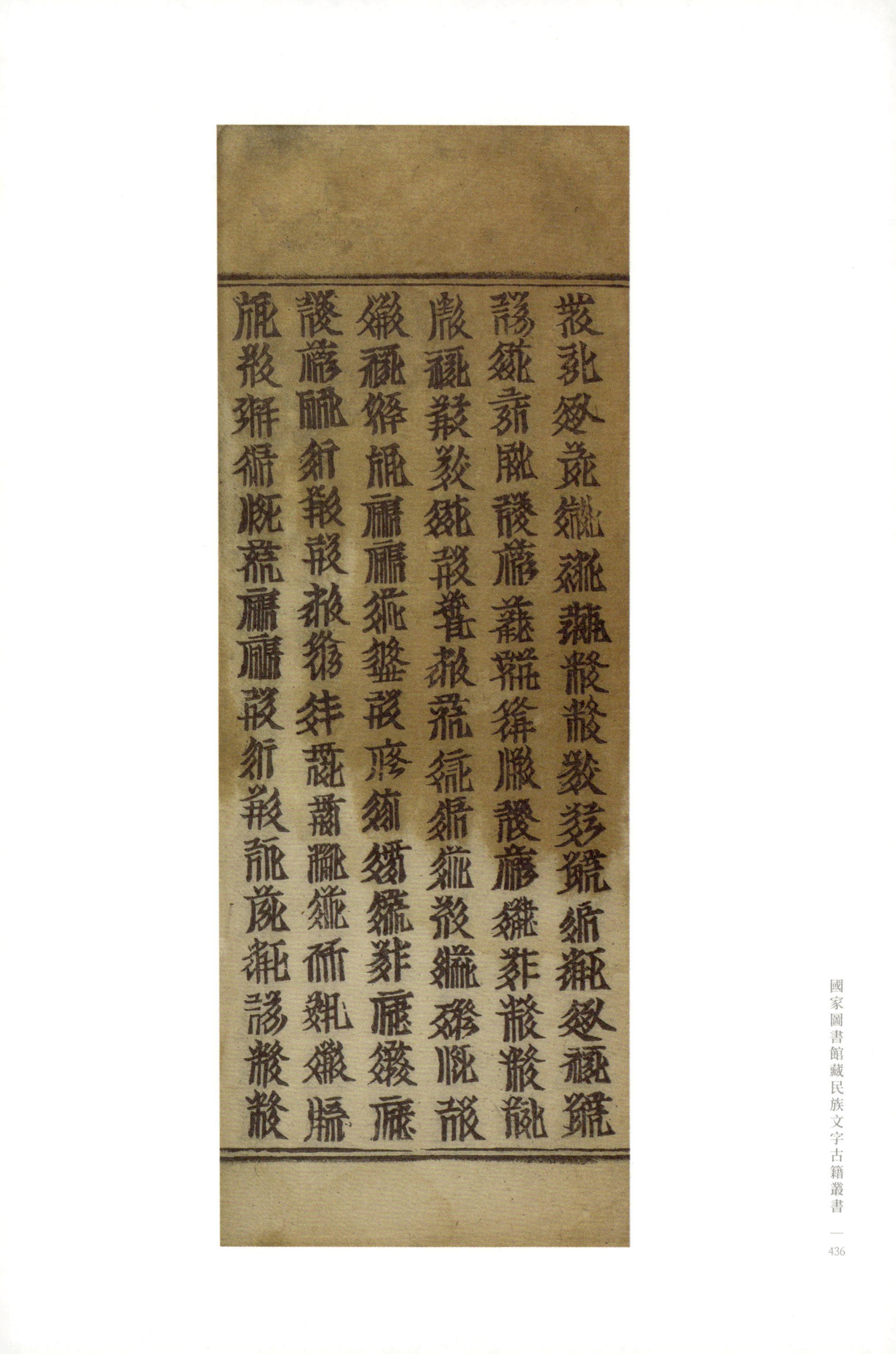

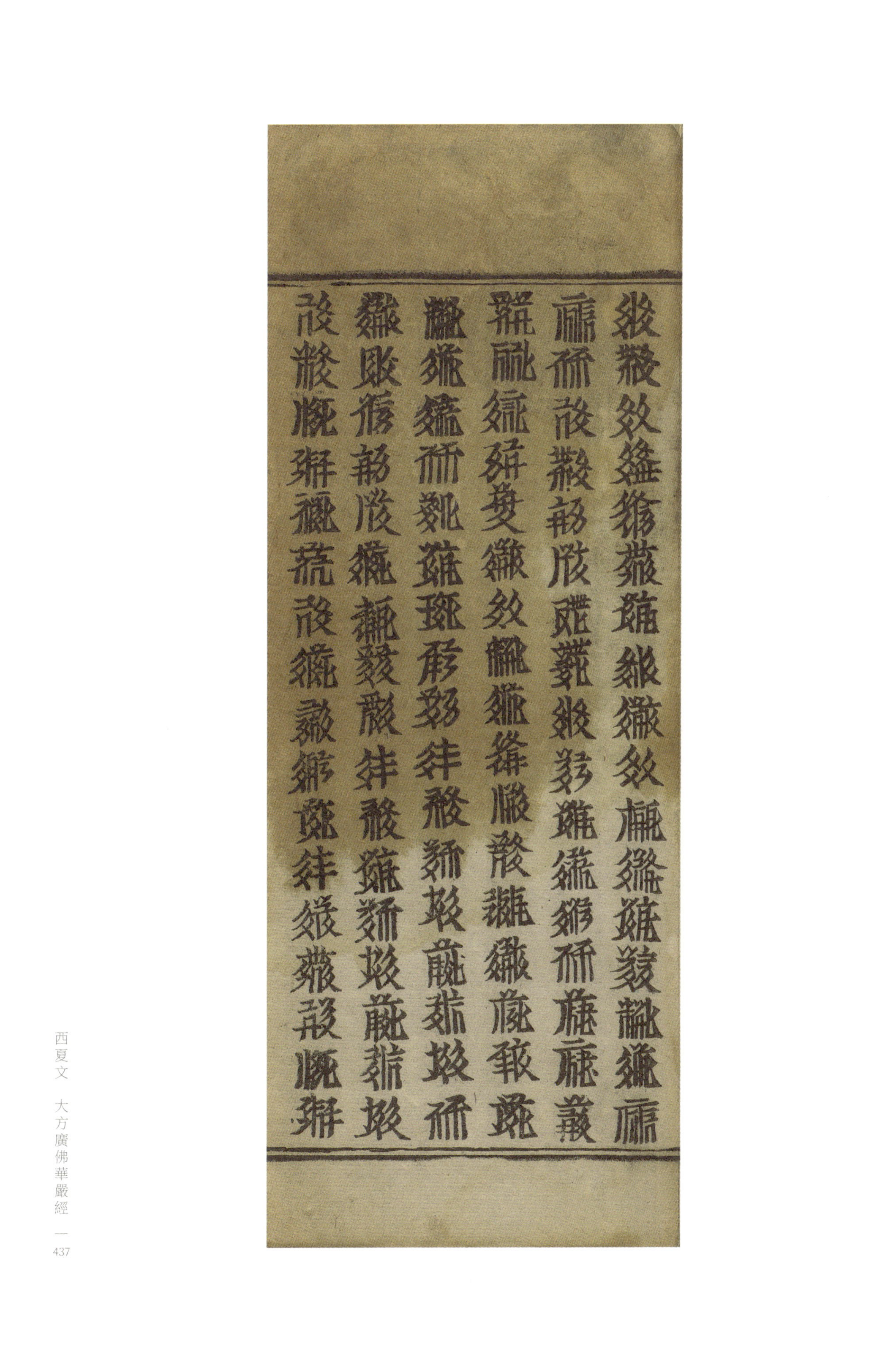

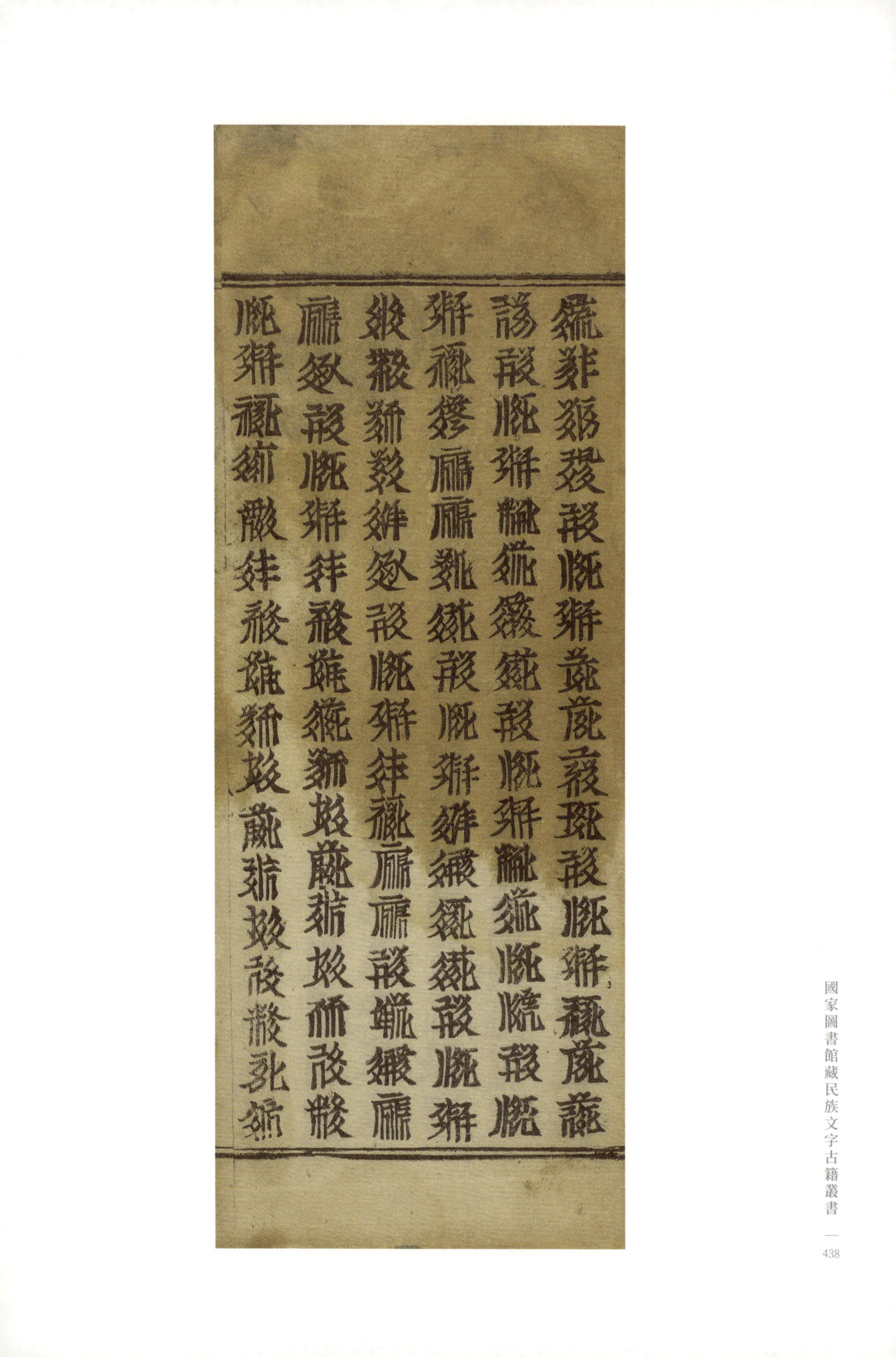

[illegible]

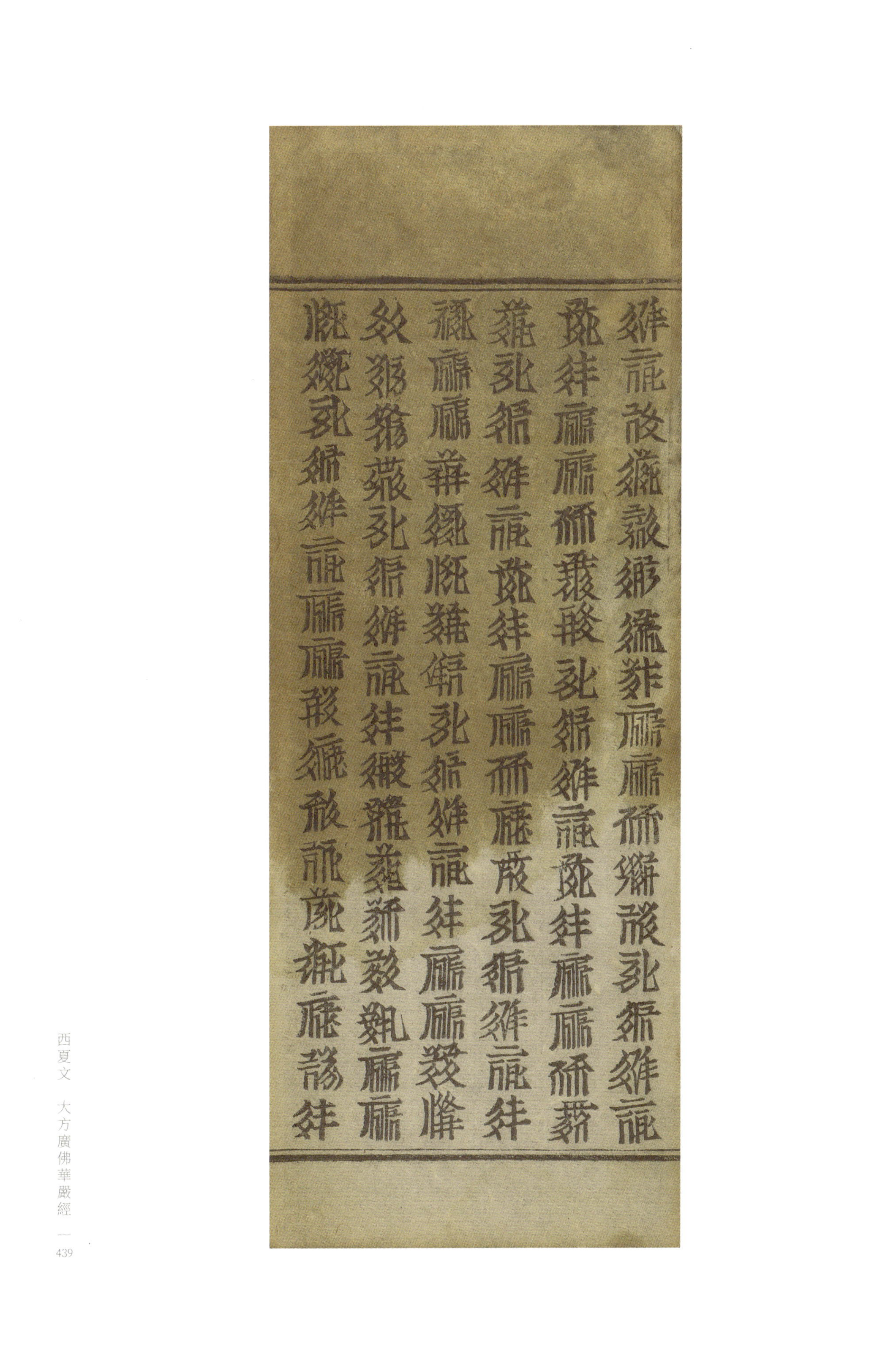

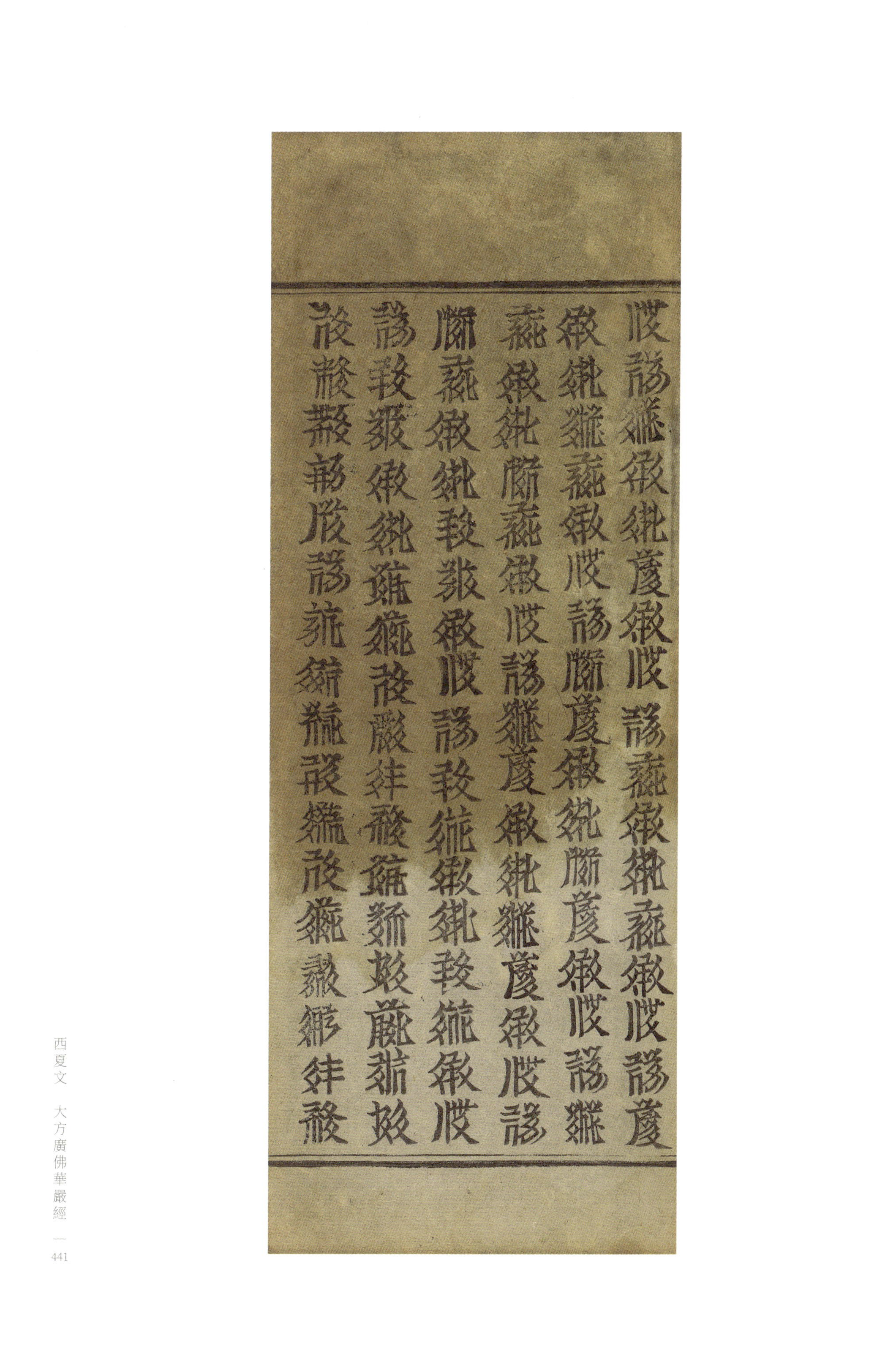

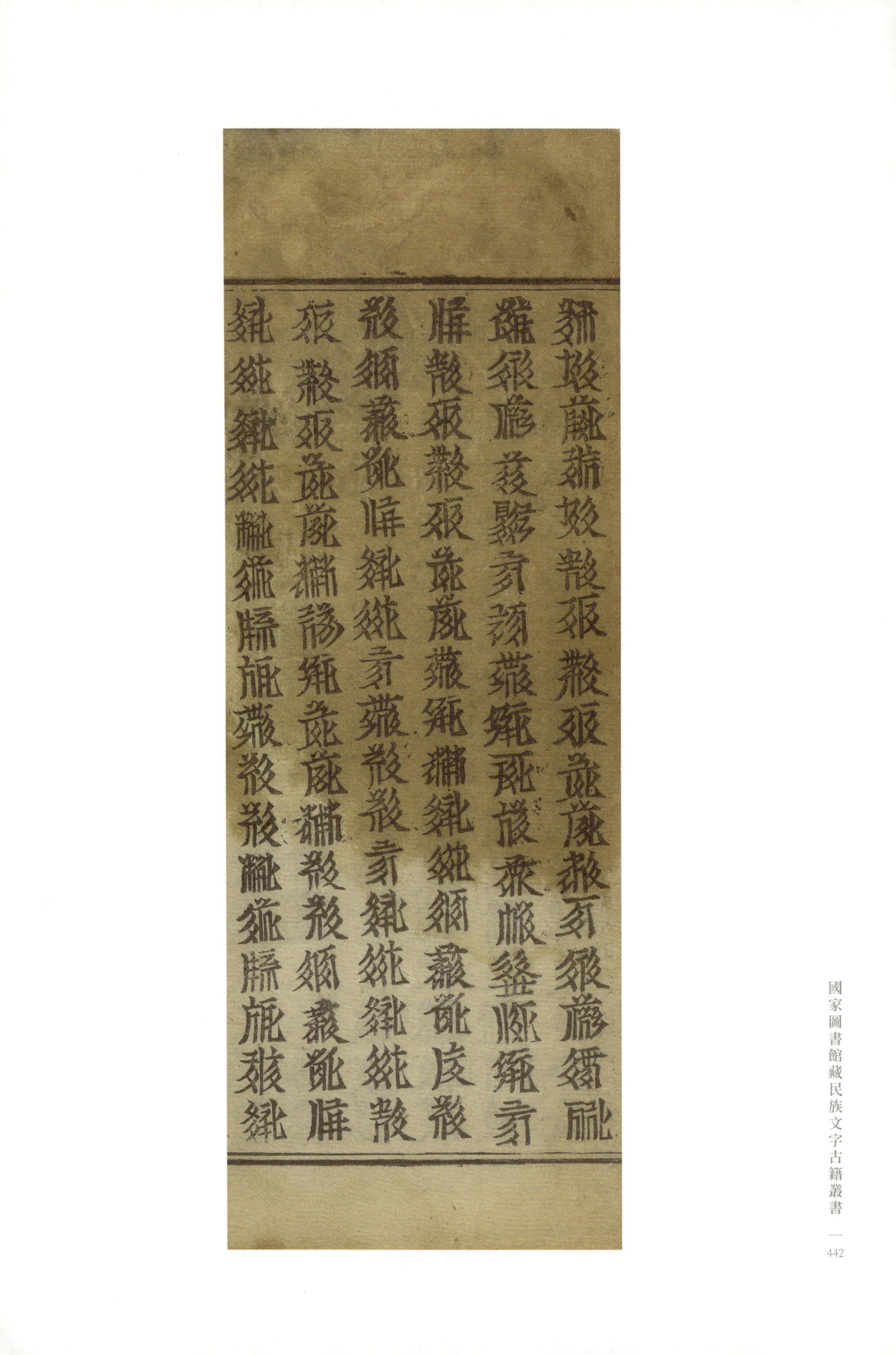

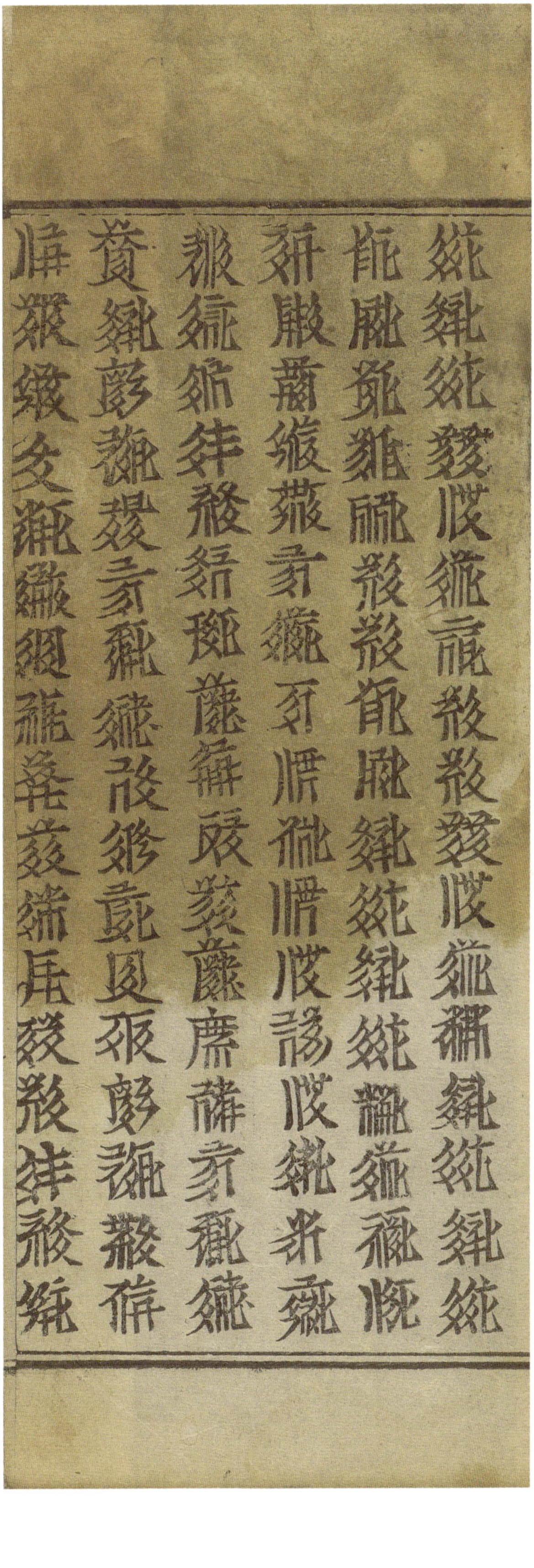

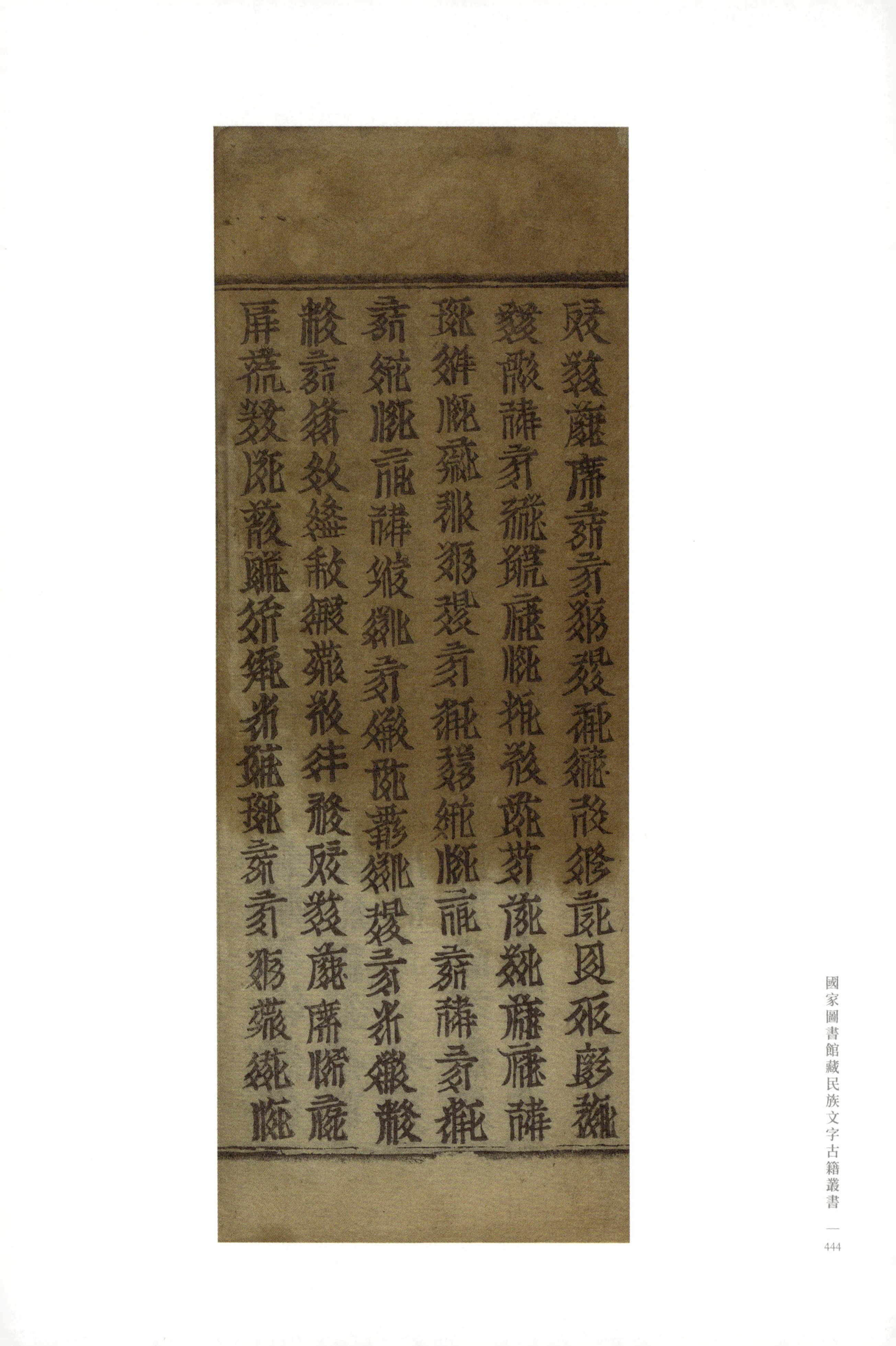

[illegible]

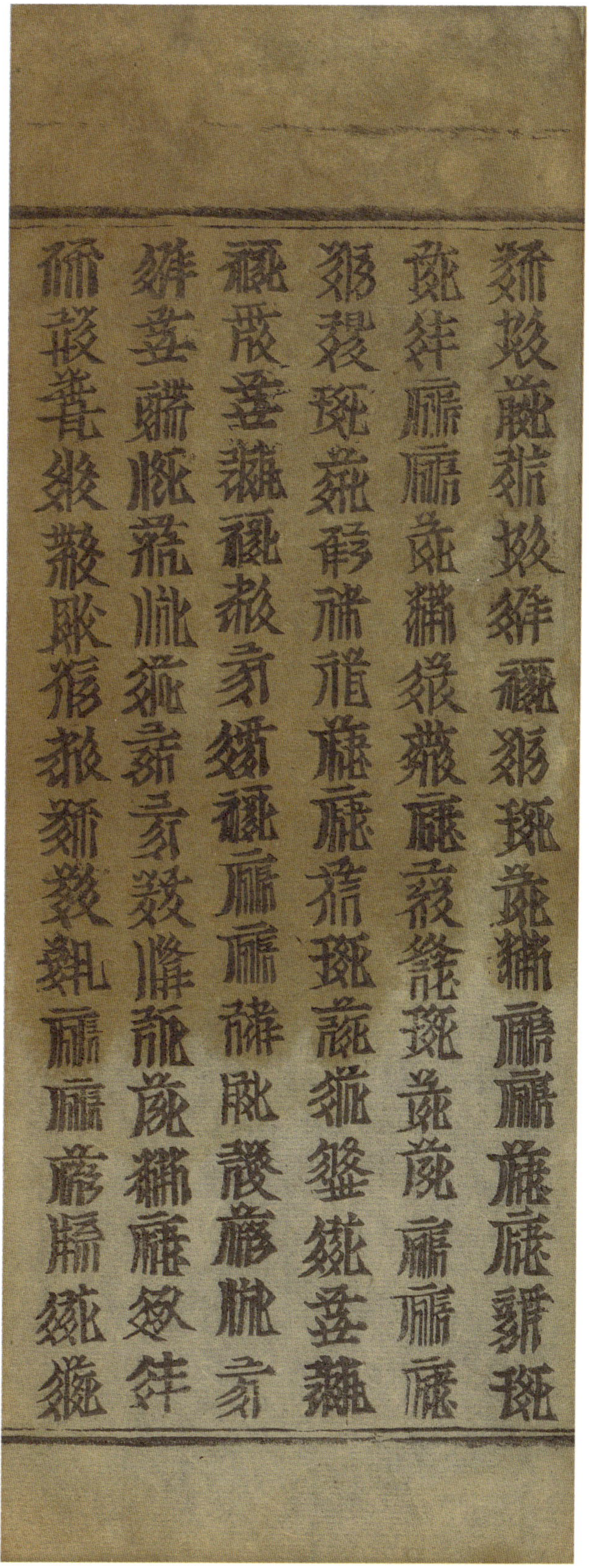

西夏文　大方廣佛華嚴經　一

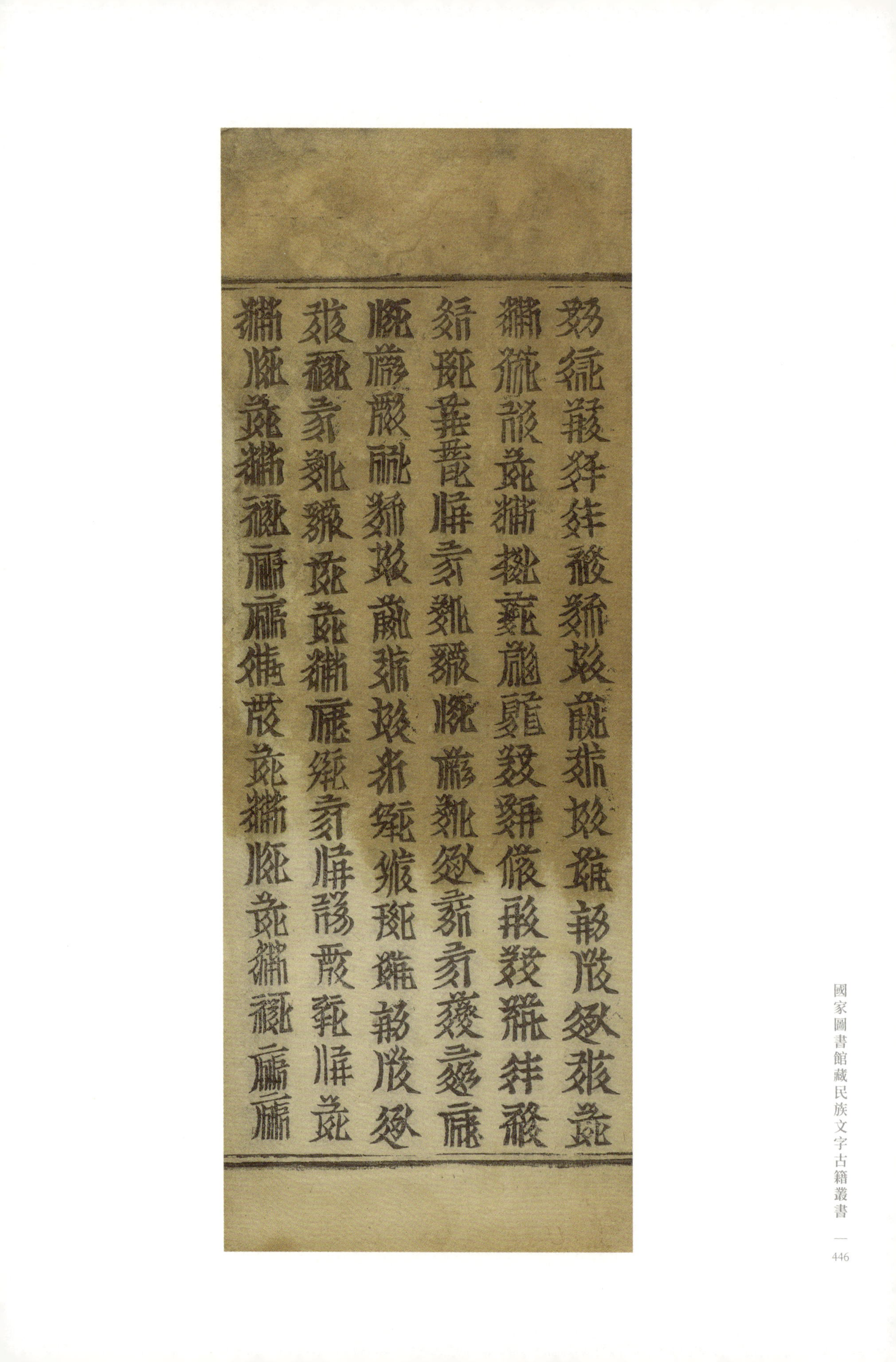

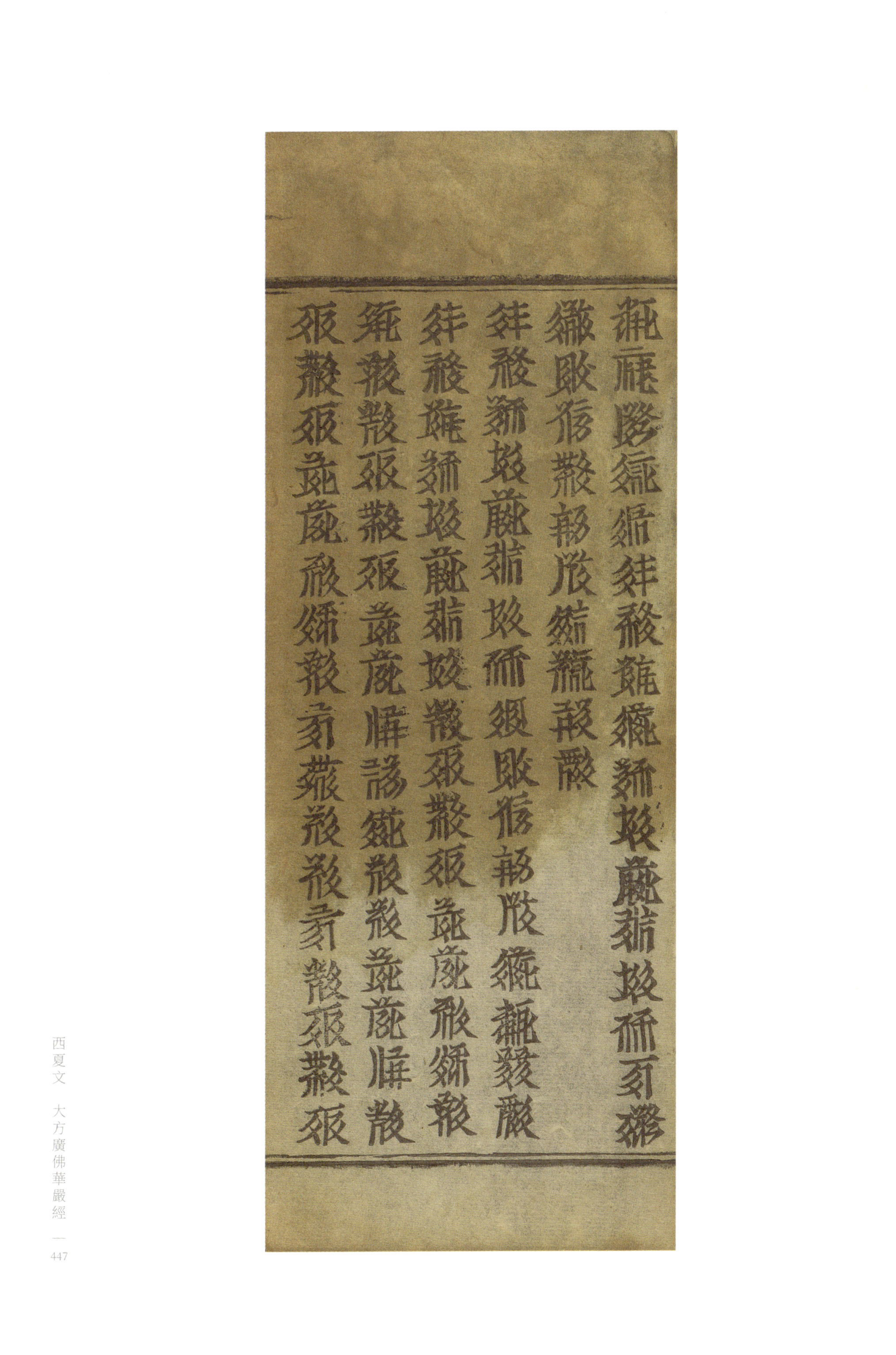

[illegible]

[illegible]

[illegible]

[illegible]

[illegible]

[illegible]

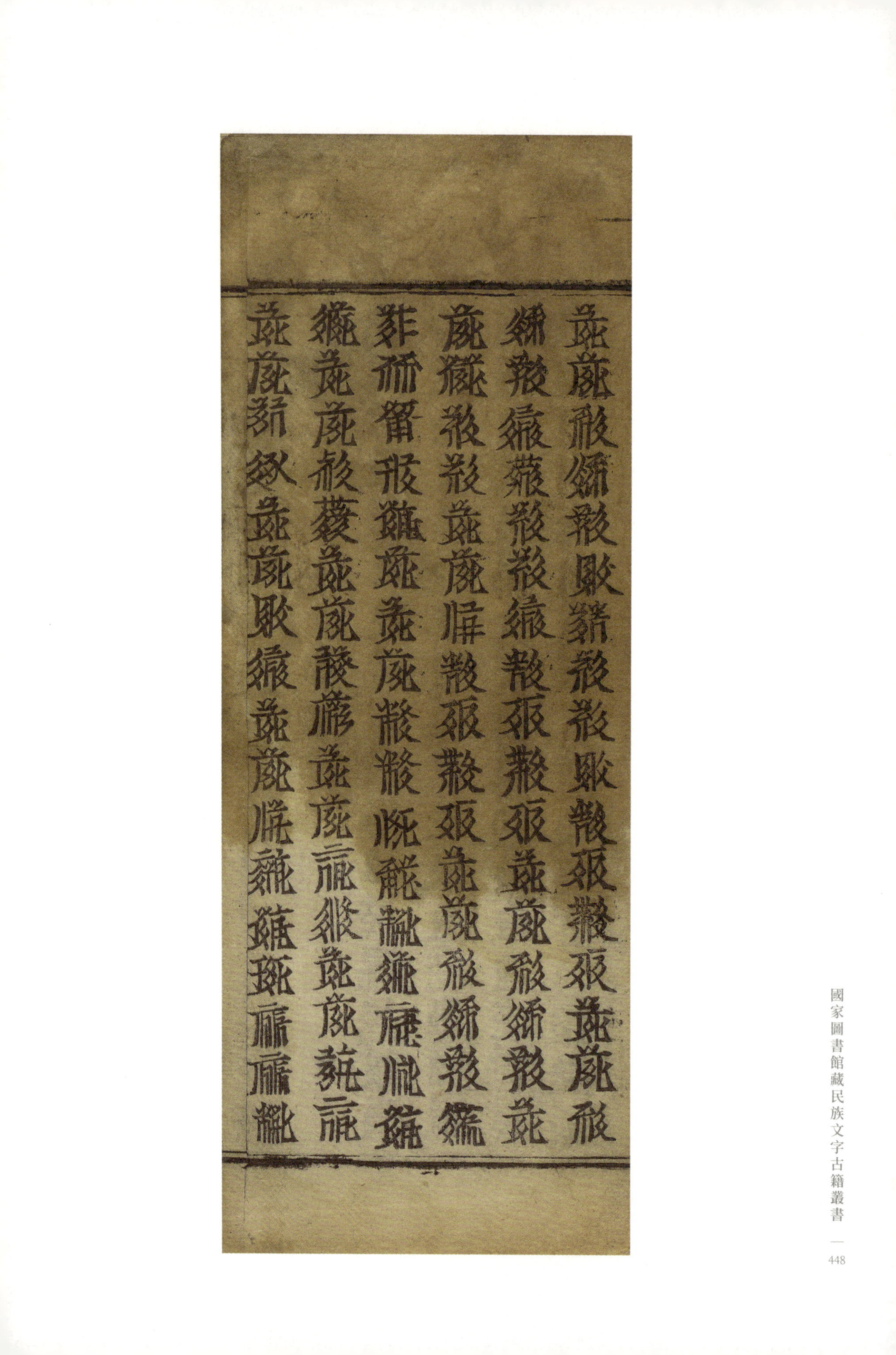

[illegible]

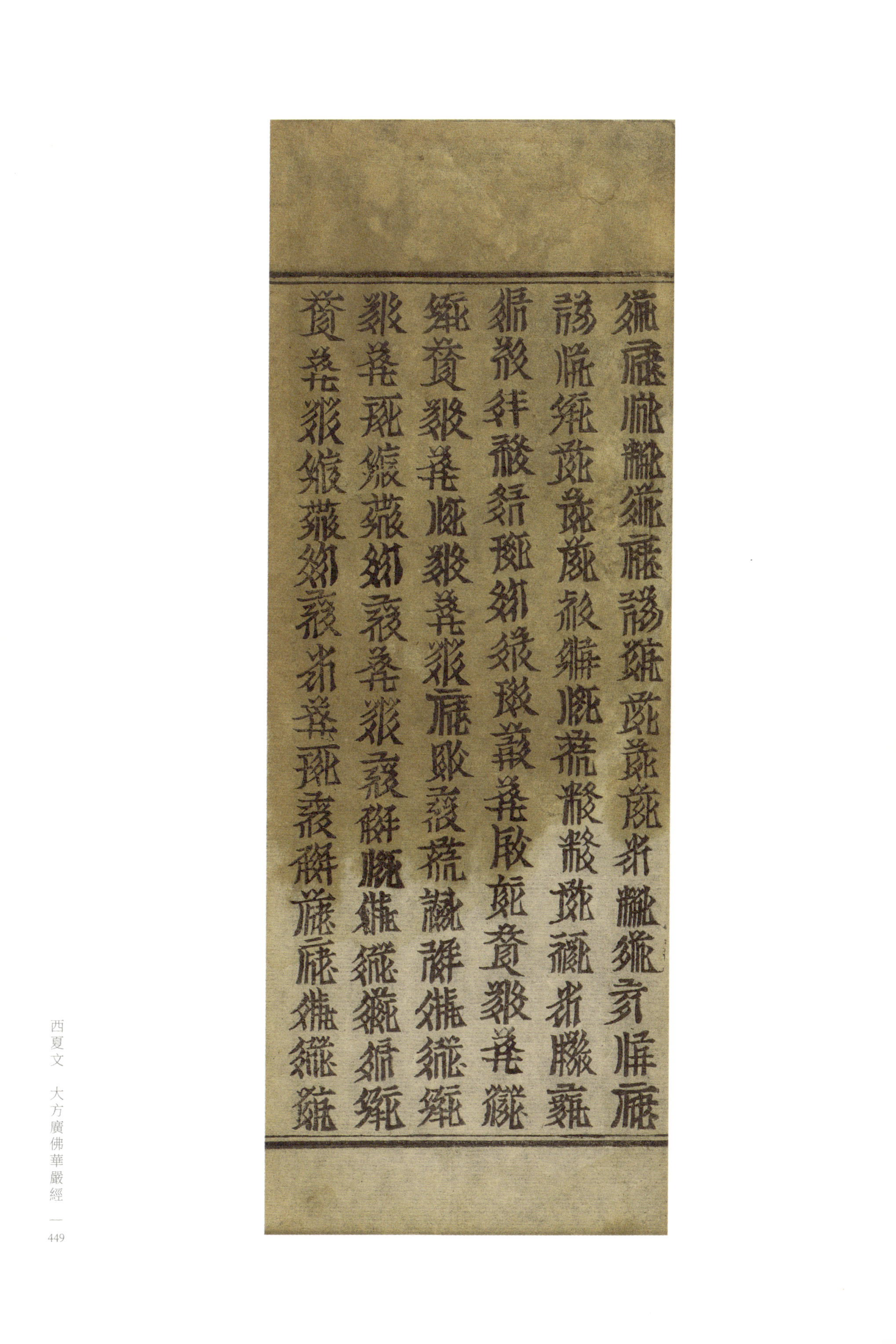

[illegible]

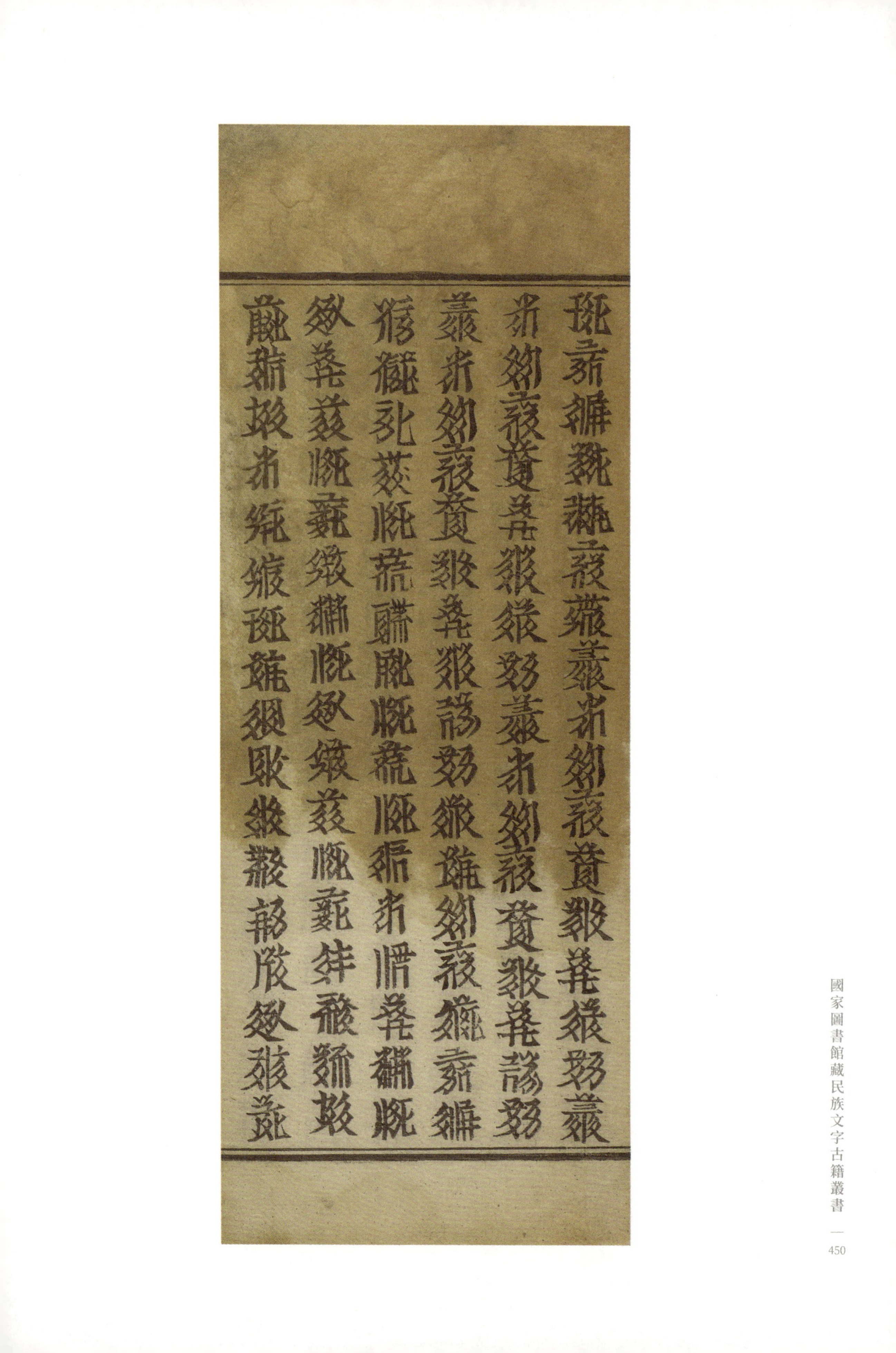

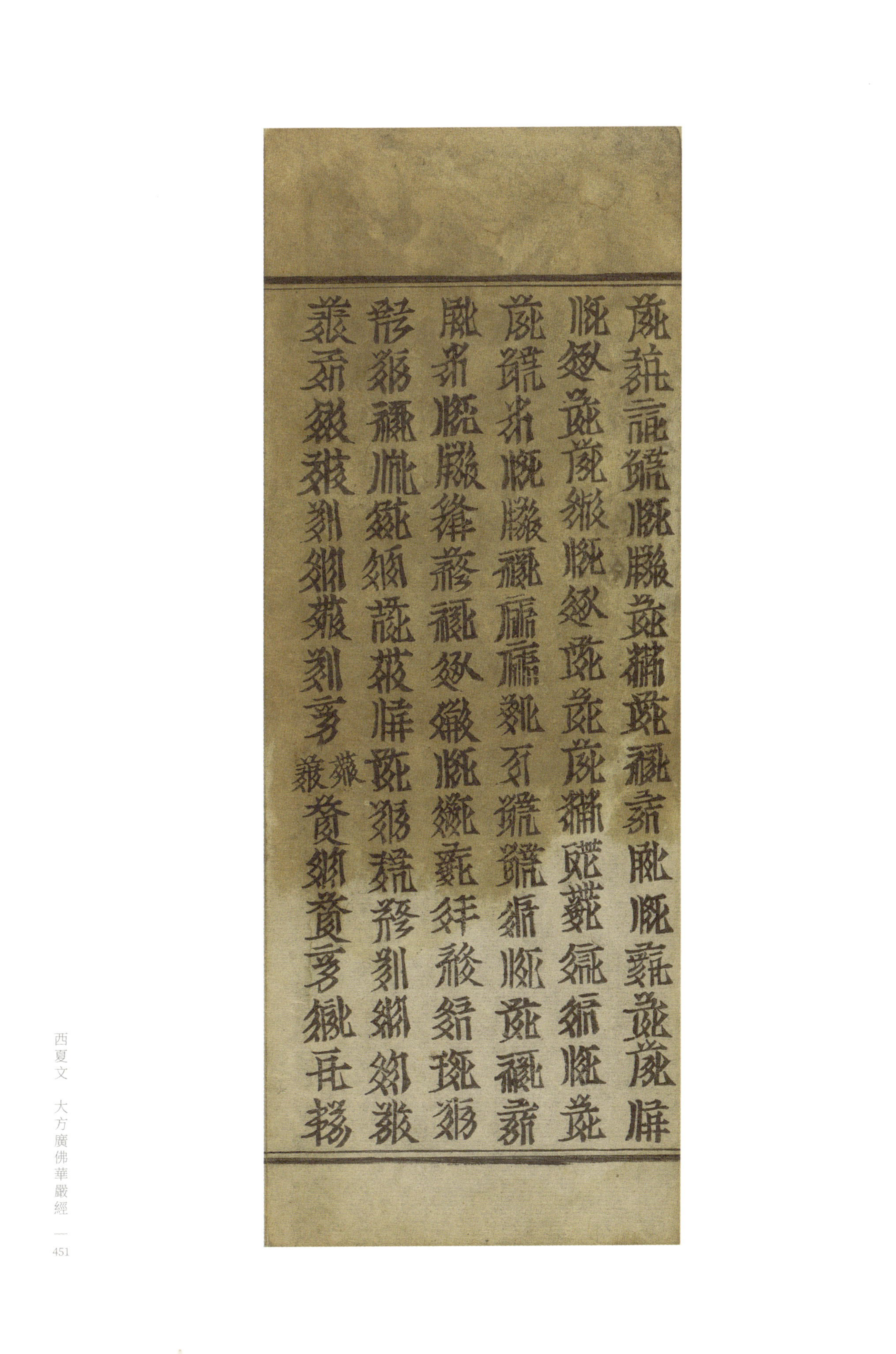

[illegible]

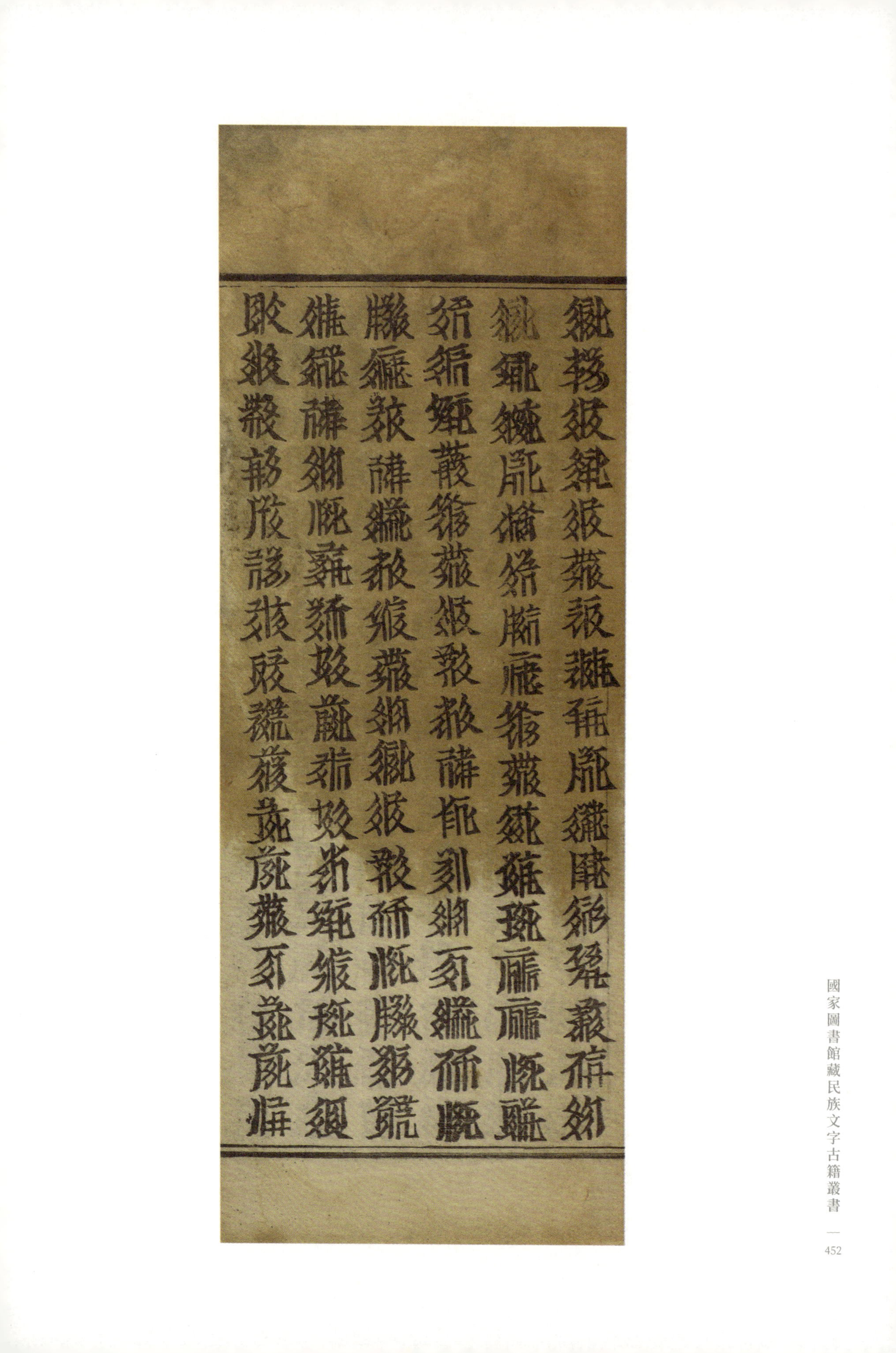

[illegible]

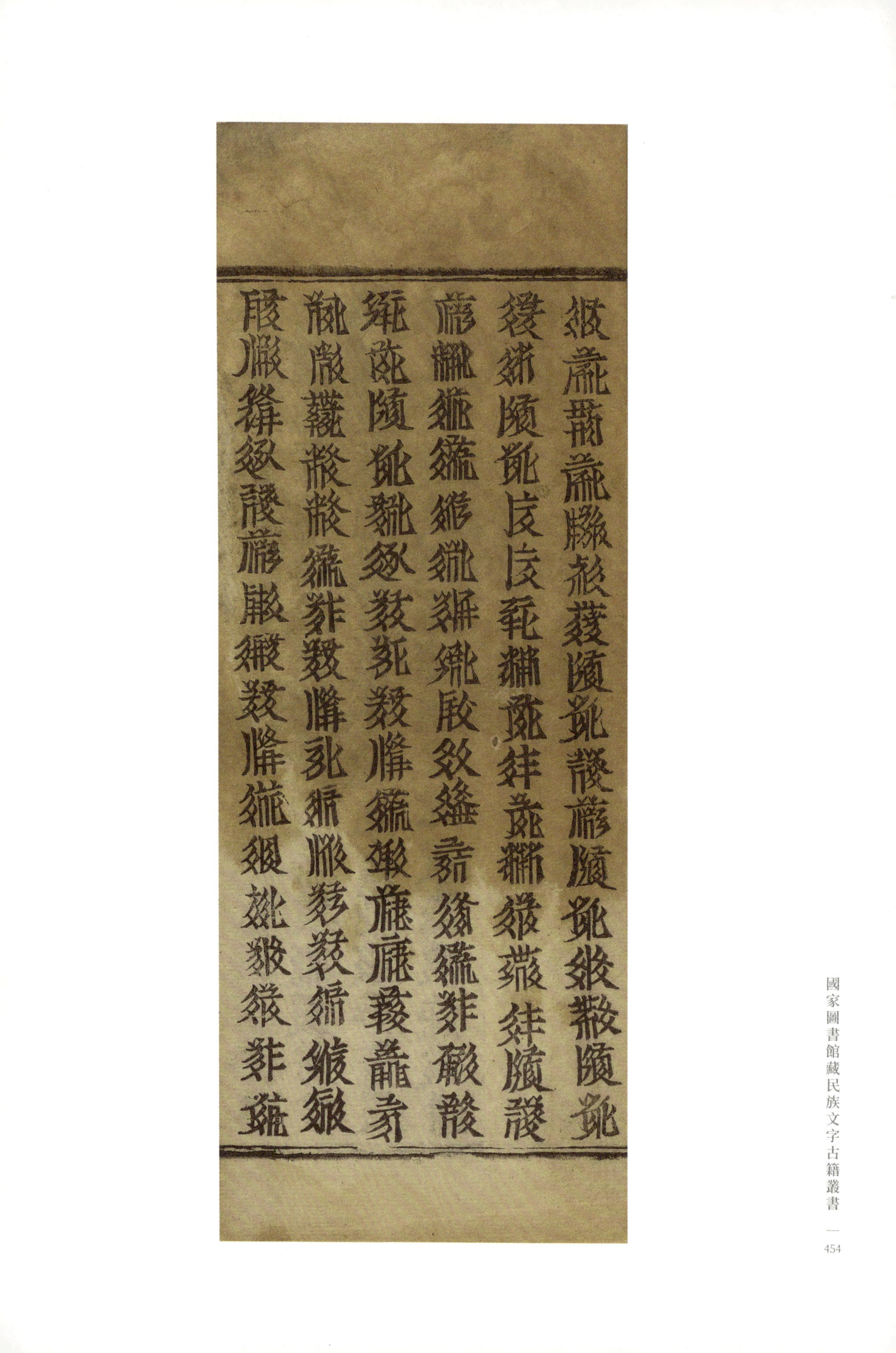

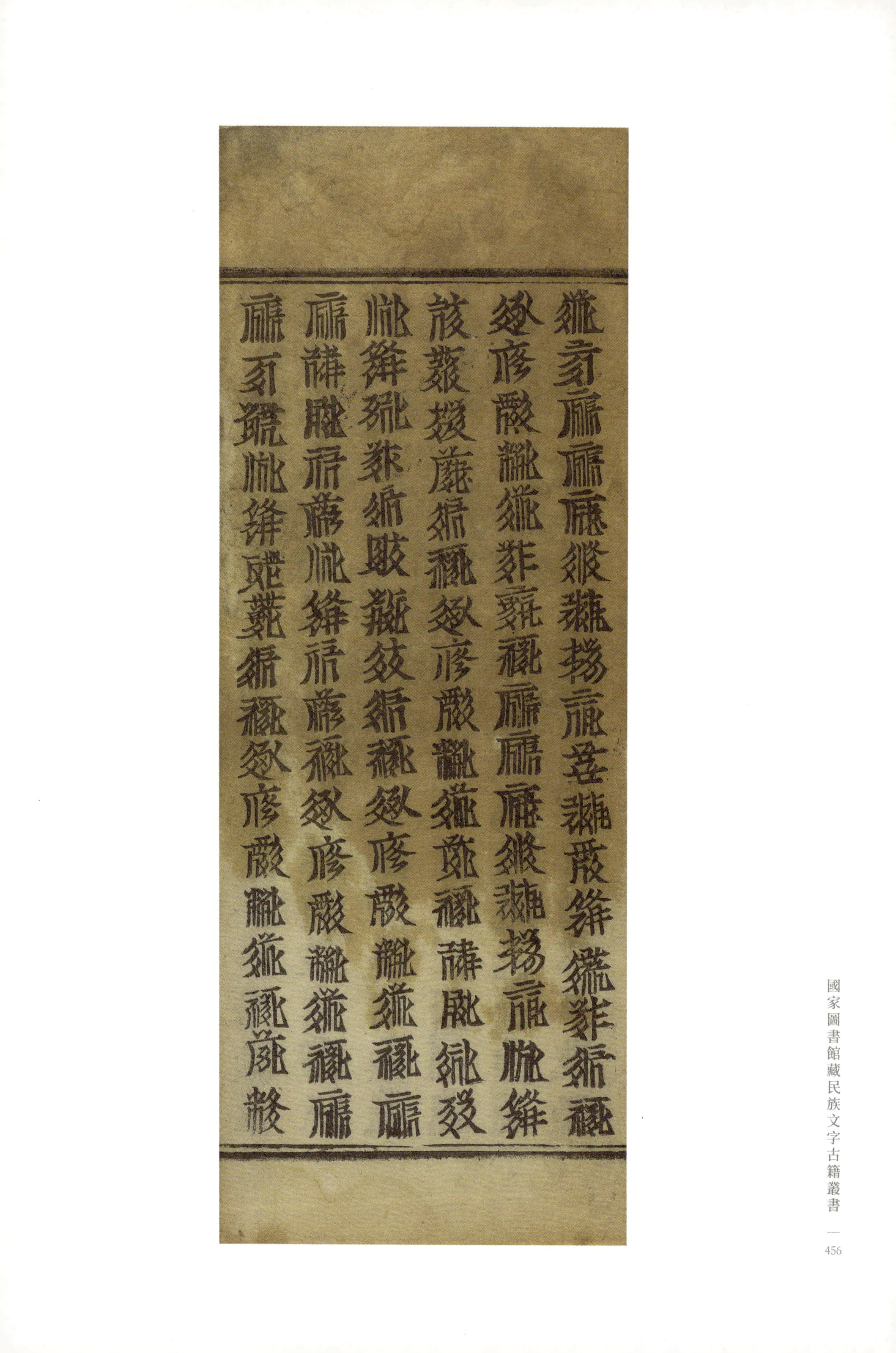

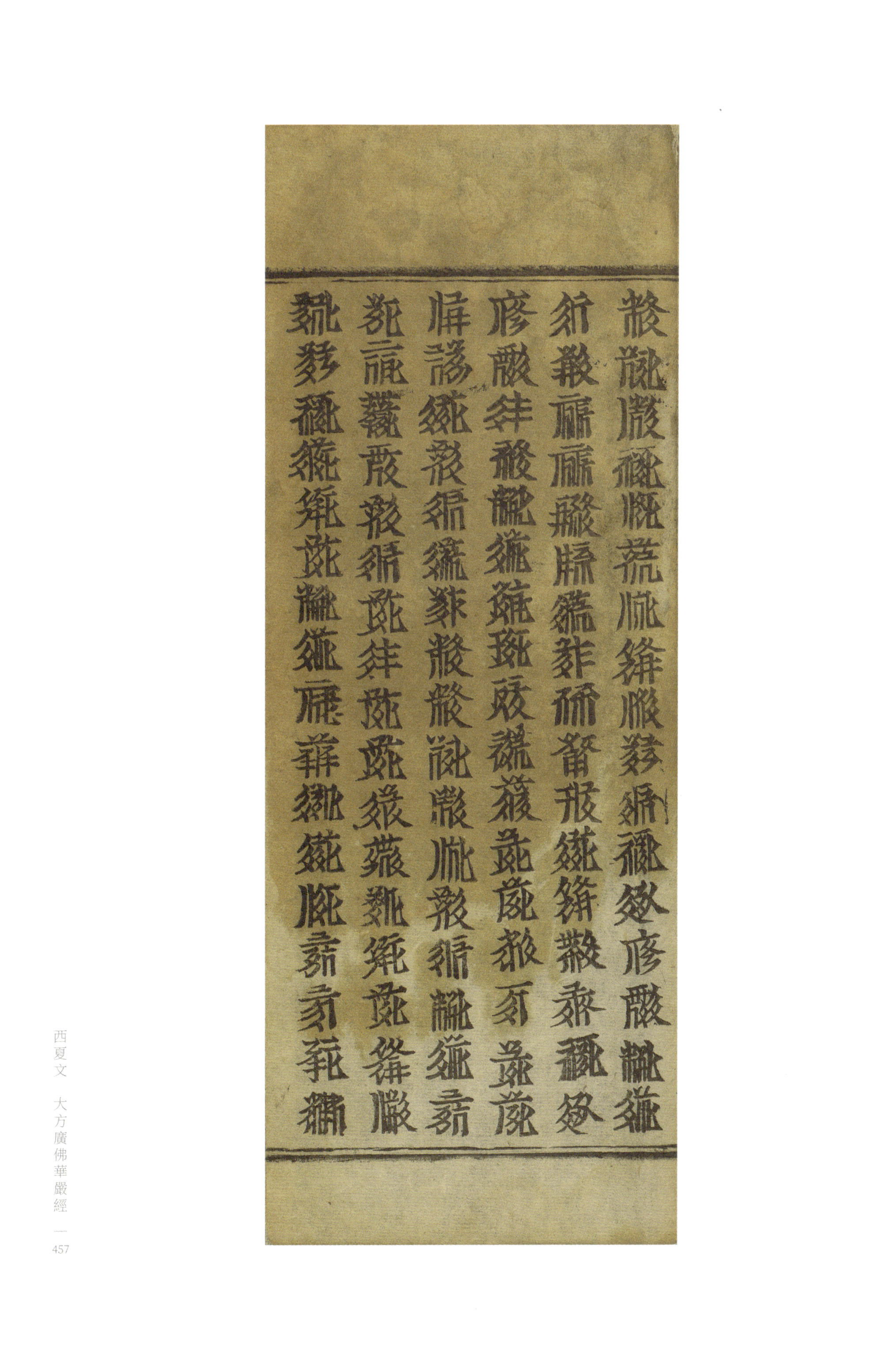

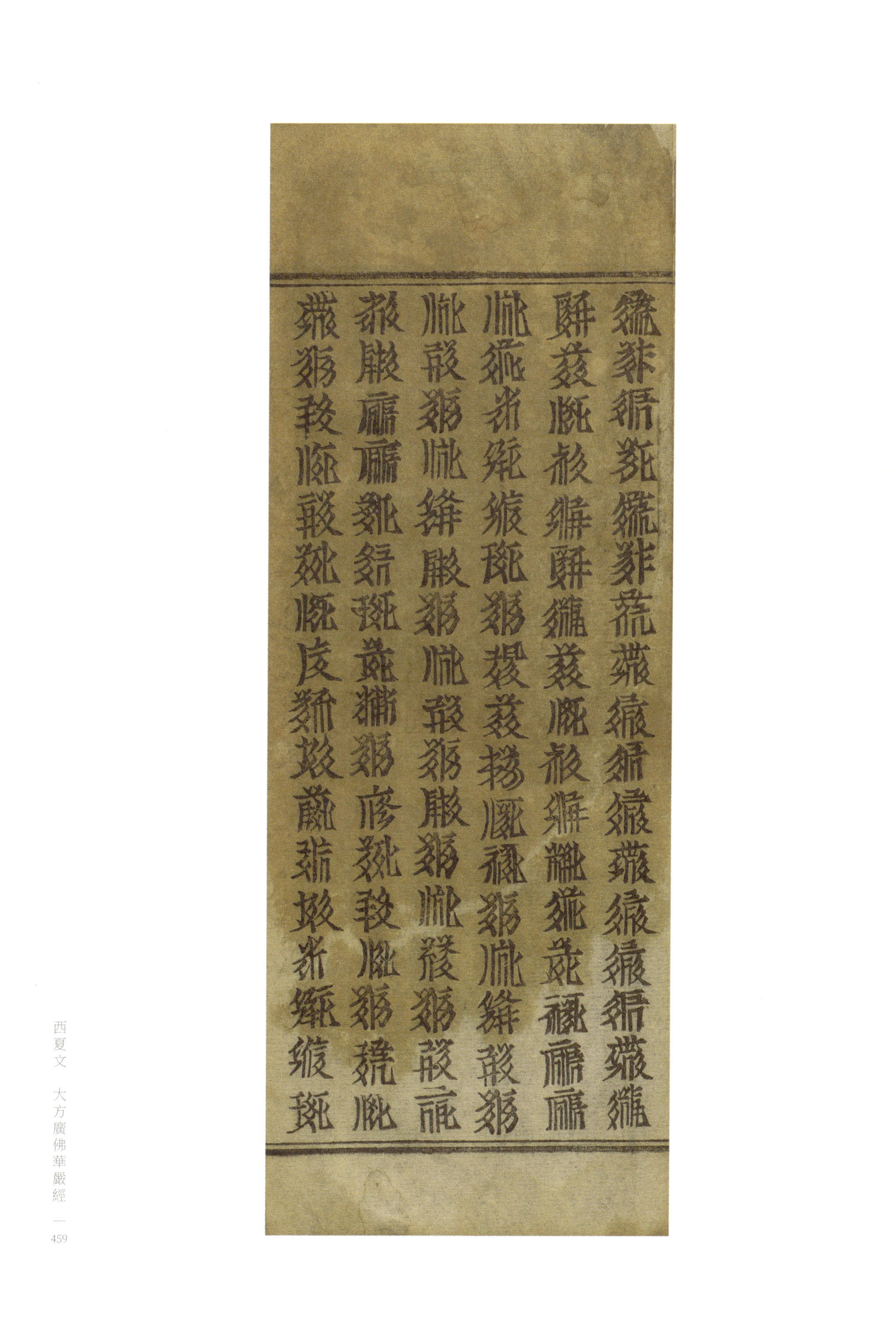

[illegible]

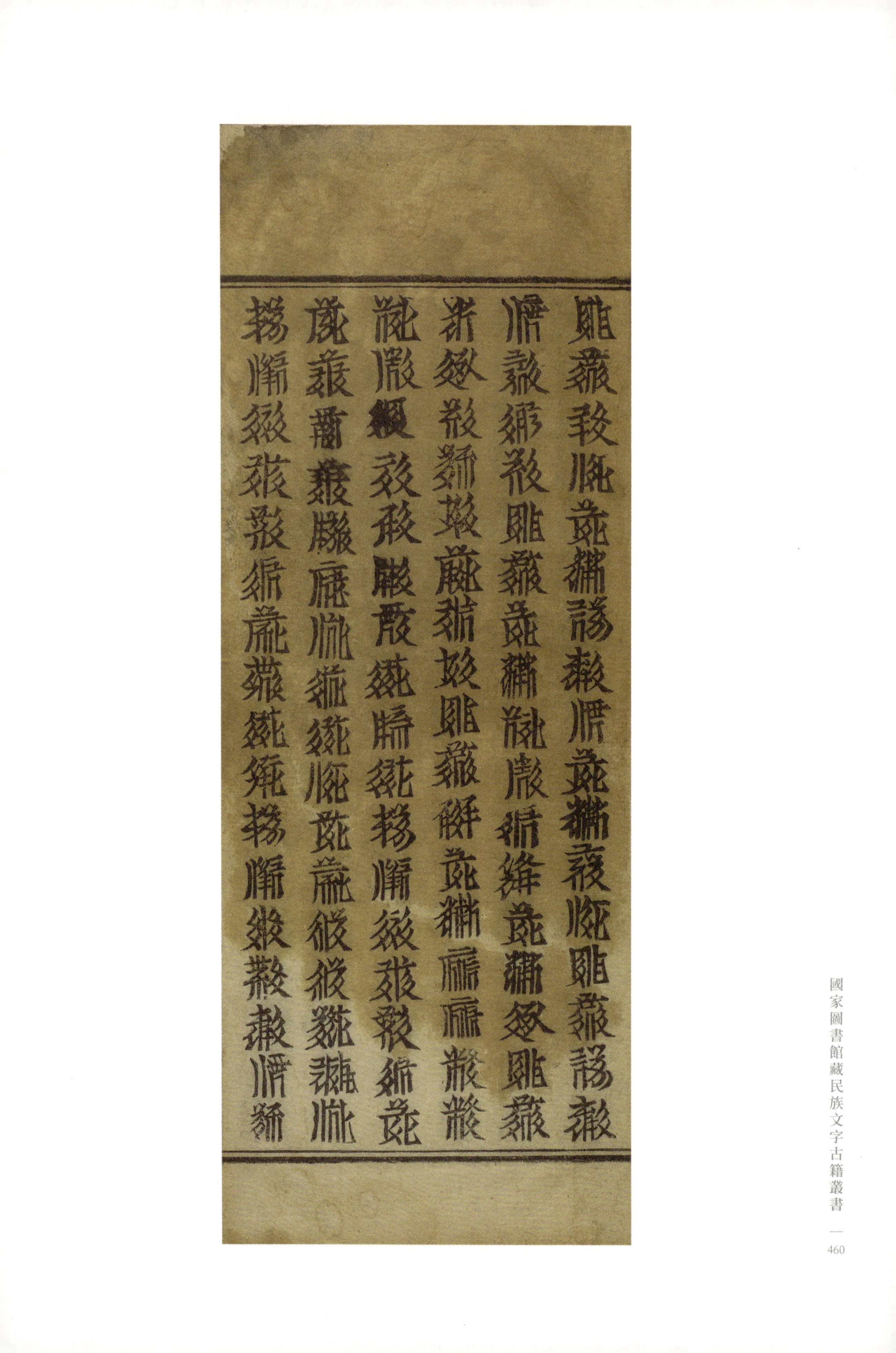

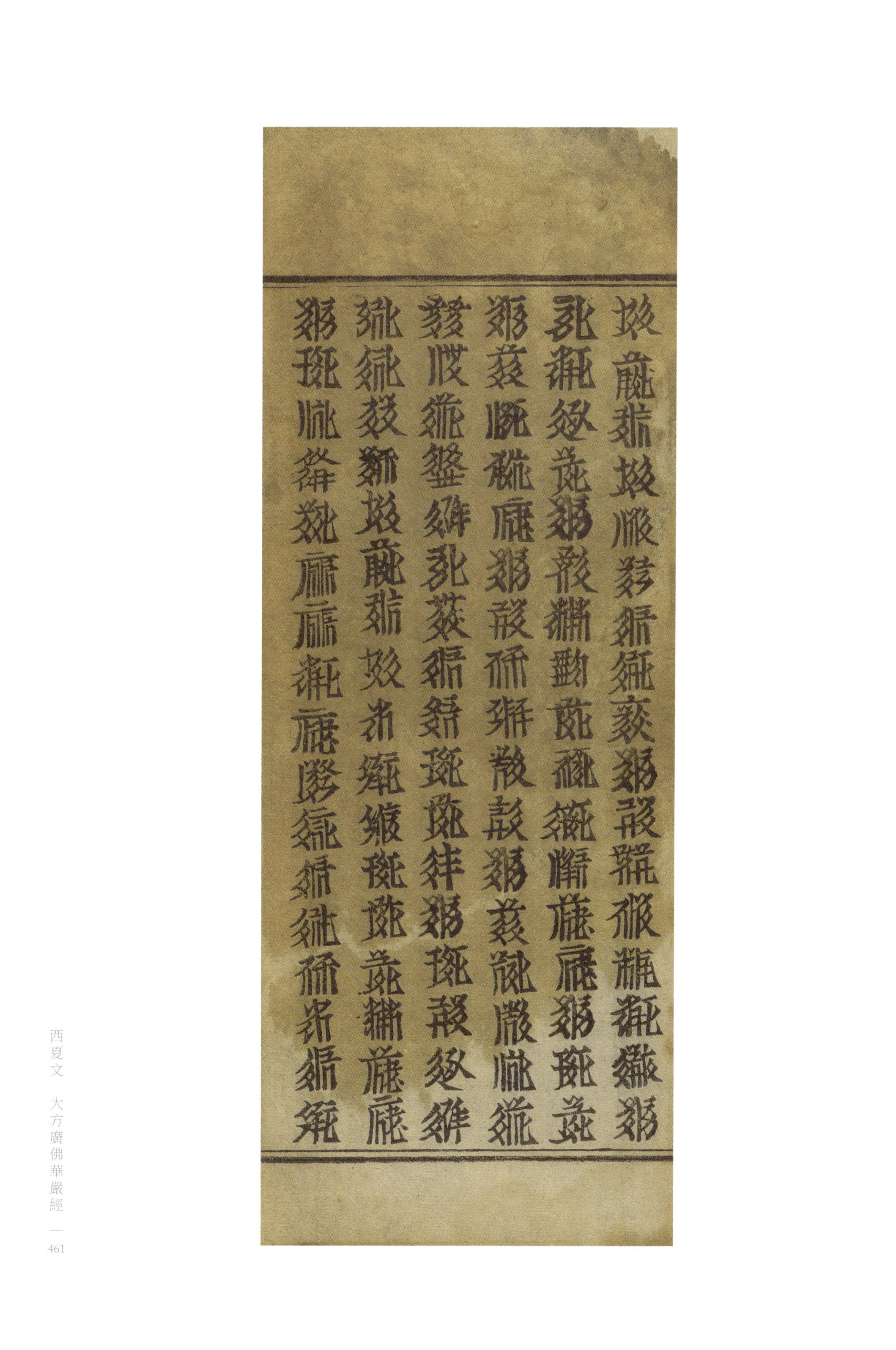

[illegible]

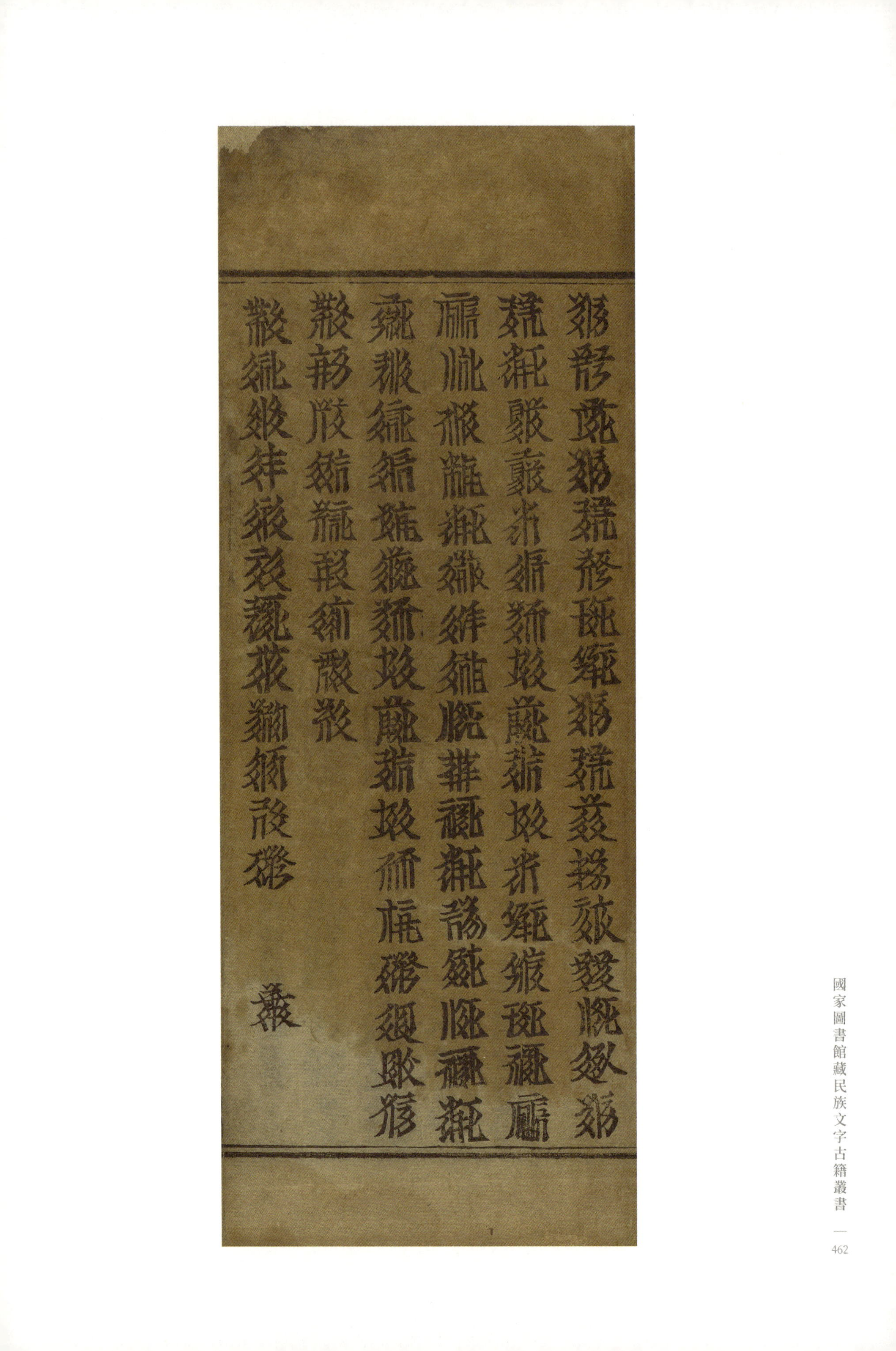

[illegible]
[illegible]
[illegible]
[illegible]
[illegible]
[illegible]
[illegible]

[illegible]

[illegible]

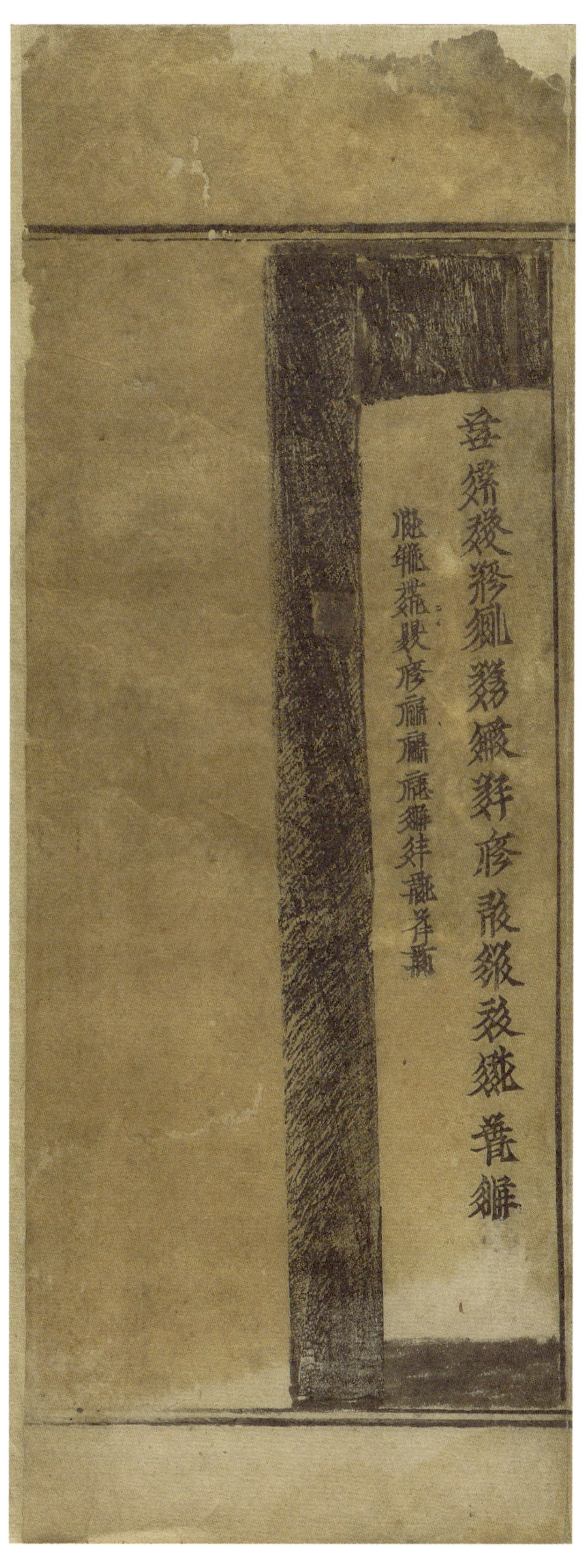

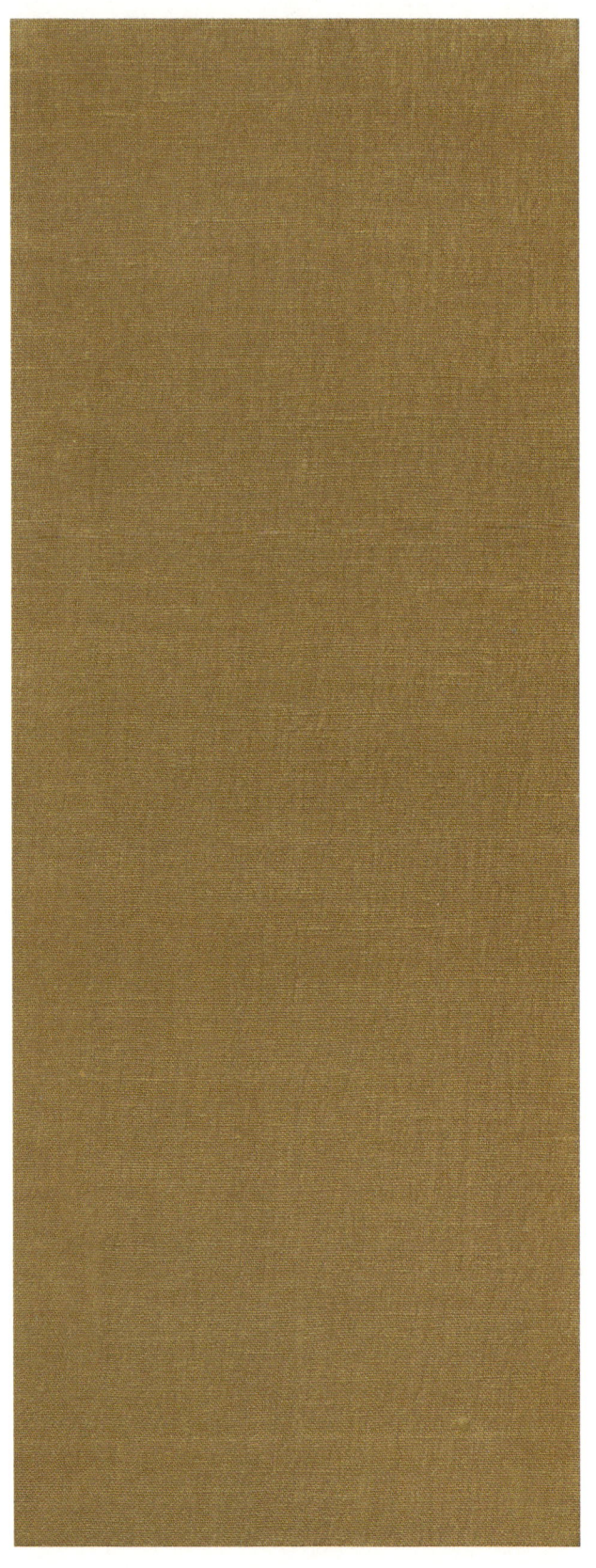

契丹文

契丹文是我國古代契丹族使用的文字，分大字和小字兩種。大字是表意文字，創製於公元 920 年，借用於漢字，約有 1000 字以上。小字是耶律迭剌借鑒回鶻文而創製的一種拼音文字，行用於公文詔書中。金滅遼後，契丹文仍被沿用，直到金章宗明昌二年（1191）才明令廢除，共行用近三百年。由於遼代書禁嚴厲及戰亂等原因，尚未發現流傳至今的契丹文書籍。現存契丹文文獻多是 20 世紀後陸續發現的石刻碑銘。因契丹文研究的參考資料匱乏，截至目前，僅少量詞彙被解讀，故被稱爲「20 世紀之謎」。

遼道宗耶律洪基哀册

遼乾統元年（1101）刻石。民國拓本，129.0 釐米×127.0 釐米。館藏號：善拓 366-9。

1930 年出土於內蒙古自治區赤峰市巴林右旗林西縣遼慶陵的道宗皇帝陵中。册蓋刻篆書契丹小字，原字 6 行，每行 6 字，共計原字 36 個；册石刻楷書及行書契丹小字哀册文 37 行，每行字數不等，共計 1330 餘字。

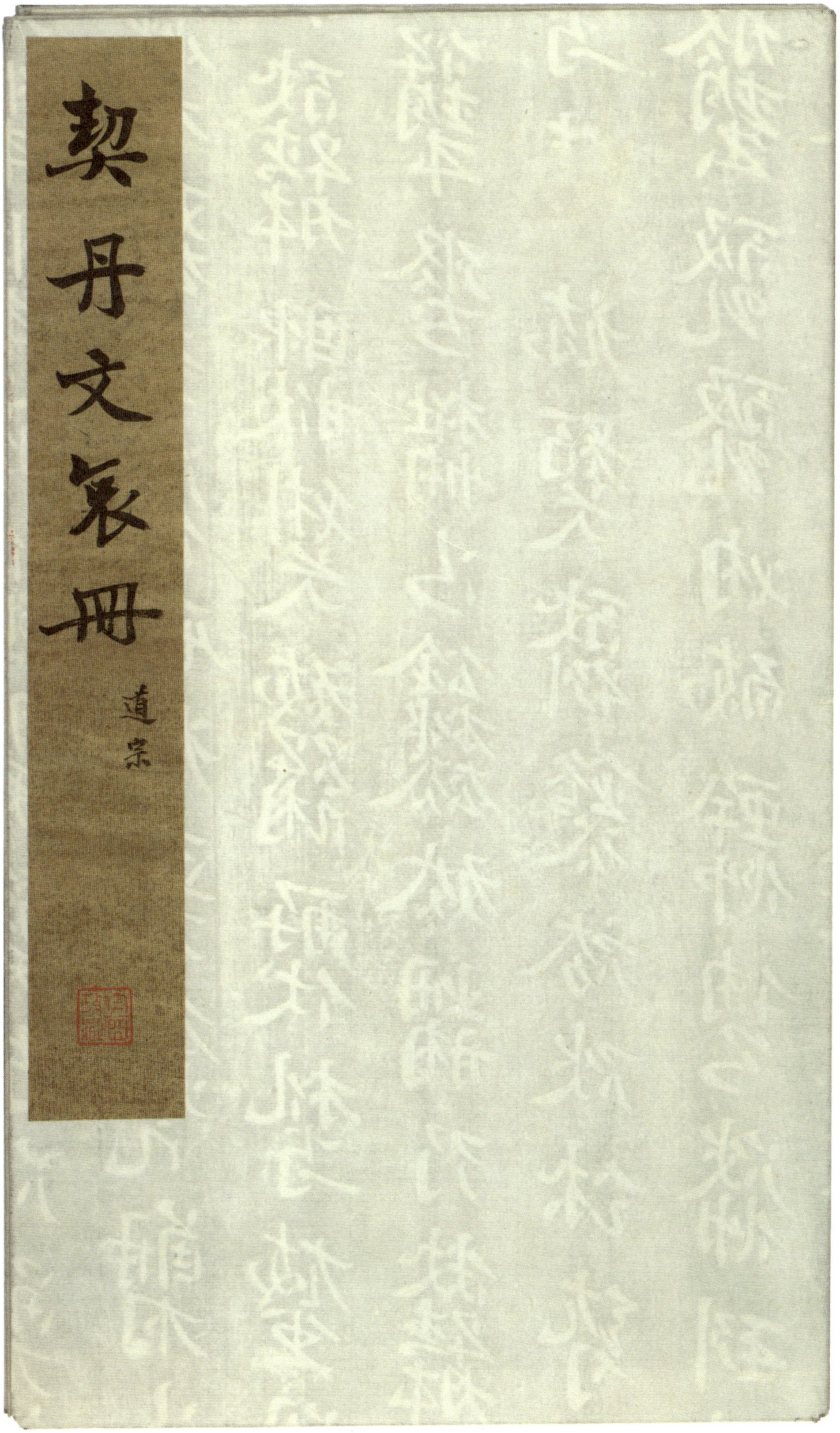
契丹文哀冊
道宗

全圖

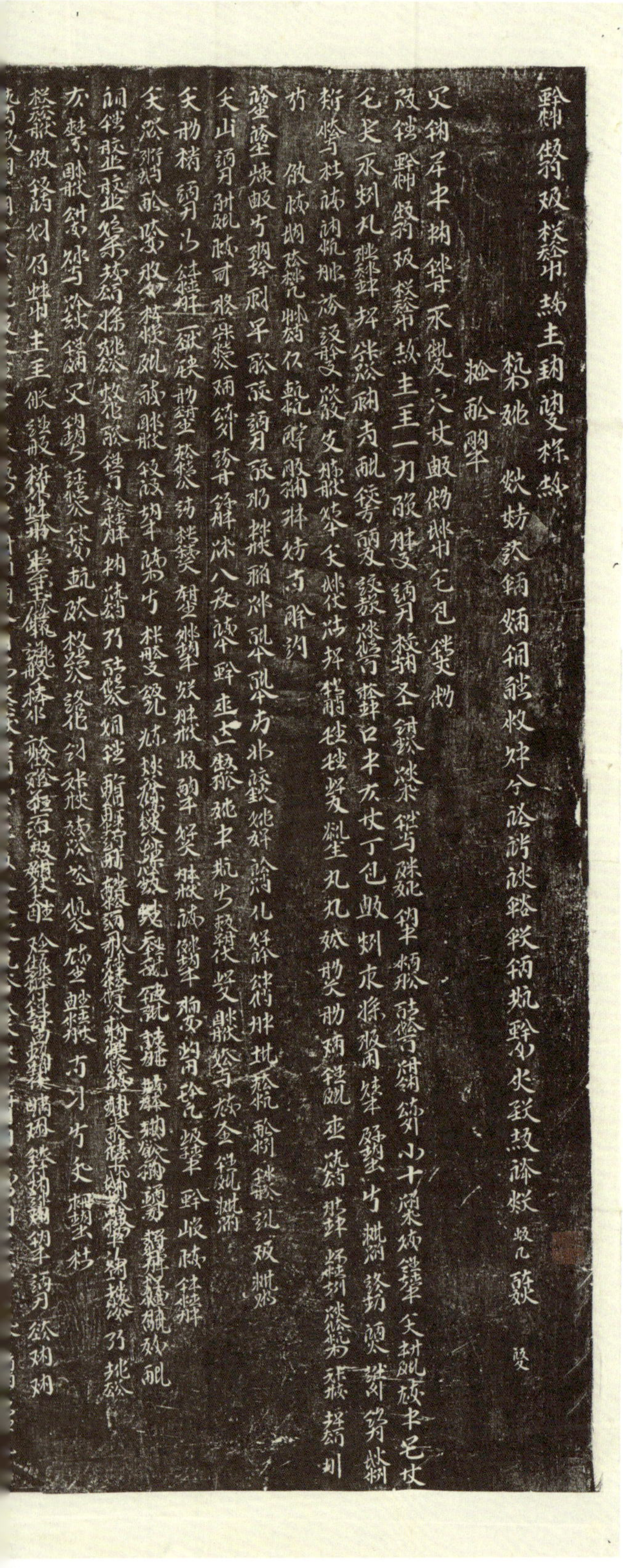

⑩	⑦	④	①
⑪	⑧	⑤	②
⑫	⑨	⑥	③

契丹文　遼道宗耶律洪基哀册

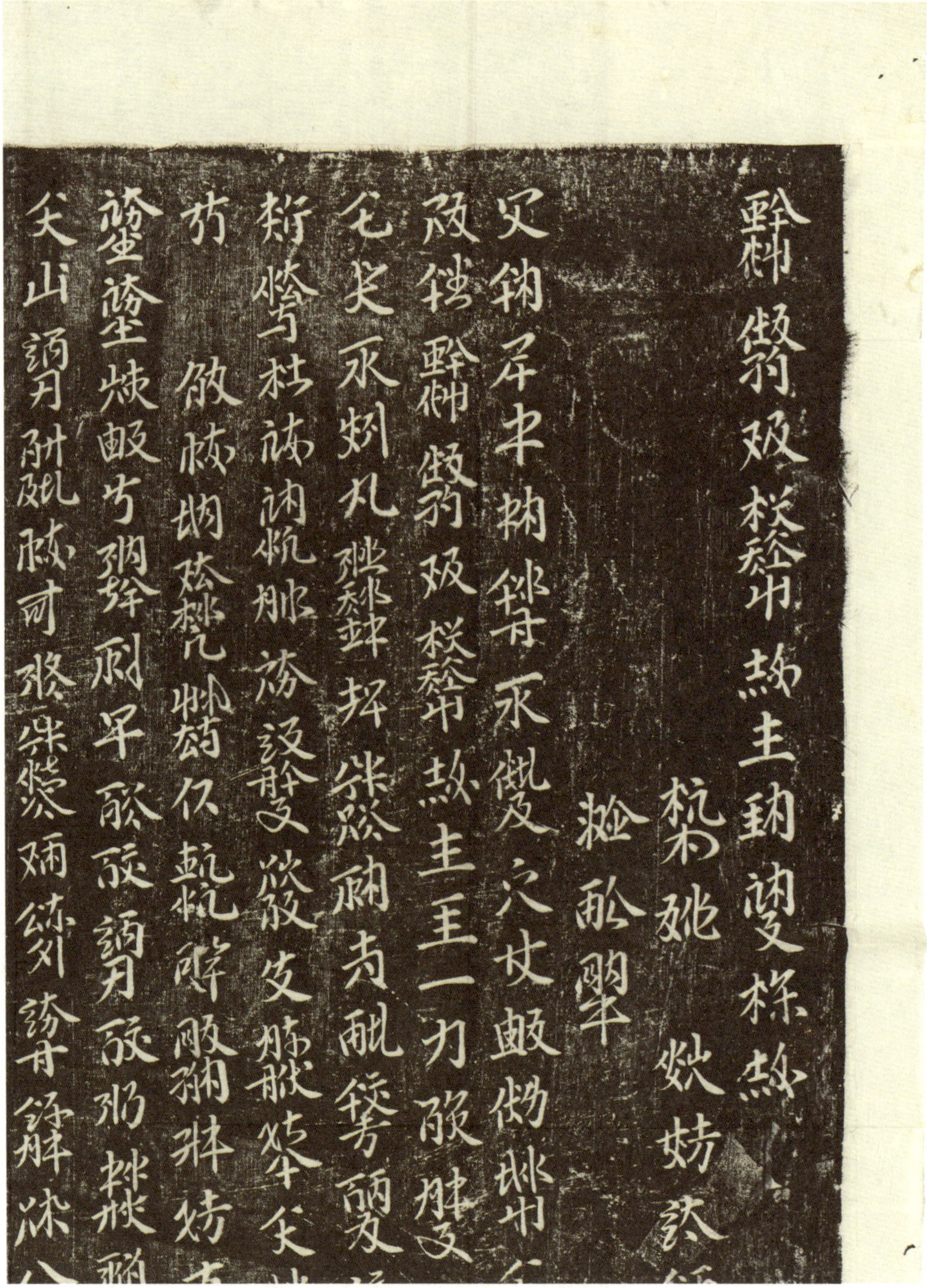

局部①

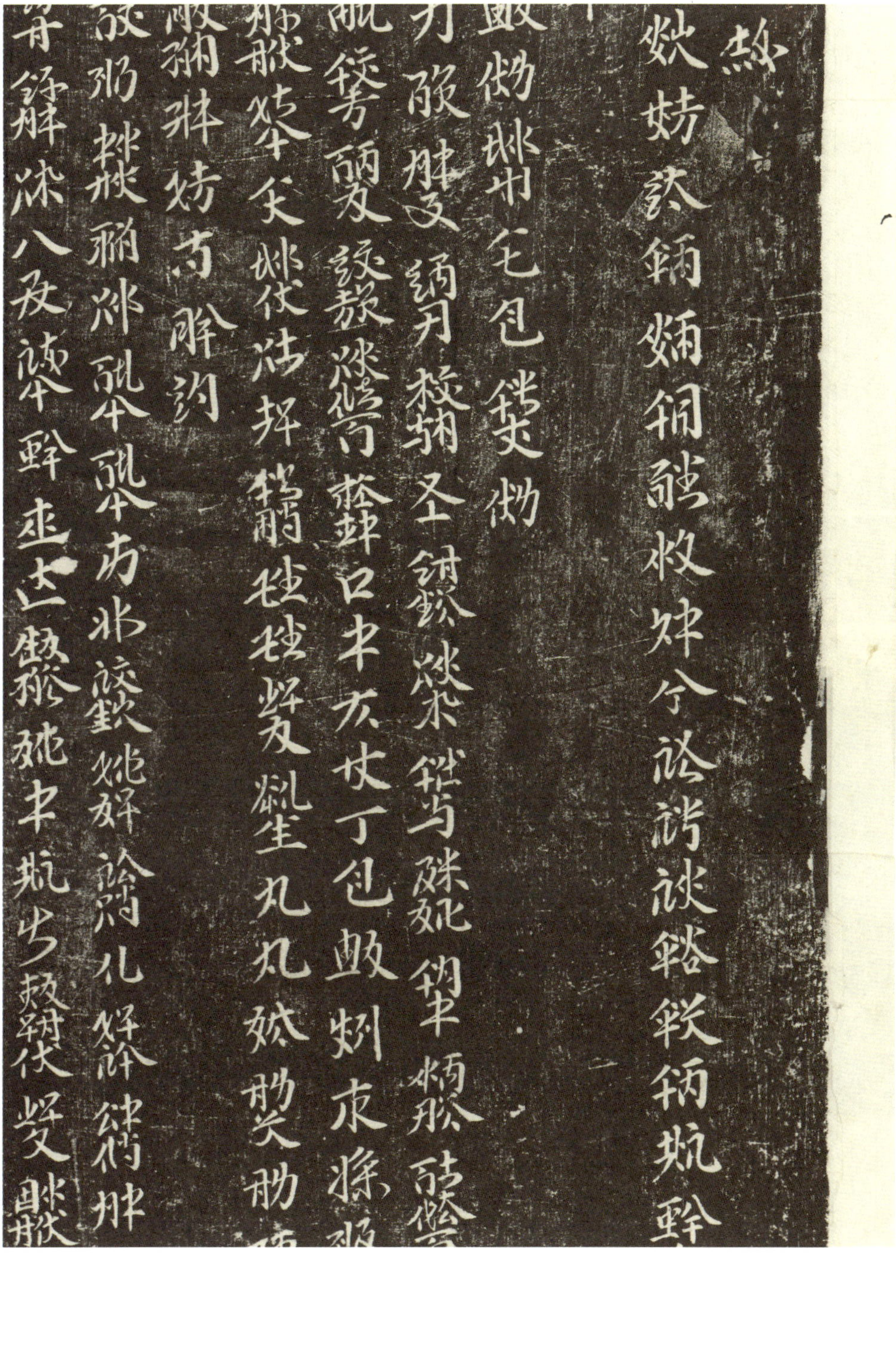

局部②

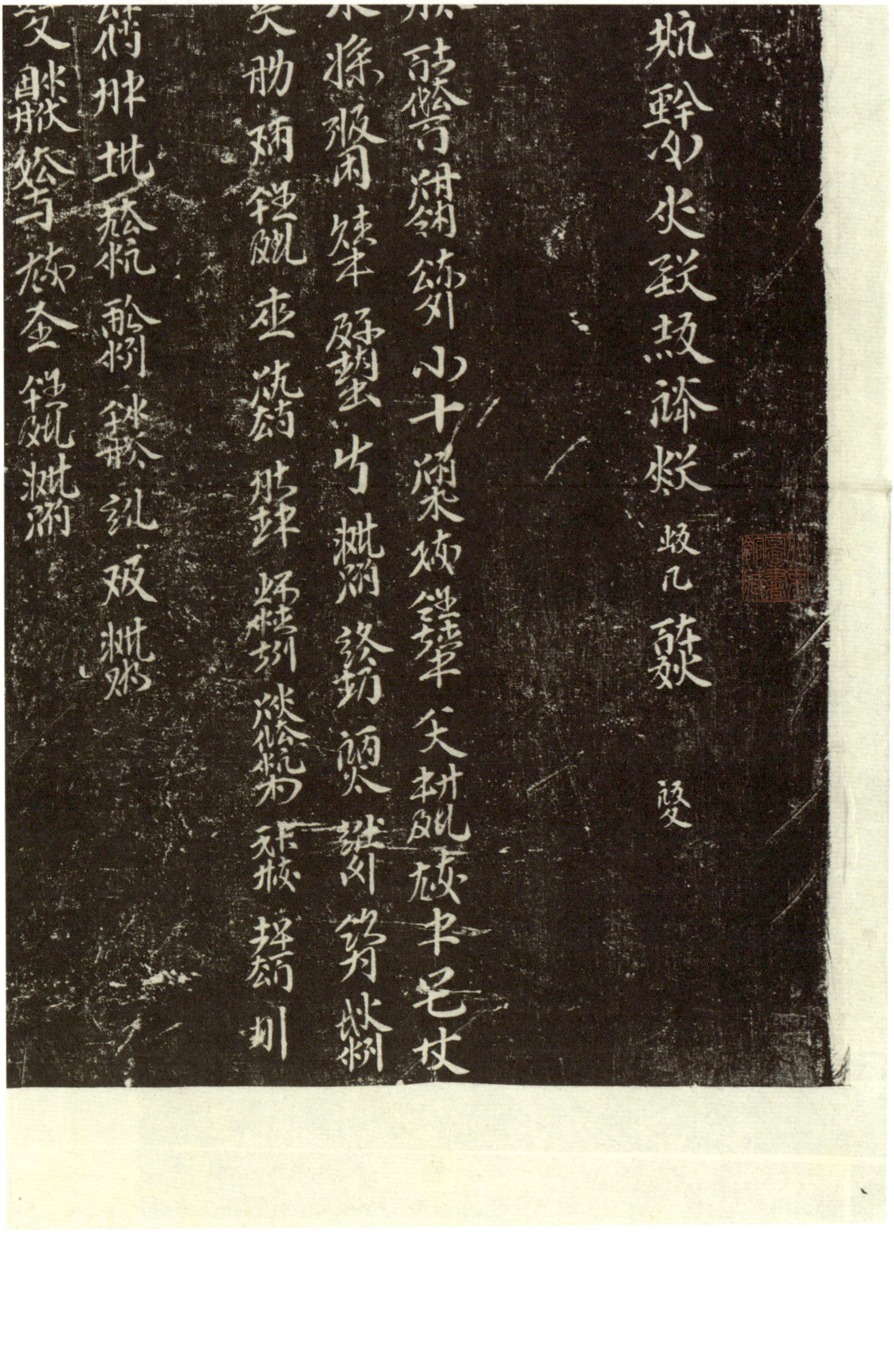

局部③

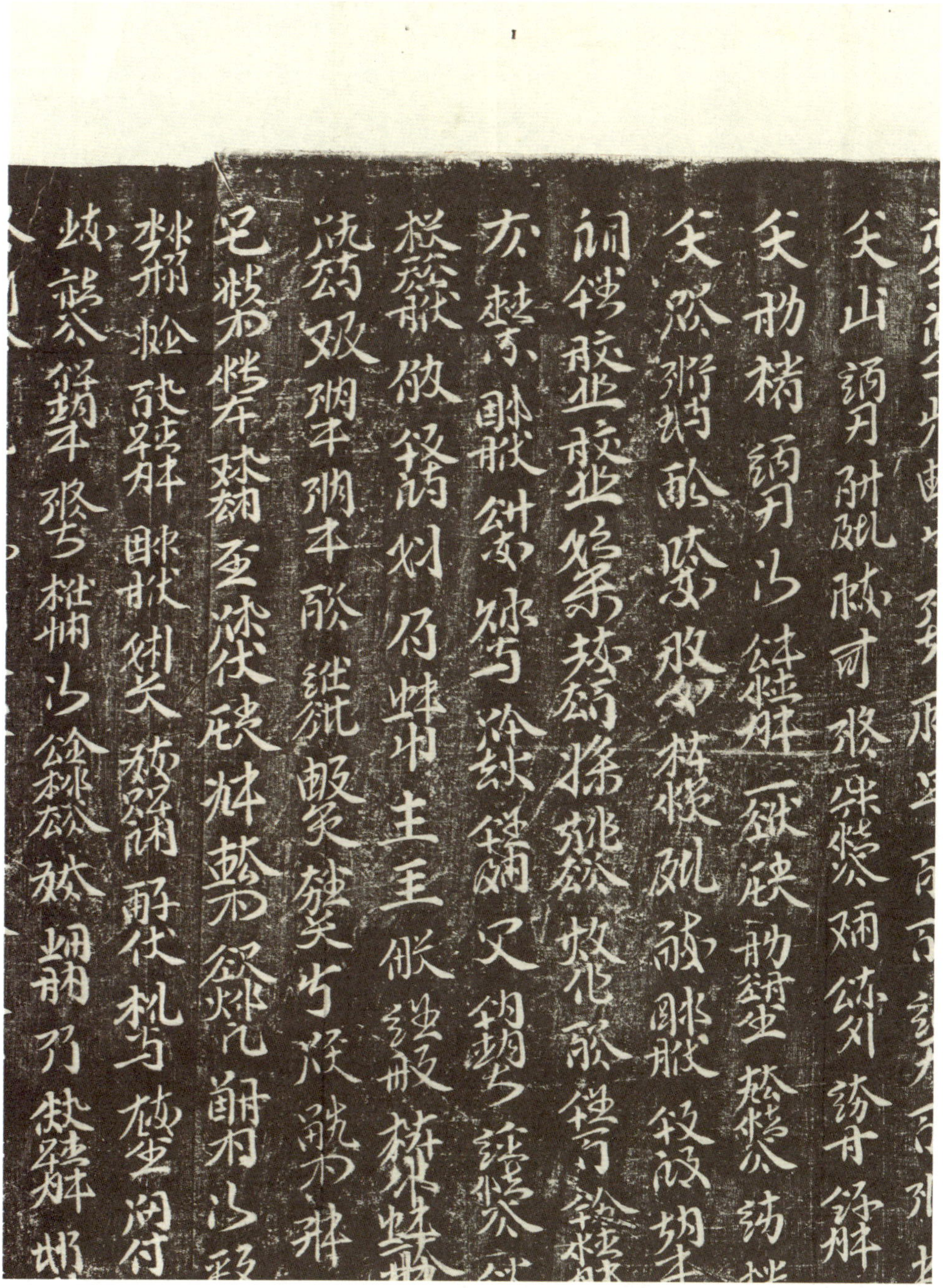

局部④

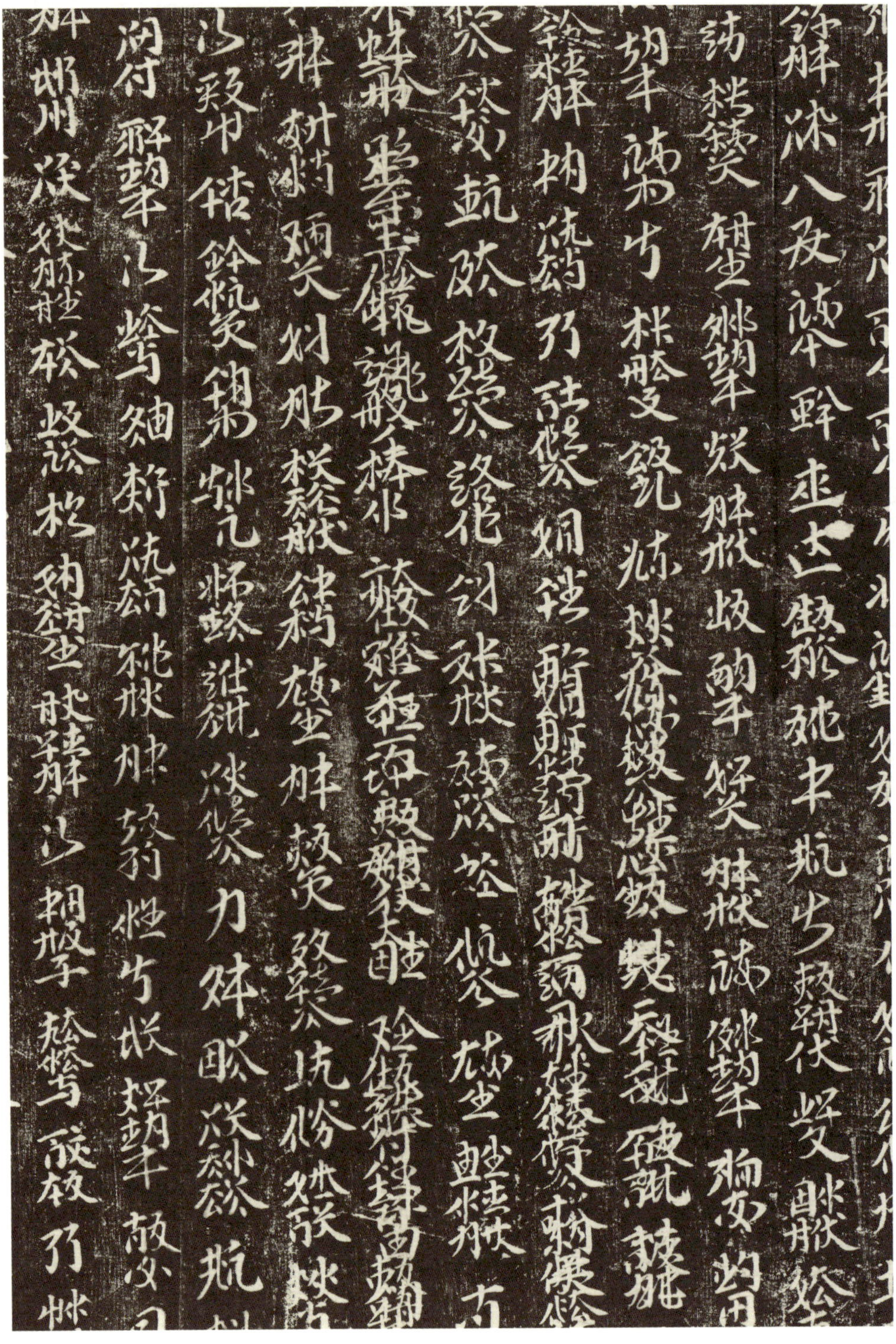

局部⑤

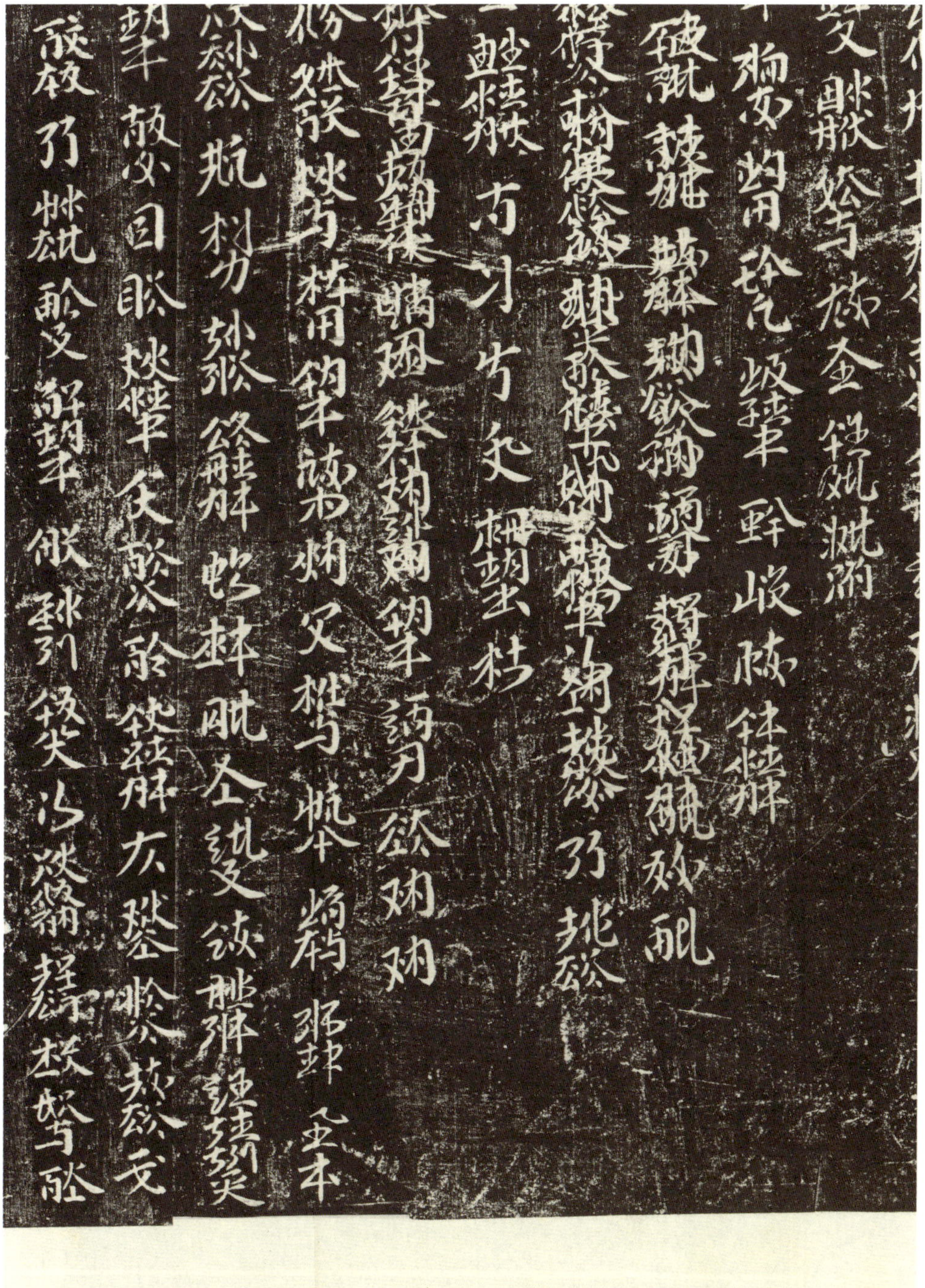

局部⑥

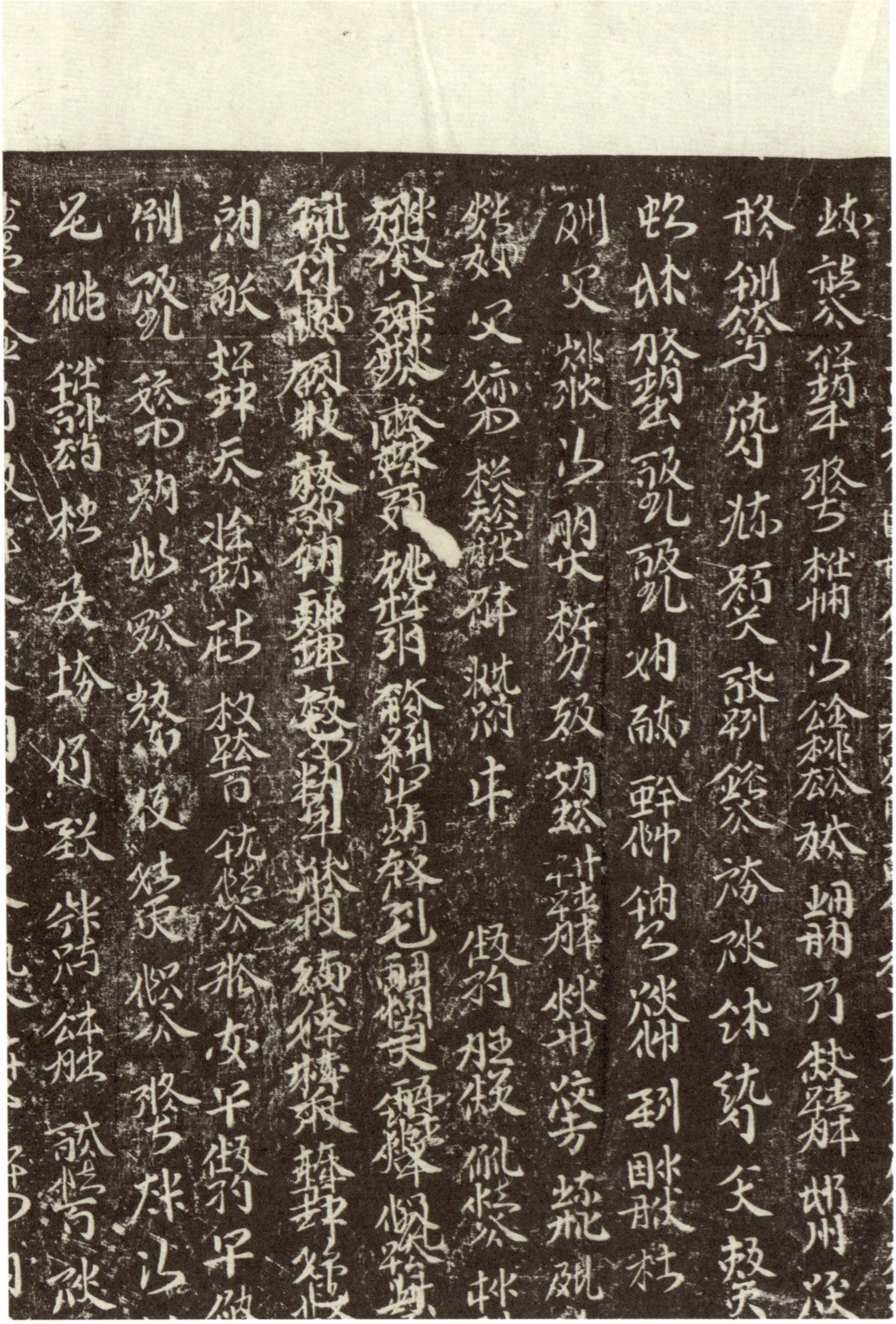

局部⑦

局部⑧

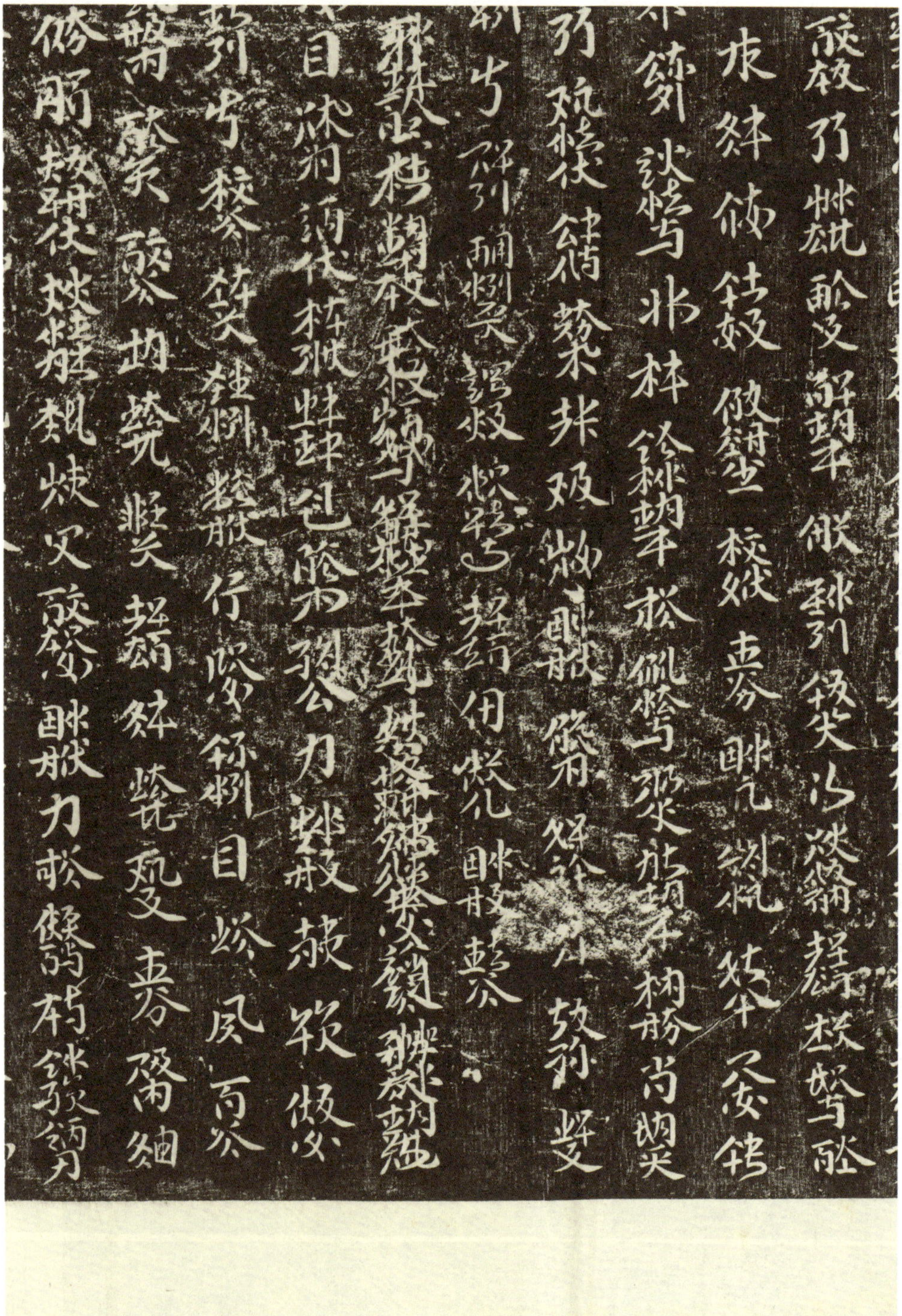

局部⑨

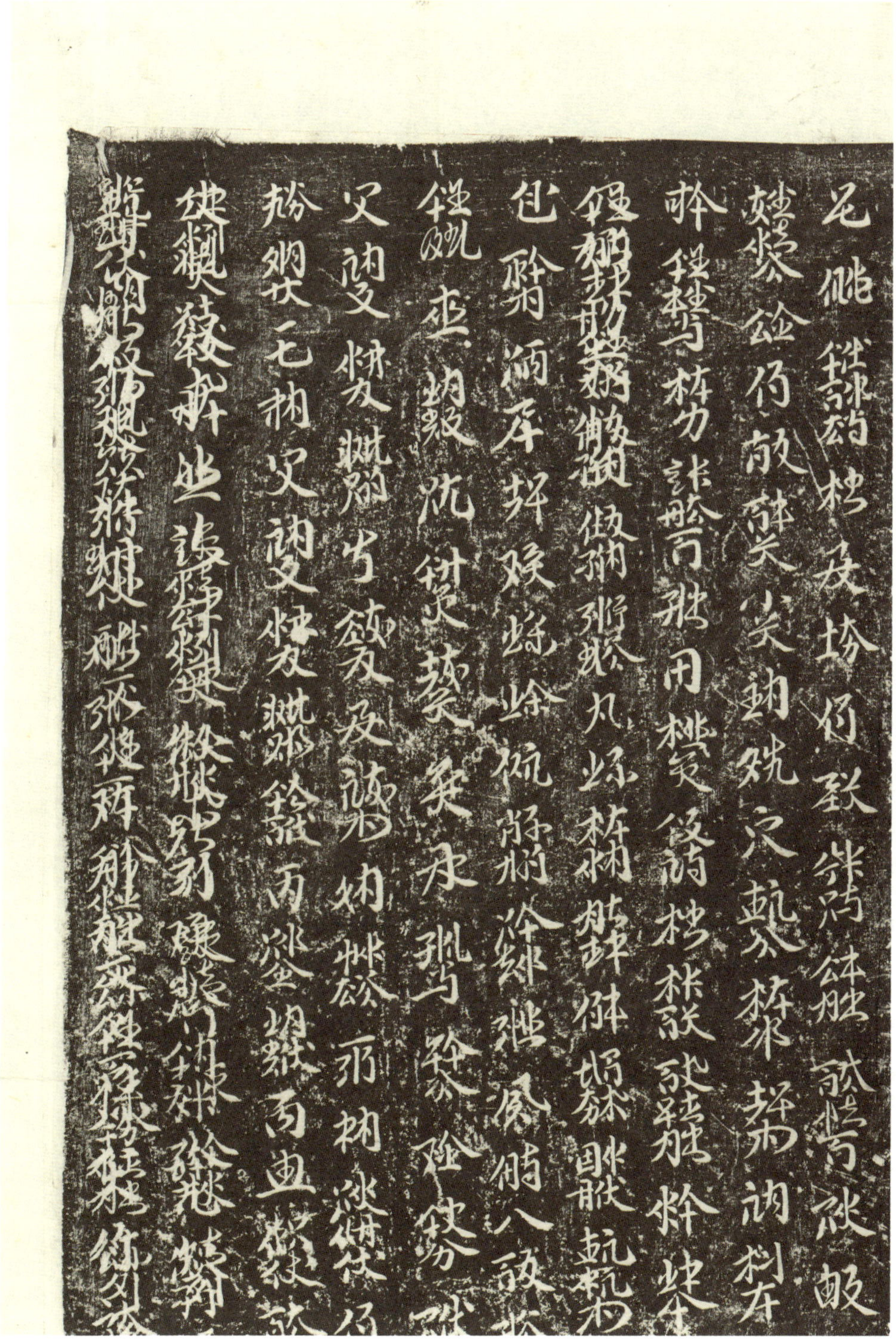

局部⑩

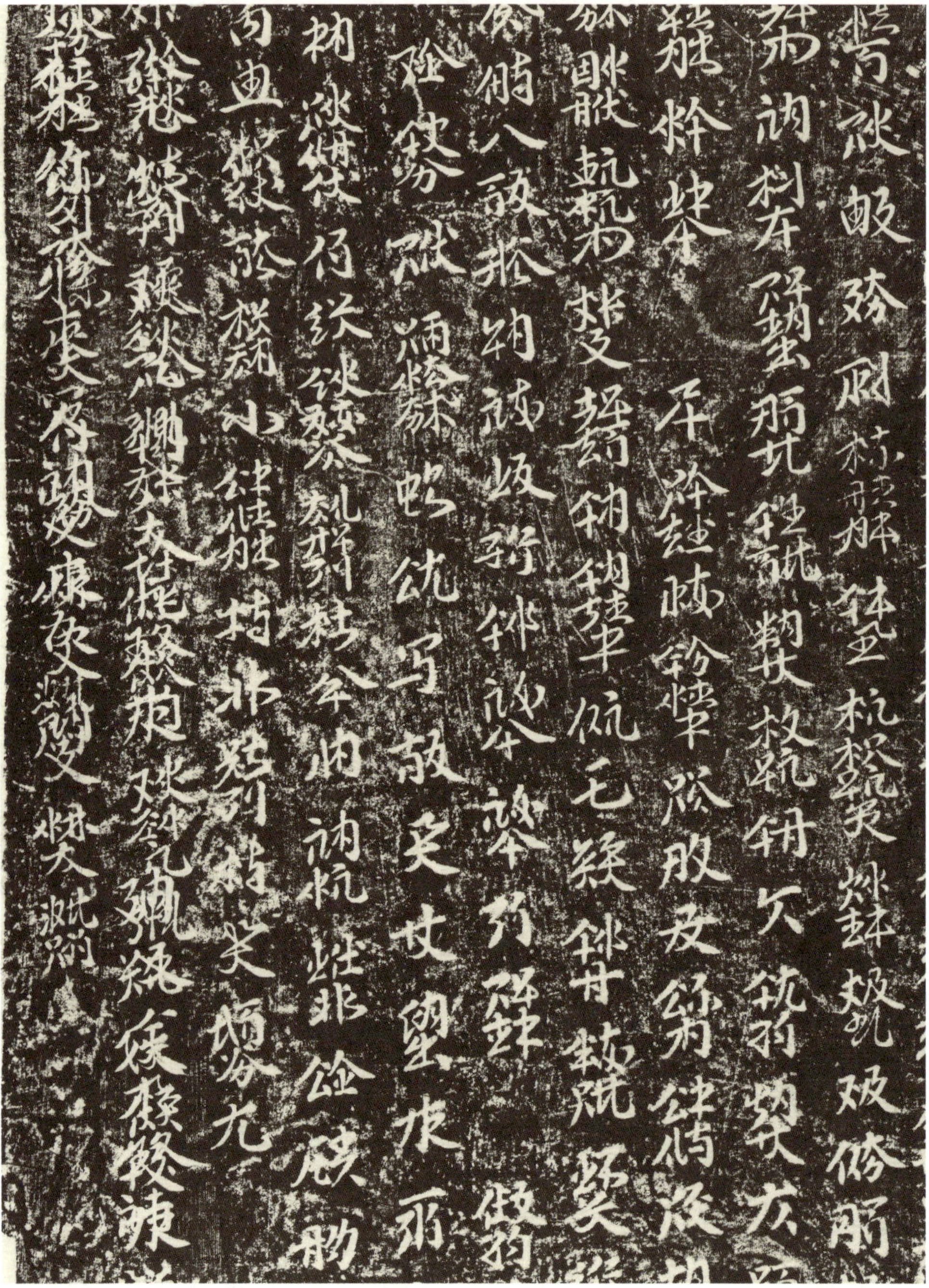

局部⑪

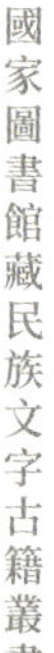

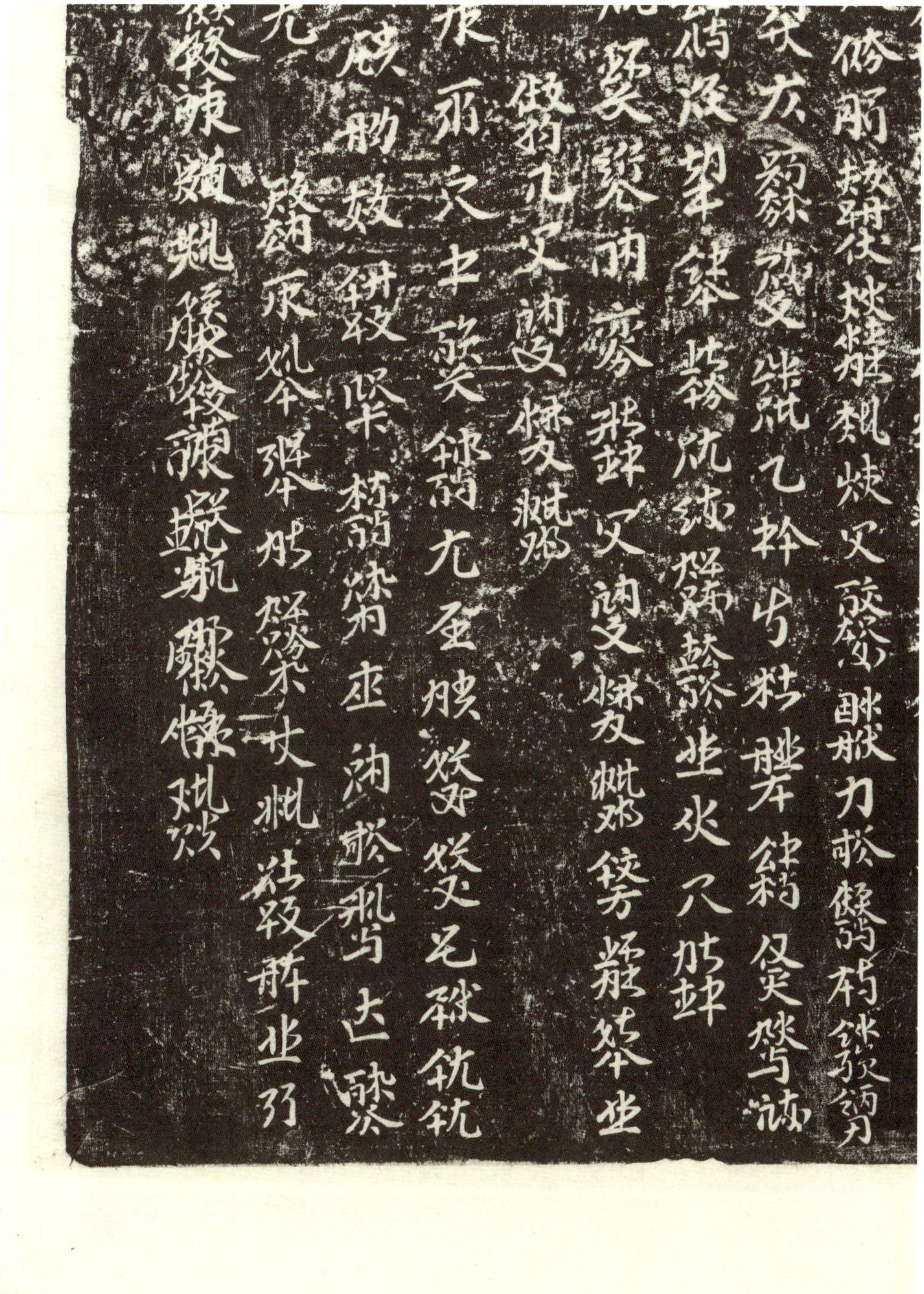

局部⑫

◆ 女真文

女真文是我國古代女真族使用的文字。1115 年完顏部阿骨打建國稱帝，國號大金。女真人原無文字，阿骨打建國後，命丞相完顏希尹創製文字。女真文分大字和小字兩種。大字是金太祖阿骨打天輔三年（1119）借鑒漢字創製，小字在天眷元年（1138）參照契丹字創製頒佈。女真文在宋代史書中已有記載，努爾哈赤創製無圈點滿文後，逐漸停止使用。清道光九年（1829），劉師陸與麟慶發現了《宴臺女真進士題名碑》，女真文遂引起學者關注。現存女真文文獻有碑銘、銅鏡銘文、印鑒、題記等。

奥屯良弼餞飲題名跋

清拓本，60.0釐米×49.0釐米。館藏號：裱軸301。

奥屯良弼餞飲碑，又稱「泰和題名殘石」，是爲數不多的出土女真文石刻中直接用女真文題跋鐫刻的碑文。石碑原爲羅振玉舊藏，據悉得自天津古董商之手，原石現藏國家博物館。石碑正中刻漢文楷書大字4行：「奥屯良弼自泗上還都，心友餞飲是溪。泰和六年二月十有一日也。」左下方有小字女真文題跋3行72字，大意爲：「從□□戰勝，見舊友彰德治中奥屯舜卿所寫之字精巧，仿照移摹於石。大安二年七月廿日文林郎洛水主簿卜修洪。」説明此碑刻爲金衛紹王大安二年（1210）勒成。奥屯良弼和奥屯舜卿之名均見於《金史·哀宗紀》，據此碑方知爲一人。

奥屯良弼，出身於女真士大夫家庭，章宗（1190—1208年在位）中期任侍御史，「掌奏事，判台事」，處理御史台日常工作，官階從五品。章宗末年，奥屯良弼赴河北西路彰德府（治所安陽，轄五縣）任「治中」，官階爲正四品。正大二年（1225），曾以禮部尚書（正三品）身份出使西夏。天興二年（1233）正月「崔立之變」後，由宣徽使爲尚書左丞，官階達正二品。奧屯良弼才華出衆，書法高超，深得卜修洪的推崇。卜修洪是洺州（今邯鄲東北 50 里）所屬洺水縣主簿。主簿即掌置，係各級主官屬下掌管文書的佐吏。

漢文曰「自泗上還都」，說明金章宗泰和六年（1206）奧屯良弼從泗上返回都城，即北還中都時，友人餞飲，便書此題記。泗州，金屬南京路，位於淮河北岸，與南宋要塞盱眙一水相隔，是極爲重要的戰略要地，也是當時的南北交通衝要，金宋來往必經之路。泰和五年，金宋關係開始緊張，邊境衝突不斷發生。爲了防備宋兵北伐，金廷任命平章政事僕散揆爲河南宣撫使。泰和六年正月，金宋雙方調兵遣將，武裝衝突日益頻繁。四月，宋兵突入泗州等地，大規模戰爭終於爆發。奧屯良弼在大戰前夕前往泗州，無非與備戰或交涉事宜有關。

此碑女真文題跋文字簡練，用詞貼切，筆力雄健，彰顯卜修洪極高的女真語文修養，也反映此時女真文已進入成熟階段，充分展現了其文物、文獻、史料和文字價值。

題籤

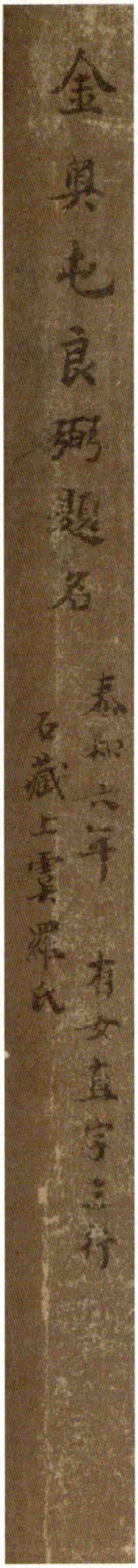
金奥屯良弼題名
泰和六年有女直字三行
石藏上虞羅氏

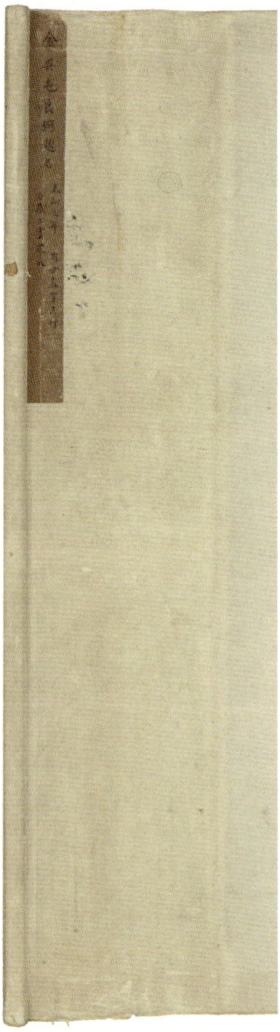

奥屯良弼自泗上
還都心友餞飲
是溪泰和六年
二月十有一日也

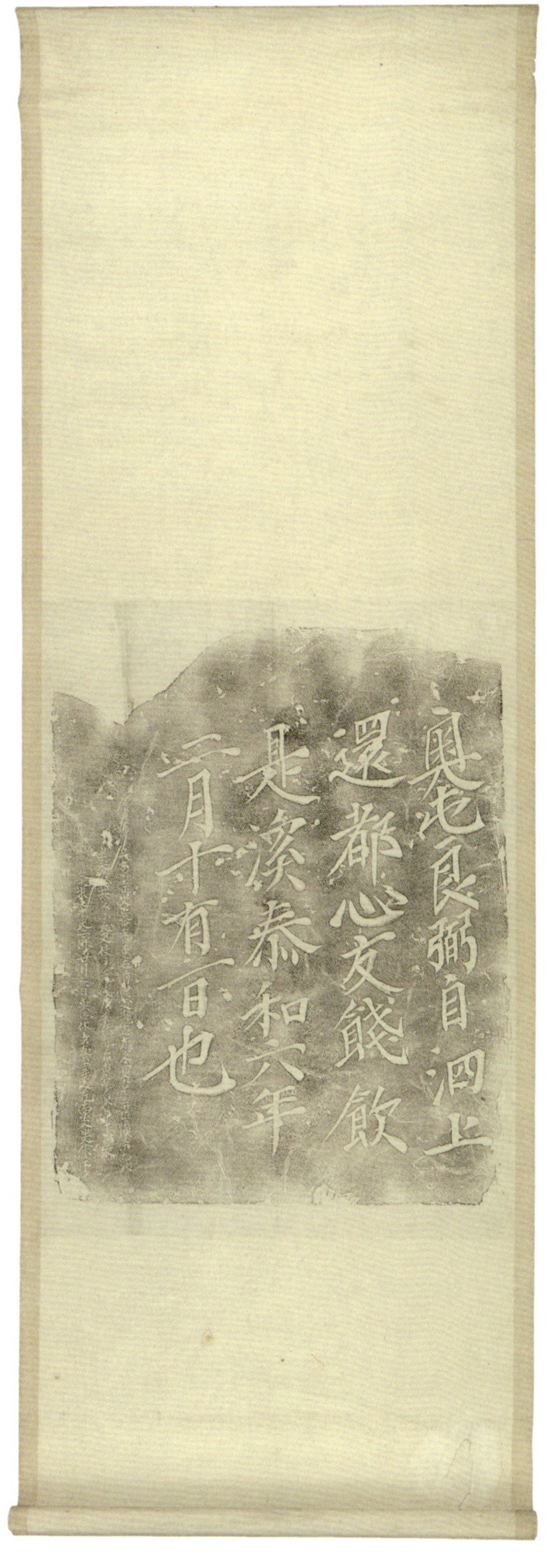

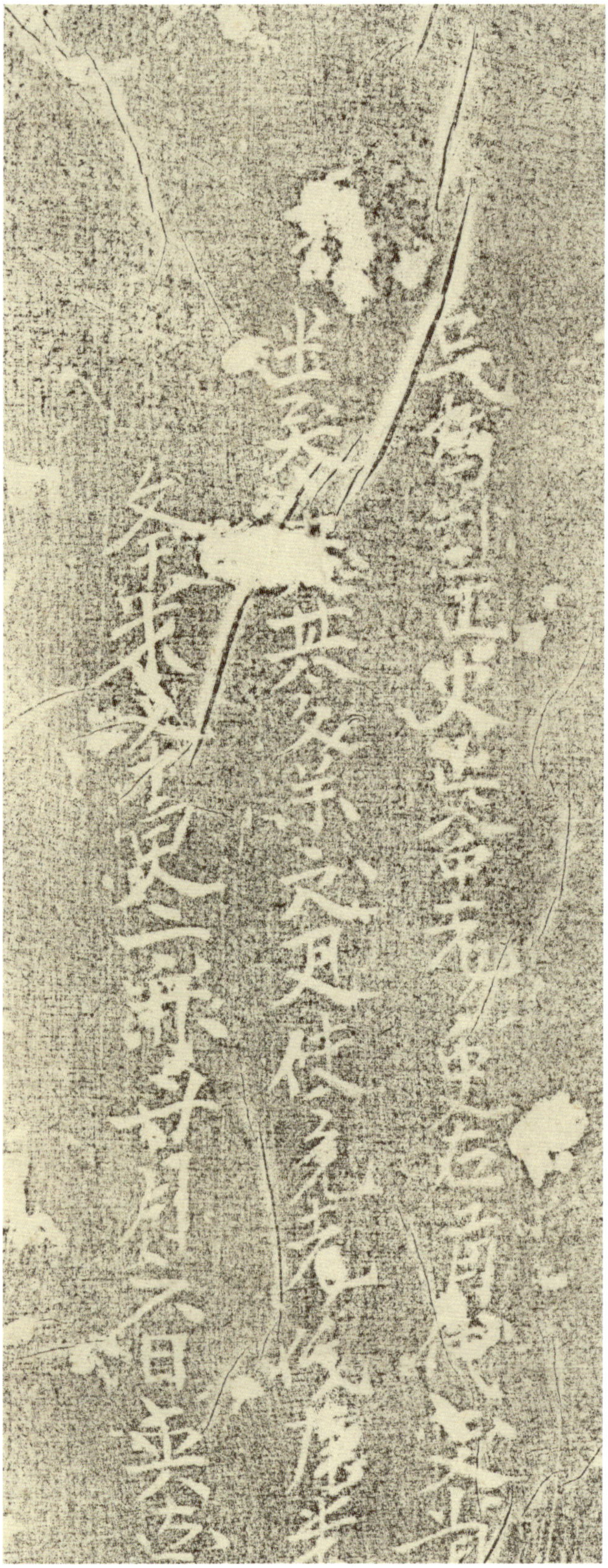

女真文局部①

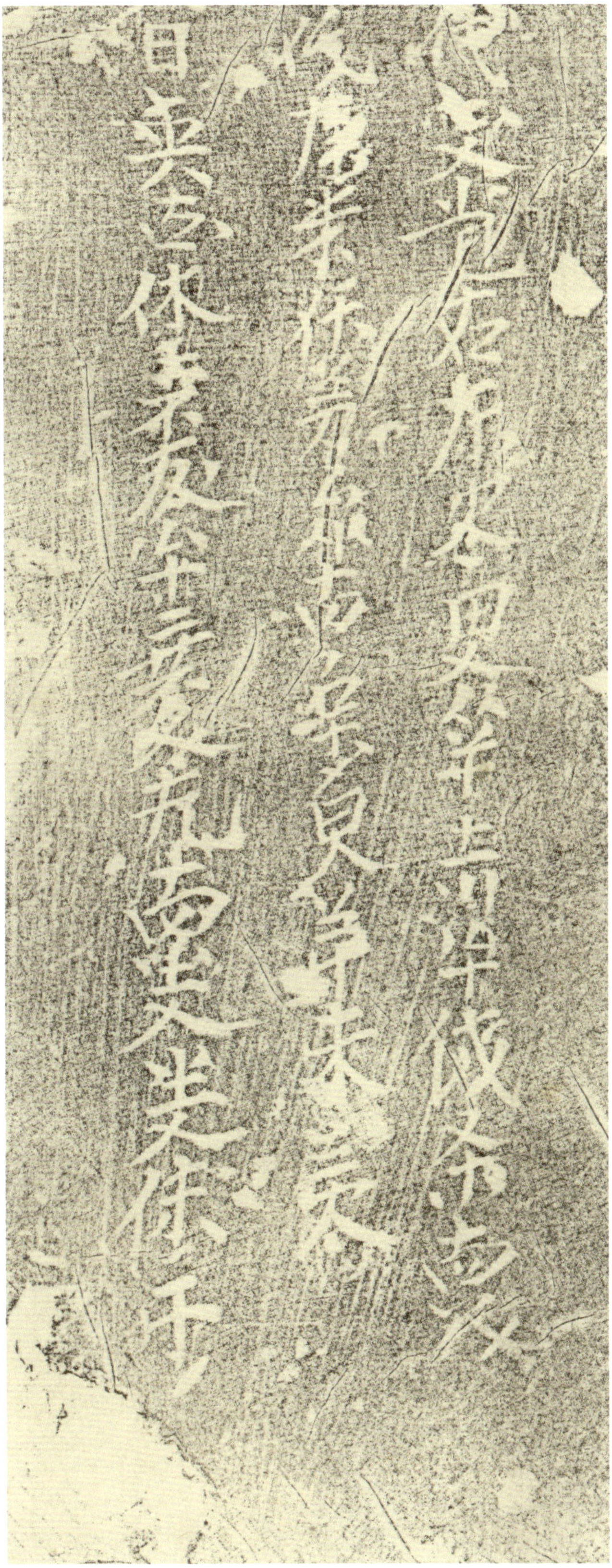

女真文局部②

圖書在版編目(CIP)數據

國家圖書館藏民族文字古籍叢書：全八册/陳紅彦，薩仁高娃 主編. -- 北京：北京大學出版社，2020.10

ISBN 978-7-301-31735-8

Ⅰ. ①國… Ⅱ. ①陳… ②薩…Ⅲ. ①少數民族－民族語－古籍－彙編－中國 Ⅳ. ①G256.1

中國版本圖書館CIP數據核字(2020)第191447 號

書　　名	國家圖書館藏民族文字古籍叢書（全八册） GUOJIA TUSHUGUAN CANG MINZU WENZI GUJI CONGSHU (QUANBACE)
著作責任者	陳紅彦　薩仁高娃 主编　全桂花 執行主編
統籌策劃	馬辛民
責任編輯	王應　武芳
標準書號	ISBN 978-7-301-31735-8
出版發行	北京大學出版社
地　　址	北京市海淀區成府路205號　100871
網　　址	http://www.pup.cn　新浪微博：@北京大學出版社
電子信箱	dianjiwenhua@126.com
電　　話	郵購部 010-62752015　發行部010-62750672　編輯部010-62756694
印 刷 者	北京雅昌藝術印刷有限公司
經 銷 者	新華書店
	787毫米×1092毫米　16開本　214.5印張　1738千字
	2020年10月第1版　2020年10月第1次印刷
定　　價	2600.00元（全八册）